民营企业依法避险与自我保护百事通（上）

河南张振龙律师事务所 著

企业管理出版社

图书在版编目（CIP）数据

民营企业依法避险与自我保护百事通：上、下 / 河南张振龙律师事务所著 . —北京：企业管理出版社，2020.9

ISBN 978-7-5164-2191-8

Ⅰ.①民… Ⅱ.①河… Ⅲ.①民营企业－企业法－基本知识－中国 Ⅳ.① D922.291.91

中国版本图书馆 CIP 数据核字（2020）第 149043 号

书　　名：	民营企业依法避险与自我保护百事通（上）
作　　者：	河南张振龙律师事务所
责任编辑：	张　羿
书　　号：	ISBN 978-7-5164-2191-8
出版发行：	企业管理出版社
地　　址：	北京市海淀区紫竹院南路 17 号　　邮编：100048
网　　址：	http：//www.emph.cn
电　　话：	发行部（010）68701816　编辑部（010）68701891
电子信箱：	80147@sina.com
印　　刷：	河北宝昌佳彩印刷有限公司
经　　销：	新华书店
规　　格：	170 毫米 ×240 毫米　19.25 印张（上册）　400 千字（上册）
版　　次：	2020 年 9 月第 1 版　2020 年 9 月第 1 次印刷
定　　价：	198.00 元（全二册）

版权所有　翻印必究 · 印装错误　负责调换

编委会

主　　任：张振龙（总体策划、课题设计、内容审核）
副 主 任：毛　娟（协助策划、课题设计、文字组织）
　　　　　姜爱军（协助策划、课题设计、文字组织）
　　　　　罗　晓（协助策划、课题设计、文字组织）

编　　委：张振龙（第一章、第十四章）
　　　　　璩建伟（第二章）
　　　　　毛　娟（第三章、第四章、第五章、第六章）
　　　　　马慧娟（第七章、第八章、第十四章）
　　　　　段小丹（第七章、第八章）
　　　　　石文洁（第七章、第八章）
　　　　　宋叶峰（第九章、第十章、第十一章）
　　　　　田俊飞（第九章、第十章、第十一章）
　　　　　汪蒙蒙（第九章、第十章、第十一章）
　　　　　马吉祥（第九章、第十章、第十一章）
　　　　　姜爱军（第十二章、第十三章）
　　　　　赵欣伟（第十二章、第十三章）
　　　　　罗修易（全书文字、图片编辑和校对）

序 一

"洛阳纸贵"究竟"贵"在哪里

当洛阳张振龙律师请我为本书作序的时候,我的脑海中立刻浮现出了这样一个成语,那就是"洛阳纸贵"。

众所周知,所谓"洛阳纸贵",是指西晋时期,因大家争相传抄著名文学家左思积十年耕耘而打造的力作《三都赋》,以至于造成洛阳纸张一时供不应求的现象。表面看起来是洛阳纸张因货缺而显贵,其实是因作品受欢迎而流传广。后人因此而创造了这样一个成语,来比喻作品有价值有内容有思想,为世人所厚爱而风行一时,并流传甚广。对于每一个写文章的人来说,当然都希望出现这种盛况。用今天的语言来描述,那就是粉丝无数、作品无货。可以说,这既是一种荣誉,更是一种信誉。

如此盛况发生在当时的都城洛阳,并不奇怪。常言说:洛阳牡丹甲天下;汉魏文章半洛阳。对于洛阳,只要是中国人,一般都不会陌生。既有千年帝都中的洛阳,也有牡丹花城中的洛阳,更有诗词歌赋中的洛阳。

作为诗词歌赋经典作品的《三都赋》,自然也与洛阳有关。当时,身在洛阳的左思,尽管其《三都赋》吟诵的不是洛阳,但影响力却是首先从洛阳开始的。《三都赋》运用了汉代以来流行的赋体文风格,从历史、地理、物产、风土人情等各个角度,对三国时期的魏都邺城、蜀都成都、吴都建业,进行了汪洋恣肆、排山倒海般的全方位描写。全文总共一万多字,对三个都城的描写分别成篇,构思精妙,文笔精到,结构精美,因而成就了流传至今的千古名篇。

现在,也有一部与洛阳相关的作品出现在我们各位读者面前。它不一定是千古名篇,但一定是值得律师同行借鉴、参考的样本,更一定是值得民营企业家比照实操的范本。

不管是样本还是范本,这确实是一部特别而专业的普法作品。这部不同一般的作品,是一部不仅与洛阳密切相关,同时也与律师亲切相连,更与企业家们关切相随的作品。

之所以说这是一部"特别而专业"的普法作品,是因为这部作品既是一部由河南张振龙律师事务所"说"出来的作品,也是一部为民营企业家而"说"出来的作品,更是一部以"民企法务沙龙"为平台而"说"出来的作品。

对律师来说,这个"说",既是释法说理的"说",也是"答疑解惑"的"说",更是"传道授业"的"说"。律师的"说",有时需要深入浅出地"说",有时需要举一反三地"说",有时需要一分为二地"说"。律师之所以能"说",是因为律师有话可说、有理可说、有据可说。

在我看来,这部"说"出来的作品,完全达到了律师的专业目标,完美体现了律师的职业特色。河南张振龙律师事务所就是这样一家主张既要"做好"法律业务,更要"说好"法律服务,并专门为民营企业提供全方位法律风险防范指导的律师事务所。通过平常的法律服务，他们发现三、四线城市的民营企业不少法治观念淡薄、运营粗放落后，所以，与其说"做好"法律服务很重要，还不如说是"说好"法律业务更紧要。

于是，他们开始将如何"说"、谁来"说"、为谁"说"的策划安排，摆上了议事日程。

于是，心动不如行动。为了推动广大民营企业家法治观念的转变，建立起应有的法治思维，提高其法律风险防范意识，提升企业和企业家的自我保护能力，他们在《洛阳商报》开辟了"民企法务沙龙"专栏。

于是，一发而不可收。这个沙龙，从2016年4月14日开始，至2019年4月4日结束，一共刊出了143个专题（149个版面）的对话内容。这143篇沙龙话题，就像地地道道的"洛阳水席"一样，使广大民营企业家们享受到了一场丰盛的法律风险防范"饕餮盛宴"。品尝过其味道的民营企业家们，无不为此交口称赞。

通过阅读全书，我看到了既是"民企法务沙龙"的最大特点，更是"民企法务沙龙"最终能够成书的最大优势。

一是"举一反三"地说理。每一次沙龙，都有新方法。既非"以案说法"的灌输式传统传授，也非诸如"手莫伸，伸手必被捉""莫犯傻，犯傻必吃亏"的警告式简单说教，而是融会贯通地将法律服务深度融入到民营企业的日常运作事务之中。于是，冰冷的法律条文瞬间变有形为无形，固化的法律规定立刻化无趣为有趣，从而渗透到企业决策与管理的具体行为范式之中。可谓说得明白，听得清楚。

二是"一分为二"地说法。每一次对话，都有新角度。既不是单一的法律法规培训，也不是简单的具体事务分析，更不是复杂的法学理论讲座，而是把围绕一个具体事务中的所有涉法问题，从正反两个方面予以梳清理透，用"以事说法"的方式，逐步实现不同法律法规的同步交叉适用。可谓说得对路，听得受用。

三是"有一说一"地说事。每一次出场，都有新热点。既没有简单具体的法条解读，也没有泛泛而谈的理论说教，而是通过司法实践中的种种情形，或旁证或例证，循序渐进地提示出企业实操人员应关注的法律风险易爆点，从而一目了然地展示出有效防范该法律风险的实操技能。可谓说得到位，听得有数。

四是"一五一十"地说话。每一次组织"民企法务沙龙"都有新收获，应邀出席的各个专业领域专家学者倾肠倒肚，踊跃参会的各路企业家倾耳而听，共同构成了法律人与企业家热情参与热烈探讨的盛大场面。最重要的是，真正实现了专业律师与对应专家的知识耦合，专业技巧与企业实务的有机结合，使提出的避险方案和具体措施更具实用性和操作性，更易立竿见影。可谓说得精彩，听得兴奋。

一个历时三年的"民企法务沙龙"，现在变成了一部《民营企业依法避险与自我保护百事通》。可以说，这是律师整合各界资源的产物，更是律师组合社会精英的结晶。可以说，这是河南张振龙律师事务所立足于洛阳、根植于民企，将法律服务深度融入到企业的日常运作事务之中，并在法律服务产品化和服务模式创新方面取得的瞩目成就的经典总结。由此可见，河南张振龙律师事务所是一家既立足于"做"，也立言于"说"，更立身于"做"与"说"完美结合的法律服务机构。

真正能够达到"洛阳纸贵"的作品，既是作者的梦想，也是读者的期待，更是编者的荣耀。但是，"洛阳纸贵"又是一件可遇不可求的事情。其中，既有作品本身的内因，也有市场营销的外力，更有时代机遇的巧缘。从某种意义上说，在当下这个时代，要实现"洛阳纸贵"是越来越难了。

既然如此，我们何不立足现实，珍惜当下，在眼前的作品中寻找妙方？在这部《民营企业依法避险与自我保护百事通》的作品中，同样可以找到珍贵的说法与宝贵的妙方。如果说当年的"洛阳纸贵"是"贵"在文墨与文采，那么，我要说这部既有"做"更有"说"的"百事通"，则"贵"在举一反三的说理、一分为二的说法、有一说一的说事、一五一十的说话。

行文至此，我突然想起了一首叫作《鹧鸪天·西都作》的宋词：

> 我是清都山水郎。
> 天教分付与疏狂。
> 曾批给雨支风券，
> 累上留云借月章。
>
> 诗万首，酒千觞。
> 几曾著眼看侯王。
> 玉楼金阙慵归去，
> 且插梅花醉洛阳。

既然可以让大自然给雨支风，也可以请老天爷留云借月，各位企业家为什么不可以借用一下律师的智慧呢？正如那首流行歌所唱的，"借我借我一双慧眼吧！让我把这纷扰看个清清楚楚明明白白真真切切"，律师一定能够给你回报一个惊喜。对律师同行来说，本书同样可以给你一个惊喜的回报。

说古道今，聚焦洛阳。由远及近，是以为序。

《民主与法制》杂志总编辑

2020 年 6 月 9 日于北京千鹤家园

序 二
"苦口良药"与"讳疾忌医"

历时四年一季，本书终于与广大民营企业家们见面了！可以说，这套《民营企业依法避险与自我保护百事通》，倾注了本人从事律师职业22年的心血，凝结了我所23名专业骨干律师的智慧，渗透了我所全体工作人员的辛勤汗水。当然，该书也同样凝聚着与我们律所连续3年联办"民企法务沙龙"、最终将在报纸上同步开设的"民企法务沙龙"专栏所刊登的全部内容结集成书的《洛阳商报》以及"民企法务沙龙"主持人、参加沙龙的嘉宾们所付出的爱。

提起民营企业法律风险防控，很多企业家都会产生逆反心理，认为这是律师们在夸大其词、吓唬企业、招揽生意，法律风险"偶然"得不能再"偶然"了，怎么可能刚好"砸"到我的头上呢？他们的逻辑是，对企业最为熟悉的还是企业家自己，自己对自己的企业了如指掌，哪有那么多法律风险需要防控？律师又不是做企业的，哪用得着他们在一旁指手画脚？当然，也有企业家认为"法律风险"四字晦气，于是乎，觉得还是远远躲开"贩卖"风险防控的"乌鸦嘴"们为好。所以，工商联、企业家协会以及律师协会或律师事务所举办的民营企业法律风险防范公益讲座，民营企业家们参加的积极性普遍不高，如果不是组织者对参会者有硬性要求，冷场的现象就会经常发生。

律师本身就是个"挑刺"的角色，他不会锦上添花，只会拾遗补漏；他不会摇旗呐喊，只会纠偏踩刹；他不会添草育肥，只会亡羊补牢。律师的任务就是审视企业的各种制度、各种文件、各种行为，找出其中的纰漏和不当，加以弥补、纠偏纠错、调整完善。所以，律师的工作往往会忽视企业家们的感受，提出的意见会驳了企业家的面子，弄得企业家难堪，令企业家不高兴。因为，人家辛辛苦苦、苦思冥想、反复琢磨、脑筋豁然洞开想出的办法、拿出的主意，让律师们一看却是"漏洞百出""一无是处"，甚至被"完全否定""顷刻报废"，人家怎么能高兴得起来呢？因此，很多律师为了顾全企业家的面子，维系这个来之不易的客户，在企业家面前便小心翼翼，不再指手画脚了，即使看到一些问题偏差很大、风险极高，最多也是委婉地提出，不痛不痒、轻描淡写，根本不敢发挥律师的固有职能和避险作用，更不敢直面问题直抒胸臆，慢慢地沦落为企业家的"使唤丫头"而丧失了自己的独立立场。

我始终认为，请律师就要请勇于"挑刺"的律师，能够看到毛病的律师，可以遇事"直谏"的律师，能够拾遗补漏、纠偏纠错、另辟蹊径、调整完善的律师，否则，企业聘请律师就失去了应有的意义。但是，要真正做一个有价值的律师确实不易，因为，一方面得能看出存在的问题，并能提出解决问题的建议，另一方面提出的建议还必须可行，并能被企业家所接受，再一方面还要照顾到企业家的面子和感受。作为律师，人家请咱，不提出点问题吧，觉得对不起自己的律师费；提点意见吧，又怕驳了企业家的面子。所以，有时候我也会尽量在企业家面前少说，不得不说的话尽量在私底下说。但是，企业家们哪有大把时间来听你长篇大论地在那儿"啰唆"，所以，即使是私底下的风险提示，往往也没有时间让你把问题说透。于是，我就想起了"笔谈"，想起了与当地报社联办"民企法务沙龙"专栏，把我们律师憋了一肚子的话一点一点地说出来，并最终将这些内容整理出版成书，以期广大民营企业家们能够抽空看看，遇到问题的时候能够随手翻翻，并能从中得到点什么启发。

本来这套书的名字应该叫作《民营企业法律风险防范百事通》，但我担心对此感兴趣的企业家不多，只好改为《民营企业依法避险与自我保护百事通》，以缓解一些企业家的逆反心理，并吸引更多的民营企业家们关注。这套书的所有观点和建议，都是我们从亲手处理的企业事务中总结出来的经验教训，都是大量活生生的案例和一拨拨企业家们付出惨痛代价所换来的。我自认为这套书是一剂"苦口良药"，可以"去疴疗疾、强身健体"。我们出版这套书，核心目的就在于提示企业家们不能前赴后继，重蹈覆辙，也希望广大民营企业家们别再闭目塞听、"讳疾忌医"，更不要把"裸奔"当善良、丢下"盾牌"表诚信，而是要学会穿上"盔甲"、自我保护，避免矛盾，化解纠纷，防坑防骗，远离违法犯罪。

目前，我国的改革开放正在"深水区"攻坚克难，国民经济运行的市场化程度将会越来越高。与此同时，我国正在加速推进社会治理现代化，党和政府的执政能力也会越来越强。党的十八届四中全会提出了全面推进依法治国的伟大方略，国家管控企业和调节市场经济的法律法规也会越来越健全。可以这样说，在市场经济条件下，任何企业不以市场为导向、不以法律为框架，都是没有出路的。靠投机钻营可能会一时取利，但难以维持长久；靠违法乱纪可能会加速积累，但必然会中途折翼。只有那些定位明晰、心无旁骛、锁定目标、坚持不懈、依法运作、诚实守信的企业，才有可能走得更远、登得更高。

谨以此书献给那些信仰市场经济，摒弃关系思维，崇尚敬畏法律，诚实守信利他，专心致志、踏实做事、只求精细、不图虚名，把做企业当作做事业的企业家们，祝大家在市场经济的海洋中扬帆远航、永不触礁。

2020 年 7 月 28 日于洛阳

前　言

河南张振龙律师事务所是一家专门为民营企业提供全方位法律风险防范的律师事务所。其立足于洛阳、根植于民企，将法律服务深度融入企业的日常运作事务之中，并在法律服务产品化和服务模式创新方面取得了瞩目成就。

针对三、四线城市民营企业法治观念淡薄、运营粗放落后的实际情况，为了推动广大民营企业家法治观念的转变，建立起应有的法治思维，提高其法律风险防范意识，提升企业和企业家的自我保护能力，该律所在《洛阳商报》（周报）开辟了"民企法务沙龙"专栏，采用"每周一期、一期一题、一事一议、以事说法、指导实务"的方式，邀请市场研究、企业管理、人力资源、法律等方面的专家学者，注册会计师、税务师、评估师、造价师、监理工程师、专利代理人、商标代理人、著作权登记代理人等中介机构的实务专家，以及部分优秀企业家，与该律所各位专业律师和行政执法、司法机关的法律工作者一道，以沙龙对话的形式，将民营企业日常运营中的涉法问题，分专题进行了深度解析。

每期沙龙专题，均以企业运营中的各个具体事务的工作流程为主线，揭示出其目前存在的突出问题及成因，提示其中潜在的法律风险以及可能造成的法律后果，给出实务操作中的具体避险措施，帮助民营企业预防潜在的法律风险，教会民营企业如何进行自我保护。

每期沙龙均为一个独立的话题，每个单元的话题又自成体系，整个沙龙话题组成了一个完整的法律保护网，完整覆盖了民营企业日常运营的涉法事务，非常方便企业查阅与应用。企业遇到具体涉法事务，只要从目录中找到涉及该问题的文章，就可以照着沙龙给出的指引而把该涉法事务办好。

"民企法务沙龙"的最大特点，一是摒弃了"以案说法"传统普法模式和"莫伸手，伸手必被捉""莫犯傻，犯傻必吃亏"的简单说教，而是把法律服务深度融入民营企业的日常运作事务之中，使冰冷的法条化有形为无形，渗透到企业的具体行为范式之中；二是克服了单一法律法规培训时，无法解决一个具体事务中的所有涉法问题，以及多部法律不能同步交叉适用的弊端，而是把围绕一个具体事务中的所有涉法问题梳清理透，以"以事说法"的方式实现了不同法律法规的同步交叉适用；三是整个沙龙没有一句具体法条及其解读，更没有空泛的理论说教，而是通过种种情形例证，提示企业实操人员应关注的法律风险易爆点，授予其防范该法律风险的实操技能；四是邀请各专业领域的专家学者共同参与探讨问题，实现了专业律师与对应专家的知识耦合、专业技巧与企业实务的有机结合，使提出的避险方案和具体措施更具实用性和操作性，更易立竿见影。

"民企法务沙龙"由张振龙律师负责整体策划和专题设计，由河南张振龙律师事务所各位专业骨干律师和专题对话律师会同张振龙拟定对话提纲。每期沙龙举办后，均由参加对话的律师进行话题文字整理，该所相关专业骨干律师进行法律和实操措施校正，最后由张振龙负责审查定稿。每期沙龙文字材料进入下道程序后，《洛阳商报》品牌事业部部长（总监）——"民企法务沙龙"主持人进行了"二次劳动"。每期见诸报端的沙龙内容，都经过了通俗化、易读化包括视觉化处理，在《洛阳商报》纸媒刊出后，又通过数字平台《洛阳商报》电子报、"掌上洛阳"手机客户端电子版在网上传播。

为了将散见于报纸的沙龙话题归集成书，便于广大民营企业家收藏阅读，并使更大范围内的全国企业家受益，同时，也为推动广大律师服务思维的转变，推动律师事务所法律服务模式的创新以及整个律师业的转型升级，我们特将所有的沙龙话题整理编辑出版，以飨读者。

本书出版前，张振龙律师又对各个话题的篇幅、例式、内容进行了二次创作完善，并根据最新立法对部分法律机制运用进行了必要修订。与当初报纸刊登的内容相比，最后推出的书稿更加系统、更加完善、更加准确、更加规范。

目 录

开　篇　做好法律服务，助力中小企业发展 ……………………………（1）

第一章　民营企业的法律风险从何而来 ……………………………（5）
　话题1　春天里，为什么有的民企还在"冬眠" …………………（6）
　话题2　"三懂一忌"，企业家酷似足球教练 ……………………（10）
　话题3　民营企业的法律风险无处不在 …………………………（14）
　话题4　企业家可以没有法律知识，但不能没有法律意识 ……（18）
　话题5　企业的法律风险预防并不困难 …………………………（22）
　话题6　民营企业的法律风险防范要依靠"外脑" ……………（26）

第二章　民营企业发展与实体投资科学避险 ………………………（30）
　话题7　战略规划缺失，企业之舟容易迷航 ……………………（31）
　话题8　发展战略规划，离不开法律可行性 ……………………（35）
　话题9　项目投资，要研究透、论证清、策划好 ………………（39）
　话题10　项目合资合作，模式设计至关重要 …………………（43）
　话题11　招募投资人，要像找媳妇那样"相一相" …………（47）
　话题12　对外投资需谨慎，功课事前要做足 …………………（51）
　话题13　合资合作项目实施　要重规则守规矩 ………………（55）
　话题14　项目转让，应从项目清理开始 ………………………（59）
　话题15　受让他人项目，不能存在"未知数" ………………（63）

第三章　创设与完善公司法人治理机制 ……………………………（67）
　话题16　合理的股权结构，是公司科学治理的基础 …………（68）
　话题17　选好公司设立模式，打好企业成长根基 ……………（72）
　话题18　设立新公司，要先"画图纸"后"盖楼" …………（76）
　话题19　公司的"小宪法"不能随便"克隆" ………………（80）

1

话题20 "三会"议事规则，是公司治理的核心规则 …………………………（84）
话题21 制度体系是法人治理的必要支撑 ……………………………………（88）
话题22 股东会：公开透明，规范运作，科学决策 …………………………（92）
话题23 董事会：研究决策，把控方向，切莫越界 …………………………（96）
话题24 经理层：定模式，建制度，管运作 ………………………………（100）
话题25 决策、财务、履职，是监事会的三大监督职责 …………………（104）
话题26 说说公司隐名股东的那些事 ………………………………………（108）
话题27 法人治理机制要定期"体检"与调适 ……………………………（112）

第四章 公司股权转让与特殊情况下的股权变动 ……………………………（116）

话题28 说说公司股权内部转让那些"烦心事" …………………………（117）
话题29 股权对外转让要来者有益、至少无害 …………………………（121）
话题30 股权整体转让，股东们应当如何做 ……………………………（125）
话题31 股权收购，需事前做好尽职调查 ………………………………（129）
话题32 老板们，你对公司股权的特殊变动知多少 ……………………（133）
话题33 公司增资，要增出"财气"，增出"和气" ……………………（137）
话题34 公司减资，要减负、减责、莫添烦 ……………………………（141）

第五章 公司兼并重组、集团化改造与挂牌上市 ……………………………（145）

话题35 公司合并，要1+1>2 ……………………………………………（146）
话题36 公司分立，要分得好、立得直 …………………………………（153）
话题37 "一人公司"转制为"普通公司"究竟图个啥 ………………（157）
话题38 "普通公司"为什么要瘦身为"一人公司" ……………………（161）
话题39 有限公司股改，这是为哪般 ……………………………………（165）
话题40 "股份"转"有限"，意在内部治理扁平化 …………………（169）
话题41 国企改制意在激活其内生动力 …………………………………（173）
话题42 国企"混改"是民企参与的难得机遇 …………………………（177）
话题43 股权多元化，助力家族企业传承 ………………………………（181）
话题44 如何打造民企"航母战斗群"——集团公司 …………………（185）
话题45 企业集团：民营企业的"联合舰队" …………………………（189）
话题46 上市是公司募集资本的上佳途径 ………………………………（193）
话题47 "新三板"挂牌，弄不好就会"脱层皮" ……………………（197）

话题 48　"上市"（挂牌）前，企业要强身健体 ………………………………（ 201 ）

第六章　公司僵局处理、终止清算、破产重整 ………………………（ 205 ）
　　话题 49　善用合法手段，打破公司僵局 ……………………………（ 206 ）
　　话题 50　有聚就有散，好聚要好散 …………………………………（ 210 ）
　　话题 51　司法解散与清算，打破公司终止僵局 ……………………（ 214 ）
　　话题 52　破产清算为止损，资源重组早解脱 ………………………（ 218 ）
　　话题 53　破产和解：给破产企业一个喘息之机 ……………………（ 222 ）
　　话题 54　破产重整：为濒临破产企业注入新活力 …………………（ 226 ）

第七章　民营企业内控体系建设 …………………………………………（ 230 ）
　　话题 55　内部制度体系是企业风险管理的基石 ……………………（ 231 ）
　　话题 56　人力资源管理是企业发展的保障 …………………………（ 235 ）
　　话题 57　调整用工模式，善用劳务外包与劳务派遣 ………………（ 239 ）
　　话题 58　高管频繁跳槽，民企咋防受伤 ……………………………（ 243 ）
　　话题 59　财务管理"雷区"多，及早规范防"引爆" ………………（ 247 ）
　　话题 60　强化资产管理，确保资产安全 ……………………………（ 251 ）
　　话题 61　税务规划，已成民企"必修课" …………………………（ 255 ）
　　话题 62　创造知名品牌，商标战略先行 ……………………………（ 259 ）
　　话题 63　你的产品研发是不是在为别人做"嫁衣" ………………（ 263 ）
　　话题 64　泄密如流血，企业应当心 …………………………………（ 267 ）
　　话题 65　著作权给你的企业穿上"铁布衫" ………………………（ 271 ）
　　话题 66　档案记载历史，信息服务未来 ……………………………（ 275 ）
　　话题 67　只有安全生产，才能稳健发展 ……………………………（ 279 ）
　　话题 68　企业内控体系要定期"体检"与调适 ……………………（ 283 ）
　　话题 69　企业内控体系"诊断"离不开"外脑" …………………（ 287 ）

开 篇

做好法律服务，助力中小企业发展

主持人：罗 晓　　嘉宾：石洪涛　张振龙　马慧娟　　文字：张振龙　罗 晓

　　经过3个多月的紧张筹备，《洛阳商报》与河南张振龙律师事务所联办的"民企法务沙龙"今天正式"登场"。我们为什么要联办"民企法务沙龙"？"民企法务沙龙"专栏将以什么形式展现在广大读者面前？该专栏能为广大民营企业提供什么样的"美味佐餐"？开栏之际，我们邀请《洛阳商报》执行总编石洪涛和河南张振龙律师事务所主任张振龙、副主任马慧娟与广大读者见面，谈谈开办这个专栏的宗旨、表现形式和主要内容。

1. 正是一年春好处，姹紫嫣红为谁开

　　主持人：4月的洛阳，即将迎来"花开时节动京城"的盛况美景。作为全国律师界法律服务产品化、"菜单式"服务模式先行者的河南张振龙律师事务所，与《洛阳商报》联办"民企法务沙龙"专栏，给洛阳这座牡丹花城增加了一道靓丽的风景线。请问，我们开办"民企法务沙龙"专栏的目的是什么？该沙龙将怎么立足民营企业，为民营企业的生产、经营、管理、运作、投资以及法人治理提供哪些具体服务呢？

　　石洪涛：改革开放40年来，我国的经济运行模式已由计划经济转换为市场经济。市场经济就是法治经济，但其内涵很多民营企业家并不一定十分清楚。党的十八届四中全会确立了我国的依法治国方略，此后，国家的社会事务（包括企业与市场行为）必将被完整地置于

日益健全的法治环境之中。但是，目前我们不少企业家的思维方式，仍停留于过去的机会思维、胆量思维、关系思维，尚没有转变为市场思维、规范思维、法律思维，因此，出现了不少市场风险、管理风险、法律风险，有的因此而陷入了困境。

企业家们可以没有法律知识，但万万不能没有法律意识。法律是治国之重器，道德之底线。我们联办"民企法务沙龙"专栏，其目的就是要帮助民营企业家们确立法治思维，增强法律意识，提高法律风险防范的主动性，使企业家们在市场丛林中穿行时，能够练好抵御法律风险的基本功，运用法律武器搞好自我保护，使企业在市场经济的大海洋中健康成长、平稳发展、乘风破浪、安全航行。"事前防范"强于"事后救济"是我们宣扬的信条，"上医治未病"是我们这个专栏的根本宗旨。

主持人： 请问石总编，《洛阳商报》为什么要与河南张振龙律师事务所进行战略合作呢？

石洪涛： 首先，河南张振龙律师事务所针对民营企业全方位法律风险防范研发的服务产品、创造的服务模式，契合民营企业的现实法律需求，顺应了市场经济即法治经济、道德经济的大势，符合律师业的发展方向，为实现律师业的转型升级带了个好头。其次，《洛阳商报》之所以联手河南张振龙律师事务所，主要是基于以下几个方面原因：一是该律所是一家专门从事民营企业法律风险防范的专业律师事务所，这在全国也不多见，洛阳仅此一家；二是他们拥有相对全面的专业配置，实体投资、公司法人治理、企业内部风控体系建设、财税、人力资源、知识产权、工程建设与施工、房地产开发、行政违法预防、刑事违法预防专业律师俱全，可以为民营企业提供日常运作的系列化服务；三是该律所已在全国率先实行法律服务产品化、规范化的"菜单式"法律服务模式，民营企业对此有好感；四是该律所不但有自己的专业律师团队，而且还聚拢了一批洛阳知名的市场运作与企业管理专家、顶尖的中介服务机构，他们可以联手为民营企业提供多专业、协同性的融合服务，能够真正解决民营企业面临的各方面现实问题。

2. 正是一年春好处，雨润时节喜逢君

主持人： 今天，"民企法务沙龙"这个服务和造福民营企业与民营企业家的平台终于搭建成功了！报社办"民企法务沙龙"专栏，离不开法律专家和专业律师团队的鼎力支持，身为"民企法务沙龙"的总策划人之一，请问张振龙主任有何感言？

张振龙： 身为"民企法务沙龙"的总策划人之一，在此我想与企业家朋友们讲两点：首先，企业家必须树立法律风险防范意识。法律风险爆发具有一定的偶然性，但其后果往往是不可预测的，也是不能自我控制的，任何一种法律风险的爆发，都会导致企业利益受损，甚

至会使企业萎靡不振、陷入泥潭、走向灭亡。其次，法律是企业家自我保护的唯一武器。过去，我们的多数企业家都认为法律是管理和制约企业的，根本不知道法律在规制企业的同时，也是保护企业的，一直不重视法律在企业运作中的合理运用，甚至排斥法律要素的有效植入，结果使企业完全暴露在毫无法律保护措施的开放式风险状态。近几年，很多企业因涉法涉诉导致破产、易主的案例，几乎都是这方面的原因造成的，必须引起企业家们的高度重视。我们律所联办"民企法务沙龙"专栏，目的就是要让广大民营企业家对法律风险有所认识，推动民营企业法律风险防范意识的快速转变。

眼下，市场经济形势低迷，民营企业面临巨大困难，有的企业还身陷危机之中，法律风险也暴露无遗。当前，民企投资如何规避风险，家族企业怎样传承，内部股权激励究竟应该如何去做，"互联网+"如何"联"、如何"+"，连锁经营"连"什么、"锁"什么，企业面对强大的行政管理和刑事风险究竟应该如何应对，等等，诸多民营企业家们关注的热点、焦点和难点、疑点，都是需要律师跟进服务的。当今社会，公民权利意识觉醒，利益诉求多元分化，大量涉及法律的专业事务都需要有专业人员来处理，律师在依法治国中的作用越来越突出。联办"民企法务沙龙"专栏，就是要利用我们的专业优势，为民营企业提供一些有价值的运营思路。

主持人：在当前新媒体兴盛、自媒体泛滥的新常态下，民营企业可以从多个渠道获得多方面的信息，咱们联办"民企法务沙龙"专栏优势何在？

张振龙：新（自）媒体有其自己的优势，它信息来源广、传播速度快，但其缺点不言自明。一是信息碎片化，难以形成完整的知识体系。二是即兴发表的文章较多，缺乏专业严谨性，加之有的新（自）媒体出于不同目的使用的夸张成分过多，使读者着实难以分辨真伪。三是新（自）媒体信息量太大，让读者没时间筛选、甄别。所以，新（自）媒体可能更适宜于碎片化信息传播，而对于专业问题，特别是对一些专业问题的深度探讨，可能更适宜于纸媒。毕竟，纸媒便于读者浏览和阅读，便于保存、收藏和研究，便于组织内部传阅和学习，而且，纸媒一般都有电子版，不影响内容的远距离传播。像民营企业法律风险防范这类专业性强的系列文章，经"二次传播"的价值和效果不可小觑。

3. 洛阳牡丹四月开，花香自会引蝶来

主持人：马主任，您能否先给大家介绍一下你们律所联办"民企法务沙龙"的内容筹划与具体安排？

马慧娟："民企法务沙龙"采用对话方式讨论问题。每个话题将紧紧围绕民营企业的发展、

投资、公司法人治理、并购重组、企业内部管理、市场交易、工程建设、房地产、行政与刑事违法预防、纠纷处理、高管与员工培训、法律顾问等方面依次展开，每周一期、每期一题、一事一议。每个专题，我们都将安排相应的专业律师，邀请相关专家学者或专业人士，与民营企业家共同探讨问题。每期沙龙话题，将针对民营企业面临的热点、焦点、难点和疑点，力争把民营企业日常运作中遇到的问题谈透，如此，一方面能解决民营企业的困惑，挖掘造成困惑或问题的成因，另一方面可以指明处理问题的方向，提出切实可行的解决问题的建议。每期话题独立成篇，同类话题形成体系，所有专题系统、完整。这样做，能方便企业根据自己的需求重点学习、吸收和采纳。

主持人：以往的媒体普法专栏（节目），往往以专家解读法律为主，当时看着有感触，过后感觉收效不明显。为保证"民企法务沙龙"的可持续性，请谈谈你们律所的打算。

马慧娟：我们认为，"民企法务沙龙"专栏应该是一个能为企业家提供实用性操作指南的阵地。这个专栏将呈现以下特色：第一，每期话题只讲企业运作实务中各个具体事务所存在的现实问题、法律风险以及如何处理和防范，不直接介绍法律法规（法律法规只起背景支撑作用）；第二，在每一个专题中，将系统地把该专题所面临的所有问题谈透，使企业对该专题有一个更加全面的认识；第三，我们将邀请不同专业的专家，针对同一问题各自发表自己的专业意见，把不同视角的多侧面意见"糅合"到一块——共同处理同一问题，使给出的建议更贴合于企业实际，以防出现不同专业之间的矛盾和冲突。照着我们的专家给出的指导意见、解决问题的思路或操作方法去做，一般不会出现大问题。

主持人：请问，为联办"民企法务沙龙"专栏，你们做了哪些准备？

马慧娟：我们发动全所各专业骨干律师积极参与到沙龙事务中来，将任务分解到部门，责任分配到个人；分板块提前筹划设计沙龙专题，梳理确定各专题的讨论要点；收集、整理各专题背景资料和法律法规，以使专家们发表的观点、最后形成的文字材料准确；提前邀请相关专家和企业家，向其提供背景资料，并与参与沙龙的嘉宾沟通话题内容，安排好沙龙讨论。我们还将充分发挥本律所专业律师团队以及外围专家智库的资源优势，善始善终，做好自己的工作。

我们相信，通过"民企法务沙龙"这个咨询、交流、互动平台，能够为民营企业和企业家们提供一系列"真材实料"的法律大餐。同时，通过律师们的"厨艺展示"，更好地锻炼我们律所的专业化、团队化律师队伍，形成和增强律所品牌影响力，让我所产品化、"菜单式"法律服务"洛阳水席"，能够"花香自引蝶飞来"。

第一章
民营企业的法律风险从何而来

　　市场经济就是法治经济。所谓法治经济,就是国家以法律手段来规范市场主体的地位、监督市场主体的市场行为、管控市场主体的社会责任。市场主体如果违反了市场经济的法律规范,就有可能承担相应的法律责任或后果。这种违反市场经济法律规范而可能承担的法律责任或后果,就是企业的法律风险(称为"积极的法律风险""作为的法律风险")。为了维护健康良性的市场秩序,国家同样以法律手段来保护企业的合法行为,维护企业的合法权益。但国家保护企业合法权益的法律规范一般都是授权性规范,企业如果不会利用这些法律规范进行自我保护,国家可能也会无能为力、束手无策,因此给企业造成的经济损失就得由企业自担。这种不会利用法律规范进行自我保护而造成损失的可能性,也是一种法律风险(称为"消极的法律风险""不作为的法律风险")。

　　那么,民营企业为什么会发生法律风险,发生法律风险的主客观原因是什么,法律风险有什么特征,法律风险会给民营企业造成什么样的法律后果,法律风险应当如何防范呢?本章将从宏观层面解读法律风险的发生背景、内外部成因、特点特征、不良后果、预防思维等,以帮助民营企业树立法律风险防范意识,促使其积极主动地去预防法律风险对企业的可能危害,保证企业在未来的发展道路上不会发生大的闪失。

话题1　春天里，为什么有的民企还在"冬眠"

主持人：罗　晓　　嘉　宾：张振龙　周治伟　马慧娟　　文　字：张振龙　姜爱军

每一次潮水退去，都可以看到谁在裸泳。每一次经济周期的出现，也都可以看到很多企业陷入困境。可以说，经济周期是检验企业是否健壮的试金石。那么，是什么原因导致部分民营企业在这波经济调整中陷入困境的呢？只有找到原因，才有可能使民营企业避免重蹈覆辙，才能保证其健康持久发展。本期"民企法务沙龙"我们邀请几位专家来与大家谈谈民营企业陷入困境的三大原因。

1. 市场巨变，使众多民企手足无措

主持人： 2014年秋冬以来，由于市场遇冷，很多民企陷入困境，大家对此都很关注，各位专家能否谈谈其中的原因？

张振龙： 根据我的观察和研究，这一轮民营企业陷入困境的主要原因有三：一是企业在市场巨变的冲击下不能及时应变，渠道收窄、销售下滑；二是超越自身能力投资，其中一个环节脱节，导致项目停滞或瘫痪；三是涉法涉诉导致企业陷入泥潭。周老师是市场营销方面的专家，您来谈谈市场原因吧。

周治伟： 从2008年以来，我国全产业链产能过剩，增速放缓，市场疲软。很多民企对市场的巨变准备不足，预判失误，应对不力，无法适应回归理性的经济发展新常态。譬如，面对"互联网+"新业态的巨大冲击，部分传统制造业和商业服务业无所适从，渐趋难过，大量关张；有的虽匆忙"触电"，但由于模式设计欠缺，并未收到期待的效果。又譬如，中央"八项规定"刚出台时，大多数服务业都认为这只不过是喊喊"口号"而已，岂能当真，对中央的宏观政策和治理决心预判失误，结果出现高端餐饮娱乐休闲服务业一蹶不振。再譬如，市场传导效应导致的房地产关联产业颓废。前几年，由于炒房误导了房地产市场，多数地区房地产投资规模过大，但购买力不足，导致不少开发项目搁浅，出现了遍地是"烂尾"、处处有"鬼城"的萧条景象，不但导致大量资金沉淀，也同时波及了上游的原材料供应产业，继而又传感至其他关联产业，引发多米诺骨牌效应，导致国内市场整体疲软。

马慧娟： 这一波经济调整，对传统制造业、商业、服务业、金融业冲击最大。因为这些产业技术含量普遍偏低、产能过剩、竞争充分，对新的事物又不太敏感，所以，一旦市场有变，就显得反应不过来，手足无措、晕头转向。因此，所有的企业家从现在起都要关注和研究社

会发展的大势和政策导向，既紧跟时代潮流，寻求新的出路，在细分市场中寻求一席之地，又不能盲目跟风、恶性竞争，在同一个平台上与重量级对手较量，以避开同质化恶性竞争的悲惨结局。

张振龙：目前，我国的经济形态正面临着由数量型向质量型、由粗放型向精细化、由传统型向高科技信息化转变的大势。为此，国家提出了供给侧改革战略。所谓的供给侧改革，就是要出重手淘汰落后产能，从政策上鼓励和支持新兴产业发展。那些传统的资源型、高能耗、高污染、低附加值产业必然会被强制退出市场；高科技、节约型、低能耗、低污染、高附加值的产业将会获得更多政策支持。所以，企业家们必须认清这一形势，不要停留在幻想和抱怨当中。要早做打算、早谋划、早布局、早转型、寻出路、占先机，不然，被淘汰出局将会是必然结果。

2. 超能力投资，使一些好端端的企业陷入困境

主持人：发展靠投资，但投资有风险。近几年，有不少企业被投资所拖累而陷入困境。各位专家能否谈谈民营企业在投资方面的经验教训？

周治伟：企业进行项目投资，首先要进行拟投资项目的可行性研究。项目的可行性，既包括产品与服务的市场可行性，也包括项目的法律可行性，更包括合资合作与运营模式设计的可行性。只有经过可行性论证的项目才可以投资，否则，就可能造成投资失败。但可行的项目，也不一定适合所有的企业去投资，企业对可行的项目也要有所取舍、量力而行，不能盲目地超能力投资，否则，就有可能使自己陷入投资泥潭而不能自拔。

张振龙：目前民企的超能力投资非常普遍，主要表现在四个方面。一是超资金能力。如有的企业家攀比思想严重，总想争当行业老大，无奈实力不足，只好以小博大，投资比自有资金大数倍甚至几十倍的项目。这些项目完全依赖于融资建设，硬是"把自己的脑袋拴在别人的裤腰带上"，结果死在了筹措资金的路上。二是超市场运作能力。产能扩大、产品增加或经营项目多元化后，由于营销渠道、销售手段、市场经验以及营销人员无法适应扩张之需，导致市场拓展乏力，长期达不到盈亏平衡点，慢慢把自己一个好端端的企业一步步地给拖垮。三是超管理能力。投资前缺乏人才培养与储备，制度层级较低，扩张后靠匆忙拼凑的管理团队运作，管理乱、效率低、成本高、收益差，使项目（企业）长期无法进入良性运转状态。四是超驾驭能力。多数民企都是由家族企业转化而来，缺乏智囊型的辅佐团队，盘子扩大后，企业主由于自身条件的局限，往往靠原有经验已难以驾驭扩大后的企业，最终造成企业运营失控。

马慧娟：好项目做不好，基本上都是由企业自己的能力不能满足项目建设开发和运营的需要所造成的，这方面的教训非常多。洛阳有这么一个高科技企业，是为军工和航天航空企业提供芯片原片的，初期厂址在高新区，虽然规模较小，但由于质量优良，订单满产，收益很好。后来经不起县里招商引资政策的诱惑，在该县征地200余亩建设芯片产业园，结果由于投资过大，资金跟不上，全靠借贷方式融资建设，加之急于引资，又饥不择食地引入了一个不理想的合作伙伴而陷入合作僵局和诉讼，最后连搬迁过来的车间设备都没有配齐，产能没上去，成本却飙升，最终企业被融资成本硬生生地拖累到破产重整，拱手让人。

周治伟：企业要根据自己的条件和能力，投资自己能够承载的项目，并要保留一定的余力，不能把"身家性命"全都押在一个项目上，抱着赌博的心态去做。好的项目多的是，不能见了就上，要挑选适合自己的上，拣自己能够玩转的上。不能被别人"忽悠"着上，或被别人"绑架"着上，爱面子只会自受其害。企业家整天吆喝着"融资难"，但你认真想过没有，你经营中的一时之需，可能还有人愿意帮你，你做无底洞式的长线投资，谁还敢把资金押到你的项目上？银行更是只发放流资贷款，而根本不可能给民营企业发放基本建设贷款。可以说，"融资难"基本上都是企业自己造成的。

3. 涉法涉诉，把一些企业活活缠死

主持人：马主任，你是民企法律风险防控专家，请谈一下涉法涉诉方面给企业带来的影响吧。

马慧娟：涉法涉诉造成企业一蹶不振或破产易人的案例比比皆是，主要表现为三个方面。第一，合同违约、随意担保、民事侵权。企业遇到民事纠纷不积极处理，甚至与对方较劲，导致对方提起诉讼或仲裁，结果资产被查封冻结后，既影响银行借贷，也影响供应商或采购商与之交易的信心，企业被无限期的诉讼所拖垮。第二，行政违法。如无资质或未经许可经营特定业务，违反土地、规划、环保、财税法律法规等遭受行政处罚后，导致停建、停产、停业和资产损失。第三，企业家因非法经营、逃税、行贿、合同诈骗、职务侵占、重大事故等而被刑事追诉，因企业没有"备胎"接替运营，而使企业"树倒猢狲散"。近几年爆发的非法集资类犯罪造成了不少企业家服刑、财富归零，教训深刻。

张振龙：对上述涉法涉诉风险，以前民营企业都不是很重视，所以，也未采取必要的措施加以防控。很多企业与交易对象签订合同后，并没有把合格履约当成一件严肃的事情去对待，一方面随意地拖延履约时间，放任产品与服务质量瑕疵，长期拖欠应付款项，不积极善意诚信地去履行合同；另一方面也不会防范对方的违约行为，预设制约对方违约的有效措施

和应对之策。一旦发生合同纠纷，企业也不去积极处理，而是长期搁置不理。一方提起诉讼或仲裁后，双方斗气较劲、互不相让，抱着非要把对方给打败不可的思想长期对抗，把有限的精力都用在了打赢这一场官司上，而难以专心经营。即使如此，官司也不一定都能打赢，到头来落了个两边耽误。要么打输了，被法院列入被执行人黑名单，法定代表人被"限高"，企业资产被拍卖；要么打赢了，对方也已丧失了支付能力，白忙几年一场空。

马慧娟： 项目投资中的"半拉子"工程，最容易发生批量诉讼或仲裁，并把企业活活缠死。投资项目资金不足、融资中断，首先就会造成施工企业中途停工，供应商停止供货，并集中带来其他合同同步违约，如果长期复工无望，就必然会引发诉讼或仲裁。可以想象一下，企业账户一会儿被这个单位起诉查封了，资产一会儿被那个单位仲裁冻结了，并且是层层查封和冻结，你想你还有办法解套吗？银行谁还敢把资金贷给你，其他投资人谁还敢把资金投给你？当你连"过桥"资金都弄不到的时候，你的资金链必然断裂而修复无望，企业还能生存吗？

周治伟： 时至今日，还有好多企业家认为，即使行政违法了，找到主管部门的有关领导说说也就算了，大不了花点小钱象征性地缴点罚款也就过去了，即使是触犯了刑律，也可以找人摆平而不予立案和追究，根本没有想到关系会有失灵的那一天。在当今政治生态发生巨变的情况下，仍有不少企业家迷恋关系而无视法律，认为自己的能量很大，遇事都能摆平。殊不知当前的反腐和追责机制，绝不是一时的权宜之计，而是国家治理的常态化举措，关系越来越靠不住了，如果严重违法或犯罪，是谁也救不了你的。

话题2 "三懂一忌"，企业家酷似足球教练

主持人：罗 晓　　**嘉 宾：**周治伟　张振龙　马慧娟　　**文 字：**张振龙　姜爱军

一个成功的企业家都有自己的成功经验。由于他们的创业经历不同、市场机遇不同、方法手段不同、切身体会不同，所以，对企业家应当具备什么样的知识和能力也有不同的看法，一时难以达成共识。在市场相对成熟、竞争更加充分，特别是当前供给侧改革以及产业转型升级的大背景下，做一个合格的企业家究竟需要具备哪些基础性的知识和能力，才能保证企业的正常运营和健康发展呢？今天的沙龙我们就来聊聊民营企业家应当扮演什么样的角色这一话题。

1. 足球教练的"三懂一忌"

主持人：谈到民企"冬眠"的原因，外部的市场原因肯定是一方面，但企业家自身的短板和陋习也必须被正视。各位专家，你们认为民营企业家到底应该具备什么样的素养？

张振龙：如果把企业家看作一种职业，我认为其与足球教练最为相似，必须做到"三懂一忌"，即懂市场（赛场环境与对手）、懂管理（技术训练和组织）、懂法律（赛场规则），不能陷入日常事务之中（不能替代球员上场）。

马慧娟：足球教练如果不会客观全面地评估赛场环境和竞赛对手，就无法制订出科学的攻防策略，就难以取得比赛的胜利；如果不会训练球员、有效组织球队作战，也不可能在比赛中取胜；如果不深谙比赛规则，缺乏娴熟运用规则的能力，就不会充分利用规则，合理安排攻防，做好自我保护。如果队员太多无谓犯规，球也不可能踢顺，如果严重犯规被红牌罚下，整个球队就可能崩溃。足球教练还有一个"大忌"，那就是永远不能亲自上场，代替自己的球员去"赴汤蹈火"。

周治伟：张主任将企业家比作足球教练非常贴切。第一，企业家必须懂市场。企业制定发展战略，作出重大决策，都必须建立在对市场环境和竞争对手充分了解、全面分析的基础之上。否则，就不可能为企业的经营、管理和发展谋好局、布好棋。第二，企业家既要会促进员工提升工作技能，还要会把员工有效地组织起来，使整个企业实现有序、高效、低成本的运转。第三，企业家确实应当深谙法律规则，既不轻易去触碰法律红线，又能善于利用法律规则做好自我保护。如果无视法律规则，企业不是在市场上左右碰壁，就是在内部运作中经常踩线，各种风险渐次发生，难以平稳健康地发展。第四，企业家必须学会超脱，要避免陷入日常事务之中而不能自拔。如果企业家日常事务缠身，他就没有精力去研究市场、研究

管理，谋划未来，企业就难以做强做大。这也是企业家与个体户的根本区别。

张振龙：教练员不一定都是知名球员出身，但他为什么能够把球队带好呢？他靠的不是自己的球技，而是对整个球队的了如指掌和掌控能力。他既要整体训练球员的基本功，又要在训练中发现、甄别和熟悉球员的个人能力和长短板，以便把每个球员摆在适合他发挥作用的位置，并根据整个球队的基础特点作出攻防战术安排，根据对手的整体情况、对方每个球员的长短板以及赛场发生的现实状况作出战术调整。足球教练的高明之处在于对球队的整体布局和把握，让大家配合主力球员发挥好作用，而不可能倡导个人英雄主义。最终取得冠军的球队，往往都是整体素质比较高和整体配合打得好的球队，只有一个世界级球星而没有其他队员支撑的球队，是不可能夺取世界冠军的。

2. 个体户心态限制了企业家的格局

主持人：企业家好比是足球教练，这个道理似乎浅显易懂，但真正做起来恐怕很难。从个体户转变为企业家真正的障碍是什么？

周治伟：从一个个体户转变为企业家，就像一个球员转变为教练一样，需要思想上的脱胎换骨。球员的核心竞争力是球技，其次才是团队意识和纪律。当一个球员退役后去当教练的时候，球队看的不是他的球技，而是他的组织能力和临场判断力。再优秀的球员，如果他没有组织能力和临场判断力，就不可能有球队让他去当教练。所以，一个球员要想转行当教练，他就必须把工作的重心转移到整个球队的能力提升和整体协作上来，实现思想格局上的质的跃升。

张振龙：民营企业家的思想转变确实很难。这既有改革开放以来我国市场经济飞速发展和环境巨变的原因，也有企业家自身格局限制的原因，更有企业家经验主义作祟的原因。民营企业家的个体户思维，主要表现为两个方面的特征，一是孤芳自赏的个人英雄主义，二是不敢也不会大胆放心用人的"疑心病"。民营企业的创始人，基本上都是由小厂、小店、小作坊、"小分队"做起来的，不管自己是技术出身、销售出身或者是其他出身，一开始都是身兼数职，既是老板，又是工人，同时也是销售员，也是雇员的管理者。作为初期创业的成功人士，他们多数人都认为自己不管哪方面都比别人强，所以，企业做大后，仍然喜欢什么事都要亲自去做、亲自去管，不然自己不放心。不知道需要把原有的工作梳理成流程，制定为标准，要求大家按照流程和标准去做，以减轻自己的工作负担，避免自己的亲力亲为。

马慧娟：创业初期，由于企业较小，多数都是创业者的家庭成员或亲戚，老板不可能注重内部管理，只要求家人把钱管好就行了。所以，采购以及进货手续不一定健全，销售合同和发货手续也不一定完善，有的甚至连一本流水账都没有，更甭说库存商品账和客户分户账了。企业变大后，部门、岗位和人员都会得到大的扩充，自然就需要提升内部管理运作水平，家人可能已经完全跟不上管理运作的需要，这时就急需有人来协助老板进行管理和运作。但由于老板对内不知道积极培养各方面的业务骨干替代自己、为我所用，对外聘的专业人员或职业经理人也始终不放心，既不敢放手让他们去干，又不敢对其充分授权，仍喜欢自己直接发号施令，结果这些人员都变成了自己的"使唤丫头"，自主性和创新性受到压抑和扼杀，导致关键岗位的关键人员频繁离职，而企业无法建立起自己的管理团队。

周治伟：要知道，人的精力是有限的。不管你有多大的精力，事必躬亲是根本做不到的。如果企业家在企业发展到一定规模后，不会把自己从具体的烦琐事务中解脱出来，就根本不可能把企业理顺管好、做强做大。现在很多民营企业陷入困境，很多都是困到了这个地方，但企业主却不一定自知。整天抱怨外部的环境不好，抱怨自己的团队不棒，却不承认问题都是出在自己身上。

3. 企业家"充电"不能"偏食"

主持人：我认为，知识结构是制约企业家自我完善的一个突出问题，那么，企业家应当如何进行自我提升和知识更新？

张振龙：作为一个合格的企业家，必须要具备三方面的基础知识，一是市场与营销知识，二是企业管理与运作知识，三是涉企法律知识。不管你是初始创业者，还是中途加入者，也不管你是技术出身、营销出身，还是其他出身，这三类基础知识就像三脚架的三条腿缺一不可，任何一个企业家都必须要具备，否则就很难成为一个真正的企业家。学习这些知识，并不是要你去做具体工作，当专业人士，而在于提升你的宏观认知能力、综合运用能力以及决策把控能力。

周治伟：从目前的现实情况看，不管是第一代民营企业家，还是接班的"企二代"，或是近几年创业的企业"新秀"，知识结构都是残缺不全的，都需要后期的不断学习和持续"充电"。第一代企业家多数都没有上过大学，全靠后天的不断学习，实现知识结构的螺旋式上升确实难度很大。但即使再困难，也应该对这些知识有个宏观上的了解。"企二代"有的上了大学，但毕竟学习的是一个专业领域的知识，要想顺利接班并挑起大梁，一方面要深入企业了解企业的整个业务流程和具体工作的管控要领，另一方面也必须要学习上述三类基础知识，并做到学以致用。近些年高新企业的创业新秀，大多是技术方面的优秀人才，但更缺乏上述三类基础知识，没有这些知识，再好的产品也不可能顺利推向市场并持续占领市场。对于一个专业人才而言，"长板理论"可能更好，但对一个企业和企业家而言，必须崇尚"木桶理论"，否则，就不可能把一个企业做好。

马慧娟：目前，大多数企业家都热衷于学点子、学模式、学理财，而不愿投入精力去学市场知识、学管理知识，花力气去夯实企业运作的基本功，更不愿意学习法律知识。甚至有些企业家会认为法律是企业前进的羁绊，而不知道法律对企业的规范作用和保护作用。市场上行时，企业的各种问题和风险会被一时掩盖，一旦市场下行，就会凸显出来。所以，企业家在学习方面不要"偏食"，要努力丰富完善自己的知识结构，使自己具备宏观认知和协调组织能力，能够调动各种内外部资源为我所用，把自己的企业经营好。

张振龙：前些年，很多人热衷于花大价钱去听一些所谓"大师"的课。你可以去问问听过这些"大师"课的人，他们得到了什么？他们学到的知识在企业营销或管理上用到了多少，有什么收益？你委托这些"大师"来为企业做个诊断或策划试试，你看他们干不干？我敢百分之百地告诉你，他们不接任何具体的策划案，他们只做培训。一个不做策划案的"大师"还是大师吗？近些年又有人愿意花大价钱去上各种所谓的总裁班，这些总裁班主要是为企业家提供社交机会，即便上课也都是些形势分析类的课、市场展望类的课，你没有一定的基础知识是根本听不懂的。所以，建议大家不要再"打肿脸充胖子"，去学那些所谓的高大上知识，还是老老实实地系统地学习一些市场、营销、管理的基础知识以及与企业有关的法律法规，这样的知识对你的企业才真正有用。

话题3　民营企业的法律风险无处不在

主持人：罗　晓　　**嘉　宾：**张振龙　马慧娟　姜爱军　　**文　字：**张振龙　姜爱军

　　风险与收益是一对孪生兄弟。一般二者呈正相关关系，高收益对应高风险，低收益对应低风险。民营企业的运作风险，既有市场风险，又有管理风险，还有法律风险。那么，企业为什么会有法律风险呢，企业面临的法律风险多不多，法律风险对民营企业来说真的有那么严重的危害吗？本期沙龙我们就跟随几位专家来了解一下什么是民营企业的法律风险及其基本特征。

1. 企业法律风险是市场经济的产物

　　主持人：企业在存续期间，面临着许多不确定的风险。那么，专家们能否先帮我们梳理一下这些风险，让我们了解一下什么是法律风险？

　　马慧娟：企业在设立、存续、终止的整个生命周期中，面临着很多不确定的风险。这些风险大致可归纳为三个方面，一是市场风险，二是管理风险，三是法律风险。所谓市场风险，是指企业的产品和服务面临的市场供求与投入产出比例失调而产生的风险。如果产品和服务供过于求，就会引起市场的恶性竞争，使企业销售下滑；如果投入与产出不成比例，就会导致投资收益率下降，甚至入不敷出，出现亏损。所谓管理风险，是指企业法人治理机制失效和企业内部管理运作不畅而造成的风险。如果企业没有完善的法人治理机制，就会造成股东之间以及股东与董监高的关系失序，形成企业的内部关系阻滞或僵局；如果企业的内部运作流程不科学、传递不流畅、手续不健全、层级或岗位之间的责任不明确，就会造成内部的业务传递脱节，生产效率低下，"跑冒滴漏"严重。所谓法律风险，是指企业在运作过程中违反法律法规而造成的违约、侵权、违法和犯罪的风险，以及不会利用法律法规进行自我保护而面临的受害或被侵权、被违法、被犯罪的风险。

　　张振龙：我们知道，市场经济就是法治经济。市场经济的特点就是运用市场供求机制，通过价值交换关系，实现各种生产要素在市场主体间的有效配置。市场经济条件下，国家虽然不再直接控制和干预企业的生产、经营、管理、投资和法人治理等活动，但不等于对企业放任不管，而是以法治手段来管控企业，即以法律法规和国家的各种监督措施来规制企业的所有行为。这就是市场经济与计划经济不同经济模式下国家对企业的管控手段的根本区别。

　　姜爱军：法律对企业的管控主要表现在三个方面。一是规制企业的组织形式。如不同形式的公司、合伙企业、个人独资企业以及个体工商户等，必须按照法定形式设立。二是规制企业的市场经营和交易行为。如可以经营的产品与服务、需要许可或批准经营的产品与服务、可以采取的经营与服务方式、交易合同的签订与履约、广告宣传等，都要遵守国家的相关规定。三是规制企业应尽的社会责任。如产品质量、安全与环保、员工劳动保护与福利、消费者权益保护、依法纳税等方面，均不得违反国家的强制性规定。所以，企业必须依法设立、运作和开展市场交易，遵守社会公共秩序，依法处理各种矛盾和纠纷，任何违法行为都可能导致"意想不到"的法律后果。

张振龙：法律在规制企业的同时，又是保护企业和企业家的唯一武器。法律在保护企业合法行为方面发挥着不可替代的作用，这是许多企业家所没有意识到的。所以，企业必须学会利用法律进行自我保护，否则，如果将企业置于无任何保护措施的开放式"裸奔"状态之中，同样也会产生企业利益受损或被侵权的法律风险。

2. 企业的法律风险无处不在

主持人：法律风险既然是企业的三大风险之一，那么，它主要潜藏在企业的哪些方面和环节？对企业有哪些危害性？

马慧娟：企业的法律风险几乎涵盖了企业生产、经营、管理、投资以及公司法人治理的方方面面，既潜伏在企业的市场经营交易行为里，又渗透于企业的内部运作管理过程中，法律风险主要依附于企业的市场经营行为与管理运作行为，并且与市场风险、管理风险相互交织、相互转化、相互促进。其中任何一个环节存在管理漏洞或脱节，都有可能导致法律风险的爆发。

张振龙：实体投资方面，如果企业对拟投资项目不进行法律可行性研究就匆忙上马，可能会面临项目本身不合法、经营项目得不到批准或许可、用地规划办不下来、环评和安评通不过、将来会被强制淘汰或被强制升级改造等风险；如果投资伙伴没选好或者合资合作模式和机制没有设计好，将来共同投资人之间就有可能发生分歧和矛盾，造成项目中途搁置或无法运转。

马慧娟：法人治理方面，如果企业不预先设计好股权结构，不划分好股东会、董事会、总经理以及监事会的职责、权限和分工，不设计好"三会"的议事规则，不拟定好投资或公司设立协议，不起草好公司章程，企业就有可能出现股东纠纷或决策、执行与监督之间的内部僵局。

姜爱军：企业内控方面，如果人力资源管理不合规、不人性化，就不能最大限度地发挥员工的作用，无法留住人才并建起强有力的团队，甚至诱发员工损害企业利益，出现不应有的劳资纠纷；如果财务与纳税行为不合规，就有可能因财税违法而遭遇行政处罚，或者无谓地增大成本、多缴税款；如果知识产权保护不力，就有可能遭遇他人侵犯其合法权益并要付出高昂的维权成本；如果自己有意或无意地侵犯他人的知识产权，也有可能会承担侵权责任或遭遇行政处罚；如果企业内部风险管控机制不健全，就会出现管理漏洞，发生内部员工的职业道德风险。

张振龙：市场交易行为方面，如果企业不去设计采购模式、采购流程，制订科学的采购管理办法，原材料与商品采购就可能出现漏洞，造成采购成本上升或质量下降；如果企业不去设计销售模式、销售流程，制订科学的销售管理办法，产品和服务的销售就可能出现风险，造成交易效率低下或应收款回收难；如果采购或销售合同条款设计不科学，就不能有效地管控交易风险，做好自我保护；如果自己违约，还可能造成交易纠纷，承担违约责任；如果销售过程中违反了国家关于产品质量、价格管理以及消费者权益保护的相关法律法规，还可能受到行政处罚。

姜爱军：除了以上商事和民事法律法规调整企业的运作行为外，为了保护公共安全、公共秩序、公共利益，维护公序良俗，国家还制定了大量的行政法律法规来管控企业的具体行为，对于严重危害社会的行为，还以刑事法律规范来加以威慑，一旦企业违反了这些法律法规，轻则受到行政处罚，重则企业及其直接责任人还会被追究刑事责任。

马慧娟：民营企业的法律风险无处不在，并具有潜伏范围广、隐蔽性强、引爆原因复杂、不良影响大、应对难度大、挽回成本高等特征，不易被企业所认识和觉察，如不重视法律风险事前防范，企业就会危机四伏。所以，企业不仅要建立安全的外部交易模式，还要建立科学的内部运行机制，同时还要做好内部和外部的有效衔接，实现企业内外部循环的良性互动，以制度和机制来管控可能存在的法律风险。

3. 法律风险一旦爆发，后果不可自控

主持人：法律风险的爆发对企业确实危害不小，但很多企业家认为自己能够在风险爆发后自主管控，所以在事前防范上还是不愿下太多功夫，这种思想对吗？

姜爱军：民企的法律风险具有差异性、局限性、偶发性和破坏性四大特点。差异性是指同样都是民营企业，由于业务特点不同，管理水平不同，国家宏观与微观政策管理的强度不同，易于凸显和爆发风险的阶段、方面、环节也各有侧重。局限性是指企业各环节的法律风险不可能同时爆发，而仅可能在管理强度弱和控制程度差的易发点爆发。偶发性是指企业的

法律风险何时爆发你无法预测，今天没有出事不等于明天也不会出事。正是由于这种偶发性，才使许多企业家心存侥幸，而不把法律风险防范放在心上。破坏性是指法律风险不发则已，一旦爆发则后果难以自控，轻则给企业造成经济损失，重则导致企业陷入困境、倒闭破产，企业家身陷囹圄。

张振龙： 企业法律风险爆发后果的不可自控，主要表现在四个方面，一是风险的直接后果和损失不能自控，就像一次机械事故究竟是仅损坏了一些部件，还是造成了人员伤亡，还是会引起更大的损害，谁也无法预测。二是企业爆发法律风险后，如果没有应对经验而不会正确处理，就会造成二次次生损害，使损失进一步扩大。三是你的合同相对人或侵权关系的另一方，会采取什么措施你没有办法事先知道和制约。四是国家机关对你的企业违法行为的制裁结果你难以有效干预。所以，企业爆发法律风险后，一般只能是被动应付，而难以主动作为。

马慧娟： 企业的法律风险既然不能自控，那就得设法避免其发生。但由于我国的民营企业多数是由个体户或家族企业转变而来，企业管理水平相对较低，管控机制基本上都没有建立起来。加之强化企业管理和实施管控措施会有一定的成本投入，好多企业往往也不舍得花费，所以，对法律风险持放任态度的还大有人在。但他们没有算透一笔账，那就是法律风险爆发所造成的损失，可能足够十年八年的风险防范费用，就像一次交通事故的损失与赔偿金额，足够买一二十年车辆保险一样。

姜爱军： 企业法律风险的管控主要依靠企业的制度与机制建设，依靠企业提升自己的管理水平。制度机制健全、管理水平高的企业，法律风险爆发的可能性相对就小，即使爆发其强度也会相对较低；制度机制不健全、管理水平低的企业，法律风险爆发的可能性和爆发强度就会相对较大。所以，企业应根据自身的实际情况，量体裁衣，建立起一套符合自身运行特点的法律风险预警与防范机制，从源头上进行全方位防控。

话题4　企业家可以没有法律知识，但不能没有法律意识

主持人：罗　晓　　嘉　宾：张振龙　马慧娟　姜爱军　　文　字：张振龙　马慧娟

民营企业所面临的法律风险，一是由于企业的违法行为所造成的，二是由于企业不会利用法律法规进行自我保护所造成的，并且这种风险对民营企业的潜在危害不可小觑。那么，为什么民营企业会发生法律风险呢？我们认为关键还是企业家的思想意识跟不上法治环境的变化。今天我们就继续邀请这几位专家，来谈谈民营企业法律风险的成因以及企业家风险意识的转变问题。

1. 发生法律风险，企业家的主观意识是主因

主持人： 在这一经济寒冬期，民营企业的法律风险暴露无遗。那么，导致民企法律风险爆发的原因究竟是什么？

姜爱军： 企业出现法律风险的原因是多方面的，但企业家主观方面的原因应该说是主因，归纳起来主要有五个方面。一是从众心理。认为别人怎么干，我就怎么干；别人能干，我为什么不能干？不去甄别所干之事是否合法，人云亦云，盲目从众。二是明知故犯。明知自己的行为违法，但认为法不责众，不冒险就不会赚大钱，所以也就不在乎违法不违法。三是侥幸心理。认为法律风险确实存在，但不一定砸到自己的头上，即使砸过来自己也能躲过去，总认为自己不可能是最倒霉的那一个。这三个方面应该说是目前企业家最普遍的主观意识。

马慧娟： 不注重途径和手段是目前民营企业的通病。由于多数民营企业决策粗放，运作更粗放，有时明明有合法的途径和渠道却不去走，明明有合法的方法和手段却不去用，偏偏要剑走偏锋，走歪门邪道，片面认为合法经营成本高，违法经营成本低。有些企业家自作聪明，千方百计去规避法律，但又不会科学规避，结果想出来一些掩耳盗铃的"绝招"和"怪招"，弄得人啼笑皆非，不可挽回。

姜爱军： 第四个方面就是无意识违法。很多企业家并没有敏感的法律意识，自认为所做之事不存在法律风险，企业虽然也有自己的法务部或外聘的法律顾问，但决策前也不知道提前咨询一下，确认一下是否存在法律风险就匆忙行事，结果实施到一半就做不下去了，或者刚刚做完就出事了。出事后才匆忙向律师求助，这时律师往往是无力回天，企业不得不承担巨大损失。

张振龙：还有一个方面，就是企业不会利用法律规则进行自我保护。多数企业家都认为法律是约束企业行为的，不知道法律对企业和企业家还有保护功能，所以，也就不去考虑怎么运用法律武器进行自我保护。这方面的案例非常多，如合资合作或交易前不对合资合作与交易伙伴进行尽职调查，合资合作合同或公司设立合同中不设定退出条款，交易合同中不设计履约程序、制约条款、违约责任及违约金计算方式，劳动关系中不明确知识产权归属、保密、竞业限制等内容，对企业的核心技术和商业信息不设定商业秘密，创新的产品不申请专利，不进行商标占位，著作权不办理登记，等等。

马慧娟：我国法律关于企业法人商事权利的规定多数都是授权性规定，如果企业不去使用，法律就无法自动保护。人民法院审理商事案件一般均以合同为准，只要合同条款不违法，法院就必须以合同来判断缔约方是否违约；劳动合同和企业内部规章制度是企业的内部"法律"，只要其内容不违法，审理劳动纠纷案件也必须以其作为裁判依据，追究企业高管或员工的法律责任也一般以企业的内部制度为准；审理知识产权案件以企业的权利申请内容、登记内容或设定内容为准。所以，企业一定要善于运用法律工具，不能"刀枪入库""弓收箭藏"。

2. 企业发生法律风险，外部原因也"功不可没"

主持人：以上讲的都是企业家自身的原因。那么，外部原因能占几何？

马慧娟：企业发生法律风险的内部原因很大程度上也是外部环境所促成的。首先是有些政府部门执法不严，甚至放任违法，使企业家看不到违法后果。大家都知道，我国规范市场主体与市场行为的法律法规，是随着改革开放和市场经济体系的逐步建立而实施的。一方面由于立法本身的滞后性，所立法律常常跟不上飞速发展的社会需要；另一方面由于缺乏社会主义市场经济的成功经验，立法的技术和质量还不是很高，很多法律特别是行政法规还缺乏应有的严密性、指引性和可操作性，导致执法机关在执行过程中产生不同的理解和偏差；再一方面就是计划经济体制沿袭下来的政府机关的行为模式以及执法人员的素养和能力，还不能完全适应市场经济条件下的社会管控需要。所以，随机性、选择性、任意性、运动式的"一阵风"执法比较常见，普遍的、公平的、无差别、规范化的执法还没有形成常态，更是缺乏执法的长效机制，使企业的行为长期不受法律规范的约束，"无法无天"的一些陋习还难以改变。即使偶然撞到"枪口"上，也能通过"关系"或者"金钱"摆平，导致企业家滋生侥幸心理，不知敬畏法律。

姜爱军：再一个就是地方政府支持的企业和项目，往往有一定的扶持政策和保护措施，导致企业误将违法当合法。县市里的一些重点企业、利税大户，政府培育和鼓励的产业和行业、县市的招商引资项目,往往都会给予一些地方保护和优惠政策,如对重点企业的不查不罚,对招商引资项目的"先上车,后买票"等,都会使企业家认为,只要是政府支持的都是合法的,根本不会去考虑法律法规的相关规定,所以,违法占地、违法建设、违法排放、非法经营等不合规的现象非常普遍,一旦政策导向有变或者领导更迭,很多需要完善的事项一时就难以完善,甚至压根办不了手续,往往会给企业造成惨重损失。

张振龙:很多企业家宁愿相信领导也不愿相信法律,整天跟在领导的屁股后头转,这种不唯法只唯上的思想是十分错误的。不管哪一级领导,要么是某个行业(专业)出身,要么是非行业(专业)的基层干部出身,即使他们非常优秀,但他们对企业的整体情况不一定了解,对国家的法律法规也不一定清楚,他们的很多建议都不一定合法。所以,企业家在领导面前必须要保持独立,并以自我发展为中心,如果领导确实支持企业,那就利用他们的职责权限为企业开绿灯,完善各种法定手续。

马慧娟:还有一个原因,就是企业的法律顾问与其他专业人员对企业的违法行为没有及时作出风险提示。许多企业虽然也聘请有法律顾问或者其他专业事务的专业顾问,但这些法律顾问和专业顾问往往不注重了解该企业所在行业的发展动态,对政策与法律走向缺乏应有的关注和判断,对企业的运营模式以及内部运作中的具体问题掌握不全、了解不深、理解不透,对企业可能面临的法律风险缺乏系统梳理,不能及时作出风险提示,缺乏对企业家的针对性辅导,导致企业毫无思想准备,在发生风险时应接不暇、止损乏力。

3. 法律是保护民营企业的唯一有效武器

主持人:通过对企业法律风险内外部成因的分析,我们看到了企业家法律意识的转变有多么重要。各位专家能否就民营企业家的思想意识转变给出些建议?

张振龙:我国的民营企业是随着改革开放和市场经济体制的确立而逐步发展和壮大起来的,民营企业家们因其亲身经历不同而形成了三大传统思维:一是改革开放初期(20世纪80年代)的"机会"思维。刚改革开放时,到处都是机会,只要你愿意放下身段去干,就能轻松发财。二是市场经济前期与双轨制下(20世纪90年代)的"胆大"思维。这时,由于法律法规不健全,政府监管跟不上,很多企业家靠着胆大妄为、突破底线而完成了原始资本积累。三是市场经济大发展期(2000年前后)的"关系"思维。这时,更多产业和领域被释放出来推向市场,许多人"近水楼台",利用特殊的信息优势或关系优势,顺利取得了土地使用权,通过了项目审批和规划许可,享受了税费减免或缓交,获得了行业占先机会,使企业在市场上异军突起。这三大思维,目前仍然占据着很多企业家的头脑,一时还难以淡化。

严重阻碍着新思维的形成。

马慧娟：近些年来，随着我国市场经济越来越成熟，竞争越来越充分，法律法规越来越健全，传统的三大思维已明显落伍并不合时宜，企业家必须要与时俱进，树立起新的三大思维，即市场思维、管理思维、法律思维。因为机会越来越公平，你不研究市场就找不到出路；客户越来越挑剔，你不精工细作、入微服务，市场就不买你的账；法律越来越规范，信息越来越透明，你不遵守法律法规，企业发展前行中就会磕磕绊绊，不断遇阻受扰；在反腐倡廉的高压形势下，关系也越来越靠不住，没有人会再为你的企业"舍身而出"。

姜爱军：在依法治国的大背景下，企业家必须充分认识到，法律法规是企业日常运作的基本遵循和行为底线，不要轻易去触犯法律。同时，企业家还必须认识到，法律不仅是约束企业的，更是保护企业的，并且是保护企业和企业家的唯一有效武器。法律法规中有很多机制都是保护企业免受侵害的法宝，企业家必须要学会利用法律工具做好自我保护，不要再把法律武器弃之"荒野"，而去整天抱怨营商环境不好和司法不公。

张振龙：企业家可以没有法律知识，但不能没有法律意识，风险意识是企业法律风险防范的必备前提。现行的法律法规体系非常庞大，让企业家一一学习也不现实，但一些基本的法律常识和立法原则还是需要掌握的。企业家需要具备的是法律意识，即遇事都要问一问是不是合规，问一问有没有法律风险，只有有了这个意识，自然会有人给你答案。最后我要强调的是，企业的法律风险必须要依靠法律去规避，而不能依靠关系去规避，任何关系在法律面前都是苍白无力的。

话题5　企业的法律风险预防并不困难

主持人：罗　晓　　嘉　宾：宋叶峰　马慧娟　姜爱军　　文　字：张振龙　马慧娟

市场经济条件下，即使是前景被看好的民营企业，也随时都有被超越、被淘汰的可能，因此，企业家们不得不在"浪尖上跳舞"，稍有不慎就会跌得粉身碎骨。那么，傲立潮头，在"浪尖上跳舞"的民营企业家们，如何才能增强自己的抗风险能力，规避可能的法律风险，使自己的企业之舟安全远航呢？今天我们就来谈谈民营企业法律风险防范的基本方法。

1. 企业重大经济行为，一要有方案，二要全程管控

主持人：企业的法律风险无处不在，一旦发生，将面临不可预测的后果。那么，该如何来预防呢？

宋叶峰：虽然企业的法律风险无处不在，涵盖企业生产、经营、管理、投资以及公司法人治理的方方面面，潜伏于企业的市场经营和交易行为里，渗透于企业的内部运作管理全过程，随时都有爆发的可能性，但真正防范起来并不困难。只要对重大经济行为的全程进行风险管控，做好日常运作行为的规范化管理，并定期进行企业的运作机制与执行情况检视，基本上都能杜绝法律风险的爆发，或者把风险管控在合理限度之内。

姜爱军：企业实施重大经济行为，要主动委托专业律师提前介入，对项目进行全程跟踪服务，其中的法律风险即可避免。譬如企业的重大投资项目，不但要进行经济可行性研究，还应进行法律可行性研究，以排除法律方面不可行的项目。项目实施前，要制订科学的投资方案，按照计划逐步逐项实施，就能避免项目自身的法律风险。如项目需要与他人合资合作，还应制订合资合作方案，搞好合资合作对象的资信调查，设计公平合理且具有操作性的合资合作机制，并以合同方式将其固定下来，即可以有效地防范合资合作各方违约或发生履约纠纷的风险。

宋叶峰：如果企业进行工程建设，一是应从用地、规划、报建等方面完善行政审批手续，避免因行政违法而遭遇行政处罚和行政强制；二是要设计科学的招标方案和施工合同条件，以筛选到匹配的施工单位；三是要签订清晰的施工合同，明确双方的工作配合与衔接、权利义务与违约责任；四是对施工组织、专业分包与劳务分包、设计变更、质量管理、材料管理、进度管理、安全管理、单证管理、分阶段验收与竣工验收、工程结算与争议处理等具体工作进行全程把控，只有这样，才可以有效避免法律风险。

马慧娟：公司如果发生股权转让、增资减资、合并分立、并购重组、企业改制、组建集团、设立子公司等重大事项，都应制订相关方案，设计合理的股权结构，建立和调整"三会一总"的法人治理机制，并通过股东会、董事会、监事会议事规则和企业管理总规范加以落实，使公司有章可循、运作有序，将矛盾消化在萌芽状态和程序之中，这样股东纠纷与公司僵局的风险就会大大降低或基本消除。

2. 企业日常运作，一靠模式设计，二靠制度指引，三靠合同把控

主持人：企业的日常运作涉及面非常广，怎样才能有效地控制可能发生的法律风险？

马慧娟：关于企业的日常经营管理，只要实行规范化、制度化的运作，同样也可以达到防范法律风险的目的。一是要注重企业营销、管理与运作模式设计，使企业运行的所有行为既符合市场运作规律，又科学合法匹配，并以此为企业的自我保护奠定基础。二是要加强制度建设，一方面要将模式设计成果转化到制度体系建设之中，另一方面要重点落实和协调企业内部的业务流转、信息流转、资金流转关系，使企业可以保持内外循环的良性互动，明确责任，堵塞漏洞，减少风险。三是要对制度进行合法性审查，保证所定制度既符合企业内部运行法律法规的规定，又满足市场交易法律法规的规定，同时，还要把刑事、行政违法的预防机制植入企业的营销和内部运作管理制度之中，引导企业不违法、少违法、轻违法，降低违法成本。四是要对交易对象进行签约前的尽职调查，并通过签约管理、履约管理、应收款管理、交易后追踪等环节进行全程把控，这样交易风险就可以被有效遏制而难以露头。

宋叶峰：现在很多企业并不注重模式设计。其实，模式设计并不神秘。任何一个企业的决策模式、营销模式、管理模式、运作模式等都是不一样的，各自具有不同的特点，这种流程、方法、手段上的差别就是不同的模式，如决策的权限分工不同、绩效考核的方法不同、合同的管控流程和权限不同，等等，只是很多人没有意识到这种不同的安排就是模式而已。既然这种不同就是模式的不同，那么它们为什么不同，它们分别要解决哪些问题，它们的价值取向是什么，这种安排是否科学、顺畅、协调、高效、低耗，都是需要通过一定的比对、检验、数据验算来确定的，不是靠"拍脑袋"拍出来的，这种对现有模式的分析、比对、检验、数据验算和调整的过程就是模式设计，对于新项目、新企业来说，其初始运作机制的研发也是模式设计。如果模式设计不科学，就会为企业埋下法律隐患。

姜爱军：目前多数企业的制度还不成体系。制度是企业运行的规则和工作指引。评价一个企业运行得好不好，一是看应有的制度全不全，有没有空白和覆盖不到的地方；二是看已有的制度细不细，能不能对企业各个岗位的工作起到指引作用和达到追责效果；三是看已有

的制度之间协调不协调，有没有重叠、冲突和不衔接的地方；四是看这些制度能否构成完整的制度体系，能否推动整个企业日常事务的自动运转。而目前的大多数民营企业都没有建立起来完善的制度体系。没有完善的制度体系，管控法律风险就是一句空话。

马慧娟：当前民营企业合同风险的把控还比较薄弱。虽然近些年合同风险把控已引起企业的重视，也成为企业外部风险防控的重点，但总体上来看，整个管控水平还是非常低的，与风险的分布和当量还不匹配。在合资合作与交易合同管控方面，对合资合作与交易对象的事先尽调不够，合同条件不系统不匹配，履约协作条款不清晰，违约判定条款不明确，违约责任计算依据欠缺等，都反映出了合同管控的欠缺；在人力资源与知识产权合同管控方面，缺乏职务作品知识产权归属的约定（规定），缺乏研发人员与知识产权的增效奖励挂钩办法，好多单位没有与高管、关键技术人员以及涉密岗位的员工签订保密协议、竞业限制协议，或者签订的协议不完善、不公平。这些问题不改善，合同风险的防控就难以奏效。

3. 要常"体检"、勤"诊断"，不断完善风险防范机制

主持人：只要把日常运作和重大事项的风险把控做到位，企业的法律风险就可以有效避免。除此之外，还应当注意哪些问题？

姜爱军：企业法律风险预防是一项长期性、持续性、不能间断的工作，不容懈怠。一是定期对企业法人治理、营销、管理、刑事行政违法预防机制和制度运作情况进行"体检"，发现问题要及时进行调整，堵塞漏洞，理顺关系，使企业一直处于低成本的良性运转状态。二是针对国家法律法规和政策变化，重点审视现行制度体系和运作机制与新政策新法规的契合度，对不能适应外部环境变化的，要及时予以调整，以适应外部管控环境变化的要求。譬如目前的"营改增"改革，对企业运作方式产生了很大影响，企业的经营、管理模式均应进行相应调整或重构，如何调整，如何重构，应由财务、税务、律师等专业人员共同"会诊"，使企业在国家法律法规的空间内合理节税，减少税务违法的行政刑事风险。

宋叶峰：定期"体检"是企业规范管理与法律风险防范的有效手段。"体检"主要是对企业现有模式、现有运行机制和现行制度体系的"体检"。通过"体检"可以审视企业的模式、机制和制度体系是否存在缺陷，需不需要完善和升级，有无滞后和不适应的地方，需不需要调整和重建。只有不断地对模式、机制和制度体系进行优化调整，才能使企业始终处于最佳运行状态，法律风险自然就能得到有效控制。但这项工作大多数民营企业都没有去做，模式、机制和制度中长期积累的问题一直没人知道或者没人解决，虽然有时候企业也感觉到了其中的问题，但就是不知道问题出在哪，这就需要通过"体检"把存在的问题挖掘出来。

马慧娟：民营企业为什么长期不"体检"，关键还是缺乏定期"体检"的主观意识。有的企业家认为，"体检"费时费力又花钱，会增加运营成本，不舍得这笔投入；有的企业家认为，别人又不在我的企业，对企业不可能了解，他们怎么能"体检"出毛病来，也不可能提出可行的建议；还有的企业家认为，自己企业的一整套机制都是自己一手摸索出来的，也吸收了其他企业的经验，不可能不科学、不完美、有瑕疵，根本就不想让人给予"体检"；甚至有的企业家认为，自己的企业有很多东西不能让外人知道，也不愿让企业内部人员交叉掌握，对"体检"持排斥心理。正是由于以上种种原因，民营企业的"体检"才几近空白。

姜爱军：其实，"体检"也是企业解决其内部问题和矛盾的极佳方式和契机。有些民营企业也知道自身存在很多问题，但碍于情面而迟迟不愿甚至是不敢下手解决。有的是家族内部的矛盾而不愿触碰，有的是亲戚朋友与创业"老臣"的问题而抹不开情面，有的是业务技术骨干的问题而不敢得罪。但这些问题总不能让它长期存在、听之任之，总得找个借口和契机加以解决，"体检"不失为一个良好的借口和契机。因此，建议民营企业要主动利用"体检"这一手段为企业"把脉会诊"，以理顺企业的内部关系，消除企业的潜在隐患，保持企业的健康发展。

话题6 民营企业的法律风险防范要依靠"外脑"

主持人：罗 晓　　嘉 宾：宋叶峰　马慧娟　姜爱军　　文 字：张振龙　马慧娟

在依法治国的时代背景下，民营企业发展和运营过程中涉及的法律问题越来越多。法人治理、企业管理、财务纳税、知识产权、人力资源、生产经营、市场交易、投资融资、工程建设等，各方面都与法律有关。这些事务中的法律问题，多数企业都不具备自行解决的能力，需要利用外部专家来帮助解决。但现在仍有很多民营企业没有聘请法律顾问，聘请专业顾问的更是寥寥无几。没有法律顾问和专业顾问的企业就是在"裸奔"。那么，为什么民营企业需要法律顾问和专业顾问呢？今天我们就与大家来共同探讨这一问题。

1. 民企底子薄，发展靠"外脑"

主持人：企业日常运作离不开外部智力的支持，其法律风险防范自然也离不开"外脑"。那么，民营企业防范法律风险为什么要依靠"外脑"呢？

马慧娟：我国目前的民营企业绝大多数是由家族企业从小到大发展起来的，第一代企业家身份来源复杂，各有不同的个人奋斗史和经验积累，但其自身的知识结构体系并不完整，难以满足日益壮大的企业运作的需要。即使是新型知识分子领办的企业，企业家的知识结构依然相对单一，难以具备现代企业管理的全部知识，日常运作也存在着不少短板。因此，从企业家自身的角度讲，十分需要外部的专业人士为其提供短板部分的智力支持。

宋叶峰：另外，由于民营企业在初始发展历程中过分强调降低成本，一般不太注重人才储备，当发展到一定规模时，就会发现严重缺乏政策研究与策划的人员，专业管理团队也不够强大，大多数企业是由家族成员、亲戚朋友以及跟随企业家创业的"老臣"们来协助管理的。这种亲属和"老臣"管理企业的模式，是远远不能满足规模化企业运营需求的。因此，在企业尚未建立起一支能力强悍的专业管理团队前，就必须要利用"外脑"来参与企业的宏观决策和运作筹划。

姜爱军：企业的"外脑"，既包括市场研究、企业管理的专家，也包括财税与法律专家，还少不了企业自身业务所需的经济技术专家。"长板理论"只适宜于个人的发展，而"木桶理论"则是企业生存和发展的不二法宝。企业应当对其自身的战略研究、市场营销、内部管理与运作，以及法人治理的方方面面进行逐项梳理，查找短板。凡属于企业发展必备或日常运作需要的人才，要设法引进或培养，尽量补齐其智力短板；凡一时无法补长的短板，或者没有必要配齐的人才，可以利用社会公共智力服务机构来辅助企业补齐短板。特别是那些市场分析研究、发展战略规划方面的人才，企业根本就不可能培养出来，一些专业性强的人才，企业也不好培养出来，这时就不得不依赖"外脑"来弥补。另外，还有一些日常工作需求量不大的专业人才，也没必要自我培养，临时需要时寻求外援即可。

马慧娟：企业"借脑"是其自身发展的需要，对于底子薄、伤不起的民营企业而言更是如此。目前，对于如何使用"外脑"，很多民营企业还没有认真思考过。多数企业家认为，企业运作没有大家所说的那么难，自己一手做起来的企业自己还不知道怎么管理吗？何况哪个企业家身边还没有一帮企业家朋友，他们的经验足以供己借鉴和为己所用，根本没有想过寻求外部的智力支持。而且，外部的专业意见也不一定都切合实际，都能够达到立竿见影的效果。

2. 企业法律顾问决不能当"摆设"

主持人：从预防法律风险的角度看，法律顾问可能是企业的必备"外脑"。那么，企业应当如何发挥其作用呢？

宋叶峰：目前，小型民营企业一般都没有法律顾问，大多数中型以上民企虽然聘请了法律顾问，但基本上都不会"使用"。一是认为法律顾问是"备胎"，请了也没用，不请又不行，仅仅是为了防备万一有事方便联系才请，有事问问，没事不问。二是不主动与法律顾问沟通，有时是不知道日常事务中潜藏有法律风险，不知道事先需要加以确认或排除，有时是不想让法律顾问知道太多，认为法律顾问毕竟是外人，知道多了对企业没多大好处，甚至需要时时提防。实际上，法律顾问对企业情况知道得越少，就越难以发挥应有的作用。三是没有把法律顾问当作法律风险防范的主力，而是把他们当成了"消防员"，专门负责处理纠纷打官司，意识不到法律顾问在事前防范中的"铁布衫"作用。

马慧娟：企业家必须要转变这种陈旧的观念，充分发挥律师在法律风险防范中的作用。民营企业日常运作的所有具体问题几乎都涉及法律因素，正因为如此，企业的法律风险才涵盖于企业运作的方方面面，渗透于企业运作行为的全过程。那么，企业的法律顾问就必须帮助企业解决所有可能遇到的法律问题。为此，中型以上企业聘请法律顾问时，就要尽量选择一个专业齐全、与自己法律需求相匹配的律师事务所，而不要再请一个律师或者"一师一徒"来做顾问，因为一个律师或者"一师一徒"已不可能满足企业所有法律事务的需求，过去那种"只认律师不认律所"的惯性做法应当摒弃。

姜爱军：既然聘请了法律顾问，就要让法律顾问深入自己的企业内部，参与决策、参与经营、参与管理、参与运作,帮助企业预防各个方面及其各个环节可能发生的法律风险。如果企业聘请到了一个匹配的律师团队来做法律顾问,那就让他们分门别类地梳理和审视各个方面的运行模式和流程、运作机制和制度、实操方法和措施、有关文本和手续,帮助企业优化现行的运作方案,提高决策的科学化水平,完善内外部的运作手续,堵塞企业的运作漏洞,消除潜在的法律隐患。如此,聘请法律顾问才有真正的意义和价值。

宋叶峰:企业如遇偶发的重大事项,如果法律顾问对该专业事务不熟悉,还可以让其从市场上遴选专业律师来为企业提供专项法律服务。一般情况下,法律顾问推荐的专业律师往往都比较"靠谱"。企业日常运作和发展过程中,也离不了其他专业人员,对这些专业机构或专业人员的筛选,法律顾问也更具优势。由于专业的律师事务所接触面比较广,经常与不同的中介机构打交道,当企业的具体事务遇到其他专业问题无法解决时,法律顾问会为企业推荐精于此道的专业机构或人士,来帮助企业解决难题。法律顾问推荐的往往比企业自己去随便找一个要可靠得多。

3. 利用"外脑",要多专业协同作战

主持人:除了法律顾问,企业日常运作还需要哪些专业顾问或外援支持,他们应如何携手为企业服务?

姜爱军:民营企业的日常或重大事务往往涉及多方面的专业知识,单单依靠某方面的专家是难以完美解决问题的。所以,企业不仅要依靠市场、管理专家,用好法律顾问和专业律师,还应当用好其他专业人士。企业的运作事务都不是孤立存在的,一方面,一个单项事务本身就可能涉及多个专业要素,需要多个专业人士共同参与,各自从不同角度对同一问题加以论证和审视;另一方面,一个单项事务的实施或调整,又会引起其他事务的匹配和联动。所以,没有多专业人士的共同参与,任何一个单项事务的科学性就难以保证,就会顾此失彼,在解决一个老问题的同时可能会带来一些新问题。

马慧娟:就法律风险防范而言,企业日常经营管理中,很多事务既需要法律顾问参与,又需要其他专业人士参与。所以,除了聘请法律顾问外,企业还应聘请其他专业顾问。譬如,企业的营销方案、管理方案,除了营销专家和企管专家参与设计外,还离不开专业律师和注册会计师、税务师的协同论证,以使方案更加优化,消除其可能存在的隐形瑕疵;财务税务问题复杂的企业,就需要财税专业律师与注册会计师、税务师协助企业财务人员共同处理;知识产权保护任务重的企业,就应聘请商标、专利顾问与知识产权专业律师一道,协助企业完善知识产权保护体系,防止侵权和被侵权。

宋叶峰：企业遇到重大事项，更应当聘请专项法律顾问和上述专家共同参与，以完善方案，理顺不同合作者之间的关系，帮助搞好项目财务规划和税务筹划，优化财务核算方案和节税方案；对于企业的重大投资项目或工程建设、房地产开发项目，还应增加聘请造价师、监理工程师、工程管理专家以及特定技术专家，帮助企业完善投资计划、工程建设方案、工程招标方案以及过程管理办法，以保证项目顺利实施。目前，民营企业实施的重大事项，外部专家的参与度普遍较浅，局部参与的多，系统参与的少，根本起不到保驾护航的作用。

马慧娟：现在很多民营企业在看待"外脑"时都有一个误区，他们认为遇到某个专业问题时，只要聘请对应的专业机构就行了，何必非要同时找其他的专业人士来一块做呢？他们认识不到各个专业机构或专业人士综合知识的局限性。譬如注册会计师和税务师对财务核算和纳税可能非常精通，但对财税问题所涉及的合同和职务犯罪可能就有些陌生；商标、专利事务所对商标、专利的申请可能非常老道，但对于相关的著作权和商业秘密的综合运用，以及劳动关系中的职务创作成果处理、研发的保密、关键岗位高管和员工的竞业限制就不太精通。所以，必须要由多专业人士协同"作战"，才能保证把专业的问题处理得完美。

姜爱军：聘请外部专家肯定是要发生一些费用的，但企业利用"外脑"的这些费用确实不能随便省。因为任何一个风险所造成的直接损失，都会远远大于企业聘请外部专家所发生的咨询服务费用，企业不能因小失大。企业不要老是把专家咨询费看成是成本而能压则压，应把它看成是与硬件同等重要的软件投资，这样才不会花着心痛，并且投资小、收益大，物超所值。

第二章
民营企业发展与实体投资科学避险

中国民营企业的发展历程到目前才不过40年，为什么有的民营企业紧盯某个领域"咬定青山不放松"，持之以恒做下去，把某类产品做好，把系列产品做精，把一个单品做到极致，使企业成为行业翘楚，而大多数同步创业者和并肩"跑步人"却逐步退出市场甚至"灰飞烟灭"，或者"死"在了规模化、多元化的道路上？归根结底是其有没有科学的发展规划和战略定力。企业发展的过程中少不了投资项目，为什么有的企业一投一个准，项目个个成功，而很多企业则投资失败，陷入项目"烂尾"或资金链断裂的"泥潭"不能自拔，甚至把一个好端端的企业拖垮？根本在于有没有事前对项目进行全面深入的研究、科学细致的策划、依法规范的落地。为了帮助民营企业科学制定企业发展战略与近远期规划，指导企业对投资项目进行研究、筹划和论证，引导投资各方规范项目合资合作行为，推动项目实施落地与及时投用，本章将重点与大家分享民营企业发展与实体投资科学避险相关问题。

话题 7　战略规划缺失，企业之舟容易迷航

主持人：罗　晓　　嘉宾：张振龙　张学峰　璩建伟　　文字：张振龙　璩建伟

企业在前行的道路上需要不断地脱胎换骨和转型升级。当经济形势、市场环境和国家政策发生变化时，企业需要与时俱进以适应新的外部环境。但企业的发展又不能没有定力，如果企业在外部环境发生变化时缺乏定力，盲目转行或跨界经营，随意调整产业结构，就可能导致企业陷入困境。因此，民营企业在发展顺畅时，或者在前行受阻时，新交易模式出现时，新投资项目实施时，能否认定目标、持续前行，避免诱惑和左摇右摆，对企业的发展至关重要。本期沙龙就邀请几位专家来与企业家们聊聊民营企业的发展战略规划问题。

1. 为什么有些企业"车到山前没有路"

主持人： 当前市场遇冷，很多民企陷入了困境。其根子究竟在哪里，请各位为民营企业指出一条明路。

张振龙： 当前民营企业走入困境的根子是没有未雨绸缪，缺乏长远的发展战略规划。现在的多数民企都是"跟着感觉走"，认为"啥赚钱干啥""啥钱来得快干啥"，对自认为"赚钱"和"赚钱快"的项目缺乏必要的审视，对自己企业的能力缺乏科学的评估，对实际运作方式缺乏应有的筹划，盲目跟风，结果新上的项目没有建成就发生了资金链断裂，或者建成后因销售不佳、资金匮乏、管理混乱而无法进入正常运转状态，不但把自己原有的业务拖垮了，也使企业的债务链陷入恶性循环之中。为了挣脱困境、跳出泥潭，又采取了一些更不靠谱的挽救措施（如故意合同违约、非法集资、金融诈骗、合同诈骗、违法经营等），导致整个企业走向了崩溃。既失信于合作者、消费者和债权人，又带来了很多法律问题——不是企业官司缠身，就是企业家锒铛入狱，创业戛然而止，财富灰飞烟灭。

璩建伟： 由于企业没有发展战略规划，在市场疲软时就不知何去何从。有的企业家信奉"车到山前必有路"，对市场缺乏分析和预见，对"寒冬"来临没有思想准备、物质准备和能源储备，那么在经济"寒冬"里也就只有暴露在寒风中直打冷战的份了。

张学峰： 社会发展是一个不断进化的过程。在社会发展的整个进化过程中，企业也需要不断进化，才能适应社会发展和市场需求的变化。否则，就有可能被淘汰。从目前全世界的社会经济发展形态来看，整个社会在经历了农业时代、工业时代、计算机时代之后，进入了信息化时代，国与国之间也由自给自足、跨国贸易、跨国投资，迈向了经济文化深度融合、

地域分工逐渐形成的"地球村"时代。在此背景下，民营企业如何才能跟上科技发展的步伐，如何才能适应国际化的市场形势，都是企业家们亟须深度思考和研究的问题。

璩建伟：改革开放以来，我国的国民经济虽然得到了迅猛发展，但整个生产与服务体系还处于较低层级，为此国家提出了供给侧改革战略，以使企业适应高速发展的信息化和全球化形势。供给侧改革的基本要求，就是利用生物科技和新兴种植技术实现农业的现代化，利用自动化、信息化、物联网、定制化、精细化实现工业由数量型向质量型的跨越式上升，利用信息化、物联网实现商业模式的脱胎换骨，利用信息化和大数据推动服务业的能力提升。在这场经济大变革的浪潮之中，你的企业不管走不走国际化道路，都将不可避免地要受到国际化的冲击。

张振龙：目前，中国的民营企业还面临两大机遇。一个是进一步对外开放。对外开放进入深水区后，我国入世时的承诺必定会一步步兑现，未来国家将释放更多产业和领域对外资开放，并逐步取消多数领域的投资比例限制。那么，对外开放就必须首先要对国内的民间资本开放，很多基础性产业、垄断性行业以及涉及国家安全的一些保密性产业，都会允许民营企业投资。虽然这些行业的投资规模可能很大，许多民营企业可能无能为力，但我们必须关注因此而衍生的各种可能和机会，不能与之失之交臂。另一个就是国有企业的混合所有制改革。国企混改不管是国企吸收民企参股，还是民企吸收国企参股，都会给民营企业提供自身发展和产业结构调整的机会，民营企业对此不可不引起重视，要积极加以研究和参与。

2. 企业往何处去、如何去，是发展战略规划的核心

主持人：鉴于当前的经济形势，民营企业家们必须要提前谋划，制定好自己的发展战略，规划好自己的发展路径，否则，企业就很难在未来的市场大潮中找到自己的出路。那么，发展战略规划究竟要帮助企业解决哪些问题？

张振龙：民营企业的生存与发展，离不开发展战略与规划的引领。企业的发展战略主要解决的是企业朝哪里去，即企业的发展方向问题，而企业的发展规划主要解决的是发展战略实施过程中的目标、路径、方法、步骤与手段问题。所以，企业必须要根据外部的经济形势和市场环境，选择好自己的战略方向，以指引企业的下一步发展，避免企业在前进的道路上无所适从、左右摇摆。战略方向确定后，还要规划、制定出近远期目标以及实现目标的具体措施，以保证企业在不同发展阶段的生存和蓄势积能。发展战略规划一经确定，企业就要心无旁骛、持之以恒地坚持去落实，不能左顾右盼、三心二意。

张学峰：企业发展的模式有很多种，譬如收窄自己的产品或服务、深度挖掘单品系精细

化产品、单纯扩大生产规模、扩展产品品系、向产业链上下游延伸、向旁邻产业跨界、多元化集团化经营、有选择地添加和舍弃等。发展模式确定后，同时还要考虑与其模式相配套的组织架构调整和管理模式升级，以及资金、基础设施、机器设备、信息系统、购销渠道、人力资源的保障措施等。只有把这些问题系统筹划到位，才能凸显制订企业发展战略规划的意义。

璩建伟：企业的发展战略规划要因地制宜、因时制宜、因企制宜。要想知道究竟什么样的模式适宜于自己的企业，不但要对市场进行调查研究和分析，还要对自己企业现时的承载能力进行科学评估，二者缺一不可。企业的承载能力包括后续资金投资能力、市场拓展能力、内部管理能力以及企业家对未来企业的驾驭能力等。承载能力是企业发展的基础和根本，企业必须要"以能定产""量体裁衣"，如果脱离自己的承载能力，不切实际地盲目扩大规模、跨界经营、以小博大、贪大求洋、攀比名次，基本可以注定是要失败的。

张学峰：企业不要把发展战略规划看得太神秘，其实制订起来并不难。一是委托内外部市场专家和技术专家对市场进行调研，寻求占先产品的市场地位，以确定业务方向和产品战略；二是委托内外部财税专家对产品逐一进行成本构成与盈利能力测算，对企业的总体资金需求和周转效率以及财税成本进行测算，编制支持产品战略的财务计划和投资预算；三是委托内外部企业运作管理专家研究既定发展模式下的运作管理模式与配套措施，调整完善企业运作总规范以及各项管理制度、工作规范与技术标准；四是委托法律专家对整个发展战略、产品战略以及运作管理办法进行法律可行性审查，以确保企业的战略定位无法律风险，运作模式与方法手段合理合法、科学适当。最后，经过企业决策机构组织多专业交叉论证，发展战略规划就可以完美出笼。

3. 有方向有目标有定力，企业之舟不迷航

主持人：企业在市场蓝海中远航，如何才能做到企业之舟不迷航，乘风破浪安全前行呢？

璩建伟：制订发展战略规划的目的就是要让企业有方向、有目标、有定力，既不裹足不前，又不左右摇摆，也不蛇形前进，更不左右碰壁。企业发展过程中，市场机会是非常多的，每个机会都成就了一批企业做强做大或转型成功，但对于你的企业来说未必都是最佳的机遇和最优的选择。如果没有发展战略规划对自己企业的未来做一个科学的筹划和界定，在机会面前企业就极易因目光短浅或急功近利而被蛊（诱）惑，使自己忘记初心、迷失方向。别人一鼓动自己就上，领导一撺掇自己就去，这样的失败案例比比皆是，教训深刻。如此一来，企业不是频走弯路，就是归零重启，既耽误了时间，又浪费了金钱，还搞乱了思想，有百害

而无一利。

张学峰：制订发展战略规划还有一个最大的好处，就是企业可以始终围绕战略规划，进行市场资源、生产资源、资金资源、人力资源、管理资源的统一组织和调配，提升资源利用能力，提高经营管理水平，将组织架构和管理体系调适到与企业发展相适应、相匹配的状态。同时，也使所有高管和员工统一思想认识，有效凝聚企业内外部力量为我所用，避免内部人员不知企业向何处去而无所适从，外部客户不知企业深浅而与之审慎交往的被动局面。

张振龙：企业家必须要摒弃"骑驴看唱本——走着瞧"的不良心态。如果是这种心态，当企业每次走到十字路口时，就不知道应该朝哪个方向走下去，要么原地踏步、裹足不前，要么盲目冲动、误入歧途。目前，一窝蜂地竞相追逐新潮流或所谓的盈利项目，导致了大量产业产能过剩，很多企业在恶性竞争中血本无归。因此，企业家必须要在市场潮流中保持冷静，要学会以静制动、逆向思维、另辟蹊径、另寻出路，绝不可跟风学步、陷入"群殴"之中。

张学峰：持之以恒、坚持到底、充满信心、不忘初心，是实施企业发展战略规划的必有心态。我们公司是2011年改制重组的国有控股公司，一成立就聘请河南张振龙律师事务所协助我们制订了近期发展战略规划，有收有放、有退有进、有所为有所不为。五年多来公司一直坚持按规划进行布局和推进，虽然因资金紧张前进步伐较慢，但始终保持了稳健运转，并且朝着越来越良性的方向发展，没有出现大的闪失，战略规划制订的意义已经凸显。

话题 8　发展战略规划，离不开法律可行性

主持人：罗　晓　　**嘉宾**：张振龙　张学峰　璩建伟　　**文字**：张振龙　璩建伟

企业好比行驶在大海里的一艘航船，其发展战略规划既要发挥气象与海况的分析、研判、导航作用，又要根据外部环境、适航要求和自身条件，提出适宜于航船的最佳保养、维护、配套与升级改造方案。前者需要符合航行的国际规则，后者则需要遵循船舶的技术规范，这些规则和规范其实就是企业不可或缺的法律。因此，民营企业在制订发展战略规划时，决不能忽视法律的可行性研究。本期沙龙我们就邀请三位专家来谈谈民营企业发展战略规划制订过程中的法律可行性研究问题。

1. 制订发展战略规划，法律可行性不可或缺

主持人：企业发展战略规划在民营企业发展中的作用不言而喻。那么，编制企业发展战略规划时为什么要强调其法律可行性呢？

张学峰：编制企业发展战略规划，要突出三个方面的可行性研究，一是市场可行性，二是投入产出可行性，三是法律可行性。市场可行性重点研究行业、产品、服务的市场趋势、消费潜力、供求关系、竞争程度、生命周期；投入产出可行性重点研究投资规模、财务成本、生产（服务）成本、市场价格、产品（服务）利润率、投资回报率、项目投资周期；法律可行性重点研究企业现有与计划增添的项目、产品、服务的合法性，未来淘汰的可能性，企业组织架构和运行机制的合法性、科学性等。三方面的可行性研究是企业发展战略规划的不同侧面，缺一不可。

璩建伟：关于项目、产品、服务（以下统称为"经营项目"）的法律可行性，大致包括以下五个方面：一是现有和计划新增经营项目当前的合法性；二是这些经营项目究竟属于禁止经营、限制经营、许可经营、资质管理、自由经营的哪个范畴；三是这些经营项目未来是否会因法律的变化、新技术的诞生、节能和资源的保护、环保标准的提高而被法律所禁止和淘汰，或被要求升级改造；四是当前法律空白的经营项目未来是否会被法律所确认，或者被法律所禁止或限制；五是经营项目的经营方式是否合法。法律可行性是企业决定发展方向、保留和拓展业务范畴、收窄和舍弃业务领域的重要依据。保留或新上法律不可行的经营项目，采取违法的经营方式，必然会遭遇法律的禁止、限制或修正，影响企业的平稳健康发展。

张振龙：目前，很多企业不重视经营项目的法律可行性研究。譬如，有的既有经营项目

国家已经明令禁止或严格限制，或者虽未明令禁止或严格限制，但已有学界的公开争论、智库的专题调研，并有禁止或限制的倾向，但仍有企业毫不顾忌、"该"上照上；有的既有经营项目已有环保、节能、安全、高效的新生替代成果，有可能会被强制淘汰或强制升级改造，可仍有企业视而不见，继续扩大规模和产能，根本不去提前考虑技术更新或转型应对；一些新生经营项目和业态由于没有法律规范规制，更是无人去考虑是否背离我国法律的立法价值取向和现有法律的基本原则而一哄而上，结果在国家出台相应管理规范时，导致不合法的经营项目投资都打了水漂。

璩建伟：经营方式的合法性问题大家更是不予重视。最典型的就是这几年民营企业大量爆发的非法集资、非金融机构的民间金融、暗藏在民间的非法传销、网上非法的涉外金融产品炒作、网络金融借贷、大型设备与汽车的融资买卖、使用银行借款进行转贷、借用资质进行经营（专营）活动、投标围标转卖中标合同等。这些违法的经营方式，不管最终是被限期整改，还是被行政处罚，或者是被追究刑事责任，都会使你的前期投入不得不被迫放弃，又得重新搭建新的经营模式。

2. 法律可行性是企业发展模式优化的核心

主持人：关于企业发展模式的法律可行性，大家都比较陌生，哪位行家来谈一谈？

张振龙：企业光有好的经营项目以及不违法的经营方式还不行，必须还要有好的发展模式。设计企业发展模式，一是要考虑投资方式，是单独投资，还是与他人合资合作，是吸收他人投入自己的项目，还是自己投向他人的项目，合资合作时是控股还是参股，不同的投资方式决定着企业不同的运行模式。二是要考虑企业组织架构的搭建，是集团公司、总分公司、母子公司、兄弟公司，还是非公司制的项目合资合作，不同的组织架构决定着合资合作子项的管理机制和交易关系以及核算方式。三是业务合作方式，是自行销售还是总经销、总代理，经销（代理）商是否地域垄断，是选择连锁、加盟，还是代工、贴牌等，不同的业务合作方式决定着不同的运营特点。四是运营方式，如物流配送、财务结算与核算方式、费用承担、利润分配、互联网与物联网利用等，运营方式决定着企业运转效率、资金利用率、应收款回收率、坏账沉淀率。这些要素是一体的，不可分割，共同构成了发展模式的多元化内涵，并且需以合同形式固定下来。所以我们说，法律可行性是发展模式优化的核心。

璩建伟：运作模式不同，其运行的实际效果可能就大不相同，面临的法律风险也不同。如果企业有能力自行投资，可能麻烦事就会少些；如果企业没能力自己投资，那就要考虑引入外部投资，但合资合作必然会增加投资纠纷风险。引入外部资金时，究竟是采用股权融资，还是借贷融资，企业必须根据新投项目的投资规模、投资周期、回报周期统筹考虑，二者的风险程度也不一样，需要根据其优缺点加以权衡。投资人落实了，还要考虑是采用合资公司形式，还是非合资公司形式。如采用合资公司形式，那么是吸收投资人直接进入原有公司，还是另行设立一个项目公司，项目公司与原有公司是母子公司关系，还是兄弟公司关系，这些也必须权衡利弊后加以选择，因为不同的公司关系，法人治理的模式和机制会有显著差异，处理不好就会使公司陷入僵局。同样，与外部业务合作对象的交易模式也应该进行比对优选，以尽量避免较大的法律风险。

张振龙：发展模式的研究既涉及企业的内部运作，又涉及其与外部的交易关系，企业一定要配套设计。内涵不同的发展模式，对企业内部管理运作机制的要求也不一样。一是业务流程的路径可能不一样，二是对应的岗位与定员设置可能不一样，三是不同层次的决策权限也应该有所区别，内部的业务管控手续也会有所不同。不同的业务合作与交易方式，也必然影响企业与外部的交易关系，形成不同的交易合同、履约机制、交易手续和结算方式。除了内部的配套机制和外部的交易关系要与发展模式相匹配外，还要搞好内外部机制的衔接和协调，实现内外部关系的良性互动。否则，再好的发展模式也难以平稳落地。

张学峰：这方面的筹划目前多数企业都比较欠缺。民营企业往往关注项目、产品、服务本身的市场前景，注重市场开拓，很少考虑发展模式。即使引入了一些关联要素，也是零碎的、不系统的，简单模仿的多，通盘筹划的少。所以，很多企业往往不是输在项目本身，而是输在了项目运作方式和手段上。这就需要引起企业家们的特别重视，不能再随性地盲目蛮干了。

3. 法律可行性，少不了财税筹划

主持人：除了经营项目的前瞻性，模式的合法性、科学性，制订企业发展战略规划还应注重哪些问题？

璩建伟：我要强调的是必须要重视不同模式中的财税筹划问题。现在我们先来说说财务计划编制问题。编制企业发展规划时，如果投资新项目、新产品、新服务，必须要测算自己的投资能力，同步编制财务计划，如果存在投资缺口，就要同时设计融资方式，是股权融资，还是借贷融资，抑或是预售、预收、预存，"脱档"了怎么办，都要事先筹划得当，不能幻想着"车到山前必有路"，更不能把自己的命运拴到别人的裤腰带上。这波经济危机导致许多企业资金链断裂，根本原因就是因为自己没有可靠的财务计划，更没有备用的替代方案，过分依赖外部借贷融资使然。

张振龙：我们再来说说税务问题。过去企业家都认为税种和税率是死的，财务上照章纳税就行。如不想多缴，就要设法偷税，根本不知道好的经营模式、好的交易方式、不同的核算办法还可以合法节税。目前，国家对企业已普遍实行了"营改增"，企业已经进入"模式决定税""合同决定税"的时代，而财务上只能是事后纳税，根本不会事前控税。因此，必须由财税专业律师与会计师、税务师联手进行税务筹划，在运作模式、交易方式和合同上进行前置设计，方可达到节税的目的。财税筹划是发展模式设计的重要因素之一，必须融入整个模式的体制机制之中。

张学峰：企业的核算方式也不容忽视。很多民营企业由于老板不懂财务，就把整个财务工作交给聘请的专业会计来做。但企业聘请的会计有的水平很高、经验丰富，将账务处理得合法合规、井井有条；也有些会计专业水平太差，不但账务处理得一塌糊涂，而且很多收支与费用处理得不规范、不合法、不科学，不但常常多缴"冤枉"税，而且还无谓地招来行政处罚和犯罪嫌疑。还有的企业委托财务公司代记账，代记账的财务公司都是按你提交的原始收支凭证记账的，他们不会过多地考虑你的企业的交易与核算方式问题。

璩建伟：财税筹划是一项很专业的实务工作，它不单单是会计技术问题，还涉及企业内部管理问题，更少不了财税、商事、行政、刑事等法律问题，所以，一般的企业会计根本做不了。这就需要企业在制订发展战略规划时，要么吸收财税专业人士参与编制，要么邀请财税专业人士参与论证，以使所编制的发展规划更加符合财税管理的需要，提前消除财税违法的隐患。

话题9　项目投资，要研究透、论证清、策划好

主持人：罗　晓　　嘉　宾：张志昂　马慧娟　璩建伟　　文　字：张振龙　璩建伟

民营企业扩大市场经营规模、进行产业结构调整、推动内部转型升级，都是通过投资一个个项目来实现的。但为什么有的企业一投一个准，而有的企业投资的项目成了"半拉子"工程，投一个砸一个呢？归根结底还是没有提前做好项目的研究、论证和筹划。那么，民营企业投资一个具体项目，究竟应当如何进行研究、论证和筹划呢？本期沙龙我们就邀请三位嘉宾与大家来共同探讨这一问题。

1. 项目投资，可行性研究定方向

主持人：前两期沙龙，我们谈到民营企业制订发展战略规划时，要进行市场可行性、投入产出可行性和法律可行性的研究。那么，具体到一个投资项目，是否也需要进行可行性研究呢？

张志昂：市场可投资的项目千千万，想知道哪个项目适合你，首先必须进行市场、投入产出、法律三个方面的可行性研究。市场可研方面要先看是既有产品或服务，还是创新产品或服务。如系前者，要分析你的独特优势在哪里，要切分、扩充、调整哪些市场份额，渠道和手段是什么，未来的消长趋势是什么，有无市场可持续性；如系后者，则要分析其新产品、新服务面向的是什么群体，供需双方是否"共振"，市场潜力有多大，生命周期有多长，后来竞争者跟上的速度有多快，独享利润的期间有多长，以确定产品、服务的市场拓展方向、手段和目标，取得占先优势。投入产出可研方面要看固定资产投资规模有多大，建设周期有多长，流动资金需多少，毛利和利润率怎么样，投资回报率有多高，投资回收周期有多长，以确定项目的财务计划。

马慧娟：法律可研方面一是看产品或服务的前瞻性如何，是鼓励类项目、抑制类项目，还是审批、许可类项目，有无淘汰和强制技术升级的可能性；二是看采用什么样的投资模式，是整体一次性投资，还是分期分步投资，是自营还是合作，是采取项目公司形式，还是内部合作形式，以哪一方为主；三是看采取什么样的营销模式，是利用自己的原有渠道，还是另辟蹊径，还是利用合作方渠道"借水行舟"，区域市场依托什么主体，采用什么样的销售方式，销售链利润如何分切等。投资模式和营销模式均需要以合同方式落实到位。没有一个好的投资和营销模式，再好的项目也难以成功，没有可靠的法律保障，再好的项目也难以长久。

璩建伟：民营企业在选择投资项目时，一定要找市场前景可持续的项目。这种可持续性的基础就是市场供求关系的可持续性。项目的产品或服务必须是当前和未来有广泛而持久需求的产品或服务，有一定的技术壁垒、专业壁垒或者投资壁垒，别人不易跟风投资，不易形成恶性竞争，产品市场生命周期相对较长，持续回报率较稳定。其次是法律前瞻的可持续性。项目的产品或服务，应属于法律所鼓励或保护的产品或服务，投资回报期内无禁止或限制可能性，近期内无被淘汰或强制升级改造的可能性。即使你的企业再有钱，也尽量不要去投没有法律保障的项目。

张志昂：投资项目需要审批的还要能够获得批准。属于资源开采类的，需能取得开采许可证，要保证选址得当，能够取得用地规划、建筑规划、工程施工许可，能够通过安评、环评，能够达到生产、经营、服务必备的软硬件条件；需要取得生产经营许可证的，还要能取得生产经营许可证。如果连这些最基础的行政管理条件都没把握达到，还是不要轻易投资好，要学会将这些项目忍痛舍弃。

马慧娟：民营企业在选择投资项目时一定要量力而行，尽量不要去投自己缺乏承载能力的项目。如果企业没有自有资金的支撑，也没有可靠的融资渠道，在项目资金无法超额筹足的情况下，"小马拉大车"式的投资项目就尽量不要去做；如果企业没有市场拓展扩容和另辟蹊径的能力，也没有可供"搭车"的销售渠道，对投资项目产品或服务的市场比较陌生，恐怕也不敢贸然而入；如果企业自身缺乏人才储备，规范化管理程度低，撑不起因项目拓展所带来的更高的企业运作要求，好项目也恐怕很难做好；更为重要的还有企业家的驾驭能力，包括外部关系的处理协调能力、企业内部的协调管控能力，以及能否用好可以贯彻落实企业意志的得力干将。如果高估自身的承载能力，往往会把企业家自己搞得精疲力竭。

2. 项目投资，实施方案做指引

主持人：除了三大可行性研究，项目筹划还要做哪些工作？

马慧娟：投资项目一旦通过可行性研究而选定，企业就必须要制订投资方案、建设管理方案和运营方案。但制订上述方案必须以投资模式、建设管理模式和未来运营模式设计为前提，没有科学的模式设计，就不可能制订出好的方案。

璩建伟：投资模式设计，是在项目总体规划的基础上，研究确定是一次性投资同步完成，还是分期投资逐步完成，如分期投资，其投资顺序如何安排；是企业自行投资，还是吸收其他投资人共同投资，吸收的投资人是纯粹的资本型投资人，还是有一定业务关联的资源型投资人，这些投资人在项目中分别发挥什么作用，吸收的外部投资人是一个还是多个，分别是业务的上下游，还是业务的专业辅助者；项目的整个融资计划与融资方式选择，是股权融资，还是借贷融资，股权融资时的股权比例如何设计，借贷融资时的融资渠道作何考虑，股权融资时是原公司增资扩股，还是另行成立项目公司，项目公司与原有公司之间的股权关系和业务关系如何，股权融资时是长投还是短投，是否允许对赌；整个项目的财务计划怎么安排，资金"脱档"时的替代弥补措施是什么，等等。

张志昂：建设管理模式设计主要包括四个方面：一是整个项目的建设施工节点与流程安排，制订总体"作战图"。二是采用委托代建方式，还是工程总承包方式，或者是分解子项承包方式，分解承包时标段如何划分，设备与土建如何拆分发包，如何搞好不同承包商之间的工作衔接和配合，建设方是否需要直接采购材料与设备，建设方自行采购时的三方工作配合和衔接。三是建设方的建设管理机构设置、功能定位、职责权限、内部分工、决策流程、协调任务、监督措施等。四是技术服务、规划设计、招标代理、工程监理、造价咨询、法律服务等中介机构的辅助安排等。

马慧娟：未来运营模式设计，主要是研究确定外部市场营销模式与内部管理模式问题。外部市场营销模式，包括市场拓展的主体、渠道、方法、定价、结算以及宣传辅助、销售商奖励、终端消费者（使用者）优惠等。内部管理模式，包括运营机构与岗位设置、团队组建、业务流程、决策程序、管理规范、岗位责任、业务手续、信息处理等，涉及合资合作的投资项目，还需明确各投资人的分工与监督。

张志昂：模式设计完成后，企业应当围绕确定的模式，对相关工作进行细化和配套设计，形成可实施的操作方案，并分别将内容纳入投资方案、建设管理方案和运营方案之中，理顺三个方案之间的对接协调关系，以指导整个项目招商引资、软硬件建设以及营销准备工作。

璩建伟：可行性研究的过程、模式设计与方案编制的过程，也是企业内部形成共识的过程，更是合资合作各方达成共识的过程。没有这个过程，项目参与者就没有统一的认识，没有一致的行动，没有共同的目标，项目实施过程中就容易步调紊乱、产生分歧、出现矛盾、发生羁绊和掣肘。方案一经决策机构通过或由共同投资人签字确认，将对项目参与者具有法律约束力，成为项目实施和运作的根本保证。所以，民企投资实体项目，必须要制订相关方案。

3. 项目投资，坚决摒弃"三边"陋习

主持人：民企项目投资还应注意什么问题？

马慧娟：目前，民企在实体投资方面存在的问题较多，一是项目投资随意性大，缺乏应有的甄别和选择，"听说"或"感觉"项目可以上就上，根本不去进行可行性研究；二是项

目实施太粗放,不事前考虑和设计投资模式,不认真研究项目组织架构、管理手段和核算方式,缺乏科学的建设规划和设备采购计划,采购施工衔接不上,财务计划不匹配,资金跟不上,工程施工拖期,质量老出问题,设备不合格、不匹配、不达产,建设管理一团糟,投资见效期严重后延;三是不注重运营模式设计和业务衔接、市场对接、运营管理,渠道、网络、队伍、管理统统跟不上,长期无法达到预定市场目标,投资收益无望。

璩建伟:所以,企业家必须摒弃"拍脑瓜决策、拍胸脯承诺、拍屁股走人"的"三拍"作风,对任何项目都要认真研究、谨慎投资;要改掉"边上马、边设计、边策划"和"走一步看一步""走着修正着"的陋习,把项目提前策划好,实施顺,不要幻想"车到山前必有路""船到桥头自然直",力避企业走入死胡同,陷入烂泥潭,把自己好端端的企业拖垮,把自己辛辛苦苦创下的基业葬送。

张志昂:投资失败的教训都是非常惨痛的,也是许多企业所无法承受的。轻则会给企业造成重大损失,重则还可能导致企业陷入困境乃至破产倒闭,并引起大量诉讼、仲裁纠纷,使投资人或其高管被纳入不诚信记录。有时,由于矛盾纠纷处理不当,或者挽救措施不适当,还会导致投资人或其高管触发刑事犯罪,导致民营企业家中途"折翼"而一蹶不振,难以"复生"。

马慧娟:在项目投资上企业家不能有侥幸心理,必须要确保项目选得对、做得好、能成功,这就需要事先把项目研究透、论证清、策划好,然后把项目建设好、筹备好、运作好。虽然企业家是个冒险职业,但决不能冒自己无力承担的风险,更不能冒连身家性命都可能搭进去的风险。赚钱重要,安全更重要。

话题 10　项目合资合作，模式设计至关重要

主持人：罗　晓　　嘉宾：张志昂　马慧娟　璩建伟　　文　字：张振龙　璩建伟

民营企业发展到一定规模，项目投资将更加常态化。项目投资基于资金、技术、管理、渠道、上下游产业链等因素的考量，合资合作共同经营已成趋势。但合资合作成功的案例比较少，失败的案例比较多，甚至有的合资合作最后闹得不可开交，导致项目瘫痪。那么，如何才能打破"生意好做，伙计难揽"的魔咒呢？合资合作模式设计非常关键。本期沙龙将邀请三位嘉宾就此话题进行深入探讨。

1. 身单力薄难大成，合资合作成常态

主持人： 面对持续的市场"寒冬"，民企都在呼吁"抱团取暖"，可我接触的许多企业家都不愿与他人"揽伙计"，担心的都是"本来是朋友，合作不好成仇人"。你们是怎么看待这个问题的呢？

张志昂： "生意好做，伙计难揽"，这是民间的一句谚语，似乎已成为生意场上打不破的魔咒。但随着市场经济的飞速发展，科学技术的不断进步，新项目的基本规模越来越大，经营模式越来越丰富，运行体系越来越复杂，一个企业单独投资已受到越来越多不同因素的制约，整合各种资源共同投资已成为多数项目的必然趋势。既然单打独斗已经不行，合资合作已成趋势，那么，就要设法破解"生意好做，伙计难揽"这一魔咒，积极探索合资合作模式，尝试着去建立新型的合资合作关系，以保证投资项目的成功运转。民营企业不能再"一朝被蛇咬，十年怕井绳"，在合资合作面前裹足不前。

马慧娟： 之所以出现"生意好做，伙计难揽"的合伙魔咒，关键是因为我国长期处于农业社会，市场经济基础薄、法治建设不发达、公民规则意识差、失去诚信损失小。这一不良状态严重影响着我国市场经济秩序的构建和整体经济活动的健康运行，影响着民间资本的聚集和"聚变"，影响着民营企业的规模化、渗透力和辐射力，制约着民营企业技术创新和核心竞争力的提升。市场经济就是法治经济，法治经济就是规则经济。我们必须通过建立规则来建立市场秩序，约束市场行为，"生意好做，伙计难揽"的魔咒也必须依赖规则来加以破解，更需要企业家们合力携起手来共同破解。

璩建伟： 目前，项目合资合作出现的问题比较多。一是共同投资人事先对项目缺乏了解和共识，项目实施中发现与原来想象的不太一样，要求中途退出，或者不愿交付（追加）后

期投资；二是各投资方的合资合作目的不兼容，甚至有冲突，认为实现不了其投资目的的投资人，中途会"打退堂鼓"；三是非主导方因看不惯主导方的做法，而与主导方争夺项目主导权，造成很多事项无法形成决议；四是各投资人之间缺乏科学合理的分工，缺少应有的决策机制以及健全的监督机制，使有些投资人感到参与度不够、透明度不高、监督渠道不畅、监督手段无力、自己被边缘化，而不支持项目建设、筹备与运营的必要工作；五是缺乏项目建设和运作管理规范与矛盾化解机制，投资人之间出现矛盾和分歧后无法及时消除，而积累演变成更加激烈的冲突；六是缺乏应有的退出机制，特别是强制退出机制，当矛盾不可调和时，个别投资人无法申请退出，其他投资人也无法将违约的投资人除名。这些问题和矛盾最终都可能会把项目"搅黄"。

马慧娟："生意好做，伙计难挣"的根本原因是各有各的招数，难以相互兼容。由于不同投资人各自企业的成功经验不同、运作习惯不同，对同一事物的认知能力和看法不同，投资目的与其在项目中的角色不同，委派的项目代表的阅历与专业能力不同、处世哲学与处事方式不同，所以，各方对同一事务的处理出现分歧是十分正常的，关键是如何处理这些不可避免的分歧。这就需要大家对分歧的处理方式达成共识，并通过遵循一定的规则把分歧和矛盾化解于初始阶段，避免其积累成无法解开的"一团麻"。

2. 合资合作要良好，模式设计不可少

主持人：如何在项目合资合作过程中建立起必要的规则，来破解"生意好做，伙计难挣"这一魔咒呢？

璩建伟：市场经济规则包括三个部分，一部分是国家的法律法规与规章规范，一部分是民商事主体之间达成的协议，另一部分就是企业（这里指合资合作的项目公司或者合伙体）自己制定的内部法人治理机制与经营管理制度。国家的法律法规与规章规范为企业设定了民商事宏观行为规范以及违约责任、侵权责任、行政责任、刑事责任，但不可能为企业制定针对具体分类项目的合资合作规则和运行规范。因此，大多数合资合作项目的具体规则，都需要共同投资人自己来制定，需要合资合作企业自己去建立。那些自认为国家法律法规对啥都有规定的错误认知，实则是对国家法律法规体系以及立法理念的无知。

张志昂：具体到一个合资合作项目，合资合作模式的选择和设计是项目或目标公司良性运行的基础，是建立合资合作规则与项目运行规则的前提。一个项目需要合资合作的因素是多样的，有的是纯粹的缺乏资金，有的是需要引进技术（包括引进技术措施或技术人才），有的是需要引进管理体系与运作经验，有的则是产业链上下游企业的业务联合，有的则是相

关领域不同优势的资源整合，有的则纯粹是为了分担风险。所以，立项方必须弄清楚为什么要引入他人合资合作，以确定引入什么样的合作伙伴。

马慧娟：除了确定合资合作伙伴的优选方向，合资合作伙伴投资与否以及投资比例的设置也很重要。是两方合作，还是多方合作；是全部资本投资，还是有的合作方不进行资本投资，只是业务合作；资本投资是一多一少、一大多小，还是等额投资；是项目公司形式，还是非项目公司形式；非项目公司形式是以哪家名义、以谁家为主，如何管理、如何核算；项目的主导方如何设定，是决策主导，还是运营主导，是二者合一，还是二者分设，主导权如何行使；各类合资合作者分别应具备什么条件等。这些都是合资合作模式设计要充分考虑的要素，必须通过优劣势分析、多组合比对和不断优化组合，才能够确定下来。这个过程就是模式设计的过程，没有这个过程就不可能找到适宜项目的最佳合资合作模式。

张志昂：只有模式定得好，才能最大限度地减少分歧，有效地化解矛盾纠纷。各个投资人合资合作共投项目的目的都是不一样的，有的是想跟着赚钱，有的是想优先供货，有的是想促进销售，有的是想扩大经营规模，有的是想搞产品分工协作，有的是想尝试跨界转型，有的是想借助平台、发挥优势，有的是为了建立人脉、取得互信、促进交易、降低成本，等等。咱有咱的目的，人家有人家的目的，这些目的只要不冲突，就要兼顾并容。所以，模式设计必须要照顾到各个投资人的合资合作目的，不能只考虑自己而不管别人。如果无法帮助其他投资人实现投资目的，那就劝其不要参与投资。

3. 合资合作模式必须通过方案来落实

主持人：既然合资合作模式设计在项目投资中如此重要，那么怎么落实呢？

璩建伟：模式必须通过方案来加以落实。因为不同的合资合作模式，其运作方式是不同的，其治理机制也有较大的差异，权利义务也各不相同，所以，必须对既定模式下的具体实施措施进行配套设计和优化组合。合资合作方案既要把模式固定下来，更要对项目的投资、建设、未来运营、决策、核算、盈亏分配（分担）、日常监督、分歧的处理、投资人的退出（特别是强制退出）等加以安排，以为项目的日后实施奠定基础。

马慧娟：合资合作方案一方面是立项方的单方倾向性安排，其目的在于选择合资合作对象时保持定力，既要按条件遴选投资者，又要按设计的模式和方案进行合资合作事宜谈判，不至于自己心中无数、被对方牵着鼻子走；另一方面合资合作方案也是潜在投资人认识项目、研究项目、筛选项目，感知立项方合资合作意图、目的和倾向的必备文件，是衡量合资合作可能性和成功率的重要依据。只有诚恳地把自己的想法和条件展现给意向投资人，选到同路投资人的可能性才比较大，因此，合资合作方案在招商引资中的作用无可替代。

张志昂：方案一定要细，要具有操作性和指引性。合资合作方案一般包括项目概述（包括立项背景、项目可行性、项目在竞争者中的地位、投资目的、投入产出分析等内容）、项目选址、土地取得或分割办法、规划要点、现有条件、投资规模、建设内容、分期计划、达产产能，资本金设置、立项方投资比例，引入外部投资比例、投资人初拟人数、投资人属性、各自投资份额、各自作用与分工，项目主体形式、决策机制、运作机制、管理办法、核算办法、监督机制、盈亏分配，申请退出与强制退出条件等。合资合作方案写得越清晰，越能让人明白，就越容易让意向投资人判断是否加入；写得越具有操作性，就越能使意向投资人认识其可行性和立项方的可靠程度；写得越具有指引性，就越能促进共同投资人达成运作共识，合资合作后就不易发生矛盾和分歧。

璩建伟：合资合作方案设计一定要讲求公平。合资合作关系是一种持久的伙伴关系，大家都能以诚相待、互谅互让，合资合作者才能愉快相处、同心协力，合资合作关系才能持续长久。方案要力求决策过程程序化、决策议题书面化，提交之前有论证、讨论不透不表决、意见不一不硬过，复议之时有重点、主导一方好决断，项目运作有规则、一切都按规则来，职责权限应清晰、责任边界很明确，传递手续要健全、考核追责无争议。让所有共同投资人都能按设定的角色公平地参与决策、参与管理、参与运作、有效监督。立项方不能片面追求权利义务失衡之下的利益，否则，谁还愿意与你"掰伙计"？

话题11　招募投资人，要像找媳妇那样"相一相"

主持人：罗　晓　　嘉　宾：张韶国　宋叶峰　璩建伟　　文　字：张振龙　璩建伟

民营企业投资项目引入合资合作者，就像找媳妇一样是为了"过日子"。那么，如何才能吸引外部投资者关注该项目，并在其中找到和引入理想的投资"对象"呢？如何才能有机磨合、相互包容、"过好日子"，而不至于出现"结婚时搞得轰轰烈烈，离婚时闹得你死我活"的尴尬局面呢？本期沙龙就邀请三位嘉宾与大家共同探讨一下投资项目招募共同投资人的有关问题。

1. 项目说明说透，才能吸引同频的投资人

主持人： 目前，民企投资项目的合资合作已成常态化。那么，作为立项方如何才能找到与项目匹配的合资合作对象，使其与自己同舟共济，携手把项目建设好、管理好、经营好呢？

张韶国： 目前的企业投资项目引资大多数是朋友介绍或者有关领导撮合的，立项方对引入的对象不甚了解，合资合作过程中才发现双方的目的并不相同，目标并不一致，理念差异较大，手法互不兼容。有的闹得别别扭扭、琴瑟不谐，有的你我互相掣肘、矛盾重重，有的整天吵吵闹闹、鸡犬不宁，有的赌气对簿公堂、你死我活。好端端的项目被内斗搞得难以按计划启动或顺利建成，建成后的项目也难以按计划转入正常运营而长期瘫痪，错失良好的盈利时机。之所以出现如此不堪的合资合作局面，其根本原因还是立项方没有事前制订好投资人招募方案，不知道应当选择什么样的合资合作对象。

宋叶峰： 投资项目意欲引入共同投资人，制订投资人招募方案非常重要。方案一般包括四方面内容：一是项目说明书部分。立项方必须如实完整地介绍企业现状，系统详细地说明投资项目的有关情况，并提供市场、经济、法律可行性研究报告，以使潜在（意向）投资人充分了解项目的未来前景。二是合资合作方式。须对拟定的项目投资计划、投资总额、内外部投资结构以及投资人数与份额加以说明。三是外部投资者的条件。须根据引资目的，确定外部投资者所属的行业或领域、企业规模、自有资金投资能力、参与项目经营管理能力、在项目中拟发挥的作用，为项目量身打造匹配、耦合的合资合作者。四是招募投资人的程序。须根据拟招募的投资人范围和目标，设定招募程序、招募办法、评价标准、优选原则，以使整个招募过程有所遵循，亦可使意向投资人按程序参与报名、现场踏勘、配合尽调和磋商谈判，以提高招募效能、降低时间成本。

璩建伟：编制投资人招募方案，一定要把项目的有关情况介绍清楚，不能遗漏重要内容和关键要素，更不能有意隐瞒项目瑕疵。意向投资人对项目了解得越透，其投资目的就会越明确，而不至于稀里糊涂地进入，当产生重大误解时让人家说你"骗婚"。拟定的合资合作方式要完整地展示，以便意向投资人衡量自己的可能参与度以及在项目中的角色地位，判断自己能否在项目中实现投资目的。投资人条件的设定，不但要看其能力，即能不能对项目真正起到帮助作用，更要看其诚信程度，有没有"掰好伙计"的基础。招募方对某一类投资人的优选标准做到心中有数，不能饥不择食地啥都吸收。

宋叶峰：编制投资人招募方案有两个目的：一是明确项目招募投资人的指导思想，统一企业内部的思想认识，以便大家对外统一口径、统一标准、统一行动，以防输出不一致、不协调、不确定的混乱信息；二是让意向投资人充分了解项目基本情况，了解立项方的引资意图与合资合作方式，了解外部投资人的基本条件，明白外部投资人的招募程序，以衡量自己参与项目投资的可能性和可行性，积极回应立项方的招募行为。

2. 搞好资信调查，才能选出适格的投资人

主持人：有了投资人招募方案，明确了投资者条件，如何才能在多个意向投资人中遴选出自己中意的合资合作伙伴呢？

璩建伟：制订投资人招募方案，只是对潜在投资者遴选的条件、程序、评价、比对、优选办法给出了指引，但具体到每一个意向投资者是否符合设定的条件和追求的目标，就需要对其现状、能力、信用进行必要的调查，否则，就无法进行甄别和取舍。意向投资者在向招募方递交资料和作出说明时，往往只注重表述其成功的一面，对其参与项目的目的进行粉饰，对其资信作出语言承诺。但其自身的投资能力、信誉口碑、市场运作与内部管理水平究竟如何，合作态度与意识究竟怎样，招募方凭直觉很难判断。因此，立项方绝不能碍于面子、害怕麻烦，省去资信调查程序，更不能仅凭中间人的撮合和投资人的自我介绍就"把酒定终身"。

宋叶峰：资信调查一般包括十个方面。一是意向投资人企业概况，包括企业的成立时间、主营业务、生产经营服务能力、资质等级与许可证取得、人员等情况；二是企业的出资总额、股权构成、股东情况以及股东关系的好坏；三是企业总资产以及土地、房产、主要机器设备的有关情况；四是企业的负债情况以及主要债权人、债权账期、抵押担保等情况；五是企业的净资产以及实收资本、资本公积、未分配利润等情况；六是企业产品或服务的市场规模与所占份额、盈利能力；七是企业的运作能力和规范化管理水平；八是企业的自有资金投资能力以及后续持续投资能力；九是企业的历史诚信情况，包括不良信用记录、行政处罚与刑事

犯罪记录、近期诉讼仲裁案件以及尚未了结的其他纠纷；十是参与本项目投资的目的等。如意向投资人系个人，则除调查其所控制的企业上述情况外，还要调查其婚姻亲属关系与家庭和个人资产状况。

张韶国：对意向投资人的资信调查并没有大家想象的那么难。如有法律顾问和项目律师的话，他们一般对需要调查的内容都会给出一个调查清单，多数材料均需由意向投资人自己提供，意向投资人不能提供的材料和情况可委托律师调查核实。律师调查时，可以查询相关档案、收集公开资料、走访关联单位和个人。律师调查的最大好处是可以保证调查结果的全面性和真实性，并能就调查结果给出分析、判断和评估意见，揭示潜在的合资合作风险，为招募方的最终决策提供依据。

璩建伟：通过调查，立项方一方面可以深度了解各个意向投资人的实际情况，掌握其投资原因和投资目的，判断其现时投资能力和后续投资能力，甄别其诚信程度与处事习惯，分析与其合作潜在的可能风险，研判其是否符合投资人条件；另一方面可以对各个适格的意向投资人进行横向比对，以权衡不同意向投资人的优先选择顺序。通过调查接触，还可以同时了解意向投资人对投资项目的近远期期待和关联业务追求、希望参与的广度和深度、决策参与能力、委派人员意向、财务与成本管控方面的要求等，以做到知己知彼，鉴别其与自己是否"同频"。

3. "先君子后小人"，项目合资合作才能具有良性基础

主持人：资信调查后，如何遴选实际投资人，在签订合资合作协议时应当注意哪些问题呢？

璩建伟：招募方在资信调查后，一定要对意向投资人进行优化排序，按照拟定的合同条件，依次进行合资合作协议谈判。谈判的必备内容除了合资合作的基本要素外，重点应放在项目的未来运作上，如建设管理、运营模式、各自参与的深度与分工、违约责任、投资人的申请退出和强制退出等。协议谈判前，立项方应根据前期的模式与方案设计要求拟定谈判提纲，明确合同中各个具体要素的合同条件，并预设高低不同的备用条件，以使自己在谈判中有所遵循，防止被意向投资人打乱"阵脚"。俗话说"亲兄弟明算账""先君子后小人"，协议谈得越透、订得越细，后期的合作就会越顺，就能有效地避免投资过程中的不欢而散。

宋叶峰：如果拟引入的实际投资人不是一家，则立项方在与每一家谈妥后不要急于签订投资协议，应待实际投资人遴选完毕并全部谈妥后，再对合同条件进行统一整合和协调，以免发生合同差异，导致共同投资人权利义务的不平等，为后期埋下分歧和矛盾的隐患。合资

合作协议应载明项目概况、前期已完成的工作以及正在进行的工作进度、约定投资规模、各个投资人的投资份额、投资形式、投资节点、参与项目建设管理以及未来运作的程度和分工、项目建设与运营的相关机制、投资人对项目的监督渠道和程序、违约的判断标准、违约责任、违约金的计算方法等。另外，应根据谈判结果对项目合资合作方案、建设管理方案和运营方案进行修订，作为协议的附件赋予其法律效力，作为合资合作的指引。

宋叶峰： 到目前为止，我们见过的许多合资合作协议，都只有可怜的几页纸，除各方出资份额、出资方式、工作分工外，内容都特别简单，权利义务约定不明，缺乏具体的指引性操作条款，几乎都没有矛盾处理机制和退出机制，投资各方都抱着"先上车后买票"，具体事务的处理规则等以后再说的态度。结果在实施中出现问题时划不清责任，发生分歧时没有化解矛盾的机制，丧失合作基础时无法顺利退出，导致投资人"顶牛"或项目瘫痪。

张韶国： 合资合作项目的成败取决于共同投资人是否给力，能否依约足额出资，并一鼓作气地把项目建成投用。所以，协议中必须要约定较重的出资违约责任，以防个别投资人半路上"打退堂鼓"。为了避免个别投资人无法按节点出资对项目推进的影响，各投资人还应约定一定的替代出资措施，来弥补项目的资金缺口，并由出资不足者向资金缺口填补者让渡一定的投资利益。项目建设管理与运作机制是投资人权利义务的根本保障，因此，协议中应尽量约定项目建设管理与运作的基本原则以及关键事项的具体操作规范，以防实际工作中发生不必要的矛盾和纠纷。

话题 12　对外投资需谨慎，功课事前要做足

主持人：罗　晓　　嘉　宾：孟涣又　宋叶峰　王学峰　文　字：张振龙　璩建伟

企业发展过程中，除投资自己的核心项目外，往往还会投资一些他人的新上项目，以实现投资方向的多元化，密切与其他领域的深度合作，为自己企业的长远发展和转型升级预留更多的可能出路。那么，如何才能顺利投资、愉快投资、成功投资，而不至于掉入他人投资项目"烂尾"的泥潭，当发现问题时还能顺利"抽身"呢？本期沙龙就邀请三位嘉宾就投资他人项目相关问题进行深入探讨。

1. 拟投资他人项目，必须要进行投前调查

主持人：上期沙龙咱们探讨了项目引资如何像找媳妇那样找到一个合适"伴侣"，那么，对于找上门"提亲"的一些项目，我们又该如何对待呢？

孟涣又：只要是稍微有点实力的民营企业，都会有很多项目来找你投资。对于送上门的投资项目，企业肯定不能来者不拒、一概接受。首先，你要看这些项目与自己企业的长远发展战略是否一致，如不一致则一律不要考虑，以免打乱自己的战略布局，动摇自己的战略定力。如认为项目与自己企业的发展战略契合，有能力也有兴趣参与投资的话，就应对项目以及立项方的有关情况进行尽职调查，以判断项目本身的可行性、立项方是否具备项目建设和运作的基本能力、未来建设与运营方案的可行性、自己企业投资的可能性和可行性，为自己企业的投资决策提供基础依据。

王学峰：尽职调查的内容，一是立项方企业或个人的基本情况、业务运营情况、资产负债情况、经营管理水平、项目投资能力、项目运营能力、历史诚信口碑、不良记录等；二是项目的可行性研究成果、设计规模、用地取得、规划审批、行政许可、投资计划、目前进度、参与主体、面临的问题等相关情况；三是吸收外部投资的原因和目的、对外部投资者的不同期待、拟定的外部投资者人数与功能分工、拟定的投资结构（外部投资权重与不同投资人的投资比例）、拟定的外部投资者的参与程度等；四是项目未来运营与管理的基本原则或方案；五是如有已知的意向投资人，还应当对已知意向投资人进行同步调查。以上内容都调查清楚了，才能去分析这个项目是否可投。

孟涣又：对立项方项目运作能力的调查尤为重要。立项方作为项目的主导者，不论最终确定的投资结构如何，其主导地位不可能改变。所以说项目的成败与否，主要取决于立项方

的投资融资能力、资源整合能力、市场拓展能力、经营管理能力、项目驾驭能力、对外部投资人的协调能力。如果立项方缺乏上述能力的一项或多项，外部投资人就要慎重考虑。立项方的诚信程度更为重要。立项方是否诚信守约、是否有规则意识、是否尊重外部投资人、能否民主协商与科学决策、是否愿意规范管理和规范运作、是否愿意对外部投资人公开信息、是否愿意接受外部投资人的正常监督，都是衡量能否愉快合作的基础因素。如果是一个只想利用你的资金或资源，而不愿让你过多参与和监督的立项方，外部投资人亦应慎重考虑。

宋叶峰：现实中外部投资人很少有人会去对拟投资项目进行全面深入的调查，都是走马观花地看看，听听立项方或"媒婆"的大致介绍，考察时感觉不错的项目，投资后却发现问题多多而不能"抽腿"，甚至成为"无底洞"而越陷越深，难以实现自己的投资目的。所以，作为外部投资者必须要对项目和立项方进行详尽调查，彻底弄清立项方的企业状况和项目的所有情况，千万不能有"未知"因素。要弄清立项方是缺乏资金，还是想借用资质，是为了引进技术，还是为了导入管理，是为了打通市场渠道，还是为了寻求更多生产经营要素的支持，争取做到对其了如指掌。只有弄清了立项方的引资目的，才能找到双方的结合点，才能决定是否投资。

2. 投资他人项目，必须另行进行可行性评估

主持人：外部投资人调查清楚项目及立项方的有关情况后，如果认为没有什么隐瞒，不存在不确定性因素，是否就敢决定投资呢？

孟涣又：光调查清楚还不够，还应当进行项目可行性复核。对于招募外部投资者的项目，立项方一般都会给你提供已有的可行性研究报告等前期研究成果和相关方案，但其可行性研究报告真的可靠、可信、可行吗？外部投资人必须进行仔细审视。因为很多类似的报告都是为了应付立项报批而制作的，数据不一定可靠，分析不一定透彻，论证不一定科学严谨。特别是投资自己不熟悉的行业，最好再自行委托该行业的专业研究机构重新进行一次可行性研究，以印证项目的可行性。如果新出具的可行性研究报告也认为可行，投资人才能考虑投资。否则，应立即将该项目淘汰掉。

王学峰：常见的项目可行性研究报告，一般关注的都是项目的市场可行性和经济（投入产出）可行性，对于项目的投资模式、合资合作模式、未来运营模式，一般的报告出具机构都不会特别注重研究，所以，在委托进行市场、经济可行性研究的同时，最好另行委托擅长投资的律师事务所，对项目的法律可行性进行同步研究或复核，以对项目当前与未来的合法性、强制技术升级改造以及淘汰的可能性作出判断，对项目合法合规的持久性作出分析预测，

对投资、合资合作、运营三大模式和方案进行科学筹划或论证，以确认立项方前期研究成果的可靠性。只有实现三方面可行性的有机结合，才能遴选出优质的投资项目。企业可投资的项目很多，对拿不准的项目尽量不要去碰，不能因害怕丧失机会而失去定力。

宋叶峰：对于可行性研究或复核后认为没有问题的项目，还要对其与自己企业发展战略的契合度、本方参与的可能性与可行性进行递进研究——自己参与这个项目有什么意义，能够实现什么目的，对自己企业的日常生产经营、管理升级、技术协作和资源整合有什么帮助，对自己企业的未来发展、产业结构调整、多元化集团化运营、挂牌上市有什么帮助；自己的当前投资能力、后续投资能力、递补投资能力如何，自己参与项目决策、建设与经营管理的能力如何，自己的监督能力如何，自己有无可派出的合适人员。如果这两个方面都没有问题，才可以考虑参与投资。

孟涣又：可行性研究还要看立项方是否具有承担该项目的综合能力，看自己企业与立项方企业运作习惯的兼容性与契合度。一要分析研究立项方是否具备与项目匹配的投资、建设、管理与运作能力；二要研究立项方既有企业的运作理念；三要研究立项方企业平时的运作手法；四要考察辨识立项方为人的胸怀和度量；五要衡量立项方诚实履约的可能性。如果立项方与自己企业的经营管理理念比较"同频"，双方日常运作方法和手段的契合度与兼容性较高，没有理念冲突和"手法相克"的风险，外部投资者可以考虑参与投资。否则，必须慎而又慎。

3. 投资他人项目，合同中要凸显自己的投资目的

主持人：项目合资合作都要签订相关合同，作为外部投资者投资他人项目，签订合同时应当注意哪些问题？

宋叶峰：中国有句古话叫"先君子后小人"，说的就是"辩伙计"前，要把合资合作双方的权利义务说清楚，一旦约定共同投资特定项目，投资者就要"愿赌服输"，免得投资失败后相互抱怨。投资他人项目，项目实施的主导权肯定在立项方，那外部投资者应当如何保护自己的合法权益呢？首先，要在合同谈判时阐明自己的投资目的、合作条件、具体要求，只要自己提出的条件和要求与立项方的引资目的和项目运作方式不冲突，对方一般都会接受；其次，要将谈妥的所有条件明确无误地纳入合同之中，用合同来指导缔约方的行为，以合同来约束缔约方的违约，用合同来制裁违约方的违约行为。

王学峰：关于本方对投资模式、合资合作模式、未来运营模式的修正意见，也要在谈判阶段提出，争取双方达成共识，纳入合同之中，以防以后来回变化。上述三大模式，是实施

53

项目的关键"蓝图",必须提前筹划好,如果模式设计不好,或执行中变来变去,项目建设和运作就会出现摇摆蛇行,甚至导致项目停滞和瘫痪。模式设计涉及运作与管理架构问题、股权结构与治理机制问题、财务核算与税赋问题、合作者的分工与权利义务问题,委托专业律师联手会计师、税务师共同筹划比较靠谱。目前,很多企业不相信模式设计的作用和意义,在参与投资他人项目时,很少对立项方提出模式设计要求,对立项方的模式设计成果也不进行分析研究和复核确认,项目实施后才发现其中存在很多瑕疵,但想纠错已为时已晚。

孟涣又:双方或多方的投资合同文本,是项目合资合作的纲领性文件,是项目实施的工作指引,是保证投资各方权利义务的承诺,是判断各方履约是否合格的标准,是追究违约方违约责任的依据,是一方退出项目的条件和程序。所以,合资合作合同必须能细则细,尽量把与项目投资、建设管理、日后运营、决策、执行、监督有关的所有问题的处理原则和方式都约定清楚,不能含糊其辞、粗枝大叶、文意不清、存在歧义。

宋叶峰:作为外部投资人,应坚持在合同中约定实现其投资目的的相关保证措施,投资各方的具体分工和参与程度,保证外部投资人行使决策权、经营管理参与权、监督权的工作机制,以发挥自己在投资项目中的应有作用,实现自己的投资目的。这里需要强调的是,作为外部投资者,还应力争在合同中设定自己的退出条件、退出程序、退出路径以及退出时的清算办法,一旦项目没有依照约定的投资进度推进或运营,或者立项方严重违约,自己有权并能适时退出,以使自己及早脱离"苦海"。

话题 13　合资合作项目实施　要重规则守规矩

主持人：罗　晓　　嘉　宾：张志昂　宋叶峰　王学峰　　文　字：张振龙　璩建伟

项目合资合作协议签订后，作为投资各方如何才能搞好项目建设，如何保证项目建成后能够成功运营，如何搞好建设与运营的科学衔接，这是好多投资人在投资项目实施前都没有认真考虑过的问题。项目实施中，由于项目建管机构力量不足，"缺胳膊少腿"现象严重，缺乏科学的项目建设与运营筹备推进计划，导致项目实施磕磕绊绊、预期目标无法实现。本期沙龙就邀请三位嘉宾与大家重点探讨一下项目建设管理和运营准备相关问题。

1. 项目建设，要先定规矩再启动

主持人： 投资项目签订合资合作协议后，就该付诸实施了。但很多项目的建设并不顺利，原因何在？请专家们谈谈自己的看法。

张志昂： 项目建设一般包括经营场所建（构）筑物建设、生产设备采购安装、辅助设施设备配套三个方面，整个建设过程是比较复杂的。项目开始建设前，一方面要编制建设计划，对所有建设工程的施工以及设备的采购、进场、安装作出科学排序，并对其中的交叉施工配合衔接作出"咬茬"安排，拿出项目建设"作战图"；另一方面要根据建设计划编制财务计划，科学调度建设资金，确保项目建设各阶段的资金需求；再一方面还要组建项目建设管理机构（又称为"项目部"），委派或招聘项目管理人员，聘请中介服务机构或人员，制定项目建设管理办法，确保依法依规科学有序地进行项目建设。任何项目都要先做计划、定规矩，再组织实施。如果毫无准备、盲目启动、走着说着，必然会造成项目实施的一片混乱，进而引起合资合作各方的矛盾和冲突，最终可能导致项目实施"脱档"或瘫痪。

宋叶峰： 我们一直倡导提前制定项目建设管理办法以及各项具体事务的管理细则，以此明确项目建管机构中各方代表的委派和分工、招标与签约程序、材料设备遴选确定权限、施工过程与工期管理、技术与质量控制、索赔应对、单证管理、财务管理、成本控制以及重大事项的决策程序等，以指引项目的具体实施。有了这些规矩，项目建管人员就会目标一致、方法统一、有所遵循、便于监督，不但可以按计划分步骤顺利地完成项目建设，而且不会出现大的矛盾和分歧，即使对个别问题有一些不同认识或看法，投资各方也便于协商解决。

王学峰： 项目建设是否顺利，首先取决于能否组建起一个匹配的项目部。项目部需要什么职位和专业岗位，一共需要配备多少人，这些人分别由哪一方投资人委派，剩余的怎么招聘，

都需要共同投资人协商确定；不同岗位项目建管人员的岗位职责是什么，分别赋予其哪些权利，也需要共同投资人商定；项目建设过程中各个专项事务的启动与处理流程是什么，哪些工作由低层工作人员来做，哪些事情在什么情况下需要请示上级管理人员来定，决定了的事情由谁来具体实施或落实，具体实施中要办理什么手续，都要有明确的规定；决策或实施中如果发生重大分歧，哪些由项目部决策机构直接定夺，哪些要提请共同投资人会议研究表决，也应该作出明确的规定，以免因项目决策与实施混乱、效率低下而导致项目推进阻滞。

宋叶峰：理顺了项目部内部关系，剩下的就是如何协调和处理好与不同参建方的外部关系。一是如何遴选各建设子项的施工人和设备材料的供应商，如何与合同相对人进行合同谈判，授予合同应当经过哪些程序，如何自觉履行合同义务并督促对方履行合同义务，如何搞好与合同相对人的履约工作衔接，如何办理履约确认手续，如何处理履约过程中的各种争议，如何办理验收和竣工结算手续等；二是如何协调各个施工、安装单位的交叉施工和工作配合，如何组织并协调好各个技术、商事、法务、中介服务机构之间，以及这些机构与施工、安装、设备材料供应单位之间的工作关系；三是如何与政府行政管理部门、市政公共服务部门的工作对接。这些都要有一整套明确的程序、工作指引和处理原则。项目部只要遵循这些工作规范去实施，项目建设就能顺利进行。

王学峰：这里边需要注意一个问题，就是投资人与项目部之间的关联交易。有些投资人就是为了承揽项目建设业务而参与投资的，对于这些投资人主张承接的业务，共同投资人会议应提前作出安排并在投资协议中加以约定，明确具体交易事项的优先原则、合同条件与履约方式，以防项目实施过程中难以定夺，造成投资人之间的分歧和矛盾。

2. 项目运营，要提前筹划早准备

主持人：一般情况下，投资项目都是先建设后运营。那么，如何才能保证运营成功，实现各方的投资目的呢？

张志昂：项目投资是为了创造利润，利润只能来源于项目的后期运营。立项之初的运营模式设计，是对项目运营方式选择、运营体系建设、运营基本原则、市场拓展对接等的宏观设计，具体运营中各个方面如何操作，对运营的流程控制和监督管理，必须进行细化规定。因此，在启动项目建设的同时，就要考虑组建运营筹备机构，来制定项目运营管理办法以及配套制度，以防项目接近建成时才匆忙组建运营队伍来进行运营筹划工作，使整个运营团队像无头苍蝇一样不知道怎么运营，导致项目一开局就遭受重大挫折，长期无法进入最佳运营状态，形成财务成本增高、见效盈利期后延甚至丧失市场良机的被动局面。

宋叶峰：人无远虑，必有近忧。运营管理办法是运营模式与运营方案设计成果"兑现"的必备文件，是保障项目运营成功的必要规则。一方面要规定运营体系的部门设置、岗位职责、投资各方的人员委派与分工、运营队伍组建与培训；另一方面要规定原材料采购、内部业务流转、产品销售、费用支出、成本控制、风险防控、监督反馈等工作流程；再一方面还要规划广告宣传、渠道建设、市场开拓、交易方式、合同管理、资金投放、货款回收、项目核算、税务筹划等相关事务。只有事先把这些事务筹划好、安排好、落实好，项目运营才有可能顺利展开，快速占领市场，快速实现项目达产和盈利。

王学峰：运营管理办法以及各个专项事务的管理细则，一定要流程清晰、责任明确、授权到岗、实操有方、手续健全、信息完整，不仅各单项制度内部要体系完整、机制健全，还要实现各个单项制度之间的有机衔接和相互协调，岗位责任制、各种业务传递手续与之相配套，形成完善的内部运作制度体系，以指引整个运营工作。所以，运营管理办法的制定，是运营准备的基础性工作，运营筹备团队必须首先把这项工作做好。

张志昂：项目能否运营成功，运营队伍的组建是其关键保证。一要提前研究和确定运营机构设置与定岗定员方案；二要根据投资协议的约定搞好投资人在运营中的具体分工和人员委派；三要提前招募运营人员到岗；四要对运营人员提前进行项目与产品的基本知识、业务（工作）流程、实操技能、工作配合、手续与信息传递，以及运营管理办法、岗位责任制等整个制度体系的系统培训；五要提前进行模拟运营操作。以使整个运营工作在项目正式建成投用前即具备正常运营的条件，随时可以进入运营状态。

3. 项目建设与运营，要有机配合和衔接

主持人：如果在项目建设的同时就开始运营筹划，那么，两者之间如何配合和衔接，从建设到运营又该如何转换呢？

宋叶峰：在项目建设一开始就筹划运营是十分必要的，提早拿出运营方案和具体操作办法，可以为后期运营筹备工作提供指引。建设是为了使用，对于建设中遇到的技术问题、生产流线问题、功能配套问题，运营机构可能更有发言权。因此，运营筹备队伍应提前组建，除完成运营筹划工作外，还必须为项目建设提出具体运营设施设备的技术要求，提供运营设施设备的布局与建设安装技术辅导，以使项目建设的所有细节一步到位，以防建成后改来改去、修修补补，无谓地增加成本、浪费投资、耽误时间、影响质量。

王学峰：项目交付运营前，还应当提前进行市场准备。一要搞好项目以及产品、服务的预宣传工作，使特定客户群知悉并关注该项目，也能使自己深度了解消费者的需求和期待；

二要预先对原材料供应情况进行市场调查，与材料供应商洽谈供应意向，以便启动运营时能够顺利签订供应合同，保证原材料供应不脱节；三要预先对市场销售渠道和现存合作方式进行市场调查，与销售商洽谈合作意向，以便启动运营时可以正式签订销售或合作合同，保证产品和服务能够顺利打入市场，快速拓展出市场疆域；四要提前与技术、设备维护、商事服务、法律服务以及中介服务机构签订服务协议，以使这些机构能够提前或准时进入服务状态。

张志昂： 运营机构要参与项目验收，及时启动单机试车、整机联调、试产试营以及整个工作流程的试运行，提出对工程施工、设备安装以及其他配套措施的整改意见，以使项目建设尽早完善、尽早交付。另外，除建管机构及时办理项目竣工验收备案等项目监管相关手续，搞好与市政公共服务设施的对接外，运营机构也要提前与运营有关的行政管理部门做好业务衔接，及时办理各种行政许可和开业必备手续，为项目正式运营提供基础保证。

宋叶峰： 还有一个问题，那就是投资人与项目运营的关联交易问题。有些项目的投资人，就是为了方便采购和保证原材料质量、降低采购成本和价格、借助产品销售渠道、减少销售有关费用、方便外围辅助服务、加强横向业务联系而吸收的，那么，与这些投资人之间如何订立合同，如何确定合同条件，如何保证顺利履约，如何相互提供优惠，均应提前在投资协议和运营管理办法中明确约定，以免造成投资人之间的分歧和矛盾。

话题 14　项目转让，应从项目清理开始

主持人：罗　晓　　嘉　宾：马慧娟　王建军　王学峰　聂一恒　　文　字：张振龙　璩建伟

企业因发展战略调整、项目主导者变动、共同投资者分歧、建设资金断供、后期运营能力不足等原因，投资项目在实施过程中，不时会出现"半拉子"工程放在那里而长期"烂尾"。因此，有不少企业会把正在筹备的项目、在建项目或者刚建成尚未投用的项目转让于他人。如何才能顺利地把项目转让出去，足额或溢价地收回前期投资，并且不会发生项目转让纠纷呢？本期沙龙我们就邀请四位嘉宾与大家共同谈谈项目转让的相关法律问题。

1. 项目转让，项目清理是基础

主持人：投资项目因故转让时，大多数已进入实施阶段，面对自己的"半拉子"工程，作为转让方应当如何做好转让前的准备工作呢？

聂一恒：项目因故停滞而无法推进，决不能长期"烂尾"。要么引入新的投资人共同参与建设，要么下狠心迅速将项目转让出去。否则，长期停滞不但会给施工、专业和劳务分包、设备供应、材料加工、外围辅助服务等单位造成停滞损失，并遭遇这些单位的索赔，也会使自己的营销准备工作前功尽弃，人力资源准备、物资准备、市场预热、客户对接等前期投资白打水漂，还有可能因为项目的拖期而导致已取得的前期审批手续作废，或者由于技术标准的提高导致项目建成后无法通过验收。项目转让虽然是无奈之举，但也不失为一种自我解脱和止损的好办法。

马慧娟：欲将项目转让出去，首先必须要做好项目清理工作。项目清理主要包括七个方面：一是归集项目可行性研究报告、商业策划书、投资方案、建设方案、运营方案等前期研究策划类文件；二是对项目审批手续以及各种规费缴纳情况进行梳理；三是整理项目建设管理的相关管理办法、制度、表格；四是对项目建设进度及其投资情况进行清理；五是对各类合同的签订和履行情况进行清理；六是对资金使用、债权债务、开票纳税等情况进行清理；七是对建设施工资料进行清查和归档。如此，可以彻底理清项目当前时点下的静态现状和动态变量，以为制订转让方案、寻求受让人提供基础依据。

王学峰：项目清理时，应逐项收集资料，落实有关情况和进度，分别征询行政管理部门、专项工作负责人、具体经办人以及合同相对人的意见，分事项写出情况说明，并由各专项工作负责人和具体经办人签字确认，涉及合同履行情况的还应由合同相对人签字确认，以保证

清理工作的透彻和准确。为了保证项目清理的质量，可以委托项目服务律师和注册会计师指导、协助清理工作，或对清理成果进行审查。项目建设是一项复杂的系统工程，项目转让同样复杂和麻烦，所以，必须进行全面梳理，透彻见底、不错不漏。透彻的清理工作，既可使自己做到心中有数，也便于向受让方介绍情况。否则，既有可能影响项目转让，还有可能埋下转让纠纷的"种子"。

王建军：现实中，有许多项目转让时，业主单位都不愿意花精力进行项目清理，有的是怕麻烦，有的是不愿去触碰其中的问题或矛盾，有的则是故意隐瞒存在的问题和缺陷，即使有的粗略进行了梳理，但根本没有把所有问题理清梳透。好多项目转让纠纷，不是因为出现受让方未知事项而发生，就是因为转让方遗留问题没有安排妥当而发生，造成转让方转让价款收不回来，受让方接手后建设受阻，给双方都造成了不少损失。因此，转让方不要自作聪明、自欺欺人、掩耳盗铃。

2. 项目转让，方案设计很重要

主持人： 项目清理完成后，转让人还需做好哪些准备工作，什么情况下才可以开始项目转让谈判呢？

马慧娟：项目清理完成后，转让方接着应制订转让方案。项目的建设模式不同、建设主体不同、核算方式不同，转让方式也有可能有多项选择。好的转让方式，既有利于项目的顺利转出，也有利于项目的顺利交接，更有利于受让方的后续实施。设计转让方案时，既要考虑移交的便利性，又要考虑财务核算的连续性，还要考虑转受让双方的税务负担。项目的对外债务，凡是具备结清或者分期结清条件的，转让方应尽量自行结清，不要留给受让方。

王建军：项目转让分为资产转让和项目公司股权转让两种方式，两种方式的具体操作是截然不同的，财务处理以及税赋也有很大区别。所以，转让方应在设计转让方案时，尽量考虑多种可能的方案，通过分析比对和优化组合，确定优先排序后再与受让方磋商。转让方案的设计必须为对方着想，不能只为本方着想，否则，既不利于受让方接受，也会使受让方因担心后续问题而故意把价钱压得很低。

王学峰：一般情况下，如果项目是转让方公司内部的一个单项，公司还有其他业务，不便于连同公司一并转让，可以优先考虑采用资产转让的办法。采取资产转让方式时，转让方只需将项目投资形成的资产（土地、地上添附物以及采购的实物）转让给受让方，并移交相关的立项手续和技术资料，与未履行完毕合同的合同相对人做好对接即可，转让方的财务资料与内部管理办法等都不必移交，项目转让前形成的债权债务由转让方承担。这种转让方式一般税负较高，并需变更立项审批与资产登记手续，适宜于正在前期准备或者刚刚开工的项目。

聂一恒： 如果项目是以项目公司名义建设的，一般可采取项目公司股权转让的方式转让。此方式不用变更立项审批与资产登记手续，税负较轻甚至没有额外的税负，只需变更公司股东即可，项目公司的原有债权债务仍由转让后的项目公司继续承担。究竟是采取资产转让方式，还是采取股权转让方式，或是两者皆可，作为转让方必须事前拿出意见，以备受让方提出倾向性意见时，可以明确表态回应。

马慧娟： 有时，由于项目投资较大，资产转让税负较高，审批手续变更比较麻烦甚至无法变更，转让方也可以考虑将自己企业名下的投资项目，以公司分立的方式从公司的资产中剥离出来，然后再以项目公司的名义进行股权转让，这样虽然自己麻烦些，但可以给转受让双方节约很多税款，减少立项审批手续变更的麻烦，也能使自己获得一个相对好的转让价格。

王学峰： 转让方式确定后，就要围绕选定的转让方式细化转让中的各个具体问题的处理办法，具体内容按项目清理的七个方面逐项考虑设计，并同时给出受让人条件。为了对拟转让项目进行必要的"包装"和说明，转让方还应在转让方案设计完成后制作项目说明书，对项目的前景进行可行性描述，对立项情况进行详细介绍，对清理情况逐一加以说明，对项目转让以及移交的有关问题处理作出具体安排，不能遗漏和隐瞒项目瑕疵或现存的棘手问题。项目说明书编制得越全越清越透，越有助于受让人充分了解项目情况，越有助于双方快速达成转让协议，并能使项目"卖"出个好价钱。

3. 项目转让，签约交接需仔细

主持人： 项目转让，往往涉及多方主体法律关系的改变和合同的变更。那么，作为一个重大法律行为，转让方在签订和履行转让合同中应注意哪些问题？

王建军： 项目转让可以采取寻求意向受让人或公开招募受让人的办法。首先，转让人应向意向受让人提供项目说明书，接受意向受让人的询问并答疑；其次，要陪同意向受让人对项目进行现场踏勘，并逐项介绍项目建设有关情况；再次，允许意向受让人查看项目所有立项审批、建设施工、项目管理、合同履行、债权债务、资金往来、结算纳税等所有资料；最后，如意向受让人要求与行政管理部门和合同相对人对接了解情况时，还应陪同意向受让人与其对接。

聂一恒： 在意向受让人充分了解项目有关情况后，如意向受让人有意受让，则双方可以进行项目转让谈判。正式谈判前，转让人首先要对意向受让人进行必要的尽调，一要了解他的受让意图，二要了解他的转让价款支付能力，三要了解他的未来运营管理能力，四要了解他的历史诚信程度，以判断该意向受让人是否是值得信赖的交易对象。如经尽调认为意向受让人不是个诚实可信的主，转让人就不要将其列为优先受让人。进行合同谈判前，应事先列出谈判提纲，并逐项拟定出高、中、低不同的合同条件，按谈判提纲进行逐条谈判，对方提出的合同条件不在自己预设范围的，可以直接拒绝或押后考虑，以防被对方占去谈判主动权。

王学峰： 签订转让合同一定要能细则细。转让合同的履行要比其他合同复杂得多，所以，合同除对转让方式、转让价款及其支付办法进行约定外，还应把项目情况描述清楚，并附上表格、清单等数据信息，载明投资人投资部分的审计、评估结果与作价办法，还要明确双方的移交办法以及相关手续的办理与过户，特别是要对与第三方之间合同的处理作出合理安排与衔接，确保受让人与第三方无争议地继续完整地履行转让人与第三方的"未了结合同"义务。另外，还要约定评估基准日和移交基准日之间有关费用的承担，以及双方的违约责任、违约行为判断标准以及制衡救济措施等。

马慧娟： 项目移交一定要完善手续。项目移交一般包括资料移交、合同移交、人员移交、财产移交、账务移交、档案移交、诉讼材料移交、印鉴移交等，移交时应逐项开列移交清单，签署移交确认手续。移交时应特别注意搞好受让方与第三方的工作对接，将合同履行、施工（履约）进度、工程价款支付等情况进行共同核对后由三方共同确认。对于移交中发现的问题，要及时签署备忘录，及时研究处理办法，尽量不留"后遗症"。为了保证受让方顺利接手和重启项目，转让方应尽量保留一定人员予以协助过渡，协助人员的名单和工作内容、职责权限以及协助期限，也应明确到合同之中。

话题15　受让他人项目，不能存在"未知数"

主持人：罗　晓　　嘉　宾：宋叶峰　杨　阳　马慧娟　王学峰　　文　字：张振龙　璩建伟

民营企业除了参与投资他人的投资项目外，整体接手他人的项目也是一种比较便捷的投资方式。但受让他人现有项目与主动投资他人项目有着根本的不同，除了要弄清拟受让项目的转让背景、转让原因以及转让目的外，还要弄清项目的整个情况，并要考虑最佳的受让方式，以及项目接收和接手后的续建问题。为了帮助受让方正确受让他人项目，消除受让项目的未知因素，预防转让方转让后撒手不管的风险，本期沙龙特邀请四位嘉宾共同探讨项目受让的法律风险防范。

1. 项目受让，尽职调查是关键之关键

主持人： 受让他人在建项目，受让方事前应该做好哪些工作？

马慧娟： 受让他人的"半拉子"项目，一般都会同时接手一堆复杂的遗留问题并予以解决，但也有自己立项所无法比拟的好处。一是转让方已为项目建设做了大量前期工作，如项目研究、可行性论证、项目审批、土地取得、规划许可、技术设计等，这些基本上都是些费时费力、投入很多资源和情感的工作，如果自己企业从头去做，不一定都能顺利完成；二是一个拿来就能续建的项目，可以大大缩短受让人的投资周期，并大大节约受让人的财务成本。所以，遇到好的"半拉子"项目企业不妨考虑以受让方式拿下。

杨阳： 任何一个项目实施到一半停滞，都会牵扯到许多法律关系和合同无法了结，如随意地盲目接手，不但有可能承担好多莫名其妙的债务，而且还有可能因一些矛盾和纠纷导致项目无法继续推进。所以，作为受让方必须要对拟受让项目的转让背景、转让原因、转让目的以及项目和转让人的当前现状进行尽职调查，以为受让决策提供依据。一是要督促转让方对整个项目进行彻底清理，编制完整、清晰、准确、可靠的项目说明书，以便自己对项目有个全面了解；二是要对项目、项目公司、投资人以及转让原因进行全面调查，以彻底弄清项目的所有情况，消除其中可能存在的未知因素。未知因素是项目受让的"定时炸弹"，只要有一颗爆炸，就有可能使项目阻滞。所以，项目尽调时，应把项目扒透、弄清、理顺。

宋叶峰： 尽职调查并不像大家想象的那么复杂。大多数资料和数据都可以要求转让方提供（多数也必须由转让方提供），如果转让方拒绝提供，或者找各种理由和借口消极拖延提供，就说明项目可能存在致命的"硬伤"而不想让受让方知道，这时受让方就应当考虑放弃。

可以说，是否积极、全面、如实地提供材料，是转让方是否诚信的"试金石"。现在有很多受让人在研究是否受让项目时，都不好意思向转让人索取相关材料，只是听中间人或转让人介绍后就匆忙决策，总想等项目移交时再一并收取材料。如果等项目移交时才看到材料，谁能保证这些材料与之前所说的完全一致呢？

王学峰：转让方提供项目说明书以及相关材料后，受让方一方面要对项目说明书的内容和相关材料逐一核实，另一方面要对转让方无法提供材料的其他信息进行独立调查。调查除要弄清项目及其投资人的相关信息资料外，还必须重点弄清项目转让的原因，只有弄清了转让原因，才可以准确地判断项目是否存在无法解开的"死结"。所以，企业不能怕麻烦而不做尽职调查。

马慧娟：尽职调查因为有其特殊的严谨性和法律意义，一般应委托专业律师进行。一是专业律师可以根据项目特点设计调查提纲和资料清单；二是律师调查手段丰富多样，一般都能调查清楚；三是律师都会对调查结果的真实性负责，不必担心调查遗漏或结果失真；四是律师制作的调查报告会相对比较完整、系统、细致、准确，并能客观地描述项目现状和存在的问题，提出可靠的评价性意见和处理建议，非常有利于受让人决策。

2. 项目受让，必须研究接手的可行性

主持人：受让项目是否靠谱，是项目受让前必须要弄清的问题。那么，在项目尽职调查完成后，受让人如何判断项目是否能够接手呢？

杨阳：项目能不能接手，要从三个方面考虑。一要看项目的市场、经济、法律三方面的可行性如何。如果是自己熟悉的行业或项目，只要对转让方提供的可行性研究报告仔细复核即可作出判断；如果是自己不熟悉的行业或项目，最好另行委托该行业的专业研究机构，重新对项目的可行性进行独立研究，以比对和印证转让方可研报告的可信程度。二要看项目面临的困难或存在的问题自己能否克服。如果项目存在自己无法克服的困难，或有自己解不开的"死结"，恐怕就不能轻易接手。三要看对方的转让方式自己是否可以接受。

马慧娟：目前，有很多企业在受让"半拉子"项目时，都不注重研究受让的可行性。不论是你熟悉的行业或项目，还是你不熟悉的行业或项目，对你来说它都是一个新项目，你就得按做新项目一样对项目本身的可行性进行研究，只有市场、投入产出、法律可行性没有问题的项目，才具备接手的基础条件。转让人的项目停滞了，肯定是出现了转让人无法克服的困难。不论是项目自身存在的先天缺陷，还是由于资金不足，抑或是共同投资人纠纷的不可调和，你都要衡量一下自己有没有能力搞定。"没有金刚钻，不揽瓷器活"，如果没有十分

把握，还是要谨慎行事。

宋叶峰：任何一个项目都有多种可能的受让方式，要排出最优、次优以及排除的受让方式。哪种方式最便于双方交易、签约、履行和结算，最便于切断受让方与转让方和第三方的债务关系，最便于把项目的遗留问题和风险留给转让方，最有利于受让方的未来核算和税务负担，最有利于划清双方的责任，都是设计受让方案时必须要深入研究的问题。没有这种事前的模式设计，就无法拟定科学的谈判提纲和合理的合同条件，项目谈判就有可能走偏或出现疏漏。特别是包含土地、房产、采矿权、经营许可（资质）等的项目，受让模式设计更为重要，不然，既可能影响项目各种手续的变更过户，又可能枉增财税负担。

王学峰：受让人拿出自己的倾向性受让方式以及优化排序后的备用受让方式后，应先与转让人商谈受让方式。如果双方能就转（受）让方式达成一致，受让人就可以围绕确定的转（受）让方式设计自己的合同条件，然后再开始双方的转让合同谈判。受让人在设计合同条件时，可逐项拟定出高、中、低的合同条件，并将其制成谈判提纲，以便在谈判时按谈判提纲进行逐条谈判。对方提出的合同条件如果不在自己的预设范围之内，可以直接予以拒绝或押后考虑，以防盲目掉入对方设置的合同陷阱。

3. 项目受让，接收与签约同等重要

主持人：项目受让最怕出现"后遗症"。要想消除可能存在的"后遗症"，就要做好签约和移交工作。那么，作为受让方在签约和移交工作中应当注意哪些问题呢？

马慧娟：作为受让方，签订项目转让合同时，应更加关注合同的完整性、系统性、可操作性和可追责性。一是要在合同中对项目现状进行全面细致的描述和说明，以便在出现未知因素时，可以归责于转让方的故意隐瞒或疏漏；二是要对转让价款所包括的内容进行清晰分解，并开列出转让财产清单、非财产性工作内容补偿清单和价格构成表，以为项目移交提供依据，为部分财产、非财产性成果以及各种手续移交不能时的索赔提供依据；三是对未了结合同的后期履约、未完结事项的后期办理之责任、时间节点以及费用负担进行明确划分，并约定与第三方对接的具体措施和三方确认手续的签署程序，以防出现推诿扯皮现象；四是对清理（评估）基准日与实际移交日之间新发生费用的承担作出约定，以防发生不应有的争议；五是对双方的违约责任及其判断标准、违约金计算办法或依据、纠纷处理机制等进行明确约定，以便转让方发生违约行为时，能够及时有效地追究其法律责任；六是对转让价款的支付、移交不能部分的扣除或补偿、违约金的支付或扣除办法也要约定清楚，以制约转让人的随意违约行为。

宋叶峰：项目移交是项目转让的重中之重，受让方一定要重视接收工作。资产转让方式下的项目移交，一般包括转让资产、相关资料以及相关合同的移交，并要进行有关立项审批手续的变更和转让资产的过户。项目公司股权转让方式下的公司移交，除了上述内容外，还包括人员以及社会保险关系、公司其他财产、账目与记账凭证、各种报表、档案、印鉴、公司其他资料等的全面移交。移交时应逐项开列移交清单，签署移交手续，由双方移交人员签名确认。如果出现移交与约定内容不符的情况，则应及时签署移交纪要，以便在移交完毕后迅速研究协商处理办法。

王学峰：移交时应特别注意搞好转让方、受让方与第三方的工作对接，由三方共同对合同履行情况、施工（履约）进度、价款支付等情况进行核对和确认，签订包括移交前后转让方和受让方各自的责任界限、第三方款项与损失的结算办法、合同继续履行或解除的相关协议。移交完毕后，受让人应与第三方就原有合同的继续履行或结清，另行签订具体实施的操作性协议，以免出现工作脱节，引起不必要的合同纠纷。

杨阳：为了保证顺利接手和重启项目，受让方应要求转让方保留一定人员予以协助过渡，协助人员的名单和工作内容、职责权限、工资报酬以及协助期限，也应明确到合同之中，以防转让方移交后撒手不管。对于移交过程中出现的意外情况以及项目遗留的其他问题，受让方应及时向转让方提出处理请求，并进行送达证据保全，以督促转让方履行其应尽的义务。受让方不能对此久拖不为，硬生生把事情"放凉""放黄"到无法挽回的程度。

第三章

创设与完善公司法人治理机制

公司制是我国从西方引入的市场主体法律制度，目前已成为我国市场主体的主流。由于公司制在我国推行时间较短，缺乏根植于民心的土壤，股东之间以及股东与受托人之间和谐相处的氛围还没有形成。随着国有企业改制以及民营企业的股权多元化，公司法人治理机制建设问题表现得越来越突出，由于公司法人治理机制不科学导致的股东矛盾、引发的公司僵局屡见不鲜，有的还将公司直接引向瘫痪和死亡，"生意好做，伙计难搁"的魔咒一直无法打破。为了帮助广大民营企业认识和理解公司法人治理机制，引导企业建立健全公司法人治理机制，本章专设"创设与完善公司法人治理机制"话题，与企业家们共同探讨。

话题 16　合理的股权结构，是公司科学治理的基础

主持人：罗　晓　　**嘉宾**：孙红卫　张振龙　孟丽萍　毛　娟　　**文字**：毛　娟

多个出资人共同出资成立新公司，首先面临的就是股权结构设置问题。不同的股权结构，决定着不同的公司法人治理机制，不同的公司法人治理机制，又决定着公司日后运营的成败。因此，可以认为股权结构是公司法人治理机制设计的基础。那么，什么才是科学合理的股权结构？股权结构设计时要考虑哪些要素？本期沙龙就邀请四位嘉宾与大家共同探讨一下。

1. 设立新公司，一定要搞好股权结构设计

主持人：提起股权结构，我们首先想到的就是股权比例，股权比例决定着股东在公司的表决权以及分红比例。出资比例是根据各出资人的出资额所确定的，那么，什么样的股权结构才算科学合理呢？

孙红卫：谈起股权多元化公司，不论是国企改制而来的私有制公司，还是数个朋友或民营企业及其交叉成立的私有制公司，抑或是国有资本与民间资本共同成立的混合所有制公司，都绕不开股权结构设计这道坎。关于股权结构设计的"败笔"，目前有几种情况值得大家关注。一是公司股东过多、股权太散，业务主导者无法发挥主导作用，重大事项议而不决；二是公司股权过分集中，整个公司被个别大股东所垄断，小股东难以发挥应有作用，甚至利益受损；三是股东来源不一、身份各异、目的不同、目标差异较大，在重大决策上具有不同的倾向，各方利益难以兼顾，出现决策效率低下、易于丧失市场机会、运营成本增加等窘境。

张振龙：这些问题表面上看都是公司法人治理机制的问题，但根子上却是股权结构设置不合理所埋下的隐患。任何公司都有业务主导者，主导者持大股既是主导者的愿望，也是公司法人治理的需要，平均分散的股权不利于主导者发挥其主导作用。但是，既然是多元化公司，又不能"一股独大"，"一股独大"就失去了股权多元化的意义。公司吸收不同的股东出资，肯定都有一定的目的，也期待他们发挥不同的作用。所以，为了充分调动全体股东参与公司治理的积极性，就必须首先搞好股权结构设计。

毛娟：设计科学完善的股权结构，需要从九个方面综合考虑。一是股东的成分构成。选择股东时，主要考虑各自掌握的资源，能否满足未来公司的运作需求。二是出资规模。

设置资本规模时，主要考虑公司前期建设投资与后期运营的资金需求。三是股权比例。各股东的出资额占总注册资本的百分比多少比较合理。四是股权权重。即同类出资人的股权比例总和是否需要限定。五是出资方式。各股东以什么出资，是货币出资、实物出资，还是知识产权出资，或者是其他可以进行价格评估和转让的资产出资。六是出资期限。注册资本是一次性出资到位，还是分期出资，分期出资时如何设定出资批次和每个批次的出资时间。七是替代出资和补充出资。如有股东无力出资，如何考虑替代措施，如果注册资本不能满足公司运营需要时，如何补充追加出资。八是是否同股同权。股东的股权、表决权、分红权是否"三权"同比，如不按出资比例设定，则具体如何调整。九是隐名股东。是否允许存在隐名股东，隐名股东在公司处于什么地位，如何行权。只有对这九个方面的因素进行综合权衡，才能设计出科学合理的股权结构。

孟丽萍：有限公司和股份公司在股权结构设计上也有着显著的区别。按照我国《公司法》的相关规定，有限公司的很多机制可以由股东会和章程自主约定。只要全体股东一致同意，股东的表决权、分红权可以与出资比例相同，也可以设定为两个或三个不一致的比例。因为有的时候，公司主导者虽是产品的发明人、技术的持有人、有经验的从业者，或者有其不可替代的特殊资源优势，但却没有能力过多出资，这时就可以为其设定与出资比例不同的表决权或分红权。但股份公司则必须同股同权，即必须按照持股比例来行使表决权和分红权，不允许"三权"分设为不同的比例。

2. 股东选择要有益，出资比例要合理

主持人：股东成分是基础，出资比例是关键。专家们能否重点谈谈股东筛选和出资比例确定的问题？

孙红卫：公司股东的构成一般有几种可能的组合。一是由纯自然人股东构成；二是由纯法人股东构成；三是纯法人股东的情况下又分为单纯的私有公司、单纯的国有公司、单纯的混合所有制公司以及这些公司的混合构成；四是既有自然人股东，又有法人股东，法人股东中又有不同性质的公司。究竟如何选择，要看设立公司的目的以及吸收不同股东的目的。有的公司仅仅是为了吸收资金，有的是为了利用其技术或经营管理经验，有的是为了推动上下游和联合服务者的业务协作，有的则是利用其现有的渠道、资质、资源、品牌、商誉等，所以，股权结构必须要根据不同的目的来设计，既要满足公司的发展需要，又要满足不同股东的不同期待。

张振龙：在设定每个股东的股权比例时，要考虑其在公司中的作用。一般情况下，

业务和技术主导者应适当持大股，参与运营者次之，只出资而不参与运营者相对持小股，业务协作者适当持小股。持大股者的股权比例达到能发挥主导作用即可，不一定必须达到控股程度；持小股者必须保证其能够发挥作用、获取利益，不能显得微不足道。即必须实现大中小股东的责权利均衡，既有利于决策，又有利于执行，亦有利于监督。具体如何设定，必须根据各自公司的不同特点灵活考虑人数、性质和组合。这里需要特别说明的是，如果业务主导者没有足够的出资能力，但又想主导公司的话，可以采用同股不同权的方法，通过调整表决权或分红权的比例，来实现其主导公司的目的。

孟丽萍：同类股东股权的权重，也是股权设计时必须要考虑的一个重要因素，如同类股东股权的权重过大，可能不利于决策。假如自然人的股权合计大于法人股权，就可能出现"群小欺大"现象；假如供应商或销售商的权重大于制造商，供应商或销售商就会制约制造商的定价机制和结算方式；假如国有股权大到控股程度，可能新公司就得执行国有企业的财务和投资管理办法，重大事项都要循规报批，高管们的身份也会因此发生定性上的变化，灵活的薪酬制度可能也无法导入等。因此，在确定股东人数和出资比例时，不能忽视同类股东的股权权重。

毛娟：公司在吸收股东时，尽量不要吸收对公司无价值的股东。一般情况下，吸收股东的优先顺序为技术与业务主导者、业务上下游与联合服务者、资本提供者。如果前两个顺位的股东能够满足出资需求，就不要吸收单纯的资本出资者；如果个别单纯资本出资者能够满足出资需求，就不要再吸收其他不必要出资者。当然，如果个别单纯资本出资者出资比例过大，担心其影响公司未来决策，可以把这部分股权分解为几个股东分别出资，以降低单个单纯资本出资者的出资比例。由于不必要出资者在公司没有特殊作用，公司对其资本也并不依赖，这种出资者最容易中途退出或"搅局"，造成公司法人治理机制的不稳定。

3. 出资方式，一定要符合公司的实际需要

主持人：成立公司时，股东除了可以用货币出资外，还可以用什么出资，分期出资时应该注意什么问题，各位专家能否也重点谈一谈？

孟丽萍：股东出资除了货币外，也可以用实物（生产经营设备、办公机具、原材料等）、知识产权（商标、专利、著作权、商业秘密、非专利技术、植物新品种权等）、不动产、土地使用权、采（探）矿权、持有其他公司的股权等出资，还可以用能够以货币估价并依法可以转让的其他非货币财产作价出资。非货币资产出资时，应当如实评估作价。如

评估过低，应当由交付该出资的股东补足其差额，公司设立时的其他股东承担连带责任。另外，设计非货币出资时，还要考虑出资人和公司的纳税负担与过户成本。

孙红卫：股东的非货币出资一定是公司必需的，不能随便接受利用价值不大的凑数资产。实践中，有些发起人为了把注册资本和实收资本做大，或者碍于某些人的面子，而把一些对公司无用的非货币资产出资到公司。这些无用的资产不但不能发挥作用，还增加了管理成本，也为股东纠纷埋下了隐患。

孟丽萍：一般情况下，劳务、信用、自然人姓名、商誉、特许经营权或者设定抵押担保的财产等不能作价出资。现实中很多股东看中了某个人的人脉、业务资源、技术水平、管理能力等，但这些生产要素根据法律规定也都不能出资，只可以通过调整表决权或分红权来对其发挥的作用进行补偿。

毛娟：我国现行《公司法》允许分期出资，但对于分期期限和每期的出资比例并没有规定，客观上授权给了公司股东自主约定。因此股权设计时，应根据公司的筹备进度、工程建设计划和开业后的流动资金需要，合理设定分期出资节点和各期的数额，以保证公司筹建、运营准备以及投产或开业后的流动资金需要。为防止个别股东出资时"掉链子"，打乱公司的整个筹备与经营计划，股权设计时必须考虑替代与补充出资措施。

张振龙：目前，有许多公司注册资本很大，但实际出资很少，并且章程中没有分期出资的具体规定，只规定了一个很长的出资期。为了调整这种情况对债权人利益的损害，法律和司法解释建立了加速到期机制：一是公司破产时，管理人可以向股东追缴未出资部分的注册资本；二是公司作为被执行人，但无财产可供执行时，债权人可要求股东在未出资范围内对公司债务承担补充赔偿责任；三是公司无力偿债，但股东（大）会通过决议延长出资期限的，债权人也可以要求股东在未出资范围内承担补充赔偿责任。所以，建议大家不要盲目登记无意义的空额注册资本。

话题 17　选好公司设立模式，打好企业成长根基

主持人：罗　晓　嘉宾：孙红卫　张振龙　孟丽萍　毛　娟　文字：毛　娟

选择决定未来。出资人成立公司时，公司的模式选择至关重要。不同的模式直接影响着公司的法人治理机制、内部运行机制、运营成本、核算方式、赋税承担以及执行的财务与管理制度，决定着公司未来的发展战略方向。因此，出资人必须在设立公司前对公司的设立模式进行科学筹划。本期沙龙就邀请四位嘉宾共同探讨一下公司设立模式问题。

1. "总分""母子""兄弟"，股权关系先筹划

主持人：提起公司股权关系，经常会听到"总分公司""母子公司"和"兄弟公司"等不同说法，但很多企业家对其内涵并不十分清楚。专家们能否先介绍一下这三个概念在公司设立模式设计中的意义？

张振龙："总分公司""母子公司""兄弟公司"这三种称谓是从出资关系和出资人与新公司的紧密程度而言的。所谓"总分公司"，就是以已有公司的名义设立直属于自己的下属分公司，不赋予其法人地位；"母子公司"就是原有公司出资（或与他人共同出资）设立一个独立的法人公司，二者之间形成控股或参股的股权关系；"兄弟公司"则是一个公司的股东以自己的名义另行出资（或与他人共同出资）设立一个新公司，两个公司之间没有股权关系，但却是"一母所生"。

孟丽萍："总分公司"架构下，分公司不具有独立法人资格，不独立核算，只承担总公司交于自己的某类业务，一般适宜于业务相对单一、独立性较强、与总公司不在一处或者营业处所在外地的经营单位。有时为了内部核算方便，规模较大的公司也可设立分公司。分公司除业务相对独立外，其人、财、物均由总公司直接管控，债权债务也由总公司统一承担，企业所得税由总公司统一汇算。所以，公司新拓展的生产经营项目假如无与他人合资之必要，也无切断债权债务关系之必要，可以先设为分公司，这样分公司初期的亏损都可纳入总公司统算，以冲减总公司的利润和企业所得税。

毛娟：因分公司不具有独立法人资格，因而不设股东会、董事会（执行董事）、监事会（监事），各项重大事项均由总公司决策，其业务与财务工作由总公司监督，总公司只需委派经理、副经理等高级管理人员，负责日常业务运营和内部管理即可，管理成本相对较低。

孙红卫："母子公司"之间系股权关系，子公司具有独立法人资格，独立经营、独立核算、自负盈亏。所以，子公司要建立自己独立的法人治理机制。母公司是子公司的股东，通过委派董事、监事、高管以及关键技术和管理人员参与子公司的决策和管理，享受子公司的利润分红。母公司可以通过增减其出资，改变自己对子公司的控制程度，甚至可将出资全部转让而使双方脱离"母子关系"。

孟丽萍："母子公司"的资产、债权、债务相互独立，除有法定情形外，互不承担法律责任。因此，母公司如需与他人合资合作新的经营项目，或拟切割新公司与母公司的债权债务关系，使之完全独立经营和独立承担责任，则可以为新的经营项目设立子公司。另外，母公司如果为了扩大企业规模和影响力，拟进行集团公司整合，提高银行授信，还可以考虑多设立子公司。

张振龙：鉴于"母子公司"的特殊股权关系，二者在实际运营过程中，其资产、资金、人员、业务以及债权债务等应严格进行区分和管理，并且母公司对子公司不能过度支配，直接操纵和控制子公司的实际运作，使子公司丧失其独立性，造成母子公司法人人格混同，为彼此带来不必要的连带责任损失。

毛娟："兄弟公司"之间从法律上讲没有任何关系，一般业务差异较大、各自完全独立。但由于实际控制人为一人，业务上也会存在着千丝万缕的联系，或支持、或配合、或协作，甚至存在一定交易。"兄弟公司"虽有相同的股东，但各自都有独立的股东会、董事会（执行董事）、监事会（监事）以及高管团队，分别行使不同职权。"兄弟公司"也应当严格规范管理各自的资产、资金、人员、业务以及债权债务，以避免发生"兄弟公司"之间的法人人格混同。两个公司究竟是"母子关系"还是"兄弟关系"，是公司设立时必须根据实际认真考虑的不同选择。

2. "一人""有限""股份"，公司形式慎选择

主持人：走在大街上，经常可以看到"有限责任公司""股份有限公司"等招牌。那么，在设计公司设立模式时究竟该如何选择公司形式呢？

张振龙：目前，我国法定的公司组织形式有一人有限公司、国有独资公司、普通有限公司、股份有限公司等四大类。设立新公司时究竟该如何选择，主要是从拟对新公司的管控程度、吸收他人参股的必要性、股东人数的多少、公司未来是否有意上市等因素上加以考虑。

孙红卫：一个自然人或一个非政府投资主体作为股东出资设立公司时，凡是一个股

东自己出资没有问题，业务协作必要性不大，也不愿让他人插手，又想独立核算的经营组织，可以考虑设立为一人有限公司（简称"一人公司"）。一人公司决策相对快捷、运行相对封闭，可以独享优势资源成果，也有利于保守商业秘密。一般情况下，股东拥有独有技术（专长）、特定资源或者特许经营许可投资经营项目的公司，比较适合选择一人公司这一形式。由于国有独资公司不属于民营企业的范畴，这里不作介绍。

毛娟：对于"一人公司"国家有特殊规定，如一个自然人只能设立一个"一人公司"，该"一人公司"也不能再另行设立"一人公司"，而法人设立的"一人公司"则没有此项限制。"一人公司"只有一个股东，因此不设股东会，公司所有的重大事项均由股东决定或部分授权董事会决定。规模较小的"一人公司"，可以不设董事会和监事会，只设一名执行董事和监事，执行董事还可以兼任经理，由执行董事（经理）和监事行使决策、执行和监督职能。另外，"一人公司"更应当严格区分股东和公司的财产，以避免财产混同。否则，股东将对公司的债务承担连带责任。

孟丽萍：多数情况下，一个股东在设立公司时没有能力全部出资，或者不愿一人承担风险，或需要与他人密切业务协作关系，或者需要引入技术、管理、渠道，或意欲共享商标、专利和商誉等，这时就可以选择普通有限公司形式。普通有限公司有两个以上股东，属于股权适度开放的公司，可通过股权转让实现股东的有序进退和流动。普通有限公司的股东可以是多元化的，既可以是自然人，也可以是企业法人（包括国有独资或控股企业），还可以是事业单位、社会团体以及民办非企业单位。设立公司时可以根据公司的运作需要选择吸收股东。

毛娟：如新公司计划将来上市，拟设注册资本规模又达到股份有限公司的最低要求，或者股东人数较多（超过50人），且都不愿作为隐名股东，就可以考虑一步到位地将新公司直接设立为股份有限公司，以免将来进行二次股改。股份公司是相对开放的公众公司，国家对其管理力度较大，其运营成本相对较高。股份公司如果没有上市，除必须同股同权外，其他方面与有限公司基本相同；如果上市就是完全开放的公众公司，一切运作非常透明，几乎没有隐私可言，国家监管也会更为严格。

3. "集团公司""企业集团"，也要统筹与兼顾

主持人：设立集团公司是为了增加新业务、扩大经济增加点，更是为了合理配置资源和降低运营风险。那么，设立新公司时，应如何考虑这一因素？

张振龙：拥有多个子公司的母公司可以改称为"集团（股份）有限公司"。目前，

国家市场监管机关要求集团公司母公司的注册资本不少于 5000 万元，下属子公司需 5 个以上，母子公司注册资本合计不少于 1 亿元。河南等多数经济不发达地区，对集团公司的条件有所放宽。如将母公司注册资本调低为 3000 万元以上，下属有 3 个以上子公司，注册资本合计 5000 万元以上即可。如果有成立集团公司的打算，在设立新公司时，就应当考虑母子公司的股权结构，搭建集团公司的组织架构。

孙红卫：成立集团公司一般是基于以下考虑：一是为了统筹调度各公司的人、财、物等生产要素；二是为了推动企业集群协同发展战略；三是为了追求规模效应；四是为了密切各公司之间的关系；五是为了合并财务报表，为公司融资和上市奠定基础；六是为了提高银行授信额度；七是为了税务筹划，降低税务负担；八是为了提升企业管理水平，节约间接管理成本。

孟丽萍：出资人如果有意成立集团公司，那么在设立新公司时，就应当考虑新公司的业务范围与功能作用，看能否符合集团公司的发展战略布局，如可，就应以母公司名义向新公司出资，让新公司与母公司之间建立股权关系，以免给以后的整合造成麻烦或多缴"冤枉税"。不论设立时母公司是控股还是参股，以后调整均比较方便。

毛娟：谈起集团公司，还要注意其与企业集团的区别。企业集团是指以集团公司之母子公司为主体，以其他外围企业或机构为成员，共同组成的企业法人联合体。具体成员一般包括集团公司及其全资、控股、参股子公司，没有股权关系的业务协作公司，外围服务公司等几个层次。企业集团是企业间的横向经济合作协调组织，不具有法人资格，不能直接从事经营活动。成员可以根据章程规定的程序自由加入或退出。

孙红卫：集团公司主要表现为"母子公司"的股权关系，企业集团则主要侧重于成员之间的业务联系，前者是实体，后者是平台，但后者必须以前者的成立为前提。一般情况下，外围业务协作关系庞大的集团公司有可能发起成立企业集团，以密切各成员之间的协作关系。那么，在设立新公司时，是否加入他人的企业集团，也要慎重考虑。

话题18　设立新公司，要先"画图纸"后"盖楼"

主持人：罗　晓　　嘉　宾：张振龙　马慧娟　毛　娟　　文　字：毛　娟

人无远虑，必有近忧。多个股东共同出资设立公司，必须要在股权结构和设立模式设计的基础上，制订设立方案。设立方案是对公司"诞生"及其未来治理方式作出的总体筹划，以指导整个设立筹备工作和法人治理机制设计。设立方案还需以合同形式固定下来，以明确各方在设立过程中以及以后的权利义务和违约责任。本期沙龙即邀请三位嘉宾就出资人制订设立方案和签订设立协议进行探讨。

1. 设立新公司，要先有"图纸"后"盖楼"

主持人： 前两期我们探讨了公司股权结构和设立模式设计问题，这两个问题解决好了，就可以着手成立新公司了。那么，在成立新公司前，还应当做好哪些工作呢？

张振龙： 首先要制订公司设立方案。我们都知道，建造大楼要进行建筑设计，绘制施工图，然后才能进行施工，否则，建起来的大楼可能不成样子，甚至会因结构不合理而倒塌。设立公司与建楼一样，也应当进行事前筹划。但现在大部分股东设立新公司时，都是大致一说就去登记机关办理注册登记，根本不去进行股权设计，也不认真考虑采用哪种公司形式，更不要说制订设立方案了。待到公司启动投资建设、进行运营筹备或者开业之后，才发现一大堆问题不知如何处理，这个事先没有说清，那个事前没有约定，商量来商量去一直达不成一致，严重影响公司的筹备、启动和初期运作，甚至有的还导致项目停滞或流产，股东反目成仇。

毛娟： 如果没有设立方案，公司一开始就可能没有"路线图"，缺乏方向感，处于走一步说一步的"朦胧"状态，不是裹足不前，就是左右摇摆，工作随意性大，矛盾纷争多。要么造成出资不到位，严重影响项目筹建进度和开业准备；要么出现有积极、有消极的不和谐局面，全体股东形不成合力；要么股东们互不相让，争权夺位，闹得僵持不下、不可开交；要么出资人没有给出操作指引，具体实操人员一头雾水，不明"上"意，工作效率低下，实施中常出偏差等。如果这样，谁也难保公司能够顺利设立和日后成功运营。

马慧娟： 设立公司前，发起人、出资人等并不是没有考虑和商量过公司设立、筹备以及以后运营的有关问题，只不过他们或是认为大家已有共识，没有必要把自己的想法和大家的共识写成书面文件，或是有点偷懒不想麻烦，或是由于不会制订而弃之不用。但是，如果不去制订设立方案，就无法通过把想法转化为文件，呈现和记载其内容和共识的过程，把问题考虑得更加全面、细致、深入和周到，拾遗补漏、消除误解，克服一厢情愿的想当然。如果没有设立方案，又怎么向别人说明设立的具体事宜，怎么让别人帮助审查方案的漏洞，怎么确认出资人达成了什么共识？

张振龙：另外，还有一些人会认为公司将来还要制订章程，到时把协商确定的问题写到章程里就行了，何必先提前制订一个设立方案呢？其实不然。公司章程的内容与设立方案存在重大区别。设立方案主要侧重于描述公司设立目的、宏观战略方向、股权架构、股东选择、设立与筹备事宜安排，以及法人治理机制和未来运作的基本原则；而公司章程则主要是规定公司的决策、执行与监督的组织架构，"三会"职责权限与分工，董事、监事及高管的名额分配、人员委派，公司法人治理机制，公司未来经营管理的基本原则，业务协调、资产管理、盈亏分配、积累发展等。两者既有共同的基础内容，又有各自的不同重点，无法兼容替代，所以，必须要单独制订公司设立方案。

2. 设立方案，是公司设立的工作指引

主持人：既然设立方案在公司设立中发挥着整体筹划和指引作用，那么，在制订公司设立方案时，应重点解决哪些问题？

马慧娟：公司设立方案一般包括七个方面的内容。一是公司设立的目的和可行性；二是公司的组织形式和设立方式；三是公司的注册资本规模，股东的选择以及各自的出资比例、出资方式、分期出资时间；四是公司的法人治理结构；五是公司的建设和筹备工作具体安排；六是公司的未来运营和管理安排；七是公司设立的组织领导、工作步骤、时间安排、各自分工、工作责任、费用承担等。设立方案是公司设立前期研究、策划、设计成果的系统汇总和集中体现，是设立与筹备工作的具体安排，是项目招募出资人的基础性文件，更是公司设立协议和章程的起草依据以及法人治理机制的设计依据。所以，设立方案一定要全面、系统、完整，具有纲领性、操作性和指引性。

毛娟：设立方案首先要把公司股权结构与设立模式（组织形式）的设计成果纳入并固定下来；其次，要明确公司的业务范围和主攻方向，对公司的未来发展作出前瞻性规划，以防公司在实际运营过程中脱离目标、走错方向或盲目扩张；再次，就是要对股东会、董事会、监事会组成方式和决策机制加以明确，合理分配各方股东在董事会、监事会以及高管层（包括关键技术与管理岗位）的名额，以确保公司法人治理机制的科学合理，

明确公司未来的经营管理基本原则，谨防出现股东纠纷和公司僵局。上述问题都是公司设立和运营的基本核心问题，应尽量在设立方案中作出一种优化选择（可以给出备用替代方案），避免太多不确定因素，以使大家眼往一处看，劲往一处使，不能在设立工作启动后吵来吵去、无法定夺。

张振龙：设立方案形成的过程，是出资各方对上述问题磋商调整的过程，是各出资人管理运作理念达成一致的过程，更是对公司的组建、筹备、启动、运营、未来发展以及具体实施的方法、步骤形成共识的过程。我们在帮助出资人制订设立方案时会经常遇到这几种情况，一种是各出资人声称各方面已经"啥都说好"，但当我们落实具体协商的内容时，发现许多问题他们根本没有商量过；另一种是各出资人在大的方面意见一致，但在会商具体问题的实际操作和细节安排时，各方的意见却又相差甚远，一时难以达成一致；再一种是个别出资人之前的预想和最终讨论形成多数的意见反差较大，以为无法实现其出资目的或者无法在公司发挥作用和得到期待利益而止步不前。所以说，只有通过制订设立方案这一过程，才能甄别各出资人理念是否一致，对公司的主要问题能否达成共识，能否兼顾到各出资人的利益诉求，并将不适合的合作伙伴阻止于门外，筛选到真正的合作伙伴。

毛娟：设立方案一旦完成并经各出资人确认，就成为公司设立的行动纲领。清晰明确、有据可循的设立方案，是公司顺利设立和启动的必备指引。它可以统一公司筹备人员的思想认识，使其明白出资人的意图，依据设立方案确立的原则和筹备工作路径，高质量地制作设立文件，快速进行落地实施，高效节约地完成公司设立事务。

3. 设立协议，是股东权利义务的法律文件

主持人：有了公司设立方案，为什么还要签订设立协议？出资人签订设立协议时，应注意哪些问题？

张振龙：公司设立方案虽然对公司设立过程中的有关问题进行了清晰的筹划和规定，但它不具有合同上的法律效力，同时，公司设立以及以后运营、发展中的一些权利义务问题，也无法在设立方案中加以体现，所以，在审定设立方案后，参与设立公司的各方出资人必须另行签订设立协议，以呈现各出资人之间的相互承诺，作为判断其是非对错以及违约责任的依据。设立方案和设立协议功能不同、各有侧重，因此缺一不可。但实践中很多公司不但没有制订设立方案，就连签订设立协议的情况也少之又少。

毛娟：设立协议除应包含设立方案的基本内容外，还要附加约定公司设立不能的条

件以及前期事务的了结方式和费用承担，对设立过程中知悉的各方商业秘密的保密责任，个别出资人出资不到位时的弥补、替代和处理措施，未来公司增资、减资以及个别股东退出公司的条件和机制，股权转让的方法以及股东行使优先受让权的机制，决策分歧时的化解机制，各方的违约责任等。正常情况下，后边的这些内容是无论如何都包含不到设立方案中的。可见设立协议较之设立方案的内容更加外延和具有前瞻性，更加具体和细化，对公司的设立和后期的股东关系与公司运作更具指导意义。所以，设立公司时，即使没有设立方案，设立协议也是不能省略的。

张振龙：特别需要强调的是，公司设立协议中必须要约定股东的退出机制。如什么情况下股东可以申请退出，退出条件和决策的程序，退出的方式是减资、内部股权转让还是对外股权转让，退出时的股权价值如何确定、转让价款如何支付，公司或其他股东不执行退出条款时的违约责任等，以防股东被其他股东和公司恶意捆绑；又如，当股东出现什么情形或有什么行为时，公司可以决议令其强制退出，强制退出的条件和决议程序、退出的方式、退出时的股权价值确定办法以及退出前对该股东权益的限制等，以防股东退出公司后继续损害公司利益。

马慧娟：公司设立协议的核心是约定出资人的权利义务及其行使方式以及违约责任，是人民法院和仲裁机构处理出资人违约的法律依据。因此，设立协议应由各出资人签字或盖章。属于法人单位出资的，还应由其决策机构决议批准；属于国有单位出资的，需要履行报批程序。只有取得所有股东的批准文件后，设立协议才能生效，方才对各股东具有法律拘束力。

话题 19　公司的"小宪法"不能随便"克隆"

主持人：罗　晓　　嘉　宾：张振龙　马慧娟　毛　娟　　文字：毛　娟

公司注册登记时都要提交公司章程，但章程决不是为了注册登记而制定的，而是为了指引整个公司的日常运作而制定的。公司章程重点规定股东的出资和权利义务、公司法人治理机制以及企业经营管理基本原则，是公司内部运作的基础性、纲领性文件，是其他一切规章制度的基石。因此，章程又被称为公司的"小宪法"，在整个公司制度体系中起着统领作用。本期沙龙特邀请三位嘉宾与大家共同交流一下公司章程的制定问题。

1. 设立新公司，不能从网上打印章程

主持人： 目前，大多数出资人在注册公司时，都是从各种途径下载一份格式章程登记了事，不知道这样的格式章程是否可以通用？

张振龙： 与公司设立方案和设立协议比起来，公司章程更为大家所熟知，因为它是公司登记时必须签署和提交的首份文件。章程除规定公司的注册资本、各股东的出资比例与出资方式、股东的权利与义务之外，主要规定"三会一总"的组成、选任、职权、表决机制以及公司经营管理的基本原则。章程是公司法人治理的基础性和纲领性文件，是公司运作的基本指引，是其他规章制度的制定依据，对于公司来说有着根基性的重要意义。因此，设立新公司，应当根据公司的创设目的和实际运作要求，制定自己的公司章程。

马慧娟： 章程是公司法人治理机制设计成果的集中体现。公司类型不同，股东人数、性质和出资比例不同，业务范围与特点不同，公司各方面的运行机制也必然不同。既然公司的运行机制不同，又怎么可以使用统一的章程呢？但现实生活中，很多公司的章程都是随便从网上或他人的电脑里下载的，而不是出资人根据自己公司的实际情况量身定做的。舶来的格式章程一般只有《公司法》的基本规定，不可能针对不同的公司给出符合自己特色的规定，当公司运行过程中遇到实际问题无法解决时，如在《公司法》和章程中都找不到依据，公司可能就无所适从。所以，随便打印的格式章程会为公司的未来运作埋下"梗阻"和纠纷的隐患。

毛娟： 我国1993年制定的老《公司法》由于是首次引进西方的公司制度，所以，对公司的基本运作机制都作出了框架性规定。这些规定是属于强制性还是指引性规定，虽

然一直存在争论，但毕竟为公司的架构搭建和实际运作提供了基本规则。所以，最初的章程基本上都是把《公司法》的有关规定直接作为条款使用。虽然《公司法》对公司运作中的更多问题没法全部加以规定，也不够深入细化，但当时的格式章程还是能凑合着用的。但2005年修订的新《公司法》情况就完全不同了，它更加突出了股东意思自治原则的适用，除公司的基本制度外，对公司内部的运作机制基本上都不再作具体规定，均授权股东在章程中自主约定，最多也只是给出了部分方面的补缺条款。因此，仅仅依据现行《公司法》起草的格式章程基本上都没有什么用处。

张振龙：正因为如此，目前沿袭下来的多数格式章程，都仅仅是作为公司注册登记之用，没法为公司的日常运作提供遵循。这类章程在完成公司登记后基本上都会被"束之高阁"，当股东发生纠纷拿出来看时，在章程中根本找不到有效的解决办法，法院和仲裁庭在处理公司内部纠纷时，也找不到裁判依据和衡量标准。因此，公司在设立时必须要量身定做适宜自己公司的章程。

2. 合理分配职权，"三会一总"的分工应各有侧重

主持人：既然公司章程如此重要，那么，在制定公司章程时，应当把握哪些核心问题？

毛娟：公司章程首先要规定的就是股东的出资和权利义务。一是要明确公司的注册资本规模；二是要规定各个股东的出资方式和出资比例；三要规定出资的时间节点和分期出资数额；四要规定出资不足时的违约责任和替代补充措施；五要规定增加注册资本的情形和各股东的追加出资办法；六要规定吸收他人出资的增资条件和办法；七要规定不同股东的具体分工和特定责任；八要规定股东的权利和行权规则；九要规定股东获得公司信息的途径与方法；十要规定股东的义务和承担方式；十一要规定当业务主导者出资比例不足以行使主导权时，是否对其表决权进行调整，其分红权是否也同步同比例予以调整；十二要规定减少注册资本的条件及其具体办法；十三要规定股权转让时的具体程序和方法以及股东优先受让权的行使方式；十四要规定股东的申请退出和强制退出条件与机制；十五要规定股东资格的继承等。

张振龙："三会一总"的职权划分是公司章程的又一核心内容。股东会是公司的最高权力机构，其主要职权是决定公司根本性与方向性的重大事项；董事会是公司的常设研究、议事、决策机构，在股东会的授权范围内行使公司的日常运作决策权，其主要职权是负责召集和主持股东会，制订由股东会审议通过的各种方案和决议案，审议通过公司的基本管理制度，聘任或者解聘公司的高级管理人员，审议批准公司的财务预算和决算；

总经理领导下的管理层是公司决策的执行者和生产经营的指挥者，主要负责执行股东会、董事会决议，指挥日常生产、经营、管理活动；监事会是公司的监督机构，行使对公司日常运作的监督权，除检查公司财务外，主要监督董事以及高管的履职行为。

毛娟："三会一总"之间各有侧重、各有分工。《公司法》虽然对其各自的职责权限作出了原则性规定，但允许公司根据自己的情况进行适当调整和任意补充。因此，公司股东会可以将自己的部分决策权下放给董事会，也可以将董事会的部分职权上收到股东会；董事会可以将自己的部分职权下放给经理层行使，也可以将经理层的部分职权上收到董事会决定。另外，股东会还可以将监事会的监督范围扩展到企业经营管理的其他方面。这些调整都需要在章程中加以明确，以使"三会一总"各司其职，预防职权不清或混合交叉，各自无法发挥自己的应有作用。

马慧娟：一般的格式章程都会将《公司法》中"三会一总"的法定职权照搬过来，根本不去根据不同公司的特点和需求加以调整和扩展。根据我们的章程设计经验，如果公司的董事会较强，则股东会可以适当向其放权，反之，则应将董事会的权利适当上收；经理层的职权也是同样的道理。《公司法》中"三会一总"职权的最后一项都有"公司章程规定的其他事项"，所以，出资人必须将"三会一总"职权中没有规定，但公司股东会又有必要给予授权或者加以约束的内容作出扩充性规定，如公司的对外投资限额、银行与民间借款限额、资金对内对外出借的情形和限额、对内对外担保的情形和限额、股东与公司的关联交易、购置或处置重大资产的决策权等。这些都是公司运行中无法回避的问题，必须在章程中有所体现。

3. 明确运行规则，为公司的运营划定规矩

主持人：《公司法》赋予公司章程很大的自治空间，那么，章程应当如何体现公司法人治理机制和企业经营管理基本原则呢？

马慧娟：除了"三会一总"的职能分工，章程还应当规定董事会、监事会、高管的组成与产生办法。如董事会、监事会的人数，各方（类）股东的董事、监事名额分配，董事、监事的推荐与选举程序，各方（类）股东推荐的候选人落选时的补选原则，董事长、监事会主席由何方董事、监事出任，总经理、副总经理、技术负责人、财务负责人如何委派和选聘，董监高的任期，公司的法定代表人由董事长或总经理谁来担任，股东会、董事会、监事会定期会议和临时会议的启动、通知、出席、议事方式、表决方式等。这些都要在章程中加以明确，以防各方在以后的实际运作中争权夺位、产生矛盾。

张振龙：公司章程对"三会"的议事规则必须进行原则上的规定。譬如属于股东会职权范围内的事项，分别由谁提请股东会审议，股东、董事会、监事会向股东会提请审议时，各个事项应当提供哪些基础材料，作出哪些说明，股东会应当如何审议、如何表决和作出决议等；又如属于董事会职权范围内的事项，分别由谁提请董事会作出决议，提议人提议时应当分别提供什么资料，作出哪些说明，董事会应当如何审议表决和作出决议等；再如属于监事会监督范围内的事项，监事会平时如何例行监督，他人认为需要监事会监督某些问题时，如何提出监督建议，监事会进行监督时应当采取什么手段，董事会和经理层应当如何配合，监事会对监督的事项如何作出处理和反馈等。

毛娟：公司章程还要规定公司经营管理的基本原则。如公司业务以哪些为主、哪些为辅，产品研发和市场拓展的方向，公司的组织机构设置原则与基本制度建设，固定资产投资、工程建设、市场营销、内部管理、日常费用支出、借贷融资、对外担保的原则性规定，预算编制与预算外因素的处理，财务报表报送股东的方式，利润分配与公积金的提取和使用办法等。只有这样，才能够为公司的经营管理指明方向，为整个制度体系建设提供依据。

张振龙：另外，公司章程还要规定董监高以及在公司担任其他职务的股东的行为规范，这些人不得从事哪些与公司利益冲突的活动，不得有哪些侵犯公司利益的行为，应当在公司发挥哪些表率作用，违反行为规范时应当承担什么责任，由谁作出处理决定等。章程是公司最基础的法律文件，必须经全体股东签字确认方可产生法律效力。如果是法人股东，还需要经股东单位的股东会通过；如果是国有资本股东，则需要履行报批程序。

话题 20　"三会"议事规则，
是公司治理的核心规则

主持人：罗　晓　　嘉宾：马慧娟　毛　娟　姜彦明　　文字：毛　娟

公司章程的核心内容之一是确立公司法人治理机制，而如何才能保障章程中的法人治理机制得以落实，如何规范股东会、董事会、监事会"三会"的职权行使，"三会"的会议召开程序以及议事表决方式，如何提高公司的决策效率和决策质量，避免公司决策失误，仅靠章程中的纲领性规定是远远不够的，还需另行制定"三会"议事规则来加以细化具体运作。"三会"议事规则，是公司法人治理机制的必备与核心规则，但不少公司却没有这些规则，即使有也是非常粗糙，根本无法起到指引"三会"科学运行的作用。本期沙龙就邀请三位嘉宾共同探讨一下如何把"三会"议事规则建立起来并使其设计完美。

1.《股东会议事规则》预防和化解股东纠纷

主持人： 在公司运营过程中，股东们经常会因经营管理理念的不同而发生一些意见分歧，或者会因一些误会而出现矛盾。这些分歧和矛盾如不能得到及时解决，就可能会演化成股东之间的严重对立，导致股东会无法正常召开而瘫痪。这种现象比比皆是。那么，是不是公司在章程中对股东会的职权作出了明确规定，就可以避免上述问题的发生了呢？

马慧娟： 章程虽是公司自治的"小宪法"，但一般仅规定股东的权利和义务、股东会的职责权限以及股东会的表决方式，不可能把股东会所有拟议事项的决议程序一一予以细化。由于章程是公司组织架构与运行机制的统领性制度，内容较多但容量有限，多数问题都只能在章程中作出原则性或总括性规定，不可能把所有问题都规定得十分详细。所以，要想使股东会规范行权，就必须另行制定《股东会议事规则》。

姜彦明： 股东会作为公司的最高权力机构，负责对公司的重大事项进行审议并作出决议。股东会能否和谐有效运行，直接关乎公司的发展和运营成败。但现实中有许多公司因股东之间的种种原因，致使股东会无法正常召开而出现股东僵局，进而造成公司停滞、瘫痪、解散、破产的严重后果。根据我们的解剖分析，股东僵局基本上都是因为股东会的职权不清，会议通知、召开程序不规范，对拟议事项的审议、决议程序不科学，股东的行权机制不健全，股东的知情权和表决权无法得到充分保障而发生的。如要解决上述问题，最有效的方法就是建立一套与章程配套的《股东会议事规则》，以保证股东会的正常运行。

毛娟： 根据公司章程确定的股东会职责权限，《股东会议事规则》主要规定股东会的启动和通知程序，会前准备（各种报告的编制和起草，议案、提案的收集、合并以及文本格式化等），会议的召集和主持，各种拟议事项的报告、说明、质询方式以及审议和决议表决程序，出现严重分歧时的方案调整、表决延后或者暂时搁置等。只有明确了这些决策流程，股东会才可能有所遵循。

马慧娟：《股东会议事规则》主要包括九个方面的内容：一是股东会的会议制度；二是参加股东会会议的人员范围；三是会议通知和会前准备；四是董事、监事的推荐、选举和更换办法；五是对各类拟议事项的审议方式、审议要点以及批准程序；六是股东申请撤销股东会决议或申请确认其无效时的内部处理程序；七是股东如何进行撤销决议或决议无效之诉；八是公司应对撤销、无效之诉时应提交的资料；九是股东会会议的资料整理、归档与查阅等。

姜彦明：《股东会议事规则》是全体股东的行权指引，一般具有三大功能：一是引导股东正确行使其权利，二是保证股东会科学决策以及决策质量，三是预防和避免股东之间发生不必要的纠纷。股东在公司经营、管理、投资、发展等方面，理念不同或有意见分歧是十分正常的。但是，只要将这种分歧和争议置于一定的规则和程序之中加以消化，一般就不会引起误会或者演化为激烈的矛盾，更不可能导致公司陷入僵局。因此，《股东会议事规则》的作用不可低估。

2.《董事会议事规则》促进公司科学决策

主持人：《股东会议事规则》规范股东会的决议行为，那么，董事会是否也要制定《董事会议事规则》来规范董事会的决策行为呢？

马慧娟： 董事会作为公司的受托管理机构和常设研究、议事、决策机构，在股东会的授权范围内行使日常运作决策权。董事会主要负责召集和主持股东会，制订各种重大事项的工作方案，审议通过公司的基本管理制度，聘任或者解聘公司的高级管理人员。由此可见，董事会在公司内部运作中发挥着承上启下的作用，其功能发挥的程度和决策质量的高低直接关乎公司的命运。

毛娟： 民营企业董事会运行中的常见问题主要有四个方面：一是董事会功能定位不准，无法集中发挥公司决策的核心作用；二是董事会缺乏科学的决策方法和程序，决策效率与决策质量没有保障；三是董事会成员过多参与和过度干预企业的生产、经营、管理具体活动，直接影响经理层的统一指挥和操作执行；四是董事会不会处理上对股东会提请决议、下对经理层授权执行的三者关系，难以实现三者之间的有机互动。这些问题的最好解决办法，就是通过制定《董事会议事规则》对董事会的职权范围、决策方法和程序加以明确，以指导其正确行使职权，科学作出决策，有效发挥作用。

姜彦明：《董事会议事规则》主要包括14个方面的内容：一是董事会会议制度；二是如何编制公司长远发展战略规划及其相关方案；三是如何编制年度工作计划、财务预（决）算方案、利润分配方案；四是如何落实年度工作计划和财务预算方案；五是公司资产的购置和处置；六是公司借贷和担保的审批权限和程序；七是如何审批公司机构设置和基本管理制度；八是公司高级管理人员的任免、考核和监督；九是如何召集股东会会议；十是如何执行股东会决议；十一是如何接受监事会的监督；十二是对股东反映的问题如何进行处理；十三是如何代表公司进行诉讼；十四是董事的辞职和建议罢免等。

马慧娟：有了这些制度，董事会运作就有章可循，就不会出现大的偏差或职能错位。但我们在实际工作中发现，很多公司都没有《董事会议事规则》，缺乏科学的决策方法和程序，即使有的企业制定了这一规则，但也十分粗糙，难以起到规范董事会运行的应有作用。现实中，很多董事长权力膨胀，随意性强，对决策的事前研究组织不力，工作不深入不细致，决策程序不严谨，决策质量普遍较低。有的企业董事会不会为股东会提供决策依据，也不会对经理层作出执行授权，导致三者之间权限不清、责任不明，责、权、利脱节。所以，公司必须通过《董事会议事规则》来改善董事会的运行。

3.《监事会议事规则》保证监事会有效监督

主持人：据我们了解，目前有很多公司的监事会或监事基本上都是为应付工商登记而随便安排，监事在实际工作中基本上没有发挥好其应有作用。关于这一现象，哪位嘉宾谈一下看法？

毛娟：目前，许多公司不但董事会运转得不好，监事会更是形同虚设。一是经常不列席董事会会议，对董事会的运作一无所知；二是列席董事会会议时，既不对董事会的决策程序进行监督，也不对董事的履职情况进行监督，甚至压根就不知道该如何监督董事的决策和履职行为；三是平时不去查账，也不知道什么时候该查账、用什么方法查账；四是不去调查核实股东和员工反映的问题，也不知道该如何调查、核实员工和股东反映的问题，对董事、高管们的不当行为视而不见；五是有些监事甚至在公司担任类似于副总或财务总监的工作，更无法独立超脱地发挥监督作用。多数情况下，除国有企业委派的监事还能发挥一些监督作用外，自然人与民营企业委派的监事基本上都是摆设。如果不是登记之必需，可能就不会有监事一职。

马慧娟：监事会是公司的监督机构，除检查公司财务外，还要负责监督董事会和高管们是否能够正确执行股东会和董事会决议，监督董事、高管个人是否尽职尽责，有无损害公司和股东利益。现实中，有的董事会对监事会的监督十分抗拒，不让监事会查账，也不向监事会提供资料和说明情况，导致公司出现问题时不能及时被发现，更无法及时得到纠正。往往出现问题、造成损失后，才为股东所知悉，结果公司已经无法良性运转甚至"病入膏肓"。因此，公司应制定《监事会议事规则》，明确监事会职权、监督范围、监督手段、董事会与高管的配合等机制，以有效解决以上问题。

姜彦明：《监事会议事规则》主要包括六个方面的内容。一是如何列席董事会会议；二是如何进行财务监督检查；三是如何对董事、总经理、副总经理、财务负责人以及其他管理人员的职务行为进行监督；四是如何受理和处理股东以及员工的质疑和投诉；五是什么情况下可以建议召开董事会、股东会；六是如何自行召集、主持非常股东会会议；七是如何代表公司进行诉讼等。有了这些规则，监事会的监督工作就有了依据和保障，监事们就可以挺直腰杆地正常监督。

毛娟：《监事会议事规则》具有四大功能：一是正确指导监事会和监事行使其监督权，使其对公司董事会、董事、高管以及各个运营环节，都能够监督到位、精准取证、客观评价、正确处理；二是可以保证董事会和经理层以及公司其他工作人员，能够配合监督工作，提供有关资料、说明有关情况，避免不必要的摩擦；三是可以顺利受理股东以及公司员工的投诉，并将调查处理结果及时向投诉人反馈；四是可使监事会全面公正地向股东会报告监督工作，提出重大监督事项的处理建议。监事会的监督作用发挥得好，公司就不易在前进的道路上严重走偏。

话题 21　制度体系是法人治理的必要支撑

主持人：罗　晓　　嘉　宾：马慧娟　段小丹　毛　娟　　文　字：毛　娟

如果说章程和"三会"议事规则是公司法人治理的核心机制，那么，企业管理制度体系就是公司法人治理的必要支撑。没有制度体系，企业的日常业务运转就没有保障，企业的发展规划、工作计划、经营目标就无法落实，企业所有高管与员工的工作行为将无所遵循。为此，本期沙龙特邀请三位嘉宾与大家共同探讨，如何帮助民营企业建立和完善其制度体系。

1. 企业管理总规范是整个制度体系的总纲和统领

主持人：大家知道章程和"三会"议事规则这四个文件，是公司法人治理的核心制度。那么，企业管理制度体系与之是什么关系？特别是企业管理总规范，很多民营企业都知之甚少、认识不深，请专家们首先来谈谈它的作用吧。

马慧娟：企业要想顺畅运转，就必须要建立适合自己企业的管理制度体系。企业管理制度体系包括企业管理总规范、各个单项管理办法、部门与岗位责任制、工作规范与标准这四个层次的所有制度。总规范解决的是业务、资金、信息流转过程中，上下左右的指令、执行、反馈的传递衔接关系；单项管理办法解决的是某一方面具体问题的作业方式和操作方法；部门与岗位责任制解决的是前述问题的分解和落实；标准与规范提供的是各个岗位的工作质量评价依据。它们相互配套、协调一致，共同发挥着保证公司顺畅流转、促进营收、提高效率、降低成本、控制风险、判断是非、稳定职工、留住人才的应有作用。

段小丹：企业管理总规范既属于公司法人治理机制的组成部分，是章程和"三会"议事规则的承载平台，又是企业管理的总纲领，在整个公司法人治理体系中起着承上启下的作用。它以业务流转为主线，重点规定公司的业务流转程序及其对应的资金、信息流转程序，明确上下层级之间的决策分工、指令传递和信息反馈关系，协调左右部门之间、前后岗位之间的工作对接互动关系，规定不同岗位之间的指令、业务、信息传递手续、工作界限和责任节点。

毛娟：企业管理总规范是企业运转的宏观指引，任何层级、部门、岗位都能找到自己在某一具体事项中的角色地位、工作责任、工作方法、决策权限，并且可以快速接手、快速处理、快速传达、快速报告与反馈，在不依赖高层直接指挥的情况下，实现日常工作的自动运转。

马慧娟：企业管理总规范的核心价值在于建立企业的业务流转机制、资金循环机制、内部分权机制、责任分解机制、信息传递机制，让企业内部的所有人员都能自觉地行动起来，主动作为、通力协作、各司其职地把企业的各项工作做好，把企业家从烦琐的具体事务之中解放出来，使其能够集中精力把控企业的战略方向，处理关乎企业命运的重大事务。

毛娟：目前，很多民营企业都没有企业管理总规范，遇事不知道由谁启动、向谁请示、由谁决策、怎么执行，大小事务都集中到企业老板那里等待明示。可以这么说，目前很多民企老板之所以整天瞎忙，被具体事务整得"焦头烂额"，都是没有一个好的企业管理总规范所造成的。老板不知道或者不舍得分权，也就没有办法分责。工作人员责权利不清晰、不配套、不一致，他们就没法主动作为和创造性地开展工作，拨一拨动一动、不推不动竟成其工作常态。权利集中在自己手里忙不过来，权利分解下去又不放心，是民企老板们的真实写照。

2. 单项管理办法是各个专门事项的操作指引

主持人：既然企业管理总规范已经规定了企业业务、资金、信息的流转关系，那为什么还要制定各个单项管理办法呢？

段小丹：企业管理总规范中虽然对各个专门事项的处理"套路"都作出了规定，但其规定主要是各事项中上下级之间、部门之间、岗位之间的工作衔接、传递程序和相关手续，一般不涉及各岗位自身的操作方法和该事项的实体处理原则以及具体要求。单项管理办法则是针对企业不同方面的各个专门事项、专门问题而制定的操作性规定。它既要规定该事项办理的具体程序，不同层级、部门、岗位之间的传递手续，以及各种报表、信息的上报要求，又要规定该事项的处理要求，以及不同情形下的不同处理方式或原则；既包括有各项具体事务的具体实施细则，也包括有各个岗位的静态工作要求。总规范是"纲"，单项办法是"目"，总规范是分权，单项办法是行权，二者各有侧重、各有分工。

毛娟：目前，大多数民营企业的单项管理办法都存在几种通病：一是多数制度主要规定的是一些"禁止性"和"宣示性"条款，缺乏具体事务的操作性、指引性规定，使制度无法在企业运作中发挥指引作用；二是存在大量的制度空白，好多方面该有的制度，企业却没有制定，或者虽然也有该项制度，但里边的内容"缺胳膊少腿"，不系统、不全面、不完整；三是各个单项制度之间不协调、不衔接、不配套，甚至存在一些矛盾，有的岗位之间"拉不上手"，有的权利或责任重叠，经常导致工作脱节、推诿扯皮，无法实现企业内部的良性互动；四是普遍缺乏责任追究机制，出现问题无法找到明确的责任人。所以，企业的单项管理办法一定要体系化，要相互衔接、相互配合、相辅相成。

马慧娟：企业在制定单项管理办法时，一是要全面梳理企业内部运作的所有事务，并作出科学归类和划界，分类分项制定单项管理办法，不能有轻有重、厚此薄彼，对一些次要方面小问题放弃不管；二是要做到单项管理办法内部的系统性、协调性和可操作性，按业务工作流程规划和分解工作任务、工作权利、工作责任，明确不同岗位的工作标准、责任界限和传递手续，不能在出现"梗阻"或脱节时找不到责任人；三是要搞好单项管理办法之间的机制协调和工作衔接，特别是对那些有业务交叉或工作互动关系的方面，要进行跨制度对接，不能出现衔接不上、相互矛盾的规定；四是要设计各个环节需要上报的各种表格和数据以及汇总部门的汇总要求，做到信息准确，便于查对和监督。

段小丹：这里还要特别强调一点，就是各个单项管理办法必须与企业管理总规范做好对接。就一个具体问题来说，企业管理总规范规定的是流程性、权责性、纲领性的东西，而单项管理办法则是实施过程中的细则性指引，而且后者要把前者的整体安排落到实处，不能悬空、不能脱节。这样，整个制度体系才能上下左右紧密"联手"，在企业运作中共同发挥各自作用。

3. 部门、岗位责任制与规范、标准是具体岗位的质量保证

主持人：部门责任制、岗位责任制、工作规范、工作（技术）标准与企业管理总规范以及单项管理办法究竟是什么关系，它们在企业管理中分别发挥着什么作用？

马慧娟：部门责任制、岗位责任制是公司各项工作在关联部门和关联岗位之间的分解和具体落实，即在某项具体工作中，某个部门、某个岗位应当承担什么样的责任，如何接手上一环节传递的业务，本部门、本岗位应当达到的工作质量标准，自己完成任务后如何转交出去、如何上报动态信息等。岗位责任制是各个具体岗位的工作任务，而部门责任制并不仅仅是本部门所属岗位工作的机械累加，还包括部门内部的管理、上级指令的执行以及部门之间的协调等职责。部门、岗位责任制与总规范和单项管理办法之间相互结合，构成了严密的工作机制，确保事事有人管、事事有落实、事事不脱节、事事有反馈、事事责任明确、事事良性互动。

段小丹：目前，民营企业的部门、岗位责任制有的很不健全。一是没有把企业管理总规范以及各个单项管理办法中所涉及的工作内容全部分解到部门或岗位，使得具体部

门、岗位的工作职责有所遗漏；二是工作接点与责任边界不清，传递手续不明，部门或岗位之间极易推诿扯皮；三是职责表述不规范，关联岗位对关联事务的职责表述不匹配不契合，造成岗位责任理解模糊，部门、岗位之间对同一工作无法实现有效衔接。这些都需要在制定部门、岗位责任制时努力予以避免。

毛娟： 工作规范与工作（技术）标准，是各个岗位实施某项工作时，应当遵循的操作流程和行为规范，应当达到的技术标准和数据指标。一般情况下，可以数据化表示的称为标准，无法以数据表示的称为规范，静态的称标准，动态的称规范。规范与标准是具体工作的质量要求，是产品质量、服务质量、工作质量的制度保障。没有标准和规范，工作就必然是粗放的，就不可能做到精细化，产品的优质率就不会太高，服务的周到程度也就必然较低，客户和消费者的满意程度也会大打折扣，产品、服务的价值就无法通过较高的价格来体现，企业创品牌、挣商誉也将难上加难。

马慧娟： 没有高质量的工作过程，就很难生产出高质量的产品，很难呈现出高质量的服务。目前，大多数民营企业除了不得不执行国家强制性规范外，自己企业的工作规范很少；内部执行的标准除了生产性企业的技术与产品标准外，严重缺乏非产品性的工作标准。整个工作过程的管控相对粗放，工作质量、产品质量和服务质量普遍较低。这种状态必须通过推行工作规范与工作标准加以改善。

毛娟： 民营企业之所以目前的制度层次较低，不成体系、残缺不全、名不副实，导致运营效率低下、管理成本过高，一是因为认识不到整个制度体系对企业运营的重要意义，二是大多数企业不会自己制定，三是整个制度体系制定起来工作量太大，企业不想自找麻烦。其实，企业的制度体系建设不能完全依赖内部力量，不管内部有没有人能担此重任，最好还是要有外部的企业管理专家、业务专家、财税专家、法律专家参与制定，因为外部专家相对超脱，对企业内部的运行机制设计和责任分配可能会更加科学。

话题22　股东会：公开透明，规范运作，科学决策

主持人：罗　晓　　嘉　宾：李殿克　毛　娟　姜彦明　　文字：毛　娟

"成也萧何，败也萧何"。作为公司的最高权力机构，股东会能否正常运行直接关系着公司的运营成败。那么，如何才能规范股东会的运作，提高决策效率和决策质量？如何才能保障股东的知情权、决策权、分配权得以实现？如何才能预防股东之间的矛盾和纠纷？本期沙龙就邀请三位嘉宾与企业家们共同探讨一下股东会运作的有关问题。

1. 公司股东会，公开透明、规范运作、科学决策

主持人：前几期我们谈了公司的法人治理机制与运作制度体系建设，但实际运作中股东会、董事会、监事会该如何运作，很多民企并不清楚。今天我们先来谈谈股东会要如何运作。

李殿克：股东是公司的所有者，股东会是公司的最高权力机构，担负着制订公司发展战略规划、制（修）订公司章程、选任企业经营管理者、审议批准企业基本制度、审议批准公司重大事项的责任。公司既然是全体股东的，其内部信息就应该对全体股东公开透明，使其充分享有知情权、决策权、分配权。股东会是股东行使上述权利的基本平台，因此，股东会规范顺畅运行、科学高效决策，是公司平稳良性发展的必要条件。

毛娟：股东会会议一般有三种形式，一是定期会议，二是临时会议，三是非常会议（为表述方便，以下统称为"定期股东会""临时股东会""非常股东会"）。定期股东会是指依照公司章程规定的时间必须定期召开的股东会，主要任务是听取公司阶段性工作的全面汇报，对公司某一时期的工作和重大事项作出决议；临时股东会是指公司遇到属于股东会决策范围内的重大事项，急需股东会作出决议，在两次定期股东会之间，临时"加塞"召开的股东会，一般只对提请会议审议的特定事项作出决议；非常股东会是指在股东发生矛盾或董事会瘫痪的情况下，董事会拒不按照章程规定，召集和主持定期股东会或临时股东会时，由监事会或者部分股东依照章程规定，决定、通知、主持、召开的特别股东会，一般对恢复公司正常运作或决定公司终止清算等事宜作出决议。

姜彦明：召开股东会看似简单，实际上程序较为烦琐和严格，从会前各类资料的准备、会议通知、拟定会议议程、会议签到、议案的提出、解释和说明、议题的审议和表决，到制作会议记录和形成股东会决议等，均必须符合《公司法》、公司章程以及《股东会议事规则》的规定，否则，很有可能会因为某个环节缺失或者程序不规范而导致股东会

决议不成立或者无效，或被股东申请撤销。

毛娟：从我们担任企业法律顾问以及代理股东纠纷案件的情况来看，很多公司并不会规范地召开股东会。如不按章程规定的时间提前通知，不按规定的方式通知，没有留存通知到股东的证据，通知时不附送拟议事项的材料，开会时不签到，不制作会议记录，审议、表决程序不合规等。虽然很多情况下随便召开的股东会并不影响股东们形成决议，但一旦股东之间发生矛盾，部分股东就可能会向人民法院提起诉讼，要求确认某次股东会的某项决议不成立或者无效，或者申请撤销，使公司长期陷入诉讼之中。

2. 定期股东会，全面审议和决定公司日常运作

主持人：公司召开定期股东会应当如何进行，应注意哪些问题呢？

姜彦明：定期股东会一般分年度会议和年中（季度）会议。不同的定期会议，其会议内容有不同的侧重点，一般来说年度会议通常是审议公司年度工作报告（董事会工作报告、监事会工作报告、生产经营管理工作报告等）、财务预（决）算方案、利润分配与弥补亏损方案、下一年度投资计划、决定股东会权利范围内的其他重大事项等；年中（或季度）会议一般是听取各类工作计划与股东会决议的执行情况汇报，对当期发生的重大事项作出决议，如更换董事、监事，补选董事长、监事会主席，修订公司章程和"三会"议事规则，审议通过公司发展战略规划，审议增资、减资、合并、分立、对外投资、融资等各种方案。

毛娟：公司召开股东会时，一是要做好会前准备，将各种报告和议案制成书面文件，并附上有关背景资料和相关数据，以供股东们进行分析研究；二是要按章程规定的时间和方式提前通知各股东，以使股东们能够合理安排或调整时间保证出席，并有充分的时间对会议拟议议题进行事前分析研究和相互沟通协商，如需股东以外的相关人员列席会议的，还要提前安排和通知，并告知列席人员需提前做好的准备工作以及参会的任务；三要安排报告人、提案人在会上对相关报告、提案进行解释和说明，以提高会议的审议效率和决议质量；四要严格按照章程和《股东会议事规则》规定的议事机制进行审议和表决，充分保障各股东的发言权和表决权，以保证会议决议效力。

李殿克：另外，召开股东会一定要做好会议记录，规范制作股东会决议。会议记录要完整记录整个会议过程，重点突出不同股东对各个审议事项发表的意见，并保证出席会议的所有人员全部在股东会会议记录上签字，以为股东会的决议效力提供支撑。需要传达和指导执行的决议事项，还要制作成股东会决议，并准确表述各决议事项的决议结果，

下发给董监高落实执行。每次股东会会议结束后,都要由会务人员对会前、会中、会后形成的与会议有关的所有资料进行整理、装订和归档,以便股东和董监高们以后查阅。

3. 临时股东会,审议急需实施的重大事项

主持人:公司在什么情形下可以召开临时股东会?召开临时股东会与召开定期股东会在程序上有什么区别?

毛娟:一般来说,如果公司遇到项目建设、对外投资、增资减资、分立合并等重大事项,或者欲审议发展战略规划、调整经营方针,或者出现重大危机需要紧急处理,但又等不到定期股东会的召开时间,均可以决定召开临时股东会。临时股东会一般由三分之一以上董事(或其执行董事)、监事会(不设监事会时的监事)或代表十分之一以上表决权的股东提议,董事会决定召开。董事、监事、股东提议召开临时股东会的,应向董事会提交提议书,明确需要审议的具体议题(有相关数据或资料的要附上相关资料),并说明必须召开临时股东会的理由。

姜彦明:董事会在收到董事、监事、股东召开临时股东会的书面提议后,要在章程和《股东会议事规则》规定的时间内决定是否召开临时股东会。决定暂不召开的,应当书面告知提议人,并说明理由;决定召开临时股东会的,要同时决定召开的具体时间,并对会务准备工作作出安排。临时股东会的会议通知、会前准备、审议程序、表决机制、会议记录的制作与股东会决议的形成,会议资料的整理、装订、归档等,与定期股东会相同。

李殿克:我们公司是国有企业改制而成的私人公司,现有自然人股东39名,公司一成立我们就建立健全了股东会议事规则,每年定期召开股东会,向全体股东报告过去一年的工作和盈利情况,说明下一年度的工作安排,提请股东会审议通过财务预算、利润分配方案和其他议案,遇重大事项召开临时股东会进行审议表决,一切都尊重股东会的最终决策。由于运作规范,改制12年来公司一直运转良好,股东以及董监高之间没有出现过任何矛盾。

4. 非常股东会,解决股东矛盾和公司僵局

主持人:非常股东会我还是第一次听说,哪位嘉宾可以说一下,什么情形下可以召开非常股东会,召开非常股东会时有哪些特殊要求?

毛娟:非常股东会,通常是在股东之间出现僵局,股东会或董事会处于瘫痪状态下

才会召开的。正常情况下，股东会都是由董事会组织召开，但如果董事会内部严重分裂、被人垄断或集体决策机制瘫痪，或由于股东之间出现严重矛盾和对立，董事会无法作出召开股东会的决议，监事会在建议董事会组织召开股东会无效的情况下，可以自行召集和主持股东会。如果监事会也不召集股东会，那么，代表十分之一以上表决权的股东也可以自行召集和主持股东会，以使股东会恢复运行，对公司的相关问题作出决议或决定。

李殿克：召开的非常股东会，既有可能是定期股东会，也有可能是临时股东会，所议议题可以是股东会职责权限范围内的所有问题。为了与正常召开的定期股东会和临时股东会加以区别，也为了突出这种会议的非常规性，便把由监事会和股东按照特殊程序召集和主持的股东会，称为非常股东会。

姜彦明：与定期股东会和临时股东会相比，召开非常股东会的程序更加严格。一是必须收集和保留董事会（执行董事）在监事会或股东提议召开股东会，而董事会（执行董事）拒不按规定召集和主持股东会的证据；二是必须确保通知程序合法，如邮寄、派人或公证送达书面通知书，通过电子邮箱、短信、微信以及其他可保留证据的信息传递方式发送通知书；三是必须准备好会务文件，安排好报告人、说明人充分说明拟议事项，准备好回答质询提纲，以使各股东充分了解情况，作出正确决策；四是必须严格会议流程，对会议召开情况进行完整记录，由与会股东和其他列席人员以及见证人员在会议记录上签名，与会股东在决议、决定上签名确认，必要时，还要对会议过程进行全程录音录像，以防个别股东以会议程序瑕疵为由，提出决议不成立、无效或撤销会议决议之诉。

李殿克：以上所讲的都是召开股东会的程序问题和注意事项。但就企业而言，对于股东会决议的落实和执行可能更为重要。因此，股东会形成决议后，董监高以及公司的其他工作人员，都要把股东会决议转化为自己的工作计划，执行到位、落实精准，并在下次股东会上向股东们汇报。

话题 23　董事会：研究决策，把控方向，切莫越界

主持人：罗　晓　　嘉宾：马慧娟　毛　娟　姜彦明　　文　字：毛　娟

董事会既是股东会的受托管理机构，又是公司的研究决策机构，其职能是研究公司的发展、投资、生产、经营、管理等方面的方向性与原则性的重大问题和事项，确立公司运营的基本原则和工作方针。那么，究竟应当如何规范董事会的运作，使其能够充分发挥研究、决策和方向把控的职能，提高决策效率和决策质量呢？本期沙龙就邀请三位嘉宾与企业家们共同探讨一下董事会运作的有关问题。

1. 董事会，研究决策的核心地位不能忘

主持人：规范董事会的运作，首先要弄清董事会的职责，以使董事会能够充分发挥其研究决策作用。哪位嘉宾先来谈一谈董事会的职能定位？

姜彦明：董事会是由股东推荐、股东会选举产生的受托管理机构，对股东会负责，在公司中居于决策核心的地位。有限公司的董事会由3～13人组成，对于股东人数较少或规模较小的，可以不设董事会而只设一名执行董事；股份公司必须设立董事会，由5～19人组成。董事会具体由多少人组成，由公司根据自己的实际情况确定，但一般为单数，便于决策时表决。董事任期最长不准超过三年，可连选连任，在任期届满前，股东会一般不得无故解除其职务。董事既可以由股东担任，又可以由股东推荐、委派的职业经营管理者担任。不同的董事一般分别代表着不同利益群体的股东。董事会的中心任务就是替股东们经营管理好企业。

毛娟：董事会的职责很多，但归纳起来大概有四类：一是研究公司未来的发展战略方向，二是把控当前经营管理基本原则，三是监督检查各项工作的落实，四是决定聘任或解聘经理层的高级管理人员。董事会在股东会、董事会、经理层之间居于中间地位，其职责伸缩性较大，股东会既可以把其部分权利授权董事会行使，也可以将董事会的部分权利上收；同样，董事会也可以把其部分权利授权给经理层行使，也可以将经理层的部分权利上收。但无论如何伸缩，其研究决策的核心地位不能改变，更不能沦为日常经营管理事务的"操盘手"。董事会的职权必须通过公司章程加以明确，只有这样董事会才有明确的行权依据。

马慧娟：目前许多公司的董事会无法发挥其研究决策作用。有的代替经理层包办了

日常经营管理事务，董事长被日常事务纠缠，重大决策事项的研究无人牵头负责，决策程序流于形式，既不进行充分的内部论证，也不有效地利用"外脑"，简单草率决策，匆匆盲目行事，提交股东会的议案，股东质询时无法作出清晰、完整、科学的解释和说明，决策的科学性根本无法保障；有的公司董事会则过于扩张其职权，该上报股东会决议的事项不上报股东会，直接决定超出自己职权范围内的重大事项，使公司完全被董事会所把持。因此，董事会应摆正自己的位置，明白自己的职能，不能把手向上向下伸得太长。

2. 授权部分自己定，无权事项要报批

主持人：董事会的职责是研究决策，但哪些事项可以由董事会自主决定，哪些事项必须报请股东会审议批准，董事会应如何把握呢？

毛娟：公司的长远发展战略、经营方针、投资计划与方案、调整经营结构方案、改变经营形式方案、吸收外部投资和参与经营方案、年度工作计划与财务预（决）算方案、利润分配和弥补亏损方案、增资、减资、分立、合并、变更组织形式、解散、清算方案等，有的直接关乎公司的方向和命运，有的则直接影响着股东的权利和义务，一般情况下，均需报请股东会审议通过或批准，董事会无权自行决定。虽然董事会无权直接决定上述方案，但是方案的前期调研、研究、分析、收集相关资料以及拟订草案等仍是董事会的本职工作，需董事会审议通过后，才能上报股东会进行审议批准。

姜彦明：关于公司内部管理机构设置、定岗定员方案、公司的基本管理制度、聘任或者解聘公司高管、决定高管的报酬以及公司的薪酬体系等，这些都属于公司经营管理的重要事项，一般都由董事会决定。董事会在行使上述职权时，其方案可以由其自行制订和审议通过，通过后直接予以实施，无须上报公司股东会。但股东会有权监督董事会行使上述权利，如认为董事会决策不当，或没有决策能力的，也可以上收某项职权。

马慧娟：关于公司的重大支出、融资、出借款项、对内对外担保、对外投资、购置或处置重大资产、股东与公司的关联交易等事项，由于牵扯到公司的重大利益或风险，一般股东会会给董事会一定授权，授权额度范围内的事项，由董事会自行决定，超过限额的，应报股东会批准。不论是董事会自行决定的事项，还是报请股东会审议批准的事项，董事会均应在事前进行调查研究，需要论证的，应组织相关人员和专家进行论证，并制订出详细完善的工作方案，不能"应付差事""走过场"，以确保"两会"的决策质量。

3. 把控经营管理方向，监督检查工作落实

主持人： 除了决策研究，董事会在日常经营管理工作中，如何做到有所担当和有所为有所不为呢？

毛娟： 董事会除承担重大事项的研究决策外，平时主要是把控日常经营管理工作的基本原则和方向。一般情况下，股东会、董事会的决议都需要经理层去组织实施，其实施方案或细则一般由经理层制定，有时也可由董事会制定。不论谁来制定，均需董事会批准后方可实施，以保证经理层不折不扣地执行有关决议。

马慧娟： 对于实施中遇到的具体问题，或具体工作人员请求决定的具体事项，不属于全局性、方向性的，一般由经理层直接决定；涉及全局性、方向性的问题，经理层难以承担责任时，则由董事会作出决定；遇到无法执行决议的情形或因发生重大情势变更，继续执行决议可能会对公司的发展与经营管理产生重大不利影响的，董事会应及时作出新的决议，或报告股东会决定是否继续执行或调整，抑或停止执行。

姜彦明： 对于年度工作计划的执行情况、市场营销情况、利润完成情况、投资进度以及各项制度执行情况，董事会都需要监督检查和总结反思。对于方案实施和制度执行中存在的问题，董事会应及时提出调整实施方案和修改完善制度的意见，属于经理层职权范围内的事项，由经理层作出决定，属于董事会职权范围内的事项，由董事会作出决议，以便指导经理层搞好生产经营管理工作。

4. 董事会会议，要公开透明、程序合法

主持人： 前面谈了董事会的职权，但董事会该如何开会议事，如何保证其决策效率和决策质量呢？

马慧娟： 如前所述，董事会在公司运作中居于决策核心地位，其规范运作对于公司发展起着至关重要的作用。董事会会议一般有三种形式，一是定期会议，二是临时会议，三是非正式会议。定期董事会是指依照公司章程规定的时间必须定期召开的董事会，主要任务是听取经理层对公司阶段性工作的汇报，对公司某一时期的工作和重大事项作出决议；临时董事会是指在两次定期董事会之间，遇有属于董事会决策的重大事项，急需董事会作出决议时，临时"加塞"召开的董事会，一般只对提请会议审议的特定事项作出决议；非正式会议是指董事会没有决议事项，无须按规定程序召开的董事会会议。

姜彦明： 公司召开定期董事会时，要严格按以下程序进行：一要做好会前准备，将

各种报告和议案制成书面文件,并附上有关背景资料和相关数据,以供董事们分析研究。二要按章程规定的时间和方式,提前通知各董事以及列席会议的监事和经理层相关人员,以使他们可以合理安排和调整时间保证出席。三要安排报告人、提案人在会议上对相关报告、提案进行解释和说明,以提高会议审议效率和决议质量。四要严格按照章程规定的审议表决机制进行审议和表决,充分保障各董事、监事的发言权以及董事的表决权,以保证决议效力。五要规范制作会议记录和决议,会议记录要完整记载整个会议过程,突出不同董事、监事对各类审议事项的意见,特别是董事的反对意见(日后的免责依据),并保证出(列)席会议的人员全部在会议记录上签字,以便为董事会的决议效力提供支撑;董事会决议要准确表述各项审议事项的决议结果,以便后期落实执行。六是每次会议结束后都要有专人对会前、会中、会后形成的与本次董事会有关的所有资料进行整理、装订和归档,以便股东、董事和其他人员后期查阅。

毛娟:临时董事会在会议通知、会前准备、审议程序、表决机制、董事会决议的形成,会议记录的制作,会议资料的整理、装订与归档,会后的落实、执行、监督等方面均与定期董事会相同,只是议题较少而已。召开临时董事会时,一般情况下,提议的董事、监事会或监事、经理层、股东等要书写提议书,注明需审议决议的事项,以及必须召开临时董事会的理由等,需要提供相关材料和数据的,还应和提议书同时提交。

马慧娟:董事会非正式会议一般讨论和安排董事会内部的事务性工作(如董事会制订各种方案时的分工,安排对特定问题的调研,工作进度的通报,初步方案的酝酿讨论,检查股东会与董事会的会务准备等),监督检查生产经营管理情况以及经理层执行股东会、董事会决议的有关情况(如听取经理层有关生产经营管理情况的汇报,对重大项目的进展进行检查,对有人反映的问题进行落实,对高管的工作进行指导纠错等)。董事会非正式会议,可以随时由董事长决定或其指定的董事组织召开,不必严格按照规定的通知程序发出通知,不必都准备会务资料,董事和监事不必全部参加,经理层也不必每次都要列席,但不得就董事会职权范围内的任何事项作出决议。

话题 24　经理层：定模式，建制度，管运作

主持人：罗　晓　　嘉　宾：马慧娟　毛　娟　段小丹　　文　字：毛　娟

　　总经理领导下的高级管理人员（以下简称"经理层"或"高管"），是公司决策的执行者和生产、经营、管理的指挥者，一般负责设计企业运营模式、建设内部运营制度、把控企业日常运作。如何才能充分发挥高管的统筹、指挥、协调作用，保证其应有的执行力，保证企业生产经营管理的正常进行呢？本期沙龙就邀请三位嘉宾与企业家们共同探讨一下高管履职过程中的有关问题。

1. 高管的第一要务：设计公司的运营模式

　　主持人：提起总经理领导下的经理层的职责，许多民企并不清楚，主要是弄不清经理层与董事会的关系。哪位嘉宾来谈一谈高管在公司法人治理中的职能分工？

　　马慧娟：上期沙龙我们谈到董事会是股东会的受托管理机构和公司的研究决策机构，而高管则是公司决策的执行机构和生产、经营、管理的指挥机构。凡公司的重大事项或经营管理的基本原则，均由董事会拿出方案，报请股东会批准，或者根据股东会的授权自行决定后，交由公司高管落地执行；凡公司生产经营管理方面的日常事务和投资项目的具体实施问题，则授权经理层全权处理。可以说，董事会是"后方司令部"，高管是"前线总指挥"。

　　毛娟：高管由董事会聘任或解聘，对董事会负责。高管一般包括经理、副经理、"四总"（总工程师、总会计师、总经济师、总法律顾问）等，其主要职责是设计公司运营模式、搞好制度建设、把控日常运作，其工作核心是解决公司业务操作层面上的所有问题。董事会着重于宏观把控，经理层侧重于微观操作。通常情况下，高管由不同的股东群体推荐或由董事会直接选任，可以由股东、董事担任，也可以是外聘的职业经理人。

　　段小丹：高管的第一要务就是要搞好公司的运营模式设计。运营模式一般包括采购模式、销售模式、营销模式、管理模式等与企业运作有关的运行策略的优化组合，是公司良性互动、扩大销售、控制成本、创造利润的机制保证。没有完整与稳定的运营模式的公司，其日常生产经营管理运作是不可想象的。

　　马慧娟：公司的发展战略决定着目标客户，目标客户决定着产品战略，产品战略决定着市场战略，市场战略决定着营销模式，营销模式决定着内部运作模式。所以，如何

分析和研判市场需求，果断锁定目标客户，如何确定产品（服务）研发方向，把握产品（服务）投放节奏，保护知识产权和商业秘密，如何选择产品（服务）营销渠道，确定营销策略与价格策略，搞好宣传推介，如何搞好配套服务，实现客户的消费价值，都是经理层需要在模式设计中一一解决的问题。同时，模式设计还不能脱离企业的基本现状和内部支撑能力，要接地气、易操作。

毛娟：企业的运营模式也不是一成不变的，它会随着市场需求的不断变化和公司发展的不同阶段，不断地进行微调或进行阶段性的大调整。因此，这就要求经理层在搞好日常生产经营管理工作的同时，时刻关注市场需求变化和渠道业态变化，关注公司的内部产品结构变化与人才结构变化，随着企业运作能力的提升和长短板的消长，适时微调、优化和升级公司的运营模式，以使公司保持最佳的运行状态。

段小丹：公司的运营模式是通过企业内部的各项管理制度和对外交易的合同文本加以固定和显现的，不同的运营模式都有不同的配套制度和交易合同文本。因此，经理层在日常内部管理和业务交易中，如发现公司的运营模式出现问题或者需要调整改善的，就要及时提出解决办法或调整方案，对制度或合同中的对应机制进行同步调整。

2. 高管的第二要务：建设企业的内部运作制度

主持人：科学完善的法人治理机制和系统配套的内部管理制度体系是公司运作的根本保障。那么，作为公司高管都负责公司哪些制度的建设呢？

毛娟：公司完整的制度体系包括公司法人治理机制和企业内部管理制度，前者包括公司章程和股东会、董事会、监事会"三会"议事规则以及企业管理总规范，后者包括企业管理总规范、各个单项管理办法、部门与岗位责任制、工作规范与技术标准。企业管理总规范既属于公司法人治理机制的组成部分，是公司法人治理机制的承载性制度，又是企业内部管理制度的组成部分，是企业内部管理制度体系中的统领性制度，在公司法人治理机制和企业内部管理制度之间发挥着承上启下过渡衔接的作用。

段小丹：公司章程和"三会"议事规则，由股东会制定或审议批准，企业管理总规范及其以下的单项管理办法、部门与岗位责任制、工作规范与技术标准等内部管理制度，则由公司高管层负责制定。其中一些主要的制度（如企业管理总规范、公司机构设置方案、定岗定员方案、薪酬体系等）则需上报董事会审查批准，或者由经理层在董事会确定的原则下自行制定。企业内部管理制度建设必须以运营模式设计为前提，没有完整科学的运营模式，就难以建立起完整配套、有机衔接的制度体系。

马慧娟：完善的企业内部管理制度体系相互配套、相互协调，共同发挥着保证公司内部顺畅流转，对外交易高效顺利进行，提高效率、降低成本、促进营收、控制风险、判断是非，以及稳定职工、留住人才的应有作用。企业制度体系的核心价值，是固化企业内部的业务与工作流程，以防止业务操作的随意性，在层级之间、部门之间以及岗位之间分权分责，以防止工作中的推诿扯皮和不负责任。没有一套分权分责、权责明确的制度体系，企业注定是要运作失序的。

毛娟：目前，很多民营企业都不注重内部制度体系建设，要么不制定企业管理总规范，使企业运转缺乏宏观指引，上层与下层、部门与部门、岗位与岗位、事项与事项之间衔接不畅、时常脱节，出现问题也无法明确责任；要么单项管理办法缺失或必备内容空白，互不衔接、互相矛盾，无法达到其协调运行的效果；要么制度中都是一些"宣示性""禁止性"条款，缺乏具体事务的操作性、指引性规定，使制度无法在具体运作中发挥其指引作用；要么部门责任制、岗位责任制难以与企业管理总规范和单项管理办法之间相互配套、有机结合，无法构成严密的工作机制，导致企业工作混乱、管理无序。这些制度上的缺陷，是公司经理层必须正视的问题，必须想办法加以解决。

3. 高管的中心工作：把控企业的日常运作

主持人：高管是公司决策的执行者和生产、经营、管理的指挥者。那么，他们应当如何把控企业的日常运作呢？

段小丹：经理层的日常工作职责就是抓产品、抓营销、抓管理、抓人才。产品（服务）是企业生存的命根，在产品战略实施方面，经理层必须要作出前瞻谋划和统一安排。一是要研究和确定产品研发方向和研发路径；二是要制订产品研发计划，组织好整个研发工作；三是要统筹产品的定型和储备，把握产品的投放节奏；四是要保护研发成果的知识产权，做好整个研发过程的保密工作；五是提前规划研发人员对研发成果的共享机制，以调动研发人员的积极性，防范研发人员的道德风险。

毛娟：在营销战略实施方面，经理层必须要有所作为，有大作为。高管们的核心任务就是为公司创收，创收应以模式为基础，以营销为手段。在营销战略实施方面，经理层一要拓展市场渠道，建立销售网络，使企业的产品能够快速流转到使用者与消费者手中；二要与经销商和代理商建立利益分享机制与奖惩制约机制，以调动经销商和代理商的市场拓展积极性，降低企业的交易风险；三要采取"抓耳""吸睛"的宣传推介策略，以凸显产品的特色与差异、买点与价值，吸引、促进、刺激使用者与消费者使用；四要建立辅助增值服务与售后跟踪服务机制，黏住"粉丝"客户，以持续扩销升级产品或扩展产品；五要在自建销售体系的情况下，设计规划企业内部的营销政策，在调动营销人员积极性的同时，实现内部部门间、岗位间的利益平衡。

马慧娟：在企业内部管理方面，经理层要围绕整个业务流转，做好实物流、资金流、信息流"三流"管理工作。一要把控采购、销售、合作经营等外部循环的流程和经营决策；二要把控内部循环的业务传递和控制协调；三要把控与国家行政管理机关的监督管理关系；四要把控与其他主体的非经营性行为的权利义务关系。只有如此，公司的业务才能够顺利开展，并且不触犯国家的法律法规，不侵犯他人的民事权利，远离民事纠纷，免遭行政处罚，避免刑事风险。在业务流转过程中，经理层要重点做好指导、协调、纠错、追责等工作，发现机制制度问题要及时调整完善或纠正。

段小丹：在人才战略实施方面，企业要围绕人的要素，做好各个部门与岗位的人员调配和考评奖惩工作。一是因事设岗、因岗选人、知人善任，把合适的人才安排到合适岗位；二是明确各部门与岗位的工作职责以及责任界限，防止工作脱节和推诿扯皮；三是制定完善的考核办法，形成可以量化并具有横向可比性的考核指标体系；四是强化落实日常工作考核，严格按照考核结果给予奖罚；五是开辟员工晋升通道，建立员工的职级体系，凝聚员工的向心力。企业的一切运作都有赖于人的主观愿望和客观行动，无法调动员工积极性的高管，是没法搞好企业运营的。

毛娟：经理层的上述日常运作能否做好，一靠自身的工作能力、技巧和经验，二靠董事会的充分信任和授权，三靠董事会的不直接干预，四靠经理层的责任心。董事会如认为经理层运作欠佳，可以要求其自我纠正，但一般不能直接插手具体事务的运作和管理，以免权利交叉而造成混乱无序，从而使经理层真正成为企业生产、经营、管理的指挥者。

话题 25　决策、财务、履职，是监事会的三大监督职责

主持人：罗　晓　　嘉　宾：马慧娟　毛　娟　姜彦明　　文　字：毛　娟

作为公司的监督机构，监事会主要负责监督公司财务以及董事和高管们的履职行为。但在实际工作中，监事会究竟应当监督什么，如何进行各项监督，被监督者如何配合监督，多数公司的股东以及董监高都不是很清楚，监督工作往往不到位，乃至监事会形同虚设。如何才能充分发挥监事会的监督职能，保障监督工作顺利进行，实现公司的科学高效廉洁运转？本期沙龙就邀请三位嘉宾与企业家们共同探讨一下监事会监督过程中的有关问题。

1. 列席董事会，监督董事会决策程序

主持人： 根据《公司法》的相关规定，监事要列席董事会会议。那么，监事列席董事会的目的是什么，专家们能否详细谈谈？

马慧娟： 监事列席董事会的目的，就是监督董事会的决策行为是否符合法律法规特别是公司章程的实体性和程序性规定。一是董事会拟议的事项是否准备充分，材料是否翔实，方案是否完整严密；二是各董事是否认真负责地进行了会前准备并充分发表了自己的意见；三是对董事、监事、经理提出的疑问和质询是否都能给予充分的说明和解答；四是董事会的表决程序是否符合公司章程以及《董事会议事规则》的规定；五是决议事项是否属于董事会职权范围，有无越权决定属于股东会权利范围内的事项，有无过度代行经理层职权范围内的决策事项；六是落实股东会决议事项的实施方案，是否忠于股东会决议的本意；七是董事会对于所议事项是否及时作出决议和决定。

毛娟： 监事列席董事会时，可以对拟议事项提出质询，要求董事会加以说明；对违背股东会决议的事项可以提出纠正意见；对于违背公司章程以及《董事会议事规则》的决策行为可以提出纠正意见；可以向董事会反映董事以及高级管理人员履职过程中的不当行为，要求董事会加以纠正；向董事会反馈监事会的日常监督情况以及对特定事项的调查结论等。

姜彦明： 监事接到董事会会议通知后，应对通知的事项进行审查，必要时还应进行会前调研，整理归纳出自己拟提出的质询或拟发表的意见，认真做好会前准备工作。当

发现拟议事项董事会准备不充分或者存在重大瑕疵时，可以向董事会提出弥补完善建议。如无特殊情况，监事应按时出席董事会会议。如不能列席时，应向会议主持人请假，委托其他参加会议的监事代为发表意见，或提交书面意见。监事列席会议时，应当将会议情况记入"列席董事会会议记录簿"或"监事工作记录簿"。

毛娟：监事会（监事）与董事会（董事）之间是监督与被监督的关系，而不是领导与被领导的上下级关系。但有些公司的董事特别是董事长，自认为在公司中居于核心地位，监事比自己"低半格"。监事也自认为是受董事会的领导（特别是在公司兼任其他职务的监事），不敢大胆地监督董事会，发现董事会会议存在问题时，也不敢当场提出监督意见。有些监事对董事会的职责权限与会议程序不熟悉，会前也没有做好功课，发现问题时也不知如何提出意见。

2. 定期审计，检查公司财务

主持人：监事会的另一项职责就是检查公司财务。那么，在财务监督方面监事会应当如何发挥作用？

姜彦明：检查公司财务是监事会的核心工作之一。正常情况下，监事会要定期对公司财务进行内部审计，内部审计可以每年、每半年、每季度进行一次，业务量大的公司还可以逐月进行跟踪审计。审计的重点，一是日常支出和投资是否严格按照年度预算或单项预算执行；二是预算外支出是否都有股东会、董事会决议作为依据；三是各项费用是否严格按照费用、成本控制办法核销；四是是否有违规往来收付与费用支出现象；五是支持财务处理的资料是否完整、合规。

毛娟：除了定期审计外，监事会还可对公司的项目投资、工程建设、董事会经费、生产经营管理的某个方面（如产品研发、市场拓展、广告宣传等）的财务收支情况进行专项审计。监事会进行审计时，应当事先向公司财务人员发出监督通知及其监督内容，被通知人应在规定的期限内，向监事提供监督内容所涉及的相关资料，并按监事约定的时间向监事作出说明，接受监事的询问。监事的上述工作内容应制成监事工作记录，并由说明人、被询问人签名。

马慧娟：审计过程中，监事会如对某项收付与开支有疑问，可以查阅业务或管理的相关资料以及审批传递手续，向有关董事、经理、财务人员或其他人员进行询问，向交易对象核实情况、调取资料，以弄清相关事实。对审计中发现的问题，监事会认为需要纠正或者整改时，应及时向董事会或总经理、财务负责人发出纠正（整改）通知书，并监督其落实。

毛娟：监事会认为有必要时，可以对公司的热点、焦点、难点、敏感事项，或股东、员工提出监督的特定事项进行专项检查。专项检查时，一般应事先向被检查对象发出监督检查通知书，明确检查内容以及要求提供的资料，约定时间由被检查对象向监事作出说明，接受监事的质询。监事会调查落实时，可以查阅公司有关资料和会计凭证，也可以向有关人员询问，或要求有关人员作出说明。上述调查核实情况应制成监事工作记录，并由相关人员签名。

马慧娟：监事会进行内部审计和专项检查时，可以调用股东单位或公司内部的专业人员协助审计，也可以委托专门的审计机构协助审计。整个审计和检查过程，应制成审计、检查记录。审计结论应向股东会、董事会、总经理、财务负责人通报，或向其他相关人员反馈。

3. 监督董事、高管的履职行为，以防出现职业道德风险

主持人：监事会还要监督董事、高管的履职行为，具体监督时应当如何操作和把握分寸呢？

马慧娟：监事会除监督董事会决策程序、检查公司财务外，还要对董事以及经理层的日常履职行为进行监督。对董事、高管日常履职行为的监督，以及对各部门负责人以及其他管理人员的延伸监督，主要以定期抽查、个案投诉、调查质询为主，原则上不例行全面检查。但股东会授权监事会负责对董事、高管进行年度履职考核的，监事会可以对其进行全时长、全方位持续监督。

毛娟：监事对董事个人的监督，主要是监督其能否正确履行决策职责。如是否能够贯彻落实股东会决议，按股东会决议行使具体事项的决策权；对决策事项事前是否充分调研，是否能够提出自己的独到意见，是否敢于表达自己的不同意见，是否能够发挥董事的个体作用；会后是否能够正确宣传和解释董事会决议；是否支持和帮助经营管理人员实施董事会决议；日常工作中是否越权直接干预经营管理人员的工作等。

姜彦明：监事对总经理、副总经理、"四总"个人的监督，主要是对其执行股东会、董事会决议的情况以及勤勉履职情况进行监督。如是否按年度工作计划实施各项工作安排，是否按决议及时实施各决议事项，实施中是否按决议确定的内容和原则执行，是否努力勤勉、精于管理、善于经营，有无违法违规以及其他以权谋私行为等。

马慧娟：监事对财务负责人的监督，主要是对其执行股东会、董事会决议以及遵守

财务法律法规和公司财务管理各项制度的情况进行监督。如是否按批准的预算帮助总经理管控好费用支出,对违背决议、缺乏决议依据的各项支出以及其他不合理支出是否敢于事前把关、拒绝支付或事后纠正,对专项开支是否进行严格审查,对公司业务流转中的各种财产、资金及其手续传递是否进行有效监管,对严重违规事项或自己无力纠正的事项,是否及时向董事会报告或向监事通报,请求检查监督等。

毛娟:监事对股东或员工质疑、投诉的具体事项调查落实后,认为不存在违规问题时,应向质疑、投诉人反馈和说明,以消除误会、预防矛盾,防止挫伤董事、高管的工作积极性;如认为确有违规之处,则应研究处理办法,并将处理、整改、纠正建议向董事会、经理或财务负责人提出,同时将处理结果反馈给质疑、投诉的股东或员工。监事向质疑、投诉人反馈时,应制成反馈记录,由受反馈人签名。监事受理的股东或员工投诉,投诉人要求对其姓名保密的,监事应当保密。

4. 公司监事会,规范议事、全面监督、独立行权

主持人:监事会内部应当如何议事,监事会以及监事如何行使集体监督权和独立监督权呢?

毛娟:监事会开会议事分为定期会议和临时会议,定期会议的召开时间和间隔由公司根据自己的实际情况在章程中予以规定,临时会议根据股东会的决议以及股东和监事的提议随时召开。会议主要检讨股东会、董事会决议执行情况,汇总整理股东、董事以及经理层向监事会反映的问题,讨论决定下一阶段监事工作的重点,布置具体事项的监督事宜,讨论通过监事会工作报告、审计报告、专项检查报告、投诉调查结论、董事会与高管的履职监督报告,讨论决定向董事会、经理层拟发出的通知书、意见书、建议书等。

马慧娟:监事会审议的事项,一般由半数以上监事表决通过,并以监事会的名义提交或发出。形成决议时保留意见的少数监事,可以要求将自己的观点和意见建议写入决议书之中,或以该监事的名义,单独出具报告和通知书、意见书、建议书。监事会就其审议事项不能形成决议时,每个监事都可以单独提出监督意见。

姜彦明:监事会虽然有其主席,但监事会主席只是监事会的召集人和监督工作的组织者,各监事之间互不隶属,只对公司及股东会负责,对委托自己的股东负责。正是基于监事的不同代表性,才允许各个监事单独提出自己的监督报告和处理意见。《监事会议事规则》中要设法保护监事的这种独立监督权。

话题 26　说说公司隐名股东的那些事

主持人：罗　晓　　嘉宾：马慧娟　毛　娟　姜彦明　　文字：毛　娟

对于社会公众而言，要判断一个人是不是某个公司的股东，最直接有效的办法就是去查看该公司的登记信息。但实际上公司登记信息中的股东不一定都是真的出资人，他身后还可能"隐藏"有其他实际出资人。通常情况下，我们把登记注册的股东称为"显名股东"，把没有登记注册的股东称为"隐名股东"。目前，因出资人隐名而产生的法律风险和矛盾纠纷比较多，既有隐名股东与显名股东以及公司之间的内部权利纠纷，也有隐名股东、显名股东与公司债权人之间的外部纠纷。那么，显名股东与隐名股东该如何做好自我保护呢？今天我们就请三位专家来聊聊隐名股东的那些事。

1. 股东隐名的原因多之又多

主持人： 我们都知道，目前公司隐名出资的现象大量存在，已成为市场主体登记的一种"怪象"。那么，嘉宾们能否为我们挖掘一下股东隐名的原因呢？

马慧娟： 公司是一种经济组织，由股东共同出资、共同（托管）经营、共享利益、共担风险，股东集财产权与身份权于一身。为了确定股东身份，《公司法》规定了登记公示制度。所以，一般情况下公司登记的股东就是出资人，享有股东的一切权利，承担股东的一切义务。但现实中，确实存在大量实际出资人没有登记为股东的情况，而选择成为隐名股东。因此，仅查看公司登记信息并不能证明登记股东就是公司的实际投资人。

毛娟： 隐名股东以隐名方式进行出资，很多都是不得已而为之。一是因公司出资人数超出了《公司法》规定的股东人数上限，而不得不把部分出资人隐藏于其他股东名下；二是某些出资人因出现特殊情况而被限制注册公司，而这些人只好借用他人名义进行公司登记；三是法律禁止公务员以及金融机构具有特殊身份的人参与设立公司，这些人为规避监管而借用他人名义出资；四是因成立公司、企业改制等原因，或公司章程对股东资格有限制，不具备资格的人员借用适格者的名义出资；五是为享受大学生、下岗职工、残疾人或退伍军人就（创）业的优惠政策而借名出资；六是为规避个人已有或未来可能产生的债务而选择隐名出资等。

姜彦明： 还有一些股东则是自愿选择以隐名方式出资，他们有的是不愿意暴露自己的财富而将自己隐于他人名下；有的是因为自己没有时间或精力直接参与公司事务而隐名出资；还有的是打算将来把公司资产转移给子女或他人，而将公司直接登记于子女或他人名下，但仍由自己实际经营和控制公司等。作为隐名股东，有的是被迫无奈，有的则纯粹是故意"隐身"。

毛娟：隐名股东在公司内部也存在两种形态，一是虽然公司注册登记中不显示有其出资，但公司所有股东均知其隐名，也承认其股东权利，这种情况称之为"相对隐名"，或称"外隐内不隐"；二是不但公司登记不显示其出资，除代持其股权的登记股东外，其他股东也不知股东中确有此人，这种情况称之为"绝对隐名"，又称"内外皆隐名"。相对隐名和绝对隐名在权利行使和权益保护上有很大差别。

2. 隐名出资的风险及其防范

主持人：隐名股东的存在，"看似表面平静，实则暗流涌动"。隐名出资作为一种非正常出资方式，其对于隐名股东、登记股东以及公司来说都存在一定的法律风险。嘉宾们能否谈谈股权代持关系中各方所面临的"隐忧"及其"解忧之道"？

马慧娟：对隐名股东而言，最大的风险就是其隐名出资的法律效力被否定，进而无法主张股东身份和股东权益。如登记股东不承认自己代持有隐名股东的股权，而隐名股东又无证据可以证明，从而被认定为二者之间系债权债务关系。即使隐名股东的出资登记股东完全认可，但由于《公司法》规定隐名股东需要获得其他登记股东半数以上同意方可变更为登记股东，所以隐名股东可能会面临无法转为显名股东的风险。由于隐名股东的权利与名义相分离，多数情况下隐名股东并不能在公司直接享有股东权利，也不能直接参与公司的决策和经营管理。

毛娟：由于隐名股东在股权代持关系中处于相对弱势地位，其各项股东权利的行使往往需要依赖登记股东的协助与配合，因此如果代持的登记股东违反诚实信用原则，就极易出现股东权利被怠于行使或恶意行使而使股东权益受损，或者股权收益被登记股东恶意侵占的风险。另外，基于公司登记的公信力，股权属于登记股东的法定财产。如果登记股东离婚或去世，其代持的隐名股东的股权就可能会被分割或继承；如果登记股东涉法涉诉被判承担债务，其代持的隐名股东的股权也可能会被司法机关冻结或强制执行。

姜彦明：对于登记股东而言，其代持别人的股权同样也会面临一定的法律风险。如果实际出资人出资不实，显名股东有可能会被公司的债权人请求在其未出资范围内，对公司债务不能清偿的部分，承担补充赔偿责任；实际出资人虚假出资、抽逃出资时，显名股东可能会面临行政处罚，实行实缴制的公司登记股东还有可能会被追究刑事责任；如公司经营不善，或有其他不诚信行为，显名股东可能会被征信机构记入不良记录，从而被限制高消费、限制出境、限制再次注册公司或担任其他公司的董事、监事或高管等；公司清算破产时，如实际出资人不按规定对公司进行清算，则债权人有可能主张显名股东对公司债务承担连带清偿责任。

马慧娟：对于公司而言，如果准备将来进入资本市场，那么，隐名股东的存在将不符合公司上市（挂牌）时股权清晰的基本要求，影响公司的上市（挂牌）进度。如果公司已经上市，股权代持纠纷也有可能会对上市公司的正常生产经营产生不利影响。

毛娟：隐名股东的隐名出资风险，只能依靠其持有的能够证明自己是公司实际出资人，属于委托他人代为出资登记的证据来规避。因此，隐名股东可以通过以下方式来预防自己的风险：一是选好登记股东。尽量选自己熟悉和信任的人代为登记或持有，预防其恶意侵害自己的合法权益。选人时应尽量选择没有个人投资行为或经营活动的人代持，以免因其个人债务导致代持股权被强制执行。二是"先小人，后君子"。隐名股东要与登记股东签订清晰的《股权代持协议》或《联合持股协议》，对代持期间双方的权利义务以及违约责任进行明确约定，以制约其滥用权利。三是对于公司知情的隐名股东，应要求公司制作实名制股东名册，将自己的出资以及代持情况记载于股东名册之中，并可以同时要求参加公司股东会，对股东会决议事项发表意见。四是与登记股东办理股权质押手续，将登记股东代持的出资质押于自己或自己指定的人名下。如此，既可防止登记股东擅自将股权转让于他人或为他人提供担保，也可以对抗司法机关的查封或强制执行。五是隐名股东要增强证据意识，注意收集和保存股权代持期间显示其出资事实和隐名股东身份的证据。

姜彦明：对于代持股东而言，除与实际出资人签订完善的《股权代持协议》或《联合持股协议》外，也要设法采取一定的防风险措施。一是要督促实际出资人按时足额交纳出资，不要为实际出资人抽逃出资提供便利；二是如果自己没有出资仅帮他人代持股权，则尽量不要作为公司的法定代表人，以避免公司经营不善时波及法定代表人而带来的法律风险；三是如果公司发生停业解散事由，则应及时作出解散与清算的决议，并组成清算组履行股东清算义务；四是要监督担任公司实际控制人的隐名股东合理行使股东权利；五是借助公司挂牌上市或其他契机，适时理顺股权关系，以纠正股权代持行为。

3. 隐名股东的权利行使与救济

主持人： 我们知道，通常情况下隐名股东在公司的各项权利只能通过登记股东代为行使，那么，应如何保证登记股东正确行使股东权利？如果隐名股东的合法权益被侵害，又该如何救济呢？

毛娟： 公司股东名册实名记载的隐名股东，一般可出（列）席股东会，参与股东重大事项的决策审议，由登记股东集中代持的隐名股东意见后，代表大家统一在股东会上行使表决权；对于股东名册没有实名记载或公司与其他股东不知晓、不承认的隐名股东，登记股东应将股东会的各项拟议事项与隐名股东进行事前商议，然后由登记股东依大家的多数意见在股东会行使表决权。这种事前商议和表决的方式，可以在《股权代持协议》或《联合持股协议》中加以详细约定。

姜彦明： 隐名股东还可与登记股东约定将其股东权利不可撤销地委托给隐名股东或者其指定的第三人代为行使，并同时指定收取红利的收款账户，将分红款直接打入自己可控制的账户之中，以避免登记股东不按实际投资人的意思发表意见和行使权利，或由于理解错误而作出不当表决，或者侵占隐名股东的分红。委托时，由登记股东向公司董事会提交规定的委托手续，这样就可以有效地保障隐名股东对其出资的控制权。

马慧娟： 如果隐名股东的权利被登记股东所侵害，或其身份不被公司或登记股东所承认，就要及时启动救济手段进行自我保护。一是要求登记股东与自己定期清算，并将清算结果签名确认留存；二是如条件许可，应要求登记股东将其代持的出资转于自己的名下，使自己成为显名股东；三是出示相关证据，要求公司确认自己的股东身份，停止向登记股东分配属于自己的红利；四是向人民法院提出确认之诉，以彻底解决隐名股东的身份问题。按照相关司法解释，实际出资人能够提供证据证明有限公司过半数的其他股东知道其实际出资的事实，且对其实际行使股东权利未曾提出异议的，对实际出资人提出的登记为公司股东的请求，人民法院依法予以支持。

话题 27　法人治理机制要定期"体检"与调适

主持人： 罗　晓　　**嘉　宾：** 王晓东　马慧娟　姜彦明　　**文　字：** 毛　娟　姜彦明

现代企业制度下，科学完善的法人治理机制是股权多元化公司良性运行的基础。建立科学完善的公司法人治理机制，一靠公司的初始搭建和设计，二靠不断审视和调整，三靠股权变动时的及时重组和构建。那么，怎样才能判断既有公司的法人治理机制是否完善呢？这就需要对其法人治理机制进行定期"体检"。通过"体检"查找问题和不足，然后进行补充、调整和完善。本期沙龙我们就来聊聊公司法人治理机制"体检"与调适的有关问题。

1. 公司法人治理机制一定要定期"体检"

主持人： 民营企业"创设与完善公司法人治理机制"话题进行至此，大家已对公司法人治理机制有了较为系统的认知和全面理解。那么，公司法人治理机制建立起来之后，就可以保证公司持续良性运转吗？

姜彦明： 完善的法人治理机制是公司良性运营的基础。但平心而论，目前绝大多数民营企业初始的公司法人治理机制并不健全，有的纯粹是为了应付，形式大于实质；有的不成体系、残缺不全；有的机制无力、形同虚设；有的过于笼统、无法实操。这样的公司法人治理机制，必须进行后期调整和完善。

马慧娟： 为什么会出现这些问题呢？根据我们对民营企业的长期观察，大概存在着四种主观原因。一是有些公司创始人对法人治理机制缺乏认知，不知还有这么一说，自然就不会考虑去主动建设；二是有的公司创始人对法人治理机制虽有所耳闻，但不知道其真正的内涵和意义，所以，也就没有刻意去建立这些机制；三是由于民营企业多数都有家族企业的背景和影子，企业家认为法人治理机制可有可无，所以也就不愿去组织精心设计；四是在公司筹备过程中，多数公司的创始股东都把精力集中到了基本建设、开业准备和市场对接上，没有精力去搭建法人治理机制。

姜彦明： 另外，公司注册和代办登记的简便性也是公司弃守法人治理机制建设的外部诱因。一是公司创始人随便委托一个人从电脑里下载个章程、填个公司设立登记表即可以完成公司登记；二是公司登记机关为了审查方便，要求企业必须使用他们提供的格式章程，对公司自行委托专业律师设计的章程或其中设计的机制性特别条款拒不接受，导致部分公司事前精心设计的章程无法进行登记备案。一旦公司注册完成，股东们就懒得再去考虑和启动法人治理机制建设之事。

王晓东：即使公司成立时建立了较为完善的法人治理机制，也不可能一劳永逸。因为公司运营是一个动态的过程，随着客观情势的变化，再完善的法人治理机制也有可能会出现局部不适。这样的不适，短期内点状出现可能并无大碍，但若不断地此起彼伏和长期积累，就有可能导致既有法人治理机制的滞后或崩溃，从而影响公司的正常运营。实践中，很多公司经常感到企业运作这不顺、那不顺，但是不知道其原因所在，既不知从何下手解决问题，又找不到解决问题的方案，只能听之任之，容忍其持续存在而不为。

马慧娟：其实，公司的法人治理机制与自然人的神经系统是非常类似的，经常会有"先天不足""不时患恙"或"亚健康状态"。不管是机制本身不完善，还是随着公司长期存续和发展，原有的机制不适应，都需要定期对现有机制进行审视和"体检"，以便及时发现问题，找出"病因"，采取措施，祛除"疾患"。因此，定期对公司法人治理机制进行全面"体检"就显得非常必要。"体检"一般三年左右一次较妥，频率太高不利于公司运作体系和人心稳定，频率太低则会导致问题积累严重而造成调整困难。

王晓东：公司"体检"一般由董事会负责组织实施，应形成制度，明确责任。"体检"时，不能光有内部人员参加，必须要有外部的管理专家、财务专家、公司法人治理专业律师等专业人士参与。外部专家不但可以从技术层面更好地体现其专业性，保证"体检"结果的可靠性，而且由于其相对超脱，可以更为全面准确地揭示问题，给出对症下药的良方。

2. 残缺的法人治理机制一定要尽快完善

主持人："体检"是发现问题、解决问题的前提。那么如何衡量公司法人治理机制是否完善，机制不完善的企业应当如何"补缺"呢？

王晓东：目前，民营企业法人治理机制的残缺不全，主要表现在四个方面。一是没有自己量身定制的公司章程，注册时随便下载的所谓"标准范本"过于简单，根本起不到公司"根本大法"的作用，当公司内部出现僵局时，在其中找不到解决问题的方法和依据，难以预防和化解股东之间的矛盾和纠纷。二是只有公司章程，没有股东会、董事会、监事会议事规则，"三会"的日常运作处于无章可循的无序状态，要么效率低，要么矛盾多。如果股东会、董事会会议召开程序不规范，就有可能导致其决议不成立、无

113

效或有可能被撤销,监事会的监督行为缺乏保障,监事们无法代表股东发挥监督作用。三是法人治理机制没有与企业管理总规范搞好衔接和融合,机制之间对接不畅,流程之间疏导不够,经常出现工作梗阻和传递脱节,严重影响公司决策的贯彻执行。四是从决策到执行的具体机制缺乏指引性和可操作性,对于具体问题只有权利和义务的笼统规定,而没有细则性质的实操性规定,导致工作人员不知如何落实和执行。

马慧娟:对于没有法人治理机制或其形同虚设的公司而言,"体检"时应重点弄清法人治理机制建立与运行的现状,查出欠缺的机制所在,然后根据公司的业务特点,在业务流程优化的基础上,重新设计公司章程,制定"三会"议事规则,填补欠缺的制度空白,修订企业管理制度体系中不协调的部分,使其体系完整、上下衔接、左右配套、全面协调,运作机制健全并具有可操作性和指引性。各种机制既有程序性的操作规定,又有实体问题的处理原则。整个机制不能留有空白、工作脱节、责权利不明,更不能自相矛盾。

姜彦明:公司法人治理机制"体检"的重点,一是公司章程中关于股东会、董事会与经理层的职能划分是否科学、合理、清晰,实际工作中是否存在权利交叉与越层行权现象;二是《股东会议事规则》中规定的定期股东会、临时股东会、非常股东会的会议机制是否健全,会议程序是否清晰完善,表决方式是否科学有序,股东分歧的化解机制是否科学有效;三是《董事会议事规则》中规定的定期会议、临时会议、非正式会议的召开机制是否健全,会议程序与审议表决机制是否科学合理,与股东会、经理层、监事会的对接机制是否顺畅高效;四是企业管理总规范中规定的业务流程是否清晰明朗、权利分配是否到位、纵横岗位责任是否明确、传递手续是否健全、信息传递是否畅通;五是《监事会议事规则》中规定的监督措施与监督方法是否明确,董事会与经理层以及相关部门岗位的配合机制是否健全,对监督结果的评议与处理机制是否科学有序,监事独立行使监督权的保障机制是否完善,监事会与股东、股东会、董事会、经理层以及其他部门岗位的对接机制是否精准严谨;六是"三会一总"的实际运作与议事规则的规定是否相符等。

马慧娟:公司法人治理机制"体检"后,"体检"者应出具《法人治理机制体检报告(或诊断意见书)》,指出"体检"中发现的各种问题,分析各个问题形成的主客观原因和现实危害,并提出解决问题、完善机制、修改制度的对策建议。"体检"者不但要提出各个问题的具体处理建议,而且要提出问题之间、机制之间、制度之间相互衔接、连锁互动和消除冲突的建议,并且其建议还可以是不同的多项选择以及对应的配套措施。

3. 滞后的法人治理机制一定要及时调适

主持人： 如果公司成立伊始就建立健全了法人治理机制，或是后期进行了不断完善，是不是就可以高枕无忧了呢？

王晓东： 企业在发展过程中，会一直面临着不断变化的客观情势变更和内部连锁反应。一是外部市场环境发生重大变化，企业为适应市场变化，不得不调整经营方针；二是政策与法治环境变化时，国家会不断出台或修订法律法规和政策，而企业为适应法律法规和政策的不断变化，不得不调整运营模式；三是公司自身的生产经营规模、产品结构、服务板块以及管理方式发生了重大变化，企业不得不调整内部业务流程、管理规范以及配套的单行管理办法；四是公司的股权结构发生了重大变化，原有的法人治理机制已不能体现多数股东的诉求，也无法消除其疑虑，经常被股东弃之不用。

马慧娟： 公司实际运行中的这四大变化，都将使其既有的法人治理机制丧失原有的市场基础、法治基础和内部运作基础，导致公司的法人治理机制与公司的客观现实越来越不匹配和协调。所以，即使公司的法人治理机制当初比较健全和完善，但随着企业发展和客观环境的变化，其机制也必然会出现逐渐不适应企业发展现实需求的趋势，导致法人治理机制与现实运作的脱节和滞后。在此种背景下，企业就必须根据内外部情势的变更调适或重构其法人治理机制。

姜彦明： 对于已建立法人治理机制的公司而言，在"体检"时应着重分析现行机制与市场、法律、企业运作要求的契合度，如"三会一总"的权限划分是否合理，决策流程、决议落实、指令下达是否顺畅，整个企业运行是否正常，监事会的监督是否到位等（"体检"内容同前），以发现其中可能存在的不适问题。在进行整改时，应以"调养"为主，根据具体的问题对现行机制进行逐项调适，使其始终与企业的现时运作相匹配，以保持企业始终处于良性的运转状态。

第四章

公司股权转让与特殊情况下的股权变动

　　公司是多个股东共同出资、共同经营、自负盈亏的经营平台和市场主体，除了承担有限责任外，它的最大特点就是股东和股权的流动性。公司最常见的股权流动就是股权转让，其次还有因自然人股东分家析产、离婚、死亡，股东被公司除名，股权被法院强制执行，以及公司法人的分立、合并以及股东以其持有的股权出资等。由于公司具有资合加人合的双重属性，特别是有限公司极具人合性特征，所以，股权流动时往往对公司的既有稳定和平衡造成冲击，不管是内部流动、外部流动还是增资减资，都会给企业带来意想不到的法律风险，因此，公司必须要谨而慎之、规范操作，并通过法人治理机制的科学调整，保证企业的未来运作。本章即以有限公司和非上市股份公司为标本，与民营企业家们探讨公司股权转让与特殊情况下股权变动中的法律风险防范。

话题 28　说说公司股权内部转让那些"烦心事"

主持人：罗　晓　　嘉宾：马慧娟　毛　娟　姜彦明　　文　字：毛　娟　姜彦明

公司股权的财产属性，决定了其可以作为财产进行自由转让。"铁打的营盘，流水的股东"。股权转让是《公司法》最根本的制度之一，也是公司存续期间的最常见现象。由于有限公司与股份公司的人合性与资合性不同，所以，我国《公司法》将两类公司的股权转让以及股权的内外部转让分别作出了不同规定。股权内部转让是在股东之间发生的转让，问题似乎比较简单，但也有许多重要的难点需要破解。本期沙龙就邀请三位嘉宾，以有限公司为例，来探讨一下股权内部转让的相关问题。

1. 股权内部转让，应掌握的基本原则和程序

主持人：股东之间相互转让股权是公司存续期间常有的事。但不少民企老板对股权内部转让的基本原则、程序并不十分清楚，因此，常常会因为股权转让发生一些不愉快的事。嘉宾们能否先介绍一下股权内部转让的基本流程？

马慧娟：我国《公司法》对于公司股权内部转让并没有太多限制。一般情况下，股东之间相互转让其股权，不受转让比例、受让对象、转让价款等的限制，只要转受让股东之间达成一致即可，也无需经过其他股东同意或股东会批准。转受让双方将股权转让协议提交公司备案，公司据此进行变更登记即可。一个股东的股权既可以部分转让，也可以全部转让；既可以转让给一名股东，也可以同时转让给多名股东。

毛娟：一般情况下，股东之间相互转让其股权，可以随时进行。但为防止频繁进行公司变更登记，无谓增加公司负担，股东可以在公司设立协议或章程中约定股权转让的时间节点或间隔，以控制股权转让的节奏和频率。对于股东人数较多的公司，可以定期组织集中转让。如果公司内部对股权转让有特殊约定的，就应当按照其约定的条件和方式进行转让。比如，有的约定股东转让其股权时，其他股东按比例均分，有的约定优先某一小股东填充拉平，有的约定单一股东股权受让后总数不得超过多大比例，有的约定公司建设筹备期内不得转让，有的约定股东在某种情况下必须转让股权（俗称"强制转让"）、其他股东必须受让等，这些都需要不同的公司根据自己的不同情况进行不同的约定。

马慧娟：均分转让时，转让人的股权可由剩余的股东按原有的持股比例均分，也可

按剩余的股东人数均分,如果剩余的股东中有人不愿或不能受让,是否由剩余的其他股东均分,均应在公司设立协议或公司章程中明确约定。优先某一或某些股东受让时,也要提前约定优先受让的情形和条件(如原始股东当时无力出资而出资较少的,某类股东出资比例较低的等)、优先受让的数额或份额。如果股东一次或累计受让股权较多,使其持股比例超过一定权重的,也可以约定某一或某类股东的最高持股限额。如果没有这些约定,就有可能在发生股权内部转让时,要么竞相争购,要么推脱不要,股东们为此产生矛盾。

姜彦明:股权内部转让的基本流程是,股东之间签订股权转让协议后提交公司审查备案,公司将转让情况记载于股东名册,注销(或变更)转让股东的出资证明书,向受让股东签发(或变更)出资证明书,修改公司章程,并于股权转让之日起30日内到公司登记机关办理变更登记手续。至此,一个完整的股权转让行为才算完成。

毛娟:我们在实际工作中,经常会看到公司法定代表人或部分股东,拒绝在"公司变更登记申请表"上盖章或签字,不在变更后的章程上签名盖章等情况,导致股权转让后迟迟无法进行变更登记。出现这一问题,绝大多数都是因为这些股东对股权转让的结果不满,而股东们又没有事先约定该如何进行股权内部转让。所以,内部股权转让的办法在制订公司设立方案时就应当一并考虑,并载入公司设立方案、公司设立协议或公司章程之中。

2. 内部股权转让,应关注估值与税赋

主持人:股权转让价款如何确定,是转受让双方股东非常关注的问题,也是其他股东较为关注的问题。嘉宾们能否谈谈,股权内部转让时其转让价款如何确定?

马慧娟:股权转让的价格,通常采取四种方式来确定。一是根据原始出资额确定,这种方式非常简便,多适宜于公司成立不久,资产与股权价值损益不大的公司股权;二是按照公司的账面净资产确定,这种方式同样简单明了,多适宜于财务管理比较规范,且净资产可以基本体现股权价值的公司股权;三是以股权评估价来确定,这种方式需要委托中介机构对公司账务进行审计,对股权价值进行评估。虽然较为烦琐,但却能够真实地反映公司财务与资产状况,适用于资产较为复杂的公司以及国有单位转让或受让股权;四是参考本公司或对标公司近期股权融资或股权转让的价格确定,这种方式引入了市场机制,在一定程度上能够体现股权的市场价值,但选择对标交易或对标企业较难。

毛娟:其实,股权转让的价格是由转受让双方自行协商确定的,只要转受让双方协

商一致且不损害他人利益,无论价高价低,都不会有人干预。如系零星转让公司股权,一般可参考公司前期的"资产评估报告"和当期的"资产负债表"所反映的所有者权益(即"资本溢价率"),结合公司未来的盈利能力分析(即"期待收益率"),由转受让双方来协商确定转让价格。由于转受让双方的转让行为与公司没有经济上的必然联系,因此,一般情况下公司不会专门为某一转让行为进行资产评估,除非公司设立协议或章程中有特别约定。但如系公司组织的定期集中转让,则公司可以委托资产评估,为内部股权转让提供价格参考。

马慧娟:需要强调的是,如果转让的股权系国有单位的股权,按照国有资产监管规定,则必须对其价值进行评估,并需在公共产权交易机构进行挂牌转让,第一次挂牌的转让价款不得低于评估价,如无法成交需再次挂牌时,经批准可以低于评估价的90%,但不能不经过公开挂牌直接转让给其他股东,公司其他股东只是在同等条件下具有优先购买权。如果转让的股权拟由国有单位受让,亦需对股权价值进行评估,一般来说受让价格不能高于评估价。

姜彦明:股东之间转让股权,其交易价款属于"体外循环",由转受让双方直接给付交割,公司原则上不经手其转让价款的收付,只需将"实收资本"科目中的股东出资情况调账即可。股权转让不引起公司财务状况的实质变动。目前,有很多公司在股东股权转让时,往往不按规定取得转让合同,在股东名册上进行变更记载和更换出资证明书,甚至还代为收付股权转让价款,结果极易造成公司账务混乱,也经常会发生股东反悔而引起股东身份之争。

马慧娟:由于自然人的股权转让行为属于财产转让所得税的应税行为,如果转让价格高于股本,转让人需缴纳20%的财产转让所得税,并且受让人属于代扣代缴义务人,负有纳税连带责任。因此,股权转让时公司账面上的未分配利润,最好由公司先行予以分配,尽量不要纳入转让价格之中,否则,转受让双方将面临双重纳税(转让人需缴纳转让溢价部分的所得税,受让人将来分配和领取红利时,要再缴纳一次红利税)。

3. 股权内部转让,需对公司法人治理机制进行同步调整

主持人:公司股权内部转让,导致股权结构发生重大变化的,需要对公司的法人治理机制进行同步调整。那么,为什么要进行这种调整呢?

姜彦明:如果股东转让股权后,剩余股东的股权比例没有发生大的变化,一般情况下不需要调整公司法人治理机制。但如果因此导致公司的股权结构发生重大变化,则必

须对公司法人治理机制进行相应调整。公司股权内部转让，必然会使股东结构和股权比例发生变化，如果导致股权结构发生重大变化，就会对公司的法人治理机制产生重大影响。所以，公司和剩余的股东必须要在股权发生变动时，考量有没有必要对公司法人治理机制进行调整，而不能想当然地认为不必调整。

毛娟：股权转让引起的法人治理机制调整，一般包括对"三会"的职责权限与议事规则中的相关机制进行调整，对董事、监事、高级管理人员的岗位设置及其职权进行调整，对企业管理总规范中的决策与执行机制进行调整等。如有时由于股东退出或出资减少后，公司可能需重新选举董事、监事，聘请高级管理人员；有时由于股东收购股权、出资增加，造成公司原有股权比例或权重的平衡被打破，所以，就有必要调整或重新设计法人治理机制。因此引起的法人治理机制调整，应通过修订公司章程和"三会"议事规则以及企业管理总规范加以固定，以防给公司的后期运作造成麻烦，使公司出现治理僵局。

马慧娟：股权结构通常与公司控制权具有密切联系。因此，股权内部转让的背后经常会伴随着公司控制权的争夺，有时甚至连公司的创始股东都会因其他股东的恶意收购而被"踢"出局。所以，创始股东必须在公司设立协议或章程中对股权转让作出特殊约定，以保证其地位不被动摇。如果公司设立协议或章程中没有对股权转让作出特殊约定，发生股权内部转让时，剩余股东应就受让事宜进行充分协商，要么合理分配股权，要么调整法人治理机制，不能因此而出现纠纷。

毛娟：有的时候，股东拟转让股权而退出公司，却找不到合适的股东接手，或者股东们为了保持公司股权结构稳定，打算将让出的股权留给公司内部的其他业务骨干。遇到这种情况，公司可以暂时把该部分股权回购到公司，待时机成熟时再转让给股东会确定的人选。关于股权回购的操作实务，以后我们还会有专门介绍。

话题 29　股权对外转让要来者有益、至少无害

主持人：罗　晓　　嘉宾：马慧娟　毛　娟　姜彦明　　文　字：毛　娟　姜彦明

　　股权对外转让是指公司股东将自己持有的股权，转让于原有股东以外的人。由于股权对外转让引入了"外人"，有可能打破既有的股东以及董事、监事、高管之间的稳定关系，为此，我国《公司法》对股权对外转让进行了一定限制，即需经半数以上股东同意，如果有股东不同意"外人"进入，可以通过行使优先购买权将股东以外的受让人排除在外。本期沙龙继续邀请三位嘉宾就股权对外转让中的法律风险与大家进行探讨交流。

1. 股权对外转让的程序和基本原则

　　主持人： 上期沙龙，我们讨论了有限公司股权内部转让的相关问题，那么股权对外转让与股权内部转让有什么不同呢？

　　马慧娟： 股东将其持有的公司股权转让给公司股东以外的人，一般有两种原因。一是打算退出公司的股东所持有的股权，其他股东都不愿意接手，无奈之下拟转让股权的股东只好寻求外部受让人；二是公司为了引进外部投资者，或经营管理者参与公司的未来运作，主动将股东所持有的股权转让给拟引进的人。因公司原因拟将股东的股权对外转让时，既可以是全体股东都让出部分股权，也可以是部分股东让出部分或全部股权。为了保持公司的人合性，股东会可以在章程中对公司股权对外转让作出约束性规定。

　　毛娟： 有限公司不仅表现为"资合"，更强调股东之间的"人合"，所以，我国《公司法》对股权内部转让实行自由转让原则，而对股权外部转让则进行了一定的限制。公司股东向股东以外的人转让股权，应当经其他股东过半数同意（以人数计）。股东因个人原因拟将其持有的股权对外转让时，应就其股权转让事项书面通知其他股东征求意见，其他股东自接到书面通知之日起满 30 日未答复的，视为同意转让。其他股东半数以上不同意转让的，不同意的股东应当购买该转让的股权；不购买的，视为同意转让。也就是说股东不能自己不买，也不让别人购买。

　　马慧娟： 经股东同意转让的股权，在同等条件下，其他股东有优先购买权。两个以上股东都主张行使优先购买权的，可以协商确定各自的购买比例；协商不成的，按照转让时各自的出资比例行使优先购买权。即使公司其他股东过半数同意对外转让股权，对此表示不同意的股东在同等条件下仍然具有优先购买权。也就是说，任何股东都可以通

过行使优先购买权,排除公司股东以外的人以受让股权的方式进入公司。

毛娟: 因公司原因拟将股东的股权对外转让的,公司应召开股东会,对转让的原因与理由进行说明,对拟受让股权的单位或个人进行介绍,并协商确定各股东转让的份额和比例。股东会可以决定股东(特别是大股东)们等比例让出或不等比例让出部分股权,或者所有股东均等让出一定比例的股权,如有部分股东不同意转让自己的股权,也可以部分股东让出,部分股东不让出,甚至可以改为以增资扩股的方式引入外部投资者(增资扩股的内容以后会有专门介绍)。如果有股东借机主张购买其他股东股权的,同意让出的股东还可以不卖。

姜彦明: 股权对外转让的基本流程是,由拟转让股东通知其他股东征求意见,或提请公司召开股东会,对自己的对外转让行为进行表决。其他股东收到通知或在召开股东会后30日内主张行使优先购买权的,按股权内部转让程序办理;其他股东同意转让或者逾期未答复的,或因公司原因由公司股东会作出对外转让决议的,由转让股东与外部受让人签订股权转让协议,交公司进行合同备案并记载于股东名册,注销(或变更)转让股东的出资证明书,向受让股东签发出资证明书,修改公司章程,并于股权转让之日起30日内到公司登记机关办理变更登记手续。与股权内部转让相比,除多了一个股东会批准对外转让行为的决议程序外,其他程序与内部转让相同。

2. 接受"外人"入伙,应先摸清入伙人的底细

主持人: "问渠那得清如许?为有源头活水来"。公司的人合性固然重要,但如果一味强调人合性,就可能变成一潭"死水"。适当地引入"外人"参股,可以会给公司带来更好的发展。那么,如何才能确保引入的"外人"合适呢?

马慧娟: 如果公司打算接受或吸收"外人"入伙,原有股东可以从两个维度进行判断。一是"外人"入伙对公司是否有利;二是"外人"入伙对自己是否有利。但只有摸清"入伙人"的底细,才能帮助股东作出正确的判断。因此,拟接收或吸收"外人"入伙前,必须对外部受让人进行尽职调查,争取引入对公司发展有益的新股东,最起码对公司"无害",谨防引入与原股东"掰不好伙计"的新股东。

毛娟: 当外部受让人是自然人时,一般应重点调查这几个方面:一是调查其出资能力,看其出资来源是自有资金,还是借贷资金;二是调查其购买股权的目的,看其是单纯的资本投资,还是要参与经营管理,或者是想做公司未来运作的主导者;三是调查其"长板""短板",了解其对公司发展的有益之处或无益之缺陷;四是调查其处世哲学、为

人之道，了解其性格与胸怀，以判断其将来与其他股东相处的难易程度；五是调查其诚信程度，看其是否遵守规则、诚实守信，有无不良记录等。

姜彦明：当外部受让人是法人或其他组织时，一般应重点调查这几个方面：一是调查其经营状态，看其经营是否正常，盈利能力如何，业务处于上升期还是下滑期；二是调查其出资能力，看其出资是自有资金，还是融资借贷资金；三是调查其购买股权的目的，看其是为了调整产业结构，还是为了产业链上下游合作，或者是扩大经营规模，消除同业竞争，抑或是为了控制公司；四是调查其可利用的资源，看其在生产组织、技术研发、内部管理、市场拓展、未来发展等方面能否给公司带来帮助；五是调查其诚信守法程度，看其是否依法经营，是否遵守市场交易规则，以及诚实信用情况等。

毛娟：如股东会认为必要时，公司还可以对股东对外转让股权的目的进行调查，以防止转让股东与受让人恶意串通损害公司的合法权益。实践中，我们遇到过很多转受让双方恶意串通损害公司合法权益的案例，如转受让双方先以高价转让少量股权，迫使其他股东因不合理的转让价而放弃行使优先购买权。待受让人成为股东后，转让人再以正常价转让其剩余股权，规避《公司法》中关于股权对外转让须经其他股东半数以上同意和股东优先购买权的强制性规定。因此，其他股东应格外注意股东以明显不合理的高价对外转让极少数股权的行为。

马慧娟：公司在对拟定的外部受让人进行尽职调查后，要制作书面的调查报告，评估外部受让人进入公司的风险，决定是否同意外部受让人进入公司。如果认为其不宜进入公司，其他股东可通过行使优先购买权将外部受让人排除在外，如公司拟引进的外部受让人不合适，可以考虑更换原定的外部受让人。

3. 股权对外转让时，应同步调整公司法人治理机制

主持人：股东对外转让股权，会对公司的法人治理机制产生什么影响？为免于新股东进入公司后陷入法人治理机制无法调整的僵局，公司或其他股东应如何防患于未然呢？

毛娟：如某个股东"一对一"地将其股权全部对外转让，一般不会引起公司股权结构的变化，公司的法人治理机制一般也不需要进行调整，除非该股东是公司的主导股东。但如果多个股东同时将股权全部或部分对外转让于同一人或多人，或者大股东们将其股权分解转让于多名外部受让人，则必然会引起公司股权结构的重大变化，导致公司人合性的破坏与重建。如是，公司则必须对法人治理机制进行同步调整。

姜彦明：法人治理机制的调整，重点是针对发生了变化的股权结构，重新设计决策

机制和议事规则，并据此修订公司章程，调整股东会、董事会和总经理的职责权限和分工，修订"三会"议事规则以及企业管理总规范，使新股东在进入公司后，企业既有的良性运作秩序不会轻易被打破，保持公司运作的连续性和稳定性。

毛娟：因股权对外转让引起的法人治理机制调整，应在新的股权结构确定后立即启动。调整方案由股东会授权部分股东或公司董事会制订，由剩余的股东协商一致，并作为外部受让人接受股权转让的条件，由受让人在与转让人签订股权转让合同的同时签署同意意见。根据公司章程与"三会"议事规则的效力规定，在没有经过股东会决议修改前，原章程与"三会"议事规则继续有效，如原有的机制已不适用于调整后的股权结构，可能就会给公司带来许多运作方面的问题。所以，公司及其原有的剩余股东要尽量不让外部受让人先进入，再去修改这些核心制度，以免新股东进来后公司将此事放下不做，或者由于新老股东达不成一致而使此项工作搁置。

马慧娟：在其他股东愿意接受外部受让人入伙的情况下，为使新股东能够顺利融入公司的未来运作和发展，董事会可在受让人正式购买股权前，提前将公司修改的章程和"三会"议事规则以及企业管理总规范等文件提供给拟定的外部受让人，并告知其运行现状，让其充分了解公司的法人治理机制以及可能调整的方向和原因，以便其权衡是否购买股权，避免在其进入后出现公司僵局。但拟进入公司的新股东，如要接替原主导股东成为公司未来的主导者，则应由新老股东各自拿出自己的法人治理机制调整版本，双方共同协商达成一致，否则，老股东们可以通过行使优先购买权阻止该受让人进入，待以后再考虑引入外部股东问题。

话题 30　股权整体转让，股东们应当如何做

主持人：罗　晓　　嘉宾：马慧娟　毛　娟　姜彦明　　文字：毛　娟

现实生活中，由于各种原因有的公司不愿继续经营下去，股东们要么将公司财产处置后清算注销，要么将公司转让他人，其中股权整体转让就是一种公司转让的常见方式。股权整体转让涉及股东的全部退出和外部受让人全面接管公司，作为转让方的法律风险不可小觑。那么，这其中会涉及哪些法律风险呢？本期沙龙就邀请三位嘉宾与大家共同探讨一下股权整体转让过程中的法律风险防范问题。

1. 转让前的准备工作必不可少

主持人：前两期我们谈了股权的内部转让和外部转让，那么股权整体转让与内外部转让有什么区别呢？

马慧娟：对于有一定价值的公司来说，采取整体转让股权的方式，较之处置资产或终止清算而言，可能更能实现其资产、资源和股权价值，特别是持有土地使用权、整套生产经营设施设备、具有某种资质或许可证、有成熟市场渠道、有一定年限和业绩的公司，其股权可能极具升值空间，股权整体转让就非常值得，并且还会节约很大一笔财产过户税费。

毛娟：公司股权整体转让，实质上是一种特殊形式的股权对外转让。二者的区别在于，股权外部转让是股东将公司的部分股权转让于外部受让人而引入新股东，由新老股东共同经营管理公司；而股权整体转让则是全体股东将公司所有的股权转让于外部购买者，完成新老股东的整体置换，由新股东控制、经营和管理公司，老股东们彻底退出公司。

马慧娟：公司股权整体转让一般有几个方面的原因。一是公司股东因异地发展、出国定居或身体健康等原因，不能继续经营公司；二是因公司长期经营不善，几经努力也"无力回天"，而不得已忍痛割爱；三是股东之间发生僵局而无法破解，赌气将公司"合盘"转让；四是新投资的项目无力继续投入，为了止损而连同公司一块卖出；五是为了出售公司资产而先将公司分立，再以分立后的公司名义进行股权整体转让；六是公司股权全部被法院强制执行。另外，还有一些则是专门为了倒卖"资源"而将有一定资质、资源、资产的公司转让的。除强制执行外，公司股东不论基于什么原因进行股权整体转让，其转让流程和注意事项基本一样。

姜彦明：由于涉及公司的整体转让和全盘移交，所以，转让前要做的工作比一般的股权对外转让要复杂得多。一是要对公司的资产与债权债务进行全面清查，并制作资产、债权、债务清单；二是要对公司账务中的往来科目进行清理结算，尽量不纳入公司的资产或负债之中；三是要对公司的客户档案、已了结业务的履约资料、未了结业务的履约情况进行梳理和登记列表；四是要对公司财务、行政、后勤、产权登记、知识产权等其他档案资料进行归类整理造册；五是要对公司的规章制度进行收集、整理、归类；六是要将公司的人员、劳动（劳务、聘用）合同以及社会保险缴纳情况，分部门分岗位进行梳理并登记造册；七是必要时还要对公司的股权价值进行评估，以为转让价格谈判提供依据。

马慧娟：转让方进行上述准备的目的，一方面是帮助公司股东全面了解公司现状，以便其确定股权价值；另一方面是借机梳理公司现存的问题，及时进行处理、修正和改善，从而应对受让方的调查。其最终目的是提高股权整体转让的成功率，充分体现公司股权的转让价值，并为后期的顺利交接奠定基础。

毛娟：转让方在完成以上准备工作后，应根据梳理的结果制作转让说明书，对公司的出资、资产、债权、债务、人员、主要业务运营和管理现状以及存在的问题和瑕疵等情况进行详细说明，以便受让人全面、深入地了解公司，保证其充分的知情权，以防公司转让后，受让人以部分问题未提前告知为由，而与转让人发生不必要的纠纷，主张解除转让协议或相应减少转让价款。因此，转让说明书的内容一定要全面、真实、客观、可信，对资产存在的瑕疵或项目中存在的问题以及隐形或有债务，一定要提前告知清楚。

2. 签好转让协议，降低交易风险

主持人：不少人认为股权整体转让时，转让方的风险比受让方小，其实各有风险、互不相同。那么，股权整体转让有哪些潜在风险呢？

马慧娟：股权整体转让的风险主要体现在几个方面。一是转让前没有完全理清公司情况，意向受让人担心存在未知事项而不敢接手，导致公司迟迟卖不出去；二是因资产不实、债权债务清查不彻底，使股权卖不上好价钱；三是本方履约配合工作脱节，协助对外衔接不到位，导致不能顺利收回转让价款；四是对受让方的资信和财务状况调查不充分，导致股权转让后才发现受让方无力支付全部对价；五是公司交割后冒出很多未知事项而与受让人之间发生纠纷，将股东拖入长期的诉讼之中而不能脱身。

毛娟：为了避免上述风险，转让方在做好前期工作的基础上，还应签好股权整体转让协议。一般来说，股权整体转让协议主要包括公司现状、转让方式、转让价款及其支付办法，资产、人员、业务、财务、债权、债务、证照、公章的现状及其资料的移交与变更登记，业务衔接和过渡的具体方法，受让方知情权的保障、保密范围、违约责任、争议处理等条款。转让协议签得越仔细越详尽，履约过程就会越顺利，发生纠纷的可能性就会越小。

马慧娟：为了防止受让方无力支付转让价款的情况发生，转让方可事先对受让方进行资信调查，以摸清受让方的受让目的、财务状况以及诚实守信情况，然后再签订相关协议，并在协议中约定与移交节奏同步或前置的付款制约措施。

毛娟：股权整体转让涉及很多领域的法律规则，如民事、合同、公司、外商投资、中外合资、国有资产监管等方面的法律法规规章。如果受让方是外企，要按规定办理相应的审批手续；如果转让方或受让方中是国有主体或国有控股公司，则必须要进行股权价值评估并进行挂牌交易。因此，要想受到法律保护，协议的内容必须合法合规。股权整体转让合同的履行是一个较为复杂的过程，因此，要求合同条款必须要全面、系统、详细、明确，并具有履约的指引性和可操作性，以责任明确、配合到位、有效衔接、顺利履行，避免发生不必要的争议。

姜彦明：根据我们以往的经验，只有如实介绍公司现状，不隐瞒公司现存瑕疵，设定科学的履约程序，积极履行交接、过渡、配合义务，才是避免纠纷和风险的有效措施。因此，转让方必须要充分履行事前告知说明义务，就转让协议履行的程序、方法、细节、手续等达成可操作性的协议，才能为后期的顺利履行奠定好基础。若股权转让方故意隐瞒公司瑕疵而给受让方造成损失的，受让方有权向转让方主张赔偿责任或扣减相应的转让价款。

3. 搞好工作交接，实现平稳过渡

主持人：股权转让协议一经签订，是否就意味着股权转让方可以彻底退出公司，后续还有其他义务要履行吗？

马慧娟：股权整体转让的一般程序是，先由全体股东（或由公司代表全体股东）与受让方签订一份包括公司整体转让所有问题的转让协议，经公司股东会表决通过后，再由各个股东按整体转让合同的约定，分别与受让方指定的具体受让人签订具体的股权转让合同。然后由受让方修改公司章程和"三会"议事规则，召开转让后新股东参加的股东会，选举和聘任公司新的董事、监事和高管。然后，由转让方与受让方的各个新老股东配合到公司登记部门办理股权变更登记。

毛娟：在进行公司移交时，一般应先进行人员移交，再进行资产移交，接着进行业务移交，最后移交证照和印章。不论各岗位人员是否变动，转让方与受让方都要分类分项办理移交手续，并由新老股东或者各自的高管参与监交。此时，即使公司某些岗位的人员没有变动，也应让这些岗位的人员"一交一接""自交自接"，以完善手续、明确责任、预防纠纷。

姜彦明：移交时，一定要制作移交清单，将移交的资产和资料进行详细登记，并由移交人和接收人以及双方的监交人进行签字确认（移交人和接收人为同一人时，由其分别在"移交人"和"接收人"栏内签名）。移交工作还可以委托第三方进行监交和见证。

马慧娟：对股权进行整体转让时，受让方往往会以完成股东变更登记来主张公司的控制权，进而占有公司的全部营业与资产。因此，转让方必须要把握好工作移交与变更登记的节奏，既要履行本方的移交和变更登记配合义务，又要及时依约分批收取转让价款，以免在公司变更登记完成、失去对公司的控制权后，迟迟拿不到转让款。

姜彦明：进行股权整体转让，对外关系的衔接非常重要，转让方应积极协助受让方与行政管理部门搞好工作对接，并要注意与各业务协作单位和客户的业务过渡与衔接。必要时，转让方股东应留守公司一段时间，以协助受让人平稳过渡。对于存在未了结事项的，转让方一定要协助受让方完成与相对人的完全对接后方可撤出，以防受让方以履行配合义务不到位为由拒绝支付剩余转让款。

毛娟：为了防止受让方违约而使转让方拿不到全部或部分转让款，在受让方没有支付完毕转让价款前，转让方应尽量避免一次性将股权全部过户到受让方名下，一般可根据受让方支付转让价款的进度逐步过户股权，并可采取保留法定代表人到最后再变换、证照与印章到最后再移交等制约措施，以防患于未然。

话题 31　股权收购，需事前做好尽职调查

主持人：罗　晓　　嘉　宾：马慧娟　毛　娟　姜彦明　　文　字：毛　娟

由于公司股权的流动性特征，在日常经济生活中，自然人或企业收购他人公司股权的现象非常常见。股权收购不论是部分收购还是整体收购，都是一种快速实现长期投资、参与公司经营、取得业务资质、获取市场渠道的便捷方式。但由于大多数收购者在收购前对公司缺乏了解，收购过程操作粗放"夹生"，收购后产生了很多矛盾和纠纷。本期沙龙就邀请三位嘉宾来与大家谈谈股权收购中的法律风险防范问题。

1. 股权收购，为什么备受转受让双方青睐

主持人： 前两期沙龙，我们探讨了公司股权对外部分转让和整体转让问题。那么，作为受让方为什么要去收购别人公司的部分甚至是全部股权呢？他们对收购有什么考量呢？

马慧娟： 股权收购，是指收购方通过购买目标公司股东的股权，而成为目标公司的股东。自然人收购他人公司股权，一般基于三个方面的原因。一是自己有一定积蓄，想搞点实体投资，期待取得比银行存款更高的收益；二是自己看中了别人的公司，想加入进去参与经营活动，展示一下自己的能力，实现自己孕育已久的抱负；三是自己想开办一个公司，正在为场地、资金、设备、业务定位、人员等筹备工作发愁，刚好遇到现成的。

毛娟： 企业收购他人公司的股权，有的是看中了目标公司的投资回报率，有的是为了实现产业结构转移，有的是为了产业或产品的多元化，有的是为了延长上下游产业链，有的是为了利用目标公司的特定资源（如资质、许可证、技术、市场渠道、客户资源等）搞业务合作，有的是为了学习目标公司的管理经验，而有的则纯粹是为了购买不动产而合理避税。

姜彦明： 由于股权受让或公司整体收购操作便捷，可免去筹备公司的时间成本、财务成本、税负成本、工程建设与设备安装周期、生产或开业准备周期，其方式很受转受让各方的青睐。第一，之所以说操作便捷、手续简单，是因为只要交易双方签订股权转让合同，到公司登记机关办理变更登记手续即可。相对于新办公司省去了很多时间和麻烦。第二，免去了公司建设筹备事宜。一旦股权转让成功，受让人即可直接参与或接手公司的经营与运作，节约了筹备期间的选址、工程建设、考察与采购安装设备、进行生产或开业准备等方面的时间成本和财务成本。第三，收购期间不影响公司的持续运营。股权

收购只是公司股东发生了变化，而公司的市场主体地位并未变化，对于公司原有业务合同的履行不产生实质影响。第四，公司股权整体收购，可使收购方快速地实现资本运作，短时间内完成资本整合或资源优化配置。第五，对于某些需要特定经营资质或许可的业务来说，股权收购可以使其快速取得资质或许可，免除了新设公司申请或过户资质与许可证的行政审批结果不确定风险。第六，股权转让不发生资产的转移过户，可以节约一大笔资产转让所得税和契税，转受让双方都会受益。

毛娟： 收购他人公司的股权，既可以是部分收购，也可以是整体收购（即收购目标公司）。既可以是一个主体单独收购，也可以是多个主体联合收购。如系部分收购（受让），应按股权对外转让的程序操作；如系整体收购（受让），那么就需要按照股权整体转让的流程去办理。具体方法可以参考前两期沙龙的内容。

2. 股权收购，收购方存在哪些法律风险

主持人： 股权收购是一项系统工程，存在着很多潜在的法律风险，甚至有的是"危机重重""步步惊心"。那么，股权收购的风险主要表现在哪些方面呢？

马慧娟： 凡交易必有风险。虽然股权收购有其鲜明的优势，但其法律风险也是客观存在的，主要表现在七个方面。一是目标公司没有进行资产清查，资产与债权债务不实，导致股权转让价格与其实际价值不符；二是对外担保、民事侵权等或有债务不清，收购后逐渐暴露出来，额外增加了公司或受让人的债务负担；三是转让前存在欠税或不当逃（避）税行为，收购后被税务机关查出，责令公司补税或给予公司罚款；四是转让前存在其他违法行为，而后遭遇行政机关的行政处罚；五是公司所处产业或生产的产品短期内被国家政策或法令所淘汰，设备被强制技术升级和系统改造；六是某种生产要素期限届满而不自知，导致公司经营受限；七是存在其他潜在的纠纷。

毛娟： 另外，还有三个问题也需要注意。一是部分收购股权时，应落实公司的其他股东是否同意。如有股东不同意，股权转让协议的效力就会不确定，能否成功收购将存有变数。因为我国《公司法》规定有限公司股权对外转让，需经其他股东过半数同意，并且其他股东享有优先购买权。二是要落实拟收购的股权是否设置有质押或被司法机关冻结，如果被质押或冻结，可能导致交易失败。三是要落实是否存在股权代持情况，如系登记股东代持他人的股权，转让时则需要取得实际出资人的授权，否则，有可能会因为实际出资人主张权利而使自己陷入纠纷之中。

姜彦明： 上述法律风险一旦出现，就会给收购方造成不应有的损失，甚至会直接掉

入公司死亡的陷阱，严重拖累收购方的财务状况。所以，收购方在收购公司股权前，一定要对目标公司进行详细的尽职调查。如果不进行调查，就匆忙进入或接盘公司，一旦出现上述风险，收购方要么自认倒霉，要么就会陷入长期的纠纷之中而不能自拔。

马慧娟：股权收购作为一项复杂的"法律工程"，成功与否既取决于前期对于目标公司情况的全面了解和准确掌握，也取决于收购过程中各种法律保障手段的有效设置。因此，收购方必须慎之又慎。

3. 股权收购，如何做好尽职调查

主持人：尽职调查是避免潜在法律风险的必要前置程序，收购方应当如何做好调查工作呢？

毛娟：一般来说，收购方的尽职调查应着重从五个方面入手。一是要弄清楚转让方转让股权的目的，是想借助资源谋求发展，还是为了打通市场渠道，还是想引入管理机制，还是想尽快"甩手走人"。只有弄清其转让目的，才能找到双方的结合点，才敢决定是否可以收购。二是要调查目标公司的资产、债权、债务等情况，弄清楚公司是否存在账外资产和或有债务，资产的实际价值与转让标价是否相符。三是要调查公司的法人治理和内部管理情况，弄清楚公司原有股东之间的相处模式，"三会一总"的运作机制，以及企业内部管理的现状和问题。四是调查公司的业务状况，了解其业务类型、市场份额以及存在的问题等。五是调查其涉诉（仲裁）和行政处罚情况，了解公司的纠纷现状和遗留问题。尽职调查不但要调查目标公司，还要调查其分、子公司的整个情况，不能遗漏。

马慧娟：在调查目标公司的资产和负债情况时，应要求目标公司必须进行资产清查，提供资产、债权、债务清单，然后由受让人核对。对于目标公司的资产抵押和对外担保情况，也应要求转让人提供相关文件和情况说明，以便受让人核查。由于股权收购不影响公司法人主体资格的存续，所以，股权转让前后公司仍然要对其成立以来的全部债务承担责任。因此，收购方对目标公司现有债务以及潜在债务的调查尤为重要，千万不能有所懈怠。

毛娟：另外，对目标公司进行调查时，还需确认转让方的股东资格是否存在瑕疵，如有无纠纷，是否有隐名股东，是否有质押、被冻结等情况。还要向行政管理机关了解公司业务经营领域的产业政策，目标公司是否存在违法现象和被处罚可能，以为最终的收购决策提供依据。

姜彦明：尽职调查可以由转让方或目标公司提供各种清单、资料、证明文件、权利证书等，也可以由受让人派员向有关部门核查，还可以委托律师事务所进行，以彻底弄清公司的家底、资产与债权债务情况、经营现状以及潜在风险，并出具调查报告。需要审计、评估时，应委托中介机构对目标公司的账务进行审计，对其资产进行评估。

4. 股权收购，实务操作中应当注意哪些问题

主持人： 股权收购实务操作是一个相对较长的过程，其中受让人应当注意哪些问题？

马慧娟： 为了避免发生不应有的纠纷，在签订股权转让合同时，应在合同中载明公司的出资、资产、债权、债务以及生产经营等情况，说明存在的瑕疵和问题，声明不存在各种不利情况的可能性，约定账外或有债权债务的归属和承担方式、追偿方式以及违约责任，力避转让方隐瞒和欺诈。如果目标企业的转让股东有一定的资金或财产实力，最好在转让协议中增加一个兜底和保障性条款，约定由转让股东和实际控制人对交割中的或有债务风险承担连带责任。

姜彦明： 如属公司股权整体收购，收购方还应与转让方做好交接工作，重点是人员交接、资产与债权债务交接、业务交接、证照与印章交接等（详见前期沙龙）。对于未了结的"半途"事项，收购方应要求转让方协助收购方搞好与相对人的衔接和过渡。

马慧娟： 股权转让协议完成后，收购方应督促目标公司及股权转让方尽快办理股权变更登记手续。根据我们的经验，收购方应拉长股权转让价款的支付时间节点，预留部分保证金待所有转让变更手续办理完毕后再行支付。

毛娟： 如果因股权收购导致公司股权结构发生重大变化，或者对公司股权进行整体收购，则应对公司法人治理机制进行相应调整，其重点是根据变化后的股权结构，或进入公司股东的不同情况，重新设计公司的决策机制和运作机制，修改公司章程，调整股东会、董事会和总经理的职责权限与分工，修订"三会"议事规则以及企业管理总规范中的决策执行程序等。

话题 32　老板们，你对公司股权的特殊变动知多少

主持人：罗　晓　　嘉宾：马慧娟　毛　娟　姜彦明　　文字：毛　娟　姜彦明

公司股东持有的股权除了自主转让外，有时会因股东家庭分家析产、夫妻离婚、发生赠与、股东死亡，股东被公司除名，股权被法院强制执行，以及公司分立、合并、股权出资等原因发生变动。那么，当出现这些特殊情况引起公司股权转移时，股权持有人或权利义务承受人应注意哪些问题呢？本期沙龙就邀请三位嘉宾来探讨一下这些股权特殊变动中的法律风险防范问题。

1. 分家析产、离婚、继承、赠与引起的股权转移

主持人：一般情况下，公司股东持有的股权为夫妻共同财产，如果自然人股东在离婚时对股权进行了分割，其原配偶能自动成为公司股东吗？

马慧娟：公司的自然人股东离婚时，一般会将股权分配给登记为股东的一方，此时取得全部股权所有权的股东，会通过其他财产的让渡给予对方以相应补偿。但是，有时股东也会在离婚时将持有的公司股权在夫妻之间进行分割。如果把股权分割给夫妻双方分别所有，则没有登记为股东的一方只能取得股权的财产权，不当然取得公司的股东身份。由于有限公司具有较强的人合性，所以，根据《公司法》以及相关司法解释的规定，原来没有登记为股东的一方配偶，要想成为公司股东，必须经由公司其他股东过半数（以人数计，下同）同意，否则，取得股权份额的非股东一方，只能将其取得的股权份额转让于其他股东，或在公司中只享有分红权，不享有股东的其他权利。

毛娟：有时公司的股东并不仅仅代表其个人，其背后往往是一个家族，这种情况在家族企业中更为常见。在家族内部进行分家析产时，作为家庭共同财产的股权，如果在各家族成员之间进行了分割，那么，对于没有登记为股东的一方或多方家族成员来说，也并不当然取得公司的股东身份。这些分到股权的非股东，同离婚时股东的原配偶一样，也需经由其他股东过半数同意才能成为公司股东。否则，可以与离婚一样进行股权处理。

姜彦明：按照我国《公司法》的相关规定，自然人股东死亡后，其合法继承人可以继承其股东资格，但是公司章程另有规定的除外。也就是说，如果自然人股东在持股期间死亡，该股东的股权作为其遗产的组成部分，应由其继承人继承（这时往往有多个继承人）。这时，如果公司章程对继承人成为公司股东没有作限制性约定，这些继承人就

可以取得股东身份；但如果公司章程对继承人成为公司股东作出限制性约定，则这些继承人不当然成为公司的股东。

马慧娟：实务中，许多公司都会为维持公司的人合性，在公司设立协议和公司章程中，预先约定股东死亡后，不允许其继承人转换为股东，死亡股东的股权由其他股东协商购买或按持股比例购买；或约定死亡股东的继承人要想成为公司股东，必须经过其他股东的过半数同意，不同意的股东具有优先购买权；或者约定如未过半数同意，也没有股东行使优先购买权的，直接由公司做减资或回购处理，并由公司将其股权价值退还该继承人，从而排除大家不能接受的继承人成为公司股东。其他股东购买和公司减资回购价格的计算方式应当一并约定。

毛娟：有时候股东还有可能把股权赠与自己的家属、亲戚或其他人。如果出现这种情况，拟赠与股权的股东应当事先征求其他股东的意见。如果股东未过半数同意，则该拟赠与的股东可以将其持有的股权进行公司内部转让或由公司作减资处理，股东可将其转让或减资所得赠与给受赠与人；如果股东过半数同意，且没有股东行使优先购买权，则受赠与人可以成为公司股东；即便其他股东过半数同意，但有股东主张优先购买权的，则由主张优先购买权的股东优先购买。股东购买或公司减资价格的计算方法同样应当一并约定。

2. 股东被公司除名、股权被强制执行时的股权转移

主持人：公司有权将股东除名吗？什么情况下公司可以将股东除名？如果股东的股权被人民法院强制执行又该怎么办呢？

毛娟：股东除名制度，是指当个别股东出现某些特定事由时，由公司按照特定程序剥夺其股东资格的一种强制性退出机制。关于股东除名，我国法律目前仅规定了一种情况，即有限公司的股东未履行出资义务或者抽逃全部出资，经公司催告缴纳或者返还，在合理期间内仍未缴纳或者返还出资的，公司可以以股东会决议的形式解除该股东的股东资格。

马慧娟：虽然法定的除名情形只有一种，但法律并不排除公司对除名情形的自由约定。因此，许多公司都会在公司成立时，提前在公司设立协议和章程中对除名股东的条件和程序进行约定。股东在经营管理公司期间发生侵害公司或其他股东利益的行为，如果公司设立协议和章程中约定有将该违约股东除名，并将其股权强制转让给其他股东或由公司回购的条件和程序的，公司其他股东可以要求股东会作出将该股东除名的决议，然后

将其股权转移至决议指明的受让人或者由公司收回。但是，如果公司或股东们事先没有可以将股东除名的相关约定，除法定除名情况外，除非该股东同意，否则其他股东无权作出将其除名的决议，而只能主张其赔偿损失，使其留在公司继续"祸害"大家。

姜彦明：公司拟将股东除名时，应严格依照法定和约（规）定的程序召开股东会，由股东、董事会或者监事会提出拟将某位股东除名的提案，详细说明该股东违法违约的事实以及除名理由，然后由拟被除名的股东进行申辩，最后由股东会衡量该股东的行为是否符合除名的条件并作出决议。股东会在表决时，被除名股东应当回避。除名股东的股东会会议一定要规范召开，以避免存在程序瑕疵而被被除名的股东主张无效或撤销。

毛娟：股权被人民法院强制执行，是指股东因负有对外债务，或为他人的债务提供担保，而被人民法院或仲裁机构裁决承担责任，逾期未按裁决书履行义务的，其股权被人民法院拍卖、变卖的情况。人民法院在执行股东的股权时，可委托将股东所持有的股权进行拍卖，以拍卖所得偿还债务。在拍卖时，公司其他股东有优先购买权，如果股东没有行使优先购买权，股权被股东以外的人购买时，则该股权必须变更到实际购买人名下。发生此种情况时，公司应凭人民法院的协助执行通知书，修改股东名册和公司章程，召开股权变动后的股东会会议，对章程修改和其他相关事项作出决议，到公司登记机关办理变更登记手续。如果公司或其他股东不配合，法院可向公司登记机关发出协助执行通知书，由公司登记机关协助变更。

马慧娟：因股权公开拍卖时受让人具有非常大的不确定性，所以，公司及其股东应密切关注拍卖动态，必要时应积极行使优先购买权，以防股权落入外人之手，破坏公司的人合性。股东在行使优先购买权时，既可以一人购买，也可以多人按比例购买，还可以以公司的名义回购。

3. 股权出资、公司分立合并引起的股权特殊变动

主持人：除了以上股权被动转移的情形外，还有哪些特殊情况会引起公司的股权变动？这些特殊的股权变动是否会受其他股东的制约，公司应该如何应对其中可能存在的风险呢？

姜彦明：除了上述几种情况外，股东将其在甲公司的股权出资到乙公司，也会引起股权关系的变动。果真如此，则由乙公司代替该股东成为甲公司的股东，而该股东则转变为乙公司的股东，并同时丧失甲公司的股东身份。股东用作出资的股权应当权属清楚、完整，没有权利瑕疵，并依法可以转让。为规范股东以本公司股权进行出资的行为，公司可以在公司设立协议和章程中规定，股东是否可以用本公司股权进行出资。如果没有

135

事先约定，则股东可以以其股权进行出资，但出资时需要按照股权对外转让的程序进行，即股东应提前书面告知公司其他股东，经公司其他股东过半数同意后才可向其他公司出资；如果其他股东未过半数同意，则其不能向其他公司出资，不同意出资的股东应当行使优先购买权，不同意出资的股东不行使优先购买权的，视为其同意该股东以其股权出资。股权出资一般适宜于公司加入其他集团公司，或与其业务关联公司建立更为密切的关系，或者股东进行资产托管等情形。

毛娟：法人股东在存续期间，有时会分立为两个或多个公司，有时也会出现几个公司合并为一个公司的情形。如果分立前的公司持有其他公司的股权，这时该股权就会转移到分立后的某个或数个新公司；如果合并前的某个公司持有其他公司的股权，或者合并前的各个公司都持有其他公司的股权，那么，在公司合并后，这些股权就会转移到合并后的新公司。通常情况下，公司分立、合并引起的股权转移，不属于股权转让的性质，不受其他股东同意与否的制约，其他股东也没有优先购买权。

姜彦明：另外，公司的增资、减资、兼并重组、形式转换、企业改制、集团化改造、挂牌上市时的股改、内部股权激励等，也会引起公司的股权变动。但这些原因的股权变动均系公司主动而为，并非股权被动转移，这里不再探讨。

马慧娟：以上介绍的股权特殊转移情形，在股权变动完成后，如果公司股权结构发生了重大变化，那么，公司的法人治理机制就需要进行相应调整。重点是针对发生了变化的股权结构，重新设计决策机制和议事规则，调整股东会、董事会和总经理的职责权限和分工，并据此修改公司章程，修订"三会"议事规则以及企业管理总规范中的决策执行程序，必要时可以重新选聘董事、监事和高管，以适应股权结构变动后的公司治理要求。

话题33　公司增资，要增出"财气"，增出"和气"

主持人：罗　晓　　嘉宾：张韶国　毛　娟　姜彦明　　文字：毛　娟　姜彦明

资本是企业赖以生存和发展的四大生产要素之一，往往也是困扰企业发展壮大的关键要素。那么，民营企业在银行贷款不好批、发行债券不容易、民间借贷利息高的情况下，能否寻求一条更为便捷且成本较低的融资渠道呢？由股东或（和）股东以外的人向公司追加注入注册（实收）资本，就是一条廉价便捷的融资之路。那么，如何才能做好公司增资并避免其中的法律风险呢？本期沙龙就邀请三位嘉宾探讨一下公司增资涉及的问题。

1. 公司增资，是一种便捷的融资方式

主持人： 现在，民营企业借贷融资普遍比较困难，公司增资可谓是一种低成本便捷的融资方式。但是，公司增资要想增出"财气"和"和气"，是需要做很多功课的。请嘉宾们先介绍一下公司增资及其操作方法与流程。

张韶国： 公司发展到一定阶段，会因为扩大生产经营规模、进行技术改造升级，或投资新的项目、调整产业结构，需要进行大额资金的投入。此时，公司如果积累不够，靠挤占流动资金肯定不行，就需要设法融资。目前，摆在公司面前的融资渠道可能有几种，一是向股东借款，二是向银行借款，三是靠民间借贷，四是发行债券，五是增资扩股。每种融资方式都各有自己的优缺点，分别适宜于不同的企业、用途或情形。因此，公司应根据自身的发展阶段、业务特点、资产和财务状况等，选择适宜自己的融资方式。

毛娟： 公司向股东借款，取决于股东的资金实力及其有无继续向公司投入的意愿；银行贷款虽借款利率较为适中，但贷款条件严苛，审批程序烦琐，对于缺少固定资产抵押、没有人愿意提供担保的中小型民企来说，可能无法获取；民间借贷因其条件要求低、借款方式灵活、到款时间快等特点，受到很多中小型企业的追捧，但其利息高昂，对于企业季节性、临时性用款倒是可以，但对企业的长期融资需求来说却不敢放手使用，否则，就会掉入高利贷的泥潭；发行债券有非常严苛的条件和程序，一般民企几乎不可能有此能力。不管是何种债权融资方式，企业都必然会产生一定的融资成本，需惦记着按月计（付）息，到期后还要不停地腾挪倒贷。相比之下，公司增资扩股既无期限要求，又无需支付利息，因此，成为很多公司首选的融资方式。

姜彦明： 公司的增资方式一般有三种。一是公司原有股东内部增资，二是引入外部

投资者注入资本，三是原有股东与外部投资者同步增资。在进行内部增资时，现有股东既可以同比例增资，也可以异比例增资。无论选择何种增资方式，都必须要考虑增资后的股权结构变化，要争取通过增资使股权结构更加优化，不能出现增资后股权结构严重失衡的情况（欲通过增资引入新股东，使原股东逐步退出的除外）。

毛娟： 公司增资一般需经下列步骤：一是对公司现状进行系统梳理，确定此次的增资目的，是单纯需要资金，还是希望通过增资引进先进的管理、技术、渠道或者其他资源；二是对公司的资产、债权、债务等进行清理，必要时应委托中介机构进行财务审计和资产与股权价值评估，以便确定股权溢价率和增资溢价率；三是制订增资方案，明确增资数额、增资方式、增资后公司法人治理机制的调整等内容；四是需要对外招商引资的，还需制订招商引资方案，明确对外引资的数额、股东数量、外部投资者应具备的条件、招商程序等；五是召开股东会，通过上述方案；六是招商引资完成后，新老股东签署增资协议，明确增资中的各方权利义务；七是调整公司治理机制，召开增资后的公司股东会，通过修订后的公司章程和"三会"议事规则，改（增）选董事、监事，重新改派或选聘高管，决定公司下一步运营的基本原则；八是办理股权变更登记，股东按约定时间缴纳出资。

2. 内部增资，要制订完善的公司增资方案

主持人： 内部增资是公司现有股东的追加出资。一般要具备哪些条件，怎么操作，并注意哪些问题呢？

张韶国： 内部增资一般要具备三个条件，一是现有股东足以筹措到所需资金，二是股东们都看好企业发展，并愿意追加出资，三是没有必要引入外部投资者参与公司的经营管理运作。如果公司通过内部增资可以满足企业的发展需要，应尽量采取内部增资方式。毕竟内部增资程序简便，可以免去引入新股东后的机制调整和新老股东的磨合过程，排除新老股东磨合期内发生矛盾的风险。

毛娟： 内部增资时，如果公司现有的股权结构比较合理，则股东们可以进行同比例增资；如果现有的股权结构不尽合理，股东们则可以通过异比例增资，趁机将股权结构调整到最佳状态。但不论采取哪些增资方式，都应该事前做好测算，优化设计增资方案，对于个别股东不愿意追加出资或无能力追加出资的，公司应预设替代补位措施。

张韶国： 内部增资时，其工作核心是制订增资方案。增资方案的内容一般包括公司的出资现状、增资目的、增加的资本总额、各股东的增资数额、增资方式、增资后各股东的股权比例以及公司法人治理机制的调整方法，增资工作的组织领导和方法步骤等。

增资的出资方式同新设公司的出资方式是一样的，既可以是货币增资，也可以是实物、知识产权、土地使用权、持有其他公司的股权等增资，也可以用货币估价并可依法转让的其他非货币财产增资。

毛娟：公司内部增资时，如系同比例增资，增资基准日前的盈亏损溢可以不予处理，也无需对公司法人治理机制进行调整（如果机制存在缺陷则可以借机完善）；如系异比例增资，则必须对基准日前的盈亏损益进行处理。具体如何清（结）算与分配，应在增资方案中加以明确。如果原来没有约定，则一般应按资产负债表载明的"所有者权益"或资产与股权价值评估结果为依据制订分配方案。如果股权价值出现溢价，基准日前的盈余也可以不予分配，而在增加出资时通过附加一定比例的"资本公积金"的方式，解决新老股权的价值差异；如果股权价值出现亏损，则可由原有股东以同样的方式将其差额补齐（如果增加出资的股东同意，不补也行）。

姜彦明：公司内部增资的程序相对简单，一般分为四个步骤。首先，由董事会或主导的股东拟订增资方案，提交股东会审议通过。其次，各股东认缴出资或股份，并按增资方案确定的缴资时间和方法缴纳出资。再次，召开增资后的股东会，修改公司章程和"三会"议事规则，对增资涉及的其他重大问题作出决议。最后，到公司登记机关办理变更登记。

3. 外部增资，一定要签订好公司增资协议

主持人：外部增资通常情况下应当如何操作，注意哪些问题呢？

张韶国：当原有股东无力出资或不愿出资，或者公司急需引入外部资源助推企业发展时，外部增资可能就成为公司最优的融资方式。外部增资，不仅仅是融资，更重要的是融资源、融智慧、融技术、融管理、融渠道、融客户。外部增资要比内部增资的工作量大，操作更为复杂，应有对应的风险控制措施。

姜彦明：公司进行外部增资时，应提前理清其增资目的，避免盲目引进不合适的股东。如果单纯为融入资金考虑，企业可以选择财务投资者增资；如欲打通产业上下游，增强企业供应链管理能力，企业则应尽量选择核心业务上下游的企业增资；如欲拓展企业营销渠道和客户来源，企业应尽量选择具有相应资源的对象增资；如欲引入技术或管理，同样可以找有这方面优势的人才或企业增资。

毛娟：公司在进行外部增资时，首先要对增资基准日前的资产、债权、债务以及所有者权益进行清算，对业务和人员进行梳理，并根据现有法人治理机制运行情况、近远

期发展战略规划、投资项目有关情况，研究确定引资方案以及增资后公司的法人治理机制调整思路，编制增资方案。然后，根据股东会通过的增资方案制作招商引资说明书，以备潜在出资人了解公司情况，研究出资的可行性。

张韶国：引入外部投资者对公司进行增资，最重要的是要让外部投资者看到公司的投资价值。因此，招商引资说明书中应全面如实地介绍公司的基本情况，展示公司的近远期发展规划和未来前景，说明引入外部投资者的原因，给出外部投资者的条件，明确招商引资的规模和股东人数，阐明未来公司的法人治理机制、管理模式、经营模式或其调整方案，告知其外部投资者的遴选方法。

毛娟：外部增资时，筛选投资人就像找"媳妇"那样，要讲究"门当户对"和互补。如果有外部投资者向公司表达投资意向，公司就要对其进行尽职调查，重点了解意向投资人的企业性质、其在行业内的地位、目前的经营状况以及资产财务状况、市场渠道与管理水平、历史信用程度、投资目的等，以确定其是否具有投资能力，是否与自己公司的战略目标契合。决不能引入一个无益于企业发展或想夺取企业控制权的股东。

姜彦明：与潜在出资人的增资谈判是外部增资的核心工作。作为引资一方的公司，应在增资方案确定的原则和框架内，根据潜在出资人的意向出资方式、出资数额、出资期限、期待在公司中的未来地位和董事、监事、高管职数安排，以及增资后的公司法人治理机制调整诉求，增资基准日前的账务处理等情况，提前设计和确定谈判条件（要有最优、次优和最低条件），拟订谈判提纲，然后逐项与潜在出资人进行协商谈判，力争达成一揽子协议，签订严密可行、公平合理的增资合同，以免在增资后因新老股东认知差别大、误会多，又没有事先约定好处理规则而发生矛盾。

话题 34　公司减资，要减负、减责、莫添烦

主持人：罗　晓　　嘉宾：李孟太　毛　娟　姜彦明　　文　字：姜彦明

公司有增资就有减资，二者都是企业在存续过程中的一种股权变动法律行为。公司减资，顾名思义就是减少其注册资本和实收资本，它是股东运用资本杠杆调整投资方向的一种手段。减资虽是公司的内部行为，但其内外部法律风险不可小觑。那么，公司可在什么情况下进行减资，如何合法运用减资程序，降低减资风险，并保障减资后的公司正常运转呢？本期沙龙就邀请三位嘉宾来与大家聊聊公司减资的那些事儿。

1. 公司减资的原因、方式和流程

主持人： 公司减资是减少公司的注册资本，并相应减少实收资本的一种股权变动行为。请嘉宾们谈一下公司为什么要减资，减资的方式方法与流程有哪些？

李孟太： 公司会因为各种各样的原因而减资，但大致归纳起来有六个方面。一是公司当初注册资本过大（原始出资或增资过多），由于投资计划缩减或产业结构调整，公司用不了那么多资金，导致大量实收资本闲置，为了把股东们的资金用到更加需要的地方而减资；二是由于公司历史积累较大，货币或资产远远大于实际需要，造成资金和资产闲置，各股东可以通过减资取回多余的资金或资产（分配时需要缴税，而减资无需缴税）；三是个别股东拟退出公司或被公司除名，其股权没有人愿意接手或不便接手，通过减资以达到股东退出之目的；四是部分股东出资不到位或有抽逃出资的行为，经公司催告仍拒不缴纳或者退还的，可以通过减资将其空置的资本份额降下来；五是在采取认缴制后，公司注册资本较多，但分期出资未到位，导致实收资本与注册资本长期不符，增大了股东的补充赔偿责任风险，可以通过减资将注册资本与实收资本调至一致；六是公司回购异议股东的股权之后（当股东对股东会通过的重大事项投反对票时，可要求公司回购其股权），对回购的股权没有作出新的安排，可以通过减资将该部分股权注销。

毛娟： 公司减资的具体方式有三种：一是各股东同比例减资，二是各股东不同比例减资，三是个别股东完全取回或减少其出资。由于我国对大部分公司的注册资本实行的

是认缴制，所以，公司账面上的实收资本与注册资本不一定相符。因此，从公司减资的性质上来看又有两种区别。一种是实质性减资，即公司不仅要调减注册资本，而且还要从公司账面的实收资本中将股东的出资实际退还给股东；另一种是名义性减资，即公司仅仅调减注册资本，由于该部分注册资本股东并没有实际出资到位，无需向股东实际返还资产。公司减资时，不但可以退减货币资产，也可以退减实物资产，还可以退减土地房屋等不动产，即凡是能够用于出资的资产均可以用以减资。不管采取哪种方式减资，都应当在减资方案中认真筹划。

姜彦明：公司减资的基本流程大致有八个步骤：一是董事会制订减资方案；二是股东会审议通过减资方案；三是编制资产负债表和财产、债权、债务清单；四是通知债权人和对外发布减资公告；五是清偿债务或为其未清偿的债务提供担保；六是召开减资后的股东会，修改公司章程和"三会"议事规则，对与减资有关的重大问题作出决议；七是进行股权变更登记；八是在完成变更登记后，退还公司的减资资产。民营企业减资时，根据自身需要，可以进行财务审计和价值评估，以确定退资时的股权价值；国有参控股企业减资时，按照国有资产监管的相关规定，则必须进行资产与股权价值评估，其评估报告还需上报国资监管部门进行备案。

毛娟：公司减资虽然是自主的，但其程序是有严格限制的。而作出这种程序限制的目的，是为了确保交易对象、债权人和股东的利益。因此，法律规定公司在减资时，减资方案必须经过代表2/3以上表决权的股东通过，且要公告和通知债权人，保证债权人有提出清偿或要求提供担保的机会。

姜彦明：另外，对于注册资本采取实缴制并有最低要求的公司，减资后剩余的实收资本不得低于法定底限。公司减资一定要严格依照法律规定走好每一步流程，以免因减资程序瑕疵，导致减资行为（决议）无效或被撤销。如果公司减资不当或违法减资，其股东要在减资的范围内对公司债务承担补充清偿责任。

2. 公司减资，须通知债权人并公告

主持人：公司减资是不是也要制订减资方案？公司减资是公司的内部事务，为什么还要通知债权人和发布公告呢？

毛娟：公司减资方案是对减资过程中所涉具体事项的全面统筹，以指引公司减资工作的顺利进行。减资方案一般包含以下内容：一是减资数额以及减资后的注册资本及其构成；二是减资的方式以及退还股东资本的形式和时间；三是减资基准日前的利

润分配和亏损承担办法；四是减资后债务的清偿以及债权人利益的保护措施；五是减资后公司法人治理机制的调整原则或具体方案；六是减资的组织领导和时间安排等。

姜彦明： 通过制订减资方案，不仅可使各股东对减资过程中的相关事项达成一致，也能使减资后的股东就公司未来经营发展中的有关事宜形成一致意见。减资方案是否科学，是否具有可操作性，不但关系着减资的成败，还关系着公司的日后运营与发展。因此，公司减资前一定要设计好减资方案。现实中很多公司不制订减资方案，到登记部门领取格式文件一签了事，根本没有考虑过减资过程中或者减资后可能会出现的各种问题，为股东们发生减资纠纷埋下了隐患。

李孟太： 书面通知债权人和发布减资公告是公司减资的一个特别程序，我国《公司法》之所以对此作出强制性规定，其目的是保护债权人的利益。因为公司减资后，其总资产、净资产均会减少，偿债能力会随之降低，如果公司减资后降低了其债务履行能力，可能会给债权人造成损失。所以，公司减资必须通知已知债权人并发布减资公告，让债权人知道其减资事宜。

毛娟： 这里需要强调的是，书面通知债权人和发布减资公告是两件并列的事项，缺一不可。书面通知是针对已知债权人，发布公告针对的则是未知债权人。由于减资公告是变更登记的必备文件，所以，公司一般都会刊登公告。实践中经常容易出现的问题是，以公告代替对已知债权人的通知，导致很多债权人因看不到公告而不知道公司减资的事实，从而损害了债权人的合法权益。按照相关法律规定，如果公司减资时，未按照规定通知债权人，则其减资对未得到通知的债权人不发生效力，当公司无力偿还债务时，减资股东应在减资额度范围内，对公司的债务承担补充赔偿责任。

姜彦明： 债权人一方如果认为公司减资损害其自身合法权益，可以自接到减资通知书之日起30日内，未接到通知书的自公告之日起45日内，要求公司提前清偿债务，或者要求公司为其债务提供担保。对于减资前的债务，如果公司不能清偿，无论公司股东减资与否，都要在减资范围内对债权人承担补充赔偿责任。

李孟太： 另外，还有一种事实减资现象，即公司发生减资行为时，既不通知债权人，又不发布减资公告，也不到登记机关进行变更登记，而是直接将减资部分的资产退还给减资的股东。这种事实减资模式，就算是公司按照法定或约定的程序召开了股东会，作出的决议也是合法的，但因其未完成通知、公告和变更登记程序，其减资行为也达不到减资的法律效果。此时，公司的减资应被视为是股东抽逃其出资，股东不仅要承担行政责任，对于有注册资本下限要求的行业，还有可能涉嫌刑事犯罪。

3. 公司减资，应对法人治理机制进行相应调整

主持人：公司减资可能会引发公司股权结构发生重大变化，出现这种情况时，公司应该怎么办？

毛娟：股东等比例减资时，如果公司原有法人治理机制比较合理，可以不对其进行调整，但如果原有法人治理机制存在问题，就应借减资之机对其进行相应调整。股东异比例减资或者部分股东完全退出时，都会引起公司股权结构的重大变化（有人误认为，部分股东完全退出后，剩余股东的出资数额又没有变化，何必要去调整法人治理机制呢？但他没有看到各股东的股权权重所发生的必然变化。这种股权权重的变化，必然会对公司的决策机制产生实质性影响）。因此，在减资后股权结构发生重大变化的情况下，必须对公司法人治理机制进行相应调整，以确保其机制能够适应减资后的股权结构和运作需要，保持公司的持续平稳运行。

李孟太：公司法人治理机制的调整，一般包括对章程中股东会的职权以及不同事项的决策门槛进行调整，对董事、监事和高管的岗位设置、委派及其职权进行调整，对"三会"议事规则中的运行机制进行调整，对企业管理总规范中的决策执行机制进行调整等。有时还可能需要重新选举（或改选、补选）董事、监事，选聘高级管理人员。这些都要根据减资后的实际情况作出不同安排。

姜彦明：为避免减资后的股东在进行法人治理机制调整时出现分歧，公司在减资之前就应当对如何调整法人治理机制达成一致，并写入减资方案之中，甚至可以把章程的修改版本以及"三会"议事规则的修订版本全部提前制订出来，在审议通过减资方案时一并通过，以免减资后股东会审议时发生分歧和矛盾，以强化机制调整方案的效力。

毛娟：为了预防股东们就减资问题产生纠纷，必要时公司可组织各股东根据减资方案签署减资协议。减资协议中除了包含减资方案的所有内容外，还应包括公司、减资股东、未减资股东在减资过程中的分工配合、权利义务以及违约责任，以保证减资工作的顺利进行。

第五章

公司兼并重组、集团化改造与挂牌上市

公司在存续期间，经常会因为各种原因而发生合并、分立和公司形式转换，也会因为股权内外部转让、组建集团公司而发生兼并重组，这些地位、形式、股权关系的变更，牵扯到一系列的具体问题，特别是股东之间的权利义务变化和变更后的法人治理机制调整，如果处理不好，公司及其股东就会发生无法预见的法律风险。所以，整个过程必须要严格程序、规范操作、堵死漏洞、不留尾巴。目前，国有企业改制已进入攻坚阶段，基础性、能源型、垄断性的央企和省企的改制已被提上议事日程。国企改制给民营企业提供了难得的投资机会，民营企业必须要时时关注并主动地了解其相关知识和有关政策，以抓住机遇积极参与，为企业的未来发展寻找广阔的空间。股票上市和"新三板"挂牌也是一些公司追求的目标，但上市未果或上市后业绩不佳、费用增高、投资者对赌，使很多公司陷入了股改以及上市挂牌"后遗症"的泥潭而不能自拔，如何避免其中的法律风险，也需要引起民营企业的高度重视。本章重点介绍公司合并、分立、形式转换、国企改制、集团公司改造、上市挂牌的相关问题及其法律风险的规避技巧。

话题 35　公司合并，要 1 + 1 > 2

主持人：罗　晓　　**嘉宾：**张韶国　毛　娟　姜彦明　　**文字：**毛　娟　姜彦明

话说天下大势，分久必合，合久必分。近年来不断上演"死对头合并或加盟，从相杀到相爱"的大戏，如优酷与土豆合并，赶集网与58同城合并，滴滴与快的合并，美团与大众点评合并，等等。公司合并是一项既复杂，又烦琐，且实施周期相对较长的工作，合并前后企业会面临一系列的实际问题和法律风险，稍有不慎就会导致合并失败，或是合并后难以相融，使合并后的新公司陷入困境。为此，本期沙龙邀请三位嘉宾与大家聊聊公司合并应关注的核心问题和注意事项。

1. 公司合并，意在整合资源、突出优势、降低成本

主持人：我们知道，两个以上的公司重新组合为一个新公司的行为称之为公司合并。那么，到底是什么原因促使公司合并呢？

毛娟："天下熙熙皆为利来，天下攘攘皆为利往"。追求利益最大化是资本的本质所在，所以，公司合并必然是基于对利益的追求而为。公司合并，要么是强强联合、扩大规模；要么是以强带弱、利用资源；要么是优势互补、取长补短；要么是获取资质、取得资产；要么是共享技术、相互赋能；要么是节约成本、降低负担。不论因何合并，对合并双（各）方而言都应是相互有益的，都是为了创造双赢的美好局面。

张韶国：不同类型公司的合并有着不同的意义。通常而言，同类业务的公司合并，是为了整合资源、扩大规模、完善品系、减少恶性竞争、提高市场占有率；异类业务的公司合并，则是为了优势互补、优化结构、延长产业链，降低采购、生产、管理、财务成本，减少宣传推介和营销费用等。也有的公司合并是为了共享某种经营资质或许可，或引入他方经营管理模式，或者兼并僵尸企业。也有的是由于同一投资人所控股的多个公司盈亏不均，公司合并是为了对冲利润、合理避税。此外，也有的纯粹是为了规避资产出资和资产转让的税务负担等。

姜彦明：公司合并要注意避免形成行业垄断。根据我国《反垄断法》的规定，经营者可以通过公平竞争、自愿联合，采取合并方式扩大经营规模，提高市场占有率和竞争力。但如果公司合并，导致固定或者变更商品价格，限制商品的生产数量或者销售数量，分割销售市场或者原材料采购市场，限制购买新技术、新设备或者限制开发新技术、新产品，联合抵制交易，排除和限制同业竞争，就将会被主管机关限制合并，或受到行政处罚。外资企业并购境内企业或者以其他方式参与经营者集中，涉及国家安全的，除依法进行

经营者集中审查外，还应当按照国家有关规定进行国家安全审查。

毛娟：公司合并分为吸收合并和新设合并两种法律形式。吸收合并是指将一个或一个以上的公司，并入另一个公司的一种合并方式。此方式下，并入的公司解散，其法人资格消失，接受合并的公司继续存续，并办理变更登记手续。新设合并是指两个或两个以上的公司以消灭各自的法人资格为前提，合并组成一个新公司的一种合并方式。其合并的结果是，原有公司的法人资格均告消灭，新组建的公司办理设立登记手续，取得法人资格。

姜彦明：公司合并不是简单的资产叠加、规模扩大，它涉及公司经营理念的整合、业务的衔接、债务的重组、债权人利益的保护以及股东的磨合和员工的调整等许多方面。磨合和过渡得好，会达到1＋1＞2的效果，反之，则有可能会乱成"一锅粥"，最终不欢而散，导致解体后的企业一蹶不振。因此，公司合并一定要事前搞好可行性研究，制订科学的合并方案，签订好合并协议，规范过程操作，以使合并后的新公司能够平稳过渡、良性运转。

2. 公司合并，必须事前进行可行性研究

主持人：公司合并是要进行多方面的资源整合，进而实现1＋1＞2的累加倍增效果。所以，究竟能否达到或者如何达到期待的效果，需要事先对公司合并的可行性进行研究。那么，什么样的公司才适宜于合并，如何判断公司合并的可行性呢？

毛娟：公司决定合并之前，首先要对合并行为进行市场与业务的可行性研究。市场的可行性研究应以合并目的为导向，多角度分析能否实现合并目的。因此，公司在进行合并之前，应先理清自身对合并的期待，如自身在市场与业务方面存在什么问题和短板，看重合并对象的什么优势，合并后希望解决什么问题，达到什么效果等。

张韶国：市场与业务的可行性研究所关注的重点是，公司主营业务的客户群体是什么，并入的业务是否属于同类客户群，是否可以共用销售渠道，满足客户多样性需求，丰富客户的不同选择。如系上下游产业链整合，前端是否可以满足中端需要，后端是否可以为中端提供销路。又如后勤保障、生产辅助、物流服务、宣传推广板块等的合并，是否更有利于一体化经营等。总之，从市场和业务角度看，合并必须追求整合业务资源与市场资源以及互相支持和互相辅助的经营效果。

毛娟：合并的可行性研究还包括其经济与财税方面的可行性。第一，合并后是否可以节约生产成本、销售成本、管理成本、财务成本；第二，是否便于内部核算和绩效评价；第三，是否可以减轻税务负担，是否可能增加纳税负担。税负问题是公司合并中一个不可忽视的大问题，特别是"营改增"后，不同的商品和服务实行差别税率，公司合并必然会涉及税种的吸收和合并，搞不好就会增加税负。所以，合并前一定要搞好税务成本

测算。

姜彦明：除了市场与业务可行性研究外，合并的法律可行性研究也必不可少。法律可行性研究包括不同合并方式的利弊分析与最终选择，公司股权价值的确定与资本损益的处理，合并后股权结构的重置、法人治理机制的重建、运营模式的选择和运营机制的调整，合并有无法律障碍，对合并中各个具体问题的处理方式，合并中疑难问题的处理方案等，都应事先进行规划、比对和优化，以保证公司合并的成功以及合并后公司的良性运转。

张韶国：另外，还需要考虑合并后人员的整合和安排。是否需要调整岗位定额，是否需要批量裁人，特别是高管、公共服务后勤保障部门、同类业务部门及其人员的安排更为麻烦和复杂，一定要提前研究谋划、形成方案。合并可能带来的问题及其破解方案的可行性研究，也不可或缺。公司合并涉及两个或多个公司人、财、物的整合，涉及业务和行政管理关系的对外衔接及其对接方式的转变以及对接人员的调整，其中可能发生哪些问题，都要进行事先分析预判，并拿出应对策略。

姜彦明：市场、业务以及人员安排方面的可行性研究，一般以公司内部人员为主，必要时也可以外聘市场、营销、管理等专家予以协助；法律方面的可行性研究，一般以公司法专业律师为主，财税专家为辅，企业派员配合。可行性研究工作完成后，要召开企业中高层人员、外部专家和专业律师等共同参加的论证会，对可行性研究报告进行充分论证，拿出综合性论证意见，供拟合并的各公司股东（大）会作出是否合并的决策时参考。

毛娟：研究后如认为公司合并可行，业务上可以实现累加和互补，资产上可以充分发挥其效用，法律和行政管理上没有什么障碍，各方股东的利益能够得到保护或可以实现最大化，人员能够得到合理安排，技术与业务骨干不至于流失，财务与税务上不增加成本，各公司即可决定尝试参与合并。

3. 公司合并，前期准备工作一定要扎实

主持人：公司合并涉及股东、业务以及债权债务关系人的利益调整等许多问题，既是决定公司命运的重大事项，也是公司发展战略的组成部分，更是一种严谨的法律行为。因此，前期准备工作一定要做得扎实。请问嘉宾，除了合并的可行性研究外，合并前还应当做好哪些准备工作？

毛娟：一般情况下，拟合并的各方经过可行性研究后都认为公司合并可行，则必须先行签订一份合并意向书，对合并的前期准备工作、合并的时间安排、方法步骤，以及合并后公司法人治理机制的调整或重构作出统筹规划，并要约定前期费用的垫付和承担，合并过程与合并不能的处理，相互的保密义务等。合并意向书签订后，各方才能着手推

进前期准备工作，相互了解基本情况，相互进行尽职调查。

姜彦明： 接下来由拟合并的各方公司，对各自公司的资产进行清查和审计评估，弄清各自公司的净资产和资本增值（贬损）率，以便协商确定各自的股权价值和在合并后公司的股权折价率、股权价值差异的处理办法等。资产清查与评估是公司合并的基础性工作，最好由各公司统一委托给同一家审计和评估机构进行，以免出现审计评估结果的技术差异。

张韶国： 与此同时，各公司还要进行客户与业务清理、债权债务清理、员工劳动和社会保险关系清理，凡能及时结清的债权债务应尽量在评估前结清，凡需要理顺的客户关系、劳动关系也应尽量在合并前理顺。另外，尚没有完备的资产或其他审批、登记手续，也应尽量在评估前办妥，尽量不要把遗留问题或麻烦带给合并后的新公司。

姜彦明： 进行清理和评估时，各公司一要对各自的现有业务、相关合同、往来函件、履约资料、客户资料和业务档案进行详细梳理列表；二要对财务和其他档案资料进行梳理登记；三要对规章制度进行收集、整理、归类并登记造册；四要将人员情况分部门分岗位登记造册，归集劳动合同、劳务合同、聘用协议，查询复制社会保险缴纳情况清单；五要落实各自公司是否有涉法涉诉（仲裁）事项，如有应收集相关资料，并写出情况说明。

毛娟： 上述工作完成后，各公司要制作书面的清查报告，交由各部门、各负责人进行确认。必要时，拟合并各方应相互交换清查报告。通过资产、业务和人员清查，一方面可使各公司的股东全面了解和掌握各自公司的情况，便于衡量自己公司的股权价值；另一方面可以提前掌握各自公司存在的问题和瑕疵，以便及时解决和完善，提升自身的合并价值，保证后期合并工作的顺利进行；再一方面可以相互了解对方公司现状，做到知己知彼、心中有数。前期准备阶段一系列活动的最终目的，是提高合并的成功率，为后期的顺利合并奠定基础。

姜彦明： 为了搞好合并准备工作，合并意向书签订之后，最好由各方抽调专人组成公司合并联合筹备组负责筹备工作，交叉参与到各方的资产、债权、债务、业务和员工清查以及审计评估工作之中，免去相互之间的尽职调查，快速互相了解，快速决定是否合并，快速完成前期准备。整个前期准备工作，最好统一委托专业律师全程参与和辅导，协助处理企业遇到的各种问题，以免出现工作遗漏和重大瑕疵。

4. 公司合并，制订合并方案是其工作核心

主持人： 根据《公司法》规定，公司合并要制订合并方案。那么，制订合并方案应当注意哪些问题呢？

姜彦明： 清查、审计、评估以及其他梳理等前期工作完成后，即可着手制订合并方案。合并方案是合并工作的基础性文件，是实施公司合并的路线图，各方都要积极参与，

努力把合并方案设计好。通常情况下，合并方案应由各公司的董事会负责制订，但如果各公司的董事会各自都去制订一份合并方案的话，势必会造成重复劳动，并且差异较大。因此，可由联合筹备组协商拟定初步方案，然后交由拟合并的各公司董事会提出修改意见，再由筹备组根据各方的意见修改后，交由各公司的董事会先行审议定稿，最后再提交各自公司的股东（大）会审议通过。因公司合并属于公司的重大事项，按照《公司法》的相关规定，需要代表2/3以上表决权的股东表决通过方为有效。

毛娟：一般情况下，合并方案应包含九个方面的内容，一是各公司的基本情况；二是合并的可行性和必要性；三是合并的方式（吸收合并或新设合并）；四是合并后公司的股权设置；五是各公司的股权价值及差异的处理方法；六是合并后公司的法人治理机制重构调整方案、内部组织机构重组设置方案、业务整合和调整方案等；七是各公司原有职工的安置办法；八是各公司资产、账务、业务、人员以及各种资料的交接；九是合并工作的组织领导、方法步骤、时间安排等。

张韶国：各公司原有股权价值差异的处理，是合并方案要解决的关键核心问题，因为它关系着每个股东的切身利益。确定不好股权价值，合并方案就很难在合并前的各公司股东会上通过。

姜彦明：股权价值差异的处理方法多种多样，有资本溢价转增出资（股本），有高出部分自行分配，有按其评估值折算新公司出资，有按价差补齐计入资本公积金等。一般情况下，采取找补价差纳入资本公积金的办法比较简便，且无需缴纳个人所得税，可以作为处理股权价值差异的首选。如果合并前的公司净资产评估差异不足以反映其实际价值，还需要考虑如何调整和弥补。特别是对于无法纳入资产评估范围，但对公司的业务创收和存续发展具有较大价值的资源（如某项资质或许可、技术秘密、商誉、无注册商标的公司品牌等），必须要考虑进行股权与表决权和分红权的分置调整。

张韶国：另外，股权结构重置、法人治理机制重建、内部经营管理体制重组这三大问题，也是方案中必须要事前设计好的，并要充分协商达成一致，以指导整个合并工作的顺利实施。如何既能体现大股东的决策地位和主导权，又能兼顾小股东的投资利益和参与权、知情权、分配权，如何合理划分"三会一总"的职权，如何科学设置内设机构与岗位责任，如何重新组合和匹配既有骨干人员等，都要事前进行充分协商，并体现在合并方案之中。

5. 公司合并，签订合并协议必不可少

主持人：公司合并具体应当如何操作？有了合并方案，为什么还要签订合并协议呢？

毛娟：一般情况下，联合筹备组拿出合并方案后，公司合并应按照以下步骤往下推动：一是各方召开公司股东会对合并方案进行审议；二是合并方案获得各方股东会批准后正

式签订合并协议；三是编制合并前后公司的资产负债表与财产、债权、债务清单；四是通知债权人和对外发布公告；五是召开合并后的公司股东会，审议修订后的公司章程和"三会"议事规则，选举（改选）公司董事会、监事会，董事会聘任公司高管，对合并的重大事项作出决议；六是办理资产、账务、业务、人员等移交手续，实现公司内部的完全融合；七是股东缴纳股权价值的补差部分；八是办理合并登记以及各种资产与证照的过户手续。

张韶国：合并方案经各方股东会通过后，公司合并工作才可以正式实施。正式实施前，签订合并协议是必不可少的。因为合并方案只是合并模式和方式方法的总体设计以及具体实施的操作路线图，无法写入各方的权利义务和违约责任，也无法对公司未来吸收新股东增资入股、合并后股东的退出、公司的重新分立、原有股东利益的特殊保护等进行约定，有必要另行签订合并协议对以上问题予以明确，以防合并中、合并后出现股东之间的不愉快。

毛娟：协议除了方案中的基本内容外，还要包括合并失败的处理方式，对合并过程中知悉的各方商业秘密的保密责任，未来公司增资、减资以及个别股东退出公司的条件和机制，股权转让的办法以及股东优先受让权的行使，决策分歧时的化解机制，各方的违约责任等。可见合并协议较之合并方案的内容要更加全面和细化，对公司合并和后期的运作更具有指导意义。

姜彦明：合并协议的核心是约定各方的权利义务以及违约责任，是判断各方是非对错以及是否违约的重要依据。一旦出现违约，只要合并协议的相关内容不违反法律法规的强制性规定，就应是合并各方一致遵循的"法律"，法院和仲裁委员会将会依据法律法规和合并协议作出裁判。因此，合并协议应由各公司的股东签字或盖章（不能光有合并的公司盖章）。股东属于企业法人的，还应由其股东会决议批准；属于国有单位的，则需要履行报批程序。只有取得有权机构的批准文件，合并协议才能生效，才具有法律约束力。

6. 公司合并，必须重构公司法人治理机制

主持人：公司合并就必然会实现公司的强大吗？如何保证合并后的公司能够快速稳健发展？

毛娟：世界上没有一蹴而就的事。公司合并时的过渡、衔接与未来规划非常重要，只有整体统筹、措施配套、认真规范地去做，才能够实现合并目的。合并协议签订后，联合筹备组要组织召开新的股东会，组建新的公司组织机构体系，安排人员到岗，并由合并各方与新公司办理资产、业务、人员、档案资料交接手续，进行财务并账处理，搞好对外业务和行政管理关系的衔接，确保资产安全、业务顺畅、员工安心、有序过渡，

避免出现合并过程中和合并后的混乱无序。

张韶国：整个交接工作，是公司合并中最具体、最烦琐、最容易出差错的工作，各公司与新公司的股东、董监高以及各岗位责任人，必须负起责任，指导、监督、执行到位，力避发生衔接不畅和资产流失等问题。

姜彦明：公司合并必然导致公司股权结构发生根本变化。所以，公司合并时一定要对公司的法人治理机制进行重建，要根据合并后公司的类型、股东人数、股东性质、出资比例、业务范围与特点，合理划分"三会一总"的职权与责任，搞好董监高的岗位设置，重新量身定制新的公司章程和"三会"议事规则，以使"三会一总"各司其职，预防职权不清或混合交叉，相互抵消各自的应有作用。

张韶国：公司章程重在规定"三会一总"的职责权限，规定公司经营管理的基本原则，如公司业务以哪些为主、哪些为辅，产品研发和市场拓展的方向是什么，公司的组织机构设置原则与基本制度建设，固定资产投资、工程建设、市场营销、内部管理、日常费用支出、借贷融资、对外担保的原则性规定，预算的编制与预算外因素的处理，财务报表报送股东的方式，利润分配与公积金的提取和使用等。只有这样，章程才能够为公司的经营管理与日常运作指明方向，为整个制度体系建设奠定基础。

毛娟：章程同时也是公司制定"三会"议事规则和其他规章制度的依据，是股东、董监高以及其他人员的行为准则。因此，公司章程必须经股东会审议通过批准。如果是法人股东，还需经该股东单位的股东会通过；如果是国资股东，则需履行报批程序。"三会"议事规则是对"三会"行权行为的具体细化和规范，重在规定"三会"具体的运行模式、实操步骤和具体方法，以提高其决策效率与监督效果，避免决策失误，保障高效运转。对于规模较大的公司来讲，章程和"三会"议事规则缺一不可，相辅相成，只有这样才能为"三会一总"的和谐互动奠定基础。

张韶国：另外，由于公司合并后的规模会扩大，业务种类会增加，公司的业务运转方式也会发生重大变化，因此，必须对公司的内设机构进行整合、调整或重新设置。这些工作也要提前筹划，拿出草案，待新公司的决策机构一成立，就交付审议通过，以实现新老公司的良好衔接，努力避免"掉档""脱钩"的"空转"现象。

毛娟：公司内部机构的调整、业务的整合、运营模式的转变等，都需要通过企业内部制度加以固定。因此，新公司还要根据合并后的业务现状和特点，重新规划业务流程，制定新的企业管理总规范和各项配套制度，建立起一整套科学完善的制度体系，以满足合并的业务运作需要，保证公司未来的平稳运行。

话题 36　公司分立，要分得好、立得直

主持人：罗　晓　　嘉　宾：高天宝　毛　娟　姜彦明　　文　字：毛　娟　姜彦明

公司资本重组既包括扩张型的公司合并，也包括收缩型的公司分立。公司分立，是指一家公司在不履行解散清算程序的情况下，通过股权、资产、业务、债权、债务和人员的同步拆分和分割，将公司"一分为二"或"一分为多"的一种法律行为。怎么才能科学拆分、愉快分家，怎么才能避免分立过程中的法律风险，保证分立后的各公司兴旺发达呢？就请本期沙龙的三位嘉宾来给大家解惑释疑。

1. 公司分立，多是为了拆分业务、解决矛盾、合理避税

主持人：我们都知道公司合并是为了扩大规模、做大做强，但公司分立很多人都想不通是为了什么。哪位嘉宾能否先来谈谈公司为什么会分立？

高天宝：公司分立的常见原因是公司规模较大，产品品系较多，或产业链过长。一方面统一管理成本较高，另一方面不同产品、业务之间考核标准难以平衡，导致生产经营效率低下。为了充分发挥各生产经营部门的积极性，便于各自独立核算，将公司的不同业务进行拆分，分别成立为几个独立的法人公司进行分别经营和独立核算，以使公司的各生产要素充分发挥其效用。除了自行拆分外，有时由于公司规模过大，且处于垄断地位，政府也会将该类公司予以强制拆分，以形成适当竞争。

毛娟：有时，由于股东之间出现矛盾而无法调和，谁都不愿（或不能）通过股权转让或其他方式完全退出现有公司，刚好公司又有多项业务、多处资产，这时也可以通过公司分立的方式，将公司拆分为两个或多个公司，由不同的股东群体各自"分灶吃饭"，以避免继续发生不必要的摩擦。

高天宝：税务问题也是公司分立的主要原因之一。通常情况下，业务多元化的公司，由于各产品或服务税率不同，交织在一起不便于纳税和汇算，有时也会考虑进行公司分立，实行分类经营、分类纳税，使原有公司的内部业务流转，在拆分后改为两个公司之间的二步结算，以达到合理避税、减轻税负之目的。

姜彦明：另外，还有三种情况。一是有的公司拟以其中一个生产经营项目与他人合作经营，为了便于核算需要将该经营板块分出，于是采取了先分离、后吸收他人增资入

股的方式使其进入拆分后的目标公司,以避免原公司直接以实物出资的方式与他人共同设立新公司而增加的税负;二是公司拟将部分资产出资于其他公司,采取先分立、再合并的方式,也可以同样达到节税的目的;三是公司拟将部分资产(特别是大项不动产)转让于他人,但采取资产转让方式纳税成本较高,采取公司分立的方式,可以先将这些资产分出并登记于分立后的公司名下,然后再通过股权转让方式将分立后的公司股权整体转让,以实现资产转让的目的。

毛娟:公司分立是一种为开展资产重组、调整组织结构、降低投资风险、提高盈利能力而实施的商业战略。公司分立后,使各公司的主营业务范围更加清晰,易于实现产品和服务的专业化、精细化、精品化,使得公司的盈利模式更加清晰,既增强了消费者的识别力和信任度,又提高了投资者对公司的辨析度,可以大大提升各公司的核心竞争力。同时,通过公司分立还可以实现公司运营的"扁平化",以降低运营管理成本,提高生产经营效率,避免公司规模过大时的"尾大不掉"问题。

姜彦明:公司分立分为两种方式。一种是派生分立,即保留原公司法人地位不变,将拆分出的部分分别设立为新公司,没拆分出去的部分留在原公司;另一种是新设分立,即不保留原公司的法人地位,按拆分的不同板块分别设立为新公司,并将原公司注销。公司分立后,原公司与分出的公司之间、分立后的各公司之间,并无法律意义上的母子公司控股或参股关系,而是彼此平行的完全独立的各个公司法人。

2. 公司分立,必须要搞好方案设计

主持人:由于公司分立既触动了公司内部股东之间的关系,又牵扯到公司与外部交易主体之间的关系,所以,《公司法》对此规定有严格的操作程序。那么,公司分立实务操作中应当把握好哪些关键点呢?

毛娟:公司分立的流程一般分为八个步骤。一是对公司的资产、债权、债务、业务、人员进行全面清查,彻底弄清公司现状。必要时,还应委托财务审计和资产评估。二是由公司董事会根据清查报告、审计报告和评估报告,编制公司分立方案,组织业务、技术、管理、财税、法律专家进行论证后,提交股东会审议通过。三是自作出分立决议之日起10日内通知债权人,并于30日内在报纸上发布公告。四是原股东签订分立协议,分立后的各公司股东签订公司组建协议,以明确各自的权利义务。五是根据分立方案和分立协议,分别编制分立后各公司的资产负债表、财产清单、债权债务清单,以及人员分配名单等生产要素拆分清单。六是分立后的公司各自制订自己的章程,选举董事、监事,聘

任高级管理人员,完成分立法定程序。七是到公司登记机关办理原公司注销或变更、新公司设立登记手续。八是新老公司签订分立对接协议,并进行资产、债权、债务、业务、人员交割,分立后的各公司单独建账、分别运行。

高天宝：公司分立的核心工作是制订分立方案。方案一般要包括下列内容：一是公司现状的描述以及分立的必要性、可行性分析；二是分立方式（派生分立或新设分立）的选择及其原因；三是业务拆分的具体方法和关联事务的处理方案；四是资产分割办法及其分割后的差异处理方式；五是债权、债务分配办法；六是原公司的股权分割办法,拆分后各公司的股权设置及其各自股东的股权份额；七是原有人员的拆分办法；八是分立工作的组织领导和方法步骤等。因为公司分立涉及股东的根本利益,所以对方案应当进行充分酝酿、深入讨论和科学论证,以做到合理合法、公平合理、便于操作。

姜彦明：关于股权拆分的方法一般有三种选择。一是各股东的股权横向同比例拆分。把各股东在原公司的股权分解到分立后的各公司,原股东在分立后的各公司股权比例不变,持股总和与原公司相同。二是各股东的股权纵向分板块拆分。把不同股东的股权拆分到不同的公司,各股东在分立后的各公司不交叉持股。三是纵横拆分兼顾混用。即对股权进行横向不同比例拆分,不同的股东在不同的公司分别持大股,对应的其余股东分别在其他公司持小股,或者部分股东在部分公司持股,部分股东在部分公司不持股,且在不同的公司持股比例又不同,股东之间的持股比例也不一定相同。

毛娟：公司究竟适用哪种方式进行拆分,应综合公司各种因素,特别是公司业务特点、经营资质、经营许可以及注册商标等要素,在方案设计时通盘考虑。除了制订科学完善的分立方案外,股东之间或是新老公司之间均应签订分立协议。分立协议除了要约定方案中的基本内容外,更重要的是要约定各方的权利义务、遗留问题的处理方法以及违约责任等。如果股东之间签订的分立协议涉及分立后的公司义务的,应在各公司注册登记后,由各公司在分立协议上盖章确认。

3. 分立后的各公司必须重建法人治理机制和内部制度体系

主持人：公司合并需要重构法人治理机制,公司分立与合并有什么不同？应当注意做好哪些工作？

姜彦明：公司合并是两个以上公司合到一起,分散的股权组合到一块后,股权结构自然需要重构,法人治理机制也必然需要重建。而公司分立与公司合并正好是反向的,保留的原公司业务和股权结构发生了变化,其他公司都是新公司,当然也需要各自建立各自的法人治理机制。

高天宝：分立后各公司法人治理机制的建立，要根据各公司的具体类型、股东人数和股权结构、业务范围与特点重新量身定制，合理划分"三会一总"的职责权限，安排好董事、监事和高管的岗位设置，并把其机制落实到公司章程和"三会"议事规则之中，以使"三会一总"各司其职，实现决策科学、执行有利、管理规范、监督到位的企业运作要求。法人治理机制的建立要各公司股东会内部协商拟定，各公司之间不可能一模一样，要各自找到最符合自己的运行方式，才能良性运转。

毛娟：特别需要强调的是，采取派生分立方式保留下来的原公司，也要根据股权拆分后的变化情况，对公司的法人治理机制进行对应调整。即便是采取同比例横向拆分的新老公司，也不能照搬原公司的法人治理机制，也要根据拆分后各公司的业务特点，对不同公司的法人治理机制进行针对性重建，对保留公司原有法人治理机制中的不适应部分加以改良和完善。

高天宝：由于分立后各公司的规模、业务、人员、运转模式等均发生了重大变化，各公司必须要对其内设机构及其岗位设置进行重置和调整，对业务流程进行重新规划，对运作机制进行重新设计，并通过企业内部制度加以固定。因此，分立后的各公司除了要建立科学完善的法人治理机制以外，还应当建立一整套适合自己业务特色的内部管理制度体系，以保证公司的平稳运行。

毛娟：公司分立的移交工作也非常重要，新老公司之间要搞好资产移交、业务拆分、人员分配，并办理好相关移交、分割以及过户登记变更手续，搞好业务衔接和过渡。如果在交接工作中遇到问题，要及时上报各自的董事会或负责人，由其及时协调解决，以使分立工作顺利落地，消除可能存在的各种争议。

姜彦明：公司分立，不管其债务如何分配，所有分立后的公司均要对原公司的债务承担连带清偿责任。所以，各公司要积极承担所分债务的清偿义务，以免给自己以及兄弟公司带来不必要的诉讼。

话题37 "一人公司"转制为"普通公司"究竟图个啥

主持人：罗 晓　嘉 宾：高天宝　毛 娟　姜彦明　文 字：毛 娟　姜彦明

> 我国法定的公司形式有有限公司和股份公司两大类，有限公司中除了普通有限公司（以下称为"普通公司"）外，还有特殊的有限公司，那就是一人有限公司和国有独资公司（以下统称为"一人公司"）。"一人公司"成立时肯定有各种原因，运作起来也有一定的局限性，因此，经常会发生"一人公司"转制为"普通公司"的情况。那么，"一人公司"如何转制为"普通公司"，转制中应当注意哪些问题呢？本期沙龙就来谈谈这一问题。

1. "一人公司"为什么要转制

主持人："一人公司"顾名思义就是只有一个股东的公司，成立"一人公司"的初衷是什么？为什么又要转为多名股东的"普通公司"呢？

毛娟：设立公司时，成立"一人公司"大致有四种原因：一是自然人初期创业或由个体工商户改为公司制时，由于业务规模较小，没必要吸收他人共同投资，该自然人就一人出资成立了"一人公司"；二是既有公司法人设立子公司时，暂时不宜吸收外部投资者进入，就把子公司设立为"一人公司"；三是虽然股东在成立公司时都想吸收其他投资人进入，但却一时又找不到合适的投资者，只好先以"一人公司"的形式把公司成立起来；四是政府或国有投资平台设立公益性垄断企业时，不宜吸收社会资本进入，于是就把公司设立为国有独资公司。

高天宝：自然人与企业法人设立的"一人公司"，具有决策快、效率高、执行易的优点，但发展到一定规模时，仍然依赖一个股东运作，便会遇到决策、执行、监督、运作等许多瓶颈制约，寻求志同道合的合作伙伴进入公司共谋发展，就成了公司的不二选择。当然，"一人公司"的股东意欲退出公司时，也可以先把"一人公司"转制为"普通公司"，待过渡一段时间后，再通过股权转让从公司彻底退出。国有独资公司由于运行机制不灵活，有时想通过引入非国有资本参股来改善企业的内部管理和市场运作，或者准备逐步退出该公司的经营领域，也会先把公司形式转换为"普通公司"。

姜彦明："一人公司"转制的目的，归根结底是为了促进公司的长远发展。实践中，有的是为了吸收资金，有的是为了利用他人的技术或经营管理经验，有的是为了加强上下游业务的协作，还有的则是为了利用他人现有的资质、资源、品牌、渠道、商誉等。可以说，资源整合是其最大特点。

毛娟：另外，家族企业分家析产、离婚、继承也会引起"一人公司"转为"普通公司"；"一人公司"想通过股权激励留住人才，也会进行这种公司形式转换；还有就是公司隐名股东转为登记股东，解决公司实际股东与登记股东不符问题时，同样需要此种公司形式转换。

姜彦明：根据我国《公司法》的规定，有限公司的股东以其出资为限对公司承担责任，公司以其财产为限对公司的债务承担责任，也就是说公司的股东不对公司的债务承担连带责任。但法律同时规定，"一人公司"（不含国有独资公司）的股东不能证明个人与公司的财产相互独立时，应当对公司的债务承担连带责任。因此，有些"一人公司"不得不把公司形式改制为"普通公司"，以避免可能承担连带责任的麻烦。这也是"一人公司"转制为"普通公司"的共同好处。

2. "一人公司"转制，有多种方法可供选择

主持人："一人公司"转制为"普通公司"都有哪些方法和途径？如何灵活运用这些方法和途径呢？

姜彦明："一人公司"转制为"普通公司"最常用的方法就是股权转让和股权赠与。即公司股东将其部分股权转让或赠与他人，或将其全部股权分别转让或赠与多人，使得公司股东人数由一人变为二人或者更多。一名股东增加为二名以上股东，"一人公司"就必然要变更为"普通公司"。分家析产、离婚、继承都是把登记于一人名下的股权分散登记于二人或多人，其情况与转让和赠与类似，其方法与转让和赠与相同，只是登记时要求的基础文件有一定区别。

高天宝：采取外部增资的方式，也可使"一人公司"转制为"普通公司"。公司吸收外部投资者增资，一般都是为了利用外部资源。外部投资者增资时，其货币资金、土地房产、机械设备、知识产权等凡可评估计价的财产或财产性权利均可以出资，企业要根据自己的需要进行选择。

毛娟：公司实行员工股权激励，也可使"一人公司"转制为"普通公司"。对员工进行股权激励时，既可以采取实有股权转让或赠与的方式，也可以采取另行增资的方式。

但虚拟股权或干股激励,一般不会引起公司形式的转换。

高天宝:不论采取哪种方式进行公司形式转换,都必须事先制订转制方案。具体方案对应不同的方式,可分别称为转让方案、赠与方案、分割方案、增资方案、股权激励方案等。制订方案的目的在于搞好转制的统筹安排,以确保转制后的公司能够平稳运转,不因转制而出现裂痕、混乱或停滞。

姜彦明:"一人公司"转制为"普通公司",多数情况下会牵扯到外部投资者的加入,所以,一般都要进行财务审计和资产评估。审计评估的目的一是要理清财产和债权债务关系,确保转制后公司账务的真实;二是当公司和股东存在资产混同的情况时,要对资产进行清晰化界定;三是对原有股东的前期投入进行合理化估值,以保护原有股东的历史性贡献;四是让加入的外部投资者了解公司的家底,以防以后因为发现有未知因素而发生矛盾。

毛娟:"一人公司"不管是出于何种原因转制,选择合适的股东是非常重要的。公司因分家析产、离婚、继承转制时,要考虑把能够参与公司运作的亲属变更为股东,不适宜担任股东的可以通过其他财产的配额调整予以弥补;员工股权激励时,要选择有能力参与公司经营管理的骨干加入公司,不适应担任股东的可以改为虚拟股权进行激励,不能让其影响公司的正常决策和运行;同样,企业法人设立的"一人公司"和国有独资公司引进外部投资人时,更应该对其进行尽职调查,以确保进入的股东对公司的发展有益。

3. "一人公司"转制,要重建法人治理机制

主持人:由"一人公司"转制为"普通公司",公司的法人治理机制必然要进行调整,调整时应当注意哪些问题?

毛娟:自然人设立的"一人公司"本身没有股东会,规模较小的公司一般也不设董事会和监事会,只有一名执行董事和一名监事,大事小事一般都由担任执行董事的股东自己一人说了算。改为普通公司后,首先多了个股东会,规模稍大或股东人数较多的公司还要设立董事会、监事会,还要聘任高级管理人员,实行三权分立。所以,"三会一总"的职能与权利划分就显得十分重要。即使转制前的"一人公司"有董事会和监事会,转制后由于股权结构发生了变化,也需要对"三会一总"的职能和权利进行重构。

姜彦明:法人设立的"一人公司"和国有独资公司一般都有董事会和监事会,但没有股东会,企业运作的一般事项均会授权董事会决定和处理,但重大问题还要上报股东单位批准。转制后引入了外部投资人,也面临决策、执行、监督整个法人治理机制的调

整与重构问题。并且国有（或大股东）控股或参股又有很大区别，所以，一定要把其机制设计好，以保证转制后的公司能够正常运转。

高天宝："一人公司"转制为"普通公司"后的法人治理机制重构，一般包括修改公司章程，划分"三会一总"职权，分配董事会、监事会名额，制定"三会"议事规则，调整企业管理总规范中的重大问题决策执行机制，明确不同股东的分工等。股东会、董事会与经理层的职能分工，是公司法人治理机制重构的核心，分权分责是法人治理机制的根本要义。所以，公司必须要根据自己的实际情况，科学地分配股东会、董事会与经理层的权利，以使董事会专心研究企业的发展，把控企业的基本方向，管控企业的宏观运作，经理层集中精力搞好生产经营和日常管理，各自发挥好自己的作用。

姜彦明：自然人的"一人公司"是自己家的公司，监事的作用主要是监督中下层的执行和业务活动，转制后的监事会就回归到了原本地位，主要监督董事会与经理层的决策与职务行为。因此，监事会如何监督董事会与经理层，监督的具体程序和方法是什么，董事会与经理层如何配合，中层与基层部门和员工如何配合，如何监督公司财务，如何查账，如何查阅和调取业务资料，都应当在监事会监督规则中加以明确，以使监督者与被监督者都有所遵循。

高天宝：法人设立的"一人公司"和国有独资公司虽然也有监事会，但由于转制后监事会增添了非国有监事和外部投资人监事，其各方监事的交叉监督工作就成为常态。所以，公司也应当对监事会监督规则进行相应调整，以使监事会各成员在监督工作中都能充分发挥作用，而不至于造成各方矛盾。

毛娟：为了确保形式转制后公司法人治理机制的顺利重构，公司应尽量在制订转制方案后与所有参与方事前达成一致，并通过签订协议的方式加以明确，以免转制后新老股东之间无法就公司法人治理机制建设达成一致，为公司的未来运作埋下不应有的隐患。目前，有很多公司在转制前，不去事先设计公司法人治理机制，结果转制后根本没有时间静下心来去做这件事，真正去做时又发现股东们对公司法人治理机制并无任何共识，统一思想非常困难，造成公司法人治理机制长期建立不起来，公司运行十分不顺。

话题38　"普通公司"为什么要瘦身为"一人公司"

主持人：罗　晓　　嘉　宾：高天宝　毛　娟　姜彦明　　文　字：毛　娟　姜彦明

"一人公司"主动转为"普通公司"，大多是为了整合要素资源，发展壮大公司。那么，"普通公司"转制为"一人公司"又是为了什么呢？转制工作有何要领，转制过程中应当注意什么问题，转制后如何才能保证企业的正常运转和健康发展呢？本期沙龙就邀请三位嘉宾接着来探讨这一问题。

1. "普通公司"转制为"一人公司"的原因

主持人：我们知道，多数"一人公司"的成立都是权宜之计，而后吸收增加多名股东将公司改为普通的有限公司，均是为了整合资源，促进企业的长远发展。那么，"普通公司"转为"一人公司"的逆向操作又是为了什么呢？

高天宝："普通公司"是指有两个以上股东的有限公司，其转为"一人公司"，多数情况下是因为公司经营状态不佳，有些股东失去了继续经营的信心而要求退出公司，或因股东之间发生矛盾，有的股东不愿再继续合作下去，要求退出公司或被要求退出公司，而把公司交给愿意坚持下去的一个股东继续经营或维持。当然，也有的是为了净化公司股权性质（如国有参股或控股公司为了发挥某些作用、经营某些业务、享受某些政策必须转为国有独资公司，而使非国有股东退出）。有的是为了公司经营结构和股权构架重构（如成立集团公司、改善母子公司股权结构）等。所以，"普通公司"转制为"一人公司"基本上都是被动所为或者无奈之举。

毛娟："普通公司"转制为"一人公司"时，多数是通过股权转让程序来完成的。股权转让又分为内部转让和外部转让两种情形。内部转让时，是由其中一个股东将其他拟退出的股东所持有的全部股权买到自己手中，使公司由多个股东变为一个股东；外部转让时，是由外部的一个投资主体（一个自然人或一个法人单位）将公司所有股东的全部股权收购于自己名下，将公司改为"一人公司"。

姜彦明：如果留下的股东不愿收购其他股东的股权，也可以通过减资程序将拟退出股东的出资（或相当于出资的资产）退还给该股东，使公司股东只剩下一个；或者通过公司分立程序，把公司分成两个或多个"一人公司"，分别交由不同的股东所有和经营。

当然也有在存在多名股东的情况下，有的股东不想或无法继续登记为注册股东，公司只好把该股东的股权转登记到其他股东名下，而将公司改为"一人公司"的情况，但这种情况不在我们今天的谈论之列。

毛娟："普通公司"转制为"一人公司"究竟应当选择什么途径，这要看公司的资产情况和留下的股东的态度。一般情况下，只要公司的资产都是企业的必要经营资产，留下的股东也有支付能力，采取股权转让的方式就比较简便，且退出的股东拿钱走人，容易与留下的股东达成协议。但如果公司资产中有大量闲置资产（包括货币资产和实物资产或知识产权），且这些资产容易分割，留下的股东也不愿把所有的资产全部留下，这时就可以考虑采取减资的方式。减资时，如果退还给股东的资产是货币，那就比较容易达成一致。但如果退还给股东的资产是非货币资产，究竟将哪些资产退给退出的股东，可能分割起来就比较困难，股东之间不容易达成一致。

姜彦明：如果公司的资产是各自相互独立的板块（如几处不同的厂区、店面、项目），一个股东拿不下来或者不愿全部拿下，其他股东也不愿都交给一个股东经营，那么，这时采取公司分立的方式可能就是最佳的选择。公司分立的最大好处是资产转移过户时不必缴纳增值税和契税。公司分立在程序上有些复杂，但股东之间达成一致的难度不大，只是如何把业务和资产进行"扒堆"搭配，并拿出各个股东都能接受的方案，需要有一定的智慧。

2. "普通公司"转制为"一人公司"，应重点做好哪些工作

主持人："普通公司"转制为"一人公司"，所采取的方式刚才大家都介绍过了，似乎也不太复杂，但实际操作起来真的那么简单吗？

毛娟：公司转制实际操作起来各有各的要点，如果把控不好，就极易出现矛盾或纠纷，严重影响公司的平稳过渡，甚至可能直接导致公司解散。所以，不能"比葫芦画瓢"地模仿既有方式机械地操作。

高天宝：由于"普通公司"转制为"一人公司"时，要么是资产和业务归于一人，要么是对资产和业务进行拆分，所以，对现存资产的估值就成了核心问题。因此，转制前必须要对公司进行资产清查或者审计评估，以理清财产与股权的真正价值。这项工作是公司转制的基础工作，股东们都要参与进来，把这项工作做好做实，为下一步的股权转让与资产拆分估价提供可靠依据。

毛娟：资产清查时，不但要清查公司的现存资产，更重要的是清查公司的债权债务。

哪些资产完好在用，哪些资产已经丢失，哪些资产已经损坏，哪些资产已经报废，都要查清楚；哪些债权能够收回，哪些可能成为坏账，债务人的现状如何，都要梳理透彻；哪些债务还在变化（如利息或违约金），哪些债务没有上账（如购入财产时没开发票），哪些债务可能滞后发生（如员工工伤、交通事故、其他侵权尚未结案）等，也要弄得明明白白。资产清查不能遗漏，不能含糊，否则，将来估值或分配时就会出现矛盾。

高天宝：企业规模较大的，在资产清查的基础上还要进行资产评估，以确定公司最终的资产价值和股权价值。对于那些灭失、报废的资产要在评估前作出报废处理，对于那些损坏的资产评估时要按残损资产实事求是地估价，对于那些死账坏账要在评估前进行核销，对于账期较长、无把握收回的债权也要合理地评估其折损价值，尽量使评估结果特别是股权价值接近实际，以便资产拆分时进行合理搭配。

姜彦明：如果采取股权转让方式，转受让双方可以根据清查、审计、评估结果协商确定转让价格；如果采取减资或公司分立方式，股东们还要协商资产如何分割，即哪些资产退给退出的股东，哪些资产分到哪个公司，并且要搞好不良动产和债权债务的搭配。公司分立还涉及业务拆分，也要在资产分割时一并谈妥。

毛娟：价格协商好了，资产分割好了，业务拆分好了，公司才可能顺利转制和平稳过渡。以上清查、审计、评估工作完成，转让价款、资产分割、业务拆分协商一致后，股东之间要签订相关合同，对转制的方法、步骤和所涉及的各个问题加以仔细约定，以使整个工作有所遵循，不致造成矛盾和隔阂。

姜彦明：如果采取减资方式，将拟退还给退出股东的资产退给该股东，公司账面相对减少实收资本即可。但是如果退还的资产系土地、房屋、车辆等登记资产，则应到资产登记部门办理资产转移手续。如果采取分立方式将公司分立为数个"一人公司"，则应按分立方案逐个完成新公司设立程序，并到登记机关办理公司设立和变更登记手续，涉及登记资产转移的，亦应办理资产转移登记手续，涉及各种生产经营许可证、安全环保评价手续以及能源供应手续变更的，还要办理相应的变更手续。

3. "普通公司"转制为"一人公司"后，公司如何持续运转

主持人："普通公司"转制为"一人公司"后，没有了股东会，小的公司甚至也没有了董事会和监事会，一切事务都集中到了剩下的一名股东头上。那么，剩下的这一个股东如何来保证公司的正常运转呢？

高天宝：公司成立时就是"一人公司"的，由于成立之初规模较小，组织结构简单，

一个股东全面操控完全没有问题。但由"普通公司"转制而来的"一人公司",与初始的"一人公司"相比,可能公司的规模已经较大,组织体系也比较复杂,员工人数也可能较多,运作模式也可能完全不同。

姜彦明:转制为"一人公司"后,公司没有了股东会,有无必要保留董事会、监事会,这是股东必须首先需要考虑的问题。如果不设,如何进行决策,如何搞好决策与执行的衔接;如果保留,那董事会、监事会组成人员如何定员和遴选,"两会"如何合理授权,都是股东所要理清的问题。

高天宝:转制后股东"瘦身"了,权利机构和决策机构、监督机构也相应"瘦身"了,但执行机构不一定能随之"瘦身"。那么,执行机构是否需要"瘦身"、如何"瘦身"也会成为企业的头痛问题。如果不需要"瘦身",如何搞好上下衔接,也是必须要解决好的问题。所以,"普通公司"转制为"一人公司"时,必须对决策、执行、监督以及生产、经营、管理、运作等整个公司治理体系进行重构。

毛娟:重构的方法主要是划分股东、董事会或执行董事、经理层的职权和责任,并明确监事会或监事的监督重点,调整对应的议事规则和管理规范。一般情况下,自然人的"一人公司"的权利可能往上更集中些,企业法人的"一人公司"和国有独资公司的权利可能往下授权更多一些,具体如何划分要根据企业运行的实际需要确定,也需要一定的技巧。

姜彦明:如果公司转制涉及人员裁减,还必须考虑按照《劳动合同法》的有关规定给予劳动者解除劳动合同补偿,劳动合同补偿金应在资产估值时考虑进去。如果采用公司分立方式转制,还应当制订职工安置方案,把职工在分立后的公司中进行合理分配,并办理劳动关系与社会保险关系转移手续,不愿留在任一"一人公司"的员工,也可以解除劳动合同并给予经济补偿。

毛娟:转制为国有独资公司的,还应按国有企业和国有资产监管的有关办法,调整和规范公司的日常运作规则与重大事项和投资项目的报批程序,以防触碰国有资产管理和国有企业干部管理的有关红线。董事会和经理层以及监事会的授权应当更加明晰,以便有效追责,利于保护干部。

话题 39　有限公司股改，这是为哪般

主持人：罗　晓　　**嘉　宾：**王建军　赵亚军　毛　娟　姜彦明　**文　字：**毛　娟　姜彦明

近几年公司上市热度不减，"新三板"挂牌又如火如荼，为了上市和"新三板"挂牌，很多企业由原来的有限公司转制成为股份有限公司（以下简称"股份公司"）。那么，这种公司形式的转换流程和方法是什么，中间会有什么问题，转制后公司法人治理机制有何变化，如何才能保证转制后的公司良性运转呢？我们邀请四位嘉宾来与大家聊聊有限公司股改的那些事。

1. 有限公司股改为哪般

主持人：目前，"新三板"挂牌在民营企业中成为一种时尚，股改也成为一个热词。请问嘉宾，股改都是为了上市、挂牌吗？

赵亚军：有限公司转制为股份公司，一般是为了上市或"新三板"挂牌。因为上市公司和"新三板"挂牌公司的公司形式必须是股份公司，所以，有限公司要想上市或"新三板"挂牌，就必须要先转制为股份公司。这种有限公司转制为股份公司的行为，就是大家平时所说的股改。

毛娟：还有一种情况，就是公司的股东人数超过了50人，都想登记为显名股东，因为有限公司有股东人数50人的上限，而股份公司发起人的上限为200人（上市或挂牌后则没有上限），所以，必须由有限公司改为股份公司这种公司形式，才能把50个以上的股东全部登记为显名股东。

姜彦明：有限公司与股份公司的主要区别有六点：一是前者一般较小（中型及以下），后者一般规模较大（中型及以上）；二是前者股东相对较少（50人以内），后者股东相对较多（可能超过50人）；三是前者的出资可以有整有零，没有最小单位的等额股份要求，后者则必须是等额股份，即不能半股半股地出资或买卖；四是前者可以自主决定设或不设董事会、监事会，后者则必须设置董事会、监事会；五是公司的透明度不同，前者要求低，后者要求高，特别是上市、挂牌公司的信息都有强制性披露要求；六是前者运营的间接成本相对较低，而后者运营的间接成本相对较高。

王建军：除非必要，一般情况下有限公司不要轻易改制为股份公司。因为股份公司的组织体系庞大，运营成本较高，企业如果没有足够的利润，就没有能力消化股改多增

加的成本。所以，股改前一定要对股改的必要性和可行性进行深入研究。如想上市，就要研究公司是否符合上市条件，股改后上市的可能性以及股改办法；如想挂牌，就要研究公司是否符合挂牌条件，股改后挂牌的可能性以及股改办法；如果仅仅是为了50个以上股东的全部显名登记，就要研究其显名登记的必要性，不显名登记时有无可能采取其他替代办法，使隐名股东同样可以达到参与公司决策、管理、监督的目的和效果。

毛娟：有限公司改制为股份公司，必须事前制订股改方案，把股改的路径规划好，把股权结构设计好，把股改的方式方法以及中间可能遇到的问题的处理预案考虑好，以保证股改的顺利进行。股改方案一般包括注册资本规模的确定、是否需要增资、由谁（原有股东、内部员工、外部投资者）来对公司增资，股改后公司的股权结构和同类股份的权重，股东的原有股权如何转化为等额股份、新老股份的价值平衡以及新入股份的价格确定，股改后的公司法人治理架构安排与机制设计等。

2. 股改应当关注哪些问题

主持人：股改是公司存续状态下的一种形式变更，除了将股东的原有出资划分成等额股份，没有董事会、监事会的成立董事会、监事会外，还有哪些工作要做？

赵亚军：将公司的原有出资划分成等额股份，建立健全董事会、监事会只是股改的外在表现，其实质是促使企业股权架构的重构和经营管理水平的自我升级，实操过程中很多问题的处理都需要整体统筹考虑。如财产清查、专项审计、资产评估何时开展，资产盘盈和资产损失如何处理，资本公积金、未分配利润如何处理，股东原有出资的折股办法，股权结构如何重构，员工是否同时入股，是否引进外部投资者，等等，这些都是需要认真对待的。

王建军：由于《公司法》规定有限公司变更为股份公司时，股东的原有股权折合后的公司股份总额应当相当或者略少于公司的净资产，所以，审计评估时，丢失、报废、损坏的资产和历史性坏账损失应尽量处理完毕，不要把无效的虚无资产带到股改后的公司。

姜彦明：很多民营企业由于以前管理不规范，许多不动产、机械设备、办公机具甚至连原材料都没有开过发票，长期没有入账，股改时也必须全部入账，否则，企业资产就无法做实，不利于企业的能力展示和资产管理。当然，账外资产的入账是要补票补税，并付出一定代价的。但入账后却又能按现行会计制度计提折旧、冲减利润，减轻公司的企业所得税负担，也有其有利的一面。

王建军： 将公司股东原有的出资转化为股份，是股改的核心工作之一，折股的基本依据是公司的评估净资产。根据原有股权折合的股份总额与净资产相当的要求，公司积累的资本公积金可以分配给原有股东转增为股份，剩余的零头仍留存于资本公积金科目里。未分配利润既可以事先分配后拿走，也可以转增为资本。分配或者转增为资本时，自然人股东需要按税法规定缴纳个人所得税（法人股东不再缴纳企业所得税），所以，转增与否需要事先做好测算。

毛娟： 如果股改时拟吸收员工特别是企业高管与业务技术骨干入股，那么，就要考虑入股的员工范围，不同类型员工每人入股的数量，员工板块的股份总额或比例，员工股的股价。员工股的股价不易溢价太多，甚至可以不溢价，以使员工取得原始股增值利益，以充分调动员工参与企业经营管理的积极性，实现稳定骨干员工队伍的目的。

姜彦明： 如果股改时拟吸收外部投资者入股，那么，就要考虑吸收什么样的外部投资者，外部投资者应当具备什么样的条件，吸收的数量，每个外部投资者入股的数量限制，外部投资者板块的股份总额或比例，外部投资者入股的股价等。由于原有股东对公司的历史贡献不一定都能在折合后的股份中反映出来，所以，他们的股份价值可能远远高于其票面价值，因此，外部投资者入股的股份价格应当高于其股份的票面价值，以该股份溢价来调节和实现与原有股东的利益平衡。

毛娟： 股改时如需内部增资或者对员工进行股权激励，需要引入外部投资者，需要兼并其他企业或者剥离企业中的部分资产或业务，则应统筹考虑、一并解决，力争一次性地改制到位，免得上市、挂牌后再去做这些工作时，程序繁杂、要求严格、多花费用。

3. 股改后的公司法人治理机制如何调整

主持人： 股份公司要求必须建立健全董事会、监事会，那么，股改后公司的法人治理机制有什么质的变化，要处理好哪些问题？

姜彦明： 根据《公司法》规定，股份公司的董事会人员应在 5～19 人，而有限公司为 3～13 人，监事会与有限公司相同，都是 3 人以上。所以，原来没有董事会的公司，股改时要设立董事会，董事会原来人数少于 5 人的，应扩容至 5 人以上，原来没有设立监事会的，也要设立监事会。董事会可以有部分职工代表，监事会必须要有 1/3 以上的职工代表。"两会"的职工代表均由职工（代表）大会选举产生。拟上市的公司还应当设立独立董事。

毛娟： 董事会与监事会以及经理层的规模和代表性是公司法人治理结构设计的关键。

因此，股改时必须要设计好董事会与监事会中各方股东所占的比例和名额，特别是外部投资者群体所占的比例与名额，并通过职工董事和监事的搭配，保证原有主导股东的控制权不至于因股改而丧失。

赵亚军：经理层的名额分配、委派与选聘条件也必须要设计好，要制定严格的任职标准，以确保委派和选聘的高管都能够担起经营管理的重任，不能纯粹为了照顾不同股东群体的期待，而把不合适的人员放到企业高管的位置上，影响企业的正常经营管理和发展，甚至人为地制造董事、监事、高管以及股东之间的矛盾。

王建军：股东会、董事会与经理层的职权划分，也是法人治理机制设计的核心问题，要根据公司的未来运营管理要求，在股东会、董事会与经理层法定职责的基础上，调整和增加或减少其各自的职权。一般情况下，股份公司由于规模较大，董事会的决策作用可能更加突出，所以，股东会可以适当授权董事会作出一些属于股东会权力范围内的决策。

姜彦明：为了使董事会专注于公司的发展战略与重大事项研究，公司的日常生产经营管理事务原则上应全部交由经理层定夺，董事会尽量不要参与到公司的具体事务之中，以区隔二者之间的责任，便于公司对经理层的经营业绩进行考核和奖罚。

赵亚军：如果股改是为了上市、挂牌，将来公司就变成了公众公司，其重大经营行为都需要公开披露，这就要求企业的整个法人治理机制必须重新规范，实现公司内部运作与管理的质的飞跃。一是要建立健全企业内部管理架构，规范董事、监事、高管以及内设机构的设置和职责权限，完善从总经理到各部门到各岗位的岗位责任制；二是建立健全"三会"议事规则，按公司章程和议事规则的要求召开股东会、董事会、监事会，规范"三会"的决策、监督行为；三是建立健全包括企业管理总规范以及各项单项管理办法在内的完整的内控管理制度体系，以规范企业的日常运作，规范公司高管的履职行为，促进企业管理上台阶、上层次，预防可能出现的各种法律风险。

话题 40 "股份"转"有限"，意在内部治理扁平化

主持人：罗 晓　嘉 宾：赵亚军　王建军　毛 娟　姜彦明　文 字：毛 娟　姜彦明

"城外的人想进去，城里的人想出来。"《围城》中的这句名言，可以用来反映我国现代企业制度下公司形式转换的有趣现象。"一人公司"和"普通公司"可以相互转换，有限公司与股份公司也可以相互转换。公司不同形式之间的相互转换，均有不同的目的和方法，更有转换后法人治理机制的对应调整。今天我们接着来谈股份公司转制为有限公司的相关问题。

1. 股份公司转制，意在实现内部治理的扁平化

主持人：我们知道有限公司进行股改主要是为将来的上市或"新三板"挂牌做准备，有的是为了50名以上股东的全部显名登记。那么，股份公司转制为有限公司又是为了什么呢？

赵亚军：上期沙龙我们曾谈到有限公司与股份公司的区别。两者相比，股份公司（尤其是上市与"新三板"挂牌的公司）的法人治理机构设置相对庞大和复杂，从决策到执行整个运转也相对复杂，法律和公众对公司的经营管理要求以及透明度要求也较高，因此，股份公司运营成本相对较高。如果股份公司不想上市挂牌、无法上市挂牌或被退市、摘牌，继续维持股份公司形式已无必要，那么，这时就可以考虑将股份公司转制为有限公司，以简化公司的法人治理体系。但转制的前提是现存股东必须要少于50人，只要股东少于50人，不管规模多大和注册资本多少，公司都可以改为有限公司。

毛娟：如果公司当初成立时，是因为股东人数较多，都不愿当隐名股东，迫不得已才注册成了股份公司，那么，当股东缩减到50人以下时，也可以将股份公司转制为有限公司。现实中，有很多公司并没有这个意识，由于原来就是股份公司形式，不管现在有无必要保持这种公司形式，却从来不去考虑和研究是否该把公司形式变更过来。甚至有的片面地认为股份公司听着大气、看着很牛，内部运作机制已经实际类同于有限公司，还不想把公司形式由股份公司转制为有限公司，以保持自己所谓的"高大上"门面。

姜彦明：有时因为公司减资、分立、股权转让、收购兼并等因素，使公司丧失了股份公司形式存在的条件以及必要性时，也可以趁机将其转制为有限公司。譬如，特定行

业的股份公司减资时，不但注册资本减少到了法定的最低门槛以下，股东人数也减少到50人以下，这时，就不得不把股份公司变更为有限公司；又如，当股份公司分立为两个或多个公司时，如果分立后保留的公司或新设的公司的注册资本达不到特定行业股份公司的最低门槛，那么，分立后的公司就不得不变更或新设为有限公司；再如，公司的股份通过内部转让集中于少数股东后，股东人数已不足50人，这时公司如无上市与挂牌的计划，也完全可以把股份公司变更为有限公司。同样，股份公司因其股份被他人（公司）收购而被兼并后，也可以变更为有限公司。

王建军：股份公司转制为有限公司的目的，一是实现法人治理体系和内部组织机构的扁平化，以简化运作流程，减少体制羁绊，提高工作效率；二是压缩间接成本，降低运营支出。有限公司由于股东群体相对较少，董事会与监事会不需太多人数就能够具有代表性。所以，董事会和监事会可以规模小些，如果公司规模较小或业务相对单一，高管也可以相对少些，甚至可以只设一名执行董事、一名监事，经理还可以由执行董事兼任。这时，运营效率就会大大提高，运营成本也会相对下降。如果股份公司直接转制为"一人公司"（法人单位收购的，往往会将公司变更为"一人公司"或国有独资公司），连股东会都没有了，效率和成本一升一降也会是其必然结果。

2. 股份公司转制，核心是"股份"变"出资"

主持人：股份公司转制为有限公司，肯定有不同的操作流程，那么，其转制过程中应当注意哪些问题呢？

毛娟：股份公司转制为有限公司比有限公司转制为股份公司的程序相对简单得多。只要股东在50人以下，公司不再考虑上市、挂牌，其业务上也没有公司形式必须是股份公司的特殊要求，就可以考虑转制为有限公司。股份公司在股东与股份不变的情况下，转制为有限公司的基本流程是：由董事会制订转制方案，提交股东（大）会审议通过，董事会根据通过的方案修订公司章程，并拟定出董事会、监事会的调整设置方案（设不设董事会、监事会，"两会"人数各多少，每个股东群体名额怎么分配），各股东（群体）推荐董事、监事后，再次提交股东（大）会审议通过，形成股东会决议后到公司登记机关进行变更登记即可。

赵亚军：如果是因公司减资、分立而转制为有限公司的，则在制订减资方案或分立方案时，应同时决定是否转制以及转制的方式方法，随公司减资、分立的程序作出相应决议，在办理减资、分立变更登记时一并申请变更公司形式。如果是因公司股权转让、收购兼并而转制为有限公司，则由股份转让后剩余的股东或收购方决定公司是否转制为有限公司以及转制的具体办法，随公司股权转让的程序，由新的股东会或股东作出相应决议，在办理股权变更登记时一并申请变更公司形式。

王建军：股份公司自主转制时，可以对公司的账务进行审计，对公司的资产进行评估，审计评估后对公司的账面资产进行合理调整，然后，根据公司当前的股份总数与每股价值折算出有限公司的出资总额以及各股东的出资数额。如果公司的账上无大的资产或债务异常，也可以不经审计评估，直接按各股东持有的股份的票面价值折算成各股东的出资数额。但不论怎么转制，"股份"转为"出资"的具体办法都应当体现在转制方案中，经由股东会审议通过后方可实施。

毛娟：公司如因减资、分立、股权转让、收购兼并而转制时，则必须进行资产清查和审计评估，以确定股东的股权（股份、股票）价值，为减资时的退资以及股权转让（收购）时的股份作价提供依据，为公司分立时的资产分割和搭配提供价值参考。资产清查和审计评估时，同样应当对丢失、报废、损坏的资产进行销账或残值调整，对债权中的死账坏账进行核销，对账龄较长的债权按收回概率进行价值调整，以保证评估后的净资产数额与企业财产的实际价值基本相符。

姜彦明：如果股份公司的实际股东人数在上述情况下仍有50人以上，却又想转制为有限公司，那么，就可以借机让不愿继续参与的股东退出，使股东人数降到50人以下。如果股东都不愿退出或者公司不想让股东退出，也可以在股东之间自由组建联合持股小组，由部分登记股东代持其他股东的股份，使公司登记股东降到50人以下。公司部分股东转为隐名股东后，公司内部的股东名册还可以按实际股东记载，隐名股东参与公司决策和经营管理监督的权利还可以保留，公司分红还可以直接对着实际股东，但隐名股东如何行使这些权利，应当在公司章程或"三会"议事规则以及联合持股协议中加以规定和明确。

3. 转制为有限公司后，法人治理机制必须重构

主持人："一人公司"和"普通公司"相互转换后，法人治理机制都需要重构，有限公司与股份公司相互转换后，法人治理机制也需要再次重构。股份公司转制为有限公司后，其法人治理机制应当如何重构呢？

赵亚军：既然股份公司转制的目的就是实现法人治理体系的扁平化，以简化运作、降低成本，那么，法人治理机制的调整重构是必然的。由于有限公司可以不设董事会和

监事会，规模小的或股东少的公司可以只设执行董事、监事，转制为有限公司后，公司是否设立董事会和监事会，就要认真研究。设不设董事会和监事会，主要取决于股东的多少，是否有法人股东，以及公司规模的大小。一般情况下，凡股东较多、有法人股东、公司规模较大的，都要设置董事会和监事会。

毛娟：即使设立董事会和监事会，"两会"的人数在满足股东代表性的前提下，也应当越少越好。如果公司规模较小、股东人数较少，业务也比较单一，一个执行董事和一个监事完全可以搞好公司的运营和监督，那么，也可以不再设立董事会和监事会，只设一名执行董事和监事，经理没有必要单设时也可由执行董事兼任。具体情况要根据公司的股权结构和股东意愿协商确定。

王建军：经理层的设置与强弱主要根据公司的业务规模和复杂程度而定。如公司业务类多量大，一般要设置相对独立于董事会的经理层；如果业务单一简单，也可以设置相对弱化的经理层；没有董事会的，经理层可以稍强些；有董事会的，经理层可以稍弱些。

姜彦明：股东会、董事会、经理层的分权分责仍是法人治理机制设计的核心。所以，公司应当根据转制后的实际情况，合理划分股东会、董事会、经理层的职权，以便明确责任，利于绩效考核。对于设有董事会、监事会以及经理层相对独立的公司，股东会与董事、监事及高管的职能划分可以更均衡些；对于没有设立董事会、监事会的公司，股东会实际上行使的是股东会、董事会的双重职权，股东会与董事、监事及高管的职权划分就可能是两头强、中间弱；股东较少的公司或者转制为"一人公司"或国有独资公司的，董事会的职权可以更突出一些。

毛娟：公司的"三会"议事规则以及企业管理总规范，要根据董事会和监事会设置情况以及经理层的独立程度而调整，做到上下通达、左右顺畅、传递高效、反馈及时、责任明确、人人有责即可。总之，要建立适宜于自己公司的运行机制，实现决策科学、执行有力、监督有效、低成本高效运转，努力避免决策失误、运营脱节、监督失控，以保证企业的持续健康发展。

话题 41　国企改制意在激活其内生动力

主持人：罗　晓　嘉宾：莫文刚　马慧娟　毛　娟　姜彦明　文　字：毛　娟　姜彦明

发端于 20 世纪 90 年代并持续至今的国企改制，主要针对的是竞争比较充分的领域内的中小型国有企业，这些企业大部分属于市县属国有企业，目前大多数已被改成了纯民营企业。近期，中央又把央企与省属国企的改制提上了议事日程，但新一波改制的主要形式将是实行混合所有制。为了帮助民营企业了解国企改制的有关政策和方法，引导民营企业积极参与到国企改制之中，本期沙龙特邀请四位改制专家与大家聊聊国企改制那点事儿。

1. 国企改制，意在强化企业的市场主体地位

主持人：国有企业改制已经实施了 30 年，目前的进度究竟如何？最近，中央又提出全面深化国有企业改制，其意义何在？

莫文刚：国企改革改制，经历了前期的承包租赁经营、减员增效、兼并重组、债转股，中期的破产关闭、向央企省企划转，近期的产权制度改革、私有化改造等阶段，目前，大部分市县属国有企业，已基本退出了国有序列。但此前的这些改革改制，主要针对的是市场竞争比较充分的领域内的中小型国有企业，那些基础性产业、垄断性行业、竞争尚不充分的领域内的国企改制，由于系统性风险较大，尚没有真正全面启动。如供水、供电、供气、供暖、通信、能源、铁路、航空、航天、钢铁、有色金属、武器装备、金融、证券、保险等。

姜彦明：我国目前实行的是社会主义市场经济。市场经济的基本要求就是市场主体的地位平等和公平竞争。市场主体的地位平等和公平竞争，一方面体现在非国有企业可以平等地参与任何市场化运作的各个经济领域，另一方面体现在必须把国有企业从政府附属物的地位中释放出来，让其与其他市场主体一起平等地参与各个经济领域的公平竞争。把国有企业从政府附属物地位中释放出来的手段，一是企业所有权与经营权的有效分离，二是通过投资主体的多元化，引入市场化的内部运作机制，打破国有企业僵化的类行政化的内部管理模式，推动国有企业管理水平的提升。

毛娟：由于大型国有企业多数属于国民经济基础性产业或公益性事业，在当前看来完全的私有化尚不可能，所以，采取混合所有制，适当引入社会资本参与经营管理，为国有企业注入市场主体的应有活力，可能是目前的最佳选择。国企混合所有制改革，目

前有两种可能的路径，一是国有企业直接引入民间资本参股，把国有独资公司改制为股权多元化的市场主体；二是国有企业优选一些高科技的新兴产业、国家鼓励发展的节能环保行业、公益性质相对突出的民营企业，通过增资扩股等方式，把民营企业改造成国有参股企业，以支持其快速健康发展。今天我们重点讨论第一种方式。

2．国企改制，要严格按照流程规范操作

主持人： 国企改制是通过引入非国有资本，将国有企业转换成国有控股、参股或纯民营的非国有企业。那么，国企改制应该遵循什么流程呢？

莫文刚： 国企改制必须要把握好三个重大问题。一是保证国有资产不流失，并且要尽力实现保值增值之目的；二是要妥善安置职工，确保企业平稳过渡和社会稳定；三是要保证投资人的权利和利益，促进企业的长远发展。所以，国企改制的实操过程中，必须要严格依照国资监管部门规定的流程去规范操作，确保整个过程公开透明，不允许出现大的瑕疵和纰漏。

马慧娟： 国企改制一般要遵循以下流程进行：第一，改制企业及其主管部门要成立改制工作小组，负责制订企业改制方案和职工安置方案，直接实施改制落地工作；第二，上报国资监管部门或其授权的投资主体批准改制立项，明确改制基准日和改制方式；第三，对拟改制企业进行清产核资、财务审计和资产评估，测算改制期间的收入和支出；第四，对拟改制企业的在册职工进行全面梳理，调查职工的安置意向，测算职工安置费用；第五，制订企业改制方案和职工安置方案，并召开职工（代表）大会通过职工安置方案；第六，委托律师事务所审查两个方案并出具法律意见书，将方案上报国资监管部门批准；第七，按照国资监管部门批复的方案进行资产处置或引入外部投资者，分流安置职工；第八，召开改制后的股东（大）会，通过公司章程，改选公司董事会、监事会，聘任公司高级管理人员，完成改制相关程序；第九，改制完成后的公司办理注册或变更登记手续，办理财产、债权、债务、业务的交接手续，办理土地、房屋、车辆、知识产权等权证的变更手续，办理职工社会保险转移接续手续；第十，对改制工作进行终结审计。

毛娟： 企业改制方案一般包括企业沿革、业务现状、资产状况以及评估结果，职工状况以及安置费用测算情况、资产处置方式、引入外部投资者的方式、职工安置方式、新公司组建方式、改制期间收入与费用处理等。职工安置方案一般包括职工分类情况、历史职工之债的处理、补偿金计发方法、职工去向选择方式、失业职工转移、新公司接

续就业职工劳动合同与社会保险关系的办法等。两个方案是改制的总体设计和操作指引，一定要认真制订、科学筹划、严格操作。

3. 国企改制要处理好几个关键问题

主持人：国企改制要严格程序、规范操作。那么改制过程中的核心问题是什么？如何把控其相关风险？

马慧娟：清产核资、财务审计和资产评估时，必须把企业的全部资产（特别是无形资产和账外资产）统统纳入其范围，不能遗漏或故意隐匿，更不能私分，确保国有资产不流失；对于不良资产损失要及时查证核销或剥离，以确保最终交易或重组的资产真实可信、价格公允，与进入的社会资本价值对等，既不沾光，又不贬损，以防发生不必要的纠纷，挫伤投资者参与改制的积极性。

姜彦明：这一阶段最容易出现的问题是资产遗漏和故意隐瞒账外资产，如因历史原因账上没有记载并且长期闲置的资产，已经核销但"账销债不销"的应收账款与其他应收款，正在发生但尚未入账的营业收入，有残值的残次品与报废的机器设备等。如出现上述问题，参与改制的领导小组成员和中介机构都有可能触犯刑事犯罪，而被追究刑事责任。

毛娟：按照国有资产监管有关规定，国有资产处置必须在产权交易机构挂牌交易。挂牌交易时要经过公告、协助投资人考察核对交易标的、对资产瑕疵进行说明、报名与资格审查、拍卖等程序，其目的就是要通过充分竞争，体现资产价值，避免暗箱操作。拟参与改制的社会投资者可以通过公平竞争，取得参与改制的机会。

马慧娟：选到一个合适的民间投资主体非常不易。因此，在引入外部投资主体时，一定要设定好投资者条件，要对报名者进行资格审查，对其资产状况、企业经营状况、诚实信用程度进行尽职调查，以尽力把不适格的参与者排除在外。

莫文刚：职工安置是国企改制中最为复杂的问题，由于职工来源不同，到岗以及中途离岗离职的情况不同，每个企业都会有大量人事关系沉淀或社会保险关系遗漏的职工。所以，改制时必须全面清查职工档案与人事关系，理顺职工劳动合同与社会保险关系，根据政策使应当安置的职工全部得到妥善安置，应当补缴的社会保险费用全部纳入安置费用，应当发放的补偿金全部发放到位，应当转出的劳动关系以及社保关系全部转出，应当由改制后企业接收的全部续签劳动合同，确保改制工作不留"后遗症"。

4. 改制后的企业，必须要建立现代企业制度

主持人：国企改制后，使原有的国有企业转变为国有控股或参股公司，甚至是完全的民营企业，那么，企业如何转换其法人治理机制呢？

莫文刚：国有企业由于所有权与经营权没有分离或分离不充分，目前多实行的是厂长经理责任制，企业的领导班子只具有日常生产经营管理的有限决策权，并且还要受到很多政策的约束，决策空间不大，决策责任不小，导致无法及时回应市场的瞬息万变。即使公司制改造后的国有独资公司，也存在董事会与经理层职责权限不清、"三重一大"决策机制过于宽泛、权力交叉严重、内部运行欠佳等问题。改制后，必须按《公司法》的要求建立现代企业制度，以凸显其市场主体地位，充分发挥市场主体的应有作用。否则，就失去了改制的意义。

姜彦明：国有企业没有股东会，改制后的新公司有了股东会，并且要设立董事会、监事会，聘任总经理等高级管理人员，所以，摒弃国有企业原有的运作模式后，要按照"三会一总"的组织架构，重构公司法人治理机制。这项工作对于国有企业的领导班子来说是一项前所未有的新的工作，必须与社会投资者共同参与其中，把公司的整个法人治理体系建立起来，实现由国有企业向公司制企业的机制转换和平稳过渡。

毛娟：建立现代企业制度和公司法人治理机制的核心，是设计适合自己企业的公司章程和"三会"议事规则，以及企业管理总规范和各个单项配套制度，以保证改制后的公司科学决策、顺畅运转，有效预防股东矛盾和公司僵局，使企业能够根据市场变化，适时调整发展战略和经营策略，为股东（包括国有出资）创造应有的投资收益。

马慧娟：国企改制是企业运作机制的一次脱胎换骨。其公司法人治理机制设计的成败，在于"三会一总"的职权划分，即股东会与董事会、董事会与经理层的分权分责，监事会对董事会和经理层的监督权限与监督方式，这是国有企业的干部们最难适应的新的变革。所以，要聘请外部专家帮助设计和讲解公司法人治理机制，以使良性互动的科学机制深入人心，人人都能自觉遵守，有效避免可能发生的各种摩擦。

话题 42　国企"混改"是民企参与的难得机遇

主持人：罗　晓　　嘉　宾：李孟太　马慧娟　毛　娟　姜彦明　　文　字：毛　娟　姜彦明

上期沙龙我们介绍了国企改制的基本流程与相关问题，旨在帮助民营企业了解国企改制的有关政策和方法，引导民营企业积极参与国企改制。接下来改制的国企，都是些基础性、垄断性、资源型的优质企业，民营企业值得关注和一试。那么，作为民营企业来说，该如何参与国企改制呢？本期沙龙的四位嘉宾将与大家分享民企参与国企改制时，应当关注的主要问题以及其中的法律风险。

1. 国企"混改"是民企参股的难得机遇

主持人： 目前中央已把现存国有企业的改制提上了重要议事日程，发展混合所有制经济将是下一步国企改革的"重头戏"。那么，对于民企来说，本轮国企改制是否有新的机会？

马慧娟： 发端于 20 世纪 90 年代的国企改革已经经历了几轮，目前充分竞争领域的地方性中小型国有企业已经基本改制完毕，且多数转制为私有企业。下一步改制的重点将向能源、矿产、基础建设、公共服务等领域的国有企业特别是央企和省企扩展，如供水、供电、供气、供暖、通信、能源、铁路、航空、航天、钢铁、有色金属、武器装备、金融、证券、保险、食盐、烟草等。

毛娟： 这轮改制中，国家将根据社会经济发展现状，确立国有企业的保留领域和开放方向，为国有企业作出市场定位，哪些暂时仍由国有独资或控股，哪些向民间资本开放，哪些逐步推向市场参与充分竞争，都会有一个统筹安排。民营企业必须要关注国家的宏观改制政策，以便选择自己的投资方向。

李孟太： 由于本轮改制的对象主要是基础性产业和垄断性行业以及公共服务企业，企业的社会保障功能突出，且规模相对较大甚至巨大，不可能像中小型国企那样一步到位地实现私有化。因此，此轮国企改制将以混合所有制为主要改制形式。即使可以完全市场化的国企改制，也需要有一个平稳过渡的过程和一定缓冲期限。这是本轮改制与此前改制在提法上的最大区别，也是总结前期改制经验教训后所作出的稳妥选择。

毛娟： 从长远发展角度和西方发达国家的经验看，国有资本从竞争性领域中逐步退出是未来的必然趋势。所以，改制后的混合所有制企业，在市场条件成熟后，可以通过股权转让方式，实现国有资本的有序退出，并由国有控股、参股企业逐步转制为国有参股或纯民营企业。民营企业只有先期进入国有企业，才有可能在将来国有股份退出时占领主导地位。如一直站在旁边观望，就只有看别人"吃肉"的份了。

姜彦明：由于这轮改制的国有企业都是优质企业，投资风险相对较小。因此，有一定积累且正在寻求新的投资项目的民营企业，一定要抓住机遇，积极研究国有企业改制的有关政策，主动关注国有企业的改制进度，适时选择合适的企业参与进去，借用国有企业的现有资源优势和管理优势，在高端市场上占据一席之地，为自己企业的未来发展开辟一片更广阔的空间。

2. 民企参与国企"混改"的不同方式

主持人：民企参与国企改制一般有哪几种方式，是否会有法律风险，民企应当重点关注哪些问题？

李孟太：民企参与国企改制，要根据自己的投资能力和投资目的选择体量相当的企业。如欲实现自己企业的联动转型或业务整合，则要尽量选择体量不是太大的企业，以使自己的投资占比不至于太小，争取自己在改制后的企业中有一定话语权，通过"傍大款"为自己企业的业务拓展和未来发展寻求搭车支持；但如仅仅是将自己的闲置资金找到一个可靠的出路，则可以选择央企、省企中的特大型企业，股权比例大小可以不予计较，只需跟着分红就行，或者择机将其股份（股票）转出（卖出）赚一把。

毛娟：国有企业如果没有进行公司制改造，其混合所有制改革的可能方式，大致有以下三种：一种是政府或其授权投资机构以改制企业扣除安置职工费用后的评估净资产出资，吸收民企适当货币出资重组为新的（股份）有限公司；另一种是将国企评估净资产中的部分资产份额出售给民企，由民企以购得的资产份额与国企剩余的资产份额共同出资设立新公司；再一种是将国企评估净资产整体出售给民企，民企以购得的企业净资产出资，国有资产持有人以转让所得扣除安置职工费用后的剩余货币资金出资，共同组建新公司。

姜彦明：如果拟改制的国企本身就是公司制企业（如国有独资公司或国有控股公司），则一般会通过股权转让或增资扩股方式引入民企参与经营管理。股权转让或增资扩股是最简便的国企改制途径，只要通过资产评估把国有股份的价值评出，然后通过产权交易机构把拟转让或增资的股份挂牌出让即可。另外，国有独资公司或国有控股公司还可以在进行股份有限公司改造后，通过在沪深两市上市而实现混合所有制。

毛娟：由于央企与省企一般体量较大，改制时一般不会从顶层的一级母公司入手，而是从低层级的子公司和孙公司（即二三级以下公司）进行试验。为了便于改制，央企和省企有可能先行分离出一些业务板块成立子孙公司，以该子孙公司为载体进行混合所有制改革，待积累一定经验后，再大面积推开。因此，民营企业必须紧盯国有企业的改制动态，把握好这些公司的改制机会，研究其是否适合自己参股。

李孟太：国企改制还有一种方式，就是国有企业或国有投资平台，在民营企业中选择一些优质的企业参股，以引导民营企业健康发展。如果民营企业遇到这等"美事"，自己也不要高兴得太早，一定要了解国有投资的目的，国有股份拟参与的程度，国有主体参股后拟在公司发挥的作用及其对企业未来管理的基本要求，看自己敢不敢接受国有投资主体的入股条件，以免国有资本进入后，捆住捆死企业的"手脚"，使自己根本不能有所作为。

马慧娟：无论国企采取哪种改制方式，民企在参与其改制前都应全面了解改制企业的基本情况，如企业的历史沿革，目前的业务与经营现状、管理现状，资产与债权债务情况，土地、房屋等主要资产的实际价值以及权利瑕疵，职工及其社保费用缴纳情况，有无其他历史遗留问题等，并事先做好测算和评估，研究自己参与其改制的可行性，以防因错估企业当前与未来价值，盲目参与国企改制而后悔莫及。民企要尽量做好调查和可行性研究，要尽量委托专业的公司法律师进行，以保证调查结果和可研报告的可靠性。

3. "混改"是否成功，有赖于建立良好的法人治理机制

主持人：国企进行混合所有制改革后，势必会实现股权多元化。那么，民企参与后如何促进其转换公司法人治理机制呢？

李孟太：在国企改制过程中，政府的宏观调控政策非常重要。为把国企改"活"而不致改"死"，政府方面必须要保证改制政策的配套性，保持鼓励政策的连续性，以使改制后的企业能够正常生存，并赋予其活力；民营企业在参与国企改制时，也要注意借鉴已有的经验，总结汲取他人失败的教训，对参与国企改制可能遇到的问题和法律风险予以高度重视，以防陷入无法破解的"一团乱麻"之中。

毛娟：国企改制的目的，一是进一步确立企业的市场主体地位，使企业能够根据市场变化，适时调整发展战略和经营策略；二是建立健全和完善法人治理机制，并通过薪酬体系的变革，推动企业内部治理的现代化，实现延揽和留住经营管理和技术人才的目的。如果没有实现企业在市场上的自主自决，没有建立起现代的企业法人治理机制，使企业永远跟着市场走，国企改制就不算成功，民企参与也就失去了应有意义。

马慧娟：民营企业参与国企改制时，如国有资本持有人处于主导地位，则参与改制的民企应了解主导方建立法人治理机制的倾向和构想，积极提出自己的意见和建议，与其他参与方共同设计出符合新公司股权架构和实际运行需要的法人治理机制，以保证新公司高效顺畅运转；如果国企拟改制为非国有控股公司，参与改制的民企取得主导地位，那么，参与改制的民企一定要事先设计好法人治理机制，并力争与国有资本持有人和其他参与方事前达成共识。

姜彦明：混合所有制公司必须要重置"三会一总"的组织架构，重新划分其职责权限，建立"三会一总"互动机制。一方面要设计适合本企业运作的公司章程和"三会"议事规则，另一方面要设计和调整企业管理总规范及其配套的各个单项制度、部门与岗位责任制，以保证改制后的公司科学决策、顺畅运转，有效预防股东矛盾和公司僵局，为股东（包括国有出资方）创造应有的投资收益。

毛娟：国企改制后的公司法人治理机制，应尽量在制订改制方案或引入民企时同步筹划，并且可以由各方拿出不同的多套建议方案，然后就各方出资比例、出资方式、董事与监事推荐名额、高管与重要岗位人员委派、经营管理方针和基本原则、违约责任、退出机制等达成一致后，签订书面协议加以明确，以避免发生不必要的纠纷。

马慧娟：目前，我们发现一些地方国有企业有一种十分不良的改制倾向，那就是国有投资主体片面追求国有资本的控股地位，根本不去顾及民营企业灵活多变的经营运作机制和费用支出的传统习惯，改制后民营企业原有的高管们普遍感到被"捆死了手脚"，无法施展自己的本领，这是民营企业必须要警惕的首要问题。所以，民营企业参与国企改制前，或者在引入国有资本前，都必须要把改制后的企业运作机制事先设计好、商量好，并以合同方式固定下来，以保证改制后的企业中国有与民间资本实现有机融合，各自发挥自己的独特作用，而不是改制后一方被另一方"同化"，真正实现改制的最终目的。

话题 43　股权多元化，助力家族企业传承

主持人： 罗　晓　　**嘉　宾：** 张振龙　毛　娟　姜彦明　　**文　字：** 毛　娟　姜彦明

我国的民营企业基本上都是家族企业，经过 30 多年的发展，部分家族企业也具有了一定规模。一方面这些企业面临着未来发展方向的战略抉择问题，另一方面这些企业又面临着第一代企业家退休后的接班传承问题。在当下这个重要的十字路口，这些企业该何去何从，而不至于因企业家的"老化"而消亡？本期沙龙我们就邀请几位专家来与大家谈谈家族企业的改制与传承问题。

1.　规模型家族企业，已经走到了接班传承的十字路口

主持人： 俗话说：打江山易，守江山难。那些饱经风霜、历尽艰辛打下基业的民营企业家们，正在为自己企业的传承而忧心忡忡。我们的企业家为何会如此忧心呢？

毛娟： 我国的民营企业基本上都是改革开放后诞生并逐步壮大起来的，第一代创业有成的民营企业家目前大多在 60 岁左右，他们共同面临的一个突出问题就是自己即将退休，但却不知道应当把企业交给谁去传承（即便这些民营企业家大多都有多个子女）。因此，家族企业传承已经成为不少掌门人不容回避和急需解决的问题。这个紧迫的问题如不能在近期内得到及时有效的解决，可能会严重影响企业自身的持续生存和整个民营企业群体的健康发展。

张振龙： 之所以民营企业传承问题已经成为摆在这些企业家面前的重大问题，根据我的调查分析主要有三个方面的原因。一是部分企业家的子女都很优秀，当年考上了好的大学并且毕业后都安排了一份不错的工作（甚至有的出国留学后留在国外就业），目前正处于个人事业的最佳上升期，且收入颇丰，不愿再过父辈领办企业的艰辛生活；二是部分企业家虽子女不少，但没有合适的人选可以挑起这副担子，担心把企业交给某个子女后，可能会把自己辛勤一生创下的基业葬送；三是子女中虽然有人能够拎起这副担子，但又担心那些没有本事的子女与接班领办企业的子女之间发生矛盾，如何解决各个子女在企业中的股权、就业权、分红权、控制权、制约权、监督权，是企业家们一直困惑和长期纠结的一块"心病"。

姜彦明： 还有一个问题也是企业家们最为发愁的。当年跟着自己忠心耿耿打拼的企业元老们也已年岁渐高，但目前还是技术或经营管理骨干，孩子接班后看不上他们或者

他们因看不惯年轻人的做法而离职怎么办？没有人接替他们怎么办？即使企业培养有接替人员，但这些老人不安心扶持新人，纷纷跳槽怎么办？这些问题也无时不困扰着民营企业家们，找不到合适的两全之策。

毛娟：当前，在世界科技飞速发展和全球经济高度融合的大背景下，我国经济在几十年长期持续走强后，也面临着由数量型向质量型转变的关键历史时期，为此，国家倡导供给侧改革，提出了"走出去"战略，民营企业也面临着转型升级和二次创业的重大抉择。如果民营企业特别是传统型民营企业不能在这次经济转型中找到自己的出路和定位，企业真有可能会走向消亡。所以，解决家族企业的传承问题，目前已经是多数民营企业家刻不容缓的当务之急。

张振龙：在我接触的民营企业家中，也有的已经六七十岁，但就是不愿将自己的企业交给他人管理和运作，仍然独揽大权毫不放松，根本没有培养接班人的意思和打算，也无意分解和下放权力，子女们感觉熬不出头而纷纷出去创业。这样的企业如果"老爷子"哪天有个"三长两短"无力顾及，企业可能马上就会瘫痪。所以，还是建议这些企业家们能够早日醒悟，提前做好交班的打算，通过一段必要的过渡期，使自己能够逐步退出企业，完全放下一生的事业而去安享晚年。

2. 股权多元化，是家族企业永续发展的必然选择

主持人：家族企业传承面临如此困惑，如何才能解开这个难解的套呢？

张振龙：家族企业是世界上最古老且最普遍的一种企业组织，世界上85%的企业都是家族企业，世界500强企业中也有34%是家族企业，美国的上市公司中也有60%是家族企业。但这些庞大、知名的家族企业绝不是夫妻公司、父子公司、兄弟姐妹公司，而全部是股权多元化的现代企业。所以，家族企业传承破题的唯一钥匙就是实行股权多元化，即明晰家族成员的股份、吸收员工入股、吸收外部社会资本入股。

毛娟：股权多元化对民营企业来说至少具有三重意义。第一，可以理清家族内部的产权关系，通过分家析产，将企业的股权在家庭成员中进行合理分配，以防家族内部因为争夺企业财产或控制权而发生纠纷。将来，如其他家族成员对管控企业的家族成员不满意，可以通过股权转让而退出公司。第二，可以通过股权激励机制，将部分股权赠与创业元老，一方面报答他们的历史贡献，另一方面留住他们为企业发挥余热。第三，吸收企业新一代业务技术骨干入股，使他们由打工者转化为企业老板，与企业传承人共同创造企业的明日辉煌。

姜彦明：对于无人接班的企业家来说，可以通过股权多元化，引入和甄选合适的内、外部传承人，实现企业的平稳过渡以及初始企业家股权的有序递减或完全退出。只有这样，你辛辛苦苦创造的一份基业，才能够真正地传承下去。每当你走到工厂（商店）门口或者进去转转的时候，也能得到一份踏实的心理慰藉。把自己的企业传给所谓的"外人"，虽然是无奈之举，但也不一定比传给自己的家人更糟，只要把股权结构和法人治理机制设计好，甚至传给"外人"可能更有利于企业的长远发展。

毛娟：根据业务、资产分布特点，将民营企业不同的业务板块拆分为多个小型独立企业，分别交给各个子女或不同的亲属经营，也不失为一种民企改制的可能选择。拆分后，可以把那些旱涝保收的企业交给能力不大的家族成员经营，把那些富有挑战性的企业交给能力大的家族成员经营。这样的改制，既可以确立不同家族成员在不同企业的主导地位，也可以使家族成员在不同企业内交叉持股、利益均沾。以后这些相互交叉持股的家族成员，可以通过股权转让方式逐步退出自己非主导的企业，专注自己企业的经营管理和长远发展。

3. 家族企业改制，如何把握其核心要点

主持人：家族企业实现股权多元化，应当把握好哪些关键问题？

姜彦明：企业的拆分和吸收入股，是民营企业改制的首要问题，拆分要拆得科学合理，入股要入得来者有益。拆分时，必须要以业务的独立性和财产的独立性为基础，凡是业务关联性不强、财产互不交叉的业务板块，都要尽量拆分为不同的企业，拆分得越多越好，越利于不同家族成员的股权组合，千万不要按人头去拆分企业，家族成员的利益平衡可以通过在拆分后企业的不同持股比例来实现。企业完成拆分后，业务相对单一，就可以根据各自的业务关联关系，考虑吸收业务上下游和具有协作关系的其他企业参股，或者加入其他连锁企业或企业集团，寻求各自的市场空间和发展方向。

毛娟：对于规模较大的民营企业来说，进行集团公司改造也是一条可行之路，集团母公司负责整个集团的发展战略和宏观管理，各个子公司负责各个业务板块的具体经营。业务子公司可以进行员工股权激励和引入外部投资者参股，在不丧失母公司对子公司控制权的情况下，激活子公司的经营运作机制。

张振龙：家族企业的股权多元化，应处理好三个方面的关系。一是家族内部各成员之间的分家析产关系。要根据家庭成员的历史贡献、作用大小、传承需要、生活保障等因素，合理分配企业或在不同企业的股权。二是家族成员与员工之间的股权比例关系。

要根据企业发展需要，留出一定比例的股权份额分配给骨干员工（或赠与或让其出资），在保留家族成员主导地位的同时，最大限度地激活业务技术骨干的工作积极性，以防人才流失到竞争对手那里。三是家族成员、原有员工与外部投资入股者磨合期内的融合关系。可让外部投资者先期低比例进入，待考察合格后再逐步将家族股权向其转移，或者通过增资扩大其出资比例，实现企业的平稳过渡和控制权让与。

毛娟：由于家族企业以前过分强调人力资源成本，导致人才储备不足，加之亲戚朋友及其子女占位过多，难以突破亲情面子，企业内部管理一直处于较低水平，难以适应未来的市场竞争和企业健康发展之需要。家族企业必须借助于股权多元化，引入非亲属类股东、外部投资者和业务技术人才入股，打破目前的亲属垄断局面，改掉长期积累的弊病，为企业注入应有的知识和活力。

姜彦明：改制以后，企业应按现代企业制度之要求，建立适合自己企业的公司法人治理机制，建立健全"三会一总"决策、执行、管理、监督体系，以保证企业的顺畅、高效、正常运转。同时，应借改制之机，制订企业的发展战略规划，以明确企业的产品战略、市场战略和发展方向，防止企业在前进的道路上左右摇摆、曲折蛇行、误入歧途，使企业真正能够持续传承下去。

张振龙：民营企业改制后要想脱胎换骨，就必须要由过去的"人治"转变为"法治"。因此，制度体系建设应是民营企业改制的重中之重，必须作为其改制重点提前做好。一要规划好企业内部的业务流程和手续传递，保持物流、资金流、信息流畅通无阻以及企业的高效运转；二要合理分权分责，严格工作责任，提高工作效率，完善绩效考核和差错追责机制，杜绝"跑冒滴漏"和铺张浪费；三要完善交易决策机制、签约履约内部责任与交易履约手续，防控交易风险与应收款坏账风险；四要规范财务账务和税务处理，预防企业高管与财务人员的职业道德风险和违法犯罪风险，确保企业财产安全和企业管理者的人身安全。

话题 44　如何打造民企"航母战斗群"
——集团公司

主持人：罗　晓　　嘉宾：张振龙　毛　娟　姜彦明　　文　字：毛　娟　姜彦明

一艘战舰在茫茫大海中航行显得身单力薄，肯定打不过一个航母战斗群。同理，一个企业在市场经济的海洋中拼搏也会感到特别孤单。于是就有了一个核心大公司带领一群小公司共闯市场的集团公司形式。那么，集团公司究竟是什么样的一种组织架构，其中的母子公司又是什么关系，母子公司之间如何运作，怎样才能打造好一个航母战斗群呢？本期沙龙就邀请几位嘉宾来与我们谈谈集团公司的相关问题。

1．集团公司的基本构架——母子公司

主持人： 目前的市场主体中有很多集团公司我们并不陌生，但集团公司究竟是什么架构，它们之间究竟是什么关系，很多企业家未必明白。哪位嘉宾先来给大家介绍一下集团公司的组织架构？

张振龙： 现在有很多民营企业家在事业有成后，又开办了不少新的公司，有的是意图为自己的核心企业服务，有的是为了与关联企业发展紧密型横向联合关系，有的则是为了调整发展战略、开辟新的领域。这些公司之间有的有股权关系，有的则没有股权关系，由企业家自己或其亲属分别持有不同公司的出资（股份），从表象上看好像都是"一家"的，但从法律上看却又没有权利义务上的必然联系。这些没有股权关系的"一堆"企业，尚不能称之为集团公司。

姜彦明： 所谓集团公司，是指一个核心公司投资设立部分独资公司，或与其他投资主体共同出资设立部分合资公司，形成母子公司的结构形式。其中的核心公司称为"母公司"，其投资设立的独资、控股、参股公司统称为"子公司"。当子公司的数量和母子公司的总出资额达到一定规模后，核心公司可以变更登记为"集团（股份）有限公司"，此时，由母子公司形成的企业群体才可以合称为集团公司。集团公司的子公司还可以成立自己的子公司，如这些子公司的子公司属于子公司独资或控股，则也属于集团公司的组成部分（可称为"孙公司"）。

张振龙： 目前，根据国家工商管理总局的规定，设立集团公司时其子公司应不少于5个，母公司的注册资本不少于5000万元，母子公司合计注册资本不少于1亿元。由于各

地经济发展水平差别较大，各省（市、自治区）实际执行的标准都有所降低。如河南省要求有3个子公司，母公司的注册资本3000万元以上，母子公司合计注册资本5000万元以上即可。

毛娟：组建集团公司有几大好处。一是便于母子公司的统一管理；二是易于形成规模效应和品牌效应；三是能够提高企业征信信用度，有利于企业融资；四是便于母子公司间的相互协作，降低运营成本。很多银行规定，可以为集团公司统一发放信用贷款额度，税务机关允许集团公司统筹调配资金并收取一定的服务费，这为集团公司的融资和资金使用带来了极大便利。组建集团公司，是企业发展战略的重要组成部分，其目的是统筹对企业集群的统一管理和业务协作，提高企业的资产利用效率，简化企业之间的交易程序与流转手续，推动整个企业集群的协同发展。

姜彦明：当然，在现实中也有故意切割彼此关系而不愿统一纳入集团公司的。出现这种情况，要么是为了协同投标，要么是为了方便避税，要么是为了躲避债务，或者根本就不想让它们之间发生联系。这样的企业虽然归属上互不牵扯，可以做一些债权债务上的切割，但像各自打鱼的渔船一般很难兴旺发达起来。

2. 集团公司架构搭建的两大基本途径

主持人：组建集团公司总体来讲利大于弊。那么，民营企业如想组建集团公司，主要有哪些途径呢？

张振龙：组建集团公司主要有两种途径，一种是随着企业的发展需要，根据企业的发展战略规划安排，逐步逐个设立不同业务性质的子公司，自然而然地形成母子公司架构，最后将母公司变更为集团（股份）有限公司；另一种是在现有关联性较强的一个实际控制人控制的多个兄弟公司的基础上，对公司之间的股权关系进行调整重置，形成母子公司股权架构关系，将看似互不相干的一群公司组合为集团公司。由于许多民营企业缺乏事前的集团公司发展战略安排，所以，目前采取后一种形式组建集团公司的较多。

毛娟：人无远虑，必有近忧。按企业发展战略直接搭建集团公司架构，慢慢发展和组建集团公司，应当提前进行科学筹划，不能为了"集团"而"集团"。如什么条件下设立子公司，设立什么样的子公司，子公司的业务范围如何界定或切割，是独资、控股还是参股，合资公司与谁合资，母子之间如何进行交易和核算，母公司对子公司如何管控等，都要事先作出科学安排。不能盲目设立业务不顺、反向持股或者交叉持股，运作起来别别扭扭的子公司。

姜彦明：如果是想在现有的一个实际控制人控制的多个兄弟公司基础上组建集团公司，则应首先从现有公司中选取一个规模较大的核心公司作为母公司，然后再将与之没有股权关系的其他关联公司作为拟定子公司，最后由母公司通过对这些规划中的子公司增资而建立其母子关系，或者由这些拟定的子公司股东，将其持有的子公司股权出资到或转让给母公司，使二者建立起母子关系，形成"一母多子"的集团公司架构。

张振龙：如果现有公司中没有合适的公司可以作为母公司，则可以新设一个公司作为母公司，然后由母公司向欲作为子公司的公司增资，或部分股东将其在子公司的股权出资到或转让给母公司，使这些公司与新设的母公司之间建立起母子关系。母子公司架构搭建完成后，再将母公司变更登记为集团公司。设立一个新公司作为母公司时，母公司的出资人，既可以是原来各公司统一出资的实际控制人，也可以是原来分别出资的各公司股东，既可以是货币和实物出资，还可以是子公司的股权出资。

毛娟：有时，在组建集团公司时，除了一个实际控制人控制的多个兄弟公司外，还可能会吸收其他没有财产关联，但有业务协作关系的他人公司加入进来。如有这种情况，则核心公司的主导者应与加入者签订清晰的加入协议，明确加入者公司在未来集团公司的地位以及双方的股权关系和业务关系，并且要约定其退出条件，以防在双方发生矛盾时，可以使该加入的公司顺利退出。

张振龙：组建集团公司，不影响子公司的业务与财产的独立性。母公司是企业法人，子公司也是企业法人，各自有各自的业务，各自有各自的财产，只是二者之间多了一层股权关系而已。母公司以出资为限对子公司承担责任，但对子公司的债务不承担连带责任，子公司对母公司的债务也不承担连带责任。

姜彦明：在原有公司基础上组建集团公司，必须要筛选好纳入对象，哪些公司纳入，哪些不纳入，要根据其资本关系、业务联系以及资金、人才、管理等统一运作的必要性统筹考虑；母公司的股权结构，各子公司的股权结构（独资、控股、参股）以及合资对象的选择，母子公司的未来运作管理等也要认真研究和科学设计，并形成方案通过可行性论证后方可实施。

3. 集团公司内部各公司之间的基本关系

主持人：既然组建集团公司是为了强化统一调配、管理和运作，那么，母公司和子公司作为相互独立的法人单位，应当建立什么样的关系，同时又不影响各自的独立性？

张振龙：集团公司母公司的形态一般分三类。一类是仍然经营主营核心业务，并兼顾协调运作各子公司的母公司，此类母公司通常被称为"业务＋管理型"母公司；另一类则是不再从事具体业务，只负责管理运作子公司的母公司，此类母公司通常被称为"管理型"母公司；再一类是不从事具体业务，在管理运作子公司的基础上，增加项目投资职能的母公司，这类母公司通常被称为"管理＋投资型"母公司。集团公司母公司除主营业务外，其主要功能应该是整个集团母子公司的一体化发展战略把控和运作。

毛娟：集团公司的一体化运作职能体现在以下四个方面：一是制定整个集团公司的发展战略，把控母子公司的发展方向；二是统筹企业管理，特别是推动母子公司制度体系建设，统一委派或兼任子公司的董事，对子公司高管进行考核、任免和奖惩；三是统筹人力资源管理，制订整个集团母子公司的人才战略和培养计划，在集团公司内部进行人力资源调配；四是统筹财务监督和资金运作，在集团公司内部合理调配资金以及统一安排对外融资，统一委派或兼任子公司的监事等。

姜彦明：由于集团公司承担了母子公司的宏观运作职能，那么，各子公司则主要承担不同业务及其市场拓展职能。这时，各子公司董事会的宏观把控职能将相对弱化，经理层的业务决策、生产指挥、后勤协调职能则相对强化。所以，子公司的董事会、监事会配置要相对简洁，经理层的力量要相对加强，以使子公司的整个管理团队聚心聚力开展业务。

张振龙：集团公司模式下运作，一方面可以集中和合理利用人才，使有限的研究决策和管理执行人才分别集中到母公司和不同的子公司，各自发挥自己的特长和作用；另一方面便于协调母子公司以及各子公司之间的业务协作；同时，还可以实现母子公司法人治理结构的扁平化，提高各项工作的运作效率，降低整个集团母子公司的运营成本。

毛娟：母子公司的业务、财产以及人员的独立性，是集团公司必须要重视和始终保持的，千万不能发生资产、业务、人员三混同。否则，有可能导致母子公司以及各子公司之间相互承担连带责任。如果在关联交易中，过度进行税务筹划和利益输送，很有可能被税务机构调整纳税。这就要求集团公司内部要建立起既能管住管好又互不混淆的清晰关系，坚决摒弃集团公司一捅到底的混沌做法。

话题 45 企业集团：民营企业的"联合舰队"

主持人：罗 晓 　嘉 宾：张振龙　毛 娟　姜彦明　文 字：毛 娟　姜彦明

上期沙龙我们讨论了集团公司的组织结构与优势，本期沙龙重点谈谈企业集团的相关问题。企业集团是以集团公司为基础，由多个业务关联性强的企业以合约方式组建起来的业务合作联盟。如果说集团公司是一个航母战斗群的话，那么，企业集团就是一支联合舰队。企业集团与集团公司是不是一回事，二者之间有什么区别？设立企业集团的目的和意义又是什么呢？请看各位嘉宾怎么说。

1. 企业集团与集团公司有什么区别

主持人： 企业界对"集团"二字早已耳熟能详，但对集团公司、企业集团的概念和实质还是容易混淆，并经常闹出一些笑话来。哪位嘉宾先给大家介绍一下二者的区别？

张振龙： 上期沙龙我们介绍了集团公司的一些特征。集团公司是一个母公司与数个具有股权关系的子公司的合称。虽然母子公司均是具有法人资格的独立公司，但它们之间的纽带是母公司持有子公司的股权。母公司和子公司之间、各子公司之间是否有业务上的必然联系则不一定。但企业集团就不同了，企业集团各成员之间是以业务协作关系为纽带，不一定都有股权关系。二者的最大区别是，集团公司是具有股权关系的母子公司群体，企业集团则是为了横向业务协作而组建的企业联盟。

毛娟： 企业集团是以集团公司为基础，由多个业务关联性强的企业以合约方式组建起来的业务合作联盟。所以，其业务协作是企业集团的工作核心。就工业企业集团来讲，一般其成员由总装者、产品核心部件生产者、关键部件生产者、一般配件生产者、其他辅料生产者、原材料供应商、销售商、协作服务商（如设计、宣传、网络）等组成；就商业、服务业企业集团来说，其成员一般由核心运营企业、供应商、分销商、实体店、物流企业以及协作服务商等组成。

张振龙： 又如，组建建设企业集团，其成员一般由核心工程管理公司、建筑公司、安装公司、劳务公司、设备供应商、材料供应商、设备租赁公司以及设计院、监理公司、造价公司等组成。另外，各行各业都可以根据其业务特点和关联交易的发生频率，组建相对稳定的企业集团，携手共图各成员单位的并肩发展。

姜彦明： 成立企业集团的目的和意义，在于把业务关联性强、已经形成相对稳定协作关系的企业组织起来，使它们之间的业务协作形成制度化的协调机制，以提高谈判效率，降低交易成本，促进协作配合，保证产品质量，实现成员共赢。企业集团成立后，大家都按既定的协作规则进行交易，并按企业集团下达的协作计划相互提供业务支持，成员之间的互信很快就会建立起来，交易的成本自然就会大大降低，违约的可能性也会相对较小，资金的利用效率也会相对提高。

毛娟：目前，多数民营企业也有长期的合作伙伴，但都是习惯形成的靠交易合同一段一段往后延续的"一对一"的合同关系，很少有人去把所有的业务协作对象统筹起来，把"一对一"的交易合同关系，变为关联企业群体的常态化协作机制，打通企业群体内各个企业的横向合作，使其之间的业务联系更加紧密，交易更加便捷。因此，我建议规模较大的核心企业特别是已经改造为集团公司的核心公司，应关注企业集团的意义和作用，积极研究和探讨组建企业集团的可能性，如可行，则可以考虑牵头组建企业集团。

2. 企业集团的结构与组织搭建

主持人：企业集团是以集团公司为基础，以业务协作为纽带，以协议方式组建起来的企业合作联盟和自律性企业组织。那么，企业集团的组织结构是什么，如何搭建企业集团这一组织？

张振龙：企业集团之所以被形象化地称为"联合舰队"，是因为企业集团的核心企业起着"联合舰队"的旗舰作用，负责指挥和协调整个舰队，而各成员单位犹如具有独立作战能力的战列舰，它们可以"各自为战"，但又不能"各自为政"，在业务协作方面要服从企业集团的协调，遵循企业集团的协作规则。加入企业集团的各个企业，具有独立的法人资格，除集团公司的母子公司外，其他没有股权关系的集团成员，与集团核心企业并没有隶属关系，仍然独立自主经营、自负盈亏，并且可以与集团以外的企业继续发生业务交易。

姜彦明：组建企业集团，首先要制订组建方案，方案一般包括以哪个（些）企业的主营业务为核心，组建什么样的企业集团；哪些企业是核心层，哪些企业是紧密层或半紧密层，哪些企业是外围协作层；成员加入的条件是什么，如何考察、甄别和遴选；企业集团成立后业务协作的原则和方法是什么；企业集团办公与活动经费分摊办法等。方案确定后，要征询拟定成员的意见，如大家没有不同意见，则企业集团的组建工作就可以科学有序地进行。

毛娟：企业集团分核心层、紧密层、半紧密层、外围协作层，一般情况下集团公司的母公司或主营业务的子公司为核心成员，集团公司配套业务的独资和控股子公司为紧密层成员，集团公司辅助业务的参股子公司为半紧密层成员，外部上下游业务协作单位和配套供应商、服务商为外围协作成员。并不是集团公司的子公司都必须加入企业集团，如果子公司的业务与企业集团的主营业务没有太大联系，该子公司就没有必要加入企业集团。

姜彦明：企业集团由各成员单位委派的理事组成理事会统筹集团的业务协作事务，理事长一般由核心成员的理事担任，负责召集理事会开会议事和主持理事会日常工作，秘书处一般也设在核心成员单位，处理具体协作事宜。理事会是企业集团的权力机构，是业务协作规则的制定者，而秘书处则是具体协作事务的协调者，是企业集团内部协作信息的收集整理发布者。企业集团没有类似于股东会、董事会、监事会、高管等的企业运作机构。

毛娟：成立企业集团需向市场监督管理部门提交企业集团设立申请书、设立协议和章程，办理企业集团登记证。但企业集团并不具有法人资格，不能直接从事生产经营活动。它的核心任务就是协调各成员之间的业务协作关系。目前，有些企业对企业集团的功能有一些认识误区，总想通过组建企业集团来管理成员企业，并设立资金池来进行内部融资服务，在成员企业之间建立相互担保机制。这些工作弄不好就会违规出事或使成员之间发生纠纷，建议还是尽量不要去做。

张振龙：遴选集团成员时，要首先把业务关系紧密、频繁发生交易、交易总量较大的企业考虑纳入，同时也可以借机对同类交易对象进行比对筛选，留下那些信用好、质量高的企业加入集团，把那些信用不好的企业排除出去。成立企业集团时，各成员单位还要签订设立协议，以明确企业集团设立后各成员单位之间的协作关系、交易模式、价格机制与具体事务的处理原则。设立协议可以由牵头企业与各个拟定成员分别签订，也可以由牵头企业与各个拟定成员共同签订。

3. 企业集团各成员间如何协作

主持人：既然企业集团是众多企业的业务协作组织，那么，企业集团内部应当如何运转，各成员之间应当如何协作呢？

张振龙：企业集团的内部制度体系由企业集团章程和配套的各个单项业务的协作办法以及秘书处工作规则等组成。章程是企业集团各成员的总的行为规范，包括举办企业集团的宗旨，企业集团的发展战略方向，成员的吸收条件和加入、退出程序，成员之间的生产、经营、服务等业务协作方式，成员的行为规范与互信机制，失信违约责任等，为整个企业集团所有成员的业务协作提供纲领性指引，以保证各成员步调一致、协作顺畅。

毛娟：只有纲领还不够，具体的业务协作还要有具体的规则。所以，理事会还要制定每一项具体业务的交易规则、协作办法以及定价机制，以规范企业集团内部的具体交易行为，节约谈判的时间成本、交易的物流成本、结算的财务成本，提高签约、履约、协作、配合的工作效率。各项交易规则和协作办法一经理事会审议通过，对所有成员均具有法律约束力，所有成员都应当遵守。

姜彦明：集团成员之间进行具体交易时，可以直接按照集团制定的交易规则和协作办法规定的程序下单和办理结算，也可以在交易规则和协作办法的框架下另行签订单项交易合同或常年服务合同，细化交易服务细节，单项交易合同和常年服务合同中，可以援引交易规则和协作办法中的条款作为合同条款。对于不遵守规则或不诚实守信的成员，理事会可以决议将其除名。

张振龙：为了更好地发挥企业集团的规模优势，提高集团成员的对外交易地位，企业集团还可以自己的名义对外进行业务协作和重大交易事项谈判，与交易对象签订业务协作或交易框架协议，使集团成员在与外部企业交易时能够享受更加优惠的条件。由于企业集团不具有独立的法人主体资格，所以企业集团谈妥的交易事项，在实际交易时，还需由其成员与相对方另行签订具体的交易合同，并由参与直接交易的成员享有合同权利，履行合同义务，与交易对象办理结算。

毛娟：企业集团应当根据业务状态的变化，及时调整集团内部的业务协作关系，修改集团章程和具体业务方面的业务协作办法，以调整成员企业的合作机制，调整成员企业的利益分配，以使各个成员单位都能持续地在协作关系中稳定业务交易，获取应有利润，增强成员单位的向心力和凝聚力。核心企业要注意不要干预成员单位的内部事务，不要协调成员单位之间的融资行为，不要要求成员单位之间互相担保，以免把集团内部各成员单位之间的关系搞僵，从而把企业集团搞散。

话题 46　上市是公司募集资本的上佳途径

主持人：罗　晓　　嘉　宾：张振龙　王建军　毛　娟　姜彦明　　文　字：毛　娟

　　多年来，券商与投资商鼓动着公司上市的热情始终未减，一些企业盲目跟风尝试上市的冲动也持续不减。但我们看到的却是很多企业为上市而白忙一场，或者上市后备受煎熬，究其原因主要还是企业家对公司上市的知识储备不足，思想准备不充分，应变预案欠规划。为此，本期沙龙特邀请几位嘉宾来与大家聊聊公司上市的基本常识及其法律风险。

1．上市能为公司募集到巨额发展资金

　　主持人：随着我国经济的飞速发展和民众收入的不断增长，我们常常会看到身边不少的亲朋好友加同事甚至是企业都在炒股，新闻媒体也天天在大谈股票涨跌，但是很多人并不一定知道股票背后的故事。那么，嘉宾们能否先谈谈公司上市与证券交易的本质意义呢？

　　毛娟：可以。民营企业的老板们如果想圆公司上市梦，就必须首先了解公司上市的有关知识。大家知道，目前我国法定的公司形式有两大类，一类是有限公司（包括普通有限公司、"一人公司"、国有独资公司），另一类是股份有限公司（简称"股份公司"）。股份公司又分为上市公司和非上市公司。上市公司就是其股票已在证券交易机构公开交易的公司，非上市公司就是其股票还没有在证券交易机构公开交易的公司。由于我国与外国的法律以及证券交易机构均规定，只有股份公司的股票才能够在证券交易机构公开交易，而有限公司的出资则不能。所以，法律规定有限公司的出资可以是不等额的自定份额，而股份公司的出资则必须是等额的股份。

　　张振龙：那么，什么叫"股份"，什么叫"股票"，什么叫"上市"，什么又叫"炒股"呢？企业家必须要知道这些基本概念。所谓股份，就是股东向特定公司（不论是有限公司还是股份公司）的出资份额（亦称"股权"）；所谓股票，则是股东向特定股份公司出资的股权凭证，即记载和代表股份公司股份的凭证；所谓公司上市，是指基础条件较好、有一定规模、已进入成熟稳定期、盈利能力较强的股份公司，在上海、深圳以及境外证券交易所发行股票公开募集增资部分的股本，并在发行后进行股票交易的行为；所谓炒股，就是投资人在证券交易机构买卖他人公司的股票。

　　毛娟：目前，我国的证券交易机构只有上海和深圳两个证券交易所。它们的任务是

把符合条件的公司放到自己的平台上，以发行股票的方式募集股本，并且为购买股票的投资者买卖股票提供便利交易的条件。当股份公司具备上市的条件时，就可以通过在证券交易机构公开募集股本的方式，筹集到企业发展所需的巨额资金。除了国内的沪、深两市外，企业还可以到境外的证券交易所上市，但境外上市要经过省级人民政府或国务院有关部门的批准，程序更为严格。

王建军：公司通过发行股票公开募集增资，就是把社会上的闲散资金集中起来转化为公司的股本，用于扩大生产经营规模、进行技术升级改造或实现企业转型发展，做一些一般企业想做而又无力投资的重大经营项目。由于股本是股东对公司的出资，一旦注入就不能抽回，企业可以无限期地永久使用，并且不用负担利息。所以，发行股票是一种低成本和无后顾之忧的融资方式，备受有一定规模的优秀企业青睐。

姜彦明：证券交易所在给上市公司提供融资平台的同时，也为社会资本拥有者提供了一个公共投资平台。对于社会资本拥有者来说，购买上市公司的股票，多了一个投资的渠道和选项，既可以在公司盈利时分得红利，又可以通过股票换手赚取买卖价差（当然也有遇跌赔惨的）。目前，我国证券市场上的股票买家，基本上都是为了赚取买卖价差而进行短线操作的，很少有长线投资者，股票换手率特别高，因此，大家才会把股票买卖称为炒股。

2. 公司上市应当具备哪些条件

主持人：公司上市是企业募集股本、推动其快速发展的最佳方式，但并不是不管什么样的公司都可以上市。那么，公司上市应当具备什么条件呢？

张振龙：公司上市应当具备四个基本条件。第一，拟上市的公司必须是股份公司，因为股份公司的股本（即出资、实收资本、股份）是等额股票，便于投资人认购和交易；第二，其上市前的注册资本必须足额出资到位，不能认缴或以后分期出资；第三，必须股权结构清晰，有健全的法人治理机制和完善的内部管理制度；第四，生产经营必须符合法律、行政法规和国家产业政策。同时具备这四个条件的股份公司，在实际上市时，不同板块的公司还有其特定的门槛要求。

王建军：目前，沪、深两市的上市公司分为主板、中小板与创业板三大板块。主板上市的公司，多为市场占有率高、规模较大、基础较好、高收益、低风险的大型优秀企业。中小板上市的公司，多为即将或已进入成熟期、盈利能力强但规模较主板小的中小企业。主板和中小板发行股票前股本总额均不能少于3000万元。创业板上市的公司，主要是以自主创新企业以及其他成长型创业企业为主的"两高""六新"企业（即高科技、高成长性、新经济、新服务、新农业、新能源、新材料、新商业模式的企业），发行股票后股本总额不少于 3000 万元。因此，不同板块的上市公司的上市条件也是不一样的。

毛娟：主板和中小板上市的企业，要求最近 3 个会计年度净利润应均为正数且累计超过 3000 万元，经营活动产生的现金流量净额累计超过 5000 万元；或者最近 3 个会计年度营业收入累计超过 3 亿元，发行前股本总额不少于 3000 万元，最近一期期末无形资产占净资产的比例不高于 20%，最近一期期末不存在未弥补亏损。

姜彦明：创业板上市的企业，要求最近 2 年连续盈利且净利润累计不少于 1000 万元；或者最近 1 年盈利且营业收入不少于 5000 万元；最近一期期末净资产不少于 2000 万元，且不存在未弥补亏损；发行后股本总额不少于 3000 万元。

张振龙：公司上市时，要倒查公司原始出资、历史业绩、历史积累的真实性，核实当前资产、资金、客户、业务、流量等信息数据的真实性，检视公司法人治理机制以及内部管理制度体系的健全程度以及运行的有效性，并由券商出具推荐书，会计师事务师和律师事务所分别出具审计报告、评估报告、法律意见书，通过证券交易所审查，并报证券交易主管部门批准后才能上市。

毛娟：根据目前的政策导向，我国的证券交易市场可能会越来越宽松，很可能会开放"高科板"，也可能会由核准制改为备案制，有上市意愿的企业要时刻关注证券市场的政策变化（注：本书出版时，国家已出台了"高科板"与备案制的相关政策，目前正在进行实施前的各项准备）。

3. 公司上市后将面临着许多新挑战

主持人：公司上市以后变成了公众公司，不但要实时公示公司的重大事项和行为，还要定期公示企业的运行情况和经济效益。对于这些新的要求，上市公司应有哪些思想准备与应对之策呢？

张振龙：上市公司必须建立健全完善的法人治理机制和内部管理制度，推行规范化管理，以取得投资人的信任。所以，上市前公司一方面要进行资产清查，理顺股权关系、财产关系和账务关系，另一方面还要进行公司法人治理机制和内部管理制度建设，否则，证监会不会轻易批准其上市。可以说，公司上市是逼着自己进行管理升级。

毛娟：公司上市时的法人治理机制和内部管理制度建设，不能有应付思想，必须要从思想深处做好脱胎换骨的准备。拟上市的公司必须要借此机会，真正把自己企业的法人治理机制调整好，把规范化的内部管理制度体系建立起来，不能任性地认为这个企业还是自己的企业，上市后该怎么办还怎么办，不去顾及国家对上市公司的管理要求。那种"克隆"一套别人的制度体系包装一下就上市，下来还是我行我素的思想根本要不得。很多上市公司高管因挪用和侵占资金而被刑事追究的教训都是非常深刻的。

王建军：企业一经上市便成为公众公司，为保障公众的利益，法律对上市公司的信息披露义务提出了更高的要求。因此，上市公司必须要建立起信息披露制度，不但要及时披露可能对投资者作出投资决策有重大影响的信息，还要在季度、半年和年度结束后的一定时间内，定期报告和披露公司的运营情况。可以说，上市公司就是一个一丝不挂的"裸体人"，基本上没有什么个人隐私可言。仅从这一点而言，企业也必须要考虑好敢不敢上市。

姜彦明：公司上市后，不但要接受股东的透明度检视，还要满足股东的分红期待，内控要求更加严格，运营成本阶梯上升，经营业绩压力增大。因此，法律规定上市公司必须要由券商给予持续辅导，每年的财务报表与报告必须通过审计监督并公开。这些都是公司必将面临的前所未有的挑战，企业对此必须要有思想准备和应对之策。如果你没有能力把募集到的资本用好，不能为股东创造出应有的效益，不能维持股票的价格，股东们将有可能把你"放到鳌子上烘烤"。

毛娟：公司上市有利有弊，企业不能只看到有利的一面，而忽视不利的一面，特别是没有现实投资需求、业务成长空间不大、缺乏持续盈利能力的公司，上市决策一定要谨慎。千万不能为了"圈钱"而去上市，更不能"圈"到钱后再去找投资项目。如此，只会把自己陷入骑虎难下的两难境地。

话题 47　"新三板"挂牌，弄不好就会"脱层皮"

主持人：罗　晓　　嘉　宾：张振龙　王建军　毛　娟　姜彦明　　文　字：毛　娟

近年来，"新三板"挂牌火热，截至2016年年底全国"新三板"挂牌的公司已达1万余家，洛阳也有30余家。"新三板"挂牌的目的是为了融资，通过"强身健体"为未来的正式"上市"做准备，但大多数民营企业目前的融资效果并不理想，长期"挂"在那里无人问津。究竟应当如何看待"新三板"挂牌，为什么"新三板"挂牌后融资效果不佳？本期沙龙我们邀请几位嘉宾来与大家谈谈"新三板"挂牌的利弊得失。

1．"新三板"挂牌有别于"一二板"上市

主持人："上市公司""非上市公司""一板""二板""三板"，这些名词大家并不陌生，但真正的含义和差异许多企业家并不十分清楚。嘉宾们能否先介绍一下它们之间的差别？

张振龙：通过上期沙龙我们知道，目前我国的公开股票交易市场只有沪深两个证券交易所，在这两个证交所上市的公司分为主板、中小板、创业板三个板块，各自上市的条件有所不同。但由于主板和中小板的股票交易模式基本相同，故在股票市场将其合称为"一板"市场，创业板的股票交易模式与"一板"有较大差别，所以将其称为"二板"市场。

毛娟：除"一二板"市场外，为了给无法在沪深两市上市的公司提供股权融资和股权交易的便利，中国证监会又专门组建了"全国中小企业股份转让系统有限责任公司"（简称为"全国股转系统"），作为场外交易场所为中小型企业提供融资服务。有融资意向的企业可以在全国股转系统亮相（称为"挂牌"），发布股票发行信息，进行股权融资，股东也可以发布股票转让信息，进行股权转让。由于全国股转系统属于第三个证券交易平台，股票发行和交易模式与"一二板"不同，故被资本市场称为"新三板"市场。

王建军：由于"一二板"市场都是通过公开发行股票的方式直接进行股权融资和股票交易的，所以，在"一二板"市场上进行股票交易的公司叫作上市公司。而"新三板"市场无法像"一二板"市场那样，在系统上公开发出销售、卖出、买入股票的指令，并由计算机撮合成交，而只能发出公开要约，进行场外协议定向增发股票和"一对一"股票交易，故而"新三板"市场不可能有"一二板"市场那么活跃。所以，在"新三板"挂牌的公司不能被称为上市公司，而只能称为"新三板"公司，仍然属于非上市公司的

范围。

姜彦明："新三板"公司的股票交易属于场外交易，当"新三板"公司需要销售股票时，可在全国股转系统挂出股票销售信息，如果有投资人对该公司有兴趣，即可以考察该公司现状与未来的成长性，并与公司洽谈增资具体事宜，如能达成一致公司即向其定向发行股票。"新三板"公司的股东如果想转让自己持有的股票，也可以在全国股转系统挂出其转让信息，如果有人愿意购买，意向购买人就可与转让人联系，经磋商达成一致后，即可签订股票转让协议，完成股票转让行为。同理，如果谁想购买特定公司的股票，也可以在全国股转系统挂出其购买信息，如果有人想卖，买卖双方也可以经协商一致后，办理股票过户手续。

毛娟："新三板"挂牌，可以为公司正式上市奠定基础。新三板公司如果成长得好，其股票将来就非常容易转板到沪深两市上市，成为真正的上市公司。这是因为，"新三板"挂牌与公司上市的基本条件是一样的，都需要进行股改并且股权关系清晰，有健全的公司法人治理机制和完善的企业管理内部制度体系，财务独立公开透明，没有与股东及其股东的其他公司资产混同等现象，只是对公司的资产、销售额、盈利额要求较低。"新三板"公司运营一段时期后，如果发展势头较猛，盈利能力较强，并且运作管理规范，申请上市时会很容易获得批准。

2. "新三板"挂牌的条件是什么

主持人："新三板"挂牌与公司上市不论是条件还是交易方式都有较大不同。那么，"新三板"挂牌的条件是什么呢？

姜彦明："新三板"挂牌主要针对的是创新型、创业型中小企业甚至是小微企业，所以，挂牌条件相对于公司上市的门槛要低许多。只要是存续期满两年的股份有限公司（有限公司同样不能挂牌），股权关系明晰，治理机制健全，经营合法合规，均可以申请在全国股转系统挂牌。既没有主营业务的要求，也没有盈利时间和数额的财务门槛。可以说，"新三板"挂牌是为有发展潜力但无资金投入的公司提供了一个公开的融资平台。

毛娟：与主板、创业板、中小板相比，"新三板"审批时间短，挂牌程序便捷。凡股东人数未超过200人的股份有限公司，均可以直接在全国股转系统申请挂牌（股东人数超过200人的，需经中国证监会核准）。由于"新三板"实行主办券商制度，所以申请"新三板"挂牌还要与主办券商签订推荐挂牌和持续督导协议，由主办券商推荐并持续督导，由会计师事务所出具审计报告，由律师事务所出具法律意见书。

王建军：如果拟挂牌企业的公司组织形式不是股份有限公司，则需在挂牌前对其进行股份有限公司改造。目前，拟挂牌企业多为家族企业或创新、创业型企业，多数股权不明晰，法人治理机制不健全，财务管理不规范，资产混同现象严重，所以，挂牌前需要理顺股权关系和财产关系，消除财务与账面瑕疵，建立健全公司法人治理机制和内部管理制度体系，持续辅导过渡一段时间后才能符合挂牌条件。

张振龙：股改是"新三板"挂牌前期准备的核心工作之一。如果你原来的公司不是股份有限公司，就必须改制为股份有限公司，如果你本身就是股份有限公司，也需要对其股权进行清晰化处理和科学化调整，做到资产与债权债务真实可信，所有者权益与股东的股权真实可靠，不准有代持股情况下的隐名股东。股改时，不但要理顺原有股东之间的股权关系，还可能会有新股东的加入；不但会通过增资方式提高注册资本，也可能会采取债转股、资本公积金转股、未分配利润转股等方式增资，这些工作都需要股改时统筹考虑并一件件做好。

毛娟：建立健全公司法人治理机制和企业管理制度体系，也是"新三板"挂牌前期准备工作的主要内容。民营企业公司法人治理机制和企业管理制度体系建设方面的问题最多，建立起来最难。大多数民营企业特别是家族企业，根本就没有公司法人治理机制的概念，不管公司有没有"三会一总"，都是企业老板（实际控制人）一人说了算，整个企业的运作管理制度体系也非常凑合，缺乏规范的运作机制和工作流程，岗位责任也不明晰，业务传递手续不健全，老板事必躬亲、费很大劲也难以把企业管好。股改的目的，就是要推动公司法人治理现代化，使企业由过去的"个人治理"为主，改为以后的"规则治理"为主，为未来的股权流动建起规范的企业平台。

3. "新三板"挂牌有利有弊，需慎之又慎

主持人："新三板"挂牌是中小型企业特别是创新、创业性企业融资的渠道，各地政府也积极鼓励企业挂牌"新三板"。那么，作为企业在作出挂牌决策时，应该注意哪些问题呢？

张振龙："新三板"挂牌确实是企业融资的可利用渠道。企业通过"新三板"挂牌可以给自己带来三大好处。一是可以充分展示自己企业及其产品、技术或模式优势，吸引潜在的投资者向企业投资；二是可以通过股权清晰化和法人治理机制与内部管理制度建设，促使企业内部管理上一个新的台阶，使其管理更加规范和更具有可持续性；三是可以帮助企业树立和强化品牌意识，形成"品牌效应"或"黑洞效应"，吸引更多的人才、

物力和资本等资源向企业流动，促使企业快速壮大或更加强大。

王建军："新三板"挂牌后企业变成了公众公司，要求企业法人治理与内部管理保持规范有序，记录完整、数据可靠，风险控制措施到位。所以，整个运行成本会明显上升，加上券商持续督导服务费用，每年的费用支出至少要增加上百万元，如果企业的盈利能力不足以消化增加的成本，会给企业造成额外负担。因此，企业必须在挂牌前进行挂牌可行性评估，以免挂牌后没有融到资，却背了一个不小的"包袱"。

姜彦明："新三板"挂牌企业的信息披露与上市公司没有大的差别，凡可能影响投资人决策的企业（包括股东的）重大行为或事项都应当及时披露，每季度、年度还要定期公布企业的运营信息和数据。如果企业运营得不好或内部管理混乱，信息披露时，会计师就会出具含有保留意见的审计报告，把企业的瑕疵充分暴露于大庭广众面前，反而使融资更加困难。现在已有部分"新三板"挂牌公司因不敢披露自己的问题而被全国股转系统摘牌，一上一下损失非常惨重。

毛娟："新三板"推出这几年，很多地方政府纷纷推出奖励措施，鼓励当地的民营企业去"新三板"挂牌。政府的奖励费用往往只够挂牌的前期辅导与中介费用，后期运营增加的费用都需要企业自担。所以，民营企业要算清这笔账，绝不可盲目去"新三板"挂牌。

张振龙：那么，为什么许多"新三板"公司长期挂在那里而无人问津呢？根本原因还是企业的产品或服务不够新、不够奇、不够棒，公司的盈利能力太差，或者是公司的法人治理机制和制度体系不健全，运作管理太落后，"人治"的痕迹太明显。所以，公司不管上不上市、挂不挂牌，修炼内功还是第一位的，企业自己做不好，怎么可能受人青睐。

话题 48　"上市"（挂牌）前，企业要强身健体

主持人：罗　晓　　嘉宾：张振龙　王建军　毛　娟　姜彦明　　文字：毛　娟

公司不管是在沪深上市，还是在"新三板"挂牌，上市或挂牌（以下为表述简便，合称为"上市"）前，公司都要进行自我完善，以达到上市之标准。但大多数拟上市的公司启动上市工作前，并不知道要做好哪些功课，而是任由券商主导"包装"，结果由于没有真正建立起良性的运作机制，导致公司上市后无法按上市公司之要求良性运转，产生了不少新的问题。为此，本期沙龙邀请几位嘉宾来与大家谈谈上市前辅导的相关问题。

1. 搞好股改，理顺公司股权关系

主持人：公司上市首先要进行股改。一是不是股份有限公司形式的公司，要改制为股份有限公司，二是要适当增资扩股，调整股权结构。那么，股改应当注意哪些问题呢？

张振龙：意欲上市的民营企业多数为家族企业，股权全部或绝大多数由家族成员持有，股权归属在家族成员之间模糊不清。即使是已经股权多元化的企业，登记股权与实际出资不符、实际控制人与登记股东不符以及股东代持与隐名的现象也很普遍。所以，股权明晰是股改的首要任务。家族企业必须要借机搞好分家析产，将股权在家庭成员间进行合理分配，以防以后因为家庭内部的财产关系纠纷，影响公司的正常运转。多主体出资的企业，对出资主体也要进一步明晰，出资数额要充实到位，出资比例要设置科学。

王建军：公司上市后就转变为公众公司，原始股东的股值可能会有较大的上升空间。所以，对于公司的创业元老、业务骨干以及重要岗位的员工来说，上市是一次较好的投资回报机会。所以，借股改对员工进行股权激励是非常必要的。通过股权激励使这些员工成为公司的股东，一方面是对他们历史贡献的肯定，另一方面也为公司留住了人才，再一方面也有利于公司控制权的稳定。所以，股权激励应尽量在股改时一次完成，不要等到上市后再说，因为上市后就不一定是你一个人说了算了，程序上也会非常复杂。

姜彦明：目前，很多公司股改时，因嫌麻烦都没有把员工吸收进来，上市后才想到把员工拉进来。但由于每次增资都要审计评估、制订方案、召开股东大会审议通过，并要发布公告，程序非常严格，费用成本较高，就是想做也不一定都能做成，使员工完全

丧失了原始股溢价利益。

毛娟： 有些资本规模不达标的公司，上市前往往会引入外部机构投资者增资，但是这些外部投资者往往不是为了长线投资、持股分红，而是为了原始股溢价套利后逃离，所以会要求与公司的控股股东或实际控制人签订对赌协议，以保障未来上市不能时全身而退，或在股票锁定期满后卖出，如卖不出去，也可以把自己的股票以包含预期利润的价格卖给原有股东。所以，引入这样的投资者，签订对赌协议时一定要慎重，小心对赌不能时被对方反吞。因此，引入外部机构投资者时，一定要另行委托专业律师进行筹划和协助谈判，不要一味地相信券商，因为这些机构投资者通常都是券商的"搭档"，甚至就是券商开办的。

张振龙： 目前，上市公司引入机构投资商参与股改上当的很多。有的投资商根本不考虑公司的经营与长远发展，只盯着股票能否上市，溢价多少，有利可图时就留，无利可图时就走，是不是抽干你公司的"血液"他根本不管不问；有的投资商本就是看中了你的公司，意欲不动声色地夺取你公司的控制权，当你无力收购他的股票时，他就会强制收购你的股票而把你踢出公司核心圈。所以，引入前一定要对投资商进行尽调，切不可想当然地认为没事。

2. 搞好资产清查，理顺公司账务关系

主持人： 财产关系明晰、财务处理合规、不存在重大产权纠纷是公司上市的另一基本要求，那么，公司上市辅导期间必须做好哪些工作呢？

姜彦明： 由于民营企业缺乏现代企业经营管理理念，财产混同（股东与公司的财产不分、同一股东的多个公司财产不分）、交叉登记（实际出资人、所有权人与登记不符）、账外流转（业务交易不从公司账上结算和反映）、两套账核算（一本真账对内，一本假账对外）以及存在账外资产（购买时图便宜不开票、不入账）、债权债务不入账的问题非常突出，这些不合规现象既是公司上市的障碍，也是公司上市后所绝对不允许的。

王建军： 基于上述情况，上市前的资产清查、理顺公司财产关系和债权债务关系是十分必要的，这是公司上市的一项基础性工作，必须要做透做实，不能有任何悬空或混乱。清查和理顺的重点就是把混同的资产分清，交叉登记的进行变更还原登记，有账外资产的要开票入账，设两套账的要合并调顺，对外（特别是对股东）的债权债务要笔笔理清，达到财产明晰的账务处理标准。

毛娟：资产清查过程中还要注意三个问题，一是对于公司潜在的债务（如损害赔偿义务尚未有确定数额的，行政违法被行政处罚尚未缴纳罚款的，其他债务尚未与对方结算的等），要设法纳入其他应付款科目，以免实际发生后为企业造成当期利润损失；二是要及时核销呆账、坏账，报废无价值财产，使公司资产真实可信；三是合理处理未分配利润以及资本公积金，科学设定未分配利润和资本公积金转股事宜。

张振龙：目前，公司为了上市而做假账的问题还比较突出，次年能够轻易填平的虚假业绩似乎问题不大，但连续几年都无法实现的经营业绩是万万不敢造假的。否则，就极易暴露于公开透明的股票市场，并且越是掩盖越是需要二次造假，更容易被审计机构揭穿。一旦造假被市场揭穿，上市公司的信用可能会立马丧失，其股票也可能被扫入"垃圾股"之列。

3. 兼并、拆分，要提前完成

主持人：除了股改和资产与债权债务清查外，公司的收购、合并、分立、分设往往需要同步完成。对这方面嘉宾们有什么建议？

张振龙：有些基础条件不错的企业无法上市，是因为企业的注册资本以及经营规模没有达到上市的基本条件，而这些企业单靠自身的力量在短时间内无法发展壮大到上市的条件。因此，为了实现企业上市，这些企业常常会采取强强联合的方式使企业的规模和业务指标达到上市的标准，这种公司合并是一种必要的选择。

王建军：有时公司上市前的合并则纯粹是为了业务整合，以便企业上市后能够不同业务相互支持、不同板块统筹发展，这种合并如有必要，应尽量在上市前完成，不要拖至上市之后，因为一旦公司上市，合并程序就不会像上市前那样便捷，时间和支出成本也会相对增加。

毛娟：业务拆分也是上市前需要考虑的问题。如有的将主营业务与辅营业务分离，有的将相对稳定的保本业务或不愿公众知悉的看家业务分出保留，有的将不良或拟淘汰的业务剥离，把上市与不上市的进行有效区隔。如企业认为必要，也要提前完成这种拆分工作，不要留到上市以后再去拆分，到那时可能就很难分出了，分出的成本也会很高。

姜彦明：剥离不良资产和无利业务的目的是改善公司资产状况，把一个优质的公司展现在投资者面前，以吸引投资者积极购买自己公司的股票，从而"炒热"自己的股价。所以，公司上市前进行业务拆分和资产剥离，是方案设计必须考虑的问题，千万不能随意处理，以免影响公司上市和股价。

4. 建立健全法人治理机制和内控制度体系

主持人： 我们知道，上市公司要求有健全的法人治理机制和完善的内控制度。在这方面上市前应当做好哪些工作？

姜彦明： 缺乏科学的法人治理机制是多数民营企业的通病。家族企业往往只有一个格式章程，股权多元化企业的法人治理机制形式大于实质的现象也非常普遍，规则意识不强，决策执行粗放。这种状态肯定不能适应上市后企业的运作要求，因此，建立健全法人治理机制是首要之务。一要根据现时与上市后的股权结构重新设计公司章程，二要合理划分"三会一总"的职责权限，三要制定股东会、董事会、监事会的议事规则，四要制定企业管理总规范，把公司的决策与执行纳入制度化的轨道，做到程序明晰、有章可循。

王建军： 民营企业的内部管理制度往往不够健全，禁止性规定多，指引性规定少，宣示性规定多，程序性规定少，无法达到指引操作的目的。上市公司要求有严格的内控制度，所以，内部管理制度体系的完善也是上市前需要做好的主要工作。其重点在于完善企业管理总规范以及与之配套的部门责任制、岗位责任制、各项单行管理办法以及工作规范与技术标准等，使整个制度体系覆盖企业运作的方方面面，相互之间有效衔接、良性互动。

毛娟： 另外，上市公司还要求建立信息披露制度，披露的范围和内容是什么，重大事项如何披露，经营状况如何披露，什么时间披露，都应该根据要求制定明确的规定，以指导未来的实际操作。因此，公司需设置董事会秘书岗位并要进行相关培训。

张振龙： 有些拟上市公司认为，券商携会计师和律师全程辅导，凭他们的经验完全可以搞好企业的上市前辅导，其实不然。因为券商携带的会计师和律师都是以推动企业上市为目的，往往不太关注公司的后期运行，表面性和程式化的东西较多，实质性的内容较少，十分不利于公司的后期发展。因此，企业最好要另聘自己的专家团队对券商的辅导工作进行反向审查，以确保整个上市前的准备工作科学完善、准确到位、不被误导、免入歧途。

第六章

公司僵局处理、终止清算、破产重整

　　由于我国股权投资者的规则意识不强，股东之间、股东与董监高之间以及董监高相互之间，往往会因为发生各种矛盾而使公司陷入僵局。公司僵局处理已成为股权多元化公司存续期间的常态化工作，如处理得不好，就有可能导致公司的解散与清算。同时，由于公司经营期限到期没有存续之必要，或因资不抵债，或因不能清偿到期债务，也会引起公司的终止清算或破产。在破产期间，为挽救企业，或充分发挥破产企业的资产效用，还可以和解及重整，以保护债权人、公司员工和股东三方的利益。无论是公司自行解散与清算，还是申请司法解散与清算，或者是破产清算、破产和解与重整，都有许多法律问题需要妥善处理，以使企业及其股东能从企业困境中解脱出来，重新投入到新的创业、工作和生活之中。为此，本章将通过六个话题，与广大民营企业家交流公司僵局处理、终止清算、破产重整有关问题。

话题 49　善用合法手段，打破公司僵局

主持人：罗　晓　**嘉　宾：**马慧娟　毛　娟　姜彦明　**文　字：**毛　娟　姜彦明

公司作为最为活跃的市场主体，一般情况下是由多个股东出资开办的。虽然我国《公司法》有着非常明确的公司法人治理规范，但是，由于我国股权投资者（特别是控股股东、主导股东、实际控制人）的规则意识不强，股东之间、股东与董监高之间经常会发生一些误会或矛盾。此种情况下，如不能自我纠正或修复，就可能使公司陷入僵局。本期沙龙我们就邀请三位嘉宾与大家谈谈公司僵局的破解之策。

1. 公司僵局及其成因

主持人：什么是公司僵局？专家们能否先谈谈造成公司僵局的原因，以及公司僵局的表现形式都有哪些？

马慧娟：公司僵局是股东之间、股东与董监高之间以及董监高三者之间，因观点分歧、方法争议、语言误会而形成矛盾后，不能凭公司的内部机制化解，从而导致公司"三会一总"工作机制停滞，甚至严重影响公司业务运营的局面。公司僵局的核心问题是股东之间关系恶化，主要表现在两个方面。一是股东们对公司的重大事项存在严重分歧，各方自以为是、各持己见、互不相让，长期形不成一致意见，导致股东会议事机制瘫痪；二是公司被个别股东所把持，实际控制人为所欲为，其他股东既插不上手，也不能过问，被完全排除在公司决策、执行和监督之外。

姜彦明：由于股东们关系恶化，董事们也各为其主、各行其是、我行我素、互不顾及、一切依本方股东的意愿唯命是从，不去对公司的重大事项和基本制度进行科学决断，导致董事会不能有效发挥决策机构的应有作用。此种情况下，高管们的行为也会直接受到公司僵局的严重影响，从而使经营活动无法正常推进，甚至导致业务工作停滞或瘫痪的后果。出现公司僵局时，监事会的工作往往也会受到严重影响，本方监事不愿监督本方的董事与高管，监督他方董事与高管时，人家又会设置障碍、不理不睬，造成日常监督工作完全失效。这时，企业要想继续经营和发展，恐怕已不可能。

毛娟：内部纠纷是造成公司僵局的根源，主要表现在五个方面：一是股东资格纠纷，特别是出资不到位的股东和隐名股东的股东资格极易引起纠纷，在这些股东资格没有

明确之前,纠纷难以平息。二是股东的控制权与决策参与权纠纷。主导者意欲控制公司,其他股东意欲参与到公司的决策、执行与监督之中,但前者又不允许。三是股东的知情权纠纷。公司完全被实际控制人所垄断,未参与公司决策、执行与监督的股东想从公司获得经营管理与盈亏的信息,但公司拒不提供。四是股东的分红权纠纷。眼看着公司持续几年盈利,但公司就是长期压着不予分配。五是股东利益受损纠纷。公司的实际控制人随意决定对外投资、挪用公司资金、侵占公司资产、为自己的债务担保,其他股东却没办法制约。

姜彦明:除了股东之间的纠纷,股东与董监高之间的纠纷也十分常见。一是股东的决定权与董事会的决策权纠纷。突出表现为董事会越权代行股东会职权,而股东们则由于公司长期不开股东会而无法参与管控。二是董事会的决策权与经理层的执行权纠纷。要么董事会大包大揽,完全取代经理层,直接控制公司的生产经营活动;要么经理层完全抛开董事会,自主决策,我行我素。三是监事会与董事会、经理层的监督权纠纷。监事会要么不去主动监督,要么监督时无人理睬,董事与高管拒不配合。

马慧娟:引起公司内部纠纷的原因,不外乎这么几个方面:一是股东之间争夺公司控制权,大股东不尊重小股东;二是董事会与股东会争夺主导权,董事们认为董事会受托运营公司,就应当有更大的决定权;三是经理层与董事会争夺生产经营指挥权,高管们认为董事会取代经理层直接行使指挥权,必将权责不清、工作不分,使经理层沦为董事会的"丫鬟";四是董事会、经理层抵触监事会的监督权,使监事会的监督工作无法正常开展,监事会形同虚设。

姜彦明:公司僵局多是源于公司内部纠纷,由一些小矛盾逐步演化为大矛盾,最终形成的,不尊重规则、不尊重他人是形成公司内部矛盾和公司僵局的根本原因。因此,公司除了必须建立健全公司法人治理机制外,股东与董监高都要学会遵守规则、尊重他人,出现分歧及时沟通,出现矛盾及时化解,不能放任其转化为大矛盾,一旦出现公司僵局就一切都晚了。

2. 公司僵局的救济

主持人:公司内部纠纷的根源主要在于股东关系的恶化,所以,要想打破公司僵局,还得从股东会入手。嘉宾们能否谈谈,面对公司僵局股东们应该怎么办?

毛娟:一般情况下,公司控制权之争都是大股东、主导股东或实际控制人想在公司有绝对的话语权和最终决定权,小股东想拥有对公司重大事务的决策参与权。一个公司肯定得有主导公司事务的股东，但是，股东都有参与公司重大事项决策的权利，主导权与参与权两者之间并没矛盾，主要是实际运作中会出现理解偏差。

马慧娟：控制权与参与权之争，其主要表现为：董事会以大股东唯命是从，召开股东会搞突然袭击，既不提前通知，也不事先告知会议议题；在股东会上，既不对拟表决的事项加以详细说明，也不充分听取小股东的意见，往往以"时不我待"为由，强行通过有争议的重大事项，或者干脆就不召开股东会，由董事会在实际控制人的授意下代为决策、直接实施。

毛娟：所以，大股东、主导股东或实际控制人应经常主动与小股东们商议公司重大事宜，取得小股东们的理解和支持，遇到小股东不理解、不同意的情况，除非事情紧急，一般不要强制作出某项决议。即使强制作出决议，也应当向股东们详细说明缘由。知情权和参与权是股东关系的基石，主导者必须考虑和照顾到其他股东的感受。

姜彦明：如果公司召开股东会未按公司章程规定的时间提前通知，或通知书中没载明拟议事项，并提供与拟议事项有关的基础性材料，会议期间没有安排充足的审议和讨论时间，股东均可以股东会程序违法违规为由，请求人民法院确认决议无效或撤销该决议。如果属于股东会的决议事项，董事会不提请股东会审议而直接作出决定，股东也可以以越权为由，请求人民法院依法确认董事会决议无效或予以撤销。

马慧娟：如果董事会不按公司章程规定定期召开股东会，或就重大事项召开临时股东会，监事会或监事在建议董事会召开股东会的提议不被采纳的情况下，可主动或在股东的提议下自行召集和主持召开股东会，就属于股东会的决策事项作出决议。股东在提议董事会召开股东会无效、建议监事会或监事主持召开股东会遭拒的情况下，合计持有10%以上股权的股东可以自行主持和召开股东会，要求董事会、监事会、经理层报告工作，讨论决议重大事项。尽管这种特殊情况下召开的非常股东会真正想作出有效决议很难，但可以推动公司法人治理机制的重启和回归。

姜彦明：有些情况下，如果股东会强行通过影响股东利益的重大决议，投出反对票的股东还可主张公司收购其股权而退出公司。这些情况包括：如果公司连续5年不向股东分配利润，而公司5年连续盈利且符合分配利润条件的；公司合并、分立、转让主要财产的；章程规定的营业期限届满或章程规定的其他解散事由出现，股东会会议通过决议修改章程使公司存续的。自股东会会议决议通过之日起60日内，股东与公司不能达成股权收购协议的，股东可以自股东会会议决议通过之日起90日内向人民法院提起诉讼。

3. 股东与公司权益受损时的救济

主持人：股东的知情权、分红权得不到保证，或者股东认为其他股东以及董监高侵犯了公司权益或个人利益，应当如何救济？

毛娟：股东有权查阅、复制公司章程、股东会会议记录、董事会会议决议、监事会会议决议和财务会计报告。当公司拒不按期向股东报送（公布）业务与财务报表、报告，股东因索取或申请查询公司业务与财务相关信息而遭到拒绝，股东可以向人民法院提起知情权之诉，只要股东不具有其他不正当目的，凡法定的合理的知情权，人民法院都会依法保护。股东依据人民法院生效判决查阅公司文件材料的，在该股东在场的情况下，可由会计师、律师等依法或依据执业行为规范负有保密义务的中介机构执业人员辅助进行。

姜彦明：公司持续盈利而董事会拒不制订分配方案向股东分红，股东在提议公司分红而公司仍拒绝按期分红时，可以向人民法院主张公司向股东分配红利。在诉讼时，应以公司为被告，可列其他股东为第三人。

马慧娟：当股东认为公司其他股东或董监高侵犯本人利益时，可以直接向人民法院提起诉讼，主张侵权的股东或董监高赔偿自己的损失。如果公司连自己的股东身份都不承认，股东则应先提起股东资格确认之诉，待取得股东资格后，方可提起侵权赔偿之诉。股东在股东资格确认之诉胜诉后，还可以主张公司对自己的身份进行变更登记。如公司拒绝变更登记，股东可向人民法院申请强制执行。

毛娟：当股东认为其他股东或董监高侵犯公司权益时（如越权作出对外投资决策、挪用公司资金、侵占公司资产、为公司以外的人提供担保等），可建议董事会对经理层、监事会提起赔偿损失诉讼，建议监事会对董事会、经理层提起赔偿损失诉讼。如果董事会、监事会不行使起诉权，在紧急情况下股东可以以自己的名义提起诉讼，主张侵权者赔偿公司损失。如果股东认为其他股东或董监高的行为构成犯罪的，还可以向司法机关举报其犯罪事实，要求司法机关追究其刑事责任，通过查封、冻结、划扣、强令交出等司法手段，追回其给企业造成的损失。

话题 50　有聚就有散，好聚要好散

主持人：罗　晓　　嘉　宾：马慧娟　毛　娟　姜彦明　　文　字：毛　娟　姜彦明

因经营期限届满、发生分立或合并、经营效益不佳、出现公司僵局等，使公司没有存续必要时，股东会可以自行决定公司解散和对公司进行自行清算。在清偿公司债务、安置职工、资产分配完毕后，企业归于消灭。那么，公司在解散和清算过程中都会遇到哪些问题？如何处理好这些问题，才能使公司干净、利索地退出市场呢？本期沙龙我们就邀请三名专业律师来共同探讨这方面的问题。

1. 公司自行解散的原因

主持人：我们知道，股东设立公司都是为了盈利。如果公司一直亏损，使股东无法实现设立之目的，那么，公司就没有继续存续之必要。现实中，除了公司亏损外，还有什么原因，会使股东会决定解散公司呢？

马慧娟：公司自行解散，是指公司完成其设立目的或历史使命，或因其他原因使公司无法实现其设立目的，或因出现公司僵局而丧失公司继续存续之必要时，股东会自主决定关闭公司，并进行清算、注销公司的一种法律行为。公司自行解散一般包括几种情形：一是公司章程规定的营业期限届满，股东（大）会决议不再延长营业期限的；二是因公司合并、分立不再保留原有公司的；三是被行政机关吊销资质证书、生产经营许可证、营业执照、责令关闭或作出撤销决定的；四是公司章程规定的其他解散事由出现时，经由部分股东申请，股东（大）会作出公司解散决议的。

毛娟：一般情况下，股东可以自由约定公司解散情形。如公司连续几年亏损，因政策变化导致公司主业无法经营，因市场变化使公司主业萎缩，因主导股东无力继续经营公司、其他股东又接替不上而导致公司无法继续经营，因股东之间出现矛盾无法调和而导致公司出现僵局，出现个别股东垄断公司、其他股东无法参与其中的现象，公司长期盈利但拒不分配红利，股东知情权长期无法得到保障、其他救济手段无法有效纠错，因公司董监高严重瘫痪而导致公司无法正常营业等。一旦出现这些可以解散公司的情形，尽管公司经营期限尚未届满，甚至是公司经营一切正常，但股东们均可以提议公司解散与清算。

马慧娟：公司自主约定的解散情形，必须在公司设立时签订于公司设立协议之中，

或明确在公司章程中，否则，当股东以以上理由申请公司解散时，人民法院可能会以约定不明或不符合解散条件为由，不予判决公司解散。如果出现法院判决不予解散公司这一情况，认为利益受损的股东就可能只有"裸奔"，并会使其长期陷入难以化解的纷争之中而无法脱身。

姜彦明：公司解散可以由董事会根据公司章程的规定提出，也可以由持有10%以上股权的股东提出，最后由股东会作出决议。凡符合法定解散公司条件或约定解散公司条件的，股东会均应当作出解散公司的决议。如果公司拒不召开股东会会议或者拒不作出解散决议，主张解散的股东可以请求人民法院判决公司解散。

毛娟：为了弥补股东们对公司解散约定不明的遗憾，最高人民法院通过司法解释的方式，规定了可以判决公司解散的四种情形：一是公司持续两年以上无法召开股东（大）会；二是股东表决时无法达到法定或公司章程规定的比例，持续两年以上不能作出有效的股东（大）会决议；三是公司董事长期冲突，且无法通过股东（大）会解决；四是经营管理发生其他严重困难，公司继续存续会使股东利益受到重大损失。可见，最高法院给出的这些条件，还是远远高于我刚才介绍的那几种可以解散公司的约定情形。所以，关于公司解散的条件，还是由股东们根据自己公司的实际情况自主约定为好。

2. 公司自行清算的流程

主持人：刚才，嘉宾们谈到公司在很多情形下可以由股东会自行决议解散或由法院判决解散，那么，公司解散后应如何清算呢？

马慧娟：股东会作出公司解散的决议或人民法院作出公司解散的判决后，公司应在15日内成立清算组，对公司进行清算。清算组的人员组成，因公司性质的不同而不同。有限公司的清算组成员由股东或其委托的代表担任，股份公司的清算组成员由董事或股东大会确定的人员担任。在清算过程中，除清算方案、资产处置方案、剩余资产分配方案和清算报告需经股东会审议批准外，其余事项一般由清算组自行决定。为使公司清算过程和具体问题的处理客观公允，依法处理公司的对外债权债务，避免清算中的法律风险，公司可以聘请公司法专业律师协助公司清算工作，但是，律师一般不直接担任清算组成员，只以合同方式为清算组提供清算法律服务。

姜彦明：清算组成立后，应当指定公司董事、监事、高管、财务人员、资产管理人员或相关业务人员协助清算组清查公司资产，处理债权、债务和未了结的业务，或维持公司的基本运转。公司员工中需要留守的，应确定留守人员名单及其工作分工，公布留守的时间以及留守期间的待遇。不需要留守的员工，应及时遣散，并发给其解除劳动合同补偿金。被遣散的员工到其他企业重新就业的，应及时为其办理社会保险关系转移接续手续；被遣散的员工暂时无处就业的，应及时为其办理失业手续，以使这些员工能够享受失业保险待遇。

毛娟：公司自行清算，一般应按照如下流程进行：一是成立清算组，向公司登记机关备案；二是聘请注册会计师，对公司资产以及债权债务进行清查和清产核资审计，聘请注册评估师对公司资产以及所有者权益进行评估；三是发出清算通知和发布清算公告；四是受理债权申报并对申报的债权进行审查确认；五是清收债权、取回财产；六是对职工安置费用进行测算；七是制订清算方案和资产处置方案，并按照资产处置方案进行资产处置；八是安置职工、结清税款、清偿债务；九是制订剩余资产分配方案，向股东分配剩余资产；十是制作清算报告，并报股东会批准（国有独资或国有控股公司应报上级主管部门批准）；十一是办理相关证照的注销登记手续。

马慧娟：公司清算是一件非常严谨且法律含量很高的工作。解散的公司要把清算工作当成最后的一件大事来做，千万不能置之不理。如果公司长期处于歇业状态，就会被市场管理机关列入异常名录，影响股东和董监高们重新注册公司和在其他公司担任职务。如果公司长期不清算，还会使公司继续消耗更多费用，造成其资产因长期得不到利用而更加贬值，严重损害股东的利益，甚至导致债权人提起诉讼，把股东与公司一起列为共同被告，由人民法院判决股东对公司的债务承担连带责任。

3. 公司自行清算应处理好的核心问题

主持人：公司清算程序听起来很复杂。请问，在清算过程中都有哪些核心问题需要注意？

马慧娟：资产、债权、债务清查是公司清算的核心问题。清算组应组织公司财务与资产管理人，对公司的资产进行逐笔逐项核对，并在清查后分类造册。如果发现账账不符、账实不符，应查找原因，并依据不同情况，对丢失、报废、损坏的资产作出调账、核销处理，从而把资产做实。在公司清算中，需要追究相关者责任的，应当追究其责任。

毛娟：对于公司对外享有的债权，清查人员应弄清债务人的详细信息，并收集相关资料和凭证。对于债务人没有异议的债权，应予以确认并及时清收，债务人不能一次性结清的，可以与其达成分期清偿协议；对于债务人有异议的债权，清查人员应组织公司财务、业务人员与债务人核对，并在查明原因后与债务人协商处理办法，调整相应账目；

在清查核对后无法查明原因，或与债务人无法达成处理协议的，应及时委托律师通过诉讼途径解决。

姜彦明： 公司对外所负的债务，清查人员应与债权人自行申报的债权进行比对。如果发现有遗漏或与债权人自行申报不一致的，清查人员应组织公司有关财务、业务人员查明原因，属于本方账务处理不当的，应请清算组予以调账处理；无法查明原因的，应安排有关人员与债权人核对，并协商处理办法；协商后仍无法达成一致的，应建议债权人通过诉讼或仲裁最终解决。

马慧娟： 清查工作完毕后，应对公司资产以及所有者权益进行评估，以确认公司资产是否能够清偿公司债务。这些工作完成后，清查人员应制作资产负债表和分类财产清单、债权清单、债务清单以及清查报告，提交清算组或股东会确认。

毛娟： 清算组应根据资产负债表或资产评估报告确定的公司资产价值，制订清算方案（资产类别复杂的，也可另行制订资产处置方案），报股东会审议批准后进行资产处置。在资产处置完毕后，先用处置价款清偿公司债务和欠缴税款，剩余资产再由股东分配。债务清偿和资产分配完毕后，清算组应及时到公司登记机关办理公司注销手续。

姜彦明： 资产处置是清算过程中的一项复杂工作，清算组应根据不同资产的处置方式，考虑清楚以下问题：是选择公开对外出售和转让，还是将资产卖给公司股东？在处置资产时，是磋商谈判还是竞价？在资产处置不能时，是分配给债权人，还是分配给公司股东？这些都要根据资产和负债的情况灵活决定。拟分配给债权人的，应提前与债权人协商一致。

马慧娟： 在资产负债表编制完成后，如果发现公司资不抵债，清算组应报请股东会决定依法向人民法院申请破产；如果资产处置溢价收益可以弥补债务清偿缺口，也可待资产处置完毕后，再行决定有无必要申请破产。

毛娟： 在公司清算完毕、进行财产分配前，任何股东都可以提出清算中止。由该股东将清算后应清偿和分配的财产份额，代公司向债权人和其他股东清偿和退还，然后，由公司其他股东将其持有的股权转让给愿意接手公司的股东，由该股东恢复公司的经营。

话题 51　司法解散与清算，打破公司终止僵局

主持人：罗　晓　　嘉宾：马慧娟　毛　娟　姜彦明　　文字：毛　娟　姜彦明

"长痛不如短痛"。当公司符合解散的法定条件或约定条件，但股东之间就解散事宜无法达成一致时，股东可以请求人民法院强制解散公司。公司决定自行解散或法院判决解散后，逾期不启动清算程序或拖延清算或无法就清算事宜达成一致的，任何股东或债权人均可以申请人民法院进行司法清算。那么，股东应当如何利用司法解散和司法清算来解决公司终止僵局呢？本期沙龙我们邀请三名专业律师来继续探讨相关问题。

1. 公司司法解散的原因与程序

主持人：如果公司符合解散条件而未能自行决议解散，那么，股东就可以请求人民法院强制解散。请问嘉宾们，关于司法解散都有哪些规定？

马慧娟：司法解散是打破公司僵局的一种补充手段。根据我国《公司法》的相关规定，当公司经营管理发生严重困难，继续存续会使股东利益受到重大损失，通过内部救济途径又不能解决的，持有公司10%以上表决权的股东可以请求人民法院解散公司。司法解散是自行解散的有效补充，也是解决公司解散僵局的唯一出路。在股东们无法就公司解散达成一致意见时，不失为一种化解公司僵局的明智之举。

姜彦明：公司解散，必须符合法定解散条件或约定解散条件。公司的法定解散条件较少，《公司法》中只有营业期限届满、公司分立合并、经营管理困难等几种情形，其他解散条件全靠股东们自己约定。但是，目前大多数公司股东都没有这个意识，只想着先把公司成立起来赚钱，没想到不赚钱时如何解散公司。所以，并没有对公司解散的事由提前加以约定，甚至因为觉得约定此类条款有点晦气而不愿约定。当公司在无存续下去的必要时，才发现当初的公司设立协议中没有约定，公司章程中也忘记写入此类条款，使股东准备启动司法解散时有点左右为难、进退无据。

毛娟：为弥补股东们对公司解散条件约定不明的缺憾，最高人民法院作出相关司法解释，规定出现下列情况，致使公司经营管理发生严重困难的，可以判决公司解散：一是公司持续两年以上无法召开股东（大）会；二是股东表决时无法达到法定或公司章程规定的比例，持续两年以上不能作出有效的股东（大）会决议；三是公司董事长期冲突，且无法通过股东（大）会解决；四是经营管理发生其他严重困难，公司继续存续会使股

东利益受到重大损失。因此，如果股东欲申请启动司法解散，必须围绕上述情形收集、准备相关证据。

姜彦明：公司解散案件由公司住所地人民法院管辖。主张公司解散的股东为原告，请求解散的公司为被告，其他股东为第三人。原告既可以是一个股东，也可以是多个股东，但其持有或合计持有的股权必须达到10%以上（如果股东的股权与表决权和分红权相分离，则以表决权计），否则，人民法院不会受理。人民法院审理后，认为符合公司解散条件的，即可判决解散公司。公司或其他股东不服人民法院的解散判决，可以提起上诉。

毛娟：解散公司的法院判决生效后，公司应当在15日内成立清算组进行自行清算（自行清算的具体流程和工作要点，详见上期内容）。

2. 司法清算的基本流程和关键问题

主持人：如果人民法院作出解散公司的判决，公司逾期不成立清算组进行自行清算，那么，股东该如何启动司法清算呢？

马慧娟：公司股东会作出自行解散的决议或人民法院作出解散公司的判决后，如果公司逾期不成立清算组，或拖延清算的，股东或债权人均可以申请人民法院指定清算组进行清算。司法清算由公司住所地人民法院管辖，如公司登记的住所地与实际营业地不一致，应由登记的营业地人民法院管辖。在申请司法清算时，以申请的股东为申请人，以公司为被申请人，以其他股东为第三人，使全体股东都能参与清算事宜。

姜彦明：公司的司法解散与司法清算是两个不同的法律程序，股东不能在申请公司解散的同时直接申请公司清算。人民法院解散公司的判决生效后，如果公司未在15日内成立清算组自行清算，股东和债权人才可以另案向人民法院申请公司清算。

毛娟：在人民法院裁定对公司进行司法清算后，一般会按照下列流程推进清算工作。一是指定清算组；二是将公司清算事宜书面通知已知债权人，并在省级以上报纸上进行公告；三是对公司资产、债权债务、所有者权益进行审计和评估；四是受理债权申报，并对申报的债权进行审查确认；五是清收债权、取回财产；六是对职工安置费用进行测算；七是制订清算方案和资产处置方案，并报人民法院确认；八是按照清算方案或资产处置方案处置资产，结清税款、清偿债务和安置职工；九是制订剩余资产分配方案，向股东分配剩余资产；十是制作清算报告，并报人民法院确认；十一是在人民法院裁定终结清算程序后，由清算组办理公司注销登记。

姜彦明：一般情况下，清算组成员从公司股东、董事、监事、高级管理人员中或依法设立的律师事务所、会计师事务所、破产清算事务所等社会中介机构或其执业人员中选任。清算组对人民法院负责并接受股东和债权人的监督。整个司法清算过程中的具体工作，由清算组在人民法院的指导、监督下完成。公司股东可以另行聘请公司法专业律师，参与和监督整个司法清算过程，代理其与人民法院、清算组以及公司进行对接。

马慧娟：在清算过程中，如果清算组发现公司资不抵债，可以与债权人协商制作有关债务清偿方案。债务清偿方案经全体债权人确认且不损害其他利害关系人利益的，人民法院可依清算组的申请裁定予以认可。在清算组依据该清偿方案清偿债务后，由人民法院裁定终结清算程序。债权人对债务清偿方案不予确认或人民法院不予认可的，清算组应依法向人民法院申请宣告公司破产。

毛娟：公司的债权清收和资产处置，是司法清算工作中的关键问题。一方面需要股东们积极协助，另一方面需要股东们严格监督，以确保清算组能够正确履行职责。由于清算组不知道债权产生的背景和债务人的现状以及偿债能力，所以，清算组中的公司股东和工作人员，应协助清算组查清各项债权的形成原因，提供和说明形成债权的有关证据，以便清算组清收债权。对于债务人有异议的债权，公司及其股东应协助清算组与债务人核对，以确定债权的真实数额。对于债务人不能清偿或不予认可的，公司及其股东应督促清算组及时提起诉讼。对一些死账、呆账，清算组拟作坏账处理而放弃清收的，应经股东会同意。

姜彦明：在处置公司资产时，公司及其股东应审查清算组的资产处置方案。对资产价值或处置方式有异议的，应及时向清算组提出，或向人民法院反映，以保证资产处置时的收益最大。如果资产公开处置无人购买，或处置价打折过多，股东们也可以主张自行购买，以防公司资产被低价出售。公司和股东要及时跟进整个资产处置过程，千万不能撒手不管不问。如果资产处置后才发现问题，可能无论采取什么补救措施都为时已晚。

3. 司法清算中的公司、股东协助义务

主持人：司法清算是由人民法院和清算组主导的，那么，公司或股东是否需要其他协助，应尽哪些协助义务呢？

毛娟：在进入司法清算程序后，公司相关人员要妥善保管其占有和管理的公司财产、印章、账簿、动产与不动产权利登记证书、非财产性权利证书（如采矿权与探矿权证书等）、各种营业证照与生产经营许可证（包括安全生产许可证、用地与建筑规划许可证、

建设工程施工许可证等）、文书资料档案等财产和文件，并根据人民法院或清算组的要求，及时向清算组进行移交。如果这些财产和文件的持有人拒不向清算组移交这些财产和文件，人民法院可以对其采取强制措施，构成犯罪的可以移送侦查机关，追究其刑事责任。

姜彦明： 在公司清算时，股东们尚未缴纳的出资（包括约定分期缴纳尚未届满缴纳期限的出资），均应按清算组的通知时限足额出资到位。抽逃的出资以及占用的资金，也应及时交回公司，否则，会承担与上述同样的法律后果。在公司出资改为认缴制后，许多公司在成立时大量注册空置不缴的注册资本，未约定出资期限，股东们这时就会体会到随便认缴虚高出资的真正苦处。

马慧娟： 公司和股东有协助司法清算的义务。在司法清算过程中，如果清算组需要公司股东或其他资产管理人、财务负责人列席相关会议，以上人员应按要求列席会议，并如实回答人民法院或清算组的询问，协助清算组弄清公司的相关问题。公司和股东的协助义务，主要体现在资产清查、债权和债务清理以及各种未了事项的办理进度梳理方面，参与清算组的成员要认真负起责任，协助清算组把清算工作做好，不能消极应付。股东们也应督促和监督参与清算组以及协助配合的人员，要求他们不能懒惰无为、偷奸耍滑。

姜彦明： 配合办理各种财产的转移登记与非财产性权利证书的变更手续，也是公司和股东们的一项重要工作。由于这些手续既关乎资产的处置价值，也牵扯着转让价款的及时清结，所以，公司和股东们不能懈怠。

毛娟： 在公司清算方案制作完成后，如果有股东不愿解散公司并愿意接手公司继续运营，可以向清算组和人民法院提出清算和解，并同时与债权人达成清偿协议，与其他股东达成应分资产份额的支付协议，以股权转让的方式承接公司退出股东们持有的股权，从而终止清算程序，使公司复活而继续存续和经营。清偿与支付协议的履行期限，由该股东与债权人和其他股东约定。在终止清算程序时，可由申请人撤回其清算申请，由人民法院作出准予撤回申请的裁定。

话题 52　破产清算为止损，资源重组早解脱

主持人：罗　晓　　嘉　宾：毛　娟　赵　萍　姜彦明　　文　字：毛　娟　姜彦明

人有生老病死，企业有兴盛衰败，此乃规律使然。当企业因外部市场环境变化或投资失败、经营不善而陷入困境时，破产清算虽是无奈之举，但也是明智选择。因为只有破产清算才能使出资人直面矛盾、光彩退出、彻底解脱，而再无后顾之忧。那么，民营企业如何利用破产程序，快速从困局中彻底解脱出来呢？本期沙龙我们就邀请三位嘉宾来聊聊企业破产清算的程序以及相关问题处理。

1. 企业破产，并不丢人

主持人：提起企业破产，有些企业家感到很丢人，债权人也感到很忌讳，他们往往不愿谈及"破产"二字。难道企业破产真的非常可怕吗？

毛娟：关于企业破产，目前社会上有很多误区。在社会大众看来，企业破产就是企业被"扑腾光"了、"烂透"了，企业复苏无望、成为僵尸；在企业家看来，即使企业负债累累、陷入困局、山穷水尽、无计可施，但无论如何也不能走破产之路，因为，一旦企业破产了，大家会认为这个企业当家人无能，"君子从此难抬头"；在债权人看来，企业欠自己这么多钱，如果其破产了，债权就会打折，如果通过"诉讼＋诉讼保全"等措施，或许债权还能收回更多些，万一企业有转机、老板恩赐，自己的债权可能会被全额偿还。正是抱有这些幻想，债权人也不愿启动破产程序。

赵萍：创设企业破产制度的本意，并不仅仅是帮助企业收拾残局，实现企业"安乐死"，而是通过司法介入，帮助企业主和债权人止损，探索通过和解与重整程序帮助企业脱困的可能性。对于复活无望的企业，帮助其资产重组，以使其僵尸期缩短、损失止停，资产和资源及时得到有效利用，投资人得以彻底解脱。破产制度实质上是市场主体的优胜劣汰制度、社会资源的重新配置制度，是与社会主义市场经济配套的主体消灭与再生制度。

姜彦明：人有生老病死，企业有兴盛衰败。所以，企业应当善于利用破产程序迅速止损，争取和解或重整，即使最后和解或重整失败，走向破产清算，也会保全相对较多的资产或其他权益，如此，在保护债权人利益的同时，也会保全出资人的一定利益，可使股东毫无牵挂地投入到重新创业或参与到其他企业的经营之中。作为债权人，也要善

于利用破产程序迅速止损，加速债权的实现进度，缩短债权的清收期限，保全债权的兑付率，不能对僵尸企业抱有幻想，惧怕债权打折而不去申请债务人企业破产。企业僵尸期越长，资产的消耗就会越多，加之资产价值贬损，债权实现的比例将会更低。

毛娟：企业一旦进入破产程序，所有的司法查封、冻结、扣押行为就会被全部解除，所有的执行案件就会中止。这时，债权人整天催债的行为就会转移至破产管理人处，企业老板整天应付诉讼、仲裁和执行的局面也会马上缓解。因此，只要你当初出资到位，现在又没有占有公司资产（占有的需要交回），又没有与公司发生资产混同，那么，无论公司欠外边多少债务，作为股东的企业老板都不用再自己还债。

赵萍：在清算程序中，管理人会以资产处置收益在债权人之间进行分配。资产处置收益够分的话，则足额分配，如有剩余资产，还会分给股东；资产处置收益不够分的话，则按比例分配，剩下未清偿的债务消灭。最终，不管企业的资产处置收益够不够分，只要破产清算程序一结束，企业当家人就变得"无债一身轻"，再也不用为企业的债务发愁，也不用再为自己和家属担惊受怕了。

姜彦明：债权人也应正确认识破产清算。只要企业进入破产清算程序，除非破产企业的财产当初设定了抵押、质押（这一部分财产抵押与质押权人有优先分配权），那么，不管哪个债权人先行诉讼或仲裁，并对企业的财产采取了查封、冻结、扣押措施，在实际分配时，同一顺序的债权人都是按一样的比例分配。如果你选择诉讼仲裁，万一别人抢到你的前边采取了诉讼保全措施，且在执行时被其他法院抢先拍卖，你想参与分配就不太可能了。如此，最后你可能什么也执行不回来，只能拿着一张法律"白条"兴叹。

2. 企业破产清算的条件

主持人：请问嘉宾们，企业破产应当符合什么条件？在什么情况下、什么人可以申请企业破产？

毛娟：根据我国《破产法》的相关规定，企业破产的前提条件是不能清偿到期债务，具体有两种情形：一种是资不抵债，另一种是明显缺乏偿债能力。只要两者具其一，就可以申请企业破产。明显缺乏偿债能力并不等于资不抵债，也就是说，企业虽然资产远远大于债务，但是由于其资产都是不动产和机器设备，现金流不足，无法支付到期债务，也可以申请企业破产。

赵萍：目前，很多人有一个重大认识误区，以为只有企业连年严重亏损、最终资不抵债，才可能走向破产。一些资产大于债务的企业，因为不知道申请破产，而错失了许多资产处置良机或和解重整良机,甚至有些法官也认为企业只有资不抵债才可以破产,因此,其在审查企业破产申请时畏首畏尾、不敢大胆裁定受理,导致企业长期陷入"复活无望,死又不能"的绝境之中,致使企业资产慢慢地被"熬干"。

毛娟:目前,大多数"烂尾楼"都是这种情况:看着资产远远大于债务,就是引不来投资商追加投资,开发商无钱把楼盘建起来销售,建筑商拿不到工程款,购房户拿不到商品房,开发商的投资无法回笼,彼此都在那干耗着,一点一点地把企业耗到资不抵债。很多陷入提升改造泥潭和扩大规模搬迁的工业企业也是如此。所以,只要企业符合破产条件,企业或债权人就应大胆、果断地申请破产清算,以推动企业尽早脱离"烂尾"或"瘫痪"的困局。

姜彦明:企业破产,既可以由债务人企业申请,也可以由债权人申请。在自行清算或司法清算过程中,如果清算组发现企业资不抵债,在与债权人无法达成偿债协议时,清算组也应向人民法院申请企业破产清算。在执行程序中,当执行法院发现企业资不抵债或明显缺乏偿债能力时,经征得任何一个申请执行人书面同意,就可以将案件移送有管辖权的人民法院进行破产审查,以使企业"早死早托生"。

赵萍:不论何方申请企业破产清算,债务人均应向法院提交财产状况说明、债权清册、债务清册、财务会计报告、职工安置预案以及职工工资的支付和社会保险费用的缴纳情况说明等资料,以便法院审查企业是否符合破产条件。如果人民法院经审查确认债务人企业符合破产条件,将会裁定受理申请人的企业破产申请,使债务人企业进入破产清算程序。

毛娟:如果是债务人企业自己申请破产清算,就应在申请前提前做好有关准备工作。比如,进行资产清查,理顺股东的出资和财产归属关系,核对债权债务关系,搞好账务处理和瑕疵账务调整,自行进行员工的劳动关系和社保关系清查等。破产准备工作,最好聘请公司法专业律师与注册会计师共同参与辅导,以使破产申请资料符合法院的受理要求,保证后期向管理人移交资产和资料时不会出现其他问题。

3. 破产清算的程序与处理

主持人:在人民法院裁定受理破产清算申请后,破产程序将如何进行,各方应注意什么问题?

姜彦明:在人民法院裁定受理破产申请后,一般会按下列步骤推进工作:一是指定破产管理人接管企业;二是通知已知债权人并予以公告;三是管理人接受债权申报并审查债权；四是管理人组织资产清查和审计评估；五是召开债权人会议，核查确认债权，决议破产相关事项；六是法院宣告企业破产清算；七是破产管理人制订财产处置与分配方案，在提交债权人会议通过后，由人民法院确认；八是破产管理人按照分配方案进行财产分配；九是在完成财产分配后破产程序终结，办理企业注销登记。

毛娟：破产管理人一般由律师事务所、会计师事务所、清算事务所或其执业人员担任，涉及公共利益的企业，可以由社会中介机构执业人员与政府主管部门相关人员组成清算组担任。破产管理人在破产清算程序中居于主导地位，其行为受债权人会议和人民法院的监督。破产清算有严格的工作程序，管理人以及审计评估机构的所有工作都会在法院的指导和监督下进行，债权人委员会和债务人企业股东都可以全过程深入监督，大家不必担心其中有什么"猫腻"。

赵萍：破产企业的法定代表人和财务人员以及其他经营管理人员，应在法院裁定受理破产申请后，及时向管理人移交或受托继续管理企业账簿、印章、经营管理有关资料、财产与财产登记证书、其他与生产经营有关的许可证以及各类审批手续，协助管理人搞好清算事务。经人民法院指定的协助人员，在清算期间未经法院许可，不得离开其住所地。

姜彦明：凡是没有出资到位的出资，不论是否出资期限届满，出资人都应当一次性全部出资到位。企业的对外债权和他人保管的财产，由管理人负责组织清收和取回，企业资产由管理人统一按规定处置。

赵萍：在财产分配方案通过后，设定有担保物权的特定财产优先用于清偿所担保的债权，其余财产按照下列顺序清偿：优先清偿破产费用和共益债务；破产企业所欠职工的工资、养老与医疗保险费、医疗与伤残补助、抚恤金、补偿金等；破产企业欠缴的其他社会保险费用和税款；普通破产债权。当财产不足以清偿同一顺序债务时，按照比例分配，后一顺序没有财产可分的不再分配。

毛娟：在法院受理企业破产申请后，破产企业可以申请与债权人和解，也可以申请企业重整。如果破产企业能与债权人达成和解协议，或重整方案经债权人大会通过（或由人民法院认可），企业由破产清算程序转入和解或重整程序，企业就有望起死回生（和解或重整将在后两期详述）。

话题 53　破产和解：给破产企业一个喘息之机

主持人：罗　晓　　嘉宾：毛　娟　赵　萍　姜彦明　　文字：毛　娟　姜彦明

"和为贵"。企业因债务危机而"命悬一线"，债务人与债权人通过破产和解程序化解纠纷，给债务人企业一个喘息机会，不失为双赢之策。破产和解是我国《破产法》拯救破产企业的两种重要制度之一，其核心是解除对破产企业的财产保全和执行措施，债权人豁免企业部分债务或适当延长偿债期，从而使企业起死回生。那么，破产企业该如何做好破产和解工作呢？本期沙龙就来聊聊破产程序中的和解制度。

1．破产和解，意义何在

主持人： 提起破产和解，企业家可能都比较陌生。那么，究竟什么是破产和解呢？其核心机制是什么，意义何在呢？

毛娟： 破产和解，是在人民法院的主持下，债务人与债权人之间就部分豁免债务和延长债务偿还期限达成协议，以解决债务人债务危机的一种特殊破产程序。通过债务人与债权人的"和平"协商，使债权人作出一定让步，给予债务人一定的时间空间，从而使债务人度过债务危机，最终使债权人的债权得到清偿。可以说，破产和解机制是一种债务人与债权人双赢的机制。不管是债务人，还是债权人，对此都要有一个清醒的认识。

赵萍： 破产和解的条件与破产清算相同，也是企业因资不抵债或缺乏偿债能力，而不能清偿到期债务。如果符合这一条件，债务人就可以申请企业破产和解。与破产清算不同的是，破产和解只能由债务人申请，而债权人不能申请。因为，只有债务人才最清楚自己企业的现状，才能拿出债务部分豁免和延长债务偿还期限的可行方案，而单个债权人谁也不清楚债务人的现状，也无法拿出可行的偿债方案。

姜彦明： 破产和解程序大致分为三个阶段：一是和解的申请与受理阶段（包括清产核资、审计评估与债权申报确认），二是和解协议草案的审议通过与认可阶段，三是和解协议的执行阶段。债务人企业一旦进入破产和解程序，人民法院将会解除对债务人企业的所有保全措施，中止所有案件的执行程序，使企业免受债权人行权行为的困扰，能够使其专心经营、成功融资，在一定期限内按协议清偿债务后，彻底甩掉其债务包袱。

赵萍： 破产和解可以减轻破产企业的债务负担，使其轻装上阵，企业股东及其法定代表人也可免受债权人行权时的应诉、被执行以及诉讼保全之苦，给企业一定喘息期和重新崛起的机会，最终使债务人企业免于破产清算，使债权人的利益得到最大限度的保全，使企业的员工不致因破产清算而失业，能更好地维护股东、债权人以及员工的三方利益和社会稳定。

毛娟：破产和解不同于一般的债务纠纷和解。一般债务纠纷的和解，是债务人与债权人"一对一"的和解，可以是诉前和解、诉中和解，也可以是诉后和解、执行和解。破产和解是债务人与所有普通债权人的集体和解，其和解协议是"一对多"，该协议对所有和解债权人都具有法律约束力（不参与和解的有担保权的债权人除外）。

姜彦明：破产和解，适宜于债务人企业债务负担过大，但只要给一定的缓冲期或减轻其一定的债务负担，就可能"满血复活"的企业。所以，当这些企业被债权人的诉讼、仲裁以及人民法院的执行程序所困时，就要勇于大胆地提起破产和解，以争取与债权人达成债务延期清偿和部分豁免的协议，为企业争得喘息之机。债务人申请破产和解，只要债务清偿率可能高于破产清算的清偿率，债权人一般也会同意，达成和解协议的可能性并没有想象的那么难。

2. 破产和解的申请与操作程序

主持人：在什么情况下可以启动破产和解程序？谁有资格申请和解？破产和解具体是如何操作的？

姜彦明：申请和解一般有两种情况。一种情况是当企业不能清偿到期债务，而达到破产条件时，该企业可以直接向人民法院申请破产和解。另一种情况是当债权人申请债务人企业破产时，在人民法院裁定受理破产申请后、宣告企业破产清算前，债务人企业也可以申请破产和解。不论破产和解最终能否成功，人民法院都应当裁定企业进入和解程序努力一试。

毛娟：如系债务人直接申请和解，申请人应在提出和解申请的同时向人民法院提交和解协议草案，并附送企业法人营业执照、法定代表人身份证明、经审计的财务会计报告、债权清册、债务清册、财产状况说明（包括财产是否设定抵押、质押以及现状）、职工情况以及安置预案、职工工资和社会保险费用的支付情况等资料。人民法院在收到债务人的申请后，经审查认定符合破产和解条件的，裁定和解。如系债权人申请破产后债务人申请和解，债务人应同样向人民法院提交上述材料与和解协议草案，法院审查后认为符合和解条件的，会裁定将破产程序转为和解程序。

姜彦明：在人民法院裁定破产和解后，首先要指定破产管理人接管企业。当管理人接管企业后,一是组织对企业进行资产清查和审计评估;二是通知已知债权人,并发布公告;三是接受债权人申报债权,召集债权人会议核查确认债权;四是组织债权人委员会或债务人会议讨论和解协议草案;五是和解协议一旦达成并经债权人会议通过,即可报人民法院审查确认后裁定执行;六是终结和解程序,由管理人监督债务人企业执行和解协议。

赵萍:破产和解中的债权人分为两类,一类是有担保权的债权人,另一类是没有担保权的债权人。按照我国《破产法》的相关规定,对债务人享有担保权的债权人可以不参与和解,而在进入破产和解程序后,直接行使其担保权。但是,有时由于设定担保权的客体不是相对独立的资产而是企业的集合财产,处置时无人问津,担保权人的权利也就难以有效行使,这时,该部分债权人也可以参加和解,甚至可以放弃其享有的担保权。

毛娟:债权人会议通过和解协议的决议,需由出席会议的有表决权(不放弃担保权的债权人没有表决权)的债权人过半数同意,而且,其所代表的债权额应占无财产担保债权总额的三分之二以上。在债权人会议通过和解协议后,经人民法院裁定认可即发生法律效力。和解协议不得影响有担保权的债权人利益,设定有担保的债权仍继续享有担保优先权,故而债权人会议通过和解协议时,有担保债权的债权人不参与表决。

赵萍:在和解协议生效后,和解程序终止,由管理人将破产企业的财产和营业事务交还债务人继续经营,企业可利用其经营利润或通过处置企业部分资产、抵押融资借贷、增资扩股等手段,在筹集到还债资金后,依和解协议约定的期限和数额偿还债务。企业整个运营和偿债情况由管理人负责监督,在债务清偿完毕后,由人民法院裁定破产程序终结。如企业不能依约履行偿债义务,债权人可申请人民法院裁定终止和解协议的执行,宣告企业破产清算,将案件转入破产清算程序。

3. 和解中的关键问题处理

主持人:在破产和解过程中,债务人与债权人如何才能达成和解协议?通过与执行和解协议的过程中应注意哪些问题?

毛娟:破产和解的前提是债务人企业的产品或服务有自己的市场,只要正常经营就可以赚取一定的利润,而且,企业的经营管理条件和运行体系可以保证企业的正常运转,如果没有这个前提,一般情况下债务人难以与债权人达成和解协议。

赵萍:和解协议草案是和解程序中的核心文件,其主要内容包括四个方面。一是债务人财产状况说明,如财产总额、财产类别、财产分布、其他可利用的财产、改善财产状况的措施等；二是债务承认，如债务人负担的债务总额、债权性质、债权清偿期限、债权清偿方式以及有争议的债权额、争议的性质与原因等；三是债务清偿的方式和期限，如清偿债务的具体办法，保证各债权人能够获得清偿的债务比例，债务清偿的开始期限和结束期限；四是确保执行和解协议的措施等。

姜彦明：和解协议的核心问题有两个，一是主张债权人豁免部分债务，二是将偿债期限适当后延，以减轻债务人的偿债压力。豁免部分债务时，既可以免除主债务的孳息，也可以免除债务人的违约金，还可以免除部分主债务。一般情况下，免除债务人的债务后，债权人保留的债权应不低于破产清算可能实现的债权。

毛娟：债务人承担的剩余债务确定后，再根据债务人的偿债资金筹措规划，协商确定一定的偿债期限。既可以是到期一次性还清，也可以是分期分批清偿；既可以是债权人有先有后清偿（如担保权人的债权可以先行清偿），也可以是所有债权人同步清偿。具体如何清偿，需要债务人根据自己的偿债能力提出可行的方案。

姜彦明：和解协议要想获得债权人会议通过，必须具有可信性和可行性，并可使债权人得到比破产清算更高比例或较早时间的清偿。和解协议的修改商谈的过程，是债务人企业与债权人群体博弈的过程，所以，债务人企业必须设法提出诚实可信和有保证的方案，以取信于债权人，促使债权人会议通过。

赵萍：通过破产和解程序，由人民法院来确认债务人的资产状况和债务数额，使债权人做到心里有底，债权人才会愿意与债务人达成和解协议。如果没有人民法院确认债务人的资产状况和债务数额，仅靠债务人一个一个地与债权人商谈减债延期，"一对一"地签订和解协议，目的几乎是不可能实现的。这就是破产和解程序的好处。

毛娟：如果债务人不能依约如期偿还部分豁免后的所有债务，在转入破产清算程序后，债权人原来豁免的债务可以按约定还原为原来的状态，以破产清算的结果重新分配，以防债务人在与债权人达成和解协议后再次违约，即不能让债务人因违约而占到任何便宜。否则，就没有人会相信和解协议的严肃性，破产和解的路就会越走越窄。

话题54　破产重整：为濒临破产企业注入新活力

主持人：罗　晓　　嘉宾：毛　娟　赵　萍　姜彦明　　文字：毛　娟　姜彦明

"冰寒不能断流水，枯木也会再逢春"。破产重整是我国《破产法》拯救濒临破产企业的另一种重要制度，其核心是人民法院解除对企业的财产保全和执行措施，在债权人部分豁免企业债务、适当延长债务人偿债期的基础上，为破产企业设法引（注）入部分资本或进行资产重组，债权人也可将自己的债权全部或部分转为股权，从而使企业增力减负、起死回生。本期沙龙，我们就来聊聊破产程序中的重整问题。

1. 破产重整，意在输血

主持人：破产重整是一些民营企业家比较陌生的词语。请嘉宾们首先谈谈，什么是破产重整？破产重整的意义何在？它与破产和解有什么区别？

毛娟：破产重整，是指在人民法院主导下，由债务人或其管理人制订重整计划，经各债权人分组审议通过以及人民法院批准实施，以解决债务人债务危机的一种特殊破产程序。它与破产和解的最大不同点有三：一是重整计划不但可以部分豁免债务人的债务，延长债务偿还期限，还可以将债权人的债权转为股权。二是破产和解的债务豁免和延期不包括有担保的债权，担保权人可以正常行使债权，而重整计划则包括了有担保的债权人的债权，有担保权的债权人在重整期间不得行使其债权。三是破产企业可以以股东或外部投资人身份另行增资或与其他企业进行资产重组。

姜彦明：有担保权的债权，在重整期间其债权仍具有优先受偿权，但是，其优先受偿权主要体现在债务人提供担保资产价值范围内的债权数额可以得到足额分配，担保资产价值范围以外的债权数额可以与普通债权一样豁免，债务人偿债的时间与普通债权人一样可以适当延期，并且还可以分期分批清偿。除非债务人的担保资产是相对独立的资产，又易于处理，如此才可在重整方案中安排处置该部分资产。

赵萍：破产重整，意在"输血"。破产重整同样可以减轻破产企业的债务负担，使其甩掉包袱、轻装上阵，免受债权人行权时的应诉、被执行以及诉讼保全之苦，给企业一定的喘息期和重新崛起的机会，最终使债务人企业免于破产清算，使债权人的利益得到最大限度的保护，使企业员工不至于下岗失业，以维护股东、债权人、企业员工利益和社会稳定。更为重要的是，重整程序可以在完成清算的基础上，另行引入战略投资人对企业进行追加投资，为破产企业注入"血液"，用于企业的正常生产经营或持续投资，如果引入的资本较富裕，也可以拿出一部分先行用于偿债。

毛娟：破产重整中的债权分配，与破产清算中的分配方法相同。在破产清算时，是以破产财产处置收益为限。由于一般情况下不处置债务人的资产，所以，只能按评估净资产数额进行分配。债权人分配所得的份额，由重整后的公司按批准的重整计划清偿。分得资产份额的债权人，可将自己的分配所得在重整时转为股权，以在重整后的公司中受益。

赵萍：破产企业的净资产如在债权人分配后仍有剩余，则将剩余部分在公司股东中进行分配，股东按分配的净资产调整其股权（即股权按分配比例缩水）；如果没有剩余，公司股东的股权就会归零，从而被"踢出"重整后的公司。如果被"踢出"公司的股东不愿黯然离开，也可以在重整计划中另行安排追加出资，以保住其股东身份。

姜彦明：破产重整程序也大致分为三个阶段：一是重整的申请与受理阶段（包括资产清查、审计评估与债权申报确认）；二是重整计划的编制、提交、通过与批准阶段；三是重整计划的执行阶段。债务人企业一旦进入破产重整程序，法院将解除对企业采取的所有保全措施，中止所有执行案件的执行，使企业免受债权人行权行为之困扰，从而可以专心经营企业、合理融资，在一定期限内按计划清偿债务。

2. 破产重整的申请与操作程序

主持人：企业出现什么情况可以申请破产重整？谁有资格申请破产重整？破产重整是如何操作的？

毛娟：申请破产重整分为两种情况。一是当企业达到破产条件时，该企业或其债权人均可以向人民法院直接申请企业破产重整。二是当债权人申请债务人企业破产时，在法院裁定受理破产申请后、宣告企业破产清算前，债务人或持有其 10% 以上股权的出资人可以申请破产重整。所以，破产重整的申请人，有债权人、债务人和债务人的股东这三种主体。

赵萍：如果是债权人或债务人直接申请破产重整，法院经审查认定其符合破产重整条件的，将会裁定重整。如果是在债权人申请企业破产后，债务人或其出资人申请重整，法院在审查后认为债务人的重整申请符合条件的，将裁定把破产程序转为重整程序。法院裁定重整后，可以由管理人接管债务人的财产和营业事务，也可以由债务人在管理人的监督下自行管理财产和营业事务。

姜彦明：管理人确定后，一是要对企业进行资产清查和审计评估；二是要通知已知债权人，并发布公告；三是接受债权人申报债权，召集债权人会议核查、确认债权。在完成上述工作后，由管理人自行编制企业重整计划或与拟引入的投资人共同编制重整计划，或指导债务人编制重整计划，召集债权人大会讨论破产重整有关事宜。

毛娟：重整计划草案由债务人或管理人在裁定受理重整申请后6个月内提出（经法院批准可延长3个月），由债权人分组审议通过并经法院批准后执行。在部分债权人组拒不通过重整计划的情况下，如果法院认为计划可行并符合强制批准的条件，也可以应债务人或管理人的请求，予以强制批准。

姜彦明：债权人大会是分组审议分别通过重整计划的。一般情况下，管理人会把债权人按不同的利益诉求分为小额债权组、普通债权组、担保债权组、股东等若干个债权人组，各债权人组分别对分配方案进行讨论并提出修订意见，最后，由管理人与各个债权人组充分协商并对方案进行调整后，再提交债权人大会进行表决。表决时，由债权人组分别进行表决。如果各债权人组全部通过重整计划，则由人民法院审查后裁定批准；如果有部分债权人组不通过重整计划，管理人或债务人可以请求人民法院强制批准该计划。如果人民法院审查后，认为重整计划公平合理，不损害任何债权人（特别是不通过该计划的债权人组债权人）的利益，有利于破产企业"复活重生"，则可以强制批准重整计划。

赵萍：在重整计划批准生效后，重整程序终止。已接管财产和营业事务的管理人应向重组后的债务人移交财产和营业事务，并在规定的监督期内监督债务人执行重整计划。重整计划执行完毕后，由法院裁定破产程序终结。如果债务人不能执行重整计划，管理人或利害关系人均可申请法院裁定终止重整计划的执行，宣告债务人破产清算，从而使重整程序转入破产清算程序。

姜彦明：如果法院认为重整申请不符合条件，可以直接宣告债务人企业破产清算。如果债务人或管理人在规定期限内没有提出重整计划，或重整计划未获法院批准，也可以直接宣告债务人企业破产清算。

3. 重整计划是重整程序的核心

主持人：重整的核心工作是什么？如何才能促成成功重整？

毛娟：重整程序的核心问题，是重整计划草案的全面性、合理性和可执行性，否则，就难以获得债权人会议的通过和法院的批准。重整计划的内容一般包括这几个方面：一是破产企业的资产清查情况与评估后的净资产数额；二是申报与审查确认的债权数额，确认的债权数额中有担保权和无担保权的各是多少；三是不同顺序债权人的分配所得份额；四是重整后的公司清偿债务的时间节点与每个批次的清偿比例或数额；五是债权人债转股的具体人员名单与转股数额以及所剩债权；六是原有股东是否追加出资以及分别追加的数额；七是战略投资人的基本情况以及向公司增资的数额；八是重整后的公司生产经营管理安排；九是重整后公司清偿债务的资金筹集措施和相关保证等。

赵萍：制订重整计划有多种不同的可能选择。第一，重整计划应考虑债务豁免和延期方案。第二，要考虑债转股的可能性、可行性以及转股方案。第三，要考虑原有出资人等比例追加出资的可能性以及增资方案，个别出资人不愿追加出资时的股权重置方案。第四，可考虑引入外部投资者的增资扩股可能性以及增资方案。第五，可考虑与其他企业合并的可能性、可行性以及合并方案。第六，也可考虑股权转让以及受让方输入资金偿还债务的可能性以及方案。上述手段，既可以单个运用，也可以叠加运用。

姜彦明：重整计划草案应尽量使有担保的债权的优先权得到充分实现，延期期间的利益不受损害，员工的劳动之债特别是社会保险费得到足额清偿，普通债权的清偿不低于破产清算时的预期清偿比例，以有利于债权人会议分组表决通过和法院批准，特别是法院强制批准时，都必须满足这些基本条件。对于普通债权，重整计划中的清偿数额可以不再打折甚至大于其分配份额，以利于这些债权人支持破产企业重整。

毛娟：在重整时，如果战略投资人愿意以净资产受让的方式一次性付清其转让价款，并以股权转让方式接手破产企业的，则可以按破产清算方式分配财产，并保留破产企业主体资格，使其继续存续。破产重整是缺乏现金流，但尚有优质资产可以重组的企业最有效的救赎手段，目前大量的"烂尾楼盘"和"半拉子"项目均可考虑走破产重整之路，以盘活现有资产，注入再生活力，实现企业重生。

第七章

民营企业内控体系建设

　　"企业无不因营销成功而成功，因管理失败而失败"。大多数民营企业都相信"营销定天下"，因此便把大部分精力倾注于业务拓展之上，而对内部运行疏于管理。如今，在日益激烈的市场竞争中，有的企业日益发展壮大、如日中天，有的企业却逐渐销声匿迹、退出市场。那些被淘汰出局的企业，要么是因为市场竞争力不足，要么是因为内控体系失灵；而那些脱颖而出的企业，大都有着自己"健康的体格"，并且这种"健康的体格"均是靠着企业内控体系建设来实现和支撑的。本章重点与大家分享民营企业内控体系建设的有关要领以及"体检"调适问题，对企业市场行为和行政合规性、刑事合规性的管控将在以后章节中分别介绍。

话题 55　内部制度体系是企业风险管理的基石

主持人：罗　晓　　嘉　宾：张振龙　范晓焰　段小丹　　文　字：段小丹

我国目前的民营企业多数是从小微企业或个体工商户发展而来的，企业达到一定体量后，内部管理问题就显得非常突出。许多企业产品质量不错、市场看好，但由于内部管理混乱，"三流"运转不畅、频频出现问题，最终导致败北。究其根本，都是因为缺乏一整套行之有效的内部管理运作制度体系。俗话说"没有规矩不成方圆"，要使企业内部运行守规矩，首先要做到企业内部有规矩。本期沙龙我们就来谈谈民营企业内部管理制度体系建设相关问题。

1. 中型民企内部管理问题多

主持人： 当前，民营企业的管理水平普遍较低，具体都有哪些突出表现呢，其成因又是什么？

张振龙： 民营企业从小微、个体企业发展到中型企业，其内部管理是道坎儿。这些企业原来都是老板亲自领着干起来的，靠的是老板的聪明才智、吃苦耐劳和个人魅力，这时制度不是企业的"必需品"，甚至还有点"碍手碍脚"。但是，当企业发展到了一定的规模，老板顾不过来了，无法事必躬亲了，就得给大家定个规矩，以便大家有所遵循。然而，问题就出在这，有的老板不愿花精力去定制度，有的根本不会定制度，有的甚至认为制度无用不想去费那个"闲功夫"。

范晓焰： 制度缺失会导致企业出现很多问题。譬如，很多企业无指引性制度规定，缺乏岗位职责权限和工作指引以及责任界限，无法靠制度自行互动运转，高度依赖高管的直接调度和指挥。下级遇事无所适从，大事小事，事事请示，如高管不在，就极易造成工作停滞，大大降低了工作效率。同时，也会导致高管忙于协调和处理日常事务，无暇顾及企业的宏观发展战略研究。有的企业缺乏业务流转与工作传递的程序化规定，部门、岗位之间无法直接有效衔接，导致工作脱节，互相推诿。因部门和岗位工作责任不明，责任界限不清，缺乏严格的信息与业务传递手续，导致出现不协调、不衔接问题时，也无法判断和追究部门或岗位的责任。

段小丹： 有的企业人力资源管理制度缺失，录用、辞退员工随意性大，劳动合同不规范，甚至不签劳动合同，缺乏薪酬以及福利管理办法，奖罚随意性大，社会保险不落实，缺乏岗位保密办法、职务作品知识产权归属办法和竞业禁止规范等，导致企业队伍不稳定，人员流动性大，劳动争议频发，并在与离职员工打官司时"十打九输"。有的企业知识产权管理不到位，商标注册和专利申请缺乏战略性规划，取得权利后缺乏对应的预防性保护措施，对商业秘密、职务著作权也缺少保护性规定，有时被侵权而不自知，有时还会有意无意地侵犯其他企业的知识产权。

范晓焰：另外，很多企业的资产和财税管理也极不规范，土地、房产等不动产产权不明晰，登记不实，动产管理粗放，造成资产流失；有的企业随意为人担保，承担连带责任，因担保被拖垮的企业也不在少数；有的企业财务处理不规范，存在大量账外账，收付手续不完善，潜伏着很多无法预知的风险；有的企业缺乏业务模式的税务筹划，额外增加税务成本；很多企业信息资料档案管理不规范，合同、手续、客户资料缺失，发生纠纷后无法找全有效证据，只能吃"哑巴亏"；有些企业因资料缺失，导致无法应对行政检查而遭受行政处罚；有些企业则因交易信息被业务人员垄断，员工离职后导致企业客户流失。

段小丹：更为普遍的是，多数老板对高管和关键岗位的职员并不放心，不敢轻易把决策与管理权下放于"外人"，但又找不到自认为好的解决办法，就只好把一些重要的工作交由其家人或亲戚朋友负责，但这些家人和亲戚朋友又不一定能胜任所托付的工作，不但没有把重要的工作做好，甚至还会"吃里扒外"。

张振龙：粗放的企业管理模式，已经无法适应现代企业发展的需要，管理上得过且过，也给企业埋下了诸多的风险隐患，严重制约了企业的发展壮大，甚至直接危及企业的持续存活。这一系列问题，归根结底均源于民营企业的"人治"传统，老板一人惜权如命、事必躬亲、日理万机，多数高管权利受限、难以作为、无所事事，企业缺乏一套行之有效的管理制度体系，无法通过规则与制度来实现企业的自动有序运转。

2. 何以解忧，唯有制度

主持人：企业的内部管理制度体系都由哪些制度组成，它们之间是什么关系，各自发挥着什么作用？

张振龙：很多老板之所以不愿意制定制度，不相信制度的功效，是因为他不知道企业应该有什么样的制度，不同的制度各有哪些不同功能和作用，制度之间如何搞好协调与衔接。企业的内部管理制度体系包括企业管理总规范、各个单项管理办法、部门与岗位责任制、工作规范与标准这四个层面的管理制度，不管一个企业的具体制度有多少，都可以归纳到这四个层面的制度体系之中。只有完整的制度体系才可能发挥其应有作用。

范晓焰：企业管理总规范解决的是企业各层级之间上传下达的纵向互动关系和各部门、各岗位之间业务流转的横向传递关系。企业管理总规范以业务流程为主线，规定每一步具体工作中各岗位的工作任务、工作责任、工作衔接、信息反馈以及各自的决策权限，任何层级、部门、岗位都能在其中找到自己在整个流程中所处的环节和应承担的责任，并且可以快速接手、尽早处理、及时转出，在不依赖高层指挥的情况下，实现日常工作的自行运转。

段小丹：单项管理办法解决的是某一方面具体问题的操作流程和方式、方法。它针对的是企业不同方面各专门事项制定的操作性规定，既要规定该事项办理的具体程序，又要规定该事项的具体处理要求以及在不同情形下的不同处理方式或原则，还要规定不同层级、部门、岗位之间的传递手续以及各种报表、信息的上报要求。有了单项管理办法，各方面的具体问题就可以及时办好。

范晓焰：部门与岗位责任制解决的是具体工作的分解和落实。包括某个部门、某个岗位在各具体事务中应承担什么样的工作责任，如何接手上一环节的业务传递，工作办理过程中，本部门、本岗位应达到什么样的工作质量标准，完成任务后如何将工作转交出去，如何上报工作的动态信息。部门与岗位责任制是企业管理总规范和单项管理办法的落地性制度，只有二者有机衔接和高度契合，才可能使企业的运行机制成为大家的工作习惯。

段小丹：工作规范与标准是各岗位在开展某项工作时应遵循的操作流程和行为规范，它们规定了具体工作应达到的技术标准和数据指标，为各项工作提供评价依据，是产品精细化的质量保证。工作规范与标准是静态的制度，主要约束的是各岗位自身的工作习惯和工作质量。

张振龙：企业管理总规范从宏观上把控企业的运行流程，各单项管理办法从微观上确定流程中各环节的具体工作操作办法，部门、岗位责任制解决具体工作的分解和落实，工作规范、工作标准又为各岗位的工作质量提供了评价依据。这几个层次的制度相互配合、协调一致，最终实现企业各层级、各部门、各岗位之间的良性互动、自动运转。

3. 制度体系建设 需量身定制

主持人：很多企业也有规章制度，但执行得很不到位，有点形同虚设，这是什么原因呢？企业应当如何解决制度落实问题？

范晓焰：随着社会的发展，企业家视野扩展，有的也意识到了依法治企的重要意义，于是就开始借鉴一些优秀企业的现成制度，盲目地照搬照抄，一厢情愿地以为只要"比葫芦画瓢"，就可以立竿见影；也有一些企业很具有创新精神，制定了不少制度，但因为没有经过统一筹划和科学设计，导致各制度之间不衔接、不配套、不协调，不是存在制度空白，就是出现机制冲突；多数企业的制度宣示性条款多、操作性条款少，无法发挥对各个岗位的指引作用；还有个别企业过分崇尚"高端大气上档次"，制定的制度内容冗长、语言华丽，但脱离实际、不接地气、难以落地。

张振龙：企业的制度体系是其运作机制的外在表现，必须要根据自身的特点量身定制。企业制定制度前，首先要确立科学的运营模式、有效的管理机制、合理的业务流程，进而才可以以制度形式将其固定下来。否则，即使利用制度形式固定下来，也会因运营模式、管理机制以及业务流程的自身缺陷，导致企业无法顺畅运营。因此，制度体系建设前，企业必须要对其运营模式、管理机制进行诊断调适，对业务流程进行优化再造，然后再依此制定制度文本。

段小丹：制定制度时，应注重工作流程的清晰化、职责权限的明确性、具体条款的可操作性，注意制度之间的配套和衔接，使整个制度体系协调一致，并配套各种单证、表格及标准合同文本，做到操作有方，实现追责有据。这样的制度体系才能真正发挥作用，实现企业内部的良性互动和自动运转，有效管控企业风险。

张振龙："白纸好作画"的道理大家都懂，如果一个企业在筹建之初，就能规划好企业未来的运营管理模式，运行前就制定好一套完善的内部管控体系，实现企业管理总规范、各个单项管理办法、部门与岗位责任制、工作规范与标准的完整配套和有机结合，必将大大降低运行后的试错成本和管理风险，企业发展也必能进入正常轨道。如果等到企业伤痕累累了再去补救，则会面临很多的利益纠葛，需要权衡变革的利弊得失，需要重新培养员工的规则意识等，必定要大费周章。当然，如果企业现行的内控制度体系不完善、有缺失，又不愿意继续挣扎前行，就应该痛下决心，亡羊补牢，把制度体系尽快地调整完善起来，以免企业陷入困境时再去救赎，到时将可能无从下手、悔之晚矣。

话题 56　人力资源管理是企业发展的保障

主持人：罗　晓　嘉　宾：璩建伟　高慧鸽　段小丹　石文洁　文　字：段小丹　石文洁

"资本、土地与自然资源、科学技术、劳动力"这四大生产要素，"人"的要素占了两个，已经成为关乎企业生存与发展的决定性因素。所以，人力资源管理已经成为企业管理的重要组成部分。但现在很多民营企业在人力资源管理方面毫无章法，长期形不成岗位角色齐全、个人能力超棒的员工团队，严重制约了企业的良性运营和持续发展。本期沙龙我们就邀请四位嘉宾来共同探讨一下民企的人力资源管理问题。

1. 管理无序——队伍不稳定，矛盾纠纷多

主持人： 人是生产力的第一要素，是企业发展的根本保障。但当前许多民企并没有把人力资源作为生产力去加以重视，人力资源管理方面存在不少问题。请嘉宾们先介绍一下你们观察到的情况。

高慧鸽： 目前发展较好的民营企业，无不具有一个理念一致的核心团队和相对稳定的员工队伍。当前经济形势下，企业出现了一对逆向矛盾，一方面是市场疲软、营收滞滑，另一方面则是劳动力成本大幅上升。在此背景下，多数企业便减薪裁员，随意变更用工模式，以期降低经营成本、渡过难关，这就暴露出了企业人力资源管理方面的一些缺憾。

璩建伟： 民营企业在人力资源管理方面存在着不少问题。一是缺乏人力资源战略规划和年度招聘计划，临时招缺现象比较普遍，要么招不来，要么不理想；二是招聘程序不规范，招聘广告发布不严谨、岗位条件不具体、录用条件不明确、入职审查不严格，间接增加了企业的招聘成本；三是合同期限不科学，随意约定试用期，工时、薪酬、调岗、社保及福利待遇等没有细化规定，不利于培育员工的归属感和凝聚力，为可能的劳动争议埋下隐患；四是入职教育培训几近空白，新员工长期融不进所在集体，进不入最佳状态，非生产性岗位新人效率低，生产性岗位新人事故多；五是随意解聘员工，不愿支付解除劳动合同经济补偿金，劳动争议案件多发。

石文洁： 目前，多数企业从用工成本考量，不愿为员工办理社会保险，这不仅是少了一根牵制员工流动的"绳索"，还间接加速了员工的流动，并隐藏着被征缴巨额滞纳金的风险。2019年1月1日起，社会保险费用将改由税务部门征收，企业员工的社保

问题将更加突出。企业为规避社保费缴纳义务，便采用虚假的劳务派遣和劳务外包等形式，这就存在着更大的行政处罚和工伤责任风险。

段小丹：员工超时工作也是目前民企存在的突出问题，许多企业对工作时间管理不规范，随意延长工作时间，更有甚者将八小时以内的定额单位工资压低至最低工资水平，把超定额部分的单位工资大幅度提升，逼得员工不得不超时加班，否则，就拿不到正常工资或者较高工资。员工"过劳死"现象越来越多，这不但增加了企业"工伤"处理成本，更严重影响了企业的声誉，导致员工离心力加剧。

高慧鸽：本来，民营企业因对市场反应灵敏，组织结构扁平化，内部机制灵活，十分有利于吸引优秀人才。但由于存在以上问题，反而导致企业员工流动性大，一些优秀员工和骨干员工不能持续地为企业所用。各个班组以及整个企业运作体系中的员工不断持续动态组合，导致人力资源的支撑和保障能力偏低，使企业的整个工作长期无法进入相对稳定的良性运行状态，工作效率低下，间接成本上升，企业发展缓慢，一快就会崩溃。

2. 健康发展——战略规划先行，确保人才支撑

主持人："水可载舟，亦可覆舟"。对于民营企业这条"船"来说，员工就是载舟、覆舟的"水"。那么，民营企业如何才能蓄好人才这汪"水"，并不使其"翻江倒海"呢？

段小丹："人无远虑，必有近忧"。民营企业要想长远发展，就必须要制订自己的发展战略规划，打造自己的市场竞争力，其中人力资源战略既是企业整个发展战略的组成部分，又是其核心竞争力的集中载体。所以，企业必须转变陈旧的人力资源管理观念，树立现代化的系统性、战略性人力资源开发与管理思维，根据自身的发展战略目标，制订科学、合理、可操作性强的人力资源管理战略规划。

高慧鸽：人力资源管理战略规划是通过分析企业人力资源管理现状以及经营环境变化对人力资源的需求趋势，利用科学的预测方法，制订相宜的政策措施，实现企业人力资源供给与需求的基本平衡，保障人力资源发展能够满足企业发展的要求，适应当前市场竞争就是人才竞争的这一趋势。通过制订人力资源管理战略规划，指引和促使企业制订年度人力资源管理计划，如人员配备、补充、晋升计划，员工培训、薪酬激励、职业生涯规划等短期人力资源管理的具体实施计划，为企业引进、培养、储备人才，为企业的快速健康发展提供人才保障。

石文洁：家族式管理是我国中型民营企业的一大特色，随着市场经济的发展，家族式管理模式已无法满足企业的可持续发展。因此，企业的人力资源战略，必须通过相应

的机制制度加以落实,才能发挥其应有作用。比如人才招聘、培养、晋升、储备机制,薪酬分配、绩效考核与各种激励机制,加班加点、休息休假以及保险福利待遇制度,知识产权、商业秘密、竞业禁止制度等。制定制度要体现"以人为本"的管理理念,最大限度地调动员工的工作积极性,使员工的个人理想与企业的目标一致,充分发挥出员工的潜能。

段小丹:企业文化是企业的精神和灵魂,代表着企业的经营理念和社会形象,也是连接企业与员工之间的桥梁和纽带。企业应当树立鲜明的经营理念,塑造优秀的企业精神,创造独特的企业文化,增强员工与企业的凝聚力,激发员工的工作热情,使员工与企业共同发展。目前,很多民营企业对员工的尊重程度明显不够,在很多具体问题的处理上也不顾及员工的实际感受,使员工无法在企业感受到人情温暖,这样的企业不可能有任何凝聚力。

璩建伟:长期以来,人们对"人才"的认识有一个误区,认为只有那些高级管理岗位和技术性岗位的人员才是人才,而不认为一般岗位的员工也是人才。其实不然,能把本职工作做好的员工都是人才,只是各是不同方面的人才而已。所以,企业制订人力资源管理战略规划时,不能只盯着所谓的高端人才,而忽视普通岗位的员工,应把全部工作岗位的员工统统纳入人力资源战略进行统一规划,使每个岗位的员工都能最大限度地发挥出其潜能,提升企业的运作效率。

3. 管理有序——签好劳动合同,预防化解矛盾

主持人:企业除了制定人才战略、设计配套制度外,人力资源管理实操中还应当注意哪些问题?

段小丹:近几年,民营企业不与劳动者签订劳动合同的现象有所改观,但仍存在着不及时签订劳动合同的现象。如果超过1个月不与员工签订劳动合同,一旦员工离职就有权主张双倍工资,并且会得到仲裁庭或法庭的支持。因此,企业必须及时与劳动者签订劳动合同。如果对新入职的员工心里没底,也可以设定必要的试用期,并在劳动合同中阐明试用期的长短、待遇、不适岗时解除劳动合同的条件和程序等,以避免拖着不签劳动合同的不利后果。

石文洁:现在,企业员工的来源比较复杂,有的是新出校门的毕业生,有的是其他企业流动来的合同制员工,有的是国有企业与事业单位的下岗员工,有的是其他单位退休的老职工,有的是农民工;有的没有社会保险关系,有的有社会保险关系,有的社会

保险关系转不过来。不同员工在本企业的岗位、工时以及薪酬体系也不一致。所以，企业与员工签订劳动合同时，应根据员工的不同来源、不同岗位、不同工作性质、不同工作时间、不同薪酬分配机制、社会保险的不同缴纳方式等，签订不同的劳动合同，以规范不同性质员工的特定问题，千万不能千篇一律地签订统一格式的"万能"合同。

段小丹：由于企业与员工第三次签订劳动合同或者与连续工作10年以上的员工签订劳动合同时，必须签订无固定期限的劳动合同，所以，不同员工每份劳动合同的期限设计就显得非常重要，企业要有长远筹划，尽量避免过早地与不理想的员工建立无固定期限劳动合同关系。转岗也是劳动合同中的一个关键内容，可许多企业的劳动合同中对此却没有相应规定，结果在企业安排员工转岗时，会出现好多不顺畅的问题。对于不具备办理社会保险开户条件的员工，应在合同中约定社保费处理方式。对关键特定岗位的员工，还要注意签订知识产权归属利用、保守商业秘密、离职竞业限制等配套协议。

高慧鸽：要搞好企业人力资源管理相关制度与劳动合同的配套衔接，并设计与制度、劳动合同相配套的表格和单证，把企业的内部管理规范与劳动合同中的权利义务结合起来，达到用好用活人才、激发人才潜能、规制员工行为的目的。

石文洁：企业在制定人力资源管理相关制度时，应注意结合企业的管理现状和实际管理需要，制定出适宜于本企业推行实施并具有可操作性的管理制度。企业施行管理制度时，应当经过合法的公示公告程序（如职工代表大会通过、以文件形式印发、组织向员工宣讲等），并保存员工知晓相关制度的证据。合法的企业人力资源管理制度在劳动争议解决中，与法律具有同等的效力。

璩建伟：员工（特别是离职员工、受伤员工）与企业发生劳动争议十分正常，企业应当有一套成熟的处理流程来化解劳动争议，不能置之不理、消极对待，更不能简单对抗、激化矛盾，以免引起多数员工的情绪反弹而产生多米诺骨牌效应。劳动争议实行"先仲裁，后诉讼"原则，一般情况下企业十打九输，因此企业要设法将争议消化在萌芽状态，不要耗时费力地去仲裁和诉讼，以免引起连锁反应。

话题 57　调整用工模式，善用劳务外包与劳务派遣

主持人：罗　晓　　嘉　宾：璩建伟　高慧鸽　段小丹　石文洁　　文　字：石文洁

随着我国市场经济的不断发展，企业管理模式的不断更新，企业的用工环境也发生了很大变化，劳动力成本不断攀升，多元化的灵活用工模式逐渐被企业所采用。其中劳务外包和劳务派遣这两种模式应用最为广泛，但存在的问题也最多，没能达到切割劳动关系的效果。本期沙龙我们就来聊聊如何用对、用好劳务外包和劳务派遣。

1. 企业别再"麻雀虽小，五脏俱全"

主持人： 近期参观了几家规模较大的民营企业，发现企业的岗位配备十分齐全，用起人来也真是方便，但同时企业也反映用工成本越来越高，有点让企业吃不消，有破解之法吗？

高慧鸽： 企业规模较小、用工较少时，人力资源管理不是一个大问题。但随着企业的不断发展，其规模由小变大，内部功能配套的要求也越来越高。因此，企业岗位设置越来越全，职能部门越来越多，人员规模也越来越大，当达到中型以上规模时，人力资源管理就会成为企业的一个重大问题。俗话说，"麻雀虽小，五脏俱全"。配齐配全所有既定岗位的员工，对工作任务的分解确实是必要的，但同时也会增加调度协调的难度，降低工作效率，这就是所谓"小企业得了大企业病"。

璩建伟： 随着企业内设岗位越来越全，不但生产经营性人员会越来越多，还得专门配置一些"管人"的人。在目前劳动力薪资快速上升的市场环境下，企业的用工成本必然越来越高。用工成本不仅仅是劳动者薪资，还包括劳动者劳保福利、社会保险、工作条件、能源消耗等直接成本，招聘、培训、管理等间接成本，其中社会保险已经成为企业的很大一笔开支，许多单位都感觉到有点吃不消。

段小丹： 但随着市场经济的不断完善，社会分工也越来越细，企业的商业模式也呈现出纷繁多样的变化状态。此时，用工模式也越来越多元化，企业可考虑采用不同的灵活用工模式，以提高用工质量，减轻管理负担，分解用工风险，降低用工成本。目前的灵活用工模式主要包括劳务外包、劳务派遣、退休返聘、非全日制用工、兼职等，其中劳务外包与劳务派遣尤为普遍，企业应当学会科学利用。

石文洁： 调整用工模式时，企业可以将现有各岗位工作进行归类梳理。梳理时可以根据各岗位是否属于日常性工作岗位，是否属于核心竞争力工作岗位，其工作成果能否量化，其业务是否属于主营业务等要素进行细分，以分析哪些岗位可以从整个企业运作体系中剥离为非劳动关系的工作岗位，剥离出来的工作岗位不影响企业的正常运营，并最终确定使用合法灵活的用工模式，对企业的用工模式进行优化再造。

2. 劳务外包，省心省事成本低

主持人： 劳务外包主要适用于哪些工作，采用劳务外包应注意哪些问题？

高慧鸽： 劳务外包一般是指企业利用外部公共服务资源，将内部的某项工作职能分包给其他企业或组织，由承包单位统一组织人员来完成的一种劳务承包模式。通常劳务外包的都是企业的某些非核心工作职能或辅助性工作，主要有辅助性后勤服务劳务外包（如安保、卫生保洁、设备维护、员工食堂）、生产性劳务外包（如装卸、搬倒、计件计量式部件加工或生产工序）、采购供应外包（如供应商包送某些原材料、能源消耗外包等）、销售服务外包（如委托包销、售后服务外包等）和智力咨询服务外包（如人事、财务、研发、法务、各种咨询等）。

石文洁： 劳务外包是企业对企业（个体工商户）的承包合同关系（一般为服务合同关系、加工承揽关系、买卖关系等），双方根据合同约定的办法进行结算。提供具体劳动、服务或工作的人员，由承包方统一招聘、录用、调配，统一组织劳动、工作或服务，统一发放工资和办理社会保险，与承包方形成劳动关系，不与发包方之间构成劳动关系。劳务外包法律关系成立的前提，是承包方必须是企业或登记注册的社会组织，有资质要求的劳务外包事项，承包方还必须具有相应的资质。所以，企业选择劳务外包时，必须要审查承包方的证照、登记证书和对应资质，尽量不与个人签订承包合同，否则，就有可能无法切断企业与提供劳务者的劳动关系，使企业与劳务人员形成间接劳动关系或次级劳动关系。

段小丹： 企业劳务外包有几大好处：一是可以压缩与企业之间成立劳动关系的员工规模，减轻人力资源管理成本；二是可以切断企业与外包部分工作人员之间的劳动关系，减少劳动争议的概率和规模；三是外包部分由承包方直接组织管理，发包方只负责监督其工作成果质量，可以降低具体工作的管理成本；四是承包方多为专业性承包单位，人员基本上都经过培训，工作效率高，质量有保证，缺岗人员易补缺，不适岗的人员易调换，可以有效解决员工不适岗问题；五是由于存在市场竞争，劳务外包一般都能保证工作质量，外包效果不好的也易于更换。

璩建伟：劳务外包需要一次性支付较高的外包服务费，看似显性成本高，但相对于直接用工，劳务外包可省去社保费、劳动保护、用工管理以及工伤赔偿等很多费用，实际上的隐形成本还是比较低的。所以，凡是能够实行劳务外包的部门或岗位，企业应尽量采取劳务外包形式。

石文洁：企业进行外包的岗位应是企业的非核心岗位，并且该岗位适合于结果交付，不需对工作过程进行管控。劳务外包时，企业应对承包人的专业水平、资信程度进行尽职调查，确保其具有承包能力，以保证劳务质量。企业将直接用工改为劳务外包，其对提供劳务者的管理模式，也就由分散对人式制度管理变成了集中对事的合同管理。因此，在签订劳务外包合同时，应对劳务承包的内容、结果交付的标准、劳务人员的日常管理、劳务人员因工受伤的责任承担等进行全面约定，并要求承包方为其劳务人员办理社会保险或购买人身意外保险等。

段小丹：企业在签订劳务外包合同时，还应当注意约定企业对劳务人员的管理方式以及对其工作质量的监督方式，双方的工作协调与对接，企业商业秘密的保护措施和违约责任，劳务人员损害企业财产或造成安全事故时的赔偿责任等，以促使承包方强化管理责任，谨慎履行义务。

3. 劳务派遣好，但是莫乱用

主持人：劳务派遣又是怎样的一种用工方式，它与劳务外包有什么区别？

段小丹：劳务派遣是指取得劳务派遣资格的派遣机构，通过与派遣员工签订劳动合同，并根据劳务派遣协议将其派往用人单位工作，由用人单位对派遣员工进行管理，用人单位向派遣机构支付劳动报酬、社会保险费、管理费等相关费用，再由派遣机构向劳动者支付报酬、缴纳社会保险等费用的一种用工模式。劳务派遣与劳务外包的共同之处是，劳动者均与派遣单位或承包单位成立劳动关系，而不与用工单位成立劳动关系；其区别是，劳务外包的劳动者原则上由承包单位具体分配工作和进行日常管理（用人单位对其有有限调度权、管理权和监督权），而劳务派遣的劳动者则由用工单位直接使用、指挥和管理，劳动派遣单位一般不参与日常管理。

高慧鸽：我国劳动法律法规都对企业使用劳务派遣用工模式有严格限制，规定企业只能在临时性、辅助性或者替代性岗位上使用劳务派遣用工形式。临时性岗位是指存续时间不超过6个月的岗位；辅助性岗位是指为主营业务岗位提供服务的非主营业务岗位；

替代性岗位是指用工单位的劳动者因脱产学习、休假等原因无法工作的一定期间内，可以由其他劳动者替代工作的岗位。企业使用的被派遣劳动者数量不得超过企业用工总量的10%。

石文洁：当企业的一些工作岗位出现人员暂时性短缺时，或者某些岗位没必要招聘长期合同制员工的，可以委托劳务派遣公司派遣一部分员工进来顶岗。用人单位对劳务派遣而来的劳动者应与自己聘任的员工一视同仁、同等管理、同等关爱、同等进行劳动保护。凡用工单位给派遣来的劳动者造成人身损害的，如果派遣单位没有为该员工办理工伤保险，用人单位需与派遣单位承担连带赔偿责任。所以，监督劳务派遣单位为其派遣人员办理社会保险也是用人单位需要特别注意的问题，切不可不管不问、放任自流。

璩建伟：派遣人员不是企业的正式员工，其对企业的文化认可度和忠诚度可能不高，工作积极性也会有一定差别。由于劳务派遣中企业可以直接管理派遣人员，因此，企业可以通过岗位技能培训，加强和提升派遣人员的职业素质和工作技能，建立对派遣员工的考核体系和薪酬激励体系，激发派遣员工的工作积极性；对有突出表现的派遣员工，企业还可以将其吸收为企业的正式员工，与其签订劳动合同，揽为企业有用人才。

石文洁：企业在变革原有员工的用工模式时，应当注意完善变更手续。企业将自有员工变更为派遣人员时，首先应当与该员工解除劳动关系，办理解除劳动合同后的离职手续，支付经济补偿金，然后告知该解除劳动合同的员工与派遣单位签订劳动合同，转移接续其社会保险关系，最后再按派遣程序派遣其到企业来继续工作。

段小丹：企业选择劳务派遣形式，可以减少招聘麻烦，降低人力资源管理成本，同时也可以降低用工成本，转移用工风险。但目前有不少企业采用虚假劳务派遣形式，将实为企业的自主用工"包装"为劳务派遣人员，以转移用工的劳动关系风险。虚假的劳务派遣，一般都会被仲裁庭和法庭认定为劳动者与派遣机构之间的劳动合同无效，用工单位被认定为实际用工主体，用人单位仍需承担《劳动法》所规定的用工主体的法定义务。所以，企业不能乱用、滥用劳务派遣方式。

话题 58　高管频繁跳槽，民企咋防受伤

主持人：罗　晓　　嘉宾：璩建伟　高慧鸽　段小丹　石文洁　　文　字：石文洁

人员流动性大，是目前民营企业人力资源管理的一大特征。一般员工进进出出"似乎"问题不大，但高管就完全不同了。高管跳槽导致企业"梁断柱折""伤筋动骨""梗阻出血"的现象经常发生，成为民企老板无解的难题。那么，这些高管为什么要跳槽，跳槽后会给企业带来哪些风险，有没有凝聚之方、设防之道、抑制之策呢？本期沙龙我们就来谈谈预防高管跳槽给企业带来伤害之计策。

1. 高管突然跳槽，民企"伤不起"

主持人：近来接触到一位高新企业老板，他的企业主管生产技术的副总跳槽到另一家民企，并使那一家企业很快上了自己的同款产品，告到公安机关，公安机关不立案，告到法院没有打赢官司，气得这位老板脸色发白手发颤。那么，各位嘉宾能否先谈谈高管跳槽对企业的伤害有多大？

高慧鸽：由于高管掌控着企业的核心技术和资源信息，一般情况下其非正常跳槽对企业的伤害都很大。这里所说的高管不限于企业的经理、副经理或"四总"，往上还包括公司的股东、董事、监事，往下还包括掌握企业核心技术和生产、经营、管理重要资源和信息的业务骨干。这些人的跳槽，首先造成的是企业关键岗位的人才空缺，其次还会衍生出一系列更为严重的不正当竞争问题。

段小丹：企业高管基本上都掌握着企业的核心技术和技术秘密以及商业信息和商业秘密。有的跳槽到同类企业后，会把这些关键技术或信息作为"投名状"奉献给竞争对手，使对手的核心竞争力大大提升；有的会"复制"一个新的企业自己单干，通过嫁接原企业的销售渠道打开市场，使原企业增加了一个旗鼓相当的新竞争对手，挤兑原企业的市场空间和市场份额。特别是研发岗位的技术人员，可能会把接近研发成功的产品或技术，带到新的企业申请专利，从而排除原来的企业使用。

石文洁：高管跳槽一般会从企业带走企业的产品战略、研发思路、阶段性研发成果，以及新产品（包括新产品雏形）、新配方、新工艺、新方法、新诀窍、设计图纸、计算机程序等技术秘密，还会带走企业的供应链信息、销售渠道信息、客户信息、经营模式、定价策略、财务信息，使竞争对手可以清楚地了解本企业的家底或底牌。一旦这些技

与商务信息被竞争对手所利用，或针对原企业设计应对之策，就可能把原企业挤入劣势地位，导致企业丧失核心竞争力。

璩建伟：企业的这些关键技术和信息对高管们来说是开放的，没有办法封锁和保密，高管走时即使不通过有形载体拿走任何资料，也可用脑子把这些技术信息带走，企业没有办法把自己企业的信息从跳槽高管的脑子中"删除"。所以，对于这些跳槽的高管，企业感到很无奈。无论是起诉到法院，还是控告到公安机关，多数情况下都会因为企业没有保护知识产权的相关制度，没有签订保守商业秘密的相关合同，没有签订离职后的竞业限制合同，劳动合同中也没有约定相关违约责任而不予立案或败诉。

石文洁：企业高管的动向还影响着整个企业的团队建设，高管们的离职，可能还会带走其他业务技术骨干，甚至整个团队，导致企业关键岗位角色缺失或整体坍塌，人才青黄不接，从而引发员工的思想动荡，严重伤害企业的凝聚力。可以这么说，每次企业高管跳槽引起的震荡，都需要很长时间才能平息。这时，企业为了继续生产经营，不得不重新培养新人，导致企业需要投入大量的金钱成本和时间成本。

2. 高管跳槽的原因及预防之策

主持人：企业高管跳槽必有其内在原因，专家们是否做过分析？企业如何才能留住人才，减少跳槽呢？

段小丹：优秀的高管是企业的军师和将领，是企业的宝贵财富，是企业的核心竞争力。如果企业只关注自身的发展，而忽视了高管们的感受，就会慢慢失去凝聚力，加速高管的跳槽。高管跳槽的原因形形色色，但主要有六个方面：一是企业的理念、制度、文化与高管个人的价值观发生冲突；二是企业的发展战略无法实现高管的个人理想和抱负；三是认为自己在企业得不到重视，一些好的建议不被采纳，一些好的想法无法付诸实施，一些创新性工作无法得到实验，自身的作用和价值无法得到充分体现；四是自己的人格往往不受企业领导（特别是老板的亲信们）的尊重，心里感到憋屈；五是企业缺乏与高管职位相匹配的工资福利待遇与激励机制；六是经不起其他企业优厚条件的诱惑。

高慧鸽：有资料显示，中国民营企业的高管中，五年内换过公司的超过40%，真可谓跳槽频繁。高管如此频繁流动，绝不应当是中国民企的常态。所以，企业必须一方面提高自己的向心力和粘连度，吸引和留住人才；另一方面必须采取配套的预防、避险措施，防止高管跳槽给企业造成的可能损害。

石文洁：高管频繁跳槽，虽然有高管的问题，但肯定也有企业的问题。所以，企业应查找自身原因，设法消除高管跳槽的诱因，把高管们留住，最起码要减少其跳槽频次。一是要有科学的企业发展战略，让高管能够看到企业的未来前景以及自己的发展空间；二是要有制度、有规范，让高管在制度框架下有职有责有权，不至于沦落为老板的"丫鬟"而使不开拳脚；三是要充分发挥高管的作用，通过彰显高管的个人价值实现企业的价值追求，通过实现高管的人生目标追求企业的战略发展；四是要有科学的薪资体系和绩效考核办法，通过匹配的薪资报酬确认和回报高管的个人价值，使高管可以获得体面和有尊严的生活保障；五是要搞好企业文化建设，做好人文关怀，强化高管的归属感和凝聚力。

段小丹：股权激励是当前民营企业留住高管的一种较好的黏合剂，企业可以通过吸收高管和业务骨干出资入股将其转变为公司的股东，也可以通过股权激励措施把未实际出资的高管和业务骨干设定为虚拟股东，以使高管和业务骨干可以分享企业的经营成果，长期持续地为企业服务。如此，既可以解决民营企业对人才的多元化需求，还可以解决家族企业后继无人时的企业传承问题。因此，民营企业必须早做统筹安排。

璩建伟：企业还要考虑高管个人发展瓶颈期的正常流动。对于企业无法继续为其提供进一步发展平台和空间的高管，应理解、容许甚至鼓励其正常流动，以增加这些高管与企业的情感联系，减轻其离职后对企业的损害，甚至还可以考虑继续为我所用。但对其离职后的补缺应早作打算，可委托其提前培养后备人才和"替补队员"，约定其培养出"替补队员"后方可离开，以防企业出现人才断档。

3. 如何避免高管跳槽，企业受伤

主持人：对于高管跳槽给企业造成的伤害，企业真的没招了吗？嘉宾们能否给出一些好的建议？

段小丹：首先企业要树立商业（技术）秘密保护意识，制定商业秘密保护办法。因为我国法律只保护不为公众所知悉，能为权利人带来经济利益，被企业自己设定为商业（技术）秘密，并采取保密措施加以保护的企业信息。如果企业不能证明自己的某项信息是商业（技术）秘密并采取了保密措施，国家机关就会认为是企业的公开信息而不予保护。所以，企业一要界定和明确自己的商业秘密范围，如产品配方、工艺流程、技术诀窍、客户名册、交易条件等；二要对不同商业（技术）秘密采取不同的保密措施，如涉密文档资料加盖保密印章、专人专库专柜保管、严格控制知密范围、接触秘密要进行登记等；三要与涉密岗位的工作人员签订保密协议，明确保密内容、保密期限、保密费用、违约责任等；最后，企业还应建立侵权和应急救济预案与索赔机制，做到及时发现侵权行为，及时作出正确反应，及时采取有效措施。如此，一旦知密人员泄密，企业就可以依法追究涉密者（包括获取商业秘密的竞争对手）的民事和刑事责任。

石文洁：对于高管在企业的发明创造和创作的职务作品（如研发的新产品、绘制的各种设计图、编制的软件程序、设计的工艺流程与操作规范等），应以企业内部知识产权管理办法，附加企业与发明创造（作）者签订协议的形式，明确职务发明和职务作品范围、权利归属以及创造（作）者合理利用的有关限制，对创造（作）者的奖励措施等，以保证这些高管离职后企业还能正常使用其发明创造和职务作品，防止离职的高管将这些职务发明和作品输送给其他企业。

高慧鸽：对于掌握企业核心技术或商业信息的高管，还可以通过签订竞业限制协议，限定其在离职后的一定期限内（不超过两年），不得在与本企业具有竞争业务的企业内任职或兼职，以及违反约定应当承担的违约责任。但应给予每月不低于离职前一年平均月工资30％（且不得低于当地最低工资标准）的经济补偿。高管的保密义务是法定义务，而竞业限制义务则是合同义务，如果合同没有约定，对劳动者就没有法律约束力。所以，企业必须依靠合同对竞业限制加以约定，才能使其管控机制发挥应有作用。

璩建伟：另外，企业还可以在内部管理制度中规定，或在与高管签订的劳动（聘用）合同中约定，其任职期间不得在其他企业兼职，离职时（后）不得介绍或吸收本企业的关键岗位人员到自己所加入的企业任职，并明确较重的违约责任，以防这些高管或关键岗位的员工离职后损害企业利益，造成关键岗位人才"塌方"。

石文洁：企业和高管还可以在劳动（聘用）合同中约定，离职后不得向原有客户采购原材料和配件或者销售其产品，并约定便于计算的违约责任，以防竞争对手的产品同质化和侵蚀自己企业的客户圈。

话题 59　财务管理"雷区"多，及早规范防"引爆"

主持人：罗　晓　　嘉宾：马慧娟　赵　萍　段小丹　毛　娟　　文　字：马慧娟

许多民营企业家都认为，企业的财务管理是财务部门的事，其实不然，企业的财务管理大多是企业老板和高管们的事。因为企业的财务管理混乱大多是企业家或高管们随意决策或不当指挥造成的，而因财务人员技术水平低造成的财务处理不当只占很小一部分。那么，民营企业财务管理方面究竟存在哪些问题，其风险究竟有多大，企业应当如何调整和适应未来的监管环境变化，避免因财务管理失当而给企业造成的风险呢？本期沙龙的几位嘉宾就来与大家谈一谈这些问题。

1. 多数民企财务管理问题非常突出

主持人： 各位嘉宾整天和企业打交道，你们对目前民营企业的财务管理有什么感受，其中存在哪些突出问题？

马慧娟： 首先是股东出资不规范问题。主要表现在股东出资不到位、虚假出资、抽逃出资、实收资本账务处理不规范等方面。目前，我国公司注册资本实行认缴制，许多企业利用《公司法》对认缴出资没有设定分期出资时间节点规定这一漏洞，任意认缴巨额注册资本，在章程中不约定认缴期限或约定的认缴期限较长（如 20 年、30 年），也不规定阶段性出资时间和数额，出资人自认为只要出资期限不到期，自己就不应当承担什么责任。

毛娟： 殊不知认缴出资的出资人存在诸多风险。一是在公司欠债无力偿还时，债权人可以主张股东的认缴出资加速到期，此时法院一般都会支持债权人向认缴出资的股东行使追偿权，判决其在认缴出资范围内承担还款责任；二是在公司终止（破产）清算时，出资人（认缴股东）是要对认缴与实缴部分的差额承担补充出资责任的，故认缴额越大，风险也越大；三是虽然认缴制下《刑法》对虚假出资、抽逃出资犯罪的范围有所收窄，但仍对 27 个行业的 64 类有最低注册资本要求的实缴制公司保留了虚假出资罪和抽逃出资罪，所以企业家们不要忘乎所以。

赵萍： 其次是财务管理不规范问题。实务中最常见的是为偷逃税而建两套账，为方便结算、预防资金被查封或冻结、少计收入等搞资金体外循环，购买资产图便宜不开发票形成账外资产和对应的虚假应收账款，发票管理不规范而被定性为虚开增值税发票，为了少计收入或虚增利润而虚假登记往来账务等。

段小丹：财务处理不规范，不但会给企业带来民事、行政、刑事风险，也极易引发企业内部人员的道德风险。如购置固定资产支出无票，则导致资产无法入账和计提折旧（或摊销），无法抵扣增值税进项税和企业所得税税前扣除（如购买100万元的固定资产不入账，可能累计多缴税款40多万元）；应收账款挂账信息失真或诉讼时效逾期，则导致债权无法追偿，或资金、资产被不法侵占、挪用等。轻则会给企业带来重大财产损失，重则会使企业重大融资行为失败、挂牌上市"流产"，甚至会导致企业因涉税问题而被税务稽查，企业家因漏税、虚开增值税发票、侵占或挪用资金等触犯《刑法》。

毛娟：资产混同也是多数民企普遍存在的问题。很多私企老板认为，既然公司是自己的，那么公司的财产就是股东个人或自己家庭的，反过来股东的个人和家庭财产也可以由公司无偿使用，没有必要分得那么清。所以，造成企业外为公司化形式，内为个体工商户管理，公私不分，公司收入及往来款项由股东个人或家庭成员收取，家庭消费直接列入公司支出，用个人或家庭资产供企业使用或为企业融资担保，股东个人或家庭成员为企业借款融资，公司、个人财产交叉使用、交叉登记等。

段小丹：资产混同后果相当严重，一是会导致公司的法人人格被否定，即股东由有限责任转化为无限责任；二是有巨大税务风险，如股东或家庭成员为企业借款融资应列为企业借款，家庭消费列入公司支出视同分红，家庭财产由公司使用则视同租赁，均应交税，公司收入由股东个人或家庭成员收取，公司少记收入则涉嫌漏税等；三是会给企业家带来巨大的刑事风险，股权多元化公司或家族企业如果发生股东内讧，则可能导致企业家触犯职务侵占、挪用资金等罪名，如雷士照明和真功夫等的创始人都是因为这个原因而被判刑入狱的。

2. 陈旧落伍的观念已经不合时宜

主持人：民营企业在财务管理上为什么会出现那么多问题？企业家应如何看待未来的监管形势和环境变化呢？

马慧娟：民营企业之所以会出现上述问题，主要是部分企业家对财务管理存在诸多误区。一是认为财务部门是搞核算的、缴税的，只要把账记清就行，不要管那么多闲事；二是认为财务人员不懂业务，不必参加业务筹划和业务决策；三是认为财务部门是管钱的，营销部门才是赚钱的，对财务部门少有相应的激励机制，财务人员钻研业务、改进管理的积极性不高；四是认为法不责众，"砖头"不一定砸到自己头上，出问题找后门、托关系总能解决妥当。

赵萍：财务人员也有认识误区。一是重核算，不重精细化管理。由于公司对财务人员激励不够，所以财务人员对改进企业运作方式的热情不高，工作中只求不出错就行了。二是重如实记账，不重税务统筹。目前，企业既懂财务又懂税务的财务人员并不多，大多数财务人员并不知道"股权决定税、业务决定税、合同决定税"，只知道如实记账、如实申报，而不关注行业税收优惠政策和改进业务流程对税务的影响，多缴冤枉税而不自知，无谓增加了企业税务成本。三是重执行老板指令，不重视同一事项不同财务处理方式的不同法律后果。正常的业务或资金往来，有时会让会计把企业家或高管记账"记成"犯罪。

段小丹：针对企业财务管理，财政部先后颁布了"两则两制"，即《企业会计准则》《企业财务通则》以及分行业的财务制度和会计制度。企业必须严格按照"两则两制"规定的记账规范进行财务核算和账务处理，并按规定期限保存账簿和记账凭证。如果违反以上财务管理制度和规则违法记账、做假账，则可能会受到财政、税务或证券监督部门的查处。所以，民营企业不要认为公司是自己家的，账想怎么记就怎么记，以免因行政违法而被处罚。

赵萍：2016年5月1日起实行的货物与劳务全链条"营改增"，就是要敦促经营者"后手看前手"，迫使其一手一手地索要发票，不要发票没法抵扣进项税而导致自己税负过高，以达到税收征管全覆盖的目的。目前启动的"金税三期"程序，主要是利用大平台、大数据、商品与服务编码、指标预警等对企业实施多方位的监控和联动，从而扩大征税的覆盖面，提高征税的效率和精准度，防止企业偷逃和漏缴税款。

毛娟：过去已去，未来已来。目前的"五证合一""一照一码"、社会保险费改由税务部门征收、资源税改革、税务稽查力度加大、反腐持续深入、国家信用体系建立、打击跨境逃税的CRS、个人收入和财产信息系统建设等，都会对企业和企业家产生深远影响。可以说，现在的企业和企业家就是个"透明人"，在监控大网之下毫无隐私可言。所以，只有转变理念，搞好自我管理，依法合规运作，才不会爆发大的风险。

3. 唯有转变理念、规范管理才是出路

主持人：企业走过初创和成长期，进入稳健发展期后，一定要规范财务管理。专家们能否为民营企业的财务管理开出良药？

马慧娟：随着国家一系列涉税政策的逐步落地实施，企业在财务方面可操作的空间

变得越来越小。所以，企业家一定要转变财务管理理念。一是不能片面追求经济利益而忽视风险责任，为自己埋下"地雷"。对财务管理方面存在的问题，要及早诊断、及早规范、防止"引爆"。二是财务管得好，奖励少不了。要在财务部门引入激励机制，激励财务人员参与业务管理的积极性。三是作出重大决策或业务模式调整时，应同步考虑税收成本，事先做好税务筹划。大企业财务部门可配备税务专员，或聘请税务筹划专家担任税务顾问，协助企业进行事前节税筹划，不要等到业务发生后无法救济时才去铤而走险地偷漏税。四是要向管理要效益。要在企业内部推行部门费用和成本分别预算制，严格控制采购流程和采购成本，提高设备利用率和工作效率，降低材料、能源消耗，通过系统的指标控制把钱省出来，把利润挖出来。

赵萍：财务人员也要转变理念。一是由核算为主转变为管理为主，做到工作前移，配合公司管理部门把财务精细化管理渗透到业务管理之中。二是由于存在"会税"（会计与税务）差异，在具体问题的账务处理时应考虑与税务处理匹配对接，避免税务漏洞，免得在遭遇税务稽查时再去为自己喊冤叫屈。三是要考虑不同账务处理方式的法律后果。同一件事的一笔费用或资金往来，作不同的账务处理，可能就会合法违法天地各异，如果财务部门处理不当，就有可能会把老板送进监狱，财务人员必须要有这方面的风险意识。

段小丹：在财务管理方面企业一定要学会利用"外脑"，这些"外脑"包括注册会计师、注册税务师、注册评估师、财税专业律师等。不管是营销、管理、投资模式设计、业务流程优化、税务筹划，还是企业建章立制，或是企业财税法律风险诊断，利用"外脑"可以纠正企业一些习惯性的错误做法，发现一些企业不自知的"地雷"，收到"内脑"所无法想象的效果。

毛娟："外脑"对所属领域的专业问题都非常精通，在企业管理和风险防范方面具有不可替代的作用。即使每年只给企业出一个主意，就会为企业带来不可小觑的经济利益；即使每年帮助企业清理一个"地雷"，也会使企业避免无法估量的经济损失。相对于创造的利益和避免的损失而言，聘请"外脑"所支出的费用微乎其微，企业家不能因小失大。

话题 60　强化资产管理，确保资产安全

主持人：罗　晓　嘉宾：马慧娟　赵　萍　段小丹　毛　娟　文　字：马慧娟

企业资产是企业赖以生存和发展的重要基础，也是财务管理的重要组成部分。目前多数民营企业的资产管理都极不规范，甚至是非常混乱，有的因存在资产权属瑕疵而引起权属纠纷或导致利益受损，有的因资产脱管而造成丢失毁损，有的因随意抵押担保而遭受重大损失，导致企业陷入困境或破产倒闭。资产管理不规范的后果真的有这么可怕吗？今天我们就邀请几位嘉宾来探个究竟。

1. 动产管理乱象多

主持人：企业的资产按形态属性可分为动产、不动产、无形资产等，按财务属性可分为流动资产、固定资产、无形资产、递延资产等。今天我们就从其形态属性来谈谈资产管理问题吧。哪位嘉宾先谈谈动产管理？

马慧娟：动产即可移动且不影响其价值的资产，企业常见的动产除了原材料、库存商品、耗材、机器设备、用品用具、交通工具外，还包括企业的其他流动资产。因动产具有可移动性，易被人随意操纵、使用、外借、侵占。企业如果长期不重视动产管理，就会导致大量动产损坏、丢失或被内部人员盗走，且最后根本查不出头绪。

赵萍：目前民企在动产管理方面问题很多。如动产取得时，为图便宜、少缴税或价值低而不要发票，结果造成该动产无法入账形成账外资产，进而无法进行增值税进项税抵扣，无法计提折旧或摊销，导致不能进行所得税税前成本扣除，而多缴增值税和企业所得税等；如车辆、船舶以及大型机械设备等资产不如实登记、交叉登记，会导致资产权属不清，将影响企业的整体运作；如没有专门部门和人员建立资产管理台账进行登记管理，常常是谁使用谁管理，极易造成资产脱管；如动产外借制度不健全，随意出借，导致资产损坏丢失；又如缺乏维护保养制度，资产损坏后长期无人修理，导致资产报废。这几种情况，直接造成了资产的闲置、浪费或利用率低下，发生资产损坏、丢失时还无法追责。资产的交叉登记，还易因登记所有权人的债务而被查封和拍卖。

段小丹：针对动产管理乱象，企业应首先建立健全资产管理制度，购买原材料、库存商品和耗材时要有购货发票，出入库时要有严格的出入库手续，在用动产要做到件件有地方、件件有人管，人员调动或换岗时要做好资产交接，资产管理的责任要落实到部

门、落实到岗位、落实到人员，要做到账账相符、账实相符；其次，每年必须进行一次动产清查，做到件件不漏查，逐件进行完好性检查，发现损坏查找原因、及时维修，发现丢失及时追责；对于丧失价值的动产要及时报废、回收残值、剔除账外，以避免被他人相互串户顶替。

毛娟：对于易燃易爆易腐蚀以及交通工具等易发事故的高危动产，要严格生产、保管、运输或使用管理，并建立动产投保制度，科学设计险种与保额，以转嫁可能的财产损失。例如，有一个物流公司，一年中发生5起交通事故，由于"三责险""司机责任险""乘员责任险""货物运输险"投保保额较低，自己直接担责300多万元，损失惨重。所以，像运输车辆的"三责险"和"司机责任险""乘员责任险""货物运输险"，应尽量投保最高额，与可能转嫁的损失相比，保费则寥寥无几。

马慧娟：对于应收（账）款应进行流程管理，如建立客户信用调查、分级与授信管理制度，合同签约、履约管理制度，应收款台账管理制度，债权追踪、债权催收与奖励办法，收账策略管理制度等，明确业务与财务部门的不同责任，及时采取各种手段清收，切不可长期搁置，以免形成呆账、死账，造成企业财产损失。

段小丹：知识产权虽然不是动产而属于无形资产，但由于其权利需要登记，亦应参照动产如实登记，不要借名登记或交叉登记，以避免权利归属不清，影响企业的知识产权保护和整体运作。

2. 不动产管理不规范

主持人：民营企业不动产管理方面主要存在哪些问题？如何避免管理漏洞所引发的风险？

马慧娟：不动产是指土地、房屋、设施、不可移动设备、林木以及其他地上定着物等。不动产管理看似问题不大，实际上也有很多大家意想不到的风险。

赵萍：在土地、房屋管理方面，有的企业购买他人土地、房屋时，图便宜不要发票，不进行产权变更登记，或因尾款迟迟未支付，而卖家不予过户，如此，不但在土地、房屋大幅涨价时易造成卖家反悔，也可能造成企业土地、房屋权属或相邻权争议，还会因固定资产未入账、无法计提折旧或摊入费用而多缴企业所得税，遇拆迁时也无法直接出头主张补偿权；有的出资人以土地、房屋出资后，接受出资的企业已经实际占用，却长期没有过户，也会同样出现上述风险；还有的企业买房买地时，合同上显示只买房或地而没买地或房，人为地造成房、地权利分离（不动产合并登记后这种现象明显减少），为未来的权属纠纷埋下隐患。未过户的不动产，也会因原权利人的债务而被查封和拍卖。

毛娟：上述不动产权利登记瑕疵，使企业土地、房屋资产失去了完整性，一方面影响不动产的权利保护，另一方面还影响企业资产的正常抵押或转让。再者，因这些不动产存在于账外，导致资产负债表数据不靓丽，还影响企业的股权转让、融资和挂牌上市。所以，民营企业取得土地、房屋时，应注意避免出现这些权利瑕疵。

段小丹：企业建造办公楼、车间等房屋时，不去办理规划与建设审批手续，或者没有合法的验收手续，导致无法进行房屋不动产登记，遇国家征收时往往会被以违章建筑或临时建筑对待，无法得到足额补偿。也有很多企业为图施工费便宜而不要建筑业专用发票，使建筑物无法入账而形成账外资产，在企业转让或融资时，受让方或投资方不认可企业自估的资产价值（特别是隐蔽工程的价值），导致企业忍痛低价转让（融资）或转让（融资）流产。

毛娟：另外，还有很多企业从农村村组或农民手中租地，在没有任何报建手续的情况下，大规模建设生产经营设施。此种用地方式看似非常正常，好像"法不责众"，其实风险很大，轻者会因违法占用农用地而遭受行政处罚，重者甚至会被强拆。特别是在土地征收过程中，如果与政府部门就补偿问题谈不拢，最有可能被政府部门以违建为由而强拆，甚至还可能会被以非法占用农用地罪而追究刑事责任。因此，使用农用地搞非农建设，应尽量办理建设用地相关手续。

段小丹：对于在租赁场地上建设的建筑物，还要在合同中约定合同期满或中途解除合同时建筑物的归属和折价补偿办法，以最大可能地保护企业的投资利益，避免合同期满或中途解除合同时，企业不仅不能得到相应补偿，还可能支付一定的"恢复原状"赔偿金。合同中还应当约定遇到拆迁时的拆迁补偿款分配办法，以免场地出租方独占拆迁补偿利益。

赵萍：建设建筑物、构筑物以及其他设施，购买安装不可移动的成套设备时，同样存在图便宜不要发票、有合法手续不及时办理财产权登记、长期挂往来不入账等问题。这些问题同样会导致动产管理中的类似后果。

马慧娟：购买无证不动产也是比较常见的。由于各种历史原因，原权利人的土地、房产没有进行初始登记，受让人购买前一定要弄清土地的原始取得途径和有无合法的使用手续，房产建设的背景和实际投资人，并到相关行政部门咨询能否继续使用和能否补办登记手续，不然不要轻易购买。如确认拟受让的土地房产确无权属纠纷，购买后则要积极完善使用手续或补办登记手续，以取得该资产的合法权利凭据。

3. 随意对外担保被拖垮

主持人： 这几年因对外担保而导致企业被他人连带债务拖垮的现象屡见不鲜，难道民企一定要舍得"身家性命"去为他人担保吗？

赵萍： 我服务的企业中，有很多因担保而破产的。由于许多民营企业家不知道担保的法律后果，或者认为担保的法律后果不会刚好落到自己头上，所以对外担保很随意、很任性。比如有的讲哥们义气担保，有的看熟人面子担保，有的被银行要求几户联保，有的被银行工作人员欺骗对"过桥"资金提供担保等。企业实施这些担保行为前，根本不做任何风险评估，甚至有的连被担保人是谁都不知道，结果因被担保人无力偿债而背上连带责任，使企业遭受重大财产损失。

段小丹： 另外，企业对外担保时，很少有要求被担保人提供反担保的，没有为自己的担保行为拴上"保险绳"；有的不知道一般担保与连带担保的区别，不会设计担保次序，结果使自己的担保处于首位或并列前位；有的提供担保后不留底、不跟踪、不"消号"，甚至盲目续期，根本不知道被担保人的财产变动情况和自己的风险是否加大；还有的在承担担保责任后，不及时行使追偿权，最终造成自己无法收回代偿款项。

马慧娟： 民营企业尽量不要为其他企业或个人提供担保。确需提供担保的，第一，应对被担保人进行尽职调查，评估其担保风险；第二，应尽量选择一般担保，慎用连带担保，使自己承担补充责任；第三，多用特定资产担保，少用信用担保，限定自己的责任范围；第四，尽量不要用企业的重要资产（如土地、房屋使用权和重要生产设备）担保，尽可能用相对独立的次要资产担保，以免真的承担担保责任时影响到企业的正常生产经营；第五，要把担保总额控制在总资产的一定比例之内，千万不要舍得全部"身家"去为他人担保；第六，应尽量要求被担保人提供反担保措施。

毛娟： 如果企业承担了担保责任，则应及时采取诉讼以及各种保全措施向债务人追偿，以防债务人经济状况恶化，导致代偿资金无法收回。企业的担保行为一定要有相应的制度控制，以防担保的随意性，实现担保决策的科学性、担保作业的规范化、担保后持续跟踪不失控、担保决策与作业责任的可追责，努力降低企业的担保责任风险。

话题 61　税务规划，已成民企"必修课"

主持人：罗　晓　　嘉　宾：马慧娟　张　亮　王建军　段小丹　　文　字：马慧娟　段小丹

目前，我国的财税体制改革已进入深水区。"营改增""增值税税率下调""个税改革""社保入税""五证合一""金税三期"等税管措施连续出台，一方面给企业大幅降低税率费额，另一方面扩大税收征管面，并为企业戴上了"紧箍咒"。企业在税务问题上稍有异动，就可能会遭到联合稽查，民营企业只有顺应税收征管大势，才能安全稳健持续生存。那么，民营企业能否合法节税，合法降低税收成本呢？本期沙龙我们就邀请几位专家来与大家聊聊民营企业如何合法降低税负问题。

1. 新形势已容不得偷逃避税

主持人：近年来，"死亡税率"已经成为经济界的一个热词，这说明纳税成本在企业经营成本中占据着举足轻重的位置，面对所谓"死亡税率"，民营企业应该怎么办？

马慧娟：由于我国的税制复杂、名义税率偏高，因此才有了"死亡税率"一说。针对高税负的现状，民企老板们普遍认为如果老老实实交税，企业就会"赔死"，于是就想方设法地去降低纳税成本。为什么很多企业总感觉税负特别重，甚至发生逃离到境外的现象呢？其主要原因还是企业家没有对合法降低税务成本引起足够重视，不研究、不学习税务知识，没有意识到税前筹划的意义，找不到合法节税的钥匙。

王建军：虽然税负的高低直接决定着企业净利润的大小，但我认为"死亡税率"这一说法并不科学。单从税率上来看，我国目前两大税种中的增值税基本税率为16%（2019年4月1日又降低为13%，建筑与房地产增值税也由10%降为9%），企业所得税基本税率25%（高科技企业为15%），加之名目繁多的税收优惠，整体税负水平在国际上属于中等，并不算特别高，但确实还有逐步降税的较大空间。

张亮：我国目前的税制还是比较完备的，各税种、各环节之间是相互牵制、相互制约的。上游企业的少缴税必然导致下游企业的多缴税，此税种的少缴必然导致其他税种的多缴。如果想要减少相应税收负担，必须要从用好、用足国家的税收政策上入手，通过改变组织架构、交易流程、营销模式、合同管控等涉税因素，选择最优的纳税方案，使之符合国家的政策导向，才能从根本上降低企业的税收成本。

王建军：但许多民营企业并不去认真研究节税的方法，而是一味地去想方设法偷逃税。目前，多数民营企业降税措施既简单又粗暴，最常见的一是隐匿营业收入，二是虚增经营成本，三是股东们设法变相分配利润，四是在企业报销家庭消费等企业非经营性支出。所以，就出现了两套账、销售不开发票、收入计入往来、资金体外循环、采购不要发票、买发票冲账、股东以借款或预付账款名义提取企业利润等现象，这些偷逃税的方法和手段已经见怪不怪了。

张亮：还有的企业成立多个关联公司，通过关联交易和关联公司配合做账而转移利润，有的将应税业务、事项伪装成其他业务、事项，设法归入免税或者低税率之列，并美其名曰"合理避税"。其实，所谓"合理避税"是不受法律保护的，税务机关查实后都会作出纳税调整。

段小丹：以上专家所说的偷逃避税行为，都是违法行为，轻者会遭受高达数倍的行政罚款，被动接受纳税调整，补税加滞纳金加罚款，"连打带罚"得不偿失，重者还有可能被追究刑事责任。因为目前我国《刑法》上的逃税罪立案标准很低，只要偷逃税款占应缴税款的10%以上且累计达到1万元以上，经通知拒不缴纳的，就可以构成逃税罪。目前，增值税税收占我国税收收入的40%左右，被认为是我国的"金税"，所以对增值税发票管理较严，对虚开增值税发票犯罪打击力度更大，该罪门槛低、量刑重，企业千万不可触碰。

马慧娟：目前普遍实行的"营改增"就是要从交易链上去管控税收，通过"下家看上家"的倒逼办法监督各个环节依法缴税。配合"营改增"的还有"金税三期"大数据分析比对，加之企业"五证合一，一照一码"、国家信用体系建设等，企业偷税、逃税、漏税、避税已越来越难。企业上传数据一旦有异常就会被税务、海关或公安机关发现和查处，并且随着计算机程序化管理，人为因素已经无法干预和修改数据，想凭"关系"摆平也十分困难。

2. 税务规划，是企业合法降税的"法宝"

主持人：偷逃避税有这么大的风险，为什么还有不少企业在做？企业有没有合理合法的办法去降低纳税成本呢？

王建军：明知偷税有很大风险，但很多企业却不知道合法节税的有效途径是税务规划。税务规划是利用现行法律法规和税则以及国家的税收优惠政策，合理地设计或调整企业的组织架构、股权结构、出资方式、投资方式、营销模式、业务流程、交易方式、管理模式等，以用足用活国家的税收政策，优化选择合理税种和税基，达到整体降低税负的目的。

张亮：税务规划是一种事前行为，是通过事前的巧妙安排使之符合相应的税种或国家税收优惠政策来达到最优的税负效果，偷税则是一种事后行为，通过伪造变造会计账簿、少列不列收入、虚列多列费用等手段来逃避缴纳税款。而避税则是滥用商业模式，关联企业之间没有按照独立的企业之间的交易价格进行业务往来而相互转移利润，如果达到一定的触发条件就会引起税务机关的反避税调查，一旦被认定为避税，就会被税务机关进行纳税调整并加算滞纳金。税务规划与避税的最大区别是，前者的所有运作模式、流程、方式均是真实的，并与对应的税收法规相匹配，而避税则是涉税事项所对应的事实是虚假的，是修改和变造过的。

段小丹：目前，民营企业在税务规划方面都有一个重大误区，认为降低税负都是财务上的事，所以，往往逼着会计去想办法。作为会计的基础职责是记账和核算，此时涉税业务和应税行为已经发生，"生米已经做成了熟饭"，会计除了做假账，基本上没有太多办法，所以就只有硬着头皮去偷税了。殊不知，税务规划是决策层的事，是"业务+财务"的事，单靠财务部门是根本弄不成的。

张亮：所以说税务规划绝不仅仅是企业财务部门一家的事，而是一个多部门联动的整体工作，要上升到企业战略的高度去对待，从企业设立时就要同步考虑税务问题，从原材料的采购到商品的销售，甚至到股东的利润分配决策都要听取财务部门和法务部门的意见和建议。如果企业在设立初期没有能力处理这些事务，完全可以采用服务外包的形式，借助注册会计师、税务师、税务律师等专业人士的力量，全盘考虑、联合筹划，设计出最适合自己的模式、流程和方式，这样才能依法有效降低税负，实现节税的目的。涉税防火墙的费用是企业性价比最高的支出，千万不要捡了芝麻丢了西瓜。有了专业智囊这道防火墙，就可以使企业没有后顾之忧，全身心地投入到企业生产经营之中。

马慧娟：企业应树立"依法纳税、合法节税"的理念，不要想方设法去偷税、避税。所以，民营企业一定要转变思想认识，从源头上去进行税务规划，设法利用国家税收政策去合法降低整体税务负担，千万不能让财务人员事后去设法逃税。今后逃税的风险越来越大，监管与查处也非常容易，请大家不要随便去冒这个险。

3. 模式决定税，业务决定税，合同决定税

主持人：税务规划既然能达到降低整体税负的目的，那么，在具体筹划过程中应当考虑哪些因素？

段小丹：影响企业税负的基础性因素是企业的股权设置模式、公司组织结构、投资

模式等非业务性的架构搭建模式。如出资人以自然人、合伙企业、公司等不同主体形式出资，会影响所得税的税负，投资新项目采取子公司或分公司的不同形式也会影响公司所得税的整体税负，项目投资中分别以出资或借贷不同形式投入以及不同回笼的方式，税负也有很大区别，这些都需要企业根据不同的基础情形予以事先规划，一旦弄错就很难纠正或调整。

王建军：公司间特定的资产所有权（如土地、房产）转移也可以采取很多非买卖交易来完成，如采取资产入股、股权转让、分立合并、增资减资等手段，都可以实现资产所有权的合法转移，可以实现当期税务成本最低甚至为零。

张亮：业务交易模式的不同，对税负的影响也很大。因为目前我国的流转税实行的是差别税率，绝大多数税种都设计有不同档次的税率，不同的应税交易行为税率有很大差别。所以，在业务流程设计时，应考虑如何使应税业务交易靠上相对较低的税率。另外，按照现行规定，当一个交易中含有两个以上不同的纳税事项时，一律按"就高不就低"的原则执行最高税率。所以，企业必须将过去的捆绑式交易进行拆分，以适用各自不同的税率。比如租赁厂房设备的整体出租和分开出租，整体出租适用10%的增值税率，而分开出租则是"厂房税率10%与设备税率5%"，二者的差别显而易见。

马慧娟：还有一个就是税收优惠政策的享受问题。税收不但是公共财富的征集手段，还是国家宏观调控经济的法律手段，因此，国家会根据经济政策的变化制定一些税收优惠政策。企业一定要关注自身行业经济政策和税收政策的变化，并与当地税务机关、涉税专业服务机构建立起密切联系，及时掌握行业的税收新政与动向，通过靠拢和创造优惠基础条件而享受优惠政策。

王建军：模式决定税，业务决定税，合同决定税。从以上内容可以看出，民营企业在进行企业组织机构搭建、投资及商业模式设计、管理模式设计时，处处都要考虑税务差别问题，制订的方案要同步进行税务优化审查，以做到方案最优。

话题62　创造知名品牌，商标战略先行

主持人：罗　晓　　嘉　宾：赵雅琦　马慧娟　关洛芸　段小丹　　文　字：马慧娟　段小丹

企业的商标如同个人的姓名一样，是让消费者识别的。辨识度越高的商品或服务，其知名度越高，名气也就越大，品牌价值也就越高。同时，"人怕出名猪怕壮"，越是名牌就越容易被仿造、被围堵、被侵权。所以，企业在制订发展战略规划时，应同步制定配套的商标战略，以为企业的品牌建设和未来发展预留拓展空间。为了帮助民营企业学会应用商标战略，本期沙龙特邀四位专家，与大家谈谈企业商标战略相关问题。

1. 企业品牌建设为什么要商标战略先行

主持人：现在很多民企都有自己的商标，但对于商标战略和品牌建设的关注度却十分不够，更不会利用商标为品牌战略开道。专家们能否先谈谈民营企业商标战略存在的问题？

段小丹：讲品牌不能不讲商标，商标是品牌建设的基础，脱离商标的品牌就像无源之水、无本之木。商标最大的功能就是认牌购物和品牌溢价，当你看到"LV"时就知道这是名包，当你看到"BMW"时就知道它是好车。而同样是包包或轿车，不同的厂家、不同的牌子，价格差异就很大，比如广汽的"丰田"和"传祺"车系，同为一个生产商，但由于"标签"不同，同配置的轿车价格就相差10万元以上。商标是商品或服务品牌的载体，商标价值是产品价值和服务价值的综合体现，代表着商品或服务的质量、技术、服务和信用等，好的品牌可以大大提高产品的附加值。

赵雅琦：话虽这么说，但还是有很多企业并不重视品牌建设和品牌管理，在商标上吃过不少亏。比如，"四季沐歌"公司在初创时期，以没有注册的"太阳雨"牌子占领西安太阳能热水器市场后，被西安当地一家电热水器制造公司以侵犯其商标权为由起诉到法院，要求其停止侵权、赔偿损失，因为"太阳雨"商标已被这家公司在热水器上先行注册。为此，公司不得不另行注册"四季沐歌"商标，重新进行市场宣传。后来，由于商标战略的需要，"四季沐歌"公司又不得不出高价收购了"太阳雨"商标。这就是不去检索、未注先用，结果侵犯了其他企业的注册商标使用权，不得不"改弦更张"或高价购买，导致企业在品牌建设中走弯路、吃大亏的典型案例。

马慧娟：咱们洛阳有一家知名药品生产企业，在进行商标注册时仅注册了产品商标，没有注册服务商标，在该企业想向下游发展连锁店时，发现自己的产品商标已被他人申

请注册为服务商标。为此，这家企业不得不为自己的连锁店另行注册其他商标，造成企业上下游产业链不能使用同一商标。这既加大了宣传难度，也增加了宣传成本，且收效不佳。至今还有很多企业，不知道商标注册是按 45 大类 502 小类以及上万个小项的产品和服务分别注册的，自己没有注册的小类、小项，其他企业可以注册同样的商标，如此，自己的注册商标就不能在别人注册的其他小类、小项上使用。

赵雅琦：上述情况尚属无意占位。现在还有一些组织专门做商标围堵的生意，只要发现有企业投入大量广告宣传或者品牌在某一行业内知名，就会去查看该企业的商标注册范围，一旦发现该企业商标没有多类别扩展占位保护，他们就会立即把该企业的关联产品以及上下游产品和服务的同一商标统统抢注，然后待被围堵企业扩展商标使用范围时，再把商标高价卖给该企业而大赚一笔。

关洺芸：企业的商标如果只在中国注册，就只受中国的法律保护，如果在其他国家也注册了，就同时受注册国的法律保护。但如果所使用的商标没有在外国注册，外国就不会保护仅仅在中国注册的商标。海信公司的"Hisense"商标曾被德国西门子公司在德国抢注，在此后的商标争夺战中，海信公司最终以 6 位数欧元的代价，向西门子公司支付了转让费后才作了结，教训十分深刻。

马慧娟：另外，还有很多知名企业的知名商标被其他企业注册了相似商标而"傍名牌"，使别有企图者故意混淆视听、沾光揩油。

段小丹：上述情况的出现，都是由于企业缺乏商标战略造成的。商标战略，是企业根据自己的发展战略和品牌建设需要，所实施的一整套保护商标的系统规划。民企有了商标战略，在品牌建设中就要学会用商标开道。如此，就不会发生不注册先使用商标、商标注册范围过窄、商标注册地域过小、不知如何防御近似商标、遭遇商标侵权后不知所措等情况。

2．民企如何实施商标战略

主持人：商标战略是为企业发展战略服务的，对企业发展具有十分重要的意义。那么，民企又该如何制订和实施商标战略规划呢？

赵雅琦：商标战略是实现企业经营战略、发展规划的利器，是为企业品牌建设服务的。企业在研究、制订商标战略规划时，首先应以企业发展战略规划为基础，根据企业的不同发展阶段和终极目标，确定自己不同时期的商标战略。比如，你的企业有什么产品，未来打算怎么开拓市场；你的企业现处于产业链什么位置，未来是否打算延伸产业链；你的企业目前处于什么领域，未来是否准备跨界。你的企业如果有产品品系扩充、产业链延伸、转行跨界发展计划，那么，在注册商标时就必须与发展规划相匹配，拓展注册类别，为企业发展储存商标。如此才不至于到了需要之时陷入被动。

关洛芸： 企业在制订商标战略规划前，应搞清楚商标战略要素，比如，商标取名、Logo 设计、类别选取、覆盖面宽窄、扩充防"傍"、地域占位、使用原则、规范管理、商标运营、商标保护、打造品牌、争创著名或驰名商标等。在商标战略中，每一个要素都至关重要，不可轻视。

马慧娟： 商标战略的基础是商标权占位，企业在这方面应注意三个问题：一要"宽备窄用"，二要"同种类小项多注"，三要考虑地域（国内或国外）。所以，民企不但要注册主营业务的产品商标、服务商标，还要把可能衍生的其他行业、产品或服务类别统统进行商标注册，为企业留足发展空间。在注册商标时，还要考虑主、副商标的注册策略，主商标的注册类别要宽泛，要覆盖企业所有产品和服务，并且还要把与主商标相近、类似的文字、文义、图形商标进行多样化注册，以防他人"傍名牌"。

赵雅琦： 如果一家民企注册了多个商标，在使用这些商标时，首先要打造自己的主商标，使该主商标知名或驰名。主商标要尽可能地与企业商号相一致，使企业商号与商标一并宣传，以提高公众识别度。在主商标知（驰）名后，其子商标或副商标可傍其左右，快速提高子（副）商标的知名度，待得到市场认知认可后，再分离使用。比如，蒙牛公司开发新产品后，将"纯甄""真果粒""优益C"这些子商标与"蒙牛"主商标同时使用，迅速提高了公众对子商标的认知度，公司的新产品也快速占领了市场。

段小丹： 商标的价值在于品牌打造，在于消费者的认可和信赖，商标的粉丝越多，其价值越高。所以，民企光有商标不行，还必须要努力创造自己的产品价值、服务价值，通过商标形成自己的品牌效应，通过品牌效应促进产品在市场的"平面扩散、立体渗透"，最终实现企业的品牌战略、市场战略和企业发展战略目标。品牌建设不是一朝一夕之事，急不得，企业只有稳健持续发展，才能将品牌发扬光大。

3. 民企如何保护自己的商标

主持人： 民企在对商标进行日常使用、管理、运营、保护等方面应注意什么问题？嘉宾们有何"锦囊妙计"？

关洛芸： 商标除了供企业自己使用外，在具有一定知名度后还可以许可其他企业使用，以为企业创造更大的溢出价值。当然，商标的许可使用不能滥用，民企一定要选择产品质量优良、服务优质和规范的企业使用自己的商标，以增强商标利用效率和品牌价值，防止劣质产品、劣质服务对品牌造成重大损害，在这方面，"冠生园"的教训不可谓不深。

赵雅琦：使用别人的注册商标，也必须考虑品牌价值升值后的继续使用问题。如加多宝公司将广药集团许可使用的"王老吉"商标运营成为国内驰名品牌后，广药集团却终止了加多宝公司的"王老吉"商标使用权，给加多宝公司带来了巨大的品牌建设投资损失，并且双方还打了一系列官司，搞得结怨很深。

马慧娟：有条件的民企可以设置专门岗位管理商标，保证商标专有权到期及时续展，备案各种变更事项，监控他人不当注册，严控商标标识授权使用，科学设置商标出资、转让、许可使用和质押融资条件，搞好商标侵权救济。民企的商标战略，需要由企业内部管理制度来保证实施，否则，有可能成为"空中楼阁"。

段小丹：企业应树立"防范+打击侵权"的保护原则。民企在注册商标以后，应加强防范工作，适时跟踪预警，发现有恶意抢注或"傍"自己商标的行为时，要及时向国家知识产权局提出异议或申请撤销恶意抢注的商标。民企一旦遭遇商标侵权，应及时保全证据并根据不同情况采取相应措施，如向市场监管部门举报要求依法查处、提起民事诉讼、提起刑事控告等，这三种打击侵权行为的措施可分别使用，也可组合使用。

马慧娟：商标领域也存在诸多知名商标侵权纠纷，比如，承德"露露"与汕头"露露"、苏州"稻香村"与北京"稻香村"、洛阳"杜康"与白水"杜康"等，表面上争夺的是商标权，实则争夺的是商业利益，失败者轻则"改头换面"、重打市场、重复投资，重则会使企业破产倒闭。在商标管理中，被"打疼"或"尝到甜头"的企业，对商标管理都非常重视。但不少民企由于商标管理力量所限，对于全国市场的全面监控无能为力。因此，民企可以把监控和维权任务委托给具有知识产权保护能力的专业机构组织实施，有关维权工作的报酬和维权费用等，可从索赔到账的款项中解决。

话题 63　你的产品研发是不是在为别人做"嫁衣"

主持人：罗　晓　　嘉　宾：赵雅琦　马慧娟　李　浩　段小丹　　文　字：马慧娟　段小丹

产品战略是企业市场战略的核心，而专利战略则是产品战略的必备保护手段。当前，不少生产性民营企业（特别是高新技术企业）在产品研发方面投入很大，也取得了不少技术成果，申请了不少专利，但由于缺乏完整的产品战略和系统的专利战略布局，导致自己辛辛苦苦研发的技术成果，要么没有转化为企业的核心竞争力，要么被竞争对手所利用，严重影响了产品研发在企业发展中的引领作用。本期沙龙的四位嘉宾就来跟大家一起聊聊企业专利战略问题。

1. 没有专利战略，企业的产品战略就是"裸奔"

主持人： 近年来，我国企业的专利申请量一直在大幅度上升，说明企业越来越重视利用专利对自己的研发成果加以保护。那么，目前民营企业的专利保护现状究竟如何？

赵雅琦： 技术创新是推动社会进步的主要动力，新产品研发是打造企业核心竞争力的关键基础。为了保护企业技术创新和充分调动产品研发的积极性，国家对技术创新的鼓励和支持力度相当大，除了赋予研发者在 10～20 年内享受独占利益外，对于专利权取得、专利技术转化与转让均有政府奖励，还有所得税税收优惠、固定资产加速折旧和研发经费加计 75% 扣除等。但目前有许多民企并不会利用专利法律法规来保护自己的技术创新，往往是自己辛辛苦苦研发出来的技术或产品，成了竞争对手的靓丽"嫁衣"。

马慧娟： 目前，民企在专利申请和保护方面存在不少问题。一是每一项技术成果完成后，不知是采取技术秘密保护好，还是专利保护好；二是对一项研发成果申请专利时，不知是采取捆绑（组合）申请好，还是拆分申请好；三是不会有效体现研发者的研发思路，不会科学设定权利要求和保护范围，不会掩饰专利中的关键诀窍和要点；四是不会把握申请地域、申请途径和申请时机等。

段小丹： 由于企业缺乏专利战略的方向引领、具体成果的专利方案设计以及专利申请时的其他配套保护措施，许多企业产品或技术研发完成后，随便申请个专利了事，结果使自己的专利技术成果公开以后，其原理、诀窍和工艺特点被他人利用，专利技术被别人交叉覆盖，专利产品被别人侵权时，很难判断和认定对方侵权成立，自己的独占地位白白丧失。

李浩：咱们洛阳有一家制造汽车刹车系统的高新企业，它发现自己每申请一项专利，自己原来的一个经销商也在同一部位申请一项专利，但经比对，发现二者的权利保护并不一样，告对方侵权又不成立，企业真是干生气，拿"侵权者"没有任何办法。显然，该企业的专利申请方法肯定有漏洞，要么是权利保护内容不清楚，要么是权利保护书没有写好，结果被这家经销商所利用。从这一案例可以看出，企业没有专利战略是何等的被动。

2. 民企该如何制定自己的专利战略

主持人：既然专利战略在企业产品战略中发挥着如此重要的作用，那么，应当如何构建企业的专利战略呢？

马慧娟：制定专利战略的前提是，首先要弄清楚企业的产品战略，弄清市场需求，而不是根据企业自己的奇思妙想研发技术投放产品。产品战略包括企业市场定位下的产品研发方向，研发优先顺序，研发过程管控，新产品投放节奏，投放的地域、渠道、方式，以及价格策略、产品代际储备等。没有产品战略，专利战略就是无本之木。

李浩：企业应根据其产品战略确定的研发方向，做好立项前的技术排查、立项后的工作安排，采取有效的保密措施，明确研发成果是否申报专利的决策机制，制订专利申请的基本策略，建立专利申请后的使用、管理、运营、风险预警以及侵权防御制度等。同时，还要配套商业秘密、著作权和商标权叠加保护措施，一并织就专利产品保护网，有效防御专利侵权。

段小丹：整个的产品研发与投放必须要采取两段式保护方式。研发阶段必须要全程保密，不论是研发计划、研发投入、研发人员，还是研发思路、研发方法、技术难点、技术改进方案、失败时的原因分析，以及阶段性的研发成果、最终成果、成果的外延方向和应用嫁接、衍生成果等，都应当采取严格的保密措施加以保密，如果泄露就有可能为别人做了"嫁衣"。

马慧娟：有一家企业老板来找我咨询，说他的企业参与产品研发的高管在产品研发接近完成时突然离职，不久该高管在其他地方自己开办了一家新公司生产同款产品，他认为离职高管侵犯了企业的技术秘密，问能否追究该高管的责任。经询问，该企业研发前没有商业秘密保护意识，研发过程也没有签订保密协议和采取相应的保密措施，我只是觉得可惜，但也没有好的办法。最后这个老板还是气不过，去公安机关报案，公安机关询问后告知不予立案。类似的前车之鉴，还有很多啊。

赵雅琦：研发完成后，首先要确定以什么方式继续保护。凡技术隐蔽性强、不易被识破的研发成果，采取商业秘密保护措施足以保护的，应尽量采取保密措施继续保护，如此保护可以无期限地长期享有独占利益（只要不想或不被泄露，你可以永远保密下去），比专利的保护期限长得多。对于一经公开投放市场就易被仿制的产品，则必须通过申请专利加以保护。否则，如果竞争对手通过反向工程获取研发企业技术信息（即通过技术手段对公开渠道取得的产品进行拆卸、测绘、分析等而获得该产品的有关技术信息）的话就不构成侵权，企业产品被仿制也无法得到维权，其损失难以想象。

马慧娟：取得研发成果后，如需用专利手段加以保护，则应根据产品生产投放计划适时申请专利，切不可在没有投放计划或没有做好生产准备的情况下，提前申请专利，空耗自己的专利独享期。新产品投放市场前，必须要做好生产准备和营销准备，一旦申请和取得专利授权，企业就应大力宣传和推广新产品，在市场上形成优势地位，让竞争对手没有机会反应和跟进。

段小丹：专利战略制定中应关注四个关键问题：一是根据企业的产品战略布局专利；二是专利的申请策略；三是研发人员的成果共享或奖励（很多企业并不重视对研发人员的激励）；四是专利战略中的制度建设。企业的专利制度主要有岗位责任制度、专利管理制度、专利权运营制度、研发人员成果共享制度以及专利权的侵权保护制度。这些制度在专利管理中都发挥着不可替代的作用，企业家应予以重视。

3. 企业专利战略的实施

主持人：企业有了自己的产品战略、专利战略，实施过程中应当注意哪些问题，专家们能否提出一些具体建议？

李浩：制订研发计划前，首先需要通过文献检索来进行技术排查。技术排查一方面可以帮助研发人员获得最新的技术信息，提高研发的技术起点，另一方面可从中寻找到技术创新的空白点，以明确研发方向和路径，缩短研究时间，避免重复研究和侵权，节约研发费用。

马慧娟：启动研发前，企业应制定技术研发的整套管理制度，以明确研发成果的归属、研发者的署名权、研发过程与成果的秘密保护方法与措施、研发过程中技术人员离职时的成果移交办法和继续保密义务、跳槽后的后续研发限制和竞业限制、研发人员的激励措施等，并与研发人员签订相关合同，以预防研发人员泄密，避免与研发人员发生研发成果权利纠纷，保护企业的技术成果。

赵雅琦：申报专利要讲究策略，如申请时是采用捆绑式还是拆分式，如何有效体现研发人的研发思路，权利要求和保护范围该怎样写，等等。企业的核心技术成果研发完成后，一定要围绕该核心技术发掘其外围技术甚至外外围技术，从而形成完整的专利池，将每一项小小的技术都申报成不同的专利，从而打造出一张庞大的专利保护网。这样竞争对手就很难绕开和规避该核心技术来围堵核心专利或嫁接其他技术，从而有效地维护自己的技术优势。申请策略最好找有经验的专业代理机构设计，如申请策略设计不当，将会使企业权利严重受损。不当申请的案例比比皆是。

马慧娟：为了鼓励技术创新，我国法律允许个人或企业在他人的专利技术基础上，附加新的专利技术，并由双方交叉许可使用。这时，如果专利被覆盖的企业用不上附加专利一方的附加专利技术，自己的技术就会白白地被对方使用。因此，企业申请专利时，如何防止自己的专利技术被合法附加，也是一门学问，申请专利时决不能忽视。

段小丹：企业应建立专利运营制度，对专利的许可使用、交叉许可、专利联盟、转让出售、受让引进、出资入股、合作联营以及合作终止或合作失败后的技术退出等进行制度设计，以创造专利权的运营价值。

马慧娟：申请专利后，应适时跟踪预警，发现他人申报类似专利，应向国家知识产权局及时提出异议；当发现侵权时，应采取不同的措施和手段。对于侵权者是"放水养鱼，养肥再宰"，还是立即请求行政部门查处，提起民事诉讼，提起刑事控告，以及采取什么保全措施等，都要有一定的策略。关于专利的跟踪保护，可以委托专业知识产权保护机构全权代理，免得企业为此分心。

李浩：企业在重视保护自己技术成果的同时，也不要随意侵犯他人的技术成果。比如洛阳的一家上市公司，就因为未经授权使用了英国一家公司的专利（使用时企业并不知道英国企业已经申请了专利，被英国企业投诉后才知道侵权），致使公司上市耽延一年多时间。技术的创新与保护关系到很多企业的命运，技术的侵权，对研发方和侵权方均会带来较大损失。所以，制定好专利战略，加强技术管理，才是技术布局和技术保护的最佳手段。根据产品战略布局专利，才不会导致专利与市场脱节，"需求、研发、管理、保护"四位一体，才能使企业取得良好效益。

话题 64　泄密如流血，企业应当心

主持人：罗　晓　　嘉宾：马慧娟　王小霞　段小丹　　文字：马慧娟　段小丹

商业秘密是指不为公众所知悉，能为权利人带来经济利益，具有实用性并经权利人采取保密措施加以保护的技术信息和经营信息。商业秘密是企业不可估量的无形资产，能为企业带来可观的经济利益，一旦泄露就会给企业带来巨大损失。据有关调查披露，我国有近60%企业的关键核心信息被无端泄露或遭他人盗用。那么，企业的商业秘密是如何被泄露的？如何才能保护好本企业的商业秘密，维持企业的核心竞争力呢？本期沙龙我们就邀请三位专家一起聊聊企业商业秘密保护那些事儿。

1. 企业商业秘密保护现状堪忧

主持人： 目前，商业秘密已被正式载入《民法总则》，成为知识产权的"一员"，其地位与日俱增。但目前企业商业秘密的保护现状究竟如何呢？

马慧娟： 目前，民营企业在商业秘密保护方面有一个重大误区，如有的企业认为自己企业所有的不公开信息都是商业秘密，知悉这些信息的高管和员工就不应该泄密，一旦有人泄密，国家机关就应当追究泄密者的责任。殊不知企业的内部信息千千万，究竟哪些属于商业秘密必须由企业自己来界定，并且还要有书面的文件来加以明确，采取配套的保密措施加以保护，否则，这些所谓不公开信息就不是法律意义上的"商业秘密"，国家机关不会给予任何保护。

段小丹： 洛阳市高新技术开发区有一家高科技企业，参与产品研发的高管在产品研发接近完成时突然离职，不久后该高管加盟的那家公司即生产出同款产品。该高新企业认为离职高管侵犯了企业的技术秘密而将其控告到公安机关，但由于该企业没有按照商业秘密的法定要件保护企业的技术信息，最终公安机关以无法界定该高管加盟的那家公司的生产技术属于该高科技企业的商业秘密为由不予立案，企业老板气得捶胸顿足却无可奈何。该开发区还有一家高科技企业，其主管技术的副总离职后自己开办了一个同类企业，不久该同类企业迅速地将原来企业研发的新产品投放市场，该高新企业也同样是"投诉无门"。此类教训在高新企业中比比皆是。

马慧娟： 珠海一家企业的副总在与"老东家"发生矛盾后，携公司销售部门的部分人员集体离职，另起炉灶组建了一个新公司，利用原来企业的客户网络和经营模式，向

"老东家"的客户销售同类产品，经营额达 5700 万元，导致"老东家"销售业绩直线下滑，给企业造成直接经济损失 2000 多万元。"老东家"同样是拿他没有任何办法。

王小霞：之所以出现这些不胜枚举的案例，归根到底都是企业不知道什么是商业秘密，不知如何保护其商业秘密。如前所述，商业秘密是指不为公众所知悉，能为权利人带来经济利益，具有实用性，并经权利人采取保密措施加以保护的技术信息和经营信息。构成商业秘密的这些要件缺一不可，特别是"采取保密措施加以保护"这一客观要件更是不可或缺。

段小丹：认定企业商业秘密有几个关键点。首先是不为公众所知悉，即不是公开信息，不通过企业内部提供而无法获得；其次，经企业筛选后将有价值或者能为企业创造价值的优势信息设定为商业秘密，并在一定范围内公示商业秘密的内容，在涉密场所和涉密文件上标示商业秘密的字样，如果没有设定为商业秘密，即可视为允许知悉者泄露（如企业对外介绍的情况、宣传时的展示、公司网站上公示的信息、员工之间以及员工与外部人员的交流等）；最后，必须是采取了保密措施，如控制知悉范围，明确秘密文件之传递、保管与查阅方式，与涉密岗位人员签订保密协议或离职竞业限制协议等。仅有界定但没有采取保密措施的，即使知悉商业秘密的人员泄密了，也很难认定为侵犯商业秘密。

2. 企业商业秘密如何设定

主持人：现在，很多企业并不知道商业秘密的保护范围和法定要件，现实中企业应当如何来设定商业秘密呢？

马慧娟：一般情况下，企业的这四类信息可以设定为商业秘密：一是企业的发展战略信息，如发展规划、投资战略、产品战略、经营战略、合作模式等；二是企业的技术信息，如产品研发计划与进度、技术障碍与研发方向和攻关思路、研发阶段性成果与最终成果、生产工艺的创新与改进等；三是经营策略与营销模式，如产品的市场投放计划与方式、市场渠道、定价策略、宣传推介方案、主要客户资料等；四是企业的内部管理模式，包括企业的内部组织架构、层级与部门岗位分工、人力资源管理方式、绩效管理指标体系与考核方法、各环节成本与风险控制体系等。

王小霞：企业设定发展战略秘密时，一般可以把所有战略要素全部设定为商业秘密，特别是企业的战略方向与目标、投资方向与方针、产品开发方向、市场布局等，不抛出之前要绝对保密，抛出后不管别人能否看出和破解，都不要回应和解释，尽量使竞争对手识别透彻的时期延后，为自己占据市场优势留足时间和空间。

段小丹：在设定技术秘密时，要把研发计划与技术方案、雏形与定型产品、技术指标、材料、生产诀窍、工艺、配方、图纸、质量控制规范、是否申请以及如何申请专利等一律设定为商业秘密，不论竞争对手是否已经破解，均要继续保密，努力延后竞争对手的识别期。对于产品一经上市易被破解的技术秘密，还应附加申请专利、著作权登记等配套保护措施进行转接保护。

马慧娟：在设定营销秘密时，企业应将市场调研取得的分析数据和潜在客户情报设定为商业秘密，并把采购计划、供货渠道、营销方案、定价策略、价格激励措施、重要客户资料等设定为商业秘密，以防竞争对手"借船行舟"、优惠代换。

段小丹：在设定管理秘密时，应把生产成本、管理成本、营销成本、内部指标管控体系、重要的管理方法、分配方案、财务分析报告、计算机软件与程序源代码等设定为商业秘密，以封锁自己企业提升市场竞争力的核心因素，保护自己的竞争优势。

3. 商业秘密保护的方法和措施

主持人：针对目前企业关键信息大肆泄露的现状，企业该采取哪些措施对商业秘密进行有效防护呢？

马慧娟：企业首先要制定完善的商业秘密保护制度，规定本企业商业秘密的范围、设定程序与设密文件的发布，秘密场所的标示与秘密文件的标注方式，各类不同商业秘密的知悉范围，涉密文件的制作与传递程序和手续，知悉商业秘密人员的保密协议、保密津贴的发放标准与办法，涉密人员离职的继续保密义务与竞业禁止，泄露商业秘密的违约责任、泄密救济程序和应急措施等。只有保护制度和实施措施完善，才能有效地保护企业的商业秘密，否则，被侵权时就会"投诉无门"。

王小霞：企业应根据自己的商业秘密保护制度，在其他各项单项管理办法、岗位责任制、劳动合同中植入保密条款，在各种涉密场所标示秘密场所标志并明示进出与登记程序，在各种涉密文件上标注密级提示，在电子文件上加设密匙、网关和阅读复制权限，并在业务流程中严格执行涉密文件传递的批准手续、传递交接手续、归档查阅手续等。企业不仅要做好内部保密工作，在对外交易谈判和合同磋商过程中，也要设定保密措施，与谈判对手签订保密协议，谨防谈判对象窃密。

段小丹：企业商业秘密的泄密途径主要有四个：一是员工流动造成泄密，包括员工离职跳槽、离职创业、在其他企业兼职、退休后再就业等。二是权利人管理不当泄密，包括广告宣传、新闻发布、学术交流、接待来宾等企业对外交流活动中泄密。三是在商业合作中泄密，具体包括合作伙伴参观考察、缔约磋商、履约、委托开发、委托中介机构提供服务等情况下的泄密。四是其他方式泄密，如企业涉密人员出卖商业秘密牟利，竞争对手窃取商业秘密，行政执法人员在执法过程中知悉企业商业秘密后对外泄露等。上述泄密方式中，员工流动造成泄密是最为常见的，而集体跳槽会给企业带来毁灭性的打击，所以，管住人、留住人是防范泄密的重要手段。企业必须与涉密人员签订保密协议，约定该岗位的秘密所指、保密措施、秘密外传审批程序与取密手续、保密津贴、合同期后的继续保密义务、竞业限制、泄密的违约责任、法律后果等，以使涉密人员有章可循，威慑其不得泄密，一旦泄密也便于追究其与获密者的民事和刑事责任。

马慧娟：商业秘密一旦泄露，企业应立即启动救济措施。一是提起民事诉讼，追究泄密者的违约责任和侵权人的侵权责任；二是申请劳动仲裁，主张泄密者执行保密协议或竞业限制合同并与新单位解除劳动合同；三是向行政机关举报，要求查处泄密者以及窃密者、非法使用秘密者的侵权行为；四是提起刑事控告，要求追究泄密者以及窃密者、非法使用秘密者的刑事责任。

段小丹：华为公司有三位职工离职时，用光盘拷贝带走了华为公司的技术机密文件，后来该三人被法院认定构成侵犯商业秘密罪，均被判处有期徒刑并处罚金。由此可以看出华为的保密措施非常严密有效。从董明珠的讲话中，也可以看出格力面临着同样的问题，他们也在一直努力防范泄密事故发生。

王小霞："老干妈"泄密事件曾闹得沸沸扬扬，它带来的是两败俱伤的后果，给"老干妈"造成了上千万元的经济损失，而泄密者也受到了刑事处罚的惨痛教训。有的企业因为守住秘方而传承百年，有的企业因守住秘方却被市场淘汰，有的企业则因为秘方泄密而血本无归。所以，商业秘密该如何守，如何管，如何利用，这是持有"秘方"的企业值得重视的运营管理问题。企业要主动利用好知识产权专业律师和人力资源专业律师，帮助企业做好商业秘密保护工作。

话题 65　著作权给你的企业穿上"铁布衫"

主持人：罗　晓　　嘉　宾：马慧娟　王小霞　段小丹　　文　字：马慧娟　段小丹

目前，企业著作权已广泛应用于企业生产、经营和管理之中，并发挥着重要作用，如设计图纸、工艺流程、策划方案、包装装潢、宣传文案、规章制度等。企业不但可以把那些无法申请专利产品、难以设为商业秘密的公开资料通过著作权加以保护，还可以将专利产品和商业秘密的图文音像资料利用著作权登记进行附加保护，以排除竞争对手的不正当竞争。可目前大多数民营企业不知道哪些作品属于企业的著作权类知识产权，更不知道如何进行保护，严重削弱了企业的市场竞争力。本期沙龙我们特邀三位专家与大家谈谈企业著作权保护问题。

1. 企业著作权保护的重大意义

主持人：提到著作权，大家可能首先想到的是图书、书法美术作品、音乐戏曲影视作品等，但对企业来说，著作权的种类是不是更宽泛呢？

王小霞：著作权的客体确实是非常宽泛的，只要是人们创作的文字作品、口述作品，音乐、戏剧、曲艺、舞蹈、杂技等艺术作品，美术、摄影作品，电影作品和以类似摄制电影的方法创作的作品，建筑作品，工程设计图、产品设计图、地图、示意图等图形和模型作品，计算机软件（源代码）以及法律、行政法规规定的其他作品，都受著作权法保护。著作权的权利人既可以是创作这些作品的自然人，也可以是取得其权利的法人单位或者其他社会组织。

马慧娟：具体到企业，它的著作权表现形式也非常丰富和多样，大致分为四大类：一是文字作品，如企业的发展战略规划、各种市场分析报告与可研报告、内部规章制度、工作与技术标准、操作规范、策划方案、宣传文案、产品说明书等；二是图表作品，如设计图纸、示意图、电路布图、包装装潢等；三是计算机软件，如内部管理程序、财务核算程序、设备操作程序等计算机软件；四是其他杂项作品，如数据库，产品工艺造型，美术建筑图纸和造型，平面、音乐、视频广告作品，特定音乐与喇叭铃声，服装剪裁图与制作工艺说明，绿植、鲜花、动物、食品、蜡烛、玻璃制品、工艺品、陶瓷、家具、玩具等造型。

段小丹：我们熟知的"王老吉"与"加多宝"的"红罐"之争，加多宝公司曾举出很多旁证来证明"红罐"是独立于"王老吉"品牌的外包装设计（而广药集团则主张"红罐"是与"王老吉"配套的特定包装），应属于"加多宝"，唯独没有版权这个直接证据，致使"红罐"使用权纠纷一波三折，最终被最高人民法院确认为两家共用。假如加多宝公司在当初运营"王老吉"时，将"红罐"包装登记为自己的版权，就不会有被人"夺爱"的结局，也不用再去开辟"金罐"包装和投入巨资进行宣传。

王小霞：我国民营企业的版权保护意识普遍较差，进军国际市场时也往往吃大亏。以轮胎为例，国内的轮胎生产企业没有轮胎花纹的版权保护意识，并屡屡侵犯国外企业轮胎花纹版权，致使国外企业状告中国企业轮胎花纹侵权时，中国企业往往要支付高额赔偿费用，教训非常深刻。

马慧娟：企业著作权是研发、生产、经营、管理、运作过程中形成的具有独创性的作品，一经创作完成，即享有专有权，如果他人抄袭和仿制，著作权人就可以依法维权，让侵权人付出代价，这既是国家鼓励企业创新，又是对创新专有权的保护。以上案例可以看出，著作权对企业来说是何等的重要。所以，企业要善于利用著作权方面的法律法规，对自己的知识产权设定多重保护措施，与商标权、专利权、商业秘密一道形成知识产权保护网，打造抵御竞争对手不正当竞争的"铁布衫"。

王小霞：企业不但可以把独立的文图与音视频作品进行著作权保护，还可以把商标文图以及声像用著作权加以同步保护，把专利产品的所有文图与音视频资料以及使用说明书等用著作权加以叠加保护，把无法取得实用新型和外观专利的产品图纸、造型、颜色、产品说明书、宣传广告文案的文图与音视频作品等利用著作权进行保护，把专利保护期满的专利资料用著作权加以延续保护，把失密的商业秘密转化为著作权登记加以替代保护等。

马慧娟：著作权的保护非常宽泛，且界定侵权的标准很低，只要有30%的重合度，就可以被认定为是侵犯著作权人的著作权。所以，企业必须要学会利用著作权的法律武器，来为自己企业的知识产权设定充分的保护措施，彻底排除跟风、模仿和一哄而上的侵权状态，保持自己原创产品的核心竞争力，以免被淹没在同类型、同款式、同质化产品的海洋之中。

2. 企业著作权的归属与取得

主持人：这些年经常听说企业与员工因为软件归属权引发纠纷和诉讼，那么，员工的职务著作权如何界定？企业委托设计的著作权又如何归属呢？

段小丹：关于员工职务作品著作权的归属，一般分为两种情况。第一种，如果是员工为完成单位工作任务而自行创作的作品，其著作权由员工享有，但单位在其业务范围内有优先使用权，并且在作品完成两年内，未经单位同意，作者不得许可第三人与单位以相同的方式来使用该作品；第二种，如果员工是利用单位的物质技术条件创作，并由单位承担责任的作品，其著作权由单位享有，作者享有署名权，单位可以给予作者一定奖励。

王小霞：由于职务作品界定的复杂性和特殊性，著作权归属经常发生纠纷。为了规避可能出现的争议和风险，企业应当在知识产权保护的规章制度中对权利归属、创作人员如何署名及如何利用等作出明确规定，并在与员工签订的劳动合同中加以约定或单独签订分项著作权归属协议。凡约定著作权归于企业的，均应给予创作者一定奖励，以激励员工积极创新，也便于企业留住人才。

马慧娟：企业委托他人或专业机构设计的作品，著作权的归属国家没有强制性规定，一般由委托合同自行约定。约定时有三种可能选项，一是归委托人所有，二是归受托人所有，三是由委托人与受托人共同所有。如果没有约定，创作者的著作权并不当然属于委托企业，而根据著作权法的相关规定，委托设计的作品在没有约定著作权归属的情形下，著作权一般归受托人所有。所以，对于委托创作、设计来说，合同双方必须对权利归属有明确约定，否则委托人出了钱却仅仅取得了有限范围内的使用权，未必会达到预期目的。

段小丹：作为企业来说，委托设计创作的目的就是自己使用，所以，应尽量约定委托设计创作作品的著作权归委托企业所有，以使自己企业取得完整的著作所有权。即使受托人不同意归委托人独有，退其次也应尽量约定双方共有，并要明确委托人的使用范围和方式，限定受托人的使用范围和方式，以防被其竞争对手所利用。

3. 企业著作权的登记与保护

主持人：著作权在权利归属、运营增值和保护方面较为复杂，各位专家对企业著作权保护有何建议？

王小霞：从著作权法的规定来看，作品创作一经完成即形成著作权，有易获权的特性。但是如果发生侵权，如何判断原创者、如何甄别抄袭者却是一件麻烦的事，创作者自证自己是"原创者"较难。故创作者必须保存好创作过程中形成的全部资料，比如创作计划与创意设计思路、创作草图、定稿、半成品、成品、摄影作品的底片等所有原始资料，以防他人侵权时，能够证明自己是原创者。

马慧娟：由于设计创作作品都是由具体人员或受托人完成的，企业一般很难取得或保留创作过程中的原始资料。所以，著作权登记就是企业的最佳选择。因此，建议企业对于重要的作品，比如高新技术企业的软件、重要生产设备的数控程序、企业所有的形象设计作品、关键的技术业务文件等进行版权登记。进行版权登记有四大好处：一是它是权属凭证，具有国家公信力；二是权利人可以对恶意申请人的申请事项进行有效抗辩和申请撤销；三是发生侵权时，它是认定权属和解决纠纷的关键证据；四是它是权利许可和转让的有效凭证。

段小丹：版权只要应用得好，不仅可以带动企业发展，也可以享受国家诸多优惠政策。如青岛一家蜡烛生产企业，利用高科技技术将蜡烛设计成极具美观度的工艺品，既可作为摆件，又可作为蜡烛使用，并登记版权上千件，其创新产品迅速打开国内外市场，成为全球蜡烛、玻璃和时尚工艺品行业的最大制造商之一。该企业因版权投入较大获得高新技术企业资质，每年可享受很多税收优惠政策。有些服装、玩具、家具、陶瓷、游戏、影视等企业做得也都很好。

王小霞：我们主张凡能构成企业独创的所有公开资料，应尽量全部进行著作权登记，以为未来的企业核心竞争力保护奠定基础。因为你不可能知道谁会来跟风、模仿，也不知道他会从哪个方面入手跟风、模仿。所以，只有进行全系列著作权登记，才能为企业穿上知识产权保护的"铁布衫"。但目前我们的民营企业还没有这一方面的保护意识，保护工作做得更是远远不够，希望广大民营企业家们能够早日觉醒。

马慧娟：关于著作权保护，最重要的是企业应该有保护意识，加强管理，完备的管理制度和实施措施是著作权保护的最好手段。一是企业应设专门机构或专人负责；二是应制定著作权管理制度，明晰职务著作权的范围、归属与利用，著作权登记、管理、运营，创作人的权利与激励措施，遭受侵权时的应对措施等；三是与员工签订相关协议约定好著作权归属，以减少权属不明的风险。

段小丹：一旦企业著作权受到侵害，企业既可以选择民事诉讼进行索赔，也可向市场监督部门举报，对其进行行政处罚，还可向公安机关控告，以追究侵权人的刑事责任等。

话题 66　档案记载历史，信息服务未来

主持人：罗　晓　　嘉　宾：张振龙　肖婷婷　马慧娟　段小丹　　文字：段小丹

马云说，未来的时代将不是 IT 时代，而是 DT 时代（即数据科技）。可以说，企业的未来运营已越来越依赖于内外部的数据分析。但目前大多数民营企业的信息管理与利用意识极差，不但缺乏外部信息的收集与处理机制，也没有内部信息资料的整理归档制度，无法为企业的发展和管理提供信息与档案资料支持。为了帮助民营企业认知信息档案管理的重大意义，做好信息档案管理工作，本期沙龙我们就一起来聊聊民营企业的信息与档案管理、利用等问题。

1. 企业信息管理严重滞后

主持人：目前的世界已经进入了信息时代，大数据已成为民营企业研究市场和管理企业的重要战略资源，但多数民企对信息管理似乎不太重视。专家们能否先谈谈我国民营企业信息管理的现状？

张振龙：我经常去民营企业调研，或者参加企业发展战略论证会，见到大多数民营企业提供的外部市场信息都是一些概念性的公知信息，很少有基础性的数据相支撑。即使是一些咨询公司做的规划或方案，引用的也多数是网上发布的几年以前的公开数据，既粗略又过时。这种凭感觉拟定的战略、做出来的规划可靠吗？我是觉着心里一点儿都没有底。所以，也就只能提一些概括性意见，谈一些大致思路，而不敢随便给出具体的实操性建议。

肖婷婷：参与企业商业或营销模式设计、再造、优化与论证，不但企业提供的外部市场信息不全面、准确性差，无法从中获知产品市场的完整信息和竞争对手的具体信息，企业提供的内部信息更是残缺不全，既没有连续数年的产（商）品产销分类统计表以及趋势变动图，也没有分地区、分代理商、分客户连续数年的业绩统计表以及趋势变动图，分析起来十分费劲。企业给出的都是印象性概念，甚至有的企业由于人员更迭快，对以前的情况和数据竟无人知晓。这种状况下，如何正确分析企业前期的运行状况、当前所处的市场地位以及未来的可能趋势呢？缺乏数据支持，没有经验总结，怎么去再造和优化商业或营销模式呢？

段小丹：我们帮助企业完善或重建内部管理制度体系时，发现很多企业除了财务报

表和记账凭证外,根本找不到其他任何基础性资料,由于大家公知的原因,既有财务资料也不一定真实可靠。在此情况下,很难挖掘出企业运营中存在的个性问题以及问题的根源,很多制度中的机制设计只能靠企业高管和外部专家的既往经验,很难因企制宜、突出重点、找对痛点、有针对性地"对症下药",无法对企业运作机制进行差别化处理。

张振龙:作为律师,经常为企业处理纠纷或打官司,但是要想找齐与纠纷有关的资料那真是难上加难。多数企业找不全交易合同、履约凭证和确认手续、收付款凭证以及委托收付款通知书、履约期间的各种通知和交易提示、质量异议书、逾期通知书、维修通知书等证据;相邻关系纠纷、资源类行政许可纠纷、行政征收拆迁补偿纠纷,找不到土地与矿产资源取得的原始资料;劳动合同纠纷找不齐劳动合同,员工在企业工作期间的上岗调岗记录、考勤表、劳动定额完成情况以及工资报酬发放数据、违反企业相关制度的证据等。没有完整的证据,又如何判断各方是否履约合格或存在违约,如何衡量是否存在过错以及过错的大小,如何界定是否侵权或被侵权,如何主张自己的权利和索赔数额呢?

马慧娟:民营企业在信息资料管理方面存在的突出问题是:社会动态、消费动态、市场信息、国家的经济导向性政策以及法律法规没有人专门收集和整理;企业的设立登记以及变更资料没有专门建档,查不到企业的沿革变迁;企业的不动产取得、建设与动产购置资料没有及时归档保存而造成丢失残缺;企业对外交易资料没有登记保存、归类整理、存档备查;企业的内部运行与管理资料没有定期整理、统计制表、分类归档。这些信息资料的管理缺陷,导致没法还原企业的历史状态、展示目前的全面情况、弄清企业的各种问题。

2. 企业信息管理的作用与价值

主持人:企业的信息管理到底有多么重要,到底有什么价值,信息资料在企业运作与发展中起着什么样的作用呢?

马慧娟:企业应掌握的信息分内外部信息两大类。外部信息主要是为制订企业的发展战略和近远期发展规划,研究市场战略、产品战略、营销战略以及方法措施,确定企业转型升级以及技术、环境、管理升级改造而服务的;内部信息除了为上述研究服务外,主要是为优化内部业务流程、建立健全内部业务管理手续、核定定员定额指标体系、完善内部管理制度、促进提高工作效率、防控企业运作风险而服务的。

肖婷婷:企业的外部信息包括社会动态、经济形势、科技发展、消费动态、市场供求、行业状况、国家政策以及法律法规，以分析社会发展趋势、技术走向、市场环境及其变化趋势、国家的政策导向，寻求企业的市场定位和发展方向，从而使企业顺势而为，避免逆水行舟、偏离方向、走错道路、违法犯罪。外部信息对民营企业发展方向和发展道路的选择起着决定性作用。

段小丹：企业的内部信息包括采购信息、供应商信息、仓储信息、生产信息、成本信息、销售信息、客户信息、员工信息、资产以及土地、房产、机器设备、车辆信息、决策形成、传达、执行、反馈信息、定期报表与分析报告等，以掌握企业的内部运行状况，为分析市场反应、优化营销方案、改善内部管理、提高工作效率、降低三项成本、创造超额利润、搞好绩效考核、进行内部追责、处理内外部纠纷等提供依据。企业的内部信息是调整改善企业内部管理、优化企业运作模式必不可少的基础性信息。

张振龙：如果企业不能完整地掌握外部信息，就像在大海中航行的船舶罗盘损坏、导航失灵、海图毁损，两眼一抹黑；如果企业的交易资料和客户档案不登记保存、归类整理，特别是客户信息被业务员所垄断，该业务员一旦离职，客户资源即会丢失；如果企业内部物流传递手续不健全，缺乏定期汇总报表、分析比对表或分析报告，就无法判断和改善内部运行状况，出问题时也划不清责任；如果资产档案不注意保存，建筑物、构筑物施工图资料缺失，结构图、管线图、安装图找不到，出现故障就只能"摸黑"维修；如果员工信息不完善，员工档案缺失，处理劳动争议就会缺少证据；如果内部决策指令下达、执行、信息反馈不规范，资料不完整，缺乏日、周、旬、月以及季、年度报表，就无法评价执行力和工作效率。

段小丹：市场交易是企业内循环与外循环的连接点，它既可以感知企业的外部环境变化，又可以检视企业的内部运行状况。所以，企业的所有决策都必须以企业的内外部信息为依据，把内外部信息结合起来去综合考虑，才不会出现重大失误。

3. 企业信息的管理与利用

主持人：企业的信息管理如此重要，那么企业应当怎样进行信息管理，才能发挥信息数据的作用呢？

马慧娟：企业的计划、组织、指挥、协调、控制、操作的过程，正是内部信息数据产生的过程，并在企业内部形成了一个庞大的信息体系。要实现有序管理，就必须建立健全信息档案管理制度，明确信息从收集、加工、整理到储存、传递、利用的各个环节，规范信息的流转程序，使企业信息档案管理有据可依、责任明确，所有人员都可以通过制度获知自己在信息管理中的职责和操作方法，以提高信息收集、分析、加工与利用的效率。

段小丹：企业的信息档案工作，应当分门别类统筹管理，确保信息档案的真实性、完整性。如业务信息档案，可按交易对象建立分户档案，一客一档，每笔交易一个分档。交易档案中应包括交易合同、履约联络函、交易凭证、确认单、结算单、发票存根影印件等所有交易资料，一旦双方出现纠纷，所有信息均有据可查，如属本方工作失误也便于追责，还可定期分析交易情况，为调整采购、销售策略提供依据。

肖婷婷：对于企业内部的流转信息，可要求各部门、各环节、各岗位建立传递单证、登记台账和管理表格，明确汇总上报时点和责任，明确信息核查机制，以防资料丢失、信息残缺。内部信息既然是为改善企业管理和应对纠纷处理服务的，就必须要做到用时有据可查。

段小丹：小型企业可以设置信息档案资料专员，规模较大的企业可以设立信息中心，统一管理信息工作。信息专员和信息中心除了收集、整理、保存、管理企业的内部信息外，还应负责统筹、收集和分类整理企业的外部信息，为企业决策提供参考依据。企业还应当建立离岗人员信息移交制度，以防信息流失。

马慧娟：信息数据是企业的无形资产，有些信息是企业的商业秘密，能为企业带来巨大财富。因此，对于信息数据不仅要全面完整地保存，还要对那些不宜公开的信息加设保密措施。这就要求企业在保密制度中明确企业秘密信息的范围、保护措施、责任分工、追责机制，有效保护企业的信息资产安全。

张振龙：在当今科技飞速发展和网络化普及的时代，为使信息管理更及时、更便捷、更精准、更透明，企业应尽量利用计算机系统管理企业信息，通过电算化实现内部信息的归集比对，利用大数据收集分析外部信息，以降低人为管理信息的工作量和管理误差，提高信息管理的时效性。

肖婷婷：企业的信息资源是一笔宝贵的财富，究竟哪一份能用上、什么时候能用上，谁也说不清。平时放在手边，你可能感受不到它存在的价值，但如果用时找不到，就可能会给企业造成无法弥补的损失。所以，民营企业一定要有资料意识、归档意识，做到有备无患、未雨绸缪，千万不能把用过的资料随手乱丢，以防用时找不到，且时过境迁而无法弥补完善。

话题 67　只有安全生产，才能稳健发展

主持人：罗　晓　　嘉　宾：胡婷婷　姜爱军　段小丹　石文洁　　文　字：石文洁

据原国家安全生产监督管理局统计，2016 年全国共发生安全生产事故 6 万余起，死亡 4.1 万余人。"辛辛苦苦几十年，一夜回到创业前"，对于弱不禁风的民营企业来说，一旦发生重特大事故，企业家就可能锒铛入狱、个人财富直接归零。为了提高民营企业的安全防范意识，强化企业安全生产，本期沙龙我们特邀请几位嘉宾来与民营企业家谈谈安全生产问题。

1. 民企安全生产存在的突出问题

主持人： 当前我国正处在深度工业化和新型城镇化的伟大进程之中，生产经营规模不断扩大，传统和新型生产经营模式并存，各类事故隐患和安全风险交织叠加，生产事故居高不下。各位专家，你们认为当前民营企业安全生产方面主要存在哪些问题？

胡婷婷： 我国改革开放 40 年来，民营企业发展迅猛，已占据了国民经济的大半壁江山。由于市场经济本身存在的逐利性、盲目性、自发性缺陷，导致企业基础建设薄弱，内部管理落后，重经济效益、轻安全生产，加之外部监管不严，安全生产主体责任落实不力，安全生产事故频发，给国家、企业以及企业主和劳动者造成很大财产损失或人身伤害。

石文洁： 安全事故隐患线长、面广、点多。根据我们处理工伤事故积累的经验，民营企业员工工伤事故发生的概率是，入职一个月以内员工发生的占 50%，其中入职一周以内员工发生的又占其一半。这说明民营企业的安全生产教育明显缺失。目前的企业主或其管理者多数存有侥幸心理，过于自信地认为安全生产事故不会发生在自己企业身上，完全忽视企业的安全条件改善、设施设备维护、日常安全教育和监督管理。

段小丹： 当前民营企业安全生产方面存在的突出问题有四个方面。一是管理层缺乏安全生产意识，对安全生产管理的重要意义认识不高，企业对管理者也没有设定相应的责任承担机制；二是安全投入不够，安全生产设施建设不到位，安全防护设备、器材、用品配备不足；三是安全教育（特别是对新入职员工的安全教育）不够，没有进行岗前技能培训、生产环境适应和师傅帮带就直接顶班上岗；四是缺乏安全生产操作规范执行情况的日常监管，安全生产应急预案缺失，应对措施落实不到位，即使有应急预案，大

多也是为应付政府主管部门检查而定,实际上并没有把安全生产当成企业经营与发展的基础要素去对待。

胡婷婷:由于目前员工流动性大、换岗勤,在一个单位连续工作的期限短,民营企业都不愿花费精力和金钱去对新员工进行入职培训,不愿对既有员工进行提升培训。因为企业担心一旦这些员工离职,培训费就要"打水漂"。这种思想是完全错误的,如果企业对员工进行了技能培训,就可以大大提升员工的工作质量和工作效率,创造的价值也会大于培训费用,并可以增强员工的向心力;如果企业对员工进行了安全生产培训,就可以缩短员工的适应期和磨合期,大大降低安全事故的风险和概率,使企业免受事故损失和不良影响。即便招聘到技能匹配的适岗员工而不对其进行技能培训,但安全培训还是必不可少的,因为安全损失具有最大的不确定性。

段小丹:目前,民营企业的安全生产监督是一块突出的短板。企业的安全生产制度不能说没有,有的安全生产操作规范也非常健全,但为什么总是发生安全生产事故呢?根本原因还是制度落实不到位,操作规范执行不严格。这些问题的存在,归根结底都是企业内部的安全生产监督缺失。一是监督责任不明确,二是不愿配置专职安全监督员,三是兼职安全监督员由于工作太忙顾不上监督,内部形不成完整的监督体系,使安全隐患钻了管理的空子,突破了薄弱环节,从而酿成事故。

姜爱军:为了促进企业转型升级,改善生产经营环境,重建新型和谐的劳资关系,国家在企业安全生产方面提出了基本目标,强化了主体责任,强调对事故发生负有重大责任的人员依法严肃追究法律责任并依法实施相应的行业禁入,严格实行事故直报制度,对瞒报、谎报、漏报、迟报事故的单位和个人依法依规追责。因此,企业切不可再将安全生产置之度外,必须引起高度重视。

2. 安全生产事故的后果你可能承担不起

主持人:企业一旦发生安全生产事故,企业主除了承担自身损失外,还可能要承担民事责任、行政责任甚至是刑事责任,专家们能否介绍一下发生安全生产事故的各种不良后果?

胡婷婷:安全生产事故从损害后果看一般有三类:单纯的工伤事故,单纯的生产经营设备、设施故障毁损事故,以及两者兼有的生产事故。常见的有机械致人损伤事故,员工触电事故,有毒、有害、腐蚀性、污染类液体或气体泄漏事故,爆燃与火灾事故,坍塌、透水、缺氧窒息事故,设备安全事故,质量安全事故,公共场所拥挤踩踏事故,公共交通运输事故等。

石文洁：安全生产事故的直接后果就是人员伤亡和财产损失。企业一旦发生事故，首先要承担自身的所有财产损失，如果造成员工伤亡，还要承担工伤事故赔偿责任，如果造成外部人身与财产损失，同样要承担民事赔偿责任。发生安全生产事故，轻则"流血割肉"，中则"伤筋动骨"，重则一蹶不振、财富归零，其后果根本无法预测。

段小丹：我国安全生产相关的法律法规，均明确了安全生产事故的责任追究制度。一旦发生事故，企业一方面要组织抢救，另一方面要及时上报、配合调查，安全生产监督管理部门将根据调查结果，给予企业责令限期改正、停止建设、停产停业整顿、停止违法行为，或罚款、没收违法所得，甚至给予吊销营业执照或生产经营许可证、关闭的行政处罚。

姜爱军：发生重大安全生产事故的，还可能会被追究刑事责任。我国《刑法》中涉及单位安全生产违法行为的犯罪，主要有重大责任事故罪、强令违章冒险作业罪、重大劳动安全事故罪、工程重大安全事故罪、消防责任事故罪、不报或谎报安全事故罪等，一旦构成上述任何一条罪名，都可能会使企业主或主管安全生产的企业高管以及直接责任人身陷囹圄，给企业造成毁灭性打击。

3. 安全生产必须常抓不懈、舍得投入

主持人：安全生产事故是民企发生概率不高但后果难以预测的风险，如何才能保证企业安全生产，避免事故发生？

段小丹：思想理念转变是第一位的，企业家如果不绷紧安全生产这根弦，一切安全生产管理措施都将无从谈起。随便一个工伤事故给企业造成的损失，足够企业对新员工进行岗前培训和全员安全教育的费用开销；任意一个设备、设施毁损事故，其损失可能吃掉一年甚至数年的利润；不管发生什么事故，不仅会对企业造成巨大经济损失，还会影响企业的外在形象和声誉，影响企业的正常生产经营。因此，安全生产也是生产力，企业切不可一味追求经济利益，忽视安全生产管理。企业主与经营管理者应转变重经济效益、轻安全生产的思想观念，把安全生产成本等同于水、电、油、气成本，视为企业的必要成本足额打入预算。切不可抱着侥幸心理，得过且过、简单凑合。

胡婷婷：民营企业在安全生产方面要舍得投入，使生产经营设施、设备以及配套条件达到设计标准和规范要求，并按要求定期检查、测试、保养、维修。凡需取得安全生产（运输、仓储）许可证或特种设备许可证或合格证的，应向相关行政管理机关申请验

收和发证；凡需通过安全评估或环境评价的，应积极委托评估评价。如果企业违反国家强制性规定，达不到安全生产条件，很可能会被行政机关勒令停产停业，如此，企业将遭受很大损失。

石文洁：民营企业要建立健全安全生产管理制度，把安全生产措施落到实处、责任到人、层层有责，并有相应的监督巡视机制，确保安全防范措施不悬空。转变思想理念不仅是企业家和高管的事，还应当让每一个员工都意识到安全生产的重要性。对于新入职的员工一定要进行岗前安全培训，明确师傅帮带责任和部门教育s责任，将安全生产与部门全员（特别是主管领导）的绩效利益挂钩，努力降低新入职员工工伤事故发生率。对入职后的熟练工作人员，仍要定期进行安全教育与培训，不间断地培养员工的安全生产意识与素养。

姜爱军：民营企业要善于利用社会保险或商业保险转移事故风险。凡相对稳定的工作岗位员工，企业应尽量为其办理社会保险（包含工伤保险），若流动性大的工作岗位员工没有办理工伤保险，则应办理意外伤害保险或者特种行业的特定保险；对于高空、高速、地下作业、高（低）温、高压、易燃、易爆、易腐蚀、有毒、有害等高危岗位的员工，还可以在工伤保险的基础上，额外附加投保意外伤害保险；财产损失风险较大的企业，还应投保财产保险。企业可根据具体情况，设计不同的险种和保额进行投保，一旦发生事故，可以将风险转移给保险公司。

段小丹：目前，很多民营企业在投保商业保险时，均不会科学选择险种和保额，过分听信保险公司业务人员或保险代理人的建议而随便投保，结果当事故发生后，保险赔付的数额不足以弥补事故损失，使保险失去了应有的意义。因此，建议民营企业投保商业保险时，最好委托保险经纪人或保险专业律师代为设计险种与保额组合，以使商业保险应保尽保，保费投入科学合理，保险金额足以承载风险损失。

胡婷婷：平稳运行是最快的发展速度，安全生产是最大的资源节约。做好安全生产管理，建立完善的安全生产管理制度，进行充分的安全生产投入，最大限度地减少或杜绝安全生产事故的发生，就是为企业节约生产成本，赢得最大效益，保障健康发展。

话题 68　企业内控体系要定期"体检"与调适

主持人：罗　晓　　嘉　宾：张振龙　李玉卿　段小丹　郭轶婷　　文　字：段小丹　郭轶婷

完善的内控体系是企业自动、顺畅运转的基础。建立完善的内控体系，一靠企业内部管理制度体系的初始搭建，二靠内外部环境变化时的不断调适。判断企业内控体系是否完善，需要对其进行定期"体检"，通过"体检"查找问题，然后进行补充、调整和完善。为了帮助民营企业学会定期"体检"和调适内部运作机制，使企业一直保持良好的运行状态，本期沙龙特邀请几位嘉宾就企业内控体系"体检"与调适所涉问题进行探讨。

1. 企业内控体系必须定期"体检"

主持人：通过本章前面 13 个话题的系统解读，大家对企业内控体系有了较为全面的认知和了解。那么，在企业内控体系建设起来之后，就可以保证企业自动、顺畅、良性运转了吗？

李玉卿：企业的运作体系包括企业内部上层与下层、部门与部门、岗位与岗位之间相互联动的内循环，也包括企业与外部交易对象之间启动谈判、签约履约、完成交割结算的外循环，还包括针对市场变化而建立的回应机制，以及基于国家管理关系而作出的合规性反应。内循环与外循环相互推动、相互制约、有机协调。本章主要围绕企业的内循环进行探讨，还没有涉及企业的外循环（以后几章会谈到），但企业内控体系的"体检"却是全面的，涵盖了整个企业的内循环和外循环，即对企业内外部循环的同步"体检"。

张振龙：完善的企业内控体系，涵盖了企业管理总规范、各个单项管理办法、部门与岗位责任制、工作标准与工作规范这几个层面的配套制度。由于很多民企重营销、轻管理，即使有厚厚的一摞制度文本放在那里，也不见得内控体系就很健全。因为很多制度有其名而无其实，要么内容残缺不全，要么制度之间相互打架、无法衔接，要么形式大于实质，禁止性规定多，指引性规定少，根本起不到指导、协调、规范企业运行的作用。

段小丹：就业务管控来说，虽然多数企业都有业务管理办法，但只规定哪个部门负责销售，销售业绩要达到多少，哪个部门负责催款等面上的程序问题，对如何筛选客户、怎样对客户的诚信度、回款能力进行调查并无操作性规定，对合同谈判要点、重要合同条件的决策程序也无指引性规定，对合同的履约跟踪未明确具体措施和责任分工，对交易资料的保存、传递、归档未明确责任人，等等。这样的业务管理办法在执行过程中，势必会出现业务流程管理粗放、随意性大、业务传递手续不健全等问题。

李玉卿：不仅仅是业务管理制度，很多企业的人力资源管理、资产财税管理、知识产权管理、信息档案管理等制度，同样都存在着不同程度的共性问题，或有漏洞、有缺失、机制不健全，或缺乏指引性、操作性条款而无法落地，责任界限和责任方式也往往不够清晰，这就为企业运作埋下了众多隐患和风险，使企业家不得不整天忙于烦琐的日常事务之中而无法解脱。因此，通过"体检"查找制度缺陷并调整完善是十分必要的。

段小丹：即使企业一开始建立了完善的内控体系，也不能一劳永逸、高枕无忧。企业的生存环境是在不断变化的，随着外部市场、法律、政策环境的不断变化，企业的反应可能滞后，其内控体系就可能出现局部不适。随着不适的不断涌现或长期积累，就有可能导致既有制度体系崩溃。

郭轶婷：企业运作是一个动态的过程，由于企业经营规模、产品结构、业务扩缩、技术水平、人员结构、管理模式等的不断变化，也有可能导致原有的制度体系和运作模式越来越不匹配。因此，企业为了更好地适应内外部环境的变化，对内控体系需要定期"体检"与调整，以使其始终处于最佳运行状态。

2. "体检"的方法与要点

主持人："体检"是发现问题和解决问题的前提，那么如何进行"体检"才能真正找到病因，防止"误诊误治"呢？

张振龙：企业内控体系是否存在问题，最基本的判断标准是企业的老板、高管不在时，企业还能否自动、顺畅、良性运转。如不能，并且经常出现工作脱节或阻滞、失误，就说明其存在漏洞、冲突或不适，就需要进行及时"体检"。如企业内部运行一切正常、工作效率较高、不依赖高管的直接指挥，可以暂时不进行"体检"。"体检"时，应重点分析现行制度、运作模式与企业当前运作需求的契合度，发现不适，立即予以调整。

李玉卿：企业内控体系的"体检"，既可以从企业管理总规范到各个单项管理办法、部门与岗位责任制、工作标准与工作规范，进行全面检查、系统"诊断"，也可以从局部入手，仅就某一方面的制度开展"诊断"。"体检"所要关注的重点是，业务流程是否简洁流畅、反应高效，权限是否清晰分明、决策迅速，上传下达是否及时回应、没有阻滞，责任是否落实到位、互不推脱，传递手续是否健全完善、有据可查，出问题能否划清责任、追责到人，工作规范和标准是否科学适当、执行到位。

段小丹：全面"体检"时，首先应紧紧围绕业务流程对企业管理总规范中的物流、资金流、信息流进行逐环节查对，审视目前的流程和机制是否适应企业运作的内外部之需。要看决策流程是否清晰、决策权限是否明确、决策反应是否快捷；看业务流线是否简洁、传递路径是否清晰、责任界限是否明确、传递手续是否健全；看工作记录是否详细、登记台账是否完整、信息上报是否及时、不同来源的信息是否一致。企业管理总规范"诊断"完成后，再逐一"诊断"各个单项管理办法。待所有问题梳理清楚后，再去统一研究调适方案。

郭轶婷：单项"体检"时，应本着先急后缓、先冷后热、先生后熟的原则，对存在问题较多（如采购、销售）、感觉运作不畅（如前后左右业务流转）、协调任务繁重（如业务部门与综合、财务、后勤部门之间）、平时关注不够（如人力资源管理、员工激励、高管跳槽、商业秘密保护、竞业禁止）、高层心中没数（如生产安全）、过于陌生偏冷（如商标、专利、版权）的任一方面进行专项"诊断"，查找存在的各种问题，然后加以调整和完善，接着再对其关联制度的契合度进行延伸"诊断"和调整。

段小丹：单项管理制度的"体检"，也是从工作流程、决策机制、传递办法、传递手续、责任界限、信息反馈等方面入手，查找问题，纠正不适。岗位责任制的"体检"，主要是检视各岗位职责与管理制度指向的岗位分工是否一致，岗位说明书是否清晰，有无遗漏或重叠；工作规范与标准的"体检"，主要是看其是否适应新的运作机制的要求，是否符合国家或行业管理状态变化下的基本要求，发现问题予以调适。

3. 调适需要软着陆，切忌整体硬转换

主持人："体检"是为了调适。那么，企业内控体系"体检"后，发现问题又该如何调适呢？调适过程中应该注意哪些问题？

张振龙：企业内控制度的建立和完善以及日后运行中的逐步调适，主要涉及两个方面的问题，一个是业务与事务运行机制问题，另一个是人力资源的执行力问题。一般情况下，应先调整业务与事务的运行机制，再配套调整与之相关的部门、岗位责任制以及人力资源管理方面的激励惩罚机制等，使其相辅相成、相互支持，以人的执行力支撑各项业务和事务的良性运转。

李玉卿：在业务与事务运行方面，针对多数民营企业普遍制度缺失、空白点多，宣示性条款多、操作性条款少，各制度之间不衔接、不配套，甚至相互矛盾的常见问题，企业应一个方面一个方面地逐项加以调整、完善和优化。调整完善时，既可以"先总后分"分步探底，也可以"先分后总"最后统合，待分项调整完毕后，再进行整体衔接配

套的统筹微调，以使整个制度体系之间协调一致、有机衔接、互不矛盾。

段小丹：在执行力方面，针对民营企业缺乏人才战略和应有储备、人才匮乏、人员流动性大、人力资源支撑跟不上等现实问题，企业必须制定和完善与企业发展相配套的人才战略，完善人力资源管理办法，建立健全绩效考核机制和股权激励机制，使岗位责权利相结合，以调动高管和员工的工作积极性，提升整体执行力。

郭轶婷：企业的内控体系调适，应以"调养"为主，逐步推进。第一要尊重既有流程和习惯，在现有基础上进行调整完善，不要轻易推倒重来、全盘创新，以防员工面对新的机制感到手足无措，或出现大的权力更迭、义务附加，导致管理人员出现对立情绪而难以推行；第二切忌全面开花、整体切换，要综合考虑企业管理人员和员工的接受能力，以及企业本身的承受能力，要一项一项逐步调整置换，否则，企业可能会因无法适应颠覆性的改变而适得其反。

张振龙：企业的内控机制转换，不要盲目追求所谓"高大上"，工作流程要能简则简，工作标准要能细则细，传递手续要能严则严。制度不仅仅是给有文化的高管看的，更多的是管理、指引一般员工的，大多数企业的一般员工文化水平并不高，因此企业制度一定要让初中文化水平的员工可以看懂，可以依据制度轻松操作。只有这样才能真正落地，实现制定制度的目的。

李玉卿：企业的内控机制转换，更不能生搬硬套、模仿移植别人的现成制度。别人的再好，也不一定适宜你的企业，企业的地域环境、经济基础、人员素质、业务规模等方面的差异，都会导致制度在本企业运行不适。即使别人的制度适宜本企业，也要有个慢慢植入的过程，要根据企业的经营状况逐步渗透，植入的方法不对，照样会把企业搞乱。

段小丹：人要健康需保健，车要安全要保养。同理，企业要稳健发展，也必须定期"体检"和调适，以使企业革除积弊、运作顺畅、充满活力，稳步前行。

话题 69　企业内控体系"诊断"离不开"外脑"

主持人：罗　晓　　嘉　宾：范冠超　陈志敏　马慧娟　段小丹　文　字：马慧娟　段小丹

　　民营企业内控体系的滞后和不适，除了由外部环境变化和内部情势变更引起之外，企业内部上下左右岗位之间的相互争权推责、暗自博弈，也是不可忽视的另一主要因素。所以，企业内控体系的"体检"，单靠企业内部的自省自查往往是无法实现其目的的，必须借助于外部专家的独立"诊断"和"治疗"。今天就邀请几位专家来谈谈民营企业如何借助于"外脑"进行"体检"和调适。

1. 企业的内部羁绊，决定了民企难以自查自省

　　主持人：上期我们谈到了民营企业内控体系要定期"体检"和不断调适。如果企业有较强的管理团队，就可以完成自查、自省、自纠吗？

　　范冠超：由于我国职业经理人群体发育较慢，很多企业的管理层都是企业主的家人和亲戚，企业主自我管理的现象仍是多数民企目前的常态。不论企业主是技术、营销、管理还是财务出身，都会由于其知识结构的局限性，很难自行建立起系统完整的制度体系，导致企业内控体系中的空白点多、重叠点多、矛盾点多。加之民营企业成长速度快、成本意识强、人才跟不上，大多数企业都没有强大而稳定的专业管理团队，根本不可能具备内控体系自省自查和自我调适的能力。

　　陈志敏：企业在实际运行过程中，从上到下的决策、指挥、执行层级之间，各个业务环节的部门、岗位之间，往往会出现权利争夺、责任外推、软抵硬抗、暗自博弈等问题，这种权责博弈必然会导致内控机制的左右摇摆和制度体系的逐步失衡。既然权责博弈是内控体系不适的其中原因，那你怎么敢指望企业内部的自省、自查、自纠呢？

　　马慧娟：如果企业内部进行自省自查自纠，往往会出现顾忌矛盾、避重就轻、彼此关照、不愿揭短、碍于面子、不愿表露、害怕增加负担、故意保持沉默等现象，加之各部门、各岗位都不愿自我加责加压，所以，依靠企业内部自省自查和自我调适，一般都很难达到预期效果。

　　段小丹：基于以上原因，民营企业内控体系的"体检"和调适一般不要自己去做，最好聘请外部专家对企业进行"体检""会诊"和"治疗"。外部专家不仅更专业，而且相对独立和超脱，"体检"和"会诊"时没有太多顾忌，调整起来也没有太多的羁绊，

利于企业的适时调适和后期的持续良性运转。

马慧娟：根据我们的观察，目前多数企业的高管对外部专家的参与和辅导持排斥态度。一是怕外部专家指出自己履行职责的毛病，二是怕外部专家调整自己的权利和势力范围，三是怕外部专家给自己加压加责，四是怕动摇自己在企业中的地位。而民企的老板们要充分认识到，这恰恰就是聘请外部专家的作用和意义，毛病没人挑、权利不敢调、责任不敢加，由着他们各自的性子去做，那企业怎能上下同心、协调一致、共谋发展呢？

2. 多数问题专业性强，必须依赖外部专家

主持人：有的老板认为外部专家对企业并不了解，不敢把企业"体检"和调适的工作交给外部专家去做，认为自己对企业最为了解，不如自己琢磨和倒腾，大家认为这样行吗？

范冠超：我认为不行。企业内控体系是一个完整的综合体系，涉及的专业问题很多，既有业务问题，又有财税问题，也有人力资源问题，还有知识产权问题，更有机制设计和制度建设的技术问题，各个制度之间的衔接问题。这些专业问题，任何一个老板无论如何都是无能为力的，即使企业的管理团队很棒恐怕也难以完全胜任。所以，借助"外脑"对企业内控体系进行"体检"和调适是企业的必然选择。

马慧娟：有的老板认为企业有自己的财务部门，财税问题咋能搞不定。殊不知，多数企业的财务人员平时做的是资金运作和账务处理，几乎没有参与过企业的业务流程设计和管理模式设计。特别是税务方面，财务人员虽知道照章纳税，但对税务筹划则知之甚少。企业老板并不知道税务是投资模式、公司形式与股权架构、商业模式与交易模式以及管理模式所决定的，而这些模式的设计，财务人员不太关注，甚至非常陌生。比如，营改增的税制改革，是否会对自己的企业产生影响，产生多大的影响，应该怎样应对，交易模式是否需要调整，这些问题企业财务人员很少会考虑到，因此，依靠内部财务人员很难做到财税管理的科学优化。

段小丹：融资（融资租赁、保理）、借贷、担保这些看起来稀松平常的业务，实际上企业的财务人员也并不精通，否则不会出现那么多民营企业被融资、借贷、担保所困。这些方面如果没有金融专家和专业律师的辅导，企业恐怕连管理制度咋定都不知道，更别说能定出科学严谨可行的制度。

陈志敏：知识产权方面更是民营企业的弱项。多数企业并不知道商标战略为何物，不会科学地进行商标注册占位和品牌保护；专利的申请、利用、保护技术性更强，多数

企业并不具备自我管理的能力，既不会把专利战略与产品战略挂钩，也不会把商业秘密与专利进行科学衔接和转换；对职务作品著作权的归属、利用和保护比较陌生，也不知道商业秘密的设定和保护措施。可以说，知识产权的"诊断"与制度完善，企业内部根本就做不了。

段小丹：人力资源管理方面似乎问题不大，其实不然。如何防范高管跳槽时，把企业的技术秘密、自动控制或管理软件、商业模式和营销策略带走，甚至还把人才团队带走，或复制创办自己的企业，把客户和渠道据为己有，企业往往对此束手无策。制定劳动定额、消耗定额、岗位职责、管理规范、绩效考核、薪酬体系、股权激励等制度也是一项技术活儿，由于涉及利益纠葛多，调动员工积极性与控制成本之间存在冲突，没有外部专家的参与很难实现各方利益的平衡。

范冠超：更为关键的是，企业运行的各个方面都不是孤立的，都是交叉互动和相互影响的，所以，企业内控制度的制定、"体检"和调整，必须依赖各方面专家的联手合作。如果不加合作、各自为战，很可能制定出或调整好的单项制度看上去自成体系、非常完美，但不同板块的制度之间就可能出现严重脱节，要么衔接不上，形不成互动机制；要么权责重叠，发生矛盾和冲突；要么解决本板块的问题，又造成了其他板块的新问题。任何一个专业方面的机制设计和制度调整，都需要其他专业的契合性审查和综合论证，否则，谁也不敢保证调整后的制度之间能够做到协调统一。

陈志敏：术业有专攻，只有专业的人做专业的事，才能收获理想的结果。企业要想实现长远发展，必须要以超前的眼光和战略的思维谋划全局。尤其是达到一定体量的企业，经历了前期的积累和沉淀，越想在未来获得更多、更有质量的发展机会，越考验决策的科学性、长远性。每一个规划的出台、每一个项目的落子、每一项制度的制定，都必须三思而行、谋定而动、步步为营，若是仅靠内部人员恐怕很难实现企业的远大目标。

3. 外部专家的跟踪服务必不可少

主持人：企业的"体检"和调适离不开"外脑"。那么，当外部专家帮助企业完成内控体系的"体检"和调适后，企业就可以照本宣科、一劳永逸了吗？

范冠超："体检"和调适只是从机制和制度层面为企业的良性运作奠定了基础，但在实际运行中，由于内控体系植入了很多新的要素，对原有的管理要素进行了局部调整或打散重组，员工乃至高管受到自身能力的局限以及习惯的影响，并不一定能完全理解其要义，执行偏差在所难免，这就不得不由外部设计者予以实操辅导，直至各部门、各岗位透彻了解、准确把握、有机配合、良性互动为止。

陈志敏：有时由于新机制、新制度调整了不同部门、不同岗位的责任或利益，自认为"责任加大"或"利益减损"的部门或岗位就会抵触其运行，故意找茬出错和设置羁绊以期重新调整或试图将其推翻，这时如果由企业内部推行，肯定会产生很多矛盾。设计者的后续督导，可以隔离老板与下属以及各部门、各岗位之间的直接冲突，既可以发现问题、及时微调，也可以坚定老板的信心，以防各方博弈时左右为难。

段小丹：其实，外部专家后续辅导可能是持久的。即使"体检"后全部得到合理调适，但随着外部市场环境的变化、内部业务结构的调整和企业规模的扩大、政策法律法规的颁布与修废，都会导致既有机制和制度出现新的滞后和不适。这时如果有外部专家的持续辅导，发现不适及时微调，企业就可避免出现重大调整时的伤筋动骨，以及高管和员工理解跟不上、思想有抵触等问题。

马慧娟：企业应尽可能聘请各方面的专业人员担任其专业顾问，或利用外部企业智库为企业提供多专业综合性配套服务。企业史大师钱德勒对美国的大型企业成长历史研究后发现，凡是壮大的企业，都非常重视技术设备、销售网络、管理组织这三重投资，并且对管理组织的投资，是技术设备、销售网络发挥作用的前提条件。换句话说，如果一个企业经营多年规模仍然很小，或者说规模做大了却没有规模效益，那一定是管理组织投资滞后或不足。因此，企业借助"外脑"的力量，就是对管理组织最有效的投资。聘请专业顾问的支出是显性成本，很多企业都很心疼，其实这些显性成本比节约的隐形成本要少得太多太多，企业任一隐患的爆发或管理不到位，都可能导致企业的巨额资产流失。

马慧娟：总之，企业的良性运作已经离不开"外脑"的帮助，外部专家能够以更高的视野来审视企业，跳出企业看企业。借助"外脑"的力量，能够提高企业内控体系的科学性、平衡性和有效性；借助"外脑"的力量，可以使企业在面对复杂的外部环境变化时提前做好准备，对企业的未来运筹帷幄，使自己在发展的道路上更为从容、更为自信、更为坚定。

民营企业依法避险与自我保护百事通（下）

河南张振龙律师事务所 著

企业管理出版社

图书在版编目（CIP）数据

民营企业依法避险与自我保护百事通：上、下/河南张振龙律师事务所著．—北京：企业管理出版社，2020.9
　　ISBN 978-7-5164-2191-8

Ⅰ.①民… Ⅱ.①河… Ⅲ.①民营企业－企业法－基本知识－中国 Ⅳ.① D922.291.91

中国版本图书馆 CIP 数据核字（2020）第 149043 号

书　　名：民营企业依法避险与自我保护百事通（下）
作　　者：河南张振龙律师事务所
责任编辑：张　羿
书　　号：ISBN 978-7-5164-2191-8
出版发行：企业管理出版社
地　　址：北京市海淀区紫竹院南路17号　　邮编：100048
网　　址：http://www.emph.cn
电　　话：发行部（010）68701816　编辑部（010）68701891
电子信箱：80147@sina.com
印　　刷：河北宝昌佳彩印刷有限公司
经　　销：新华书店
规　　格：170毫米×240毫米　20.5印张（下册）　400千字（下册）
版　　次：2020年9月第1版 2020年9月第1次印刷
定　　价：198.00元（全二册）

版权所有　翻印必究 ・印装错误　负责调换

目 录

第八章　民营企业市场行为模式法律风险防范 ······（1）
- 话题70　商业模式设计必须因企而异 ······（2）
- 话题71　优化采购模式，降低采购成本 ······（6）
- 话题72　优化营销模式，占领目标市场 ······（10）
- 话题73　解密连锁企业背后的商业逻辑 ······（14）
- 话题74　双赢是连锁企业稳定扩张的根本 ······（18）
- 话题75　谨慎加入连锁，不可盲目迷信 ······（22）
- 话题76　租赁经营风险多，双方都要慎之又慎 ······（26）
- 话题77　承包经营不能一包了之、以包代管 ······（30）
- 话题78　挂靠经营如何"挂"得好、"靠"得住 ······（34）
- 话题79　市（商）场分租经营，如何做到聚人聚财 ······（38）

第九章　建设单位工程建设管理法律风险防范 ······（45）
- 话题80　工程建管机构人员配备不能凑合 ······（46）
- 话题81　项目建设管理必须有章可循 ······（50）
- 话题82　项目建设前期报批与准备工作不能马虎 ······（54）
- 话题83　建设单位要选好技术、商事服务的"左膀右臂" ······（58）
- 话题84　工程施工招标千万不要"走过场" ······（62）
- 话题85　签订一份完美的施工合同并不容易 ······（66）
- 话题86　工程设备采购招标和签约有啥奥秘 ······（70）
- 话题87　工程设备安装招标与签约有啥诀窍 ······（74）
- 话题88　建筑智能化系统工程招标与签约技巧 ······（78）
- 话题89　装饰装修工程应设计、施工分开招标 ······（82）
- 话题90　建设单位专业工程直接分包有讲究 ······（86）
- 话题91　搞好施工过程管理，确保工程质量工期 ······（90）
- 话题92　强化建材管理，严控材料质价 ······（97）
- 话题93　搞好资料管理，谨防虚报冒算 ······（101）

话题 94　建设单位如何应对工程施工索赔 …………………………（105）
　话题 95　工程竣工结算的方法与争议处理技巧 …………………（109）

第十章　施工企业工程施工管理法律风险防范 ………………（113）

　话题 96　施工利润都是投标"投"出来的 ………………………（114）
　话题 97　合同签得好，钱就"跑"不了 …………………………（118）
　话题 98　慎签阴阳合同，善用补充变更合同 ……………………（122）
　话题 99　施工赚不赚，项目部力量配备是关键 …………………（126）
　话题 100　施工组织是核心，减少损失挖利润 ……………………（130）
　话题 101　严格建材管理，管出施工效益 …………………………（137）
　话题 102　施工设备租赁行为管理大有学问 ………………………（141）
　话题 103　劳务外包事不小，过程管理要做好 ……………………（145）
　话题 104　专业工程分包，工作最难协调 …………………………（149）
　话题 105　施工安全管理是真真切切的效益 ………………………（153）
　话题 106　施工单证管得好，张张都是"雪花银" …………………（157）
　话题 107　充分利用工程索赔来弥补损失、挖掘利润 ……………（161）
　话题 108　如何根治工程竣工结算"慢性病" ………………………（165）
　话题 109　及早诉讼或仲裁，确保优先受偿权 ……………………（169）
　话题 110　中途停工损失大，施工单位咋应对 ……………………（173）
　话题 111　挂靠施工风险多，监管有方方双赢 ……………………（177）

第十一章　房地产开发法律风险防范 ……………………………（181）

　话题 112　优化开发模式，谨防项目"烂尾" ………………………（182）
　话题 113　合作开发怎样才能合得好、干得快、不闹掰 …………（186）
　话题 114　"甲供材"与专业工程分包不宜过多过滥 ………………（190）
　话题 115　设计好销售模式，把握好宣传尺度 ……………………（194）
　话题 116　商品房销（预）售与交付应注意哪些问题 ……………（198）
　话题 117　产权式商业开发运营为什么"伤不起" …………………（202）
　话题 118　房地产开发如何救赎"烂尾楼" …………………………（206）

第十二章　依法合规运作，预防行政违法风险 …………………（210）

　话题 119　经营特定项目要有行政许可"护身符" …………………（211）

- 话题 120　企业的市场行为要懂得守规矩 …… (215)
- 话题 121　企业的商业模式与经营手段不能太任性 …… (219)
- 话题 122　企业必须尊重和合法利用他人的知识产权 …… (223)
- 话题 123　食品企业要谨防"舌尖"上的法律风险 …… (227)
- 话题 124　药品企业必须做"合格药"售"良心药" …… (231)
- 话题 125　医疗器械企业需做好全流程质量把控 …… (235)
- 话题 126　公共服务经营场所，必须确保其秩序与安全 …… (239)
- 话题 127　安全生产无小事，防患未然是关键 …… (243)
- 话题 128　工程项目要依法取地、符合规划、依规建设 …… (247)
- 话题 129　面对环保问题，企业不要"因陋就简" …… (251)
- 话题 130　民营企业必须合法合规用工 …… (255)
- 话题 131　财税合规已成为民营企业的当务之急 …… (259)
- 话题 132　企业要冷静应对行政强制与行政处罚 …… (263)

第十三章　民营企业刑事法律风险预防 …… (267)

- 话题 133　莫因单位利益，涉入刑事风险 …… (268)
- 话题 134　民企高管，切莫踏上通往监狱之路 …… (272)
- 话题 135　民营企业要时刻警惕员工职务犯罪 …… (276)
- 话题 136　面对刑事调查，企业应该怎么办 …… (280)

第十四章　民营企业如何选好用好法律顾问 …… (284)

- 话题 137　法律顾问的角色定位与责任担当 …… (285)
- 话题 138　选法律顾问不能"只认律师不认律所" …… (289)
- 话题 139　选好聘好是前提，用好法律顾问才是关键 …… (293)
- 话题 140　企业有了法务部，还有必要聘请外部法律顾问吗 …… (297)
- 话题 141　除了法律顾问，其他专业顾问也不可或缺 …… (301)
- 话题 142　少点"打鸡血"，多搞点法律实务培训 …… (305)
- 话题 143　纠纷早了断，老板早解脱 …… (309)

结束篇　辛辛苦苦三年耕耘，饕餮盛宴回味无穷 …… (313)

第八章
民营企业市场行为模式法律风险防范

　　市场经济环境下，民营企业的经营模式是多种多样的。除了自营的各种交易模式外，合作经营的模式也有不少，如连锁经营、租赁经营、承包经营、挂靠经营、市（商）场分租经营等。不同的交易模式或经营模式既有不同的交易结构、交易路径、交易条件、交易规则，又有不同的权利义务分配、履约配合程序和纠纷解决机制，也有不同的交易风险。所以，交易各方必须设法实现交易的双赢或多赢，避免不应有的交易风险。为了帮助民营企业设计科学的市场交易与经营模式，与合作方建立健康的合作关系，本章将重点解构民营企业市场行为模式选择的法律风险防范问题。

话题 70　商业模式设计必须因企而异

主持人：罗　晓　　嘉　宾：张振龙　侯新生　段小丹　李　松　　文　字：段小丹

商业模式是企业创造价值的逻辑方式，其核心是各生产要素的组合方式和盈利方式。在市场竞争愈来愈充分、愈来愈激烈的时代背景下，企业选择一个适合自身条件的最优商业模式，可以使其避开竞争，占领先机，走向成功。但如果企业既有的商业模式滞后于企业市场拓展与未来发展的需要，就可能会使企业走向衰败。为了普及商业模式的相关知识，引导民营企业改良、优化、创新自己的商业模式，本期沙龙邀请几位嘉宾与大家一块聊聊民营企业商业模式设计相关问题。

1. 商业模式都有一幅遮眼的面纱

主持人： 近些年来，商业模式层出不穷、不断翻新，令人眼花缭乱，也被企业家们炒得沸沸扬扬。而究竟什么是商业模式，其内涵到底是什么，很多民营企业家并不十分清楚。那么，请专家们先做一下知识普及好吗？

侯新生： 企业之所以对商业模式如此热衷，是因为商业模式不仅关系到企业的竞争、生存与发展，更重要的还是企业获得利润回报的基础。所谓商业模式，即以价值创造为核心，描述企业如何创造价值、传递价值和获取价值的基本原理。通俗地说，就是企业针对什么样的客户，采取什么样的方式，推出什么样的产品或服务，通过何种方式、渠道将自己的产品或服务传递给下游客户或消费者，如何拓展自己的市场空间，如何获取自己的经营利润。商业模式的内在核心是盈利模式。

段小丹： 现在市场上的商业模式可谓五花八门，一眼想看透其背后的商业逻辑、盈利方式和商业价值确实不易。我们先来看看传统行业常见的商业模式，如农业的自种自销、集约经营、认领认养；生产企业的直接销售、自建销售网络、建立地域经销（代理）商网络、委托产品包销、委托代销；商业企业的一、二、三级批发、总经销、总代理、零售店、专卖店、商业连锁店；服务业的单店、服务连锁店；商业与服务业的预收、预付、预存、积分、奖励、折扣、赠送；工业、商业、服务业的混业经营，上下游产业链的协同经营；各个行业的合作经营、租赁经营、承包经营、挂靠经营，等等，不一而足。其内在的逻辑关系和盈利方式均显著不同。

李松： 随着信息技术的迅速发展，新兴商业模式也如雨后春笋般涌现出来，特别是以互联网为平台，将信息通用技术与传统行业结合而产生的"互联网＋"的商业模式，不仅增强了各行业的创新能力,而且促进了经济态势的飞速发展。如互联网+商贸,产生了O2O、B2C、B2B等电商模式;互联网+通信,产生了微信等即时通信App;互联网+金融,产生了P2P信贷、众筹等;互联网+交通,产生了滴滴打车、共享单车等模式。

张振龙：商业模式还包含消费者一般所看不见的生产组织、商品组织、服务组织方式,如生产企业自己加工出品、委托部件加工自己统一组装、联建区域工厂、委托产品加工（代工贴牌）、商标许可使用等;商业与服务企业的直接采购、间接采购、定制,连锁企业的集中采购、统一配送、统一营销宣传、网络共享、内部结算,农业、林业、养殖业的包种、包管、包养、包病害防治、包动物防疫、公司加农户等。这些上游经营资源的组织都是商业模式的重要组成部分。

段小丹：商业模式实际上还包括企业内部的运营模式,如企业内部整个经营活动的统一组织和统一核算,不同环节的分别核算,不同单品的分别经营、分别核算,集团公司中母子公司以及各子公司之间的分工协作等,都构成了商业模式的组成部分。可以这样说,商业模式是企业外部经营资源整合、内部运作方式支撑、产品与服务输出（渠道与方式）的配套协调组合。

张振龙：其实,商业模式就是企业生产（服务）链上所有商业要素的不同组合,既包括企业前端的供应链要素,也包括企业内部的研发、生产、运作、管理要素,还包括面向市场的渠道、策略、手段、客户对接与维护等要素,它的核心价值在于市场定位、对接上下游客户（消费者）的方法以及盈利环节和盈利方式。任何一个企业,无论提供何种产品和服务,其商业模式的每个环节都面临着多项选择,并最终形成不同于其他企业的独特组合。

侯新生：商业模式是一个将涉及企业内外部各生产经营要素整合后,所形成的一个高效率运转的完整系统。商业模式设计就是把系统内部的各组成部分有机地关联起来,使它们互相支持、共同作用,形成一个良性的循环。

2. 商业模式设计要自成一家,不要盲目跟风、鹦鹉学舌

主持人：商业模式对于企业如此重要,那么,企业如何才能设计出最适合自己的商业模式呢?

侯新生：在市场环境瞬息万变的今天,企业面临巨大的竞争压力,这种竞争不仅仅是产品或者服务的竞争,更深层次的是其背后的商业逻辑以及商业模式竞争。但是,如何构建企业的商业模式,企业家们却毫无头绪、知之甚少。其实,商业模式设计就是在每一个不同的业务环节上分析比对选择不同的经营要素,并把这些不同的经营要素有机地结合起来,形成

与众不同的要素组合。企业对某一个环节的改进或是对以上各要素及原有模式的重组、创新，都会演变成一种新型的商业模式。

段小丹：这种要素组合，要么可以向客户提供额外的价值，要么使得客户能用更低的价格获得同样的利益，或者用同样的价格获得更多的利益。成功的商业模式在满足客户需求、为客户创造价值的同时，也提升了企业的竞争力和持续发展力，并能够使企业持续盈利。

张振龙：商业模式设计必须首先考虑企业自身的资金能力、生产能力、技术水平、人力资源整体水平、内部组织与运作管理能力等，任何脱离企业实际的商业模式，不论其理论上多么优越，运行起来都可能会把企业搞得一塌糊涂，所以，商业模式设计坚决不能脱离企业的实际去搞所谓理想化设计。

段小丹：商业模式设计要坚持四大理念：不能违法是前提，公平诚信是基础，互利共赢是目标，持续发展是原则。设计时要根据自身定位、客户需求选择产品的研发或服务的创新；根据产品、服务、客户群体、风险承担等选择销售渠道；根据市场供求、竞争关系确定价格的形成调节机制、结算方式；根据以上选择确定企业内部的业务流程、盈利方式、组织架构、绩效考核、企业文化、制度、价值主张等。

李松：商业模式的本质来源于企业的经营与实践，这就要求企业在商业模式设计与创新时首先要摸清自己的家底，弄清自己的优劣势、长短板，以便扬长避短寻找发展方向；其次，要将自己企业的成功经验和核心竞争力进行归纳总结，进一步提炼，制定出自己企业的标准化流程，以为企业的未来发展服务；再次，由于不同企业的要素不尽相同，所以，在进行商业模式设计或创新时，要因地制宜、因企而异，不能盲目照搬，不能跟风模仿。

张振龙：评判一种商业模式的优劣，单看其市场适宜性是远远不够的，还要看企业自身的适宜性。只有兼具市场和企业的适宜性，才可能是最优的商业模式，因此，商业模式设计的成果必须经过科学论证才可植入企业。论证的要点是其市场可行性、经济可行性、手段的合法性、机制的合理性、企业内部的可支撑性等。有些企业对于别人的商业模式是否适于自己、是否是其最佳选择根本没有经过深入研究和分析比对就盲目引入，致使企业因模式选择失当而经营失败或陷入困境。

3．企业新旧商业模式转换，不能"硬着陆"

主持人：前面已经谈过企业应该如何创设自己的商业模式，那么，企业接入新的商业模式，又该如何做呢？

张振龙：企业商业模式的创新往往不是单一要素的变化，它常常涉及多个要素的同时变化，可谓"牵一发而动全身"，表现得更为彻底和系统，是一种集成创新。现今，随着企业用工成本、采购成本、销售成本等的不断上涨，企业原先依靠成本领先战略、差异化经营来提升创收已越来越难，赚取的利润也越来越薄。因此，商业模式创新已然成为企业保持竞争优势的必然选择。

侯新生： 商业模式创新贯穿于企业生产经营的整个过程，贯穿于企业资源开发、产品研发、制造、营销、市场流通等各个环节。商业模式在实践中也不可能一成不变，这就要求企业永远不能固守其既有的商业模式，不要奢望一劳永逸，而是要不断调整和创新，以适应市场的变化。

李松： 企业对商业模式每进行一次创新，均能使企业在未来的一定期限内获得竞争优势。但是随着时间的改变，企业必须不断地重新思考其商业模式是否仍旧合适，尤其是随着市场环境的变化和消费者价值取向的不断转变，企业必须不断改变它的商业模式。一个企业能否占据市场优势地位，很大程度上取决于它所创新出来的商业模式是否符合市场的发展和消费者的优先需求。

段小丹： 企业商业模式的革新，一种是在原有模式上的改良，即引入新的商业要素，对旧有模式中的要素进行调整；另一种则是摒弃旧有的商业模式，将新的一套商业模式整体移植到企业。无论是在固有商业模式上的"小打小闹"，抑或是大刀阔斧的颠覆式创新，都会或多或少不可避免地与既有商业模式造就的内外部运行体系产生冲突，甚至还要付出高昂的跨模式成本，从而形成对新模式的抗拒。

李松： 商业模式不仅仅是呈现给外部的不同策略与方式，更为重要的是企业所需的一系列内部机制的支撑和保障。商业模式是一个有机的整体，要想使之良性运转，企业就必须整合自身的内外部资源与能力，建设相应的配套措施。因此，企业新旧商业模式之间的转换，需要一定的过渡时间、过渡过程、过渡手段，切忌不计后果、全面强推。

话题71　优化采购模式，降低采购成本

主持人：罗　晓　　嘉　宾：张振龙　侯新生　段小丹　李　松　　文　字：段小丹

"兵马未动，粮草先行。"采购是企业生产经营（物流）不可或缺的首要环节，很多企业对此都有自己的一套习惯做法，但谈到采购模式设计，多数企业家可能都会感到不可思议，认为采购模式有什么好设计的，我们这个行业不都是这样干的吗？其实不然。一个好的采购模式，不但能够保障企业生产经营的物质所需，提高采购效率，降低采购成本，还可以有效地预防采购人员的道德风险。本期沙龙我们就来聊一聊民营企业采购模式设计相关问题。

1. 采购模式设计的必要性

主持人：采购模式是采购过程中不同交易要素的组合。不同的交易要素组合对采购的时效、质量、价格、财务与保管成本以及采购人员的道德风险会产生不同的影响。专家们能否谈谈采购模式设计对民营企业的意义？

张振龙：采购是企业的业务之源。企业通过采购获取生产经营所需要的原料、技术、服务等各类资源，然后通过自身的再生产，将产出的商品或服务推向市场。采购是企业外循环的入口，是"明确采购需求→编制采购计划→进行市场调查→确定供应商→谈妥质价签约→交货结算"的完整过程。采购的法律风险既包括企业与外部交易对象的交易合同履约风险，又包括企业内部的采购所涉有权人员的职业道德风险，二者必须同步防范。

侯新生：企业采购分为生产性原材料以及耗材的采购、机器设备的采购、经营性商品的采购、办公后勤器材与耗材的采购、技术服务与非技术服务的采购等。不同的行业特点，不同的企业性质，不同的采购标底，不同的需求方式，采购模式也肯定不同。

段小丹：企业原材料（商品）采购过程中，有的不定期一次性采购、有的定期批量采购、有的滚动采购，有的自行提货、有的送货上门，有的不含运费、有的货物加运费加保险，有的可以调换货、有的不能调换，有的一采一结、有的先款后货、有的货到付款、有的定期结算、有的积额结算、有的预付扣减，等等，不一而足。

李松：对于生产经营性设备采购，有的跟风学步、有的考察比对、有的量体裁衣，有的单机或光机采购、有的配套采购，有的自行安装调试、有的带安装带调试，有的有质保期、有的无质保期，有的一次性付款、有的分期付款、有的按揭还贷，有的含技术服务、有的不含技术服务，方式方法也是非常多样。

张振龙：面对如此繁杂的不同采购要素的安排和组合，企业应该怎么办？多数企业恐怕根本没有认真考虑过。对于常用原材料（商品）或耗材、物品的采购，一般按照同行的做法人家咋弄咱咋弄；对于非经常性的设备采购，企业往往也是非常随意，根本不去深究不同设备的特殊性；对于技术、服务的采购，企业更是缺乏经验，经常上当受骗。所以，企业优选采购模式非常必要。

侯新生：采购成本在企业总成本中占据极大比重，甚至是主体部分。同时，采购成本也是企业的隐性利润之一，控制采购成本已成为企业重要的利润来源。一个好的采购模式，不仅有助于企业加强采购管理工作，降低采购成本，使企业在开源节流、降本增效方面的成果直接转化为企业的利润，同时又不影响物资材料的供应，降低缺货风险的概率，亦能够减少企业对供应物资的检验，保障质量工作。因此，采购模式选得好，企业的生产经营活动才能开展得好。

2．采购模式设计的基本要领

主持人：民营企业设计采购模式，应当考虑哪些因素？如何才能设计出适宜于不同企业、不同物品（商品）的采购模式？

侯新生：民营企业设计采购模式应考虑四个方面的因素，一是不同物品（商品）的合理库存与采购计划，二是市场供求关系与供货商状态，三是各个交易要素的选择与组合，四是财务与纳税成本的测算比对。前两个方面是基础，后两个方面是内容，只有把它们有机地结合起来，才能设计出理想的模式。

段小丹：采购的目的是保障企业的生产经营之需，所以，设定合理库存、保证合理库存是采购的基本任务，企业应根据生产消耗或正常销量、淡旺季需求消长规律、充实库存或者备货的要求，合理编制采购计划，以指引整个采购工作。原材料、物料用品、商品的合理库存不同，采购计划也不会相同，这就决定了不可能采取一样的采购方式。

张振龙：企业作为一种活跃的市场主体，快速的库存和资金流动都会给企业带来更多的利润，而采购部门作为企业中流动资金占用最多的部门之一，根据企业库存状况进行采购，使流动资金真正用到"刀刃"上则显得尤为重要。合理的采购模式不仅可以有效降低企业库存储备金的占有率，还可以为企业带来高的库存周转率和资金周转率，提高企业的竞争能力，增加企业的经济效益。

李松：目前，多数商品或服务是买方市场，但也有卖方市场或者单一来源的特定物品，供货（服务）商分布的地域也不平衡。所以，要确保合理库存和采购计划的实现，就必须考虑市场供求关系和采购地域因素，具体到某个供货商还要考虑其供货能力以及断货时的替补措施，不能不分青红皂白适用相同的采购模式。

侯新生：交易要素的选择与组合是采购模式设计的核心，包括单一或多个供货商的确定，采购数量以及分期安排，交易价格以及价格变动的通知确认办法，送货制或取货制、装卸、运输、保险费用的承担，备品、备件、附件、赠品的有无，安装调试与否，配套技术或操作软件的安装与使用许可，结算付款方式，发票的分解合并以及开具的时间要求，保质期、保修期的保修调换义务，后续培训与技术辅导的期限等。

张振龙：财务成本也是采购模式设计不可忽视的重要因素。在确保供应的前提下，如何降低合理库存，减少资金占用，延长付款账期，都是采购模式设计应当考虑的因素，而不能单单看采购价格。不同的交易方式税务负担也不一定相同，所以，合同内容的拆分或合并、费用的负担方式、附随服务的核算方式都需要合理筹划，才能实现同等采购的最轻税负。

3. 制度与合同是采购模式的载体

主持人：采购模式的定型是前提，采购模式的落实才是关键。民营企业如何才能保证采购模式的正确实施？

段小丹：采购模式的设计成果必须以制度形式固定下来，才能指引与采购相关的各个部门正确实施。所以，采购模式设计完成后，应制定（或调整）相应的采购管理办法，对各种物品（服务）的采购流程作出明确规定，以保证生产、计划、采购、接收、质检、财务、审核、法务等部门的适时参与和有机配合，使既定的采购模式得到贯彻落实。

侯新生：企业采购管理流程与采购模式相辅相成，企业通过构建科学有效的采购管理流程，不仅可以保证采购模式的落地实施，而且可使企业采购流程公开化、透明化、科学化，使其有所遵循、有据可查，各个环节井然有序，可以降低企业采购管理成本，缩短采购周期，提高企业采购效率和经济效益。

李松：采购合同是采购模式在实际交易中的具体体现，因此，市场调查与询价、交易对象的筛选与排序、交易条件的设定与谈判、最终的签约决策与审批、合同履行的方式与手续、异议的提出与处理、合同的结算与了结等，都应当紧紧围绕采购管理办法确定的采购模式去做，以使合同能够充分反映采购模式的要义，体现采购模式的精髓，将既定的采购模式原原本本地落实到采购的交易行为之中。

张振龙：不论多么完善的合同，如果不能得到合格履行，都将会影响合同的目的，因此，企业不但要签好合同，更要把严格履行合同作为采购的中心工作来抓，一方面己方要自觉信守合同，另一方面要督促对方严格履行合同，确保供方按时保质保量地交货。要完善双方的通知、交割、结算手续，发现货物差错或质量问题，要及时提出异议，并保全相关证据，以免发生不必要的纠纷。此外，企业要建立完整的合同台账，将合同审查、签订、履约、了结的有关进度完整地记入合同台账，并做好合同以及履约过程资料的保管工作，使整个合同履约情况有据可查，以备不时之需。

侯新生：建立客户档案，保存交易资料，既是内部业绩统计、维护客户关系的需要，也是后期对账、查找差错、化解误会与矛盾的依据。因此，企业不能在交易完成后随便丢弃交易资料，以防发生纠纷时证据缺失。供货商的客户档案要一户一档、一笔交易一套资料，并且还要配套相应的分户台账，以便出现问题时核查。同时，企业还可以通过建立起来的客户档案，对供应商的优劣进行定期评定，以便企业在不同情况与需求下择优选择或淘汰不同的供应商。

段小丹：提升企业采购人员的工作能力，督促采购人员严格依照合同管理办法正确实施签约履约行为，预防采购人员的道德风险，也是非常重要的一环。企业采购人员主要负责和市场打交道，掌握着各种各样的市场信息和资源，是企业的市场信息接口之一。企业一方面要设法提升采购人员的整体素质和业务能力，另一方面必须预防采购人员与供应商勾结损害企业利益，此外还要预防采购人员携带大量信息与资源"投诚"竞争对象或自立门户与自己竞争。

李松：因此，企业应结合自身特点建立专门的采购机构和采购队伍，强化采购人员的业务能力培养，必要时可以由专业律师对企业采购人员进行法律实务培训，使其能够正确掌握采购合同签约履约以及采购风险防范的要领。同时，企业应对采购流程以及采购人员的工作行为进行全程监督，变事后审查为事前防范，促使采购人员履行好相关工作职责，提升工作效率，使其没有机会和权利违规履行职务，有效防控采购人员的道德风险。

话题 72　优化营销模式，占领目标市场

主持人：罗　晓　嘉宾：张振龙　侯新生　段小丹　李　松　文字：李　松

营销作为企业与客户建立沟通关系的手段和方式，对目标客户是否接受其产品和服务起着十分关键的作用。但目前多数民营企业通常的做法都是"人家怎么做，我就怎么做"，根本不去深究"人家为什么这样做"，其背后的道理、原因和条件是什么，更不会去思考自己的营销模式究竟是否合适。其实，一个好的营销模式，不仅可以帮助企业占领市场、创造利润，还可以有效地防范应收账款清收难的风险，更可以预防销售人员的职业道德风险。本期沙龙我们就来聊一聊民营企业营销模式设计相关问题。

1. 营销模式设计的必要性

主持人： 营销的目的是把产品或服务销售给用户，营销手段不同，所达到的销售效果也会不同。首先，请专家们谈谈营销模式设计对民企销售的意义何在。

张振龙： 销售是企业外循环的出口，是企业与客户之间的双向交易行为。企业通过销售向客户输出商品、服务并赚取利润，客户通过与销售对偶的购买来获取自身所需的商品或服务，二者各取所需，各得其所。企业销售是"企业完成生产（采购）→推向市场→客户购买→货款回收→售后跟进"的完整过程。销售的法律风险既包括企业与外部交易对象的交易合同履约风险，又包括企业内部的销售所涉有权人员的职业道德风险，二者必须同步防范。

侯新生： 目前市场上常见的传统销售方式有直销、代销、包销、自建或联建销售网络，总经销、总代理、一、二、三级批发，零售店、专卖店、连锁店、预收、预存、积分、奖励、折扣、赠送等，随着近年来信息技术的快速发展，"互联网+"所衍生的B2C、O2O、B2B、P2P、众筹、滴滴打车、共享单车等新型电商模式不断涌现，使产品和服务的营销手段更加多样和复杂。企业销售的产品和服务不同，面向的市场与客户不同，必然导致销售渠道和方式的不同，最终营销模式也肯定不能相同。

段小丹： 传统的销售方式可使企业节约市场开发费用，减少交易业务笔数，节约市场拓展成本，避免区域内客户渠道冲突等，但同时也面临着企业丧失销售主动权或者销售渠道、市场（产品使用者需求和产品质量）信息反馈缓慢、产品与市场脱节等风险。

李松： 新兴的电商模式，可以减少企业与消费者中间的流通环节，突破时间和地域的限制，使得交易活动可以随时随地进行，为企业减少人力、物力、财力等方面的成本，但这

种"坐等客户"的销售方式，如何引起目标客户的关注和认同却是一个关键的前提。

张振龙：不论采取什么样的销售方式，产品和服务被潜在客户认知、接受并最终转化为购买，才是营销活动所追求的唯一目标。所以，营销模式的设计十分必要，它是对不同营销要素的优化组合，是传递产品和服务信息、吸引潜在客户关注、促成交易成功的方式和手段，可以为企业创造更多的机会和价值。

段小丹：企业自创办伊始，经营重心之一便是如何使产品畅销，攫取更多利润。特别是目前随着市场商品供求关系的变化，多数产品或服务已由供小于求转变为供大于求，这就导致企业之间的同质化竞争更为激烈。在市场竞争白炽化的今天，企业若谋求生存，谋发展，就必然要进行营销模式设计。一个好的营销模式可以使企业赢得机遇并掌握市场主动权。营销模式虽然不是企业做大做强走向成功的唯一要素，却是企业获取成功的关键因素。

2. 营销模式设计应考虑哪些要素

主持人：民营企业设计营销模式，应当考虑哪些因素，对各营销要素又该如何优化组合，才能设计出适宜于不同类型的企业、不同商品或服务的营销模式？

侯新生：企业实现其存在价值的关键环节就在于通过销售，将产品或服务输出传递到客户手中，将收益从期待变成现实。民营企业设计营销模式时应着重考虑六个方面：一是产品定位与价值显现，二是销售渠道与流通网络，三是客户获取产品信息的方式和途径，四是引起客户关注的方法和刺激客户成交欲望的手段，五是定价机制与结算办法，六是产品售后和客户维护机制。

段小丹：企业要想使自己的产品走向市场，就必须使其产品得到市场的认可。因此，企业设计营销模式之前，需首先对市场需求及市场销售信息进行全面的调查与研究，其重点在于发现和挖掘客户需求，了解客户的需要和偏好，以何种方式来满足这种需要和偏好，需投入何种要素，企业有无关键资产和核心能力来投入这些要素，实现产品或服务的独特功能。这就要求企业不能在不了解市场、不了解客户的基础上继续"闭门造车"，而是要求企业必须立足市场，由外而内，首先了解市场与客户需要什么，再决定如何开发和生产自己的产品，完成自己的产品定位。

张振龙：企业通过营销模式，将产品（服务）以合适的价格、合适的方式、合适的手段投入市场，满足下游企业或社会大众的需求，因此，营销行为必须作为企业与社会需要之间相连接的桥梁。但随着目前生产技术水平的提高，市场环境的转变，市场供应越来越多，因此，目前生产什么、销售什么、以什么方式销售，实质上已由买方掌握了。这就要求企业研究自己的营销手段，以使客户知悉和关注自己的产品，了解产品的特性和差异，激活目标客户的购买欲。

李松：产品在细分市场中占据优势只是销售的基础，企业还需牢牢掌握产品的销售权，才可以确保产品与市场不脱节和市场占有率。这就要求企业在选择营销模式时，不能只关注产品的生产及获得的回报，还要牢牢控制住销售渠道，谨防被他人所"绑架"，要将这一命门稳固地拿捏在自己手中。如此，方能避免"赔了夫人又折兵"。

段小丹：企业不同，企业生产的产品不同，即使同一企业发展到不同阶段和规模时，其销售渠道也必然不同。销售渠道作为企业重要的资源之一，同时也是变数最大的资源。对于企业来说，销售渠道是其获得市场、占领市场的必要条件，企业与市场之间的物流、信息流、资金流等均通过销售渠道的传递来完成。可以说，销售渠道就是企业的外在生命线。因此，企业在设计营销模式时，必须要将销售渠道的设计、打造、掌控、完善等包含在内，通过销售渠道来构建属于自己的销售网络，把顾客等市场资源牢固地掌握在自己的手中。

张振龙：企业设计营销模式时，要对不同的市场要素进行取舍和优化组合。这些要素包括企业的生产能力和市场供应能力，销售渠道的选择和控制能力，广告和促销的手段和力度，市场价格的确定及调价措施，特定或潜在购买人的付款能力及信誉调查，订货、调货等市场维护的方式，货物的运输方式及途中风险、运费的担负，发票的交付以及应收账款清收等。要把这些要素有机地结合起来，形成适宜自己企业的营销模式。

李松：营销模式设计还必须要注意一个问题，即预防销售渠道被自己的销售人员所垄断。如销售渠道被销售员垄断，一旦其跳槽或"另立山头"，可能就会使企业失去局部区域市场。现实中，我们见过很多企业为了节约销售成本，降低对销售人员的管控难度，而将大区或省级市场承包给销售人员，与销售人员搞价差结算，而对区域大客户、经销商、代理商不管不问，时间一长，企业就与该区域的整个销售渠道脱离了联系，而销售人员也开始销售其他企业的产品，使自己企业产品的市场份额逐步下降，承包期间双方稍有不愉快或其他企业给予的利益稍大，销售人员就会携带渠道投诚其他企业。对于技术含量不高的产品，销售人员还会就地办厂，接入原有销售渠道"鸠占鹊巢"。

3. 营销模式需规范实施

主持人：营销模式设计得再好，若无法实施，则一切都是空谈。民营企业如何才能保证营销模式的正确实施？

侯新生：营销模式的落地实施，离不开制度保障。销售工作看似是销售一个部门的事，其实不然，销售工作还涉及生产、质检、仓储、运输、财务、稽核、法务等多个部门。因此，营销模式要想得到贯彻落实，企业还需制定对应的销售管理办法，既要对销售流程、销售方式加以明晰，又要对销售所涉及的各个部门之间的协调对接工作及职责加以明确。

段小丹：销售合同是营销模式在实际交易中最为直接的表现，因此，签约前对潜在经销商或意向购买人的考察与排序，供货价格、付款方式、供货期限、货物运输，合同的审批、变更、解除，销售渠道以及销售商的管理等一系列合同要件的设定与谈判规则，以及合同的履约、违约机制，都应当根据既定的营销模式去设计，以使营销模式完整准确地落实到市场交易之中。

李松：合同的目的一方面在于达成交易，另一方面在于规避交易行为中可能出现的各种风险。因此，企业签订好销售合同后，要恪守己方的履约义务，按时保质保量交付货物，同时，还要注意提示和督促对方严格履行合同义务，及时办理结算和支付货款。企业要特别重视货款回收问题，合同中要合理设置货款回收的履约机制及违约后的解决办法，以防止应收账款越积越多且迟迟不能收回的风险。

张振龙：合同履行过程中，要完善内部传递手续，保存交易过程中形成的各种交易资料，以防发生纠纷时证据缺失。从合同的签订到履行完毕，企业要建立完整的履约档案，对客户档案进行分类整理归档。如此，既可以了解市场信息，调整营销策略，又可以对客户采购情况进行分析比对，正确评估客户销售能力和信用状况，培育靠谱的销售商，减少企业的交易风险。

话题 73　解密连锁企业背后的商业逻辑

主持人：罗　晓　　嘉宾：张振龙　李占强　段小丹　贾　楠　　文字：贾　楠

时光如梭，连锁经营作为一种商业模式，近一二十年来已经成为一种市场潮流。目前洛阳市场上不但有大量的外地连锁企业门店，本土的连锁企业也不甘示弱、发展强劲。很多人认为连锁就是多开几家门店，挂同样的牌子，提供同样的产品或服务，根本不去关注连锁背后的商业逻辑，盲目开展连锁，盲目加入连锁，结果导致投资失败。为了帮助大家避免连锁经营的风险，本期沙龙我们就来认识一下连锁经营模式背后的运作秘籍。

1. 连锁经营的优势是什么

主持人：最近几年，洛阳的连锁门店如雨后春笋般层出不穷，既有外地的来洛布局，又有本地的自我开创。那么，企业家们为什么如此热衷于连锁经营，连锁经营与其他商业模式相比有什么独特之处？

张振龙：所谓连锁经营，其实就是将若干同质化的企业或门店组织起来，实现规模化"统一经营"的一种商业模式。连锁经营模式自 20 世纪 80 年代传入我国以来，从最早的零售业、餐饮业、服务业，现已遍布整个第三产业的所有行业，凭借其规模化、专业化、标准化、信息化的竞争优势，在多业态、多行业取得成功。目前，连锁经营作为一种比较成熟的商业、服务业经营模式，在质量、价格、服务、形象等方面充分发挥品牌优势，快速占领市场，获得经济效益，相比其他模式有着较高的创业成功率，因此备受创业以及跨界投资者的青睐。

李占强：连锁经营最大的特征就是外部形象的"四统一"，即统一标识（包括统一的商标、建筑装饰设计、环境布置、视觉系统、员工装束等）、统一产品或服务、统一质量、统一价格，使大众极易识别，使消费者容易产生信赖，凝聚同一的消费群体，从而使连锁企业形成较强的网络优势、品牌优势、质量优势和价格优势，使消费者免去消费选择时（特别是消费者在陌生消费环境中选择时）的内心纠结。

段小丹：除了外部特征，连锁经营还有消费者看不到的内部"七统一"，即统一标准、统一采购、统一配送、统一培训、统一监管、统一宣传营销、统一交叉结算。连锁公司通过以上内外部的 11 项统一，为各门店提供强大的后勤与营销保障体系支撑，实现各门店的统一运作和监督管理，实现外部特征的整齐划一，打造统一的服务品牌。

贾楠：连锁经营的优势，一是品牌优势。采用统一的企业外部形象、大规模网络化集群经营以及有效的广告宣传，使其比其他企业具有更高知名度和认知度，能在公众中树立更好的品牌形象，其产品和服务更容易为市场或消费者所接受。二是规模优势。通过庞大的分店网络分销商品、延伸服务、获得利益，规模越大，其能赚取的利益就越多。三是价格成本优势。由于连锁企业规模大、采购数量多，通过集中采购，可以省去中间的批发环节，获得最低的采购价格；连锁企业建立物流配送中心，进行统一配送，使每个单店节约了采购、物流与仓储费用；通过统一宣传营销，既能够达到整体的宣传效果，亦可以降低各单店自行营销的成本，最终降低所售商品和服务的价格，使顾客从中得到实惠，促进企业销售更多的商品和服务，获得更高的利润率。

2. 连锁经营模式有几何

主持人： 从外部看，连锁经营的表现形式大同小异，但实际的运营模式肯定有所不同。请专家们介绍一下连锁企业背后的运营模式以及不同模式的区别。

张振龙： 连锁经营根据其运营模式的不同，可以分为直营、合资、合作、加盟、自由五种模式。每种不同的连锁模式也各有特点。直营连锁是指连锁企业直接投资、直接经营各个门店的经营方式（各门店称为"直营店"），连锁企业对各直营店的人、财、物以及商流、物流、信息流、资金流进行垂直管理，统筹规划企业的整体布局、发展规模和扩张节奏，通过高度的集权管理，实现内部的高度统一，确保产品与服务质量，具有创建品牌的聚集优势。

段小丹： 由于直营店的投资均需要连锁公司提供，连锁公司如果没有雄厚的资金保障，公司发展规模、发展速度将会受到限制；各直营店的管理人员也需要从连锁公司派驻，公司需要庞大的人力资源运筹体系支撑，管理成本较高；各直营店经理并非门店所有者，自主性小，主动性、积极性和创造性会受到一定限制。

李占强： 合资连锁是指连锁企业在扩张门店时，与其他投资者共同出资（货币或实物）组建公司或合伙企业，共同所有和经营合资门店（各门店称为"合资店"），共享利益、共担风险。合资店可以解决连锁企业发展的资金瓶颈，分解投资风险，利于迅速扩大规模，形成品牌效应。但合资店管理较为烦琐，需要科学的机制保障，一旦双方理念发生分歧或冲突，容易导致合资店失败，正所谓"兄弟好做，伙计难搭"就是这个道理。

贾楠： 合作连锁是由他人为主投资门店、连锁公司为主运作管理的一种连锁模式（各门店称为"合作店"）。此种模式下，门店的场地和硬件一般由他人全部或为主投资（可由连锁公司适当投资部分专用设备、配品等），所有权归实际投资人，然后由连锁公司派出管理团队负责运营管理（类似于"托管"），投资人只需监督收支，利润按约定办法分成。合作店最大的好处是，投资人不必操心门店的运营与管理，由连锁公司派出成熟的管理团队来运营一般容易成功，连锁公司投资也不大，易于扩张。二者的运作管理权限不易交叉，矛盾较少。

段小丹：加盟连锁是指连锁公司与加盟商签订特许合同，将自己的模式复制给加盟商并准予其使用自己的信息、技术、商标等资源，加盟商为此支付一定费用的特许经营方式（称为"加盟店"）。加盟连锁一般由连锁公司统一提供设备、器具、配品，统一培训、统一宣传、统一配送主材和耗材，监督加盟店的日常运作。加盟连锁可使连锁公司突破资金瓶颈，短期内实现迅速扩张和形成品牌效应，并且旱涝保收。可使加盟商引进成熟经营模式，免去经营探索期，降低投资风险。但由于连锁公司不参与加盟店管理，加盟商往往为了追求更高利润，对产品质量把控不严，极易出现产品质量或服务质量问题，影响整个连锁公司的声誉。

张振龙：直营店、合资店、合作店、加盟店的核心主材（主要商品）以及形象化材料、家具、配品和耗材，一般都由连锁公司统一配送，非主材或非形象化耗材可以由连锁店自行采购，以凸显连锁店的外部形象"四统一"。

李占强：一般情况下，一个连锁公司可以直营店、合资店、合作店、加盟店四种模式共存，区域示范店多为直营店，区域骨干店多为合资店、合作店，其他大量不承担公司公共职能的店则是加盟店。具体这四类店如何摆布，由连锁公司统筹规划布局。

贾楠：还有一种连锁模式就是自由连锁。自由连锁是指具有独立所有权和经营权的多个同质化企业、门店，为了共同利益而结成的事业合作共同体，一般仅在采购、促销、宣传方面进行合作。共同体内的所有门店实现外部形象"四统一"，但各店自主经营、互不干涉，没有隶属关系和其他紧密联系，靠管委会循环指导和监督。自由连锁各门店没有统一配送和培训，不用支出加盟费，独立性强、自主权大。由于各店过于独立，自由程度大，凝聚力弱，导致决策迟缓或执行困难，竞争力受影响，发展规模受到限制。同时，由于产品与服务质量难以统一，成员店之间互信度低，比较容易解体。

3. 连锁经营的风险也不小

主持人：连锁经营模式有着其他商业模式无法比拟的优势，已被很多企业所采用并获得成功。那么，连锁经营难道就没有风险吗？

张振龙：连锁模式看似强大，成功率高，但是风险一旦来临，也会被瞬间摧毁。连锁经营所面临的风险并不限于连锁公司，也不限于各个单店，而是连锁公司加单店的整个体系。为什么叫"连锁"，其实就是用一把无形的"锁链"，把公司与门店"链"在一起，"锁"到一块，就像当年赤壁之战的链锁战船一样，一旦大火冲向战船，摧毁的就不是单个战船，而是直接蔓延至整个链锁船队,造成"火烧连营"之势。

李占强： 连锁经营的前提是要有成熟的经营模式,以及模式的复制能力和强大的支持保障体系。否则,发展得越快,死得也越快。所有的连锁公司起初都是先有自己的单店,在经营良好、管理规范、形成气候、闯出品牌后,才逐步转变为连锁经营的,并且要先有几个直营示范店,才可递次扩张。没有经验积累,直接设计一种连锁模式创设连锁公司向外扩张的做法几乎没有成功的,服务业尤其如此。

段小丹： 连锁经营的关键是连锁公司对各门店统一性的管控,产品的标准化、同质化和服务的规范化是连锁经营的最终生命力。如连锁公司指导监督不力,信息传递不畅,广告宣传滞后,营销策略失误,门店经营者道德素养与管理能力差异表现突出,均可能导致连锁经营的失败。很多连锁企业因为一个门店出现问题,造成"一颗老鼠屎坏了一锅汤"的现象时有发生。

贾楠： 企业如果想走连锁经营之路,首先要审视自己的模式和运营能力,其次要设计适合自己的连锁模式。如果是已经有一定规模的连锁企业,在向外扩张时一定要充分考虑自身模式以及分店的模式,充分考虑自身的资金能力、管理能力和驾驭能力,切忌盲目扩张。若是外部参与者,为了避免创业失败,更要了解连锁的内涵和不同连锁模式的优劣,了解拟加入的连锁模式的成熟程度和盈利能力以及合资合作或加盟条件的公平程度,谨慎开展连锁经营,审慎加入连锁经营,以避免可能的市场风险和投资风险。

话题 74 双赢是连锁企业稳定扩张的根本

主持人：罗 晓　　嘉 宾：张振龙　李占强　段小丹　贾 楠　文 字：贾 楠

一荣俱荣，一损俱损，这是连锁企业"多米诺效应"的真实写照。目前，市场上的连锁企业很多，有的昙花一现即销声匿迹，有的门店此起彼伏、难以为继而扩张乏力。为什么会出现这种情况呢？可以确定的是，这都是连锁模式不成熟、连锁机制设计不科学或者连锁企业与连锁店权利义务分配不合理所造成的。在上期沙龙我们了解了连锁经营的基本常识，本期沙龙我们就来谈谈如何才能使连锁企业（总部）保持稳健发展、长盛不衰。

1. 连锁企业的赚钱秘籍

主持人：听说要开个加盟店，就得向连锁企业交纳一定数额的加盟费，连锁企业开的加盟店越多，收取的加盟费肯定也越多。那么，连锁企业就是靠加盟费赚钱的吗？

张振龙：你说的只是加盟店的情况，但认识连锁企业的赚钱绝招不是那么简单，应分类剖析。直营连锁由于是连锁企业自营的连锁店，所以不收加盟费，这类连锁企业主要是依靠销售规模的累加上升和运营成本的不断降低而赚取利润的。一个连锁店的辐射半径都是有限的，所以店铺面积和营业额也有一定极限，直营连锁企业要想扩大规模，就得不断地拓展新店。店面越多、规模越大，集中采购的议价能力就越强，采购成本就会大大降低。同时，由于连锁企业的运营体系成熟，市场认可度高，市场推介成本也相对较低。单位间接管理成本、营销成本摊销低，企业的利润率就高。

李占强：合资连锁由于是连锁企业与单店（或区域）投资者合资经营，收不收加盟费也不一定，这要看双方的合资条件如何谈，合资合同如何签。合资店一般都是按公司制或合伙制开办的，由双方共同经营、共担风险，双方派出的经营管理人员的工资由连锁店承担。合资双方原则上按公司或合伙的分配方式分配利润。利润分配办法中肯定考虑了连锁企业的软件、品牌以及供应链保障支持因素。连锁企业可不收加盟费（品牌费），但利润分配比例要高些；也可先收取部分加盟费（品牌费），但利润分配的比例要适当低些。

段小丹：合作店的机制则更加灵活，主要按照双方约定的合作条件合作经营，多数情况下由连锁企业负责运营管理，少数则由合作双方共同经营，双方派出的经营管理人员的工资可以由连锁店承担，也可以由派出双方各自负担。连锁企业有的参与利润分配，有的不参与利润分配，而是按营业额收取管理费，加盟费收与不收也可由合作合同约定。不管是合资店还是合作店，除了明面上的利润分配和加盟费、管理费外，还有几块很大的盈利点，是同加盟连锁一样的。

贾楠：加盟连锁时，连锁企业赚取的利润主要有七大块。一是设备配品的统一定制与供应利润，二是装饰装修的设计、材料供应与施工利润，三是标识、装束、宣传品的定制与供应利润，四是主要原料（商品）和耗材的配送利润，五是跨店结算的信息维护收费，六是统一宣传的广告费用，七是加盟费。前三块利润是一开店就赚到手了，后四块是加盟店维持期间的持续收入，这就是加盟店越多连锁企业越赚钱的秘诀。

2. 连锁经营，方案先行

主持人：不同的连锁模式有不同的赚钱方式，那么，作为连锁企业该如何设计自己的连锁模式，以实现自己的不断扩张呢？

张振龙：企业要想搞连锁经营，首先要具备三个条件：一是必须要有成熟的有形产品或服务产品，二是产品或服务已经实现标准化和规范化，三是已形成成熟的管理运作模式。没有这三个基础性条件，经营模式就不具有可复制性，就不宜开展连锁经营。其次，要有扩展所需要的投资、人力资源统筹、后勤保障、监督管理等能力，没有这四大能力，连锁经营也难以推开。

李占强：具备连锁经营条件的企业如果想开展连锁经营，则要搞好方案设计。设计时应首先考虑是搞单一的直营、合资、合作、加盟模式，还是四种模式的适当混用。我们倾向于连锁企业不但要有自己的直营旗舰店，还应该有区域的直营示范店，也可有区域合资合作的骨干店，以利于连锁门店的复制、仿效和快速扩张。如不全搞直营，合资、合作、加盟三种模式在设计上都应考虑纳入，一方面，可以给合作方多种选择，有利于门店的快速扩张；另一方面，当一种模式在市场推广受阻时，也可以迅速调整其他模式。

段小丹：连锁方案还应当统筹考虑连锁企业支持服务与监督管理手段，要把设备与配品供应、装饰装修、标识装束与宣传品供应、主要原料和耗材配送、信息系统建设与跨店结算、统一形象宣传与费用分摊、培训辅导、日常运营监督管理等明晰化、制度化，并形成完整协调的制度体系，具有可靠的实操性，以取信于合作方。

贾楠：直营、合资、合作、加盟这四种模式，每种都应该设计对应的经营管理方式以及合同条件，包括合资店双方以什么出资，有几种出资方案；合作店双方分别提供什么条件，有几种条件组合；合资合作店双方如何参与管理以及参与深度，利润分配方式与收益结算方式；连锁企业能为加盟店提供什么条件，加盟方要尽什么义务，连锁企业对加盟店如何提供支持和进行监督管理，等等。设计这些条件时，连锁企业不能"一面精"，要适当让利于合作方，因为合作方是以单店赚钱，连锁企业是以店面数量赚钱，如果合作方没有利润可赚，连锁经营的规模就难以发展起来。

张振龙：扩张是连锁企业的生命力。作为连锁企业而言，规模越大，就能获得更大的利润，连锁企业想要有动力、有目标地稳步前行，首先要制定自己的发展战略和近远期规划。战略规划可以解决连锁企业如何发展、朝哪里发展的问题，能保证企业在商海航行中有方向、有目标、有路径，不左右摇摆，不迷失航向。如果没有发展战略或规划，连锁企业就可能不切实际地盲目扩张，造成自己的连锁网络因支撑体系不佳而瞬间崩塌。

段小丹：制订连锁企业的发展战略规划，必须要对连锁企业自身和外部环境进行评估。首先，要衡量自己的扩张资本。连锁企业发展的前提是必须有一定规模的资本或者解决资本的来源，有了来源还要考虑融资方式。如果没有必要的资本支撑或适宜的融资方式，扩张可能就是一句空话。其次，要确定扩张的市场方向。所谓方向，主要是指行业的选择和地域的选择，如果行业市场或者地域市场已经高度饱和，成长潜力不大，则应考虑其他业态和区域。再次，要考虑连锁的发展模式。是选择直营、合资、合作、加盟等模式向外扩张新店，还是通过收购、兼并类似的其他小型连锁门店扩大自己的规模，都要有所统筹。最后，要把握扩张的速度和节奏。扩张的速度与连锁企业的能力成正比，能力越强、资本越雄厚、制度体系越成熟的企业，扩张速度可以越快，否则，可以扩张慢些。但无论如何扩张，都要稳扎稳打，步步为营，争取开一家成功一家。

贾楠：门店的辐射半径也是发展战略规划的组成部分。一个地域摆布多少个连锁店，其中有几个直营示范店或合资合作骨干店，各门店的距离不少于多少千米，战略规划时都应该统筹考虑。另外，区域连锁店是否做层级化设置，是全部由连锁企业直接签约管理，还是委托区域直营示范店或者合资合作骨干店签约管理，也是要一并考虑的。

3. 支持有力，监督到位

主持人：连锁经营中经常可以看到"一颗老鼠屎坏了一锅汤"的失败案例。那么，连锁企业以及各门店如何才能持续健康发展呢？

张振龙：统一的质量与规范是连锁企业的生命，是客户接受认可并持续依赖的根本所在，是源源不断吸取利润的聚焦点。所以，统一产品质量、多店规范化经营是连锁经营持续追求的目标。这就要求连锁企业一方面要在人财物以及技能培训等方面为各个门店提供有力保障和支持，另一方面应对各门店日常运营加强监督管理，以确保产品质量与服务品质。

李占强：连锁经营完善的运营体系主要包括七大板块，分别为产（商）品开发体系，即产（商）品的设计、生产、加工、采购等；产（商）品经营体系，即产（商）品的售价、分类、陈列、促销、支付、服务等；标准化拓店体系，即新店铺的选址、设立条件、装潢、利益分配等；物流配送体系，即产（商）品的保管、加工、分类、配货、送货等；组织管理体系，即业务操作系统、薪酬系统、财务系统等；人才培养体系，即人才的培养、引进、录用、挖掘、吸收等；信息系统，即 POS 系统（销售时点信息系统）+MIS 系统（管理信息系统）、EOS 系统（电子订货系统）、EDI 系统（电子数据交换系统）等。这七大体系完备并运行良好，连锁经营网络体系才有可能持续存在和收益。

段小丹：列宁曾说过，"信任固然好，监控更重要"。完善的监控体系是成熟连锁企业模式、体系、制度贯彻实施以及产品质量标准化统一的重要保障。连锁企业如果没有完善的监控体系，就有可能出现"一颗老鼠屎坏了一锅汤"的局面。因此，连锁企业与各分店不仅要建立牢固的相互信任，还要有完善的监控体系。

贾楠：连锁企业的监控主要从财务、供应链环节（货物供应和保障）、人员操作标准、店面卫生、商品价格、售后服务、客户访谈等方面进行，每一个方面的监控都需要有定期的监控制度，且以书面的形式向连锁企业进行汇报，保证连锁企业全面掌握各分店的经营状况，及时督促改正。除了加强对连锁店的日常监督管理外，直营、合资、合作、加盟这四种模式的方案或合同条件中还应当设置退出机制，凡发现存在影响连锁企业声誉的突出问题或经常性问题而难以整改时，要果断采取关店措施，以防负面影响积累和扩大，最终击垮整个连锁体系。

话题 75　谨慎加入连锁，不可盲目迷信

主持人：罗 晓　嘉 宾：张振龙　李占强　段小丹　贾 楠　文字：贾 楠

连锁经营由于模式成熟、便于复制、易被接受、成功率高，这一二十年来越来越受到创业者或小型投资人的青睐，特别是在"大众创新、万众创业"的时代背景下，备受青年创业者的追捧。但也有不慎加入者，因连锁店运作不良而赔得血本无归。为了帮助投资者甄别优选适宜自己的连锁企业和连锁模式，避免可能出现的投资与合作风险，本期沙龙我们就一起来聊聊创业者加入连锁经营应当注意的问题。

1. 考察分析比对，选好加入模式

主持人：上期我们从连锁企业角度出发，重点探讨了其如何稳健扩张，如何搞好支持、服务、监督等问题，那么，作为创业者加入连锁经营，应当做好哪些准备呢？

张振龙：加入连锁经营，对连锁企业的考察是必不可少的前置程序。首先要选择经营模式成熟、合作模式公平、对连锁店支持力度大、有可靠的后续经营保障、市场声誉和加入者评价好的连锁企业。如连锁企业协助选址和确定规模、装饰装修与设备配置价格合理、原材料配送科学、进行标准化统一培训、运作管理规范、店内指导到位、统一广告宣传、敢于利益挂钩等。考察时，应本着先考察连锁店再考察连锁企业的方式，对连锁企业和连锁模式进行分析比对，最后再去优选适合自己的连锁企业和加入方式，切不可"听风就是雨"，盲目加入。

李占强：单个连锁店的经营状况往往能够折射出整个连锁企业的管理运作水平。考察单店时，首先要选择与自己所处地域市场环境（城市地位与店面周边小环境）接近的单店，因为只有相似市场环境的单店经营状况，才对自己具有参考意义；其次，要以消费者身份亲自到店体验，感受单店的产品质量、服务水平、消费者结构及其客户评价等；最后，要与单店投资人进行当面沟通，了解单店客户来源及其构成、季节销售额变幅、成本构成、经营利润，以及其加入方式、总部对单店的管理和支持保障是否存在问题、存在什么问题等。对单店的了解越全面、越透彻，才能够越清楚连锁企业的管理运作水平。

张振龙：单店考察时，不仅要考察直营店，还必须要考察合资、合作以及加盟店，以感受不同模式单店的运作差别。考察的对象可以自己选择，也可以由连锁公司提供不同类型的多个单店，而由考察者自己在推荐的候选对象中各抽选一两个店面进行考察，以免连锁企业

只把你带到好的样板店进行考察，看不到完整的真实情况。

段小丹： 完成对单店的考察后，再对连锁企业进行考察。考察时，首先重点了解其规模、网络布局、连锁店分布情况及其经营特点与业绩（要求查看其报表或电脑数据）；其次，考察连锁企业对连锁店的管理监督、支持保障措施以及利润取得方式与核算办法等，以确认其产品或服务是否成熟，标准化和规范化程度如何，能否在设备配品供应、人员培训帮带、后续主材与耗材配送以及宣传广告等方面提供有力保障。最后，考察可能的加入方式（如合资、合作、加盟等）及其不同的加入条件，了解加入门槛。

贾楠： 通过对单店和连锁企业的全面考察，对不同连锁模式和加入条件的分析比对，加入者如认为连锁企业产品或服务成熟、市场可靠、保障有力、风险较小，便可根据自己的投资能力、经营能力、管理能力，选择适宜自己的加入方式。如自己的投资能力不足，则应尽量选择合资经营方式；如自己经营管理能力不足，则应尽量选择合资或合作经营方式；如自己投资与经营管理能力均可，则可选择加盟经营方式。

段小丹： 现在有很多人认为连锁经营模式一定都是成熟的，投资加入风险不大，其实不然。有的连锁企业并不一定是由单店或几个直营店发展成熟，积累大量经验，进行管理人员储备，完成服务管理体系准备后，才去慢慢扩张的，而是由从连锁企业跳槽的高管们"比葫芦画瓢"直接开办的，对于这些连锁企业一定要谨慎加入。特别是只要一次性支付加盟费用就可以加入的连锁企业，一定要三思而后行，此类连锁企业可能是一次性"招牌"买卖，加入者后期几乎得不到任何专业的培训、管理、技术、人员及财务上的支持，投资"打水漂"的现象非常多。

2. 重视合同条件，签好加入合同

主持人： 连锁经营是一项长期持续的合作行为，只有签好加入合同，才能保证自己的长远利益。那么，作为加入经营的创业者而言，在签订合同时应该注意哪些问题呢？

张振龙： 合同的功能在于互相承诺、指引履行、制裁违约。连锁经营合同不同于其他一次性完成履约的交易合同，一旦签订可能要合作或履行一二十年甚至更长时间。作为加入者必须要把合同中双方的权利义务约定清楚，不能听信连锁企业的广告宣传或口头承诺，要把对方所有的口头承诺转化为书面承诺，转化为合同条款，并赋以违约责任，这样自己的利益才有可能得到持续保障。千万不能认为人家的合同是固定格式的合同，大家都是这样签的，根本不去深究合同中的权利义务是否公平就全盘接受。

李占强： 没有什么合同条件是不可以更改的。格式合同都是连锁企业为了重复签订而单方面设计的，肯定考虑自己权利保障的条款多，考虑加入者权利保障的条款少，只有广大加入者不断据理力争，合同才会越来越公平、越来越完善。所以，加入者对连锁企业要敢于说"不"，以促使连锁企业承诺和保障其基本义务，确保对各连锁店的持续支持，并在利益分配上适当让利，以保证连锁店的稳定持续经营，最终实现双方的共赢。

段小丹：对于加入者来说，连锁企业的支持是开设连锁店的基础。所以，连锁企业的保障条款在合同中至关重要，如为门店选址、设计、装饰装修、设备与配品供应等方面提供什么支持，如何对加盟店员工进行培训和跟班实操训练，如何委派店长驻店帮带辅导，如何保障关键性原材料以及耗材的配送，开业后如何检查督导，统一的品牌宣传如何去做，广告宣传费用如何分摊，连锁企业做不到上述承诺的违约责任等，都要一一约定清楚。

张振龙：要把连锁企业的收益尽量与连锁店的业绩挂钩，能不交加盟费的尽量不要交加盟费，能少交加盟费的尽量少交加盟费，以把连锁企业的品牌收益纳入盈利分配或营业收入提成之中，并设计出公平合理的利润分配方案和结算办法，以督促连锁企业履行支持保障义务。

贾楠：加入者与连锁企业签订加入合同时，一定要制定具有可操作性的违约条款，载明双方的责任界限以及违约责任的量化标准，当一方违约时，可以计算出违约方应当承担的违约责任和赔偿数额，防止纠纷发生后无法维权。加入者要尽量在合同中加入退出条件，什么情况下加入者可以选择退出，由连锁企业接手连锁店自营，什么情况下连锁企业应赔偿自己的损失以及损失的计算方法，以使连锁企业真正负起应尽的责任，自己在对方严重违约又改正无望时，可以全身而退，以减少自己的投资损失、机会损失和时间损失。

3. 只有规范经营，才能持续发展

主持人：连锁企业靠的是庞大的供应、管理、服务网络和众多持续经营的门店赚钱，连锁店靠的是单店的持续经营和盈利赚钱。作为单店的投资者、经营者，如何才能保证连锁店经营长久？

张振龙：刚开的新店，加入者往往没有运作经验，员工配合也可能难以到位。所以，必须要求连锁企业对新招的员工进行系统全面的业务技能培训，开业前期最好要求连锁企业委派店长以及其他关键岗位骨干员工来店帮带，直至新店运行正常、规范达标后，委派的店长和骨干员工方可撤离。过渡期内，还应要求店长重点培养新店店长，关键岗位的员工必须帮带培养成熟，帮其理顺全部流程和各个节点的控制手段，以使新店的人员可以完全接手、独立运作。

李占强：标准化、规范化运作是连锁经营的突出特点，产品的标准化、同质化和服务的规范化是连锁经营的生命力。连锁店要想稳定地发展，必须严格按照连锁企业制定的统一质量标准与服务规范进行操作，以保证产品质量和服务质量始终如一，各店相同，没有差别，决不能自作主张，片面追求最大利益而偷工减料、以次充好、简化工艺或程序。各店必须共同努力提升连锁企业的品牌形象，凝聚忠诚的消费群体，提高连锁企业以及加盟店的经营效益。

段小丹：连锁店与连锁企业是唇齿相依的关系，双方只有互助合作，才能实现共赢。连锁店的投资者、经营者在经营过程中要督促连锁企业切实履行支持保障义务，对发现的问题要及时反馈，要求纠正。投资者、经营者还应与兄弟门店保持经常性沟通，相互交流经营经验，分享管理诀窍，相互促进提高，遇到的共性问题，应共同要求连锁企业改进，并与连锁企业一道共同打造和提升连锁企业的品牌竞争力，使加入的连锁平台更具价值。

贾楠：俗话说"师傅领进门，修行在个人"，加入一个连锁体系后，总部会提供成熟的模式、营销工具、系统培训方法等基础条件，加入者可以节约研发、运营、营销成本，但这并不代表都能开张大吉、财源滚滚，如果没有用心经营管理还是会遭遇失败的。加入者一是要诚信经营，不可在质量、数量、价格、安全等方面欺骗或侵害消费者；二是要有敬业精神和吃苦耐劳精神，以及认真踏实、恪尽职守、精益求精的工作态度；三是要有不断汲取新知识、新文化的学习能力，引领时代潮流的胆识，跟上消费观念的变化；四是要有责任感，对连锁企业、对员工、对客户要持负责任的态度。机会总是留给有准备的人，同样也是留给用心经营的人。

话题 76　租赁经营风险多，双方都要慎之又慎

主持人：罗　晓　　嘉　宾：马慧娟　段小丹　贾　楠　王迎鸽　　文字：王迎鸽

现实生活中我们经常可以看到，有些民营企业由于产业衰败或老板移民、年老、患病、亡故等原因，将企业整体出租给他人经营。租赁经营对于出租人和承租人来说，都是风险很大又不得不做的一种冒险行为，因此必须要搞好风险防控。为了帮助出承租双方建立良好的租赁关系，避免各自可能存在的法律风险，本期沙龙我们邀请几位嘉宾与大家谈谈租赁经营应注意的核心问题。

1. 租赁经营的特点与风险

主持人： 目前，租赁经营虽然没有20世纪八九十年代那么普遍，但仍有不少企业继续采取租赁经营模式。那么，租赁经营模式下的出承租双方都有哪些风险呢？

马慧娟： 租赁经营是指企业主将自己不再经营的企业连同场地、设备、营业证照以及其他所有经营条件等一并出租给其他自然人或法人单位，由承租人以被出租企业的名义继续经营，出租人"退居二线"，只负责收取固定租金的一种经营模式。此种模式下，由于承租人是以被出租企业的名义继续经营的，所以企业的账务应是连续的，承租人必须按照企业的财务会计规范做账和纳税，并承担其他社会义务。租赁期内赚取的税后利润除去上交租金外，剩余部分归承租人所有。

段小丹： 多数情况下，承租人之所以选择租赁经营，无非是看中了被出租企业既有的资质证书、生产经营许可证或者各种必备的批准手续，抑或是特定市场的准入资格，以及成熟的生产经营条件、现成的市场销售渠道等。有了这些软实力，企业才会更具价值，一方面易于出租，另一方面租金也会相对较高。如果没有这些软实力，一般都不会采取租赁经营模式，而仅仅实行财产租赁即可。

贾楠： 租赁经营与财产租赁具有本质的区别。财产租赁一般是指承租人单纯地租赁房屋、场地（土地）、设施、设备等财产用于经营活动。对外开展经营活动时，是以承租人自己的名义进行，而不以出租人的名义；而租赁经营则是一种财产加证照的集合租赁，即将被出租企业整体租赁给他人，由其以被出租企业的名义进行经营。可以这样理解，租赁经营就是企业仍然持续经营，只是更换了实际经营者而已。

王迎鸽： 正是由于租赁经营中承租人是以被出租企业名义继续对外经营的，所以，以被

出租企业名义进行的所有民商事活动以及行政、刑事违法行为都应由被出租企业对外承担法律责任。如承租人因经营不善或无力清偿对外债务而被官司缠身，法院就会把债务判到企业头上，企业的全部财产就可能面临被强制执行的风险。出现此种情况，出租人不但无法收回租金，还有可能让承租人把企业搞得资不抵债，"鸡飞蛋打"。承租人的涉企刑事犯罪行为也可能会殃及出租人，而使出租人身陷囹圄。

段小丹：作为承租人也会面临一些意想不到的风险，如因企业前期债务未予清偿而被诉，因原有的违法行为被行政机关行政处罚，因以前拖欠的税款或其他法定规费未缴纳而被追缴或罚款等，承租人都可能不得不先行垫付而为出租人"背锅"。如出租人不及时归还该部分垫资，承租人就可能会因资金困难而耽误生产经营。如企业违法被吊销经营许可证、资质证书或营业执照，或者被取消相应的投资商、供应商资格，承租人就可能无法继续正常经营。

2. 出租人如何规避相关风险

主持人：租赁经营模式下，双方的法律风险都是显而易见的。那么，对于出租人来说，这些风险应如何规避呢？

马慧娟：出租人并非一租了之、坐享其利，而是应时刻注意规避所面临的法律风险。作为出租人首先应该设法甄选有投资能力、经营能力、讲信用的承租人，否则，宁可改为财产租赁，也不能盲目地将企业整体出租给他人租赁经营，所以，出租人除在出租前向介绍人、知情人打听了解承租人的情况外，最好要委托专业律师协助对其进行资信调查。律师调查一方面可以化解因出租人碍于面子而无法深入调查的尴尬局面，另一方面可以更好地实现对意向承租人经济现状、经营能力、历史信誉、负债情况等的全面调查。意向承租人是法人单位的，还可以委托注册会计师审查其经营现状和财务状况，千万不要把企业交给不知底细或没有资金和经营管理能力的承租人经营。

段小丹：租赁经营合同的内容一般应包括租赁物以及配套的软条件（如场地、房屋、设施、设备、营业证照、生产经营许可证、经营资质证书、安全生产许可证、污染物排放许可证、特定行业的生产经营条件认证证书、特定行业与企业的投资商或供应商入围资格等）、准予生产的产品或经营的服务项目、不得从事的各种经营行为、租赁期限、租金及其缴纳办法、原有员工安置与更换办法以及工资福利待遇、财务账簿的衔接、资产的使用与日常管理、承租人垫付资金的处理方式、承租人添附物的结算与处理方式、出租人提供的辅助服务和双方的协作办法、出租人的监督措施以及承租人的配合监督办法、租赁起始与期满后的财产证件账簿凭证移交办法、解除合同的条件、违约责任及其责任承担方式等。合同签订得越细，未来发生纠纷的概率就越低。切不可签订一份只有租赁物、期限和租金的粗略合同，否则后患无穷。

贾楠： 在设定租赁经营合同条件时，出租人要设计好日常监督措施，以防承租人失控。如向企业派驻联络员，一方面协助承租人处理外部关系，一方面监督承租人的行为；派驻公章资料管理员管理公章、证照和核心资料；约定公章使用办法，规定企业的借贷行为、担保行为以及非生产经营性重大行为的决策权限和盖章审批流程，未经出租人审查签名的上述非经营性合同一律不得加盖公章；登记保存所有盖章资料、资质资料、财务资料等，以保证租赁期满后企业可以照常接续经营。

王迎鸽： 签订租赁经营合同时，一定要与实际承租人签，不要跟其委托的"枪手"签。承租人是多人合伙承租的，要与全体合伙人签，以完全覆盖承租责任主体，防止实际承租人恶意规避违约责任。有可能提供担保的，最好要求承租人提供履约担保。总之，要将全部承租人以及整个经营活动置于出租人的透明监督之下，一旦发现承租人违约，可以即时找到解约依据和责任主体，以便追究其违约责任。

段小丹： 租赁经营合同实际履行过程中，出租人一定要强化监督，要设法掌握企业的整个运营情况，不能有不可知因素，防止承租人滥用经营权和财产使用权，谨防承租人以企业名义借贷、集资或以企业财产设定抵押。对于承租人的非法行为要及时指出纠正，并收集保管相关证据资料。对于承租人经营不善、信用缺失或持续违法而难以改善的，要果断终止其租赁合同。出租人可以制定《租赁经营管理办法》以指导本方联络员、公章资料管理员履行职务和搞好服务监督。

3. 承租人如何规避相关风险

主持人： 对于承租人来说，潜在的风险也不小。那么，承租人应如何规避自己面临的风险呢？

王迎鸽： 承租人在租赁经营前，要做好市场可行性分析，既要仔细研读国家的宏观经济政策，看一看哪些行业或产业是国家大力支持鼓励发展的，哪些是国家限制发展或可能取缔的，又要关注拟投资行业或产业的市场行情，主要包括拟投资领域的市场需求、商圈覆盖、投资成本、行业前景等。对于那些与国家现行的"降能耗""去产能"产业政策和"生态文明建设"的时代背景背道而驰的，或者市场饱和度较高、前景堪忧的行业或产业，要谨慎承租，以免因前期对拟投资领域不清楚、不了解，而导致后期经营租赁企业时的进退两难。

马慧娟： 承租方对拟租赁经营的企业进行尽职调查也很有必要。调查时，应着重弄清企业主为什么要将企业租赁给他人经营，是企业主因客观原因无法或无力继续经营，还是因经营不善而无以为继，还是原有经营项目由于产业结构调整而被动放弃，还是因负债过高而陷入困境，有无严重违法行为等。总之，承租人要尽量承租相对"干净"的企业，对于负债过高或有严重违法行为的企业，承租人要谨慎承租，以防其债务或违法行为影响企业的未来经营。

段小丹：签订租赁经营合同时，除了约定前述的合同内容外，还要明确出租人应提供的其他条件以及协助义务。承租人应当在合同中明确要求出租人理清账务，结清历史债务，对于流动性债权、债务一时无法结清或没有必要即时结清的，需列出清单并明确清收责任和清偿责任以及账务处理、税务处理措施，以防合同履行过程中相互扯皮。如果出现承租人垫付企业原有债务或先前行为的行政罚款时，还应约定出租人的偿还办法，以免影响承租人的后期经营。

贾楠：对于承租人需追加投资的设施、设备，添附的其他不动产，或资质升级、行政许可、强制技术改造需要的硬性完善性投入，承租人应要求在合同中明确其处理方式。如哪些事项应由哪方出资、承租人的垫资应如何抵顶租金、承租人添附的财产在购置时或合同期满后如何作价等问题，都应该在合同中约定清楚，以免出现承租人不投资则无法更好地生产经营，投资则成本过高、无法消化的两难境地。

王迎鸽：租赁经营合同履行过程中，承租人要严格按合同约定的经营范围和经营方式以及国家的法律法规依法经营。对于出租人承诺的协助义务，应及时提示和通知其协助，对于出租人未履行协助义务的，应及时发出书面通知；有添附行为时，应事先征得出租人的同意，事后取得出租人的确认；因垫资而发生的债权债务，应及时向出租人提供相关手续，并发出书面偿债通知，要求出租人签收和限期偿债。总之，要留存与出租人往来的相关证据，以防双方发生纠纷后没有相关证据支持。

话题 77　承包经营不能一包了之、以包代管

主持人：罗　晓　　嘉宾：马慧娟　段小丹　贾　楠　王迎鸽　文字：王迎鸽

承包经营作为经营者的一种经济责任制和激励机制，30多年来一直存在于不同性质、不同类型的企业，特别是那些灵活性强、人的主观要素相对突出的企业或环节中。那么，承包经营的发包方和承包方是否也有不同的法律风险，发承包双方应当如何规避各自的法律风险呢？本期沙龙我们就邀请几位嘉宾来谈谈承包经营的法律风险防范问题。

1. 承包经营的特点与风险

主持人：现实生活中我们经常可以见到，有些企业为了强化经理层的工作责任心，调动其工作积极性，促进企业经济效益的持续提升，将整个企业或其中的某个部门或某个业务环节发包给生产经营管理团队承包经营。这种承包经营方式会给双方带来哪些法律风险呢？

马慧娟：承包经营是指企业（企业主、股东会、董事会）将企业的整个生产经营活动或某项业务或某个部门的经营管理权，有期限、有条件地交给他人行使，并为其设定经营指标体系，实行"超奖欠罚"的一种经营模式。此种模式下，整个企业的生产经营条件（场地、设备、资金和营业证照等）不变，法人治理机制和主要规章制度不变，财务核算方式不变，只是将日常经营管理的权利下放给承包经营者，并使其报酬与经营成果挂钩。承包经营分整体承包和局部承包、个人承包和集体承包、对内承包和对外承包等不同的类型。

段小丹：承包经营与租赁经营的共同点都是以发包方或出租方企业的名义从事经营活动，而不同点在于，租赁经营的经营者只是利用企业的生产经营条件自主开展生产经营活动，出租方一般不予干预；而承包经营的经营者不仅仅是利用企业的生产经营条件，还要按照企业的既定目标开展生产经营活动，更要遵守企业现行的企业管理总规范和主要规章制度。租赁经营的经营者是上交固定租金，税后利润超过租金的部分归己，税后利润不足租金的部分自行弥补；而承包经营的经营者是设定经济指标、"超奖欠罚"，超额利润不完全归己，未完成利润指标的部分也不完全自行弥补。

贾楠：承包经营中承包主体也是多样的，既可以是个人，也可以是团队，还可以是专业的管理公司。但不论是哪种承包方式，承包方（或其代表）均是以企业经理或分支机构与部门经理的身份，并以企业的名义对外开展经营活动的。所谓内部承包或外部承包，只是承包方的来源不同而已，一旦承包方被选任，就一律通过任命或聘任程序转化为企业内部的高管

或分支机构与部门负责人。由于承包经营仍是以企业的名义开展生产经营活动，所以其对外的法律责任仍由企业承担，因此，企业仍面临着市场风险、经营管理风险以及承包方的能力风险和道德风险。

王迎鸽：相对于发包方而言，承包方的风险要小得多，其风险主要表现在完不成承包任务或指标时的经济处罚。而造成这种局面的原因，无非是市场拓展乏力，销售业绩提升缓慢；或者创新乏陈，经济增长遭遇瓶颈；或者管理不善，造成运营成本增加；或者决策失误，导致企业利益受损；抑或违法经营，被行政机关处罚等。总之，只要承包方审慎和尽职尽责地行使经营管理权，其风险几乎可以忽略不计。

2. 发包方如何规避相关风险

主持人：发包方虽然可以为承包方设定盈利指标，并实行"超奖欠罚"的奖惩机制，但并非一劳永逸、旱涝保收。面对上述经营风险，发包方应如何合理规避呢？

马慧娟：选对德才兼备的承包方是承包经营成败的前提。所以，作为发包方，应首先制定科学严谨、机制配套的承包经营方案和承包方遴选办法，遵循"先内后外、公平竞争、择优选用"的基本原则，使内部潜在的经营管理能手脱颖而出，如内部人才无法满足经营管理需求时，可以对外招贤纳士，通过考察比对，遴选到合格的承包方。承包方可以设定为一个个人（由其自行组建团队），也可以直接设定为一个团队，也可以设定为管理公司，也可以三种方式一并设定，同步遴选，具体如何设定由企业根据自己的实际情况权衡决定。

段小丹：之所以实行承包经营，实际上都是因为现有的经营管理团队运作不力。故而，在遴选内部承包者时，必须要打破论资排辈的固有观念和用人惯性，大胆地把那些低层或跨部门的生产、经营、管理精英遴选出来，一方面要设定好遴选资格条件（可以分为个人承包人条件和团队集体承包人条件），另一方面要设定好竞标评价体系，旗帜鲜明地公开告知大家企业要选什么样的人或团队，以把跃跃欲试的潜在承包者的斗志激活，使其积极参与到竞标候选人之列，竞争越激烈，越有可能遴选到满意的承包人。

贾楠：在企业内部缺乏人才基础或无法遴选到满意的承包人时，企业不妨考虑从外部招募具有本行业管理经验的职业经理人或其团队作为承包人。一般情况下，职业经理人及其所带团队都具有较高的业务技能、丰富的工作经验以及较好的组织管理能力，特别是经过市场行业细分后的职业经理人，对所处行业的认知和把握会更加精准，既能高效地开展经营管理工作，激发企业活力，又能切实完成既定的经济指标，增进企业效益。另外，职业经理人一般都具备良好的个人品德与职业道德，其作为承包方的道德风险也相对较小。

王迎鸽：在合作共赢的市场经济时代，仅凭个人的力量是远远不够的，如条件允许，企业也可以招募专业的管理公司来作为承包人。专业的管理公司一般都会有较为雄厚的人才队伍基础，可以组建较强的经营管理团队来履行承包合同，个别人不合适时还可以更换团队的部分成员，更为重要的是管理公司与自然人相比能够承担起承包合同的违约责任，并会为自己的管理能力和社会信誉"买单"。

段小丹：设定科学完善、公平合理的指标体系和权利运行监督机制是承包经营成败的关键。所以，企业要根据自身的经营现状、未来趋势以及发展方向和工作目标，来设定承包经营的指标体系和运营监督机制。一是要让承包方"蹦一蹦能够着"，二是可以逐年递增，三是可以对具体指标设定阶梯式奖罚措施，四是奖励幅度要整体大于惩罚幅度，既要使其责任加大，又要使其有利可图，指标完成得越好，回报就越丰厚。

贾楠：对承包方的授权和约束要明确。承包经营模式下，企业的法人治理机制一般不变，该由股东会、董事会决策的事项，仍应由股东会、董事会作出决策，如对外投资、购置大型或高值资产、借贷、担保等事项的决策权，都要保留于股东会、董事会，只是把日常生产经营与管理的全部或部分权利授权给承包方行使，如具体用人、原材料采购、销售、定价、管理措施、绩效考核、奖罚办法等。即使是授权的部分，也要按照企业管理总规范和对应的各单项管理办法所设定的机制行使权利，公开透明，不能随意。

王迎鸽：发包方在承包经营过程中，既不能一包了之，也不能以包代管。发包方要全面掌握企业的运营情况，属于自己决策范围的事项要及时作出决策，支持承包方顺畅经营、严格管理，对于不属于自己决策的事项，要搞好日常监督，以防承包方走偏。所以，承包经营时财务负责人和监事会的职能不能弱化，甚至还要加强。监督的核心是承包方是否严格按照既定的规则以及承包合同的约定实施决策和管理，有无发生承包方道德风险的漏洞和迹象。

3. 承包方如何规避相关风险

主持人：几位专家前面谈到，承包方的风险要比发包方小得多，甚至可以忽略不计，但实际运作中真的没有风险吗？承包方应该注意哪些问题？

马慧娟：虽然承包方的风险较小，但就其承包经营合同而言，完不成各项经营指标还是会面临一定的处罚。所以，努力搞好经营管理，乃是承包方工作的核心。经营的好坏，一方面是对自己、团队或者管理公司综合能力的集中检验，是承包者的历练和经验积累，另一方面也关乎承包者以及追随者的个人、集体或单位利益，更为重要的是影响着自己的信誉和社会评价。所以，承包经营者只能成功，不能失败，否则，你就可能再无出头之日和承揽业务的机会。

段小丹： 承包方要明白自己在承包经营中的角色定位与工作职责。一方面，要严格按照既定的规章制度行使权利，切忌好大喜功，功高震主；另一方面，可以设定二级考核指标，与团队成员形成"利益共同体"，以激发团队的积极性和创造性，切忌高高在上，不可一世。承包方不要认为自己是一切权利的拥有者，总是试图打破发包方设定的约束，由着自己的兴致踢开发包方随意作为，对上对下都要有敬畏之心，不能太任性，不能太随意。否则，下层捉摸不透，无所适从，积极性受到挫伤，生产经营就难以做好；上头整天提心吊胆、好不踏实，也不可能让你继续承包。

贾楠： 虽然承包方与发包方是合同关系，但是承包方在企业经营管理中的行为仍是职务行为，所以，承包方要承担不当履职的法律后果。不当履职的法律责任一方面是对发包方的违约责任（包括违反行政管理法律法规给企业造成损失时的赔偿责任），另一方面还可能会是触犯刑法而承担的刑事责任，如挪用资金、收受商业贿赂、职务侵占、合同诈骗等，都会使行为者身陷囹圄。

王迎鸽： 依法经营、管理、运作也是承包方所必须注意的问题。经营项目合法、经营模式合法、实施方式合法是企业生存的基础，经营行为合法、财务处理合法、经营信息真实是经营者的法律责任，管理行为合法是企业的社会责任、员工的基本诉求和国家的控制底线。所以，承包方要在法律的框架内行使权利，否则，经营管理行为的违法责任（行政责任、刑事责任、违约责任）都会由承包方自己承担。

话题 78　挂靠经营如何"挂"得好、"靠"得住

主持人：罗　晓　　嘉宾：马慧娟　段小丹　贾　楠　王迎鸽　文字：王迎鸽

挂靠经营作为一种"借名"经营模式，广泛存在于一些入市门槛较高的特殊行业。从表面上来看，挂靠方借他人的"外衣"对外经营、赚取经营利润，被挂靠方无需任何投入、坐收管理费用，二者各取所需、相得益彰；但实际上，挂靠经营既有合法的，又有违法的，挂靠双方也都存在很大的法律风险。为了帮助挂靠、被挂靠双方规避各自的法律风险，本期沙龙我们邀请几位嘉宾来谈一谈挂靠经营的风险防控。

1. 挂靠经营的特点

主持人： 前两期我们谈了租赁经营和承包经营，在现实中挂靠经营也非常常见，专家们能否介绍一下挂靠经营的特点和风险？

马慧娟： 挂靠经营是指实际经营者借用其他经营者的名义对外从事特定的经营活动。借用他人名义经营的实际经营者为挂靠人，准许他人借用自己名义经营的经营者为被挂靠人。挂靠人大多数情况下均为个人，有时也会有不同性质的单位或团队；被挂靠人大多数情况下为单位，个别情况下也会是个人（较少）。

段小丹： 挂靠经营模式下，被挂靠人一般只提供营业证照和结算服务，不提供实际生产经营条件（个别提供场地和外延辅助性服务），经营所需的人员、材料、设备、资金等均由挂靠人自行组织，财务实行简易独立核算。由于挂靠人是以被挂靠人的名义进行经营的，所以其收支必须全部纳入被挂靠人的财务核算体系，以统一开具发票、统一缴纳税款，全部索取发票、统一抵扣税款，做到财务账务全覆盖。被挂靠人对挂靠人的经营行为有一定的监督权，并收取一定的管理费用。管理费有的是按年收取固定数额，有的是按挂靠人的营业额收取一定比例，也有的是在收取固定数额的基础上再按营业额加收一定比例。

贾楠： 挂靠经营多存在于需要取得行政许可或相关资质的经营领域，如交通运输、药品与医疗器材、医疗、工程施工、房地产开发等企业以及设计、审计、评估等中介服务组织等。采用这种经营模式的挂靠人，一般都是为了借用被挂靠人的经营资格，否则就会由于自己缺乏相应的经营资格而不能经营期待从事的业务。也有个别企业挂靠在无需行政许可和资质经营的单位或个人名下，这种情况下，挂靠人则多数是为了借助被挂靠人的商誉。

王迎鸽： 凡没有资质要求的领域，挂靠经营一般都是合法的，凡有资质要求的领域，挂

靠经营一般都是违法的；实行行政许可的经营项目挂靠经营时有的是合法的，有的则是违法的，具体情况要根据不同的许可和资质管理法律法规来定性和判断。不合法的挂靠经营一般不受法律保护，不光被挂靠人有可能会面临行政罚款、没收违法所得、吊销许可证或资格证书等风险，更有甚者，挂靠人还有可能因涉嫌非法经营而构成刑事犯罪（没有取得经营许可证而经营许可证管理项目的属于非法经营行为，严重者将构成非法经营罪）。

2. 被挂靠人的风险及其防范

主持人：被挂靠人把自己的营业证照借给别人使用，不用任何实际投入，就可以坐地收取管理费，难道就没有法律风险吗？专家们能否先谈谈被挂靠人的法律风险在哪里，应该如何防范？

马慧娟：由于实际经营者是以被挂靠人的名义对外从事经营活动的，行政管理机关、交易对象以及社会大众从外部是无法识别其内部关系的，所以，挂靠人以被挂靠人名义实施的全部行为，对外都要由被挂靠人来承担法律责任。

段小丹：被挂靠人代挂靠人对外承担的法律责任包括民事责任、行政责任和刑事责任。如挂靠人因采购而拖欠的货款、因委托加工而拖欠的加工费或劳务费、因企业融资而形成的借款等，其债权人都可以主张被挂靠人直接偿还或连带偿还；因挂靠人的生产经营行为而造成利益损失的人，也可以挂靠人系职务行为为由，要求被挂靠人承担直接赔偿责任；因挂靠人生产经营发生事故而造成的雇员或第三人伤亡，受害人及其近亲属还可以主张被挂靠人直接赔偿或连带赔偿；对于违法的挂靠行为或挂靠人违反行政法律法规的行为，行政管理机关都会对被挂靠人进行行政处罚；对于挂靠人经营活动中的犯罪行为或重大生产事故，被挂靠人或其监管责任人可能还会承担刑事责任。

贾楠：被挂靠人要想避免上述法律风险，首先要仔细甄别意向挂靠人并对其进行详细的资信调查，凡缺乏资金、技术、组织、管理等经营能力或信誉不良、有巨额外债的，一般不要准许其挂靠，以避免因其经营不善或不讲信誉而给被挂靠人带来法律风险；其次，要严格控制授权范围，一事一授权，授权要明确，在满足业务需要的前提下授权越窄越好，不能为其签发概括性或长期有效的授权委托书，更不能为挂靠人刻制印章；再次，要一个项目、一个经营单位、一次经营活动签订一份挂靠协议，以免此项挂靠经营结束后，挂靠人继续以被挂靠人的名义从事另一经营项目。

王迎鸽：被挂靠人要尽可能地控制挂靠人业务合同的签订和对外结算。首先，要确保挂靠人以被挂靠人名义发生的每一笔交易合同都是真实有效的，不存在虚假交易、串通投标、恶意欺诈等违法行为。其次，要管控挂靠人的账目，做到统一核算结算、收入全部入账、规范费用支出、税款足额缴纳、债务及时清偿，一般不要向交易对象出具委托收款通知书，任由挂靠人直接与交易对象结算，也不要放任挂靠业务久拖不结，以防挂靠人不及时清偿对外债务，或与交易对象串通一气、暗度陈仓，最终剩下一堆烂账没人管，债权人都向被挂靠人主张权利。

马慧娟：被挂靠人还要加强对挂靠人日常经营活动的监管，确保挂靠人依法经营、安全生产。凡挂靠人不在被挂靠人经营场所经营的，最好向挂靠人的经营场所派驻联络监督员，一方面为挂靠人提供盖章、结算、收存经营资料等服务，另一方面监督挂靠人的经营行为，全面掌握挂靠人的各种信息，发现问题及时纠正或上报，以防出现无法预测的法律风险或重大事故。

王迎鸽：被挂靠人应制定挂靠经营管理办法，明确对挂靠经营的内部监督管理责任，以指引本方监督管理人员切实履行对挂靠经营的监督管理之责，规范对挂靠人以及挂靠经营项目的日常监督管理，将其可能的法律风险扼杀于萌芽状态。

3. 挂靠人的风险及其防范

主持人：挂靠人只要自己经营得好，就有利润可赚，如约上交管理费，还能有什么风险呢？

段小丹：由于挂靠人是以被挂靠人的名义对外开展经营活动，结算资金要统一汇总至被挂靠人一方进行财务核算，所以挂靠人除了防范自身的经营风险外，还需预防应收款项被被挂靠人挪用或因被挂靠人的债务而被法院查封、冻结或执行的风险，甚至被挂靠人不配合其结算或提起诉讼仲裁的风险等。

贾楠：首先挂靠人要合法经营、规范运作、谨防事故。企业的法律风险很少以点状形态呈现，一旦爆发大都是由此及彼，最终全面开花，因此，挂靠人既要确保产品质量和服务质量，以免发生交易纠纷或涉嫌产品质量犯罪，又要规范记账、及时结算、依法纳税，不隐瞒收入、偷漏税款、虚开发票，以避免涉税犯罪，还要规范劳动用工模式、加强安全监督指导、定期检修设备设施，谨防发生重大安全事故。

王迎鸽：如果挂靠人的劳动用工不够规范，例如违法使用童工、强迫劳动、强令危险作业、拖欠工资，除面临民事赔偿的风险外，还会面临巨额的行政罚款，甚至是刑事犯罪风险。一旦经营过程中不慎发生安全生产事故，不但会使挂靠人自身遭受财产损失，甚至还会连累企业法定代表人或直接负责人同企业一起承担重大安全事故犯罪的刑事责任。

马慧娟：挂靠人不能为了节约成本而凑合经营。如果挂靠人在技术、管理等方面确实能力欠缺或人员不足，也可以要求被挂靠人提供技术、管理方面的支持和服务，以保证经营项目不出现经营、管理、安全等方面的风险。

段小丹：由于挂靠人均是以被挂靠人的名义对外开展活动的，在外部看来被挂靠人名下所有经营项目的经营性财产和形成的收益都是被挂靠人的财产，所以，无论是因为被挂靠人的债务，还是其他挂靠人的债务，抑或是挂靠人自身的债务，人民法院均可以查封、冻结、划扣、执行被挂靠人名下的任一财产。防范此类风险的方法，一是要在挂靠协议中明确财产归属，以便在被查封、冻结、强制执行时有理有据地提出异议；二是要快速转结，不要使自己的资金长期滞留于被挂靠人账户，冒被查封、冻结、强制执行的风险，同时也可以避免被被挂靠人私自挪用。

贾楠：挂靠人应在挂靠协议中约定自己行使债权时被挂靠人的协助义务以及违约责任，以防被挂靠人基于各种原因私自与交易对象进行结算，或在挂靠人行使债权时，故意不提供资料、手续，不加盖公章，不予以协助调查。如被挂靠人故意为挂靠人设置上述障碍，挂靠人一定要确保挂靠协议中对此有明确的违约条件设置和违约后果约定。

王迎鸽：避免被被挂靠人连累的风险的关键就是要选择可靠的被挂靠人，因此，挂靠人在选择被挂靠人时不能饥不择食、不加挑选。要尽量选择实力雄厚、资信良好、管理规范的被挂靠人，切不可贪图便宜，挂上空壳公司或不太靠谱、管理混乱、债务众多的被挂靠人。

马慧娟：签订好挂靠协议是挂靠人自我保护的最有效方法。挂靠协议中一般应明确约定挂靠经营的项目、被挂靠人提供的经营条件、挂靠人的投资与经济责任、被挂靠人的日常协助义务与双方的工作衔接、被挂靠人的监督管理与挂靠人的配合监督方法、被挂靠人的过错赔偿责任和违约责任以及责任的计算方式等。只有签订一份清晰完整的挂靠协议，才能使挂靠人相对安全，降低风险。

话题79 市（商）场分租经营，如何做到聚人聚财

主持人：罗 晓　嘉 宾：马慧娟　侯新生　段小丹　王迎鸽　文字：王迎鸽

近一二十年来，随着专业市场和大型商超的兴起，分租经营已经成为其常态化经营模式之一。商家聚集、商品聚拢、人气聚升，是分租式市（商）场的魅力所在。然而，分租式市（商）场运营商与承租经营户之间的纠纷却层出不穷，有的还升级为群体性事件，使广大经营户心有余悸。"天下熙熙，皆为利来；天下攘攘，皆为利往"，如何才能实现双方的关系和谐、携手共赢？本期沙龙我们就邀请几位专家来聊一聊市（商）场分租经营风险防控有关问题。

1. 分租经营的特点和背后的商业逻辑

主持人： 随着市场业态的多元化，专业市场或大型商超的分租经营也成为一种常态化的经营模式。嘉宾们能否先介绍一下分租经营的特点和内在的赚钱逻辑？

马慧娟： 所谓分租经营，是指运营商将自有的或从业主手中整体租来的抑或是与业主合作经营的市（商）场分割出租给单个经营者，经营者在运营商的统一管理下自主经营、自负盈亏的一种经营模式。此种模式下，有的是业主、运营商、承租经营户三方主体的共同参与，有的是业主兼运营商与承租经营户两方主体的共同参与，各主体之间构成不同的交易关系和法律关系。

段小丹： 业主与运营商之间的关系大致有三种，一种是租赁关系，即业主把经营场所出租给运营商收取固定租金，不参与运营商的运营活动；一种是托管关系，即业主将市（商）场委托给运营商运营，经营成果由业主直接承受，运营商收取一定比例的服务费，并按确定的业绩指标给予一定比例的"超奖欠罚"（类似于产权式酒店模式）；另一种是合作关系，即业主一方提供场地、运营商一方负责运营，分工合作、共同经营，形成的利润按固定比例或阶梯式比例分成。

侯新生： 常见的分租经营模式大致分为两类，第一类是单纯的租用房屋、档铺、柜台，商户单独办理营业证照自主经营，交纳固定的租金（包括物业管理费、服务费）。该模式常见于大型专业市场的分租经营，例如"欧亚达""居然之家"等家具市场、建材市场等。第二类是经营者租用房屋、档铺、柜台，由运营商统一服务、统一监管、统一结算、统一开票，运营商收取固定的租金，或按营业额收取一定比例的服务费，或在固定租金的基础上再按营业额加收一定比例的服务费。该模式常见于百货商场、生活超市或共享餐厅的经营，例如"王

府井百货""丹尼斯百货""根深鞋业""大张超市""泉舜美食城"等。

王迎鸽：分租经营模式下的运营商，负责市（商）场的统一广告宣传和各种整体营销活动，负责整个市（商）场的公共秩序、公共安全与消防防汛等安全保障，负责供水、供电、中央空调（新风系统）、电梯以及信息化等公共设备与系统的运行维护，负责停车场的秩序与安全管理，负责产品与服务质量的监管与投诉处理，负责统一结算时的收款与分配，负责卫生保洁等其他后勤服务保障工作。

段小丹：实际运营过程中，运营商也可以把广告宣传和各种营销活动委托给广告营销策划机构具体实施，把安保与公共秩序管理委托给保安公司，把设备维护委托给设备维保公司，把后勤服务委托给物业公司，以服务外包方式简化自己的管理难度，减少直接劳动关系人员的数量。但这些委托服务的机构仅仅是与运营商发生合同关系，不涉及承租经营户，本沙龙对此类单位的服务关系不予深入探讨。

2. 分租经营模式下各方主体的法律风险

主持人：目前，采用分租经营的专业市场或大型商超很多都出现过业主与运营商的租赁合同或合作合同纠纷，或者运营商与经营户的分租合同纠纷，有的还升级为群体性事件，如此尴尬的局面到底是什么原因造成的呢？

王迎鸽：分租经营模式涉及三方法律关系，三方的权利义务又各不相同。那么，分租经营模式下，三方主体分别存在着哪些市场风险与法律风险呢？我们认为，业主的最大风险就是碰到一个运营能力不足的运营商，由于没有把市（商）场运作起来，使自己的租金或收益泡汤；运营商的风险则是在市（商）场没有运作起来的情况下，入不敷出，搭进费用、倒贴租金；承租经营户的最大风险就是运营商公共服务跟不上、宣传力度不够、营销手段单一、客流不旺、租期太短、频繁换位等。

侯新生：就业主而言，市（商）场运作失败无非三个原因，一是市（商）场定位不准，二是选择运营商失误，三是运营合同条件与运营机制设计不合理。所谓市场定位，就是根据自己的经营场地的地理位置和内部运营条件，确定开办什么样的市（商）场，针对什么客户群，销售的商品与服务门类，商品与服务的档次如何设定等，如果定位不准，可能就没办法聚集消费者，导致商户入住率低而失败；即使市（商）场定位没问题，但选择的运营商没有经验和缺乏前期投入的实力，无法一鼓作气地把市（商）场炒热炒红，照样会导致运营失败；即使运营商是个优秀的运营商，在其他项目运营中成绩卓著，但如果双方合同中的权利义务设计不合理，运营机制存在不可克服的障碍，同样会挫伤其运营积极性或因运营行为受限而运营效果不佳。

马慧娟：运营商是市（商）场运营的核心。如果运营商没能把市（商）场运作起来，就是自己的无能。而运营商要把市（商）场运作起来，就必须做好三个方面的工作。一是协助业主或自己把市（商）场的市场定位弄准，如果市场定位不准，就不要去碰这个市（商）场；二是做好运营方案的策划与财务计划的编制以及资金安排，确保能在短期内把市（商）场炒热炒红，使其进入良性运行状态；三是围绕整个运营方案，设计好与业主的合同关系，使业主能够支持市（商）场的成功运营，设计好与承租经营户的合同关系，确保承租经营户的积极入驻和稳定经营。如果运营商与业主的权利义务不平衡，制约了运营商的必要运营行为，或者承租经营户认为合同太不公平，对入驻心有余悸，也不会大胆放手地去搞好经营。这样的市（商）场必然运营失败。

段小丹：承租经营户是市（商）场运营成功的根本，善待经营户是市（商）场运营成功的关键。整个市（商）场的商品或服务均是由承租经营户投入和销售的，只有他们经营得好，自己可以赚钱，运营商的收入才有保障，业主的租金才不会被拖欠。衡量市（商）场运营成功与否的两个核心指标，一个是承租经营户的入驻率，二是租金或管理服务费的高低。只有运营商服务保障工作做得好，承租经营户才会积极入驻，使整个市（商）场爆满并且要排队等候入驻。只有承租经营户争抢入驻，租金或管理服务费才有可能抬高。

王迎鸽：但有的市（商）场运营商制定的入驻条件非常苛刻，缺乏基本的人性。一是租期短之又短，每次只签一年，使承租经营户无法获得安全感，难有长远打算；二是随意调换承租经营户的位置，导致承租经营户频繁搬家，既浪费了很大一笔装修费用，又摧毁了承租经营户刚刚建立起来的客户圈，使其难以建立稳固的客户群；三是经常给承租经营户分摊一些合同之外的费用，强迫承租经营户打折优惠特定商品或服务，押后拖长承租经营户的货款结算账期，导致承租经营户成本上升、资金占压量增大、资金周转率下降，利润被"吃"。此种情况下，既有承租经营户就会不得不撤出市（商）场，外部经营户也不敢轻易进入，市（商）场就会突然萧条、人气尽失、两败俱伤。

3. 业主的风险预防

主持人：如此看来，业主不能将市（商）场交给运营商就万事大吉。那么，业主应当如何避免分租经营模式下的自身风险呢？

侯新生：首先要通过市场调研，搞好市（商）场定位。要根据自己经营场所的场地规模、内部条件、地理位置、周边环境、交通状况、辐射半径、区域消费能力以及人流、车流、客流等因素，选好经营门类、商品档次和服务配套，即根据所谓商业风水，确定市（商）场的定位。研究和确定市场定位时，不仅要委托专门的市场调查和策划机构进行，还要组织各方面的市场专家进行论证，更要广泛征求不同门类运营商的意见，以使自己的市场定位更加准确。

马慧娟：自营、出租、托管、合作方式各有特点、各有利弊，选择适合市（商）场特点和自身能力的经营方式十分重要。如果市（商）场运营管理简单粗放，则既可以选择自营，也可以在自己没有人员或精力管理的情况下选择出租；如果市（商）场运营复杂、管理难度较大，存在较大变数，收益具有不可预测性，也可以选择出租；如果自己有员工需要安排就业，则可以选择托管，使自己的员工可以从事后勤、物管、安保等工作；如果自己想学习运营管理，则可以选择合作，使自己的员工通过一定时期的跟班实操训练，具备未来接管市（商）场运营的能力。

段小丹：找个靠谱的运营商是市（商）场成功运营的前提。所以，作为业主在选择运营商时一定要慎之又慎。选择运营商要注重两个条件，一是运营能力，二是经济实力。如果运营商缺乏同类市（商）场运营经验，宣传、营销、运作、服务和管理水平低下，就很有可能导致市（商）场运营失败；如果运营商没有自有资金支撑，就有可能不舍得在宣传营销上投入，也撑不住初期入不敷出时的费用保障，这种情况下市（商）场运营失败的概率就会较大。

王迎鸽：业主将场地交由运营商运营一般时间都比较长，双方不同的合作方式和合同关系，应有不同的配套条款，所以双方必须根据出租、托管、合作的不同方式签订对应的运营合同，把双方的权利义务以及协作配合的方式方法约定清楚，以防发生不必要的纠纷和误解。除此之外，业主必须要求在合同中约定强制运营商退出的条件，否则，一旦运营商运营效果不佳，业主也很难将运营商撵走，导致自己不但租金收不回来，甚至连场地也长期收不回来。

4. 运营商的风险预防

主持人：市（商）场分租经营能否运营成功，完全取决于运营商的运营能力，只要运营商能把市（商）场真正运作起来，就会实现运营商与承租经营户的双赢。那么，运营商如何才能避免自己的有关风险呢？

侯新生：进行准确的市场定位，即经营什么、商品门类、商品档次、配套服务等确定后，市（商）场内功能区的划分就成了能否运营成功的关键因素。要根据市（商）场外部交通动线、内部客流动线、荷载、层高、进深、强弱电系统、立面设计等做好功能分区的规划。合理的功能区规划是提高商户入住率的基础。在初步规划好功能分区之后，运营商应当"趁热"

41

制作招商运营方案，方案内容应当包含功能分区规划、宣传推介、物业服务、后勤保障、费用承担、收入结算等方式，并打造亮点功能以吸引商户入驻。公平的入驻条件是吸引经营户的关键，运营商不能片面追求单方的利益最大化而设定苛刻的条件，使经营户望而却步。

马慧娟：有些运营商功能区规划一出就对外招商签约，结果有的功能区招满了，有的还有许多空位，待到局部功能区确实招不满需要调整时，很多经营户已经完成布局、装修、配置，甚至已经营业，没有一个商户愿意被调整，结果只好"见缝插针"安排一些不同门类的经营户，使市（商）场显得乱七八糟，商品布局被完全打乱，给消费者带来诸多不便，怎么努力宣传人气也涨不起来。如果运营商强行调整经营户的铺位，就会与经营户发生冲突，市（商）场还没运营成功就造成了重重矛盾。

段小丹：为了避免出现上述问题，运营商在功能区划分后，可以在招商阶段先让经营户预约登记门类铺位需求，并在登记表中填报经营的系列细分商品，言明在登记完成后正式选铺，选不中的全额退款。然后，根据经营户登记的入场商品情况调整功能区划分或招商策略，甚至是调整市场定位，待调整完毕后再由经营户挑选确认具体铺位，正式签订入驻合同。千万不要在招商初期就急于与经营户直接签订入驻合同，以免将来没法调整。

王迎鸽：经营户最担心的是什么？一是市（商）场运作不起来，二是租期短，三是成本高。所以，运营商必须考虑经营户的这些担忧，打消他们的顾虑。首先要在租期上尽量满足商户的需求，尽量按照装修更新周期确定租期，租期太短商户就没有安全感；其次，前期的租金不能太高，要让商户先不赔钱，待运行成熟后再正式确定租金标准，或者根据自己或其他市（商）场的运作经验，设定递增式阶梯租金标准。设定租金标准时不能简单地按楼层和位置设置，还要考虑商品门类，对于那些配套的薄利商品经营户应适当降低租金。

马慧娟：市（商）场启动期，运营商要一鼓作气把市（商）场运作起来。要搞好营销策划、搞好宣传推介、吸引消费者聚集、搞好服务体验，要日总结、日调整、日改进，要舍得投入，不能半路退却，更不能半途而废。否则，商户就会集体爆发不满，要么群起而攻之，引起矛盾和冲突，要么惹不起运营商而黯然退场，使得其他意向商户望而却步，市（商）场人气尽失。

5. 经营户的风险防范

主持人：作为经营户在入驻分租式市（商）场时应当注意哪些问题，如何才能避免自己的潜在风险？

侯新生：经营户入驻前要全面了解市（商）场的定位，以衡量自己的商品与市（商）场定位的匹配程度，只有匹配的市（商）场才可考虑入驻；要关注功能区划分，分析市（商）

场内部的动态流线，自己拟入驻的铺位是否便于消费者浏览、选购和消费；要调查考察运营商的运营能力，对于没有运营经验、别处业绩不佳和没有资金实力的运营商运营的市（商）场要谨慎进入。

段小丹：要弄清市（商）场的分租经营模式，是固定租金、比例服务费、还是基本租金加营业额服务费，分析其是否适宜自己的商品或服务，运营商的各种服务保障是否能够满足自己以及其他商户的经营需要，达到整体运营的外在效果，收费项目和标准是否合理，如果感觉不踏实就不要勉强入驻。

马慧娟：对于需要装饰装修和整体布局的商户，租期的长短决定着经营户的间接成本摊销，要尽量按照装饰装修周期确定租期，对于租期设定太短特别是一年一续的，要敢于说"不"。如果运营商拒不同意设定较长的租期，经营户一定要谨慎入驻，以免将来被运营商强制性地频繁调整铺位。

王迎鸽：经营户要重视与运营商签订的入驻合同，合同中要明确运营商的各项承诺和服务保障，明确运营商的违约判断标准和违约责任，以防入驻后坐困围城，成为任人宰割的羔羊。对于运营商发布的宣传广告或招商说明书要妥善保存，一旦发生纠纷，这些资料可能会成为对你有利的证据。

段小丹：很多经营户认为，运营商的合同都是格式合同，大家都是这样签的，咱一家要求修改也不可能。实际上任何合同都是一方起草的，对方都有权要求其修改，不存在不能修改的问题。为了增加商户的谈判分量，建议同类商户与运营商进行集体谈判，谈不好则集体拒绝入驻，运营商自然就会让步。

6. 市（商）场日常运营的协作与监督

主持人：市（商）场的日常运营涉及三方法律关系，那么三方如何搞好协作才能实现共赢呢？

马慧娟：作为业主，在市（商）场日常运营中要做好三个方面的工作。一是要为运营商提供运营场所的基本保障和运营支持，如建筑物的规划审批、产权界定与产权登记，水电气暖、通信、信息系统的外部对接，非机动车与机动车的停放场所以及人员与车辆进出口的外部衔接等；二是托管或合作经营的情况下，要与运营商搞好工作分工和相互配合，建立起科学的运营决策与执行机制，按规划好的运营方式和运营策略共同把市（商）场运营好；三是加强对运营商的日常监督，出现运营偏差能够及时发现，并书面提示运营商纠错或整改完善，如果运营商拒不整改或长期整改不到位而符合解除合同条件时，要果断解除合同和接管市（商）

场，不能让运营商一直在那"干耗"。

侯新生： 作为运营商，一是要按总体运营方案做好前期宣传推介工作，要舍得投入，把市（商）场一鼓作气地运作起来，并持续性地搞好不同季节的应季营销活动，使市（商）场保持较旺的人气，使广大承租经营户在此能够得到较好的收益；二是要加强与业主的日常工作对接，凡属于业主分内的事或需业主配合的工作，要及时向业主提出书面请求，以免工作脱节而影响正常运营，对于业主支持无力，自己又无法克服的困难，运营商可以择机与业主解除合同，并按合同约定的业主与承租经营户的对接办法向业主移交财产和账目；三是要善待承租经营户，要经常性地了解各个经营户的经营情况和困难，定期集中听取他们对运营的意见和建议，不断改进运营中存在的各种问题，尽力帮助经营户解决他们的个性化问题，使其放心大胆经营；四是要加强对承租经营户经营行为的日常监督，及时纠正经营户的违法和不诚信行为，及时处理客户对经营户的投诉，维护市（商）场的整体形象。

段小丹： 作为承租经营户，一是要搞好自己的经营活动，并按承租经营合同的约定提供商品和服务，规范自己的经营行为，不做有损于自身与市（商）场声誉的事；二是要为整个市（商）场的运营献计献策，共同协助运营商采取各种有效营销措施把市（商）场运营好；三是要对运营商的不良行为及时提出纠错意见，并督促其整改，对运营商侵犯商户利益的行为要敢于据理力争，联手商户共同抵制，发现小错及早提出，不能把矛盾积累到不可调和的地步再去解决，这时基本上都是解决无望而只能是激烈对抗、两败俱伤。

王迎鸽： 分租经营是一种相对复杂的经营模式，由于参与主体多，权利义务难以平衡，其中的矛盾也相对较多，而且互相牵动，一个环节处理不好，就可能导致连锁反应，并可能逐步升级恶化为更大的利益冲突和群体性事件。所以，各方都要树立"他赢才会自赢，共赢方可持久"的理念，不要片面强调自身的利益而忽视他方的利益，企图利用自己的优势地位绑架他方，结果导致一损百损。

马慧娟： 业主与运营商的租赁或合作合同、运营商与承租经营户的承租经营合同，一定要把日常运营中的协作配合问题一并约定清楚，以指引各方正确履行运营合同义务。对于争议的处理程序和方式也要约定明确，以免争议解决前单方采取恶意行动影响市（商）场的整体运营。市（商）场的整个运营方案与配套协议，最好聘请市场交易专业律师共同参与制（拟）订，实现整个运营机制的配套与衔接，实现制度与制度、制度与合同、合同与合同的无缝对接，如此，才能保证市（商）场的持续运行。

第九章

建设单位工程建设管理法律风险防范

　　民营企业在发展过程中，进行生产、经营、办公、后勤等工程建设是必不可少的，但对于一个具体企业来说，却可能是非常偶然的。所以，大多数企业都是临时抽调人员来负责基建事务，由于临时抽调的人员缺乏工程建设管理经验，往往出现工期长、质量差、造价高的反常现象，使工程不能及早、有效地发挥效能。即使有的大中型企业有自己的基建部门，房地产企业有自己的工程建设专业管理团队，但整个工程建设管理也多不尽如人意。特别是房地产企业，如果出现楼盘工期长、质量差、造价高，还可能导致交房违约、财务成本上升、利润打折等衍生损失。为了帮助建设单位搞好工程建设管理，本章从建设单位角度出发，谈谈工程招标与签约、施工过程管理、工程竣工结算等工程建设全流程法律风险管控问题，以给有工程建设任务的民营企业提供工程建设管理方面的指导。

话题 80　工程建管机构人员配备不能凑合

主持人：罗　晓　　嘉宾：张振龙　宫振兴　王广军　马吉祥　　文字：马吉祥

进度快、质量高、造价低是工程建设管理的基本要求。目前，大多数建设单位都认为建设工程项目施工有监理单位全程监管，自己没必要配备强大的工程建设管理队伍，临时组建的建设管理机构也不十分明白自己的工作职责，不会协调各参建方的关系，要么只知道与施工企业对立冲突，要么被施工企业腐蚀拿下，工程施工进度慢、质量差、造价高的现象经常出现，甚至还会发生"竖起一栋大楼，倒下一批干部"的悲剧。本期沙龙我们邀请几位嘉宾谈谈建设单位工程建设管理机构的职能、人员配置问题。

1. 工程建设管理机构的职能

主持人：工程建设过程中，大多数建设单位都会聘请监理机构对建设工程项目施工进行全程监管。那么，作为建设单位还有必要组建强大的管理团队来对工程施工进行监管吗？请嘉宾们先谈谈你们的看法。

张振龙：一个建设工程项目的实施涉及四个方面的关系，一是政府有关部门的监督管理关系，如土地、规划、招投标、建设（含质监、安监）、文物、消防、人防、环保、绿化、城管、气象等；二是各参建单位的建设合作关系，如勘察、设计、监理、施工、设备供应与安装、装饰装修、专业分包、劳务分包等；三是公用事业服务机构的对接关系，如供水、供电、供气、供暖、通信网络、有线电视、排水排污、道路出入口对接等；四是中介服务机构的服务参与关系，如招标代理、造价咨询、律师等。

王广军：上述四方面关系的协调处理都是建设单位的分内之事，监理工程师虽在其中发挥着重要作用，但其工作职责无法覆盖工程建设的全部内容（如外部关系协调、建筑物使用功能的调整、工程款的拨付与竣工结算等），其职责范围内的工作也不能完全代替建设单位（如选定采购材料品牌、材料认质认价、各种单证的签认和回复、施工过程监督、对监理单位与各分包单位的人员以及行为监督等）。因此，建设单位组建一个与建设工程项目匹配的建设管理团队是十分必要的。

马吉祥：建设单位工程项目建管机构具有八个方面的职能：一是负责与政府有关部门的对接；二是组织好招标、签约；三是负责协调各参建单位的关系；四是配合监理搞好施工过程、工艺、质量、材料以及变更、签证、索赔等的监督管理；五是搞好施工资料、单证的日常传递与管理；六是对监理和施工单位驻场人员的驻场情况和行为进行监督；七是搞好进度款支付管理；八是搞好造价控制和竣工结算。以上这些职能都必须配专人各负其责，监理公司不可能完全越俎代庖。

宫振兴：由于工程建设具有建设周期长、涉及主体多、技术专业性强、协调任务重、法律关系复杂、矛盾纠纷多等特点，因此，建设单位想要管好项目建设，就必须根据建设工程的特点，组建一个优秀的工程建设管理机构，配全配齐工程建设管理人员。可是，目前的好多建设单位都有一个误区，那就是有监理单位驻场协调监督指挥，建设单位没必要再加配更多人员，结果造成施工技术与材料管理人员配备不足，不能有效地行使建设单位的监督权，资料、造价管理人员配备不足，不能有效地管控施工资料的传递以及所有单证中的涉价要素，导致工程工期、质量、造价失控。

2. 工程建设管理机构的人员配置

主持人：建设单位要处理好四大关系，履行好八大职能，其工程建设管理机构究竟需要配备多少人，配备什么样的人，才能满足建设管理的需要呢？

张振龙：建设单位工程项目建管机构一般要配备七类人员：一是项目外联人员，负责办理各种行政审批手续，与行政机关和公用事业单位进行工作对接等；二是合同与资料管理人员，负责工程招标、合同以及施工资料的管理等；三是施工关系协调人员，负责各参建单位的工作协调特别是交叉施工的协调工作；四是材料管理人员，负责施工材料的采购、确认、进场验收、使用复验、抽查送检等；五是施工技术监督人员，负责整个施工过程的质量监督等；六是使用功能对接人，负责对接企业内部各部门实际使用者（或未来业主）对工程的个性化功能要求；七是项目负责人，负责工程项目施工中的各种决策或向上报批决策意见。

王广军：目前，工程建设管理机构的外联人员似乎已成标配，但施工关系协调也应有专人负责。虽然施工计划是由施工企业编制的，由监理工程师负责审核，但建设单位肯定要参与自己的意见，以使施工进度符合自己的生产经营要求。加之电梯、中央空调、智能化系统、其他专用系统、装饰装修等专业工程多数均由建设单位直接分包，这些不同施工内容的交叉施工协调也需要建设单位协助监理工程师来做，所以，施工关系协调人员不能少。

马吉祥：配备使用功能对接人也是非常必要的。工程设计时尽管已经考虑到工程的使用功能，但实际施工中，使用者往往会提出很多具体的个性化功能要求，诸如增设功能设施、设备基座、操作台面、预留、预设专用管线、过墙洞等，需要有人与各使用部门（房地产开发企业的准业主）和决策者进行沟通，使施工时尽量一步安排到位，避免施工过程中变来变

47

去造成浪费，或在工程竣工后二次改拆，影响质量和美观。

张振龙：要保证工程质量，建设单位的施工技术监督人员更是不可或缺。施工技术与工艺指导、管理、监督本来是监理工程师的事，但监理工程师配备是否充足，专业是否齐全，能否尽职尽责，却是建设单位心中最没底的。所以，配备必要的施工技术监督人员，对工程质量进行巡查，对施工单位以及监理工程师进行必要监督，协助监理工程师对关键部位施工进行旁站，是工程施工质量的根本保障，不能把工程质量的"宝"全部押在监理工程师身上。

马吉祥：材料管理人员也很重要。如果是建设单位采购供应或指定品牌的材料，材料员要负责市场考察和询价；如果是施工企业自行采购，需要材料员进行质量确认；如果施工企业采购的材料需要调整价差，材料员还要进行市场价格复核，签署认质认价手续；材料进场时，材料员要进行材料进场确认，施工过程中还要进行用前现场复核，对于关键性材料或质量有异议的，材料员还要负责送交检测机构进行检验检测。没有材料员的严格把关，施工企业或供应商就极易以次充好，严重影响工程质量。

3. 商务管理人员不可或缺

主持人：进度、质量、造价是工程建设管理的三大要素，进度和质量管控住了，那么，造价控制靠谁来管？

宫振兴：影响工程造价变化的主要因素有三个方面，一方面是施工期间人工、机械、材料费用的上涨，另一方面是设计变更和图纸外施工项目的增项签证，再一方面就是工程索赔。前者主要依靠招标文件的条件设定和施工合同的具体约定，后两者则依赖施工现场的管理和确认。所以，建设单位工程建管机构除了协调、技术、材料等管理人员外，还要配备合同与资料管理人员，与上述人员共同搞好人工、机械、材料费用调整以及变更、签证、索赔事项的磋商、审查、确认工作，传递和管理所有施工文件和资料。没有完整清晰准确的资料，未来工程结算就会变成"一本糊涂账"。

马吉祥：造价员也是建管机构必须配备的。不管是人工、机械、材料市价的上涨，还是设计变更、技术核定和增项签证，抑或是工程索赔，都会涉及施工事实与工程量的确认，工程造价的调整和核算，停工时间以及在场人员、机械设备、进场材料的签认等。这些涉价要素都必须在施工往来单证上准确体现出来，不然就会为未来的竣工结算埋下隐患。所以，建设单位的建管机构必须配备造价员，协助工程施工现场管理人员和资料员把涉价要素全部弄清，并记载或约定到单证之中。

王广军：另外，聘请造价工程师编制工程量清单、招标拦头价，审核工程进度款，审核变更、签证、索赔事项的造价要素，审核施工企业申报结算书、协助结算定案谈判也十分必要。一般建设单位都不配工程造价员（预算员），有的即使配备了，但其政策与技术水平也往往不高，职业道德风险较大。外聘的造价工程师政策与技术水平一般比较可靠，由于有机构的监督和主体责任，发生道德风险的概率较低，施工过程中的单证造价要素审查交给造价师来做尽管可以放心。聘请造价师还可以指导建设单位造价员的日常工作，二者一内一外、相互支持，造价管控工作就会做得更好。

宫振兴：聘请专业律师为建设工程提供工程建设全程法律服务更是不可或缺。从制订招标方案、起草或审查招标文件，签订施工合同，签订材料、设备、系统采购安装合同，到协调参建各方的关系，调解处理施工纠纷，制作、审查施工单证，再到竣工验收、签署验收文件，审核结算书，结算纠纷谈判定案，都离不开律师的跟踪协助。律师和造价师的联手协作，可以避免各种施工矛盾和纠纷，有效地控制工程造价，也可以形成对建设单位工作人员履职行为的间接监督。

张振龙：总之，建设单位工程建管机构人员的配置不能凑合，为了节约成本而压缩管理人员的行为，是"捡了芝麻，丢了西瓜"，得不偿失。专业律师和造价师是建设单位工程建设管理的可靠智囊和帮手，具有不可替代的作用，不舍得花钱聘请专业律师和造价师，隐形的损失可能要比节约的服务费多得太多。

话题 81　项目建设管理必须有章可循

主持人：罗　晓　　嘉宾：张振龙　宫振兴　王广军　马吉祥　文字：马吉祥

如果说组建一支强大的工程建设管理团队是建设单位管好项目建设的前提，那么，一套有效的项目建设管理制度无疑是工程建设的有力保障。对于大多数建设单位来说，工程建设管理机构都是临时组建的，虽然各自都有自己的工作经验，但由于没有经过必要的磨合，运作起来会出现很多不顺畅、不协调的问题，因此必须要进行工程建设管理机制建设和制度设计，以制度来指引和约束建管人员的履职行为。为了帮助建设单位搞好项目建管机构制度建设，本期沙龙邀请四位嘉宾与大家谈谈这一问题。

1. 工程建设管理要依靠制度来保障

主持人：上期我们谈到，建设单位要搞好工程建设管理，就必须要组建一支与项目匹配的建设管理团队。那么，建管团队怎样才能做好项目建管工作呢？请嘉宾们谈谈你们的看法。

张振龙：目前，大多数民营企业都没有自己的基建部门和专门人员，一旦有工程建设任务就只能临时组建工程建设管理机构来负责项目建设管理工作。即使有的企业有自己的基建部门，但往往遇到具体工程建设时，人员并不凑手，需要从其他部门抽调人员或外聘部分专业人员加强到监管机构中来。由于建管机构人员来源不一、经验各异，特别是其中的技术人员一般不太关注项目经济管理，因此，制定一套建设管理制度来指引其工作就显得非常重要。

王广军：建管制度的功能与作用主要体现在三个方面，一是项目管理的工作指引，可以明确建设单位工程建管的工作流程，规定与各参建单位的工作对接方法与关系处理，明确建设单位内部的决策审批机制，指导本方人员按流程进行内外部工作协调，实现内外部良性互动；二是明确各个工作岗位在各项具体工作中的工作责任和应有权限，保证各岗位工作人员把自己的分内之事干好，预防不负责任地互相推诿扯皮或无原则地争权夺利；三是预防建管人员的职业道德风险，预防建管人员与材料、设备供应商或施工单位之间发生利益交换，损害单位利益。

宫振兴：目前，有的建设单位的建管人员不懂工程施工程序和规律，在工地盛气凌人、指手画脚，有的不知本方责任而无所事事、放任不管，导致整个工程建设该管的没管好，不该管的乱插手，施工单位和监理工程师无所适从。如果有了切实可行的监管制度，建设单位就可以与所有参建单位建立起有序的工作关系，使建设单位与各参建单位及其相互之间形成顺畅的良性互动，避免发生各种不应有的矛盾和纠纷，保证项目建设如期保质竣工。

马吉祥：即便是房地产开发企业，项目建设管理也问题不少。由于房企人员来源庞杂、流动性大、磨合期短、缺乏能力和品行考察，在施工企业选任、专业分包、材料采购与认质认价、变更、签证、索赔审查确认、竣工结算等管理程序和决策等方面，也同样会面临很多工作脱节、配合失范问题，并潜伏着较高的职业道德风险。工程建管人员越老到，其道德风险就越大。所以，房企不要认为自己是专业建设单位，有自己的建管经验，就放松自己的建管制度建设。

王广军：目前，有很多建管机构并没有完整的制度体系，使得建管人员在整个工程建设中不知道自己该管什么，如何管理，内部横向责任不明、纵向权限不清，对外指令迟缓、工作脱节、手续欠缺，使整个工程施工过程无法实现甲方监督全覆盖，易被施工单位钻空子。因此，建设单位必须在正式开工建设前定好建管机构建管制度。

2. 工程建管制度体系的内容

主持人：工程建设管理制度都包括哪些？它们在工程管理中分别发挥着哪些作用？

张振龙：工程建管制度体系，一般包括九个方面的制度。一是参建单位招标选任与签约制度；二是工程施工组织协调与分包制度；三是材料管理制度；四是施工质量监督、巡查与验收制度；五是变更、签证、索赔管理制度；六是施工资料与单证（制作、传递、审查、回复）管理制度；七是工程进度款拨付制度；八是决算审定（审核、争议处理、定案）制度；九是施工现场人员与安全文明施工监督管理制度。这些制度前后衔接、左右协调、上下有序、缺一不可，形成了完整的工程建设流程与现场管控网络，其核心是要控制进度、质量和造价，控制建管人员的道德风险。

王广军：建设单位的建设工程管理一般分三阶段管控，一是参建单位选任，二是施工过程管理，三是竣工结算定案。参建单位选任是整个工程建设的基础，不但要选好勘察、设计、监理等技术服务机构，还要选好招标代理、造价咨询、法律服务等商事服务机构，更要选好工程施工、设备供应与安装、装饰装修等施工企业（包括专业分包单位）。要想选到一个有实力、信誉好的服务机构与施工企业，没有一套选任程序不行。科学的参建单位选任制度，包括选任标准的制定、潜在选任对象的考察、招标方案与评分办法的制订、招标评标定标、磋商谈判、授予合同等，既能保证选任工作的过程有序，又能选任到满意的服务机构与施工企业，并且可以合理排除各种关系人的不当影响，使整个招标选任工作顺利进行。

马吉祥：施工过程管控有六大重点，一是施工计划与进度，二是材料采购、进场、使用

51

与认质认价，三是施工工艺与工序监督，四是变更、签证、索赔行为管理，五是各种施工单证的管理，六是施工安全。这六个方面无一不影响工期、质量和造价。如何做到计划得当、施工有序、材料合格、工艺可靠、工序合理、监督到位、不随意变更、图纸外工程安排有序、各种单证签认真实合规，都需要有相应的制度加以指引和规范，否则，就有可能造成施工管理混乱、工艺工序脱节、施工资料不全、涉价要素缺失。

宫振兴：竣工结算与定案都是工程建设中最难的事，是建设工程施工合同纠纷的主要争议点。如何与施工单位核对单证和工程量，如何确定变更、签证造价计算方式，如何进行人工费、机械费、材料价差调整，如何商定索赔事项与数额，如何审查施工单位申报的结算书，如何进行结算争议法律分析，如何进行结算争议处理谈判，如何最终定案签署，都应当有一套明确的方法和内部决策流程以及责任和权限，这些也应由相应的制度加以规范。

马吉祥：流程不严、责任不明、权限不清是多数单位建管制度的通病。因此，制定建管制度时，一是要明确建管机构内部各个岗位在各个具体事项中的工作责任；二是要明确各个岗位之间的工作衔接；三是要明确遇到需要决策的事项向谁请示、由谁决策，请示和回复的形式与时间要求；四是如何向外部参建单位发出指令以及指令的形式、内容以及时间要求；五是如何接收外部参建单位的往来信息与单证，如何审查与回复；六是对于施工现场出现的各种问题或需要协调处理的各种矛盾，如何进行协调处理等。制度越细越具有操作性，越能发挥其指引作用。

3. 建管制度体系建设要借智借脑、集思广益

主持人：工程建设建管制度体系如此重要，那么，在制度建设中应注意哪些问题？

张振龙：建管制度体系建设是一项专业性很强的工作，没有工程建设管理经验的企业一般很难设计出一套好的建管制度。因此，建设单位最好委托专业的工程管理咨询公司或工程管理专业律师事务所来帮助设计。由于这些服务机构的技术、造价、法律、管理人员较全，服务过的工程较多，管理经验丰富，对工程建设过程中可能遇到的问题早有预判并认识深刻，对参建单位的劣习和施工、设备供应与安装、装饰装修企业的"歪招"了如指掌，对项目管理机构内部的道德风险有直接感受，所以，设计出的制度能够有效地理顺工程建设中的各种关系，预防可能产生的法律风险和道德风险。

宫振兴：建管制度建设关键要把握好工作流程，规定各项工作必备的资料、表格和文件，明确各个环节的责任人及其责任范围，划清不同岗位和层级的决策权限，做到报告有依据、请示要明晰、批准合权限、传递有手续，这样才能有效地把控整个管理工作，既可避免责任

空白、推诿扯皮，又可预防权利重叠、竞相争利，更能划清各自的责任界限，一旦出现问题，均能找到无争议的责任人，以便追责问责。

张振龙：制定项目建管制度时，一定要与建设工程项目的特点相结合，与建设单位的企业管理运作规范相衔接，做到横向划清责任，纵向分清权限，理顺工作程序，明确传递手续，规定分类事项对外对接人，强调与各个参建单位的往来通知与单证传递手续，使整个制度体系既可以保证建设单位的内部循环流畅，又可以保证建设单位与其他参建单位的外部循环有序，预防工程建设的内部脱节和外部"梗阻"。

王广军：建管制度虽然是建设单位的单方管理制度，但由于牵扯到对所有参建单位的工作关系处理和协调、监督，所以，制定过程中要征求其他参建单位的意见，做到既能实现对工程建设的规范管理，又能与其他参建单位既有制度的有效衔接，特别是要搞好与监理管理制度的有机衔接，否则，如果与各参建单位的管理规范有矛盾、不协调，可能就无法充分有效地发挥其应有作用。

马吉祥：制度建设完成后，建设单位最好组织监理工程师、造价工程师、工程专业律师或其他工程技术与管理人员，对建管机构所有人员进行一次系统培训，以普及施工管理知识，贯彻落实建管制度，使其明确各自岗位的工作内容、工作责任和上下左右的衔接方式，明确与各参建单位的工作对接关系，学会识别各种交易风险和道德风险，会做、会审、会用各种合同、文件和资料，会处理施工过程中遇到的各种问题，提升整个项目的管理水平。

话题 82　项目建设前期报批与准备工作不能马虎

主持人：罗　晓　　嘉　宾：宋叶峰　牛武军　王学峰　程许川　　文字：程许川

建设工程作为不可移动的庞然大物，关乎着经济发展、社会和谐、环境保护和公共安全，为此，国家通过多种行政手段对其进行事前、事中、事后的严格管控。作为建设单位，在工程建设前期应该如何做好立项审批，如何办理各种建设施工审批手续，以免因违法建设而被勒令停工或拆除，如何搞好使用功能设计，以防频繁进行变更设计，造成成本增加、工期后延，今天我们就邀请几位专家与民企老板们聊聊工程建设前期准备工作中所面临的主要问题。

1. 前期立项审批是工程建设之基础

主持人： 工程建设具有资金投资大、建设周期长、涉及主体多、专业技术性强、法律关系复杂等特点。我想首先请专家们介绍一下工程建设是如何划分不同阶段的，前期应当做好哪些准备工作？

宋叶峰： 工程建设大致可分为前期立项、建设准备、工程施工、竣工验收备案四个阶段。作为建设单位将要面临国家行政管理、技术服务、商务服务、工程施工四个方面的关系。今天我们重点来说说工程建设前期立项和建设准备两个阶段的工作以及与政府有关部门的关系。立项是国家为了对经济发展实施有效调控，对具备一定规模的固定资产投资项目，要求建设单位到发展改革部门申报立项的一项基本程序。所以，建设单位拟进行工程建设，就必须向发展改革部门申报立项。

牛武军： 目前，政府对于投资项目的立项管理分为审批、核准和备案三种方式。对使用国有资金投资建设的项目适用审批制，建设单位需向发展改革部门提交项目建议书、可行性研究报告、初步设计方案；对不使用国有资金投资建设的重大和限制类项目适用核准制，建设单位需向发展改革部门提交项目核准申请报告和相关部门的审查审批文件；对不使用国有资金投资建设的《政府核准的投资项目目录》之外的项目适用备案制，建设单位只需向发展改革部门提交备案申请报告及其相关审查审批资料即可。具体哪些建设项目属于重大和限制类项目而需要核准，哪些不需要核准，应以国家发改委发布的《政府核准的投资项目目录》为准。

王学峰： 立项阶段的主要工作及其流程是：（1）向发改部门报送项目建议书和项目核准申请报告或备案申请报告；（2）到规划部门办理建设工程选址意见书；（3）到国土资源

部门办理建设用地预审或其他用地有关手续；（4）到环保部门办理环境影响评价文件报审；（5）到地震部门办理建设场地地震安全性评价；（6）到发改部门办理项目节能评价报告、可行性研究报告审批手续；（7）到发改部门办理项目申请报告核准手续；（8）发改部门批准立项。

程许川：如果是在企业已有土地上建设，且建设项目符合土地使用权出让合同约定或国有土地使用权证（不动产登记证）规定的用地标准，则不需办理建设工程选址手续，建设用地审批手续也可以简化。如果要改变该幅土地建设用途，应当经土地行政部门同意，报原批准用地的人民政府批准。如果在城市规划区内改变土地用途的，在报批前，还应先经城市规划部门同意。企业不可以在自己的地盘上随便建设。

牛武军：目前，多数民营企业并没有建设工程项目立项的概念，基本上都不知道要办理立项手续，希望民营企业要有依法建设的意识，主动去了解工程建设的有关程序和国家监管的具体要求，提前办理立项审批手续，以免在工程开工建设后走弯路、停工待批。

2. 建设准备各种行政监管手续不可少

主持人：完成立项审批或备案工作后，工程建设将进入建设准备阶段，这一阶段应做好哪些主要准备工作呢？

宋叶峰：工程建设准备阶段主要是为勘察、设计、施工创造条件。该阶段需要办理审批或审查备案的手续很多，涉及的政府职能部门有发改、规划、土地、建设、人防、环保、卫生防疫、园林、文物、市政、消防、交警、招标管理等。建设单位一定要配备熟悉行政审批、行政许可或审查备案有关工作的人员负责手续办理工作。

牛武军：建设准备阶段需要办理的各种手续有：（1）持立项、建设用地预审等文件，到建设部门办理报建备案手续；（2）到规划部门办理建设用地规划许可证；（3）到土地主管部门办理土地出让（使用）手续，取得国有土地使用权证（不动产登记证）；（4）到规划部门报审建设工程规划（初步）设计方案；（5）到建设部门办理项目初步设计概算审批手续（限于政府投资项目）；（6）到建设部门办理施工图设计审批手续；（7）到规划部门取得建设工程规划许可证；（8）到招标管理部门办理建设工程发包方式备案手续，完成招标后办理招标备案手续；（9）到建筑质量监督与安全监督机构办理质量监督及安全监督手续；（10）到建设部门办理建筑工程施工许可证；（11）向发改部门报送开工报告暨年投资计划申请文件等。

王学峰：办理上述各项审批手续时，每一项手续都需要提供相应的资料，需要提前做一些基础工作（如勘察、规划、设计等）或关联工作（如文物、人防、消防、绿化、环保前置审批等）。这些工作有的可以同步展开，但有的有前置程序，前置程序做好后才能开始下一步工作。所以，建设单位应提到相关管理部门了解办理程序和所需资料，以便预留办理时间。在上述手续没有办理完毕前，如果擅自开工建设，轻则会被勒令停工，给予行政处罚，责令补办手续，重则会被强制拆除。即使建成也无法取得竣工备案和产权登记，如遇拆迁也无法按合法建筑得到足额补偿。

程许川：目前，有不少民营企业在农村租地搞非农建设，各项工程建设审批手续根本办不下来，未来各种不确定的风险很大，请广大民企谨慎而为。如确属建设项目所在地人民政府招商引资的项目，应尽量要求土地所在地的村民委员会或者当地乡镇（市县）人民政府协助办理农村建设用地审批手续或转为国有土地的征收手续。也有一些民企入驻市县（或乡镇）人民政府举办的各种产业园，但由于产业园没有用地指标或是非法产业园，工程建设审批手续也同样办不下来，所以，提示大家不要随便进入未经批准的非法产业园。

王学峰：近些年，有很多知名的民营企业在当地生态保护区（森林、湿地、草地、水源地）、河道大堤等法律法规明令禁止建设的地域违法建设经营项目，有的虽也有地方政府的明里支持或暗中保护，但都无法办理建设工程项目准建手续，一旦地方政府领导换届走人或遭遇上级有关部门追查问责，项目被强制拆除的概率都很高，如此，就会给民营企业造成无法弥补的重大损失。因此，民营企业在进行工程项目建设时，一定要先查询当地的城乡建设规划，不符合规划的项目一定要谨慎选择，不要以为自己的关系硬、靠山大，而轻信地方政府领导的口头承诺。

3. 做好功能设计，以免施工中的频繁变更

主持人：工程建设准备阶段的最终成果，除了一系列审批手续外，就是规划设计和施工图设计以及招标、签约工作等，在这些方面应该注意哪些问题？

宋叶峰：招标与签约在以后的专题中再讲，今天重点谈谈设计问题。建设工程规划设计与施工图设计除了满足国家的建设规划总体要求外，满足使用功能要求是工程建设的终极目的。所以，建设工程设计必须围绕建筑物的基本功能、情感功能、典型功能要求，先确定建筑物的档次、外观以及功能配套，然后再进行优化设计，并兼顾到投资经济性、建筑物性价比。

王学峰：目前，有许多工程事前的功能设计很不到位，这主要是建设单位事前的"功课"没有做好，设计单位不清楚建设单位的具体功能要求，按通常情况下的经验性功能设计，结果施工中建设单位或使用者今天提出这个要求，明天提出那个要求，导致工程施

工变来变去，有的变更符合设计要求则可由设计单位出具设计变更单，有的变更不符合设计要求则设计单位拒绝出具设计变更单，这既严重影响了施工工期，又造成了投资的很大浪费，使工程造价大大突破预算。

牛武军：作为建设单位在建筑规划与施工图设计时一定要提前做好功能筹划。如建设生产场所，就要充分考虑设备位置、物流通道、能源管线（路）、安全区隔等的布局和各种辅助配套设施建设；如建设医院、宾馆、商务写字楼等，就要考虑被服务者的使用需求、共用需求以及服务者的服务需求、后勤保障需求；如建设住宅项目，则应考虑到每个空间的使用功能和家（用）具布局等。只有把功能筹划事先做好了，设计单位才能在设计时统筹兼顾、合理设计，如果设计不合理，施工中就必然会发生频繁变更。

程许川：建筑物的功能设计一定要事前征求使用者的意见，初步方案设计完成后，要邀请使用者代表参加审图，凡能事先设计到位的，尽量一步设计到位，以免施工中来回变更、竣工后来回拆改，把最初的完整设计变更、拆改得面目全非。建管机构使用功能对接人一定要负起责任来，尽量在方案设计和施工图设计阶段把使用者的使用功能挖掘透彻，在建筑结构施工完成后，邀请使用者现场确认使用功能，把小变小改提前安排到这一阶段，以免全部施工完毕后再去拆改。

话题83　建设单位要选好技术、商事服务的"左膀右臂"

主持人：罗　晓　　嘉　宾：宋叶峰　牛武军　王学峰　程许川　　文　字：程许川

"一个篱笆三个桩，一个好汉三个帮。"工程建设活动中，勘察、设计、监理这三大技术服务机构和招标代理、造价咨询、工程律师这三大商事服务机构，被称为建设单位的"左膀右臂"，各自发挥着不可替代的独特作用。作为建设单位要如何正确认识这六大服务机构各自的作用，如何选好用好这些技术与商事服务机构，并使其辅助自己做好工程建设管理工作，本期沙龙的几位嘉宾就与大家谈谈服务机构的选任和使用问题。

1. 勘察讲究可靠，设计追求满足

主持人：勘察、设计是工程建设的两项基础性工作，是工程建设顺利进行的技术保证。建设单位在选任勘察、设计单位时应注意些什么问题呢？

宋叶峰：建设工程勘察主要是为满足工程建设的规划、设计、施工、运营以及综合治理等的需要，对地形、地质及水文等状况进行测绘、勘探、测试，为其提供相应基础性成果和资料。勘察成果的可靠程度决定着规划设计的可靠程度，更决定着工程施工（特别是基坑开挖与基础施工）能否一步到位，而不做二次调整或补救。所以，建设单位在选择勘察单位时，要在合同中明确约定勘察的技术要求、成果质量、后续技术服务以及成果瑕疵责任等，以免勘察成果不能满足工程施工图设计要求，而进行二次补充勘察。

牛武军：建设单位不能为了节省费用，而低价选任勘察机构。低价选定的勘察单位往往出于成本考虑，不愿采用先进技术和投入先进设备，减少单位面积勘察布点，造成勘察结果不准，容易遗漏地质陡然变化、地下埋藏隐蔽工程、回填沟井洞等局部地质问题，导致基坑（基井）开挖后二次勘察、追加开挖，或对基础施工方案进行变更设计，严重影响施工工期，造成人工材料浪费，无谓地增加建设成本。建设单位在地貌复杂的地区或原有建（构）筑物覆盖区进行项目建设时，一定要重视地质勘查工作，在勘察合同中明确地质勘查技术方案。

王学峰：目前，我国工程设计资质分为综合资质、行业资质、专项资质三种。拥有不同设计资质的单位，在专业水平和设计能力方面存在较大差异，同一个资质等级的设计单位在设计专长上也会有不同侧重。建设单位在选择设计单位时，一定要结合工程建设的特点，选任专业对口的设计机构。特别是有特定用途的建设项目，一定要选择专业的设计机构，以保

证建筑物的使用功能和设计的质量与精度。如医院门诊、医技、手术、病房大楼建设，其复杂程度就比普通的商场、办公大楼和住宅楼复杂得多，必须满足医院各科室的基本功能需要和整个医疗体系的配套，为此，必须选择熟悉医院设计的机构进行设计。

程许川：设计单位的工作不仅仅是完成施工图设计后将图纸一交了之，其后续跟踪设计服务同样很重要。设计单位不但要参加施工前的图纸会审、技术交底，还要指导施工以使其达到设计要求，施工过程中遇到技术性难题、设计深度不够或建设单位的使用功能调整，还要进行变更设计、技术核定等具体问题处理，参加工程阶段性验收和竣工验收等。因此，建设单位在选择设计单位时，一定要考虑设计服务的便利性，并在合同中明确约定跟踪服务的及时性、可靠性以及违约责任和制约措施。

牛武军：目前，有很多设计单位施工中的跟踪设计很不到位，一是不派出跟踪设计人员驻场，不便于设计、监理、施工以及建设单位的相互沟通；二是变更设计和技术核定太慢，严重影响施工的顺利进行；三是任由施工单位提出变更设计和技术核定方案，简单审核后盖章通过，默许施工单位降低施工难度而简化施工。这些都是建设单位在委托设计时要特别注意的问题，需要在设计合同中有所制约。

2. 选任招标代理、监理机构不能太小气

主持人：招标代理机构主要是帮建设单位选任施工以及专业分包单位、设备供应商的，监理工程师主要是帮建设单位管理各施工单位的。那么，选任这两家中介机构，建设单位要注意哪些问题？

宋叶峰：招标与签约是工程施工的基础环节，招标代理机构的工作质量对施工合同中的造价控制机制起着决定性的作用，建设单位一定要找个靠谱的招标代理机构。建设单位不要认为委托了招标代理机构，招标工作就不用自己管了，建设单位必须组织工程律师、造价工程师、监理工程师等对招标方案、招标文件、评标办法以及开标、评标、定标程序进行全面审查，以确保选出理想的施工单位（专业分包单位、设备供应商），保证施工合同的顺利签订，为工程建设的进度、质量以及造价控制打下坚实的基础。

牛武军：建设单位选任招标代理机构时，要注重对其专业能力和工作质量的考察，不要过分注重佣金的高低。目前，有好多招标代理机构为节约成本，招聘一些根本不懂工程、造价、法律的年轻人编制招标文件，事先不与建设单位会商招标方案，直接拿现成的招标文件模板粘粘贴贴、简单套用，使招标文件漏洞百出、错误连连、缺陷不断，导致后期评标、合同谈判甚至竣工结算发生严重争议，不但无法保证选到满意的施工单位，又为日后的纠纷埋下隐

患。

程许川：目前，建设单位在定标后与施工单位进行合同谈判时出现困难，都是招标文件编制太差所造成的。有的是施工界限划分不清，有的是计价办法不明，特别是变更、签证以及市价变化和政策性调整时的价格调整办法不明，有的没有给出合同条件或合同条件太粗、权利义务失衡，被投标（中标）单位钻了空子，一旦发出中标通知书，建设单位想在施工合同中植入对己有利的条款就会异常困难。如果招标文件编制时能把上述要素预设清楚，谈判难度就会大大降低。

王学峰：监理工程师既是建设单位的得力助手，又是对建筑物的质量与公共安全独立承担社会责任的第三方，在工程建设中发挥着"三控两管一协调"的重要作用（"三控"即控制工程进度、工程质量、工程投资，"两管"即管理合同和信息，"一协调"即施工的全面组织协调工作）。建设单位在选任监理机构时，要在合同中明确约定项目监理人员的专业与人数配置、工序工艺管理职责、关键部位施工旁站责任、材料进场监督责任、单证资料制作或审查责任以及传递程序、造价监督管理责任，并明确监理工程师的出勤率，要求总监理工程师不得再兼任其他项目的监理职务，监理人员不及时到位以及出勤率低等承担对应的违约责任，以保证监理工程师发挥其应有作用。

程许川：建设单位选任监理单位时不能过分压价，因为监理单位收取的服务费主要是人力资源、交通工具与办公机具等成本，利润空间并不大。如果过分压价，只会逼迫监理单位减配现场监理人员，导致现场监理力量不足、专业不全、层次不高，无法进行工序、工艺、材料、质量、安全、工期、造价的全方位控制，结果给建设单位造成的隐形损失要比节省的监理费多得多，更无法避免监理工程师的职业道德风险。

王学峰：监理服务合同中一般都有合同工期与延期服务追加监理服务费的条款，很多建设单位都想不通。建设单位一定要明白监理单位投标报价时，均是按工程量、工程施工复杂程度以及计划工期组建监理团队和核算服务费的，如果工期延长必然导致监理公司成本增加，不追加收取服务费可能就要赔本，所以，建设单位应当体谅监理公司的服务收费模式，不要过于计较其服务费的高低和延期服务费的追加。

3. 工程造价纠纷的预防全靠造价师和律师

主持人：造价工程师会算账，律师懂法律，这两类专业人员对工程造价的管控和纠纷的预防与处理发挥着不可替代的作用，专家们能否具体谈一谈？

牛武军：建设单位进行重大工程建设，必须聘请造价工程师和工程专业律师为其提供全程服务。造价师可协助建设单位有效控制工程造价，降低投资成本，避免造价纠纷；工程专业律师可以指导建设单位正确履行施工合同，把控工程建设中的各种法律风险，与造价师联手控制工程造价。这两类专业人员的职能是监理工程师所无法替代的。

宋叶峰：造价工程师在工程建设中的作用主要是：参与招标方案的论证，编制工程量清单或招标控制价，设计或审定招标文件中的造价核算方法、变更签证的造价调整方法，审定具体变更、签证、材料认质认价、索赔等单证中的造价计算方式，当政策变化或新政策出台时指导正确执行新的价格政策，跟踪审核工程进度以及进度款的支付，进行造价结算审核等，可以弥补建设单位造价管控能力不足的短板。

王学峰：建设单位聘请律师时，一定要聘请既熟悉法律法规和工程建设有关政策，又懂得工程施工相关知识的工程专业律师。专业律师的工作主要是参与制订招标方案，起草或审定招标文件特别是其中的合同条件，指导编制工程预算，指导审标、评标、定标，协助谈判和签订施工合同，对建设单位进行履约过程辅导，协助建设单位协调各参建单位之间的关系，监督建设单位项目管理人员和监理工程师的工作，指导建设单位进行施工单证管理、工程阶段性验收和竣工验收、工程结算，协助建设单位处理施工纠纷和造价纠纷。

程许川：建设单位不要心疼聘请造价师与专业律师的费用，相较于造价师、律师给建设单位争取的利益和减少的损失，不论向造价师和律师支付多少咨询服务费，都是非常值得的。造价师、律师参与工程管理对建设单位（特别是国有企事业单位）的领导也发挥着必要的保护作用，同时也可以防范建设单位工程管理人员的职业道德风险。可以说造价师和律师是建设单位必不可少的主要帮手。

话题84　工程施工招标千万不要"走过场"

主持人：罗　晓　　嘉　宾：宋叶峰　宫振兴　王学峰　汪蒙蒙　　文　字：汪蒙蒙

"成功触手可及，失败并不遥远"，这句话对土建工程招标来说不失为精警之言。因为土建工程施工单位在整个工程施工过程中处于核心地位，直接决定着工程的施工进度、质量、造价和安全，影响着其他专业分包工程的交叉施工与配合，所以，选择一个施工组织能力强、制度健全、技术过硬、管理规范的土建施工单位显得至关重要。为了帮助建设单位搞好土建施工单位招标工作，本期沙龙邀请几位专家来谈谈土建工程招标应注意的问题。

1. 工程招标问题多，不一定能选到满意的施工企业

主持人： 目前的工程发包大多数都采用招标方式，通过招标一定能招到一个满意的施工单位吗？

宋叶峰： 根据现行法律法规和政策，凡达到一定规模的财政和国有投资项目以及关乎公共安全的建设项目，都必须面向社会公开招标选定施工单位（含专业分包单位和设备供应商），所以，大多数工程的发包是需要走招标投标程序的。究竟哪些建设项目需要进行招标，建设单位一查便知。招标的目的在于通过公开竞争，优选到施工组织能力强、报价低的施工企业，以确保工程施工质量，节约建设成本，预防不正当竞争和发承包双方的"勾兑"，规避其中的道德风险。

宫振兴： 目前的建筑市场鱼龙混杂，借用资质和挂靠经营现象非常普遍。投标过程中，既有多个施工企业相互"陪标"的，也有借用多个单位资质"围标"的，还有出钱劝退有竞争力的投标单位，串通投标现象非常常见，这就为招标选优工作带来了很大难度。在此环境下，如何才能选到一个理想的施工单位，招标工作就显得十分重要。所以，建设单位必须设法管控招标、评标过程来追求好的招标结果。

王学峰： 要想招到满意的施工单位，建设单位必须要对招标过程进行全程把控，从招标方案的制订与论证、招标文件的制作与审定、评标要素与评分分值的设定，到施工企业资格预审与考察、评标过程监督等，都要直接组织并邀请监理工程师、造价工程师、工程律师共同协助把关，不能全盘交给招标代理机构去做，因为好多招标代理机构不一定专业、靠谱，也无法替代造价师和律师的工作。

宋叶峰：目前，很多建设单位并不清楚工程施工招标的程序和要领，招标走过场的现象非常严重，给工程施工管理和未来竣工结算造成了很大被动。希望建设单位提高对招标投标工作重要意义的认识，注意招标投标、评标定标的流程把控，以通过招标程序选到理想的施工单位。

汪蒙蒙：目前，建设单位事先选定意向施工单位的现象非常常见，此种情况下，建设单位招标时放任意向施工单位串通投标的情况也经常出现，甚至有的建设单位连招标文件、工程量清单和招标控制价都是投标单位代为编制的，最终导致中标单位完全控制施工合同条件，为后期的施工和造价控制造成很大困难。不论是施工单位串通投标，还是建设单位与施工单位串通投标，都是犯罪行为，请建设单位一定不要触碰法律红线。

2. 科学编制招标文件，确保招到理想的施工单位

主持人：从刚才嘉宾们的介绍可以看出，目前建筑市场的恶性竞争非常严重，那么，在此环境中如何才能选到合适的施工单位呢？

宋叶峰：要选好施工单位，关键是要定好招标方案。招标方案的内容一般包括标段划分、施工界限、专业分包范围、报价方式以及结算办法、技术变更时的造价调整办法、签证部分的计价办法、材料质量确认与价格调整办法、政策性调整时的结算办法、总分包的交叉施工配合与总包管理费的计取标准，以及投标人条件、资格预审、考察重点与评标办法等，方案应经过建设单位与招标代理机构、监理工程师、造价工程师、律师的共同论证，才可作为招标工作的指引。

王学峰：工程建设中由于具体工程施工内容的不同，招标方案也会有很大区别。有的把几个单体建筑划分为一个标段总承包给一个施工单位；有的把一个单体建筑承包给一个施工单位；有的把整个单体工程的所有施工内容全部发包给一家施工单位（土建施工企业）；有的则把电梯、中央空调、其他专业系统、装饰装修等另行发包给专业施工企业。如果存在专业分包的情形，各承包商的施工界线、交叉施工配合、总承包管理费的标准就显得非常重要，因此，招标方案一定要对这些问题加以具体明确，否则，将会为以后的交叉施工矛盾和工程结算纠纷埋下隐患。

宫振兴：工程建设管理的三大核心问题是工期、质量、造价，工期、质量主要依靠选到一个好的施工单位，强化施工过程管理来实现，造价主要通过设计出好的造价结算办法来控制。为此，建设单位首先要编制好工程量清单和招标控制价，其次就是要把各种情况下的造价计算与调整办法约定清楚。工程量清单编制一定要准确，不能出现漏项

和重大偏差，对于一些招标时无法确定的具体内容和材料，可以给出暂估价和暂列金额，以防施工企业投标时利用"不平衡报价"钻建设单位的空子。

汪蒙蒙：投标人资质条件的设定以及评标计分办法是评选施工单位的关键，因此，建设单位一定要重视招标文件中的这部分内容，不可任由招标代理机构随便在其他招标文件中复制一个粘贴了事。评分办法一定要根据工程特点和对施工单位的要求设计，倾向性选优条件要素分值可适当高些，非倾向性的要素可以适当低些，不能只盯着投标报价，因为进度和质量造成的成本浪费可能比优惠的造价多得多。

王学峰：对通过资格预审投标人的考察办法，也要在招标文件中规定清楚。一般情况下，不能仅规定考察投标施工企业的历史业绩，而应把重点放在对施工企业所报项目部组成人员历史业绩的考察上，只有这样才能逼使施工企业配备合格的项目部组成人员，以使未来的施工技术与管理团队具有匹配的人力资源保障。

3. 科学设定合同条件，为中标后的签约奠定基础

主持人：编制招标文件还应当注意哪些问题？招标时还有哪些注意事项？

宋叶峰：编制招标文件还有一个问题多数建设单位都不太注意，那就是施工合同条件的设定。我们见过的很多招标文件中都没有给出建设单位的合同条件，有的仅仅放入一个格式合同样板，结果中标通知书发出后，施工合同谈判十分困难，有的开工后很长一段时间甚至直到竣工验收时还谈不下来，给竣工结算造成了很大麻烦。如果招标文件编制时能把合同条件预设清楚，中标通知书发出后只需把合同条件移入施工合同即可，如此就不会迟迟谈不下来。

宫振兴：由于招标文件的其他部分无法涵盖施工合同的全部内容，所以，设定施工合同条件很有必要。设定合同条件时，要根据合同范本中的"通用条款"内容和"专用条款"填写指引逐项设计，不要遗漏必备事项或语言表述不清，对于建设单位的特定要求，也要一并在合同条件中提出，将来可以在"专用条款"之后增设"补充条款"列明。招标文件中的合同条件是投标人必须响应的，否则，其投标书就可能按废标处理，一旦投标人响应建设单位的合同条件，签订合同时就必须接受，这样，合同谈判就相对容易和简单。

汪蒙蒙：如果建设单位不在招标文件中给出合同条件，有经验的施工企业就会在投标书中给出自己的合同条件，一旦中标人的投标书中有合同条件，就会被视为招标人接受和认可该合同条件，签订施工合同时建设单位如企图改变这些条件签订合同，施工单

位一般都是不会答应的，这就会使建设单位在施工中和结算时陷入被动。施工合同签约谈判一般只限于招投标文件中均没有给出合同条件的部分内容，招投标文件中已经给出合同条件的部分，是不允许重新谈判的。

王学峰：一般情况下，招标时的评标工作不会让建设单位有太多主导权，但建设单位有权监督评标的整个过程和结果。作为建设单位一是要监督投标人与代理机构的不正当接触，二是要监督代理机构与评标专家的不正当接触，三是要监督评标时的审标程序不可省却，以免没有全面响应招标条件或偏离系数超标的投标人中标。具体监督工作主要由建设单位参与评标的评委代为履行职责，因此，建设单位应安排工程律师对自己的评委进行评标实务事前培训。

宋叶峰：审标是招标中最重要的一个环节。只有认真审查投标书，才能查清投标人是否全面响应招标条件，是否超过偏离系数，是否存在漏报，是否局部过低报价，是否将可能变更（或需要二次深化设计）的分部分项工程（设备、材料）故意报低，是否对某些问题设置前提条件等，为评标打分提供依据。建设单位要在委托代理招标合同中把审标问题约定清楚，并将评标专家是否审标与代理费标准挂钩，坚决杜绝不审标而直接评标的行为，或者由评标专家评审结合、评中代审。

汪蒙蒙：审标、评标过程中，一旦发现有未响应招标文件的投标书，或者存在串标嫌疑的投标书，要果断提请评标委员会按废标处理，努力排除不正当竞争者。即使发出中标通知书后才发现中标人有废标的情形，也可以请求招标管理机构取消中标人中标资格。

话题 85　签订一份完美的施工合同并不容易

主持人： 罗　晓　**嘉宾：** 宋叶峰　宫振兴　王学峰　汪蒙蒙　**文　字：** 汪蒙蒙

　　工程施工合同是一份需要历经一定时间过程才能完成履约的复杂合同，不论是建设单位还是施工单位都面临诸多的工作协调和配合问题。因此，只有签订一份协作配合方式明确、权利义务边界清晰和违约责任可以考核的施工合同，才能保证建设工程的顺利施工。否则，就极易发生履约纠纷和造价纠纷。为了帮助建设单位搞好施工合同的谈判与签约，本期沙龙将邀请几位专家来谈谈土建工程签约应注意的问题。

1. 不能背离中标条件签订施工合同

　　主持人： 上期我们探讨了工程施工招标应注意的各种问题，那么，建设单位完成招标程序后，应如何与中标人签订施工合同？

　　宋叶峰： 根据我国《建筑法》与《招标投标法》的相关规定，招标程序完成后，建设单位与中标人应依据中标条件，在一个月内签订施工合同，并且双方不得背离中标条件另行签订施工合同，否则无效，建设主管部门将不予备案和颁发工程施工许可证，双方必须按中标条件重新签订施工合同。如果双方不按中标条件签订施工合同，招标投标就失去了意义，这对其他投标人来说是极不公平的。

　　汪蒙蒙： 签订施工合同时，不得改变的中标条件主要包括工程范围、建设工期、工程质量、工程价款以及造价结算办法等实质性条件。这些中标条件不但不能直接改变，也不能变相改变，否则，都会被人民法院或仲裁机构认定为无效。这一点需要提醒建设单位特别注意。

　　宫振兴： 由于中标条件分别记载于招标文件和投标书中，实际执行中查阅很不方便，所以，必须将中标条件全部系统化地植入施工合同之中，以指导、协调、监督各参建方的履约行为。将中标条件逐一植入施工合同时，应首先以中标单位的投标条件为准，如果中标单位没有另行给出优惠条件或条件低于招标单位招标文件设定条件的，则应以招标文件设定的条件为准；如果招标文件和投标书均没有给出合同条件的内容，则应由双方协商确定，这些待定事项将是施工合同谈判的重点。

　　王学峰： 目前，建设单位与施工单位签订"阴阳合同"的现象非常普遍。一是建设单位在与中标人进行合同谈判时，要求中标人提高其他条件、降低造价结算条件，双方谈妥后，先按中标条件签订一份施工合同向建设主管部门备案，同时再按谈好的条件签订一份实际履行的合同作为双方的履约依据；二是建设单位事先已经选好了施工单位并谈好合同条件，然后双方配合由该施工企业中标，完成招投标程序后同样签订两份内容不同的合同，一份作备案使用，一份作为实际履行的依据。最高人民法院对于"阴阳合同"效力专门有明确规定，即以备案合同作为双方结算的依据。

汪蒙蒙： 如果施工合同签订得不够清楚，施工过程中发现问题没有办法处理时，双方可以签订补充协议加以明确，但补充协议只应限于对约定不明的事项进行明确，不得对已有明确约定的事项进行擅自变更。施工过程中，如遇到招标时无法预见的施工环境发生重大变化，或施工图设计发生重大变更，双方可以签订变更协议，但变更协议应仅限于变化的部分，对于不涉及变化的因素不得进行变更约定。如果补充、变更协议无故改变了中标条件或施工主合同的约定，也会被视为是"阴阳合同"，无故变更的条款无效。

王学峰： 有时虽然也进行了招标，但由于招投标程序违法或者建设单位与施工单位串通招投标而影响中标结果的，也会导致中标（即备案）合同无效。如果备案合同无效，此时又有一份实际履行的另签合同，那么，工程竣工结算时一般应参照实际履行的合同办理，违约责任亦应参照实际履行的合同执行。对于应招标而未招标所签订的施工合同一般也会被认定为无效合同，此时，如果存在多份施工合同，一般会以实际履行的合同为准结算或以最后一份合同为准结算。

2. 签订施工合同一定要细致入微

主持人： 签订施工合同除了忠于中标条件外，还应注意哪些问题？

宋叶峰： 工程施工合同是一份需要历经一定时间过程才能完成履约的复杂合同，必须把施工过程中可能遇到的各种问题的处理方法全部预设清楚，以指引履约各方参建人员正确履行本方的合同义务，搞好各方的工作配合。否则，极易发生履约纠纷和造价纠纷。如果合同约定不明，法院在处理纠纷时一般都会按法律或政策的规定作出裁决，施工单位承诺的优惠就会"打水漂"，而使建设单位不得不"吃哑巴亏"，这也是目前施工合同纠纷中建设单位"十打九输"的原因。

宫振兴： 建设单位一定要重视施工合同的内容，要把全部的履约配合、工作程序和计价（调价）办法约定清楚，特别是双方容易发生纠纷的合同条款，比如施工界限、工作流程、材料认质认价、技术变更与签证的价格调整办法、政策调整时的价格调整、索赔条款、违约条款、手续传递、总包管理费等约定清楚，使施工中发生的所有问题都能在合同中找到解决办法和处理依据，以避免发生施工纠纷。即使发生纠纷，建设单位也能占据合同优势。

宋叶峰：目前，多数建设单位都十分重视实质性条件的约定，但忽视程序性条款的约定，这对建设单位来说是十分有害的。因为程序性条款虽然不直接影响工程质量和造价，但可以指引双方的工作配合，划清双方的责任界限，约定权利人行使权利的时限，作为排除权利人权利的依据。程序性条款还包括通知方式与文件送达方式以及回复的约定，当对方不接受有关文件时，可以作为送达的证据留存。

王学峰：签订施工合同最难的问题是招投标文件中均没有给出合同条件，导致中标通知书发出后施工合同迟迟谈不下来。这时，建设单位应组织律师、造价师、监理工程师共同设计合同条件，合同条件要设定最低条件和最高目标，并明确谈判策略，预设谈判陷入僵局时的折中解决办法，然后与中标人逐条进行谈判，争取把可能出现的所有问题谈清谈透，在施工合同中全部约定明确。作为建设单位一定要坚持一条基本原则，即在合同没有谈妥前，不应同意施工单位进场进行施工准备或施工，否则，合同谈判可能就会更加困难。

汪蒙蒙：建设单位不要认为有标准合同范本，按图填空就是，有的甚至连填空都懒得去填，留下大量空白条款，为施工进度、质量和竣工结算埋下隐患。对于招投标文件都没有给出合同条件，双方谈判时又谈不下来的，有的建设单位采取搁置争议，签订一份概括性合同的做法，抱着"走一步看一步""施工中遇到问题再说"的态度，结果施工中遇到问题时双方长期僵持不下，导致工程停滞，工期延误，这也是签订合同时十分不可取的。

3. 投标书中给出合同条件怎么办

主持人：上期我们谈到如果在招标文件中建设单位不给出合同条件，有经验的投标人就会在投标书中给出合同条件，这种情况下，作为建设单位，施工合同应该如何签呢？

宫振兴：有经验的投标人，一般不会放过招标文件中的任何漏洞和瑕疵，来争取自己的合同利益。如果招标文件中没有给出合同条件，投标人在投标书中给出了自己的合同条件，一旦该投标人中标，这些条件就构成了中标条件的组成部分，这时，建设单位想要通过谈判改变中标人的合同条件是十分困难的。很多施工企业都是利用这一手段来迫使建设单位就范的。

宋叶峰：对于建设单位无法改变的中标人合同条件，不得不纳入施工合同时，建设单位可以通过两种方式来实现权利、义务的二次平衡：一是可以通过对该合同条款进一步细化操作的方式来调整其权利行使方式，为施工单位的权利行使设定必要的限制或条件；二是增加其享有该权利时所应承担的对应义务，并配以较重的违约责任，实现权利义务的基本对等，这些都是法律所允许的。

王学峰：签订施工合同时还应注意构成合同的所有文件优先适用效力的排序，一般情况下建设单位应主张按合同书、图纸、招标工程量清单、投标预算书、补充协议、变更协议、各种施工单证、投标书、招标文件排序，两份文件中对同一个问题有不同约定的，排在前边的文件中的约定优先适用。变更协议或其他文件中的变更条款，对变更部分优先适用。由于投标书中的合同条件往往优于招标文件中的合同条件，所以，建设单位千万不要将招标文件排在投标书之前。

汪蒙蒙：签订施工合同是一项专业而又复杂的工作，建设单位最好委托工程专业律师负责合同条件的谈判和合同书的起草工作，并由造价师和监理工程师配合律师商定其中的操作性条款和造价条款，如此，才有可能设计出并签订一份完美的施工合同。

宋叶峰：目前有很多建设单位都不重视工程律师在签约时的作用，认为自己的基建部门整天从事此项工作，合同又是住建部的格式合同文本，没有必要聘请工程专业律师来协助谈判，自己企业也有常年法律顾问，让法律顾问审查一下就行了，聘请工程专业律师还要花钱。殊不知不懂工程专业的一般法律顾问是不会审查工程施工合同的，甚至有的连合同中的一些概念和名词都看不懂，审查往往停留在合法性层面，而无法深入到履约机制层面，这样的审查跟不审并没有什么实质性区别。

话题 86　工程设备采购招标和签约有啥奥秘

主持人：罗　晓　嘉宾：宋叶峰　宫振兴　王学峰　田俊飞　文字：田俊飞

现代大型民用、商用建筑中，电梯（直梯、扶梯）、中央空调等工程设备已经成为其配，工业建筑中也有不少现代化的工程设备。这些工程设备的采购、进场和安装，对建设工程的工期、质量、安全、造价等都会产生一定影响，其自身质量的好坏还将影响着建筑物未来的安全运行。作为建设单位如何管控工程设备采购招标工作，确保设备质量可靠、运行性能良好呢？本期沙龙邀请几位嘉宾谈谈工程设备采购招标及签约应关注的主要问题。

1. 工程设备采购为什么要单独招标

主持人： 工程设备作为建筑物的组成部分，为什么不整体发包给土建承包单位，而由建设单位单独招标采购呢？请嘉宾们谈谈工程设备单独招标采购的原因。

王学峰： 现代建筑是由建筑、结构、水、电、气、暖、空调、电梯以及专业设备、系统等有关工程构成的综合体，工程设备为人们工作、生产、生活提供了必要、舒适的条件，只有这些设备正常运行，才能发挥建筑物的各项功能，才能赋予建筑物以生命。所以，工程设备的采购与安装是工程建设的重要组成部分，是建设单位工程建设管理的主要工作内容。

宋叶峰： 工程设备既可以随土建工程一并发包给总承包单位，也可以由建设单位单独招标采购和安装。由于工程设备最终是由建设或业主单位使用，为了便于工程设备的功能配置设计，确保设备的内在质量，方便后期的保修、保养、维护、检修，多数建设单位均不将工程设备随土建工程施工整体发包给总承包单位，而是由自己直接单独进行招标采购和安装。

宫振兴： 一方面土建工程发包时，施工图中并没有工程设备的详细设计内容，需要建设单位委托专业机构、设备工程师或设备供应商进行二次深化设计，在工程设备具体的功能配置和主机、总成、组件、材料完成设计前，同步发包给土建承包单位也不现实；另一方面土建承包单位往往不清楚建设单位对工程设备的具体功能要求和质量性能要求，分包采购时还要征询建设单位的具体意见，并且要会同建设单位共同招标采购，建设单位并不因整体发包给总承包单位而减少工作量，与其如此，还不如由建设单位直接采购和安装。

田俊飞：另外，工程设备由建设单位直接采购和安装，减少了设备供应商与总承包单位、总承包单位与建设单位的二步签约与结算，可以有效地避免总承包单位弄虚作假、以次充好、价格欺诈等风险，有效管控工程设备质量和造价。如果工程设备由总承包单位采购和安装，设备供应商和专业安装分包单位就与总承包单位形成了合同关系，而与建设单位之间就没法建立直接合同关系，工程竣工交付使用后，如果发现设备存在质量问题，建设单位行使权利将会有许多障碍，保修期保修和后期维保合同的签订也会有许多不便。尽管设备供应商和专业安装分包单位依法应就自己的承包范围对建设单位承担连带责任，但毕竟没有建设单位与其建立合同关系更为直接和方便。

王学峰：工程设备直接采购与否，哪些设备由建设单位直接采购，都应在招标方案中统筹考虑并加以明确。如果工程设备由建设单位直接采购，那么，就应该划定设备采购（安装）的不同施工范围和配品配件以及辅料采购的界限归属，哪些由设备供应商统一供应，哪些由土建施工单位负责采购并配套施工，以及管线的预留、安后缝隙的填封义务等，都应在招标方案中予以明确，并在各自的招标文件中加以说明，以免造成建设单位、总承包单位、设备供应安装单位的工作脱节。

2. 工程设备的功能与配置设计是关键

主持人：工程设备采购招标管控的要点是什么？建设单位如何才能采购到质量可靠、造价合理、具有较高性价比的设备？

宋叶峰：大家都知道，买一辆同品牌、同款式的汽车，往往会有不同的配置，价格悬殊，工程设备更是如此。由于工程设备都是将主机、总成、配件、辅助材料、操作软件等组件采购后在施工现场组装的，所用上述组件不同，质量就会有天壤之别，价格也肯定差别很大。所以，工程设备采购必须要保证主机、总成、配件、辅助材料、备品备件、操作软件能够满足建设单位的功能、性能要求，而且做到价格真实合理。

王学峰：工程设备采购招标前，建设单位必须委托工程设备工程师对设备的功能与性能进行优化设计，提出功能与性能要求清单。功能要求清单主要描述的是设备的使用功能，如电梯的满载直驶、防恶作剧干扰、有无司机操纵、提前开门、强迫关门、防犯罪操作、故障时低速自救、运行状态显示、楼层（位置）显示、取消错误输入指令等功能，自动扶梯的急停开关、梯级塌陷保护、超速保护、主驱动链断链保护等功能，中央空调的采温方式、变频方式、室内送风方式、控制开关功能等。设备功能清单确定前，应征求使用者或未来管理者的意见，以免有所疏漏。

田俊飞：性能要求清单主要描述的是设备、总成、配件、辅助材料、软件的规格型号、技术指标和质量要求，对于一些关键部件或总成，建设单位还可以直接指明设备原产地原装整机进口、合资、国产或其生产厂商以及软件的知识产权等。功能与性能要求清单是招标文件的核心内容，不可随便交由招标代理机构拟定，因为多数代理机构并没有设备工程师来设计和把关，它也不会对设备的未来使用性能和质量负责。

宫振兴：为了防止投标人以次充好、价格欺诈，招标文件中必须要求投标人在投标书中列明设备配置表，如采购设备的全系列配置表、主要部件及材料产地来源表、安装用辅助材料表、易损件备品备件表等，并在配置表中详细列明主机、总成、配件、辅助材料、备品备件、操作软件的数量、规格型号、制造商、产地、技术标准等关键信息，以备设备进场验收和安装复核时使用。

宋叶峰：在要求投标人提供设备配置表的同时，还要在招标文件中要求投标人提供采购设备的价格构成表，按配置表逐一列明主机、总成、配件、辅助材料、操作软件、备品备件的单价和总价，以便签订合同时约定具体组件不合格时的违约责任，为返修、维修提供索赔依据。目前，有很多建设单位的设备采购合同中并没有设备配置表和价格构成表，一旦发现设备中的部分组件存在质量问题或以次充好，根本无法追究设备供应商的违约责任。

田俊飞：建设单位在招标文件中应规定，如果投标人未按要求提供设备配置表和价格构成表，或提供的设备配置表和价格构成表内容不完整、不清晰、不准确，则一律按废标处理。否则，设备供应商就会能不提供就尽量不提供，以免建设单位验收时挑剔。现在投标人普遍不愿提供设备配置表和价格构成表，这对招标单位而言风险是很大的，建设单位不能听之任之。

3. 工程设备采购合同应把握的要点

主持人：工程设备采购合同不同于一般货物买卖合同，那么，签订工程设备采购合同应重点关注哪些问题？

王学峰：工程设备采购合同实质上仍是买卖合同，但由于不是整机供货而是总成和散件现场组装这一特殊性，其合同的内容和实际履行过程要复杂得多。所以，合同不但要约定各主机、总成、配件、辅助材料、操作软件、备品备件的数量、规格型号、制造商、产地、技术标准及其价格构成，还要约定履约程序，更要约定违约责任。

宫振兴：关于设备的功能、性能、质量、单价、总价，建设单位应逐一把投标书或招标文件中的功能表、性能指标与技术参数、设备配置表与价格构成表纳入合同之中或作为合同附件,以便实际履行时所有参建人员对照执行和监督。将以上表中信息参数纳入合同时,凡投标书给出的指标或条件优于或等同于招标文件要求的,一律按投标书给出的具体内容纳入,凡投标书给出的指标或条件低于招标文件要求的,应一律按招标文件给出的具体内容纳入。

宋叶峰:履约配合也是此类合同的主要内容,应把设备的预付款、设备进场的形式验收、安装时的逐一核查、试运行后的整机验收、设备款的支付、质量保证金的数额与支付条件等一一约定清楚,以防设备组件的质量瑕疵和供货方的偷梁换柱。工程设备的安全是第一位的,假如其中一个组件不符合质量要求,就可能造成整个设备运行出现异常,后果不堪设想。

王学峰:设备安装需要土建施工单位的大量配合,一是设备供应商应提前向土建施工单位提供深化设计施工详图,由土建施工单位按图施工,包括设备基座、机房、机架、井道、风道、水电源、管线、纵横向井洞以及预埋件等,并由设备供应商或安装单位指导监督;二是由土建施工单位统一编制施工计划,设备供应商按计划保证设备进场;三是由土建施工单位提供安装作业面、设备起吊、施工电水源;四是设备安装工作面交叉施工的相互配合。这些也都需要在设备供应(安装)合同中加以约定,否则,将有可能影响工程施工的正常进行。

田俊飞:违约责任是设备采购合同的关键制约手段,一方面要明确约定迟延供货或供货不合格影响施工工期的违约责任,一般应按天设定违约金绝对数额,不要以设备总价设定违约金比例,以方便设备供应商违约时计算违约金;另一方面要明确约定设备组件与合同不符时的更换责任和欺诈供货责任,这里可以以各个主机、总成、配件、辅助材料、操作软件、备品备件中的单一组件为单位,以价格构成表为依据,约定数倍于该组件单价的高额违约金,以预防设备供应商以次充好、偷梁换柱。

话题 87　工程设备安装招标与签约有啥诀窍

主持人：罗　晓　　嘉　宾：宋叶峰　宫振兴　王学峰　田俊飞　文　字：田俊飞

　　工程设备安装是建设工程施工的重要组成部分，工程设备是否能够运行良好、安全可靠，一方面是由设备自身的质量和性能所决定的，另一方面则是由安装的质量所决定的。工程设备安装需与土建工程的后期施工交叉进行，因此，两者的施工界限极易发生纠纷，安装进度也会影响整个工程的工期。建设单位如何管控工程设备安装招标和合同履行呢？本期沙龙几位嘉宾继续与大家谈谈工程设备安装及签约应关注的主要问题。

1. 工程设备安装既可单独招标，也可与设备采购捆绑招标

　　主持人：上期我们谈了工程设备采购招标与签约问题，这期我们接着来讨论一下设备安装招标与签约问题。首先，我想请嘉宾们谈一谈，设备采购和设备安装为什么要分开来说？

　　王学峰：在上期沙龙，我们建议一些重要的工程设备采购相对于土建工程应单独进行招标，并分析了单独招标的原因。由于设备供应单位是生产性企业，多数并没有安装施工资质，而设备安装单位是施工企业，是需要有施工资质的。所以，设备采购招标工作完成后，就需要对设备安装施工进行招标，这就是业内平常所说的采购与安装分别招标。

　　宋叶峰：由于采购与安装分别招标会增加建设单位的协调工作量，同时也易发生组件和辅助材料供应纠纷，所以，多数建设单位都把设备采购与安装进行捆绑招标。采购与安装捆绑招标时，一般是由设备安装企业的名义投标的，投标书中附上设备供应企业出具的设备供应证明文件和相关承诺即可，一般情况下不以设备供应企业名义投标或供应与安装企业联合投标。

　　宫振兴：采购与安装分别招标时，首先要划清采购与安装企业之间组件与辅助材料供应的责任界限，哪些由设备供应单位随设备提供，哪些由安装单位自行采购，都要在招标文件中规定清楚，如电梯的固定件、操作系统的弱电线、照明与排风系统的电线、电缆、控制面板、不锈钢大门套等，以及中央空调的风管材料、桥架与其他固定件、出风端的风机与控制面板、电线电缆、冷凝水管等。

　　宋叶峰：一般情况下，凡属设备专用的组件与辅助材料均由设备供应商供应，通用的标准化组件与辅助材料可由设备安装单位采购，但有的设备供应商为了保证其整机运行安全，也会要求通用的标准化组件与辅助材料由自己配套供应。因此，建设单位应优

先考虑由设备供应商配套供应。

田俊飞：再一个，就是要划清安装企业与土建施工企业的施工界限，主要涉及设备基座、机房、机架、井道、风道的施工、固定件的预埋、穿线管和控制器底座的施工、强弱电的施工、过墙洞的预留和封堵等。与装饰装修的施工界限也要划清，如电梯间的门套、顶棚的空调出风口、各种控制面板的边口衔接、装修物上其他外露部分的美化等。如果这些施工界限划不清，施工中就会推诿扯皮，不但严重影响工期，还会徒增工程成本，因为他们双方合同中都没有的东西，往往会由建设单位另外"买单"。

王学峰：一般情况下，各个不同标段的施工界限应在招标方案设计时统一筹划，但实际操作中都会有多多少少的空白点或交叉重叠，所以，设备安装招标一般应在土建、设备采购招标完成后再进行，要根据土建施工、设备供应单位中标条件或其合同约定的内容，搞好设备安装标的衔接，尽量消灭两个合同之间的空白和交叉点。所谓同步招标是从整个建设阶段而言的，实际上仍然有先后顺序。

田俊飞：所谓同步招标，是指在工程没有开始施工前，设备供应安装与土建工程招标要同步进行，因为设备安装的很多部位需要进行二次深化设计，土建施工单位要按设备安装深化设计方案预留设备安装或施工空间，并且很多部位都是需要土建施工单位代为施工的，如果不同步招标，土建工程施工时，就无法为设备安装进行基础性施工。如果待到土建工程施工完毕后再由安装单位自行施工，可能会增加很多无谓的工程量和建设成本，还有可能由于设备空间与设备的不匹配，导致设备不得不调整为非理想机型或外部形态。

2. 工程设备安装招标应注意哪些问题

主持人：工程设备安装招标管控的要点是什么？招标时应该注意哪些问题？

宫振兴：如果是设备采购与安装分别招标，那么安装标招标时，主要是要明确设备安装前的验收核对责任，包括除设备采购标以外的所有组件和辅助材料及其规格型号、生产厂家、质量标准，明确各个分部分项工程的施工工期，明确设备调试以及取得运行许可证的责任。这些问题都要在招标文件中详细表述清楚，并要求投标单位出具组件和辅助材料清单以及价格构成表，对其他问题作出承诺。

宋叶峰：如果是采购与安装捆绑招标，还要按设备采购的招标惯例，要求投标单位出具设备配置表和价格构成表，详细列明主机、总成、配件、辅助材料、备品备件、操作软件的数量、规格型号、制造商、产地、技术标准等关键信息。凡由设备供应商供应的设备与组件应由设备供应企业提供证明文件和质量承诺，以防安装企业偷梁换柱、以次充好。

田俊飞：设备安装招标时，应当在招标文件中给出安装施工合同条件，以降低中标后的签约谈判难度。因为，设备安装合同是在土建施工后期加入交叉施工的合同，涉及的具体问题很多，如什么时间节点进场，多长时间内完成哪些工作，如何进行局部施工质量验收，与土建、装饰装修施工之间需要哪些配合，最终的整机调试验收和运行许可证取得，违约责任等，都需要事先提出要求，以防签订合同时谈不下来、约定不明，影响施工质量与其他工序的施工进度。

宋叶峰：设备安装招标时，几乎所有建设单位都没把总承包管理费或配合费的计取办法在招标文件中予以明确，投标单位也没有将其纳入投标预算之中。但实际施工时，总承包单位是必须要向安装单位收取这一部分费用的，否则，总承包单位就不会安排、支持和配合安装单位进场施工，这两家就总承包管理费或配合费的高低发生争议已是常事。如果安装单位最终向总承包单位支付了这部分费用，那么，结算时安装单位就会将支付的这部分费用编入结算书并主张建设单位额外支付，并且此主张符合法律法规的相关规定。因此，建设单位在土建和安装招标文件中，都一定要同步明确总承包管理费或配合费的计费基数与收取比例，以免实际施工中总承包单位多要此部分费用，而使建设单位被算计。

王学峰：采购与安装捆绑招标时，还有一个问题，就是设备采购与设备安装是分开签订合同和开具发票，还是合并签订一份合同、开具一份发票，分开开票时的签订合同和开具发票主体分别是谁。因为设备买卖与设备安装适用不同的税率，并且税率差别较大（设备买卖增值税税率为16%，设备安装施工为10%），所以，多数安装企业都会要求分开签约和开具发票，作为建设单位是否同意，同意的主体以及买卖与安装合同的开票界限，也应在招标文件中加以明确。

3. 工程设备安装合同应把握的要点

主持人：工程设备安装合同不同于一般的建设工程施工合同，那么，建设单位在签订工程设备安装合同时应重点关注哪些问题呢？

王学峰：工程设备安装合同如果是单独招标、单独签订的施工合同，一方面要按材料清单将安装单位自行采购的组件和辅助材料的规格型号、生产厂家、质量标准明确到合同之中，约定进场时间节点以及各个分部分项工程的施工工期，与其他施工企业的交叉施工配合方法，约定设备调试以及取得运行许可证的责任，这些问题都要按招标文件给出的合同条件或按投标单位投标书给出的更优条件载入合同之中。

田俊飞： 为使设备安装单位接受总承包单位的施工计划安排与现场调度，确定总承包单位收取安装单位总承包管理费或配合费的标准，建设单位还可以协调建设单位、总承包单位与设备安装单位签订三方的施工配合协议，以保证交叉施工的顺利进行，避免他们相互之间的工作脱节和施工互扰。

宫振兴： 由于设备安装工程的总费用主要由材料费和人工费组成，选择合适的合同计价方式也显得非常重要。相比之下，在该类工程中，人工费的比重比材料费高，且人工费比一般的土建工程人工费也高很多。在签约后直到施工期间，人工费的市场单价会不停地变化，如果建设单位和安装施工单位签订的是可调价合同，那么，人工费的调整将会是一笔不小的费用，不利于控制成本。建议建设单位尽量与安装单位签订固定总价合同，尽量把调价的风险规避掉。

宋叶峰： 双方的履约配合也是此类合同的主要内容，合同中应重点把进度款支付、安装前的设备开箱检查、安装的过程检查与阶段性验收、安装后的设备调试、试运行后的验收、运行许可证的取得责任、质量保证金的数额与支付条件等一一约定清楚，以防设备安装工程出现质量瑕疵。工程设备的安全是第一位的，假如其中一个组件质量或安装达不到质量标准要求，就可能造成整个设备运行出现异常，并可能酿成重大事故。

田俊飞： 违约责任也是设备安装合同的关键制约手段，一方面要明确约定各施工节点分部分项工程质量验收不合格时的分别违约责任和运行性能不达标的概括违约责任；另一方面还应明确约定各施工节点延后导致其他施工单位工期延后，以及安装工程完工后，因施工质量不合格影响施工总工期的违约责任。工期违约金的数额一般应按天设定具体绝对数字，不要以合同总价设定违约金比例，以方便安装单位违约时计算其违约金。

77

话题88　建筑智能化系统工程招标与签约技巧

主持人：罗　晓　　**嘉　宾**：宋叶峰　宫振兴　王学峰　田俊飞　　**文　字**：田俊飞

目前，智能化建筑已成为建筑业发展的主要趋势，创造健康、舒适、方便的工作与生活环境是人类的共同愿望，也是智能化建筑的目标。建筑智能化不但包括很多系统，每个系统中还包括不同的网络、设备、软件，所以，智能化系统的设计、采购、施工安装、调试、维保招标与签约、履约更为复杂。作为建设单位要如何管控建筑智能化系统工程招标工作，确保智能化系统达到使用要求？本期沙龙的几位嘉宾就与大家谈谈建筑智能化系统工程招标及签约应关注的主要问题。

1. 建筑智能化系统招标有其特殊之处

主持人：智能化建筑是随着人类对建筑物内外信息交换、安全性、舒适性、便利性和节能性的要求而产生的。请嘉宾们谈谈建筑智能化系统工程招标有哪些特点？

王学峰：建筑智能化主要包括两大方面的内容，一是建筑节能系统，二是根据建筑物的不同用途需要而加装的其他专用系统。智能化的节能建筑应该是冬暖夏凉、通风良好、光照充足、智能控制、使用方便。采暖、通风、空调、照明、家电、热水等均可由计算机自动控制，既可按预定程序集中管理，又可局部手工控制，既可以满足不同场合下人们不同的需要，又能够减少资源浪费。其他专用系统主要是为了满足不同建筑物的特定功能要求而加装的，如办公楼宇的网络支持系统、医院的医疗网络支持系统、生产场所的自动化控制系统等。

宋叶峰：常见的建筑智能化系统工程主要包括计算机网络与管理系统，楼宇设备自控系统，一卡通系统，车库管理系统，保安监控及防盗报警系统，火灾报警系统，智能化小区物业系统，通信、卫星及公用电视、广播、视频点播系统，会议系统及远程可视会议系统，大屏幕显示系统，智能灯光与音响控制系统，计算机机房及综合布线系统，医院的诊疗信息化、输氧、吸痰、检测、呼叫对讲系统，生产场所的自动化控制系统，以及5G网络支持系统等。由于这些系统使用的电源均为42v以下的安全电压，故而又称"弱电系统工程"。

宫振兴：建筑智能化系统的关键问题有三个，一是各个系统的设备、配件、元器件匹配程度与质量可靠程度；二是软件操作系统的程序科学性、数据安全性以及操作便利性；三是不同系统的兼容性。不同系统的兼容性好，不但可以节约建筑空间和建筑成本，而且便于使用管理，节约人力资源，并十分有利于后期维保。所以，应尽量使不同系统之间实现互联互通和兼容匹配。

田俊飞：建筑智能化系统技术含量高、专业性强，为确保其能够满足使用单位的功能需要，且使用性能可靠，一般均是系统设计、软件设计、设备配置与采购、安装调试、操作培训、后期维保一体化招标，基本上没有设计、设备（配件）与材料采购、安装等拆分招标的。招标时，既可以单系统分别招标，又可以多系统捆绑招标，还可以主系统（公共系统）统一招标、子系统分别招标，具体如何设置标段，主要取决于各领域系统提供商的设计匹配能力。

宋叶峰：为了增加建筑智能化系统的稳定性、可靠性，在进行智能化系统工程设计时，建设单位应尽量委托一家专业设计机构来统一完成设计，使庞杂的智能控制系统集成在一起，统一设计标准，以达到智能化建筑一体化。

田俊飞：为使智能化系统基础部分与土建工程同步施工，智能化系统的采购招标也应当与土建工程招标同步，并由智能化系统提供商向土建施工单位提供深化设计详图，使土建施工单位施工时，将智能化系统的设备基座、机房、机架、桥架、井道、风道的施工，固定件的预埋，穿线管和控制器底座的施工，强弱电线的施工等一步到位，以免土建工程施工完毕后，智能化系统施工时二次拆改。

2. 建筑智能化系统工程的功能与配置设计是关键

主持人：建筑智能化系统工程招标管控的要点是什么？建设单位如何才能招到一家设计匹配、程序完美、质量可靠、施工规范、报价合理的系统施工单位呢？

王学峰：建设单位应首先根据自己对系统的使用目的，组织熟悉拟招标系统的专业技术人员与未来使用部门的操作人员会商，提出系统功能要求清单。各个系统都有自己的基本功能和繁多的附加外延功能，功能的简繁主要取决于使用者的使用要求，建设单位在提出功能要求时，不但要考虑当前的使用要求，还要考虑未来功能的扩展需要，为以后增加功能预留空间，以便于未来的功能升级。

宋叶峰：功能要求清单确定后，还要提出性能要求清单，该清单主要描述的是设备、配件、材料、软件的规格型号、技术指标和质量标准等，对于一些关键设备、部件、组件或总成，建设单位还可以直接指明原产地原装整机进口、合资、国产或生产厂商以及软件的知识产权等。

宫振兴：功能与性能要求清单是招标文件的核心内容，是建设单位招标的技术条件，在招标文件中必须清晰地列明，这样一方面可以排除设计和配套达不到要求的投标人，另一方面可以防止投标人投标时简化系统功能，降低质量标准，以压缩投标人的技术、质量投标空间。

田俊飞：招标文件中应要求投标人根据招标单位的功能与性能要求，提出各自优化后的设计方案，并配上施工配置详图和施工说明。在投标书中提交设备、元器（组）件、材料配置表，详细列明设备、元器（组）件、材料的使用部位、数量、规格、型号、制造商、产地、技术标准等关键信息，以备组件进场、施工、最终验收时核对，防止投标人在系统设备、元器（组）件、材料配置上以次充好。

宫振兴：与此同时，还要在招标文件中要求投标人提供建筑智能化系统的设备、元器（组）件、材料的价格构成表，按配置表逐一列明主机、总成、配件、辅助材料、操作软件、备品备件的单价和总价，其人工费也应该进行单列，以便签订合同时约定具体组件不合格时的违约责任，为返修、维修提供索赔依据，防止价格欺诈。

王学峰：招标文件中，还应该要求投标人说明软件的来源和知识产权归属情况，属于投标人自有知识产权的软件，投标人应当在投标书中作出声明，属于他人知识产权的软件，投标人应提供权利人的授权使用文件以及准予本交易系统使用的承诺，并在向建设单位交付系统软件时，一并交付软件的源代码，以保证建设单位具有长期的使用权，利于以后的技术升级。

田俊飞：招标文件中应规定，如果投标人未按要求提供系统设计方案、施工详图、未列明设备配置表、价格构成表，或方案、图纸、设备配置表和价格构成表内容不完整、不清晰、不准确，则一律按废标处理，以促使投标人提供设计方案、施工详图、设备配置表和价格构成表。

王学峰：另外，招标文件中也应明确总承包管理费或配合费的计取办法，并且要与总承包单位招标文件的标准相一致，以便施工时总承包单位与智能化系统施工单位结算该部分费用，避免因收费标准谈不妥而影响施工进度，或增加建设单位的协调难度和建设成本。

3. 签订建筑智能化系统工程合同应把握的要点

主持人：建筑智能化系统工程合同不同于一般的建筑工程施工合同，那么，签订建筑智能化系统工程合同应重点关注哪些问题？

宋叶峰：建筑智能化系统工程合同是集设计、设备采购、程序设计、安装施工、操作培训、后期维保于一体的综合性工程合同，由于其是根据建设单位的特殊要求，采取个性化定制方式来完成的，其合同内容和实际履行要复杂得多。所以，合同不但要约定系统定制的方案设计责任、硬件配置责任及其质量标准、软件设计与后期升级义务，还要约定履约程序，更要约定违约责任。如此，才能保证合同的正确履行。

宫振兴：关于系统的功能、性能、质量、单价、总价，建设单位应逐一把投标书或招标文件中的功能表、性能指标与技术参数、配置表与价格构成表移入合同之中，以便实际履行合同时所有参建人员对照执行和监督。软件源代码的交付、后期维保以及升级责任也要约定清楚，以解除系统使用过程中的后顾之忧。

王学峰：双方的履约配合也是此类合同的主要内容，应把预付款、材料进场的验收、安装时的逐一核查、安装调试、试运行后的整体验收、操作人员培训、运行许可证的取得责任、工程款的支付、质量保证金的数额与支付条件等一一约定清楚，以防出现组件质量瑕疵和承包人偷梁换柱以及附随服务的后期脱节。

田俊飞：建筑智能化系统的正常运行和数据安全是第一位的，如果系统运行异常，可能就会造成操作阻滞、反应滞后、数据失真、信息丢失、虚假报警、安全保障失灵等严重后果。因此必须约定严格的违约责任。一是要约定施工方迟延交付的违约责任，一般应按天设定违约金绝对数额，以方便施工方违约时计算违约金；二是要明确约定组件与合同不符时的更换责任和欺诈供货责任，这里可以以单一组件为单位，以价格构成表为依据，约定数倍于该组件单价的高额违约金，以预防施工单位以次充好、偷梁换柱；三是要约定软件程序质量的违约责任，当软件存在重大缺陷而不能在一定期限内弥补完善时，建设单位有权解除合同，整个系统退货，以防系统提供方软件设计不用心，造成系统不能正常使用。

宋叶峰：为使智能化系统施工单位接受总承包单位的施工计划安排与现场调度，确定总承包管理费或配合费的收取标准，建设单位可与总承包单位和智能化系统施工单位签订三方协议，以保证交叉施工有机配合，避免其工作脱节和施工互扰。

话题89 装饰装修工程应设计、施工分开招标

主持人：罗 晓　　嘉宾：宋叶峰　王文久　牛武军　汪蒙蒙　　文字：汪蒙蒙

装饰装修工程就像美女化妆一样属于"锦上添花"之事。在经济高速发展的今天，装饰装修已成为建筑工程的重要组成部分而大放异彩。随着科学技术的迅猛发展，新材料、新技术、新工艺不断涌现，装饰装修更新迭代的速度也在不断加快。由于装饰装修材料品种规格多、质价悬殊大、工艺要求高、人工费昂贵，如果不能选好施工单位、搞好施工过程控制，就有可能会花大价钱把建筑物装修得不伦不类。为了帮助建设单位搞好装饰装修工程招标与签约工作，本期沙龙邀请几位嘉宾谈谈装饰装修应关注的主要问题。

1. 装饰装修工程的特点

主持人：现代建筑既强调外观醒目、大气、漂亮，又注重内部舒适、美观、适用，内外赏心悦目。作为建设工程的重要组成部分，装饰装修工程有什么特点？

宋叶峰：建筑工程装饰装修属于奢侈消费，根据其建筑物用途和建设单位的投资能力，可以将装饰装修分为实用型、舒适型、豪华型，不同的装饰装修档次，所用的施工材料差异很大，施工工艺要求也显著不同，工程造价也有天壤之别。如何实现较高的性价比，是装饰装修工程管理的核心。所以，必须从招标、签约、材料采购与进场验收、施工工艺监督管理等方面进行全程把控。

王文久：目前，装饰装修材料琳琅满目、品种繁多、特性各异、质量等级差别极大、采购价格悬殊、替代产品名目繁多、假冒伪劣产品比比皆是。所以，装饰装修的选材是第一位的，不但要根据装饰装修档次要求选好合适匹配的材料，而且还要明确到厂家品牌、规格型号、质量等级、价格构成，以防施工单位假冒替换、以次充好。

宋叶峰：由于天然材料（如大理石、花岗岩等）的材质、纹理与价格相差很大，采购时必须管控到原产地或者矿山以及加工精度（面、边、角、棱的允许误差），除标明可检测的指标外，还应封存样品以备将来检验比对。对于没有国家标准的新型材料，一定要向生产单位索取企业标准，明确各项质量技术指标，以使其实际供应的材料符合其签约时的承诺。有国家或行业标准的材料，一般管控到厂家品牌、规格型号、质量等级，以防施工单位用小厂家代替大厂家、低等级代替高等级、小规格代替大规格产品。

牛武军：施工工艺是决定装饰装修质量和效果的关键因素。目前的装饰装修施工工艺复杂多样、灵活多变、技术难度差别很大、用工耗时显著不同，对施工人员的技术水

平要求也显然不一，单位工程的人工费成本也有天壤之别。如果施工工艺管控不好，不但会使施工单位简化工艺、偷工减料，导致施工质量低劣、装饰装修效果不佳，而且还会造成优质高档材料的糟蹋浪费、工程造价虚高。

汪蒙蒙：材料和工艺是决定装饰装修工程造价的两大构成要素，也是装饰装修工程招标与签约的两大控制要点。所以，建设单位必须根据建筑物的装饰装修档次要求，搞好装饰装修方案设计。方案设计必须有多个备选比对方案，以使建设单位优化选择性价比最优的方案。方案设计除了满足装饰装修效果要求外，核心内容必须包括用材和工艺要求，以免材料、工艺无法确定，给出很多暂定价项目。

牛武军：很多材料特别是新材料，都是由材料供应商代为施工的，招标时需要考虑是否将这部分施工内容分别直接发包。如果分别直接分包，则应划清不同装饰装修标段的施工界限以及施工节点的衔接方法，以免不同施工单位之间相互推诿扯皮；如果包括在总承包单位中指定分包，则应明确建设单位与总承包单位、总承包单位与分包单位的结算办法，以免引起造价结算纠纷。

2．设计与施工必须分开招标

主持人：装饰装修工程材料和工艺这么复杂，质量与价格相差如此之大，作为建设单位应当如何进行装饰装修工程招标呢？

宋叶峰：首先，必须要将设计与施工分开招标。目前，有很多建设单位有一个共同的误区，一是认为设计单位自己施工或施工单位自己设计，对用材和工艺的理解肯定更为到位，可免除技术交底的麻烦和理解有误的偏差；二是设计、施工一体化招标可以省一笔设计费。为了省事省钱，就把设计和施工捆绑招标和发包给一个设计单位或施工单位连设计带施工，殊不知这是非常有害的。

牛武军：把装饰装修工程的设计和施工捆绑发包给一家企业连设计带施工，有三大弊端。一是招标时，尚没有设计方案，更不可能有施工图纸，只能在招标文件中提出设计要点和施工要求，没有办法全部细化到具体用材和工艺，这时候投标人的投标报价缺乏材料和工艺依据，各投标人只能根据自己的理解和经验就低编制投标预算和报价，导致评标时无法用统一的标准去衡量各投标人投标书中不同施工内容的投标分值，使各个投标书没有可比性，评标打分不确定因素多，无法评出自己满意的中标单位。

王文久：二是设计与施工捆绑招标的中标单位在实际设计时，从方案到工艺都会按照自己的施工能力去定制，难以完全兼顾建设单位的技术要求，导致建设单位的设计要求被大打折扣，甚至还会故意给出一些模糊点，设定一些技术陷阱，以便实际施工时简化工艺、偷工减料、偷梁换柱、投机钻营。特别是建设单位不是很懂（没有专业人员），招标文件中又没有明确说明的地方（建设单位在招标文件中不可能事事说清），建设单位拿它也没有任何办法，只有自认倒霉。

汪蒙蒙：三是设计与施工捆绑招标的情况下，当建设单位对设计方案中的具体细节提出自己的明确要求时，中标单位就会以原来招标文件中没有具体要求、自己的投标书中也没有如此报价为由，要求给予价差调整（如果招标文件中给有暂定价，其也会要求调价），否则，就不能使用建设单位要求的材料及工艺。这个时候建设单位就非常被动，最后就是要么放弃自己的高标准主张，要么不得不忍痛加价。

宋叶峰：所以，建设单位必须首先进行装饰装修设计招标，在完成方案优化设计和施工图设计的基础上，再进行装饰装修施工招标。装饰装修设计提前单独招标，因为都不知道未来由谁施工，建设单位和设计单位就可以放手讨论设计方案，经过多方案反复论证和比对优化，最终确定性价比最优的方案。然后，再根据最终确定的方案进行施工图设计，这将为未来的施工招标打下良好的基础。

汪蒙蒙：施工图中不但要标明各个部位所用的材料，还应当标明施工方法和具体工艺，特别是隐蔽部位的设计更应如此。对于与工程设备、智能化系统以及其他专业系统的结合部位（如进出口、控制器、穿越部等结合部），更应有局部施工详图和工艺说明，以为施工招标提供统一标准，压缩投标单位的投标操作空间，为实际施工中的材料进场监督、工艺监督、质量验收提供依据。

3. 施工合同招标应注意哪些问题

主持人：设计完成后，装饰装修工程的施工招标与签约应注意哪些问题？

宋叶峰：装饰装修工程施工招标，一是要在招标文件中明确施工界限以及与其他标段的施工节点配合之内容；二是编制工程量清单时，要按施工图设计及其说明，明确各种材料的规格型号与质量标准以及防火、防潮、防虫蚀、防静电等处理要求，关键材料还可以指定品牌和生产厂家或者材料原产地（矿山）；三是要明确关键部位的施工工艺。对于施工图上标注不明的内容，可以要求设计单位协助设定。这样有利于投标人投标和评标专家评标，更有利于后期的施工监督管理。

牛武军：投标单位报名时，应要求投标人同时上报项目部拟派人员名单，然后组织专业人员考察项目部主要人员负责的既往工程和在建收尾工程的施工情况与工程质量，以确认项目部人员的施工能力和管理水平。考察时一定要背靠背考察、询问和实地查验，查阅工程施工资料，以防张冠李戴、借人业绩。根据考察情况，把发现的问题和需要把控的要点有针对性地吸收到招标文件之中。

王文久：招标文件中还应设定合同条件，除要求投标人严格依照施工图设计的技术标准和工艺规范进行施工外，还要重点明确材料采购前的市场考察、询价、复核与选材确认程序，材料进场的三方（建设、监理、施工单位）验收程序，施工中材料的复查复核程序以及建设单位的抽查送检程序，阐明擅自调换材料的违约责任，简化工序工艺的违约责任，并且按调换部分的材料价值和简化（改换）掉的工序工艺的预算价设定数倍的高额违约金，以威慑施工单位随意违约。

汪蒙蒙：施工单位选定后，建设单位在与施工单位签订合同时，要把上述材料、工艺、违约责任等内容全部纳入合同之中，以指导各方参建人员遵照执行，并作为建设单位、设计单位与监理单位的监督验收依据。

宋叶峰：对于一些没有国家标准、行业标准的新材料、新技术、新工艺，在无法把握其技术成熟程度前，可以约定其使用寿命和设计寿命期内的终身保修责任，还可以同时指定某个企业的生产标准作为质量标准，或者给出具体的技术性能指标体系，以供验收和后期维保时使用。

汪蒙蒙：如果建设单位有懂得材料的行家，对于一些关键性的装饰装修材料，也可由建设单位自行采购，然后供应给施工单位使用。建设单位采购供应材料的，应在施工合同中明确"甲供材"的范围，供应价与结算价的计价及其调差办法，材料消耗定额以及材料节约时的奖励办法和材料浪费时的惩罚办法（即违约责任），以使施工单位合理调材下料，节约材料成本。

话题 90 建设单位专业工程直接分包有讲究

主持人：罗　晓　　嘉　宾：宋叶峰　王文久　牛武军　汪蒙蒙　　文字：汪蒙蒙

工程建设过程中，对于一些专业性强的专项工程或分部工程，往往要分包给具有专业资质的专业施工企业来具体实施。有的纳入总承包范围由总承包单位进行分包，有的不纳入总承包范围而由建设单位直接对外分包。建设单位直接对外分包时，往往会带来很多问题，如施工界限的划分、总承包与分包单位的关系协调、不同专业分包单位之间的关系协调、总承包管理费与配合费的计取等，处理不好就会出现很多矛盾，直接影响工程进度、质量和造价。为了帮助建设单位搞好专业分包，本期沙龙邀请几位嘉宾与大家聊聊建设单位专业分包应关注的主要问题。

1. 哪些工程内容可以专业分包

主持人： 专业工程是建设工程的重要组成部分，那么，究竟哪些工程属于专业工程，可以由建设单位直接分包，专业工程分包又有哪些特点呢？

宋叶峰： 专业工程一般是指整个建设工程中专业性强、技术要求高的专项工程，或者与主体工程施工联系不太紧密、施工相对独立的分部工程。常见的专业工程除了前几期谈到的通风与中央空调工程、电梯工程、工程设备安装工程、建筑智能化系统工程、建筑节能工程、装饰装修工程外，还有钢结构工程、建筑电气工程、建筑给排水工程、采暖工程、消防工程、建筑物外部灯饰工程等。这些专业工程都可以由建设单位直接对外分包。

牛武军： 按照住建部的相关规定，分项工程是不允许建设单位直接分包的。但在工程建设实际实施过程中，建设单位往往基于工程进度、施工质量、外观统一、造价控制等方面的考虑，也会把一些本来应属于总承包范围、不得肢解分包的工程，直接进行专业分包，如建筑基坑开挖与土石方工程、边坡支护工程、门窗工程、建筑屋面工程、外墙保温与墙面工程、室内外给排水工程等。过度的专业分包会给工程施工管理带来很多问题和麻烦。

汪蒙蒙： 建设单位直接专业分包有许多好处，如建设单位直接招标发包，可以保证该专业工程的功能要求与技术指标的落实，与专业分包单位直接签订采购与施工合同，可以更为直接地监督工程的实施，需要后期维保的便于施工与维保的一体化处理。对于基坑与土石方工程、边坡支护工程，在施工图没有完成细化设计前，先行专业分包施工，可以加快工程进度，缩短建设周期。

王文久：建设单位直接专业分包也有许多坏处，如容易引起不同施工单位之间施工界限与具体施工内容的争议；土建施工时为其他专业分包工程的配套、预埋、预留施工协调工作量大，交叉施工时的协调任务重；总承包单位无法承担工程整体质量责任，与专业分包单位之间相互推卸工程质量责任；总承包单位与专业分包单位之间经常发生总承包管理费和配合费取费争议等。这些问题如果处理不好，不但会影响工程质量，而且会影响施工进度，甚至会造成工程造价升高。

汪蒙蒙：基于以上优缺点分析，我们认为建设单位对于专业工程分包应本着"能不分包尽量不分包"的原则慎重对待，凡不影响施工进度、有办法控制质量、不影响未来使用功能对接的分部工程，如钢结构工程、电气工程、室内外给排水工程、室内采暖工程（不含地热井以及抽水设备、太阳能系统）、消防工程、门窗工程、建筑屋面工程、外墙保温与墙面工程等，原则上都不要直接分包，而交由总承包单位统一施工，以便于总承包单位的施工协调，并使其承担建筑物的整体质量责任。不能仅仅因为建设成本而把专业工程和分部分项工程统统抽出单包。

2. 专业分包应管控好哪些关键因素

主持人：这么多的专项和分部工程可以由建设单位专业分包，那么，建设单位如何来管控专业分包带来的问题，保证工程建设的顺利进行呢？

宋叶峰：首先，建设单位在制订招标方案时，应划清不同标段的施工界限，特别是总承包与专业分包、专业分包与专业分包之间的施工界限。如工程设备基座、固定件的施工界限；各种管线、电源插座、控制器座、过墙洞的预留与封堵界限；装饰装修与土建基层、接口的处理界限；装饰装修与设备安装的接口处理界限；钢结构与土建的衔接部位处理界限，等等，不能出现空白点或重叠交叉点。如果施工界限划分不清，招标文件表述不明，工程量清单就可能遗漏分项工程的细部工程量，或者将细部工程量分错标段，造成实际施工时互相扯皮，结算时出现重叠。

牛武军：一个单位建设工程在施工过程中，要遵循一定的合理顺序，一般情况下是"先地下、后地上，先结构、后围护，先土建、后专业，先主体、后装修"。主体工程自下而上，室内装修自上而下，水、电、气、暖、电梯和设备等各专业工程的预留、预埋应在结构施工阶段同步实施，并在结构与装修工程施工期间交叉施工。这就要求总

87

承包单位在编制施工计划时,要充分考虑各个不同专业施工内容的施工顺序与时间安排,实现整个工程施工的有序进退和顺利完成。

汪蒙蒙：由于存在专业分包的交叉施工,所以,建设单位和监理单位在整个施工过程中的协调就显得十分重要。一方面要协助总承包单位编好施工计划,在专业分包单位进场施工前监督其搞好现场清理,使其达到专业分包施工条件;另一方面还要及时通知各个专业分包单位提前做好施工准备,适时进场施工,及时收工清理退场,实现不同专业工程施工的无缝对接。

王文久：建设单位和监理单位应组织总承包单位和各个分包单位,搞好不同标段衔接部位前一阶段施工工序的质量验收,对不合格的部分要责令施工责任人及时整改,以使其符合下一阶段施工工序的施工要求,以防前一阶段工序施工质量不合格,导致后一工序拆除重做,这不但影响工程施工工期,还会徒增工程成本。

宋叶峰：根据相关的法律规定,工程施工资料的制作应遵循"谁施工,谁形成;谁签字,谁负责"的基本原则。实行建设单位专业分包的工程,专业承包范围内的工程资料应由专业分包单位形成和签署,并由总承包单位进行审核确认,统一汇总纳入竣工资料。这些工作也应在各自的施工合同中加以明确,以防各方为专业分包工程的施工资料应由谁整理制作签字而争论不休。

3. 妥善处理好总分包之间的利益关系

主持人：总承包单位承担着整个工程的统筹管理任务,作为专业分包单位是否应当向总承包单位支付一定的费用呢？

王文久：总承包服务（管理）费和施工配合费计取方式与标准,是总承包单位与专业分包单位之间最易发生的纠纷,搞不好还会让建设单位额外多出一份这方面的费用。有的建设单位在总承包和专业分包招标文件中都没有说明总承包服务（管理）费和施工配合费计取方式与计取标准,施工单位投标时在投标报价中也没有列明此两项费用,实际施工时总承包单位往往会向专业分包单位主张这两项费用,如果双方谈不拢,就会导致总承包单位以阻工方式逼迫分包单位交纳两项费用,其后分包单位又会向建设单位主张增加两项费用。

汪蒙蒙：总承包服务（管理）费主要是总承包单位为统一编制（修订）施工计划、配合协调建设单位进行专业工程分包,对建设单位自行采购的材料、工程设备等进行保管以及对专业分包单位进行施工现场管理、统一汇总整理竣工资料等服务所需的费用。

总承包服务费的具体数额可以由总承包单位与建设单位自行约定，也可以按建设单位直接发包专业工程含税工程造价的1.5%计价（不含工程设备价）。此项费用的计取方式与标准，不但应在土建招标文件中明确，也应在各专业分包的招标文件中对应明确，以使其计取方式和标准统一。在招标文件已经表明的情况下，如果专业分包单位在投标时没有计入报价，则应视为其报价中已经包含了此项费用，建设单位不应再向专业分包单位另行支付该项费用。

宋叶峰：施工配合费是指专业分包单位要求总承包单位为其提供脚手架、垂直运输和水电设施等所发生的费用。施工配合费的具体数额可以由总承包企业与专业分包单位进行约定，或者按照专业分包工程含税工程造价的1.5%—3.5%计价（不含工程设备价）。为了防止发生不必要的争议或者纠纷，建设单位也同样应在总承包与专业分包的招标文件中给出统一的标准，然后由其各自按招标文件规定和施工合同约定的方式和标准计取。

牛武军：建设单位应在各个施工合同中约定不同标段施工衔接点的施工质量违约责任、交叉施工脱节的违约责任以及工期延误的相互赔偿责任，以促使各个施工单位按计划进场、如期完成合同工程的施工任务、保证本方的施工质量、及时清理施工现场后退场，以免影响后一工序施工单位进场而耽搁节点工期或整个工期，防止后一施工单位代为返工，增加建设单位的建设成本。

汪蒙蒙：为了保证专业分包单位服从总承包单位的管理和监督，建设单位可以组织施工单位与专业分包单位签订工程施工三方（建设单位、总承包单位、分包单位）协作配合协议，约定总承包单位与专业分包单位的工作配合协调方法与相关手续，授予总承包单位对专业分包单位必要的监督权，明确专业分包单位的违约责任，促使各分包单位之间的工作协调。

话题91　搞好施工过程管理，确保工程质量工期

主持人：罗　晓　　嘉宾：宋叶峰　王文久　牛武军　田俊飞　　文字：田俊飞

建设单位进行工程建设，一般都会聘请监理公司派出监理工程师驻场监理，那么，建设单位在整个施工过程中还有事可做吗？有。一方面建设单位要负责协调行政部门对工程建设的管理关系，另一方面要协调各参建单位的施工协作与配合关系，再一方面要监督各参建单位的人员驻场在岗情况以及工期、质量、材料、安全等。为了帮助建设单位有效管控施工过程以及工程质量、工期和建设成本，防范可能发生的各种风险，本期沙龙邀请几位嘉宾谈谈建设单位施工过程管理和协调以及不同方面应关注的主要问题。

1. 搞好施工关系协调，确保各个参建单位有序参与施工

主持人： 一个建设项目想要顺利地竣工交付，离不开项目各参建主体、管理机构的共同努力。作为建设单位应该如何协调各方主体的关系呢？

宋叶峰： 建设单位在工程建设过程中，需要协调五个方面的工作关系，即政府工程建设管理相关部门、技术服务机构、商务服务机构、各施工（设备供应）单位、公共事业单位等的互动对接关系。这些关系的协调，既有不同群体内部的关联协作关系，又有各个群体之间的关联互动关系，如果协调不好，就可能影响工程施工的顺利进行。

田俊飞： 建设工程涉及的政府管理机构主要有土地、规划、建设（招标、审图、质监、安监）、文物、人防、消防、环保、绿化、气象等行政机关。如果建设工程未能及时办理土地使用权取得、用地规划许可、建设工程规划许可、环境评价、招投标等必备手续，就无法办理工程施工许可证，将导致工程无法顺利开工建设或被中间叫停。建设过程中还要接受质监、安监、环保等部门的日常监督。

牛武军： 技术服务机构与施工单位之间的关系，也是施工技术、工艺、质量的根本保证。勘察资料为设计提供依据，勘察、设计资料又为施工提供依据，为监理的监督提供依据。他们之间的技术沟通是十分重要的，任何脱节都可能导致设计或施工技术瑕疵。所以，建设单位必须协调好勘察、设计、监理与施工单位的关系，确保技术服务充分到位。

王文久： 各个施工单位以及材料、设备供应商之间的关系协调也非常重要，特别是总承包与专业分包、专业分包与专业分包单位、施工单位与材料或设备供应商之间的关系，直接关系着工程的交叉施工配合和施工进度以及工程施工质量。如果总承包单位组织不力或建设单位协调不好，就可能导致劳务脱节、工序安排脱节、前后环节脱节、材料与设备供应脱节、工序工艺配合不到位、资金跟不上、劳务停工、供应商停供、工期延误

等问题，并有可能发生施工界限纠纷、造价结算纠纷、工程索赔纠纷、总承包管理费与配合费争议纠纷等。

田俊飞：造价师、律师是建设单位的重要帮手，在全程跟踪服务过程中，可以帮助建设单位核定具体项目的工程造价或选用造价结算方式，有效控制工程造价，指导建设单位正确理解和履行施工合同，依法监督其他各个参建单位全面履行施工合同，保证工程施工质量，协助建设单位处理与各个施工单位之间的关系，解决建设单位与施工单位或施工单位与施工单位之间的各种矛盾纠纷，将矛盾和分歧化解在萌芽状态，以免影响工程施工的正常进行。

牛武军：建设工程施工期间或完工后，还需要适时与道路、供水、供电、供暖、供气、排污、网络、通信等公用事业网络进行对接，如建设单位不能及时协调完成公用事业网络的对接，并办理相关使用手续，将直接影响工程的竣工备案和交付使用。

2. 强化参建人员管理，确保工程施工顺利进行

主持人：人是工程施工不可或缺的关键因素，没有人，工程施工就难以正常推进。那么，作为建设单位应如何对各参建单位的人员进行管理呢？

宋叶峰：建设工程施工参与主体包括三类，一类是勘察、设计、监理等技术服务机构，另一类是招标代理、造价、律师等商务服务机构，最重要的一类则是工程总承包、各专业分包、各劳务分包等施工单位以及设备、材料、构件供应单位。众多参建单位的参建人员，有的必须由建设单位来负责管理和协调，有的由监理工程师来管理和协调，有的需要建设单位协助监理工程师来管理和协调。只有参建人员及时派驻到位，坚持满勤在岗，才能保证工程施工的顺利进行。

田俊飞：监理工程师队伍是工程施工管理的核心力量，负责施工计划的审核，工程投资计划、材料、技术、工艺、质量、工期、造价等的管理，以及交叉施工的协调调度。如果总监理工程师出勤率低，专业监理工程师不能及时到场，监理员水平不高，就会影响整个工程的施工计划编制、技术管理、质量监督、关系协调。所以，监理工程师队伍是建设单位人员管理的重点之一。建设单位要按监理服务合同约定的人员名单考核其到岗时间以及出勤率，监督监理工程师依约驻场履行监理之责。建设单位应建立监理工程师考勤制度，对于监理工程师没有及时到场或出勤率低于约定的，应要求监理单位通知或另派替补监理人员到场，并可主张监理单位承担违约责任，相应扣减其监理服务费。

宋叶峰：目前，大部分建设工地监理人员缺岗情况比较严重，有的总监理工程师不驻场，有的专业监理工程师不能按施工节点正常到场，人员配备低于合同约定，监理力量明显不足，低级监理人员顶岗现象比较突出。这一方面是由于服务合同约定的监理服务费价格过低，监理单位顾不住成本而造成的；另一方面则是建设单位不会管理，造成

监理单位"勤俭节约"而能少则少。建设单位只有足额给付监理费用，并严格监管，监理人员才有可能满岗满勤。

牛武军：总承包单位的项目管理人员也是建设单位人员管理的重点。建设单位应要求施工单位按投标书提供的项目部人员名单，足额派驻到位，更换其中的人员必须经过建设单位同意，建设单位不应接受项目经理委托代为签字人。若施工单位委派现场的施工技术和管理人员与约定不一致，应要求施工单位进行更换。建设单位应对施工单位项目管理人员的出勤率进行考核，确保项目经理、技术负责人、质量负责人、安全负责人等全部在岗，保证施工组织有力、技术水平可靠。否则，应依合同主张其承担违约责任。

王文久：除了监理工程师和总承包单位项目部技术管理人员正常在岗外，建设单位还应监督各专业分包单位工作对接人员和施工技术管理人员按计划进场驻场，设计单位的跟踪设计人员驻场跟踪设计、参加图纸会审、进行技术交底，解决施工中遇到的技术问题，勘察人员、造价师、律师以及其他相关人员定期到场，解决工程施工中发生的各种专业问题，参加工程例会和建设单位的各种决策会议等。各参建人员如果不能及时全部到岗到位，必然会影响工程的施工进度或工程质量，甚至会埋下履约纠纷和造价纠纷的隐患。

田俊飞：目前，跟踪设计人员不驻场现象也比较普遍，建设单位一是在签订设计合同时一定要注意明确跟踪设计人员驻场办法，二是要监督其正常到岗，以保证设计技术服务的及时性。

3. 做好对专业分包、劳务分包的监管

主持人：在工程建设中，施工单位对自己承包范围内的工程往往会进行专业分包或劳务分包，那么，建设单位对这些专业分包或劳务分包应否监管呢？

宋叶峰：建设工程的专业分包，有的是建设单位直接对外分包的，如中央空调、电梯、智能化系统的采购与安装、室内室外工程精细化装饰装修、玻璃幕墙、玻璃穹顶等；有的则是由施工单位二次分包的，如基础工程、支护工程、供（排）水、供电、供气、供暖、消防、门窗、外墙、地下室与屋面防水、公共部位初步简单装饰装修等。劳务分包一般均由施工单位对外发包，建设单位很少参与，如钢筋绑扎、支模板、浇筑混凝土、砌体、粉刷、水电气暖与消防系统安装等。

田俊飞：凡属建设单位直接分包的专业工程，监督管理自然由建设单位和监理工程师负责，总承包单位一般只提供施工条件和工序工艺配合。总承包单位为了加强专业分包与土建之间的衔接，预防因专业分包质量问题影响土建的施工质量或工程整体质量创优，也会对专业分包进行必要的监督，但总承包单位一般不对建设单位直接专业分包工程的施工质量承担连带责任。

宋叶峰：为了保证专业分包单位服从总承包单位的管理和监督，建设单位可以组织施工单位与专业分包单位签订工程施工三方协议，约定总承包单位与专业分包单位的工作配合细节，授予总承包单位对专业分包单位必要的监督权，以及专业分包单位的违约责任，促使各单位之间的工作协调。

牛武军：施工单位的专业分包和劳务分包，也直接关乎工程工期、质量和安全。所以，对施工单位专业分包的监管既是监理工程师的责任，也是建设单位所不能放松的。建设单位进行工程发包时，应在合同中明确约定施工单位可以二次分包的范围，或约定哪些专业工程的分包应经建设单位同意，以把控专业分包的工程质量。

王文久：不论专业分包或劳务分包是否应经建设单位同意，施工单位都应将其分包工程的专业分包单位与劳务分包单位的营业执照、资质证书、专业或劳务分包合同、分包单位项目负责人的证明文件以及工程完工后的结算文件等，向建设单位和监理工程师备案，以便建设单位和监理工程师进行监督。如果监督过程中发现分包单位施工进度、质量存在问题，可以由监理工程师直接向分包单位和总承包单位下达整改通知，建设单位和监理工程师还可以建议总承包单位更换分包单位。

田俊飞：根据《建筑法》的有关规定，总承包单位按照合同约定对建设单位负责，总承包单位分包的项目或专业工程，分包单位按照分包合同的约定对总承包单位负责。总承包单位和其分包单位就分包工程的质量对建设单位承担连带责任。

4．强化工期管理，节约财务成本，使工程尽早发挥效益

主持人：工程建设过程中，影响工期的因素很多，为了使工程项目及时完工，建设单位应该如何进行工期管理呢？

宋叶峰：建设工程完工时间的早晚，不但决定着整个工程的财务成本，而且还直接影响着建设项目的投资效益，项目早一天完工，就会早一天投入生产经营，早一天产生经济效益，如系商品房也会早一天交房，避免逾期交房违约。所以，建设工程的工期管理至关重要。目前，影响工期的因素主要有施工组织设计的科学性，各个劳务队进退场的及时性，建筑材料、构（配）件、设备采购进场的及时性，工艺、工序、质量管理的水平，外部施工环境的好坏，建设资金能否及时足额拨付到位等。

牛武军：总承包单位施工计划的编制是否合理，直接影响着工程能否如期完工。建设单位应会同监理工程师对施工单位编制的施工组织设计进行及时审核，看施工组织设计是否合理，工艺工序的安排是否合理，施工设备的数量能否满足生产要求，施工作业面的划分是否科学合理，施工人员的数量安排是否充足，各专业施工队伍的进出场是否有机衔接等，并提出修改建议。整个施工过程中，应督促施工单位根据施工进度和施工中遇到的问题，及时编制和调整阶段性施工计划，以使整个施工科学有序、各个工序无

缝衔接、交叉施工忙而不乱。

田俊飞：施工单位组织的各个劳务队能否及时到场，各个专业分包单位的人员能否及时到场是影响工期的一个重要因素。工程建设过程中的施工参建单位、班组比较多，如果各参建单位或施工班组未按施工进度节点、时间节点及时进场施工，不仅会导致各工序的完工时间后延，还会造成后一工序施工队无法及时进场，打乱整个专业施工计划与劳务进退场计划，最终导致整个工程无法在计划工期内完工。所以，建设单位必须监督总承包单位以及各个专业分包单位按工程施工进度节点和时间节点组织人员进场施工，以防工期的无谓延误。

王文久：建筑施工材料、构（配）件、设备能否及时到位，也是影响工期的主要因素。工程材料占工程建设总投资的70%以上，如果建筑材料的配备缺乏使用与采购计划，材料的考察询价、比选确定、合同签订、资金准备等工作后延，而使材料不能及时采购进场，将会导致工地停工待料，势必造成工期延误。所以，建设单位不但要确保自己供应的材料能够及时采购到位，还要监督施工单位提前做好材料采购计划，搞好材料质量确认，督促其及时签订采购合同、及时支（预）付材料款，确保材料及时进场，以免因材料进场不及时而影响工期，避免因建设单位供应材料进场不及时而遭遇施工单位工期与费用索赔。

宋叶峰：影响工期的因素还有很多，比如工程质量，如果不合格，修复、返工势必影响工期。如果建设单位在工程施工图纸设计阶段设计定位不准，在施工过程中就会改来改去，势必会产生大量的设计变更、签证事项，这些变更、签证事项不仅会造成施工内容的大量改拆，导致工程成本增加，还会延长工程的建设周期，使工程建设成本和工期失控。

田俊飞：还有一个影响工期的常见因素是建设单位不能及时拨付工程进度款。目前，市场上发承包双方签订的建设工程施工合同约定的付款条件都比较苛刻，这就要求施工单位在付款节点到达之前，要垫付高额的建设资金。如果施工单位垫不动资，就会造成工程干干停停；如果建设单位再不能依约及时拨付工程进度款，施工单位就可能以停工相要挟，徒增工程停工风险。所以，建设单位要从促进施工进度出发，不要在工程进度款支付节点约定方面贪占便宜、因小失大，更不能在工程款拨付方面有意或无意拖延，因本方的付款原因而造成工期拉长。

5. 质量管理是整个建设管理的重中之重，不可有任何懈怠

主持人："百年大计，质量第一"，建设工程质量的优劣，不但影响着建筑物寿命的长短，而且还决定着工程使用的安全。作为建设单位在施工过程中应如何管控建设工程质量呢？

宋叶峰：保证建设工程施工质量合格，始终是各参建单位不可逾越的红线。目前，

许多建设单位都有一个误区，认为有监理工程师监督工程质量，自己就可以放手不管。那如果驻场监理工程师不负责任怎么办？监理工程师没有及时发现质量隐患怎么办？等到"生米做成熟饭"，工程完工后才发现问题，有些地方根本就没有办法返工（除非整个工程拆除重建，但拆除重建又往往是不可能的），这时建设单位就会非常被动。所以，建设单位应积极参与工程质量管理和监督。

田俊飞：首先，建设单位应要求并监督驻场监理工程师全流程参与施工技术指导与现场监督，从图纸会审、定位定线、设备材料进场验收与检验，到各工序施工工艺示范、本工序的全面施工、关键部位的施工旁站、工序验收，督促监理工程师全程把控工程质量。整个施工过程中，建设单位也要全程参与质量监督工作，协助和配合监理工程师做好各施工工序的流程把控和现场巡视，防止施工企业自行开始各工序施工、在监理工程师和建设单位巡查缺位时突击施工、隐蔽各种施工瑕疵等。

牛武军：工程施工质量的好坏，关键还在于施工单位的理念、态度和能力。如果施工单位有"建一项工程，树一座丰碑"的理念，就会在工程质量上自觉树立质量第一的意识，虚心听取监理工程师和设计单位的意见，自愿接受建设单位和监理工程师的质量监督。否则，就会糊弄凑合、得过且过、偷工减料。所以，建设单位和监理工程师一开始就要严格要求施工单位按施工规范施工，并且全程不间断地进行现场巡查指导和关键部位旁站，一道一道地进行工序验收，使施工单位没有任何空子可钻，逼其配足技术人员和符合施工要求的技术工人，确保其按施工规范施工。

王文久：建筑材料的优劣是决定工程质量的根本要素。所以，建设单位和监理工程师要严把材料进场验收关、材料使用复核关。对于进场的材料要逐批进行验收并做好使用前的复核，对关键性材料还应自行抽样送检。确保不合格材料不能进场、不能使用，一旦进场要监督其及时退场，以防施工单位或材料供应商偷梁换柱、以次充好、中间调换。

田俊飞：建设单位要敢于对施工单位"亮剑"，凡施工用材不合格、施工工艺不规范的分部分项工程，一开始就必须强制施工单位拆除返工，让其不敢再马马虎虎对待施工，钻建设单位和监理工程师管理漏洞的空子。这一点不能完全指靠监理工程师铁面无私地执法，也不能依赖监理工程师充当"包公"，因为监理工程师有时是下不了狠手的，往往要看施工单位的面子，这时就要看建设单位的态度是否坚决了。

6. 强化施工安全管理，确保工程质量和进度

主持人：根据相关法律规定，总承包单位是施工现场安全生产的第一责任人，施工安全似乎与建设单位关系不大。但是从近几年发生的重大工程安全事故来看，建设单位很难摆脱其法律责任。那么，作为建设单位应该如何进行施工安全管控呢？

宋叶峰：虽然施工现场的安全生产第一责任人是总承包单位，监理工程师也承担着

安全监督责任，但是建设单位也有自己的责任和义务。《建设工程安全生产管理条例》规定，建设单位不得对勘察、设计、施工、监理等单位，提出不符合建设工程安全生产法律、法规和强制性标准规定的要求，不得压缩合同约定的工期。并不得明示或暗示施工单位购买、租赁、使用不符合安全施工要求的安全防护用具、机械设备、施工机具及配件、消防设施和器材等。

田俊飞：前述《条例》还规定，建设单位在申请领取施工许可证时，应当提供建设工程有关安全施工措施的资料。依法批准开工报告的建设工程，建设单位应当自开工报告批准之日起15日内，将保证安全施工的措施报送建设行政主管部门备案。如果建设单位没有办理建设工程施工许可证就要求施工单位进场施工，该施工行为就属于违法施工行为，不但面临着被责令停工的风险，若发生重大安全事故，建设单位也要承担相应责任。

牛武军：建设单位应会同监理工程师强化对工程施工安全措施实施情况的监督管理，做到施工单位安全措施到位，避免发生各种施工事故。对于涉及重大安全的基坑支护与降水工程、土方开挖工程、模板工程、起重吊装工程、脚手架工程、拆除工程、爆破工程以及其他危险性较大的工程等，建设单位必须会同监理工程师监督施工单位在作业前制订专项施工方案，并附具安全验算结果，报经总监理工程师审查签字后方可实施。对涉及深基坑、地下暗挖工程、高大模板工程的专项施工方案，还应要求施工单位组织专家进行论证、审查，否则，不得轻易施工。

王文久：建设工程施工过程中，一旦发生重大安全、质量事故，势必造成重大人员伤亡或财产损失，并严重影响工期，增加工程造价。除施工单位、监理单位直接责任人外，建设单位工程管理人员也可能会被追究刑事责任。所以，建设单位不能认为自己没有安全施工责任而放任施工单位简化安全防范措施。

田俊飞：工程施工安全要总包管分包、分包管班组，层层下压责任，建设单位和监理工程师全面监督，不能交给总包单位不管，放任施工单位野蛮违章作业、因陋就简凑合施工，以免发生安全生产事故或工伤事故。

话题 92　强化建材管理，严控材料质价

主持人：罗　晓　　嘉　宾：宋叶峰　王文久　牛武军　田俊飞　　文　字：田俊飞

一般工业、民用、商用建筑，建筑材料与施工工艺是决定工程质量的两大核心要素，其中建筑材料在工程造价中的占比又高达 70% 以上，所以，建筑材料管理是工程建设管理的重要内容之一，建设单位决不能有半点放松。那么，作为建设单位应当如何管控建筑材料的质量和价格呢？本期沙龙就邀请嘉宾们来谈谈建筑材料管理的有关要点。

1. 建设单位自行采购建筑材料时的风险把控

主持人：一般情况下，工程建设的建筑材料都由施工单位采购，但也有建设单位自行采购而供应给施工单位的情形。那么，请问各位嘉宾，建设单位什么情况下可以自行采购建筑材料？可以采购哪些建筑材料？自行采购时应当注意哪些问题？

宋叶峰：建设单位是否自行采购建筑材料，要遵循一定的原则，凡是质量方面有国家强制性标准，市场价格公开透明，不容易假冒品牌、以次充好的材料，原则上应由施工单位直接采购，建设单位没必要自行采购，以便施工单位承担工程质量（材料与工艺）的一体化责任。但对于缺乏国家强制性标准，市场价格不太透明，容易假冒品牌、以次充好的材料，为有效管控其质量和价格，建设单位可以自行采购。对于群体性建筑，为了保持建筑物统一的内在质量和外观，有时建设单位也会统一采购建筑材料或进行专业分包。

牛武军：建设单位自行采购建筑材料，要把好考察询价、暗访复核、最终决策三道关。市场考察与询价是建设单位自行采购建筑材料的基础，建设单位必须派出专业、懂行的材料管理人员进行市场隐名考察，筛选比对符合建筑设计品质与档次要求的合适材料，并询得与总量需求相匹配的最低供应价格。一般情况下筛选出的备选产品应在 5 个左右，最少不能少于 3 个，然后由考察询价人员写出书面考察报告，逐一列明备选材料的质地、标准、规格、型号、生产厂家或产地、价格、供应商地址和联系方式等要素，作为建设单位复核和决策的依据。考察报告必须由考察人员签名，以示其对报告的真实性负责。

王文久：市场考察报告完成后，建设单位应组织内部决策层和施工、监理、造价、法律服务等相关人员，对考察报告的真实性和完整性进行评议。如认为存在缺项或不详，则应由考察人员补充考察并完善；如认为报告详实，则可进行初选排序（研究排序时考

察人员应当回避），然后另行派出复核人员，按排序结果依次对备选材料的所涉要素进行逐一复核。复核时，复核人员亦应背靠背隐名复核，以防考察人员与供应商串通欺瞒复核人员。完成复核后，由复核人员出具复核报告，以示其对复核结果负责。

田俊飞：经过复核认为考察信息真实可靠，建设单位决策层即可根据考察、复核结果，评议不同材料的性价比，并最终决定选用其一或排出优先签约顺序，然后依次与供应商谈判，谈妥后签订采购合同，明确其材料质量、价格、供货方式以及违约责任。

王文久：凡建设单位自行采购供应施工单位的建筑材料，应明确双方的结算办法，要么按采购价供应施工单位，最终结算时由施工单位按供应价正常计价和调差；要么不按采购价供应施工单位，最终结算时由施工单位先按定额价计价、不再调差，并在结算书汇总表中再将定额价扣除。"甲供材"不能采取在结算书中不计价的办法，以免影响结算书中的间接费取费。

田俊飞：建设单位自行采购与供应建筑材料的工作机制，应事先形成规范性的制度，以确保采购到质优价低的材料，防范材料采购人员的道德风险，避免采购人员吃回扣，放任供应商以次充好、价格虚高、内外串通而损害建设单位利益。

2. 强化对施工单位直接采购材料的监督管理

主持人：大部分情况下，建筑材料都是由施工单位直接采购的，作为建设单位如何才能有效地管控施工单位采购的材料质量与价格呢？

宋叶峰：施工单位直接采购建筑材料主要有三种模式：一是由施工单位自主决定采购建筑材料；二是由施工单位选定品牌、质量等级、价格以及供应商，由建设单位对质量或价格进行确认，然后施工单位按照认定的质量或价格进行采购；三是由建设单位根据自己的考察结果，直接指定品牌、质量等级、价格以及供应商，由施工单位与供应商签订采购合同进行采购、验收、结算。

牛武军：施工单位自主决定采购的材料，一般均是有强制性国家质量标准，市场价格公开透明，不容易假冒品牌、以次充好的通用建筑材料和地方性材料，如钢材、木材、水泥（商砼）、玻璃、砖、石灰、砂石、涂料等。对于这些材料，建设单位一般不应干预施工单位购买的来源和价格，只会同监理工程师对材料质量进行进场监督和使用监督即可，一旦发现不合格则要求其退场、不得使用或拆除。至于价格，一般建设主管部门都会定期公布信息价，结算时根据价格调整办法按信息价据实调差即可。

王文久：对于一些内在质量和价格差异较大，外观要求高，容易假冒品牌、以次充好或者没有国家标准的材料，如电缆、电线、电器（插座、开关、灯具）、供汽、供暖、消防设备与装置，地砖墙砖、卫生洁具、门窗、护栏等，一般可由施工单位先选定品牌、质量等级、价格以及供应商，然后由建设单位对质量或价格进行确认，最终由施工单位按照认定的质量或价格进行采购。此部分由建设单位认质认价的材料，建设单位应要求施工单位提供市场考察与询价报告（同前），然后由建设单位组织己方人员到市场上进行隐名复核（同前复核模式，同样出具复核报告），建设单位复核后认为询价报告属实的，再根据性价比优选其中之一，由施工单位与供应商签订采购合同。

田俊飞：对于一些内在质量和价格差异较大，外观要求高，容易假冒品牌、以次充好或者没有国家标准的材料，如果建设单位意欲在不同建筑物上统一使用，也可以按自行采购程序进行市场考察、复核，待选定品牌、质量等级、价格以及供应商后，交由施工单位与指定的供应商签订采购合同。

王文久：对于由建设单位认质认价和指定品牌与供应商的材料，建设单位应当明确材料的价格构成，如该价格是否包括运输费、装卸费、初加工费、安装费，是含税价还是不含税的裸价等。如果其价格构成不明，最终结算时就易发生结算纠纷，施工单位多数情况下是要按照常规计价方式另加许多费用的，或者个别费用会被施工单位重复计价而无法剔除。

宋叶峰：对于由建设单位认质认价或指定品牌的材料，建设单位要分批次出具认质认价单或指定品牌通知书，记明以上强调的各种质量与价格要素，以为将来的竣工结算提供可靠依据。

田俊飞：另外，建设单位在整个工程建设过程中，应当始终关注建筑材料的市价变化，特别要注意做好市场价格回落时材料采购的认质认价。一般情况下，对于市场价格回落的材料，施工单位提出采购时不希望建设单位认质认价，或者只提出质量确认，不要求确认价格，这时，建设单位必须及时复核市场价格，并在质量确认时一并对价格予以确认，以便将来结算时调减价差。

3. 严把材料进场验收与使用复检两道关

主持人：建筑材料是否合格，直接关系到建设工程的施工质量是否合格。作为建设单位来说，如何把好材料进场验收和使用检验关呢？

宋叶峰：不论是建设单位自行采购的材料，还是施工单位直接采购的材料，进场时都必须进行外在形式验收。验收时，一看品牌、规格、型号、质量等级、供应商、生产商是否与合同约定（或认质认价单确认）一致；二看材料是否附有产品合格证以及产品所使用原材料的检测合格报告；三看有无供应商开具的发票。如果发现进场的材料与合同（或认质认价单）不符，或者没有以上证明合格的文件或发票，应不予接收或要求其退场。

牛武军：进场的建筑材料应由施工单位送交有资质的检测机构检测合格后，方可在施工时使用。为了防止施工单位送检时张冠李戴，建设单位可以监督现场采样，并对样品检材进行双方封样送检，以确保送检的样品与现场材料一致。对于检测合格的材料，才可准许施工时使用。

田俊飞：对于关乎建筑安全的材料、价格差异较大的材料，建设单位如不放心，还可以在施工过程中随机抽样，送到自己委托的另一检测机构进行复检，以确保建筑材料合格或符合合同约定（或认质认价单确认）的质量标准。建设单位可以与选定的检测机构签订整个工程的材料随机复检合同，检测费用由建设单位与检测机构结算。建设单位委托检测机构的情况应当对施工单位保密，并与施工单位约定复检合格时的检测费用由建设单位负担，复检不合格时的检测费用由施工单位负担。

王文久：建筑材料多数不是一次性进场，而是根据施工进度陆陆续续进场，所以，建设单位必须按批次逐批进行进场验收和使用检验，切不可忽视以后批次的材料质量，以防施工单位先好后坏、偷梁换柱、以次充好、蒙混过关。

田俊飞：属于建设单位自行采购的材料，验收无误后还应与施工单位办理材料交接手续，明确建设单位供应材料的数量。建设单位应会同造价师与施工单位核定定额供应量，对于超额供应的材料要约定供应价格，以防施工单位浪费或发生价格结算纠纷。对于施工单位依核定定额供应量节约的材料，建设单位亦应制订奖励办法，对施工单位适当奖励，以鼓励其节约使用材料。

话题 93　搞好资料管理，谨防虚报冒算

主持人：罗　晓　　嘉宾：宋叶峰　王文久　牛武军　程许川　　文　字：程许川

建设工程施工资料（包括各种单证）是施工过程的真实记录，从技术角度讲是查找质量问题、进行竣工验收以及服务后期维护和大修拆改的依据，从经济角度讲是双方结算的基础性依据。由于多数建设单位缺乏工程建设管理经验，对施工资料的作用认识不足，导致大量资料缺失、单证内容不详，为工程的竣工验收、备案、结算造成很大麻烦，并在争议处理时无法提供有利证据。为了帮助建设单位搞好资料管理，本期沙龙的几位嘉宾来与大家谈谈施工过程中的资料和单证管理问题。

1. 施工资料及单证的意义和作用

主持人：建设工程施工是一个长期而复杂的过程，期间会产生很多资料与单证，嘉宾们能否先介绍一下施工资料的意义和作用？

牛武军：按照住建部发布的《建设工程文件归档规范》，建筑工程涉及的资料有五类，一是工程准备阶段的文件，包括立项、用地、拆迁、勘察、设计、招投标、开工审批、工程造价、工程建设基本信息等文件；二是监理文件，包括监理管理、进度控制、质量控制、造价控制、工期管理、监理验收等文件；三是施工文件，包括施工管理、施工技术、进度、造价、施工物资出厂质量证明以及进场检测、施工记录、施工试验记录及检测、施工质量验收、施工阶段性验收等文件；四是竣工图；五是工程竣工验收文件，包括竣工验收、备案、决算等文件。

王文久：施工资料如从性质上分，可以分为技术性资料、经济性资料、兼具技术和经济双重特性的资料三大类。技术性资料如工程技术文件报审表、技术交底记录、图纸及其会审记录、施工物资出厂质量证明及进场检测文件、工程定位测量记录、基槽验线记录等；经济性资料主要是指与造价、工期有关的，能够引起造价变化的文件和资料，如招标控制价格文件、合同价格文件、结算价格文件、工程款支付申请及其审批文件、工程延期申请及其审批文件等；兼具技术和经济双重特性的文件，如设计变更、签证、技术核定、认质认价等文件，既涉及技术问题，又会影响到造价。

宋叶峰：施工资料与单证具有四个方面的作用，一是能够完整记录工程施工的工艺工序、技术标准、施工用材，全面反映整个工程建设的施工过程；二是作为工程竣工验收、

造价结算与审计的基础和依据；三是能为工程质量及安全事故的处理提供依据，为工程使用期间的检查、维修、管理、使用、保护、改建、扩建以及报废后的拆除等提供基础资料和技术支撑；四是能够为未来其他工程的建设提供参考，积累经验。所以，从国家管理层面上就一直强调施工资料及单证的管理。

程许川：对于建设单位来讲，加强施工资料管理，除了可以满足国家强制性要求外，另外还有三个方面的重要意义。一是由于工程建设施工周期长、技术复杂，几乎所有的建设工程都会遇到设计变更、技术变更、材料价格变化、政策变化等情形，从而引起造价变化，而只有将这些变化客观地记录在施工资料中，才能为造价调整提供依据，避免发生造价纠纷；二是工程建设涉及主体多，极易发生各种纠纷，一旦进入司法程序，完善的施工资料具有证据的证明价值，是划清各方责任、保护本方权益的基础依据；三是施工资料如实记载了施工过程中的实际情况，对工程建设主管人员来说，可以保证其作出的决定有据可查，避免被不当追责风险。因此，建设单位决不可轻视资料管理工作。

2. 通过单证管理，搞好成本控制

主持人：工程质量控制依赖于施工技术与工艺管理，而工程造价控制则主要依赖于单证资料。那么，建设单位应如何通过施工资料与单证的管理来做好造价控制呢？

宋叶峰：不管施工合同采取的是哪种计价方式（固定价或可调价），施工过程中的造价调整都是无法避免的。导致造价调整的因素主要有设计变更、技术核定、预算外签证、市场价格波动、政策性变化、非施工单位原因的停工等，这些影响造价变动的因素，都需要通过书面的单证形式将其固定下来，以为工程竣工结算提供依据，避免发生不必要的纠纷。如果单证管理不到位，就有可能被施工单位虚报冒算，徒增工程建设成本。

牛武军：施工过程中经常会遇到设计或技术变更，对此，建设单位一是要在作出变更决定之前，充分征询设计单位、监理单位、施工单位的意见，充分估算变更对造价、工期的影响；二是要拟订变增变减部分的造价置换办法；三是如果变更部位尚未施工，要在变更单上予以注明，在进行施工准备时按照变更后的施工方案准备，以减少备料、拆除、重做等损失；四是如果变更部位正在施工或已经施工完毕，则要对当前的施工状态、完成的工艺工序以及工程量、拆除措施、拆除工程量、拆除后材料的利用、垃圾清运、新的施工方法等一一加以列明和确认，并附上造价调整方式，以便与施工单位就变更估价达成一致，防止事后施工单位虚报冒算。

王文久：施工过程中发生签证事项时，一定要明确事项发生的时间、地点、原因、工作内容、人工、材料、机械的工程量、造价计算方式、工期顺延与否等结算要素，涉及施工内容的，还应附上签证事项的施工图，以便结算时正确计算签证部分的子目工程量以及工程造价，以防时过境迁难以弄清而无法补证。

程许川：因市场波动引起材料价格变化时，建设单位要及时收集材料价格变动信息资料，在调整价款时征求造价师的意见，明确从哪个节点开始调，调价节点前后的使用量如何划分确认，造价分别怎么计算。对于认质认价的材料，要明确材料名称、规格型号、单位、数量、质量等级、厂家、报价（是否包含税金、运费及装卸费、安装费等费用）、采购时间、调价方式、调价时段、时段届满后的重新认价办法等。

王文久：政策变化也会影响到造价和工期，政策变化是指国家法律、法规、规章、工程所在地的地方性法规、自治条例、单行条例和地方政府规章等的变化以及临时性行政管控行为等。一方面建设单位可以在合同中约定政策变化所包含的范围，另一方面要约定政策变化时的造价或工期调整方法，一旦遇到政策变化，建设单位应在造价师的指导下，及时与施工单位确定调价的时间节点和具体幅度以及计算公式，明确工期是否调整以及调整的天数，以防结算时扯皮。

程许川：建设单位要特别注意，在技术变更或市场波动和政策变化时，有的会导致造价调高，有的还可能使造价调低。当造价需要调低时，施工单位一般都不会主动提出调整，建设单位必须要及时提出并确认调整办法，否则，就有可能在结算时忘了调减。

3. 完善单证传递、签收与回复机制

主持人：在工程建设过程中，建设单位与各参建主体之间需要进行大量的信息沟通，怎样才能做到有效沟通，防范信息传递脱节风险呢？

宋叶峰：为保证建设单位与各参建主体之间准确、及时地传递信息，同时便于争议发生时尽快查明事实、解决矛盾，建设单位与各参建方一定要在施工（服务）合同中对相互之间的联络方式进行详细约定，包括资料接收人、岗位职务、所在部门、公私电话、电子邮箱、通信地址、送达地点、送达方式等内容。各方应通过书面形式传递与履行合同有关的信息和意思表示，并由双方有权人员签字或加盖公章。为防止一方转嫁风险、推卸责任，拒绝签收或迟延签收往来函件，还应在合同中明确约定拒绝签收的不利后果。

牛武军：建设单位与各参建方要建立完善的单证传递、回复机制，一要建立往来单证传递程序，并落实到监理合同和施工合同之中；二要建立单证传递送达、签收机制，明确单证传递各方的责任界点；三要建立单证登记制度，包括单证编号、发出日期、送

达方式、签收日期、签收人、是否回复、处理结果、拒签理由等，确保单证有据可查，不重不漏。如果相对方拒收或无人签收建设单位的单证，建设单位应当通过快递、挂号信、传真、电子邮件或现场公证等方式送达，并保留证据以备不时之需。

程许川：建设单位还要建立本方发出单证的内部制作、审查、修改、完善、确认、送达制度，明确单证处理责任，确保单证内容要素齐全、量价或其计算方法明确、符合施工与计价规范规定以及合同的约定，并及时送达相对方以及关联方。

王文久：对于施工单位或其他参建方发来的函件，要做好收件编号登记，并及时批转本方有权人员处理。对于涉及工程造价、工期变化的函件，应组织施工、资料、预算人员会同设计、监理、律师、造价师等对单证进行全面审查，看其形式是否符合合同约定，对所涉问题的技术要求、工期、材料、劳动力、机械、工程量计算、价款计算，以及对其他工程的影响、处理依据等进行逐项复核确认。对于施工单位的来件千万不能置之不理，以免丧失审查确认的机会，为本方工程管理人员的职业道德风险留下隐患。

程许川：建设单位在回复各参建方的函件时，无论是否有异议，都应在合同约定的期限内及时书面回复，以免触发"不回复或逾期回复视为认可或无异议"的特别约定。如果有异议，应在回复中说明异议的理由、本方的主张及依据、需要对方更正或补充的材料、对方回复的方式和期限、逾期回复的后果等。如果相对方拒收或无人签收建设单位的复函，建设单位应当通过快递、挂号信、传真、电子邮件或现场公证等方式送达，并保留证据，以防被视为未回复或逾期回复。

宋叶峰：监理资料在施工合同纠纷中具有最高证据效力。因此，建设单位应学会利用监理资料特别是监理例会记录记载对己有利的事实，以为自己的通知事项和具体主张留存证据。

话题 94　建设单位如何应对工程施工索赔

主持人：罗　晓　　嘉宾：宋叶峰　王文久　牛武军　程许川　　文　字：程许川

工程建设过程中，由于非施工方的原因导致工程施工延误、施工成本增加、人工材料设备浪费和其他损失的，施工方有权向建设单位提出索赔。同样，由于施工方（包括设备供应商）的原因导致工程迟延交付使用或使建设单位额外支出其他费用的，建设单位也可以向施工单位或供应商提出索赔。建设单位如何应对施工单位提出的索赔，有效控制工程成本，适时行使自己的索赔权，弥补自己的损失？本期沙龙的几位嘉宾就来与大家聊聊建设单位应对工程施工索赔问题。

1. 工程索赔的一般常识

主持人：工程建设是一个多方参与、技术性强、组织配合复杂、持续时间长的行为过程，因为各种原因导致的施工延误、费用增加、损失浪费在所难免，各参与主体之间互相索赔非常常见。嘉宾们能否先介绍一下工程索赔的一般常识？

宋叶峰：工程索赔是建设工程施工合同履行过程中，合同当事人因非自身原因受到经济损失或权利损害时，基于法律规定或合同的约定，通过一定的程序要求对方给予补偿的行权行为。工程索赔既可以是施工单位向建设单位提出索赔，又可以是建设单位向施工单位提出索赔，亦可以是总承包单位与分包单位之间互相提出索赔，还可以是建设单位或者施工单位与设备供应商之间相互提出索赔。

程许川：工程索赔分为法定索赔和约定索赔。根据《合同法》以及工程建设有关法律法规章的相关规定，凡是建设单位违约、有过错或者不可抗力导致的施工延误和额外损失，施工单位以及设备供应商均可以提出索赔；凡施工单位、设备供应商违约给他方造成损失的，受损害的一方均可向违约方提出索赔。具体的索赔事项、损失计算方法以及索赔程序可以在施工合同中加以约定。

王文久：对于施工单位来说，向建设单位提出的索赔一般为工期索赔和费用索赔。工期索赔主要是要求延长工期、推迟竣工日期；费用索赔主要是要求建设单位调整合同价款、赔偿损失、追加付款等。建设单位向施工单位、设备供应商以及总承包单位、分包单位、设备供应商提出的索赔一般均为费用损失和工期违约损失。

程许川：实务中，建设单位为了规范索赔行为，减少索赔的不确定性，往往会与施工单位约定纳入或不纳入索赔的情形以及索赔的损失计算办法，以有效控制工程成本。根据有约定从约定、无约定从法定的《合同法》履约原则，如果合同双方有关于索赔的约定，那么，自认为利益受损一方的索赔就只能按约定处理；没有约定或者约定不明的，才可按法定原则处理。因此，建设单位应在签订施工合同时，尽量约定明确索赔的情形和损失计算办法，以免出现索赔情形时双方争执不下。

牛武军：索赔是合同当事人的一项权利，合同当事人就索赔问题在合同中约定时，一是要约定提出和审查索赔的程序，二是约定索赔以及对其异议的处理方式。如明确施工单位提出索赔意向书（请求书）和索赔报告的时间、逾期提出是否视为放弃索赔权利；索赔数额计算方式和依据；是先送交监理单位审核，还是直接报送建设单位审核；建设单位或监理单位审核与回复的期限、异议的处理以及逾期回复的后果、索赔与回复文件的传递送达等，以明确各方的行权或者除权责任。

王文久：现实中，很多建设单位不愿在施工合同和设备供应合同中约定索赔情形与程序，看似不易诱导施工单位与设备供应商索赔，但根本不影响施工单位与设备供应商的索赔权，并且一旦他们提出索赔，也只能按法定情形和标准执行，对建设单位更为不利。

2. 建设单位面临的索赔很多很多

主持人：工程建设过程中，施工方一般会向建设单位提出哪些费用索赔？

宋叶峰：施工方提出的工程索赔，一般是指无法转化为工程量而计入工程造价的额外支出（能够转化为工程量的，自会进入工程造价而不必列入索赔项目）。这些索赔包括因建设单位原因而导致的施工延误和额外损失、因设计单位或监理公司原因而导致的施工延误和额外损失、其他客观原因以及不可抗力而导致的施工延误和额外损失。施工方向建设单位提出索赔的前提是非本方原因，如果是由于施工方原因而造成的施工延误和额外损失，施工方无权提出索赔。

牛武军：建设单位通常面临的索赔事由是，未全面及时地履行合同义务或提出不合理施工要求，导致施工单位费用增加或发生损失。如未及时办理施工前置审批手续，而使施工单位进场后无法开始施工或断断续续施工；未按期下达开工通知，导致施工单位进场后等待开工；未按合同约定提供图纸，拖延提供施工现场、条件、资料；提供的工程基准、水准资料存在错误，拖延审批施工方案或进度计划，发包人发布指示延误或不当，提出超出原合同约定的设计、施工、材料质量要求，违约指定材料、设备生产厂家或供应商，拖延支付工程款，指定的专业工程分包单位违约或延误等。

王文久：另外，设计变更、调整施工单位工作内容及工作量、工程量减少导致合同单价变更、甲供材料供应时间延误、甲供材料质量缺陷、拖延关键线路上工序的验收、要求加速施工、建设单位原因导致暂停施工、无法按时复工、要求施工单位提前交付单位工程、建设单位拖延竣工验收、无正当理由拒绝接受工程、保修期内因建设单位原因造成的施工单位修复费用等，也可以向建设单位提出索赔。

程许川：监理公司的行为也可能引起施工单位向建设单位索赔。如未按期下达开工通知，拖延审批施工方案或进度计划，发布指示延误或不当，检查检验影响施工正常进行，延期检查隐蔽工程或重新检查已覆盖隐蔽工程，重新实验和检验材料、设备及工程等。对于非施工单位原因导致的工程试车费用增加或工期延误、投料试车不合格、工期延长，以及施工单位继续提供履约担保，施工单位提出合理化建议被采纳，施工单位采用合同约定外的必要安全措施等，也可向建设单位提出索赔。

宋叶峰：因设计单位的原因也可引起施工单位的索赔。如图纸设计有误，图纸会审时没有发现，施工中发现问题后停工等待修改图纸；图纸设计深度不够，导致施工中没法施工而需要等待技术核定；变更设计完成或传递时间延误，导致施工单位停工待变等。

王文久：其他原因如不利物质条件、文物及地下障碍物、不可抗力导致的延误，遭遇不可抗力期间的工程照管、清理、修复，基准日期后的法律变化、情势变更、成本变动、通货膨胀及货币贬值，工程延期造成施工单位机会利润损失，合同终止造成施工单位预期利润损失等，也会引发施工方索赔。

3. 对施工单位索赔请求的应对之策

主持人：对于施工单位的索赔请求，建设单位应当如何应对？

宋叶峰：对于施工单位提出的索赔，一般遵循弥补实际损失原则，建设单位可从三个方面进行审查。一是审查索赔事项是否有法律、法规、规章依据或合同依据，以此来判断其索赔要求是否合理、合法、合约；二是施工单位的损失必须已经产生或必然产生，且能被反映在成本费用之中，并构成经营成本的一部分。比如工期延误造成的人员窝工、设备闲置，窝工人工费和设备租赁费就是一种实际损失；三是是否具有足以支持其索赔请求的证明材料。建设单位应要求施工单位在索赔文件中详细列明其索赔的具体项目和依据，比如索赔事件给承包人造成的损失总额、构成明细、计算依据以及相应的证明资料，必要时还应附具影音资料。

牛武军：建设单位还应把握索赔逾期失效原则。即索赔事项发生后，施工单位应按照招投标文件及合同中约定的索赔期限,向建设单位递交索赔意向通知书(请求书),逾期提出视为放弃。实践中,有许多建设单位往往不注重在施工合同中约定索赔期限和索赔程序,结果在竣工结算时冒出大量索赔单,处理起来非常棘手,其根本原因就是合同没有约定明确,无法适用逾期失效原则。

程许川:建设单位对施工单位的索赔要及时作出回复,可以是同意或部分同意施工单位提出的索赔请求,也可以是明确拒绝施工单位的索赔。但无论何种处理结果,均应以书面形式在约定期限内通知施工单位。否则,建设单位将可能面临"逾期答复视为认可其索赔请求"的法律风险。另外,对于施工单位索赔没有异议或异议不大的,建设单位应及时与施工单位达成一致协议,避免时间拖得太久,导致客观事实无法查清,产生不必要的纠纷。

王文久:建设单位在审查施工单位提出的索赔请求时,最好由项目管理人员会同监理工程师、工程专业律师、造价师、会计师等人员共同提出处理意见。监理工程师侧重于对索赔事实的确认以及索赔报告中技术性问题的审查和分析,造价师和会计师主要负责对索赔所计算的费用、利润或工期的合理性进行审查,律师主要对索赔的合同依据、法律依据和证明材料进行审查,以确保索赔的处理或者异议有理有据,维护建设单位的合法利益,保障建设单位工作人员正确履职。

程许川:实践中,很多建设单位对施工单位和设备供应商的索赔置之不理。一是认为施工单位和设备供应商斤斤计较,这些损失很小,不值一提;二是如果审查签认,必然导致建设成本增加,不给驻场管理人员授权;三是如果驻场管理人员审查签认,又担心企业领导会认为项目管理不到位,给领导留下不好的印象。建设单位碰到一个不懂或好说话的施工单位还好,但如果碰到一个正规和有索赔经验的施工单位,大量的索赔单证就会被适时制作并传递给建设单位和监理工程师,如果你置之不理,最后大量积累的索赔单证可能会把建设单位整得骑虎难下,不得不就范。

话题 95　工程竣工结算的方法与争议处理技巧

主持人：罗　晓　嘉宾：宋叶峰　王文久　牛武军　汪蒙蒙　文　字：汪蒙蒙

　　工程竣工结算是工程建设管理的收官之作，也是核定工程造价的核心工作。由于好多建设单位不会把控工程竣工结算过程与尺度，要么被施工单位虚报冒算而不知剔除，要么不顾实际而一味压价，引起不必要的纠纷并导致诉讼或仲裁，不但没有合理降低结算价，还搭上了不少诉讼费、鉴定费、律师费，既费神费力，又费时费钱。为了帮助建设单位搞好工程竣工结算，本期沙龙嘉宾与大家谈谈建设单位工程竣工结算方法以及争议处理技巧。

1. 合法合规合约合情，才能搞好工程结算

　　主持人：目前，建设工程施工合同纠纷占据着民商事诉讼与仲裁案件的主要板块。请问嘉宾，工程施工合同纠纷之所以居高不下，其主要原因是什么？建设单位在竣工结算阶段能否化解这些纠纷？

　　宋叶峰：工程施工合同纠纷绝大多数都是造价纠纷，少部分是质量或工期等纠纷。形成造价纠纷的原因大概有四，一是招投标文件对工程造价结算的办法没有表述清楚，结算时双方各有不同的理解；二是双方存在多份合同，对以哪份合同结算各执一词；三是施工过程中涉及造价变动的技术资料和计价单证不健全，没有即时予以洽商确认，结算时又回忆不起当时的情形；四是竣工结算时不会处理双方存在的争议，最终导致矛盾激化而引起诉讼或者仲裁。

　　牛武军：根据我们参与工程结算纠纷处理的经验，多数施工合同纠纷都是建设单位不知道不同合同的适用效力、不知道造价结算争议项的处理原则、不考虑工程建设中的实际问题对施工工期与成本的影响、一味压价拒不让步所造成的，少部分是施工单位组织管理不善、项目亏损、渴望追加造价、死缠烂打而造成的。

　　王文久：目前，多数建设单位都有一个误区，认为施工单位提交竣工结算书后，只要委托造价工程师审核，按审定结果与施工单位结算即可。殊不知，造价工程师审核造价时，合同约定得越清楚、施工单证越齐全、单证记载的内容越细越准，造价就越好审定，争议也会越小；反之，则越不好审，双方争议也越大。对于合同约定不明、单证欠缺或内容不详的，需要双方协商确认结算办法，造价工程师才能确定争议项的最终结算数额。在争议没有解决前，按建设单位单方面意见作出的审核报告，如果施工单位不予认可，

对其是没有法律约束力的。

汪蒙蒙：根据我们参与处理的施工合同纠纷来看，目前的结算争议主要集中在各个争议项分别应以哪份合同作为结算依据，设计变更或工艺调整部分造价的调整办法，签证部分的结算办法，甲方供应与指定品牌材料的结算办法，认质认价材料的价格构成与结算办法，甲方指定专业分包工程的结算办法，人工费、材料费、机械费的调整时点与调整办法，建设单位指定附加工作的结算办法等方面。作为建设单位，一方面要尊重工程施工客观事实，另一方面要弄懂国家与地方政府的造价政策，再一方面要弄清双方的争议点，这样才能拿出既符合法律法规和政策规定，又符合双方合同约定和客观实际，并能被施工方所接受的结算方案。

2. 事前达成结算协议，方能减少结算争议

主持人：工程结算是对整个工程的"盘点"，作为建设单位应该做好哪些准备工作，才能保证工程结算的顺利进行，使结算结果更接近于客观实际？

宋叶峰：核对竣工资料、处理遗留问题、达成结算协议是工程结算的三大准备工作，这三项工作做好了，整个工程结算就会相对顺利。工程竣工资料是工程竣工验收的内容之一，它既是工程质量验收的依据，也是工程结算的依据，所以，工程竣工后的施工资料整理显得十分重要。建设单位要主动参与施工资料整理工作，不能认为是施工单位的事而放任不管。

牛武军：建设工程竣工后，建设单位应组织设计、监理、施工各方，就建设单位、监理单位与施工单位持有的全部施工与结算资料进行核对，做到资料不重不漏、及时补正。一是要核对各方持有的资料是否一致，内容是否相同；二是有没有他方不持有的资料，弄清为什么没有传递到对方的原因，这些资料的内容是否存在或真实；三是这些资料能否作为工程结算的依据，有无不清楚、不详细的地方，是否需要补充或明确。最后由建设单位组织设计、监理、造价、律师等专业人士，对问题单证加以研究并提出处理意见。

王文久：对于各方互不持有的单证，如与客观事实相符，则应互相签字确认；对于内容不清、影响结算的单证，应在确认施工事实的基础上，商定结算要素予以补正完善；对于与客观事实不符的单证，应在核定客观事实后予以修订或变更（原有单证应当留存）；对于时过境迁、无法核实，也无法达成一致的单证，可以在结算协议中约定，在编制结算书时单列，留在结算争议谈判时一并解决。

汪蒙蒙：单证审查确认后，建设单位应就结算的法律法规依据、政策依据、合同依据、

变更、签证等各类结算事项的处理方法或原则，人工费调整的时点、工时与幅度，机械费调整的时点与方法，各种不同采购来源的材料费的结算办法，各种费用的计取办法等，争取与施工单位达成一致，并签订结算协议。然后由施工单位按结算协议编制结算书。

牛武军：先达成结算协议后编制结算书的结算办法，一般结算争议都会较小。一是在不知道总造价的情况下，就每份单证、每个事项确认结算方法比较容易；二是施工单位按结算协议编制申报的结算书不会偏差太大，建设单位也不会审减太多，使人在心理上感觉争议不大，容易达成一致；三是按结算协议可以共同委托一家造价机构编制结算书，既省时省力，又可一步到位，免得一编一审，造成浪费。

宋叶峰：不论该工程是否存在阴阳合同、变更合同、补充合同，只要双方达成了结算协议，人民法院一般均会支持以结算协议为依据来进行工程结算。

3. 解决争议有方法，结算谈判有技巧

主持人：一般工程结算都会有大大小小的争议，建设单位应该如何正确处理双方的争议，顺利实现结算定案呢？

王文久：施工单位完成结算书编制工作后，建设单位应委托造价工程师对其提交的结算书进行审核，并派专人予以协助、沟通、跟进。造价师审核时，首先要逐项复核结算资料是否完整、内容是否准确，是否按双方达成的结算协议执行。没有达成结算协议的，还要核对单证内容与客观实际是否相符，是否按合同优先顺序分别结算不同事项；其次，要审核其结算书中的工程量是否准确，是否存在虚报冒算；再次，对执行的单价或总价进行复核，执行的单价与约定的单价是否一致，取费标准是否正确，甲方供材的计价与扣除是否正确，甲方代缴、代付、代扣是否准确等。

牛武军：通常情况下，由于施工单位编制的结算书本身存在较多问题，建设单位委托专业的造价工程师进行审核后，势必会将施工单位的结算书审减较多，对审减部分施工单位不一定接受。因此，建设单位委托造价师审核后，应将审核结算书送达施工单位，并在书面的反馈通知书中要求其在一定的期间内回复，对审核结算书审减部分不接受的，应逐项提出书面异议，并说明自己的主张和依据以及具体的计算方法。如在限定的期限内施工单位未提出书面异议，或者逾期提出书面异议的，应视为施工单位无异议。

汪蒙蒙：建设单位收到施工单位的书面异议后，应就异议事项组织造价师和律师共同商定处理办法或原则，并征求监理工程师的意见，然后再启动争议问题处理谈判。谈判前，建设单位应首先按法律法规、政策、合同以及单证资料等证据，把争议事项划分

为"必给""可给可不给""决不给"三大类，然后在谈判时，将"必给"项大大方方地让给施工单位，以疏解对方的情绪，同时明确"决不给"的项目，换取其顺利接受，对于"可给可不给"的项目，双方按照互谅互让原则捆绑谈判，建设单位给一部分、施工单位优惠一部分，力争达成一揽子结算协议。

宋叶峰：建设单位在与施工单位进行谈判时，应就双方的争议项逐项谈判，并形成谈判会议纪要，每次谈判的结果都由建设方、施工方、律师和造价师签字确认。待全部谈妥后，由双方签订结算异议问题处理协议，建设方或其委托的造价师依据处理协议调整审核结算书，双方在定案表上签字确认，办理清结手续。在此特别提醒建设单位，让步与不让步的项目一定要选对，以免被权利机关追究责任。

汪蒙蒙：如针对工程结算争议双方无法达成一揽子协议，则可以在谈判纪要上把谈妥的部分固定下来，以缩小双方的差距。同时，把谈不妥的争议项目一一记清争议的数额以及各自的主张与理由，以缩小诉讼或仲裁的标的。施工单位仅就存异部分提起诉讼或仲裁，诉讼标的小，诉讼费低，鉴定时只就争议的项目逐项进行单项鉴定即可。这样做鉴定速度快，鉴定费也低，可以大大节约诉讼时间和诉讼费用，节省的成本可以作为双方让步的本钱，有利于矛盾的顺利解决。

宋叶峰：几乎所有的建设工程都会有造价结算争议，作为建设单位，一是应尽量通过谈判解决纠纷，不要放任纠纷扩大而转化为诉讼；因为施工合同纠纷之诉讼，建设单位往往败诉，且成本（诉讼费、鉴定费、律师费等）较高；二是不要把造价压得太低，在定额基础上适当优惠即可，如片面强调低价，施工方必然反弹，纠纷就易转化和升级；三是造价纠纷谈判或诉讼，应尽量聘请建筑专业律师"操刀"，并由造价师协助，千万不要自以为是地按自己的想法去处理，甚至想方设法与对方对抗，结果把自己陷入诉讼的泥潭不能自拔，浪费时间、精力和金钱，最终效果也不一定对己有利。

第十章

施工企业工程施工管理法律风险防范

建筑业是我国国民经济的支柱产业之一,对经济社会发展、城乡建设和民生改善做出了重要贡献。但由于行政监管体制机制不健全、监管措施不到位、施工主体混乱特别是个人挂靠施工现象大量存在、监理单位责任感不强等问题,导致招标投标不规范,施工过程管理粗放,施工合同纠纷居高不下。同时,由于施工企业在建筑市场一直处于劣势地位,往往权利受损而救济手段不力,导致施工企业或实际施工人"辛辛苦苦干几年,到头没落一分钱"。为了帮助施工企业搞好工程施工投标与签约,规范施工过程管理,运用程序技巧做好自我保护,本章将重点探讨工程施工法律风险防范。

话题96 施工利润都是投标"投"出来的

主持人：罗 晓　　嘉 宾：宋叶峰　宫振兴　王学峰　汪蒙蒙　　文 字：汪蒙蒙

投标是承揽工程施工的第一个环节，施工单位能否选到一个好的项目，怎样编制投标预算和投标书才更容易中标，一旦中标能否争取到足够的合同利益，都是投标时所要充分考虑的。目前，施工企业重承揽不重投标技巧，不会科学编制投标预算和投标文件的情况非常常见，结果导致中标后合同谈判异常困难，或所中标的工程无法获取应有利润。为了帮助施工企业做好投标工作，本期沙龙邀请几位嘉宾与施工企业谈谈工程施工投标技巧。

1. 并不是什么样的标都敢投

主持人： 施工企业都想揽到更多的工程，但承揽到的工程就一定挣钱吗？恐怕也不一定。那么，施工企业在投标前，如何去识别招标工程，以避免中标后可能存在的各种风险呢？

宋叶峰： 在目前施工主体多之又多，挂靠现象十分普遍，建筑市场"僧多粥少"的情况下，施工企业（包括挂靠人）"抢食"工程施工项目的现象已成常态。正因为如此，许多建设单位就想方设法压低施工合同条件，一方面压低单价或剔除计价要素，另一方面押后付款节点，再一方面增加施工单位额外义务，赚取合同失衡利益。由于施工企业投标前对项目和建设单位的资信调查不充分，对招标文件缺乏分析研判，投标预算和投标书制作欠缺，中标后陷入泥潭的现象经常出现。

王学峰： 有的工程因为审批手续不全迟迟不能开工，施工单位交纳的保证金无法及时要回；有的建设单位资金短缺，无法及时拨付工程进度款，导致中途停工；有的由于各种阻工现象被迫中途停工，使施工单位无所适从；有的工程完工后，施工单位迟迟无法要回应得的工程款；有的双方出现结算争议而无法达成共识，使工程结算长期议而不决。遇到以上这些情况，就会导致施工企业陷入困境或者进退维谷，甚至会被活活拖垮。

汪蒙蒙： 所以，施工企业在决定是否投标前，一定要对项目和建设单位进行资信调查。一是调查招标项目的立项、用地、规划等建设手续是否齐全，是否属于违法建筑；二是调查项目是否属于依法必须进行招标的项目，是否具备招标条件；三是调查招标人的单位性质、建设能力、项目性质、资金来源、支付能力、商业信誉等情况，判断其有无能力及时拨付工程款；四是调查招标项目所在地的政策环境、周边环境，分析是否存在可能阻却工程施工的可能情形。

宫振兴：承揽工程是为了挣钱，不仅仅是为积累业绩。对于那些建设资金没有保障的项目，对于那些资信较差的建设单位的工程，施工企业要谨慎投标，不能"饥不择食"，以防掉入中途停工、低价结算、欠款不付的泥潭。对于那些建设资金充足、建设单位信誉良好、施工受阻可能较小的建设项目，施工企业才可以考虑投标、参与建设。

汪蒙蒙：即使建设单位具有一定的实力，但如果中标条件、计价方式、结算方式过于苛刻，施工企业也要谨慎投标。有些施工企业重承揽、不重核算，既不考虑成本，又不测算利润，盲目投标、低价中标，这样的"鸡肋"标中了还不如不中。

2. 工程投标要讲究策略

主持人：对于决定投标的项目，施工企业应该事前做好哪些准备工作，才能投中项目并赚到利润？

宋叶峰：从《合同法》角度来讲，建设单位的招标文件仅仅是"要约邀请"，而施工企业的投标书才是真正的"要约"，一旦中标，双方就要按照投标书给出的中标条件签订施工合同，所以，投标书中的合同条件设计是施工企业合法利益保护的基础保障。当然招标文件给出的条件也不是没有作用，但这些招标条件实际上是评标条件和中标条件，而不必然是合同条件，投标单位如不响应招标条件就无法中标，但投标书中设定的合同条件只要不构成对招标条件的非实质性响应，就必须作为合同条件引入施工合同之中。因此，施工企业投标时一定要在招标条件的基础上设定自己的合同条件。

王学峰：审查招标文件是响应招标条件和设计投标条件的基础。施工企业针对招标文件，一是审查本企业是否符合招标文件对施工单位的资质要求；二是审查工程的施工范围是否清晰，能否接受；三是结合图纸，审查、复核工程量清单是否有漏项、多算、少算或无法详列的子项细目；四是审查投标报价要求及调价方式是否清楚；五是审查工程价款计算方式、支付方式、结算方式是否合理；六要审查合同条件是否明确，是否为本方的合同条件设计留有空间；七审查其评标办法，弄清各种评标要素所占分值。

汪蒙蒙：施工企业完成招标文件审查后，要拿出自己的审查意见，研究自己的投标策略。对于招标文件中给出的关于资质要求、工期、质量等硬性条件以及基础性合同条件，必须全面响应；对于价格或计价方法不明的，要认真研究报价方式，并在投标书中给出对自己最有利的价格或计价方式；对于招标文件中未给出合同条件的，应仔细分析，并给出自己的合同条件；对于招标文件中错误的地方，应仔细研究是否需要纠正（一般对自己有利的可以不要求纠正，对自己不利的可以要求纠正）；对于招标文件中不清楚的地方，应具体分析是否申请答疑（一般对自己有利的可以不要求答疑，对自己不利的可以要求答疑）。

宫振兴：在投标准备阶段，施工企业还必须从项目成本、项目利润和项目风险三大方面做好项目利润分析。工程成本的确定，应根据建设主管部门规定的工程量计算规则和工程量消耗水平，并参考当地当时具有代表性的施工企业定额，计算出工程量清单，然后依据人工、材料、机械台班的市场综合单价，计算出工程成本价；然后，在成本价的基础上考虑一定的利润和风险等费用，以确定该工程的合理报价。

3. 编制投标书要有技巧

主持人：施工企业如何才能编好投标预算，做好投标书呢？

宋叶峰：在工程造价和项目利润确定的情况下，施工企业还要学会从投标预算中"挖"出利润。对于招标工程量清单中可能存在的问题和漏洞，特别是可能涉及工程量增减、漏项、变更、调价的项目要积极利用，适当采取相应的投标技巧，以争取相应的合同利益；对于招标报价说明中没有说清的部分，施工企业要充分加以利用，并将总包管理费、配合费、窝工、延期等的计价方式予以体现；对于一些政策上有规定的费用，应将其巧妙地植入投标预算，以在结算时适用和用足用活该有利政策。投标预算编制说明是一个很好的计价工具，凡不便直接计入投标预算的项目，均可以在编制说明中说明其计价办法。

汪蒙蒙：投标书是投标的重要法律文件，施工企业编制投标书时应遵循以下原则：一是对于招标人已经明确给出的条件，要在吃透评标办法的基础上，围绕评分标准积极进行响应，以提高评标分数；二是对于招标人给出的投标报价办法中可能产生的问题和漏洞，要给出自己的调价、计价方法；三是招标文件中未给出的合同条件，施工企业要在投标书中积极植入对自己有利的合同条件。投标书做得好，中标后合同谈判就会相对容易，否则，合同谈判就会非常困难。目前施工企业普遍不重视投标书的编制工作，这就等于自动放弃了签约、履约与结算的许多主动权。

宫振兴：编制投标预算和投标书，是一项技术性和技巧性很强的工作，不能随便找个预算员"闭门造车"，更不能随便找个别人的模板粘粘贴贴、一套了之。施工企业投标时，最好组织造价师与工程专业律师一道研究投标方案，然后根据既定的投标策略由造价师编制投标预算，由律师编制投标书，特别是其中的合同条件和造价条款，一定要经过造价师和律师的共同商议和审查。好多施工企业都认为，工程还不知道能不能中标，就花钱请律师和造价师，如果不中这钱岂不是白花了。但他们根本就没有算过一旦中标能多赚多少利润，可以把以前多少次请律师和造价师的钱都能赚回来。

王学峰：目前，施工企业投标时的串标行为比较普遍，如发包方事前把标底透露给某一施工企业，该施工企业参照标底编制投标预算和投标书，结果因投标偏离系数最小而中标；或者发承包双方事先协商一致，然后由施工企业找几家企业借证围标，不管谁中都是我的；又如投标单位在招标单位不知情的情况下，发动几家共同围标；或者报名后一家投标单位将其他几家投标单位收买，使其放弃投标或配合围标，等等。这些串标行为都已构成《刑法》意义上的串通投标罪，一旦出事被查，非常容易查清，希望施工企业在投标时注意。

汪蒙蒙：施工企业在投标过程中，不可以采用违法手段，但是一定要学会利用法律维护自己的合法权益。对于其他企业存在串通投标违法行为的，要积极举报；对于一些投标人的资格瑕疵，可向招标人或者招标代理机构提出质疑；对于违反评标办法的内容和行为，要敢于提出异议，以维护和捍卫自己的合法权益。一旦评分结果靠前的投标人被判定投标或中标无效，自己就可能有机会中标，不至于整天跟着别人当"陪衬"。

话题97　合同签得好，钱就"跑"不了

主持人：罗　晓　　嘉　宾：宋叶峰　宫振兴　王学峰　汪蒙蒙　文　字：汪蒙蒙

建设工程施工由于履约时间长、涉及主体多、面对的情况复杂多变，极易产生各种矛盾和纠纷。一份完美的施工合同，必须要把施工中可能遇到的所有问题的处理方式都预设清楚，才能达到指引履约各方正确履行合同、搞好施工协调和交叉施工配合、顺利办理竣工结算的效果，有效避免各种施工纠纷，妥善处理竣工结算争议。那么施工单位如何才能签订一份完美的施工合同呢？本期沙龙的几位嘉宾就来谈谈施工单位签订施工合同方面的相关技巧。

1. 合同是施工单位利益保护的基础

主持人：施工合同有什么特点？施工单位如何利用施工合同范本保护自己的利益？

宋叶峰：工程施工是一个相对漫长的过程，归纳起来有三个显著的特点。一是参与主体多。不仅有甲乙双方（即建设方与施工方），还要有监理公司，还会有更多的专业和劳务分包单位，这就要求参建各方必须搞好工作协调和交叉施工配合，否则，将难以顺利完成施工任务。二是情况复杂多变。施工过程中，有很多情况是施工前所无法预见的，所以，在遇到各种情况时，会进行图纸修改或工艺变更，甚至会增加图纸以外的施工内容，有时还会出现阻工或停工现象。三是影响工程造价变化的因素多。不但变更设计、技术核定、图纸外签证等会引起造价的变化，人工、材料、施工设备市场价格的变化也会引起结算价的变更，就连影响工程施工进度的外部因素和工作脱节，同样可以导致工程造价的调整。正是由于存在着这三大特点，使得各主体之间的利益纠葛较多，矛盾和纠纷也多，处理不好不但会影响工期，还会在竣工结算时引发争议或诉讼。

宫振兴：作为工程施工一方，如果在施工过程中出现非常停工或施工配合脱节，就会造成返工、浪费、拖长工期，增加人工、材料、机械、财务等成本，这些徒增的成本如果得不到建设单位的足额弥补，就会使施工单位遭受损失；如果竣工结算时建设单位与施工单位发生纠纷，就会使结算定案后推，工程款支付后延，甚至工程造价压低，也会给施工单位造成巨大损失。施工单位要想避免这些可能的损失，就必须在签订施工合同上下功夫，争取把施工中可能遇到的各种问题的处理方式在施工合同中约定清楚，不能指望建设单位竣工结算时的恩赐。

王学峰：目前，施工单位有一个重大误区，他们普遍认为住建部颁布有施工合同

范本，照着空格填空即可。但在实际中，多数施工单位由于不知道如何填空，造成大量空格未填，也不知道利用补充条款把未尽事宜约定清楚。住建部的施工合同范本共由四个部分组成：一是"协议书"部分，主要填写工程基本情况、施工范围、合同价以及价格属性；二是"通用条款"，即根据一般施工常规给出的经验性建议条款，如果双方没有特别约定，可以执行该部分条款；三是"专用条款"，即针对特定工程作出的特别约定，实际施工中优先适用该部分条款；四是"补充条款"，如果甲乙双方的合同条件无法在专用条款部分全部填入，则在施工合同的最后加以补充说明。目前有好多施工单位并不知道合同最后还可以增加"补充条款"，导致很多本该约定的内容没有约定到合同之中。

汪蒙蒙：完美的施工合同必须具备"五性"：一是指引性，即可以指导履约参与者正确履行合同义务；二是可操作性，即合同条款能够清晰地载明履约的方法、步骤、手续以及双方的通知方式和配合义务；三是可归责性，即如果合同履行不适当，马上可以找到未履约或履约不合格的环节，并将责任归咎于履约不适当的一方而没有异议；四是威慑性，即违约责任的责任范围、承担方式和计算方法清晰，责任后果明确；五是公平性，即合同条件是公平的，双方的权利义务基本对等，风险规避的措施与风险程度相当。只有这样的合同，才能促进双方的自觉履行，避免不应有的违约和纠纷。

2. 签订施工合同有什么技巧

主持人：施工单位在签订施工合同时，要如何把握双方的权利义务，如何保护自己的合法利益，这里边有没有签约技巧？

宋叶峰：签订施工合同的基础是招投标文件给出的合同条件。根据《合同法》原理和招投标法相关规定，投标书和投标预算中合同条件清楚的，优先适用投标书给出的合同条件（即中标条件）；投标书和投标预算中没有给出合同条件或者合同条件不清楚的，适用招标文件给出的条件；招标文件中也没有给出合同条件的，则由双方协商确定；双方协商不成的，执行国家或行业的相关规定；国家或行业没有相关规定的，按照本行业的商业习惯。

宫振兴：如果施工单位在投标文件中明确给出了自己的合同条件，那么，在签订施工合同时将这些合同条件引入施工合同范本即可，"专用条款"部分留有相应空格的，填入相应空格，专用条款部分没有相应空格的，在合同最后增加"补充条款"载明。如果施工单位投标时合同条件设计得好，施工合同谈判的难度就小，就能有效地保护施工单位的利益。

宋叶峰：目前招投标文件中没有给出详细合同条件的现象非常常见，如此，签订施工合同时其合同条件就需要双方谈判了。作为施工单位，要针对施工中可能出现的各种问题设计出对己有利的优化处理方案，并备有递次退让的次优方案或底线方案，在谈判时一一提出，逐项争取自己的合同利益。

宫振兴：如果施工单位在谈判前准备不足，就会在建设单位提出合同条件后手足无措、陷入被动，甚至还会被建设单位牵着鼻子走，始终被建设单位压制在单方面的强势状态之下。对于强势的建设单位，施工单位不要胆怯，要敢于坚持，只要自己的主张合理有据，最终是能得到建设单位的妥协让步的。

汪蒙蒙：合同谈判僵持不下怎么办？施工单位可以运用一些签约技巧，来化解谈判僵局，保护自己的利益。如果自己在投标书中已经给出了合同条件，建设单位要求重新约定的，对于其中的核心条件一般不要让步，即使最终没有谈妥，施工合同中不加约定，诉讼时仍然会以投标书给出的合同条件为据进行处理；对于招投标文件中都没有给出合同条件的问题，如果国家有明确的法律法规或政策规定，谈不妥也没有关系，完全可以不加约定，根据有约定从约定、无约定从法定的《合同法》适用原则，也会按相关法律法规或政策执行；对于那些招投标文件中都没有给出合同条件，国家法律法规或政策也没有明确规定的事项，施工单位要竭力在合同谈判中争取谈妥，并明确载入合同之中，以防将来发生纠纷时找不来处理依据。

王学峰：对于建设单位改变中标条件、签订阴阳合同的主张要敢于拒绝，因为只要你中标了，你的投标书中的合同条件就是中标条件，双方必须按照中标条件签订合同，不得背离中标条件另行签订实际履行的合同，否则另签的合同无效。此种情况下，即使双方谈不拢也不要怕，只要你进场施工了，最终仍会按投标书中的中标条件结算。这个时候你的首要任务就是早进场、早施工，至于阴阳合同，可以使用"拖字诀"，一直拖到工程竣工也不签，把生米做成熟饭后再说。

3. 施工合同内容要尽量完善

主持人：签订施工合同还要注意哪些具体问题？

宋叶峰：签订施工合同要注意明确以下内容：一是构成施工合同的文件以及适用顺序；二是施工范围与界限；三是工程总价以及调整办法；四是工程质量要求与标准；五是总工期以及开工日期、竣工日期的确定方式；六是工程进度款的支付节点与方式；七是竣工验收的程序及其竣工资料；八是竣工结算的程序与方法；九是争议解决的途径与方法；十是各种违约责任的归责与承担方式。

王学峰： 工程施工承包范围应尽可能具体细化明确，特别是要明确建设单位直接专业分包部分项目的界限，包括垂直施工界限、水平施工界限以及不同承包商之间的界限，一般可以明确到分部、子分部工程。如果部分专业工程由发包人另行发包或由发包人指定分包，还应同时约定总承包人向专业工程分包人提供的服务内容及费用标准。

宫振兴： 根据相关计价规范，引起施工合同价款调整的因素主要有14种：法律法规变化、工程变更、项目特征不符、工程量清单缺项、工程量偏差、现场签证、计日工、物价变化、暂估价、暂列金额、提前竣工（赶工补偿）、不可抗力、误期赔偿、索赔。对于这些可能引起工程价款变更的情形，施工企业应予以重视，详细约定上述情况发生时合同价款是否调整、如何调整、调整标准和幅度等，且各种情形应专条单独约定，尽量不要混合概括性约定或交叉重复约定，以免产生不必要的文意争议。

宋叶峰： 保修书中关于保修金的退还，不能简单地约定"留X%保修金，于保修期满后无息退还"。因为水电、采暖、屋面防水以及主体结构的保修期不同，笼统的约定会导致所有分部分项工程的保修期均届满后才可退还保修金，应根据不同的保修期限，约定届满一项退还一定比例的保修金。

汪蒙蒙： 签订合同时还要注意一个问题，那就是一定要把双方单位以及项目负责人、主要工作人员的姓名和通信方式（地址、电话、电子邮箱）载入合同，以备后期履行合同时传递有关文件之用，以防建设单位项目工作人员拒收文件时无法送达。这个"小小"的合同内容，属于程序性约定，不涉及实质性权利义务，建设单位一般不会拒绝，但对施工单位却大有裨益。当施工过程中施工单位制作的大量施工单证建设单位拖着不收时，均可以通过合同载明的通信方式通知或发送给对方，如此通知或送达，在诉讼时均会被法院视为送达。

话题 98 慎签阴阳合同，善用补充变更合同

主持人：罗 晓　嘉 宾：宋叶峰　宫振兴　王学峰　汪蒙蒙　文 字：汪蒙蒙

　　工程施工合同纠纷中，最常见的争议焦点就是合同效力，这在其他合同纠纷中是非常少见的。之所以施工合同的效力争议较大，一方面是由于国家对施工合同条件有较多强制性规定，另一方面则是施工合同履约过程中往往会产生各种形式的其他合同，如阴阳（黑白）合同、补充合同、变更合同以及具有合同性质的磋商、确认文件等，造成多份不同合同中的约定内容"打架"。施工单位在形式繁多的合同面前如何保护自己的合法权益？本期沙龙的几位专家为大家专门谈谈施工合同以外的其他合同的运用与处理问题。

1. 阴阳（黑白）合同及其产生根源

　　主持人：我们在施工领域和司法领域，经常会听到"阴阳合同"或"黑白合同"这些热词，嘉宾们能否介绍一下阴阳（黑白）合同及其产生背景？

　　宋叶峰：所谓"阴阳合同"或"黑白合同"，是指建设单位完成招标评标定标后，先按中标条件与施工单位签订一份"正式形式"的施工合同，作为向建设行政主管部门进行工程备案之用，然后再与施工单位按照事先商定的合同条件或重新谈妥的合同条件，另行签订一份"实际履行"的施工合同，以供实际履约之用。一般业内都把前者称为"阳合同"或"白合同"，把后者称为"阴合同"或"黑合同"。有时，建设单位与施工单位也会先行签订一份实际施工合同，然后再走招投标程序签订一份备案施工合同，即先"阴"后"阳"。

　　王学峰：按中标条件与施工单位签订的备案施工合同，一要向建设主管部门（招标管理、安全监督、质量监督）备案，二要作为工程竣工验收的依据，三要作为竣工备案资料存入建设工程档案。而按照非中标条件另签的实际施工合同，则是一份"君子协议"，一是作为双方履约的依据，二是作为双方结算的依据。

　　宫振兴：为什么会出现"阴阳（黑白）合同"呢？这里边有两个方面的原因，一是对建设工程的工程量与造价核算国家有强制性的计量规范和计价办法，二是《建筑法》《招标投标法》和《合同法》均规定，建设单位与施工单位必须按照中标条件签订施工合同，不得背离中标条件另行签订施工合同，否则，另签的合同无效。所以，得有一份通过招标投标程序签订的备案施工合同来应对政府有关部门的监管。

　　汪蒙蒙：之所以国家要对工程造价、招投标程序以及施工合同进行监管，其目的就

是要保证施工规范的正确实施，并保证工程质量，以防因价低而影响质量。如果没有工程量计量规范和工程造价计价办法，工程招投标就丧失了基础，投标报价就没有了可比性，所以，国家就必须制定相应的计量和计价规范，来作为工程造价的核算依据和招标投标的参考依据。如果投标人背离工程造价计价规范随意编制投标预算，就会因偏离系数过大而无法中标。所以，中标的施工单位给出的投标价和合同条件一般都会符合建设工程施工合同的有关要求和计价规范。

宫振兴：目前，多数建设工程均已实行工程量清单报价法，招标时建设单位已经给出了工程量清单，投标单位编制投标预算时是不允许调整工程量以及耗用材料量的，而只能在报价时进行价格优惠。但工程造价构成中的一些费用是不可变价格，投标单位不允许优惠，允许优惠的只有一小部分，优惠幅度也不大。所以，投标所报的合同价一般都比较合理。

宋叶峰：评标定标后，许多建设单位往往认为施工单位的中标条件还有一定的调整空间，希望施工单位能再给予更多的优惠，所以，总想在与施工单位签订施工合同时，把条件变得更加有利于自己。施工单位为了处理好二者关系，希望建设单位在施工过程中给予理解和支持，同时，由于顾及建设单位的强势地位，往往也会予以适当让步，因此，双方就重新达成了新的合同条件。

王学峰：但由于有关法律法规规定，建设单位与施工单位必须按照中标条件签订施工合同，否则不予备案并要责令纠正，于是建设单位与施工单位就分别按照中标条件和重新谈好的合同条件签订两份内容各异的施工合同，一份（阳合同）作为备案和应对行政监督之用，一份（阴合同）作为双方实际履行的依据。

2. 施工单位如何应对阴阳合同

主持人：阴阳合同明明侵犯了施工单位的法定利益，面对建设单位阴阳合同的主张，施工单位该怎么应对呢？

宫振兴：阴合同既然是一份"君子协议"，一般施工单位也会照此执行。但有些建设单位即使按照阴合同，也不严格履行合同义务，如将施工单位承包范围内的分部分项工程抽出直接分包或指定分包，不依约及时支付工程进度款，许多变更、签证、材料认质认价、计日工、误工不予签认，结算时过分压低结算价格等，这就会造成施工单位没有利润甚至是亏损，此时，施工单位往往就会反悔而主张实际履行的阴合同无效，重新主张按中标备案合同进行结算。

汪蒙蒙：施工单位如果担心建设单位将来不严格执行实际施工合同，便于反悔主张执行备案合同，就应该在签订阴阳合同时为自己留一手。对于事前已经谈好合同条件，建设单位要求先签订实际施工合同的，施工单位可以实际施工人的名义与建设单位提前签订实际施工合同，而尽量不要以投标单位的名义与建设单位签订实际施工合同。待完成招投标程序后，再由中标单位按中标条件与其签订备案合同。如果实际施工合同日期在先，备案合同日期在后，且主体不一，加上备案合同是经过招标投标程序签订的合同，又在建设主管部门进行了备案，一般诉讼中备案合同就易被法院认定为有效合同，并按备案合同进行结算。

宋叶峰：如果是中标后建设单位要求重新调整中标条件，签订一份备案合同应对建设主管部门监督，另行签订一份实际施工合同作为履约依据，要把握好几点：一是主要中标条件的变动条款（如工期压缩、总价调低、造价办法更改等）与履约配合条款（如设计变更、签证、处理认质认价、进度款支付、分部分项工程抽出直接分包或指定分包等）尽量不要签订在一份阴合同之中，以防混在一起将来不好认定其合同效力或无法分别认定合同条款的效力；二是实际施工合同的签订日期要尽量签成备案合同的日期，以突出阴阳合同同时签订的特点，防止被错误地认定为是变更合同。

王学峰：当然能不签订阴阳合同还是要尽量拖着不签，因为建设单位要去办理各种建设许可手续，你不签实际施工合同他也会把中标合同拿去备案，一旦他完成中标合同备案，你不签实际施工合同他也拿你没有什么办法，唱好"拖字诀"是对自己最有力的保护。

汪蒙蒙：如果真的签订了阴阳合同，施工单位应关注并积极配合中标合同的备案工作，督促建设单位及时向建设主管部门备案，并以应付各种检查和将来制作竣工资料为由索取到备案合同原件，以防将来发生纠纷时自己手里没有备案合同或其原件。

宋叶峰：无论是否签订了阴阳合同，施工单位在申请进度款时，都应以施工资料一致统一为由，仍按中标条件和备案合同规定的时间节点和造价申请，建设单位是按备案施工合同还是按实际施工合同审批可以不去管它。如此，即可认为施工单位没有按实际施工合同履行而是按备案合同履行，间接证明其对实际施工合同的效力不予认可。

3. 善用补充、变更合同

主持人：施工合同签订后，什么情况下可以签订补充合同、变更合同？签订补充、变更合同须注意哪些问题？

王学峰：施工合同签订后，对于合同书中既没有约定或者约定不明，招投标文件中也没有给出合同条件或者合同条件不明的内容,双方可以签订补充合同加以补充约定。所谓补充合同,就是对合同书或招投标文件中没有或者不明的问题进行补充完善,而不能违背已有的约定重新约定,否则该约定可能无效。

汪蒙蒙:施工合同签订后,由于工程规划、设计变更,或者客观情况发生重大变化,导致原合同的基础条件或履约条件发生重大变化的,双方可以就该变化事项的处理方式或结果签订变更合同。如规划变更导致建筑物位移、结构、层数、单层或总建筑面积发生重大变动,局部变更设计、更换施工材料、变换工程设备、变更主要施工工艺等,均可以就变更部分如何施工和结算签订变更合同加以约定。

王学峰:需要提醒施工单位注意的是,签订变更合同一般应遵循中标条件和原合同所执行的技术规范和造价规范。变更合同应仅就变更的事项进行变更约定,不得对未变更的部分进行变更约定,如果变更约定针对的未变更部分是合同的主要条款,则该变更合同就有可能无效。

宫振兴:有效的补充、变更合同在工程结算时,是要优先作为结算依据的。因此,签订补充、变更合同时,一定要把合同涉及的具体内容约定清楚,不能出现补充合同没有把问题补充清楚,变更合同只说明了变更内容,没有详细约定变更后的计量结算办法与有关损失的补偿办法。倘若如此,签订补充、变更合同可能就失去了意义,无法实现签订补充、变更合同的目的。

宋叶峰:有的时候,建设单位不愿与施工单位签订补充、变更合同,施工单位为了不与建设单位闹僵,也可以不再坚持签订补充、变更合同,但可以利用变更单、签证单、工程联系单、工程洽商记录、监理例会记录等书面资料,将补充、变更合同的有关内容记载于这些施工资料之中,以实现签订补充、变更合同的目的。

话题 99　施工赚不赚，项目部力量配备是关键

主持人：罗　晓　　嘉　宾：宋叶峰　宫振兴　王学峰　马吉祥　　文　字：马吉祥

组建一个好的项目部，是施工企业按期保质完成施工任务的前提，也是决定工程施工能否赚钱的关键。目前，大多数工程施工项目部人员不足、专业不全、管理粗放、简单凑合，施工不精细，资料跟不上，造价算不上，索赔没证据，只会埋头干活，不会坐下算账，结果是"辛辛苦苦干几年，最后不落一分钱"。为了帮助施工企业组建一个棒的项目部，本期沙龙就与施工企业谈谈项目部组建与制度建设问题。

1. 工程施工项目部不能太凑合

主持人： 施工企业在进场施工前，都会先组建一个项目部来对项目施工进行管理，但大多数项目部却没有很好地发挥其应有职能，嘉宾们能否先谈谈项目部目前普遍存在的问题？

宋叶峰： 施工企业组建项目部的根本目的，在于实现项目施工的"快、优、省、赚"，所谓"快"就是进度快，"优"就是质量优，"省"就是成本低，"赚"就是有利润。"快"靠施工组织，"优"靠施工技术，"省"靠成本控制，"赚"靠施工资料。要实现"快、优、省、赚"的管理目的，项目部就必须要有一帮懂技术、会管理、能算账的专业人员。如果项目管理岗位人员配备不足，管理跟不上，就无法满足施工组织、技术支撑、管理控制的需要，更无法在工程竣工结算时备齐算全算足造价的施工资料。

王学峰： 目前，施工企业配备项目管理人员时，都比较重视技术管理人员，却非常轻视商务管理人员，结果活儿干得很漂亮，最后钱却没有算上去，落得"竹篮打水一场空"。特别是挂靠经营的实际施工人，有的甚至连技术人员都不能配齐，或者不管会不会管理，就把自己家的亲戚朋友派到工地上随便管个事，不但无法保证工程施工质量，而且还严重影响工期，项目管理得一塌糊涂不说，最终可能还要赔钱。

马吉祥： 目前很多项目部认为，制作、收集工程资料只是为了应付工程竣工验收，没必要配备专职的资料管理人员，索性将资料外包给其他公司或个人帮助制作。殊不知大多数做资料的公司或个人几乎不怎么去施工现场，做出来的资料根本不全（特别是商务资料），更别提能做出实时反映施工动态、真实记载施工情况、充分体现工程造价的资料了。如技术资料不全，将来会影响工程竣工验收；如商务资料不全，则无法算全算足工程造价，甚至导致少算、漏算，流失工程应得利润。若竣工结算时与建设单位发生

争议，资料缺失还会使施工企业陷入被动局面，一旦进入司法程序，施工企业往往也无法向法院提供有力证据。

宫振兴：实践中，很少有项目部配备专职造价员，结果造成施工单证中缺乏造价要素，反映工程造价的单证欠缺，使施工资料无法为竣工结算提供有力支撑。造价员与资料员是项目部赚钱的"黄金搭档"，二者相互配合，不但可使施工单证做得齐全、传递及时，而且各种造价要素也能在单证中充分反映出来，特别是工程设计变更、签证、材料认质认价、误工工期索赔等涉及造价变动和索赔的事项发生时，如果能够实时进行造价核算并制成单证提出请求，最终造价结算时就能算上价钱、算出利润。如果不能在施工期间及时制作和完善施工单证，拖到结算时再去弥补，往往会因为时过境迁而使建设单位不予认可。

2. 项目部配人，既要重技术，更要重经济，最好有"两师"

主持人：刚才几位嘉宾都谈到，施工企业项目部之所以无法发挥好项目管理职能，主要原因是没有配齐项目管理人员。那么，施工企业项目部究竟要配齐哪些人员，才能发挥好管理职能呢？

宋叶峰：完整的工程施工项目部一般需要"十大员"。这"十大员"根据其职能大致可划分为三类：一类是技术类管理人员，主要有施工员、测量员、质量员、实验员、安全员；一类是商务类管理人员，主要有预算员、资料员、劳务员；还有一类是技术加商务类管理人员，主要有机械员、材料员。"十大员"各有分工，只有携起手来，才能把项目工程施工搞好。

王学峰：在实际组建项目部时，施工企业也可根据项目大小合理配备管理人员，如项目比较大，则同一岗位的管理人员需多配几名；如项目较小，则可一人兼双岗，但兼岗人员一定要具有兼岗能力（即高岗兼低岗）。总之，项目管理人员的配备一定要与项目规模与复杂程度相匹配，与项目施工管理相适应，兼岗必须适任。

宋叶峰：工程项目建设因建设周期长、涉及主体多、技术专业性强等特点，施工过程中会产生大量的工程资料，而这些工程资料不仅是将来竣工验收的必备资料，更是竣工结算的重要依据。因此，项目部一定要配备驻场资料员，统一制作和管理施工过程中产生的所有资料。

马吉祥：配备专职资料员，一是能够跟随工程进度，制作并保管所有工程技术资料；二是能协助预算员制作收集工程管理资料，尤其是涉及造价变动的资料；三是能够及时制作单证，收发、传递单证；四是能够督促监理及时、准确地制作监理资料；五是能够及时编制竣工资料，交付工程；六是能保全相关证据，支持纠纷处理。这些工作都是资料外包所无法做到的。

宫振兴：配备驻场专职预算员也非常重要。若没有预算员的实时跟踪、精打细算，施工中的造价要素就极易出现大量遗漏，并最终影响施工利润。驻场预算员主要发挥五个方面的作用：一是紧盯施工中可能发生的变更、签证以及材料认质认价，并会同资料员同步制作造价核算单证，及时传递给甲方与监理；二是全面掌握施工期间材料价格的市场变动以及其他政策性变化，及时向甲方主张价格调差；三是关注误工索赔，对非因己方原因造成的窝工、停工，要及时制作相关记录、保留证据，为将来索赔提供证据；四是及时编制付款进度申请表，向甲方申请支付工程进度款；五是协助资料员保存好所有涉及造价调整的资料，为竣工结算做好准备工作。没有驻场资料员，这些工作将会"挂一漏百"。

马吉祥：大多数施工企业都有一个误区，认为项目部若配齐管理人员会增加工程管理成本，因此，凡能不配或少配管理人员的都尽量不配或少配。殊不知，随便一个分部分项工程，因管理不到位而造成的损失，都会远远超过省的管理人员工资；随便一张完善的施工单证多算出的工程造价，就会远远超过多配人员全年的工资；配齐项目管理人员挖掘出来的工程利润，会远远超过全部管理人员的工资。所以，施工企业不要吝啬项目部的工资支出，配备人员时不能过于凑合。一个只会干活、不会算账的项目部，是非常糟糕的项目部，希望大家不要重蹈覆辙。

王学峰：稍大些的建筑工程特别是复杂工程，施工企业除了配备强大的项目部外，最好还要聘请工程专业律师和造价师为工程施工提供全程法律服务和造价咨询。项目部的人员往往只懂工程技术而缺乏法律常识，实际施工过程中很难把握法律界限，如有工程专业律师跟踪辅导，施工中遇到的各种问题如何处理、合同如何执行、责任如何划分、造价如何调整、索赔如何申请等都将迎刃而解。即使项目部配备了预算员，但在执行造价政策和具体造价核算上，不一定都能做到算足算够、不缺不漏，有了造价师的辅导，预算员平时的工作就会做得更加到位。聘请工程专业律师和造价师虽有一定成本，但其收益更高。

3. 制度建设是项目部职能发挥的根本保证

主持人：工程项目施工管理，不但需要一支合格的项目管理团队，更需要一套完善的制度来保障。嘉宾们能否就项目部制度建设谈谈自己的高见？

宋叶峰：正规的工程施工项目部都有一套完整的制度体系，包含施工组织、现场、人员与安全管理制度，工艺与质量管理制度，材料、设备、物资管理制度，专业分包与劳务分包管理制度，施工资料与档案管理制度，造价管理制度等20余项内控制度。同时，还有与甲方以及勘察、设计、监理、安监、造价、律师等外部机构之间的沟通联络、信息传递制度。

马吉祥：项目部制定管理制度很有必要。一是可以明确项目管理的工作流程，指引项目管理人员处理项目实施中的各项工作和各个问题；二是可以明确与业主单位的对接方法与关系处理；三是可以明确项目部决策申报审批机制；四是可以明确施工单位各岗位在各项工作中的职责和权限；五是能够促进各岗位之间有效衔接，提高工作效率；六是能够预防施工管理人员的道德风险；七是一旦项目管理出现问题，便于追究相关人员责任。

王学峰：这些管理制度中，施工组织、专业分包、劳务分包、质量管理等制度，是关乎施工进度与质量的基本制度，只有施工组织得当，才能使人员、材料、机械设备按时到位，加快施工进度，节约施工成本，减少停工、窝工，避免工期违约。

马吉祥：施工材料的采购既关乎工程质量，又关乎工程造价。建立起好的施工材料采购制度，既能够从根本上解决采购中的以次充好、虚报冒领、质价不匹配等问题，还能有效预防采购人员职业道德风险。

宫振兴：此外，应特别强调单证管理、造价管理、索赔等与工程造价有关的制度，这些制度可以促使项目部及时制作单证，完整记载施工内容，单证造价要素齐全，及时传递对接，归档保存备用，为竣工结算和误工索赔提供证据支持。

王学峰：施工企业制定项目管理制度，不能照搬照抄，而要根据其项目特点、工作流程、人员配备等情况量身设计。因为不同的项目大小不一样，管理人员岗位配备不一样，管理流程也不一样，制度设计自然也会有所不同。制定与自己项目特点相匹配的管理制度，才能使各项工作得以落实，才能指引项目部各个岗位的工作，发挥项目部应有的作用。

话题100 施工组织是核心，减少损失挖利润

主持人：罗　晓　嘉　宾：宋叶峰　牛武军　田俊飞　程许川　文　字：田俊飞

在当前建筑市场"僧多粥少"、竞争激烈的大背景下，施工单位承接的工程往往是低价中标、利润较薄。如果施工组织工作较差、过程管理疏漏较多，最后很可能就是"白忙一场"无利可图，甚至还可能严重亏损。项目部该如何搞好施工组织计划编制，处理好与建设单位、技术服务机构、商事服务机构的关系，组织好材料、构件、设备进场，搞好专业分包与劳务分包，搞好现场管理与交叉施工配合，做好施工资料管理等工作？本期沙龙的嘉宾们就来谈谈施工单位施工过程管理相关问题。

1. 搞好施工组织，确保施工进度

主持人： "快、优、省、赚"是工程施工管理的核心价值和目标追求。如要实现"快、优、省、赚"，施工单位应该做好哪些工作？

宋叶峰： 工程施工能否实现"快、优、省、赚"，施工组织是关键。施工组织做得好，就能缩短工期、确保质量、控制成本、增加利润，在残酷的竞争中和严苛的监管下仍然有利可图。所以，项目部必须首先做好施工组织计划。

牛武军： 管理水平高的施工企业或者有经验的工程项目部，往往在投标书中就已经将施工组织设计做得非常到位，一进场就能按部就班地有序施工。但多数施工企业或项目部的投标书都是委托资料员或预算员代为制作的，并不重视施工组织设计工作，投标书中的施工组织设计内容靠"随意摘抄""复制粘贴"应付了事，缺乏与项目实际情况的针对性和契合度，不能起到指引施工的作用，导致施工管理脱节和混乱。此种情况下，项目部能否赚钱就可想而知了。

田俊飞： 施工组织的核心内容是人员、材料、设备、资金这四大施工要素的组织，任何一个施工要素组织不到位，工程施工就难以顺利进行。没有人参与工程施工，就不能使建筑材料物化为建筑物；没有建筑材料、设备的投入，就"巧妇难为无米之炊"；没有资金的投入，好比人体缺少血液，人体的各种机能就无法正常发挥其作用。

程许川： 人的组织主要体现在各班组（如木工、钢筋、模板、混凝土、砌体、粉刷、水电安装等）劳务人员的组织以及各专业分包、劳务分包的组织，其中任何一个班组如未能按工程进度、时间节点及时进场施工，不仅会导致各工序完工时间后延，还会造成后一工序施工队无法及时进场，从而打乱整个施工计划与劳务队进场计划，导致项目无法在计划节点工期以及总计划工期内完工。

宋叶峰： 建筑材料、构件配件、工程设备的施工组织要求，一是必须及时进场、到位，二是质量必须符合国家的强制性标准和合同要求的标准。建筑材料占工程总投资的 70% 以上，若建筑材料缺乏使用、采购计划，不能及时采购进场，将导致工程停工待料、工期延误。建筑材料的优劣决定着工程质量的好坏，只有优质的建筑材料才能保证工程质量，减少返工重做，按计划完成各阶段的施工任务，为申请工程进度款奠定基础。所以，施工单位一定要做好材料采购以及进场检验、复试工作，保证使用检验合格的材料。

田俊飞： 施工单位还有一项重要的组织工作就是资金组织。目前多数建设单位设定的付款节点都相对滞后、间隔较大，首次进度款付款时间大部分均在"正负零"（主体工程的一个基准面）完成，有的甚至直到主体工程封顶，这就需要施工单位前期垫付大量资金。所以，施工单位要及时筹措资金、合理调配使用，以免未到付款节点就出现资金"断顿"。

程许川： 工期后延是目前工程施工亏损的主要原因。工期后延说明各工序做不到无缝对接，工作效率低下，最终会导致间接成本上升，如施工设备租赁费、现场人员工资和生活费、工程款延后支付的利息损失等。如工期后延时间过长，基本上都会把计划利润"吃光"。

2. 搞好与甲方的工作关系，督促其履行合同义务

主持人： 施工单位作为工程施工的总承包方，首先要与建设单位打交道。那么，施工单位应当如何处理好与建设单位的关系呢？

宋叶峰： 建设单位作为施工合同的发包主体，承担着大量的合同义务，工程的许多事项需要建设单位来决策，施工的外部环境需要建设单位来创造，各个参建单位之间的关系需要建设单位来协调，工程建设的许多手续需要建设单位来报批。因此，施工单位必须弄清建设单位的权利义务，划清双方的责任界限，明确双方的协作办法，否则，就无法保证工程施工的正常进行。

牛武军： 建设单位在工程建设中，主要关心的是工期、质量、建筑物使用功能、性价比。工期主要有赖于施工单位的施工组织，有赖于建设单位对各参建方的工作关系协调以及工程进度款的拨付支持；质量主要靠施工单位的精心施工和监理单位的全方位监督，以及建设单位的叠加监督；而建筑物使用功能和性价比则主要由建设单位自主决定。基于建筑物使用功能和性价比的考虑，建设单位在工程施工过程中往往会提出很多非技术性的设计变更（特别是房屋开发企业），也会对建筑材料的采购进行干预（或确认或指定），甚至会把一些专业工程直接抽出分包。

田俊飞： 另外，由于工程建设是一项系统性工作，各承包单位承包的只是其中的部

分工程或内容，有些外延性零星工程由于不属于任何标段，所以，建设单位往往也会把这些图纸以外的零星工程交由总承包单位实施，甚至还把一些非施工类的工作交由总承包单位帮助处理。这些零星工程或非施工工作内容，如果不管会影响整个工程施工，如果管呢，又搭工夫又不一定挣钱。

程许川：这就要求施工单位认真分析建设单位上述所有行为对工程施工进度、质量以及造价的影响，及时提出自己对应的主张，以使建设单位能够提前有所考虑，并满足施工单位的基本要求，如设计变更、签证工程、材料确认的提前安排，直接分包工程的通知协调，工艺工序的及时验收，进度款的及时拨付，人工、材料、机械设备价格调整的及时确认等，以防因建设单位的原因造成施工僵持，影响工程施工进度。

3. 妥善处理与中介服务机构的关系，争取他们的支持和帮助

主持人：工程建设过程中，建设单位往往会委托一些技术和商事服务机构来为工程建设服务。那么，施工单位应当如何处理好与他们的关系呢？

宋叶峰：虽然勘察、设计、监理、律师、造价、审计等中介机构都是建设单位聘请的，为建设单位提供工程建设某一方面的专业服务，但由于他们的这些服务都与施工单位密切相关，所以，施工单位还必须与这些服务机构建立良性的互动关系，争取他们的理解、配合和支持。要做到这点，就要首先了解这些服务机构的工作性质和服务要点。

牛武军：地质勘察机构的任务，一是提供地质勘察报告，为工程设计和施工提供技术依据；二是参与基槽验收与地质确认；三是参与主体结构验收、竣工验收等。而设计单位在完成图纸设计后，一是要参加图纸会审，说明其设计意图和施工要求；二是要释明图纸疑问，进行技术核定，指导施工工艺；三是负责跟踪变更设计或深化设计；四是参与工程阶段性验收和最终竣工验收。

田俊飞：了解了上述技术服务机构的职责，施工单位也就知道了如何请求他们的技术支持，及时向这些机构取得技术资料，保证自己的施工定位定线准确、图纸查读理解无误、使用材料设备构件准确、使用工艺工序正确，整个工程施工就能顺利进行。不至于因技术资料滞后或指导不到位而延误时间、做错返工，给自己造成不应有的损失。

程许川：监理机构是除建设单位之外与施工单位关系最为密切的一方技术服务者，其主要工作包括审批施工单位上报的各种计划、监督工程进度、指导施工技术、确认施工工艺、管理施工质量、监督施工安全、确认施工过程中发生的事实、控制工程造价、协助建设单位协调各参建方的工作关系、参与项目验收等。因此，施工单位必须与监理单位保持及时顺畅的沟通和密切配合，才能获得其各种审批的及时性支持和实际施工的技术支持，固定各种施工事实的客观证据，为将来的竣工验收与结算奠定基础。

宋叶峰：造价师和律师是建设单位聘请的商事服务机构。造价师除协助建设单位编制招标预算（拦头价）和设计招标文件中的造价条款外，在施工过程中主要指导建设单位处理设计变更、签证、材料认质认价、工程索赔、专业分包中的造价核算问题，以及人工、材料、机械设备的价格调整问题和对施工单位上报的结算书或索赔申请进行审核等。

牛武军：而律师除了参与招标文件制作和施工合同谈判外，在施工过程中主要是指导建设单位正确履行施工合同，处理施工单位提出的补充与变更合同请求，指导和审查各种施工文件与单证的记载要素（特别是工程量要素和造价要素），协助建设单位协调各个参建方的工作关系，帮助处理各参建方的矛盾，协助建设单位进行结算争议谈判、处理结算纠纷等。

程许川：因此，施工单位要主动并善于与造价师和律师进行业务沟通，说服他们接受自己的观点和意见，争取他们依据计价规范和法律法规向建设单位作出合理解释和恰当说明，并最终使建设单位减少对施工单位的一味打压，合理认定施工客观事实和对应的价格主张。

4. 组织好材料、构件、设备进场，协调好各分包单位施工

主持人：除了技术与商事服务机构，实际施工中还会有材料、构件、设备供应商和专业分包、劳务分包等单位的参与。施工单位如何才能把他们有效地组织起来，有序地搞好工程施工呢？

宋叶峰：用于工程建设的建筑材料、构配件、工程设备等，多数都是由施工单位向各供应商采购的，部分是由建设单位采购供应的，这些建筑物资的及时进场，是工程施工的重要保障。因此，施工单位一要编好建筑物资进场计划，提前安排采购或通知建设单位采购供应，保证按施工节点分批送达施工现场。如若物资进场时间安排不周，早则无处堆放，造成二次搬倒，晚则停工待料，影响正常施工。二要搞好建筑物资进场验收和用时复检，确保用于工程施工的物资合格。施工单位既不能为了节约成本，故意采购、使用劣质建材和物资，又要提防供应商以次充好或内部工作人员与供应商内外勾结。如若使用不合格建材和物资，必将导致工程返工，不但会给施工单位造成直接损失，而且还会严重延误工期。

牛武军：另外，还要做好施工机械设备（如塔吊、提升机、脚手架、钢模板等）进场与退场计划。一要提前编好施工设备使用计划；二要根据施工设备使用计划，及早决定设备租赁或采购方案；三要对租赁或购买的施工设备明确进场时间节点和安装义务，以确保工程施工使用；四要明确设备拆除退场责任，确保施工设备及时退场，以便开展设备安装、放置部位的后续施工；五要完善设备交接手续，及时准确结算租金。

田俊飞：目前，劳务分包已成为施工单位人员组织的主要形式，有效地组织不同工种劳务班组的无缝对接，是工程施工顺利进行的根本保证。为此，施工单位一要把工程劳务分包给具有劳务资质、信誉良好的劳务公司或班组；二要通过合同中设定的违约机制确保劳务人员能够及时足额到位；三要监督劳务分包的施工质量和施工安全，并要求劳务公司为其劳务人员购买相关保险；四要监督劳务公司将劳务报酬及时足额发放给劳务人员，以防群体性讨薪事件的发生，影响施工单位的声誉和工期，造成二次重复垫资劳务报酬。

程许川：不论是甲方分包的专业工程（如电梯、中央空调、智能化系统等），还是施工单位自己分包的专业工程（如门窗、不锈钢护栏、消防工程、外墙保温、玻璃幕墙、地库与屋面防水等），施工单位编制施工计划时，都要通盘作出交叉施工的衔接和配合安排。一方面要提前取得专业分包单位的深化设计图纸，土建施工中做好预留、预埋和接口处理；另一方面要提前通知专业分包单位做好进场准备，保证按时进场施工；再一方面要为专业分包单位提前腾出设备物资堆放场地，留好施工作业面，提供技术、水电、提升、起吊等配合服务。同时，还要做好专业分包的现场管理与监督，确保专业分包的工程质量，避免专业分包对其他工程质量的不当影响。

5. 搞好施工现场管理，防止交叉施工工序脱节或冲突

主持人：施工计划做得再好，没有有序的现场管理，也难以落到实处。请嘉宾们谈一谈，施工单位应该怎样搞好施工现场管理工作？

宋叶峰：对于施工单位来说，想管好施工现场看似简单，实则不然。施工现场的管理主要包括现场作业面的合理布局、施工工艺工序的科学合理安排、各参建单位或施工班组施工界限的清晰划分、交叉施工协调、施工现场的安全措施与安全保障、文明施工以及建筑材料的节约使用等。从目前的施工现场管理情况看，除了央企和大型的民营施工企业外，多数施工企业做得都不到位，经常发生工序脱节、交叉施工冲突、各方推诿扯皮、相互配合不佳等问题，最终导致效率低下、工期后延。

牛武军：施工单位在进场施工前一定要到项目现场查看地理地形和作业面积，提前布置好施工现场平面图。要科学、合理地规划出塔吊、施工机械的安放地点，合理地划分出各个施工班组的工作区域，合理地划分出建筑材料以及边角废料的码放区域，合理地设置各级配电箱和建筑用水接口位置等，以使施工队伍一进场即能有序地开展工程施工。

田俊飞：有些施工技术人员在施工前不认真阅读和熟悉图纸、图集，开始施工后或者实际施工中才发现图纸和实际不符，或者确定的工艺工序不合理，导致施工停滞、工程返工、延误工期。所以，在各分部分项工程作业前，施工单位的技术人员一定要会同

监理工程师认真研读图纸、图集，制订科学合理的施工方案和技术方案，确定施工的工艺工序，并逐级向参建人员进行技术交底，对具体施工作业的劳务人员讲解施工的工艺工序和操作要点、难点，以使各参建人员牢记施工工艺，避免做错返工。

牛武军：定位定线是保证工程结构质量与外观的基础性工作，在每一道施工工序开始前，测量员都必须现场实测放线，以确保定位定线准确。但很多施工单位往往不够重视此项工作，仅仅凭施工人员的个人经验施工，结果导致平面不平、立面不直、方角不方、墙体错位、屋面倾斜、窗户不齐、井道扭转、室内地面与空间不方。如及时发现，就要拆除返工，如没有及时发现，则会为后期的安装和装饰装修带来很大麻烦，严重影响工程外观。所以施工总承包单位必须要从程序上把好劳务分包与专业分包施工的定位定线关。

程许川：施工单位在承建中标工程时，要树立"百年大计，质量第一""建一项工程，树一座丰碑"的理念，自觉强化质量意识，不能低标准凑合施工、得过且过，更不能偷工减料、糊弄应付。否则，小则造成返工整改，大则造成质量事故，给自己带来不应有的损失，"偷鸡不成蚀把米"。

宋叶峰：施工总承包单位作为施工现场的安全生产第一责任人，要时刻绷紧安全这根弦。目前很多施工单位虽然也意识到施工现场安全的重要性，但普遍存在安全教育流于形式、班前安全交底缺失、安全防护简化凑合等问题。一旦发生安全事故，或者消极应对，都会给自己造成巨额损失。真是"辛辛苦苦一两年，一场事故全赔完"。如果发生重特大事故，施工管理主要人员还可能要负刑事责任。

牛武军：为了降低施工现场安全事故发生的概率，施工单位一定要保证安全防护投入到位，将安全措施落到实处，搞好班前教育和安全交底。对于涉及重大安全的基坑支护与降水、土方开挖、模板、起重吊装、脚手架、拆除和爆破以及其他有较大危险性的工程，作业前要制订专项施工方案并附安全验算结果，报总监理工程师签字后方可实施。

田俊飞：作为施工单位来说，文明施工程度是施工企业管理工作水平的直接体现，也是施工企业对外宣传的窗口。所以，施工企业应该做到施工现场场地硬化，做好扬尘、粉尘控制，做好噪声控制，制订好排水措施，垃圾堆放要科学合理。不仅要做好现场场容管理工作，还要做好现场材料、设备、安全、技术、保卫、消防和生活卫生等方面的管理工作。

程许川：施工现场管理中经常会发生交叉施工纠纷。对于这部分纠纷要提前预防，一是在与各分包单位签订合同时，要明确各自的施工范围和施工界限以及配合责任；二是对于甲方直接分包的项目，除要与甲方明确以上内容外，还要明确总包管理费和配合费的计取标准；三是在编制施工组织计划时，要提前安排分包单位介入参与，并由甲方和监理工程师提前做好进场、施工、退场等工作协调。

6. 搞好施工资料管理，为竣工验收结算留存证据

主持人： 关于施工组织管理，还有哪些问题？请嘉宾们继续发表高见。

宋叶峰： 由于工程施工是一个相对较长的履约过程，会产生大量的施工资料，比如施工技术资料、管理资料、会议纪要、技术变更单、技术核定单、签证单、工程联系单、工程洽商记录等，另外还有施工日志、监理日志等。这些施工资料不但客观记载了工程施工的实际情况，是竣工验收和后期维护的技术依据，还是工程结算的基础性证据，因此，施工单位必须十分重视施工资料的管理工作。

牛武军： 作为施工单位，一要保管好甲方或监理工程师发出的所有施工技术资料和各种通知；二要及时制作反映各种施工客观事实的技术性资料，并取得甲方或监理工程师的确认；三要对于涉及造价变动的施工内容，及时制作书面单证向甲方或监理工程师提出价格调整主张；四要建立施工资料登记、送达制度，确保各种施工资料保存完好，不发生丢失毁损；五要配备现场资料员，明确其资料管理责任。

田俊飞： 施工单位要善于利用监理例会会议纪要来固定施工相关证据，一是自己的主张除了制作提交书面单证，要求甲方或监理工程师签字确认外，还要在监理例会上当面提出，争取记入监理例会记录之中，并纳入监理例会会议纪要之内；二是关注和监督监理例会会议记录或纪要的内容，把自己的工期后延和价格调整主张记录准确，以防甲方和监理工程师对单证久拖不签或造成丢失时，仍有可靠证据支持。按照国家关于工程监理工作的有关规定，监理工作记录是一种合法的证据形式，具有最高的证据效力。

程许川： 施工单位一定要重视施工日志的记录工作，要及时客观准确地记载施工现场动态，如现场设备、材料、人员进场情况，施工内容，施工进度，施工中发生的问题；甲方或监理工程师发出了哪些指令，要求从事了哪些工作；自己向甲方或监理工程师提出了哪些主张，甲方或监理工程师如何答复；是否发生有停工、阻工现象，停工、阻工的原因等。凡是能够反映工期、价格、索赔的要素，都要记录在案，以使后期结算时不至于遗忘。更为重要的是，要把这些施工现场情况督促监理工程师也记入监理日志，一旦将来发生纠纷，监理日志就会被当作有效证据被人民法院或仲裁机构采信。

话题 101　严格建材管理，管出施工效益

主持人：罗　晓　　嘉宾：宋叶峰　牛武军　田俊飞　程许川　　文　字：程许川

建筑材料管理在整个工程施工中具有举足轻重的地位。一方面，建筑材料的质量好坏直接影响着工程质量是否合格，另一方面，建筑材料占工程总成本的70%左右，对施工单位的成本控制和盈利也有重要影响。对施工单位来说，能否做好建筑材料管理工作，将直接影响着工程质量、进度、工程款的拨付以及利润的实现。为了帮助施工企业搞好项目部施工材料管理，本期沙龙就与大家共同探讨这一问题。

1. 严格采购流程，控制材料质价

主持人：工程施工过程中，大多数建筑材料都是由施工单位采购的。那么，施工单位如何通过加强采购管理，实现建筑材料的质优价实呢？

宋叶峰：建设工程施工成本中，建筑材料占比一般均大于70%，材料的质价控制一直都是施工管理的最大难题。正规的施工企业都有专职的材料员负责材料采购和管理，挂靠的实际施工人多数则是由自己的亲属负责材料采购。不论是什么样的施工项目部，材料采购都存在很多问题，所以，必须从制度上加以管控。

牛武军：目前建筑材料采购管理中的常见风险有三：一是采购人员不懂材料的质量鉴别和市场询价办法，被材料供应商所蒙蔽，导致材料质次价高；二是采购人员与材料供应商串通，以次充好或价格虚高谋取回扣；三是施工单位为降低成本，故意采购劣质材料以次充好，造成材料退场和工程返工。

程许川：施工单位采购材料，要把好考察询价、暗访复核、最终决策三道关。首先，施工单位要派出专业、懂行的材料管理人员进行市场隐名考察，筛选比对符合建筑设计品质与档次要求的合适材料，并询得与总量需求相匹配的最低供应价格（一般情况下筛选出的备选材料应在3～5个之间），然后由考察询价人员写出书面考察报告，逐一列明备选材料的质地、标准、规格、型号、生产厂家或产地、价格、供应商地址和联系方式等要素，作为施工单位的复核和决策依据。考察报告必须由考察人员签名，以示其对报告的真实性负责。

田俊飞：市场考察报告完成后，施工单位应组织内部决策层以及造价、法律服务等相关人员，对考察报告的真实性和完整性进行评议，如认为存在缺项或不详，则应由考

察人员补充考察完善；如认为报告详实，则可进行初选排序（研究排序时考察人员应当回避），然后另行派出复核人员对备选材料的所涉要素进行逐一复核。复核时，复核人员应不确定时间地背靠背隐名复核，以防考察人员与供应商串通欺瞒复核人员。完成复核后，亦应由复核人员出具复核报告，以示其对复核结果负责。

宋叶峰：经过复核认为考察信息真实可靠，施工单位决策层即可根据复核结果，评议不同材料的性价比，并最终决定选用其一或排出优先洽商顺序，交由材料员依次与供应商谈判。谈妥后，应主动上报建设单位和监理工程师确认备案，凡涉及采购价格超出施工单位市场风险系数的材料，应要求建设单位及时办理认质认价手续，以免建设主管部门定期公布的信息价中不包含这些材料价格，或者发布的信息价与实际采购价不符，最终结算时双方就价格问题发生争议。

程许川：施工单位采购建筑材料的工作机制，应事先形成规范性的制度，以确保采购到质优价实的材料，防范材料采购人员的道德风险，避免采购人员吃回扣，放任供应商以次充好或价格虚高，内外串通损害施工单位利益。建筑材料采购制度要突出材料考察询价、初选排序、暗访复核、性价比评价、采购决策、磋商谈判、签订合同、履行合同、进场验收以及使用时二次复验、质量检验、出具收货手续、索取发票与质量证明文件、办理结算等流程，规定各个环节的工作标准、岗位责任，以达到规范采购行为的目的。

2. 针对甲方指定、供应的材料，施工单位应有对应之策

主持人：实际施工过程中，也会有甲方指定材料或直接供应材料的现象，施工单位如何才能做好这部分材料的管理呢？

宋叶峰：实际施工过程中，建设单位出于某些因素的考虑，对建筑材料的采购会进行不同程度的干预，一是要求对施工单位采购的主要材料进行质量确认和价格确认；二是自己考察询价后，指定施工单位以自己与供应商谈妥的价格，采购某一厂家、某一品牌、某一规格质量等级的材料；三是自己统一采购后供应给施工单位使用。针对建设单位的不同干预方式，施工单位应有自己的不同对策。

牛武军：对于甲方要求质量确认和价格确认的材料，施工单位在选定材料后，应及时报送建设单位和监理工程师进行质量确认和价格确认。施工单位应特别注意，不论采购价格是否超出施工单位承担的市场风险系数，都应要求建设单位及时办理认质认价手续，以便结算时决定是否调差、如何调差，以免发生不应有的争议。千万不要认为未超出约定的风险系数而不予办理认质认价手续。

程许川：在甲方对材料进行质量确认和价格确认的过程中，一要明确质认价材料的质量标准，如生产厂家、材料名称、规格型号、单位、数量、质量等级等；二要明确执行本次认价的有效期间以及期满后的延期办法或重新认价办法；三要明确材料的价格构成，如该价格是否包括运输费、装卸费、安装费以及是否含税等。千万不能先进后认，或在未签认前即先行使用，不然极易发生结算纠纷。

田俊飞：凡建设单位指定施工单位采购的材料，施工单位应对材料的质量进行复核，认为其质量符合施工要求的，应先与建设单位办理指定材料的质量确认与价格确认手续，并在确认手续中注明材料的质量标准和价格构成，然后再与材料供应商签订采购合同。千万不要在建设单位未签署质量确认与价格确认手续前，与材料供应商签订采购合同，以防结算时建设单位不承认是自己指定采购的材料。

程许川：有时建设单位为了确保工程质量、控制工程造价、统一建筑物外观形象，会确定一些建筑材料由建设单位自行采购，然后供应给施工单位使用。对于这部分材料，施工单位一要把好材料质量关、进场验收关、用前复核关，发现材料不合格应当立即通知建设单位退场，千万不能碍于面子而凑合使用；二要与建设单位商定结算时的计价、扣除或调差办法；三要主张材料卸车费、保管费等费用。同时要通过洽商记录、工程联系单等书面形式，将这些涉及造价的要素固定下来，以免结算时发生纠纷。

3. 严把材料进场检验与用前质量复核关

主持人：建筑材料的质量把控是施工质量管理的重要基础，施工单位应该如何去做呢？

宋叶峰：就建筑材料的质量管理而言，施工单位首先要做到自己不能以次充好，其次要防止供应商以次充好，否则，极易因质量问题导致材料退场和工程返工，影响工期和成本。为保证建筑材料能够满足工程质量的要求，施工单位首先要在签订采购合同时，明确材料的生产厂家、规格、型号、质量等级标准、价格等详细信息，并设定严格的违约责任条款，以促使材料供应商严格按照约定的标准供货。

牛武军：材料质量控制最关键的一环是加强对材料进场验收管理。当材料运到现场后，项目部应统一组织本方材料、质量、施工、检验等工作人员，会同监理工程师和甲方代表共同进行材料进场验收，验收内容包括材料的生产厂家、产地、品牌、规格、型号、数量、尺寸、价格等重要参数是否与合同相符，并索取产品合格证、产品所使用原材料的检测合格报告以及购货发票等，凡形式验收不合格的材料一律禁止进场。

田俊飞：对于必须进行内在质量检验和测试的材料，要及时进行抽样送检，在检验报告没有出来前必须严格控制未检先用，以避免检验不合格后而发生返工。施工单位在施工过程中，应对材料进行使用前复核，以防各种原因所导致的漏检、差错或者蒙混过关的劣质材料以次充好，杜绝不合格材料用于工程施工，确保工程施工质量。

牛武军：建筑材料多数不是一次性进场的，而是根据施工进度陆陆续续进场的，所以，施工单位必须按批次逐批进行进场验收和使用检验，切不可忽视后来批次的材料质量，以防材料供应商偷梁换柱、以次充好、先好后次、蒙混过关。每批材料的进场，都应由材料员统一办理收货手续，不能由施工人员代为接收，以防施工人员不清楚合同内容而接受与约定不符的材料，或者被供应商钻了人员通气不畅的空子而重复索取收货手续。

程许川：材料使用管理的重点在于建立材料的保管和领用制度。施工单位首先要严格审批领料手续，要根据施工图纸计算材料消耗数量，由领料人员凭分部分项工程负责人签发的领料单领取建筑材料；其次，要在劳务合同中约定材料超耗的违约责任和节约材料的奖励办法，促使劳务公司或施工班组合理利用边角材料，减少材料浪费；再次，对于已经领取但是没有使用完毕的材料，应及时办理退库手续，以防这些不用的材料占据施工场地，影响工程施工，造成丢失和毁损；最后，项目部要指定专人定期对施工现场的材料进行清点和核算，确保材料使用不丢失、不损毁、不浪费。

话题 102　施工设备租赁行为管理大有学问

主持人：罗　晓　　嘉　宾：宋叶峰　王学峰　牛武军　马吉祥　　文　字：马吉祥

现代工程施工，离开施工设备寸步难行。随着科学技术的不断进步和施工工艺的不断创新，施工机械设备的种类越来越多、科技含量越来越高。每承接一项重大工程，施工单位除自有的机械设备外，往往还要外租大量的机械设备，以满足自己的施工需要。但由于施工单位认为施工机械设备的租赁没有太多问题，所以，对其管理也比较粗放，结果在机械设备租赁方面出现诸多问题，影响了施工安全和施工利润。本期沙龙的几位嘉宾就施工机械设备租赁中常见的问题与风险防范与施工单位进行探讨。

1. 标准化设备租赁中的问题与对策

主持人：在工程施工过程中，使用量最大的莫过于钢管、扣件、模板等标准化设备，那么，施工单位在租赁此类设备时应重点关注哪些问题呢？

宋叶峰：工程施工中使用量最大的设备就是钢管、扣件、模板等周转性、标准化设备。这些设备由于使用量大、使用周期长，且在使用过程中易于损耗，因而占设备租赁成本比重较大，如忽视其租赁管理，发生纠纷且吃亏的可能性就较大。所以，施工单位应首先根据工程特点、建设周期以及这些设备的用量、周转次数、使用期限，核算这些设备的购买成本和租赁成本，决定是购买还是租赁此类设备。

牛武军：钢管、扣件、模板等标准化设备在租赁过程中，施工单位与租赁公司最容易产生三方面纠纷：一是由于租赁合同约定的损坏、丢失的赔偿金标准高于市价过多，而使双方发生赔偿纠纷，被租赁公司狠狠敲了竹杠；二是当施工单位因故未能按时支付租金，因约定的违约金过高而发生纠纷时，导致施工单位支付高额的违约金；三是当工程延期施工单位无法按期归还租赁设备时，租赁公司乘机上涨租金引发双方纠纷。

马吉祥：要想避免上述纠纷，施工单位在签订设备租赁合同时，一是要明确约定租金的计算方法、支付办法以及逾期支付租金的违约金计算方法，科学设定违约金标准和计算时间节点；二是根据这些设备的市场采购价格与成新程度，合理约定租赁设备丢失、损坏等损耗时的赔偿办法以及赔偿标准，防止被租赁公司高价索赔；三是要约定设备延期归还时的租金调价办法，以防超期租赁时租金上涨或涨幅过高（一般情况下，可以把租期约定稍长些，并明确可以提前归还）。

王学峰：标准化设备租赁最大的特点就是使用周期长、易损耗。为避免发生纠纷，施工单位在履行租赁合同过程中，一是在租赁设备出库（或送达工地）时，要指派专人同租赁公司工作人员一起清点核实设备租赁数量，并登记签名确认，保存好出库或进场交接单；二是在归还设备时，要与租赁公司进行数量清点，并要求租赁公司人员签字确认，索取归还交接单；三是当设备使用量大，需多次租赁时，要尽可能做到一批一租、一批一议、各算各账，避免滚动算账、混合算账；四是支付租金尽可能打入租赁公司约定的一个（对公）账户，并保管好支付凭证，避免双方对付款数额出现争议。

马吉祥：现实中，许多施工单位不与租赁公司签订租赁合同，而是将租赁费打到租赁公司老板提供的个人账户，不索要租赁费发票。这种做法存在几个问题：一是在出承租双方发生纠纷时，施工企业可能不能提供完整的证据链而使自己吃亏；二是"营改增"后因缺乏进项税抵扣凭证而增加税务负担；三是出现误工索赔时，无法向建设单位提供设备损失证据。因此施工单位要注意规范设备租赁签约与履约相关手续。

2. 固定式机械设备租赁中的问题与对策

主持人：施工中除了要使用到一些标准化设备外，还要使用一些大型的固定机械设备。那么，这些机械设备租赁过程中，施工单位应注意哪些问题呢？

宋叶峰：我们在施工现场经常可以看到的塔吊、施工电梯、物料提升机、外用吊篮等都属于这类设备。这类机械设备的租赁有几个显著特点：一是设备体形都相对较大；二是设备均需安装固定，作业半径也相对确定；三是设备安装、拆卸以及日常操作需要专业人员持特种机械作业证上岗实施；四是设备要有年检合格证才能使用；五是设备使用中需要定期维修和养护；六是设备使用中安全风险较大。

王学峰：租赁此类机械设备常见的问题有五个方面：一是施工单位对所租设备的基本情况不了解（成新程度、损坏程度、磨损程度），进场把关不严，易将问题设备投入使用，为安全生产埋下隐患。二是就设备的进场、安装、升降、拆卸、退场等问题，与租赁公司之间的通知、作业、移交手续不健全，既有可能影响施工进度，又可能增加租赁成本。如设备进场后安装投用滞后、施工单位通知后租赁公司拖延拆卸退场、租期起止时间的计算方法约定不明或在交接单上没有载明等，均可能造成计费租期拉长。三是设备的维护保养、故障排除责任界限约定不明，造成设备停用期间过长，租赁公司推卸责任。四是对光机租赁或带机手（操作工）租赁两种不同租赁方式的法律后果不了解，对机手的操作责任范围约定不明，一旦发生事故或故障，双方都不愿承担责任。五是对不可抗力（如飓风、地震等）造成的设备损坏责任承担约定不明。

马吉祥：施工单位在签订此类设备租赁合同时，一要对拟租赁设备的基本情况进行了解，将设备的现实状态和成新、磨损程度在合同中予以注明；二要明确约定设备安装、升降、拆除的通知程序，并约定租赁公司未按时到场（安装、拆除）导致施工延误应承担的违约责任；三要明确租金起止动态时点、计算方法和支付办法；四要约定设备的日常维修和养护责任主体以及维修费用承担，因故障造成停工的损失责任承担，以促使租赁公司及时履行维保、抢修义务；五要明确约定租赁方式，尽量采用带机手租赁方式，并明确机手的责任范围；六要约定安全责任，避免引发安全事故；七要约定如遭遇大风、地震等不可抗力造成设备损坏时的责任分担等。

牛武军：对这些大型固定机械设备的租赁使用，一是设备进场前要仔细核查设备的检验合格证书，杜绝问题设备进场；二是设备进场时要做好入场登记工作并让租赁公司工作人员在登记表上签字确认；三是设备的安装、拆除一定要让租赁公司的专业人员来实施，切不可为图省事自己动手拆装；四是设备的日常操作一定要让持证人员值机，不要指派不具有特种机械作业证的人员上岗顶替；五是在设备日常使用过程中，要做好日常维护工作，避免超负荷使用，引发安全事故。

王学峰：施工单位也不要图省事而不与租赁公司签订租赁合同，不去完善通知、进出场交接、报修、结算、付款等履约手续，不索取租赁费发票，以防与租赁公司发生纠纷或向建设单位进行误工索赔时证据欠缺。

3. 行走式机械设备租赁中的问题与对策

主持人：工程施工现场，我们还会经常见到挖掘机、破碎机等一些行走作业的机械设备，这些机械设备在租赁过程中又有哪些问题需要注意呢？

宋叶峰：建设工程由于施工内容不同，使用的机械设备也各不相同，如装载机、挖掘机、推土机、压路机、运输机、打桩机、泵车、破碎机、起重机等行走式作业机械设备，都是工地的"常客"。这些机械设备使用功能不一，体形大小各异，功率有大有小，专业方式不同，租赁方式也有很大区别。这些机械设备一般带机手租赁较多，按作业时间计价或按完成的工作量计价较多，燃料与机手工资、生活费负担也不一样。

王学峰：此类设备租赁中要关注四个方面的问题。一是租金计算标准问题。是按作业时间还是按工作量计租，施工单位必须事先筹划。二是租赁设备是否配备司机的问题。有些施工单位在租赁公司缺少司机的情况下，采取光机租赁，一旦发生安全事故，承担责任较大。三是租赁设备的日常维护问题。多数施工单位在签订租赁合同时，都没有约定设备的日常维护保养责任，在使用过程中投入了较大的维护费用，增加了施工成本。四是设备消耗费用分担问题。如燃料、司机工资与生活费等，都要明确。

马吉祥： 签订行走式机械设备租赁合同时，一是合同签订前应结合施工部位和施工内容，尽可能选择匹配的机械设备；二是要明确约定租赁设备的机型，并注明设备的使用年限以及成新磨损情况；三是要约定租赁设备的计租方式和计租标准，是否配备司机、司机的工资费用承担、燃料由谁供应，这些都是影响租金标准的主要因素，应全面考虑；四是要约定机械设备的日常维护办法，以及因维护不到位而发生故障或事故导致工期延误、事故赔偿等的损失承担办法；五是对于事故风险较高的设备或施工场所，还要特别注明设备的投保责任以及施工风险责任的承担比例等。

牛武军： 行走式机械设备租赁与使用过程中，应特别注意五点：一是设备进场时要对设备的性能、状态进行检查，做好入场登记；二是要尽量选择投有保险的机械设备进场施工，有效转移作业风险；三是即使多支付一些费用也要尽量选择配备司机的租赁设备，这样既能有效避免安全事故的发生，还能将事故责任转移到出租方或其投保的保险公司；四是在设备租赁使用期间要做好工时或工程量的登记确认工作；五是一旦发生设备故障或出现安全事故，一定要对因此而延误的工期、损坏的财物以及人身损害等情况在施工日志中做好记录（同时督促监理工程师也在监理日志上做好记录），以为将来的索赔或追偿保全证据。

宋叶峰： 施工单位同样要注意与租赁公司签订租赁合同，完善设备进出场以及使用过程中的各种履约手续，及时索取租赁费发票，以为租赁合同纠纷或误工索赔保全完整证据。

话题 103　劳务外包事不小，过程管理要做好

主持人：罗　晓　　嘉　宾：宋叶峰　牛武军　田俊飞　程许川　　文　字：程许川

施工单位参与施工的人员中，一部分是组成项目部的施工技术与管理人员，另一部分则是不同工种或专业工程具体施工的建筑工人。施工技术与管理人员是施工企业承担与完成施工任务的基本队伍，是项目部的核心力量，一般由施工企业直接组建；而建筑工人既有施工企业自有的直属专业班组，又有劳务外包的专业施工队伍。那么，劳务外包会面临哪些现实问题和法律风险？本期沙龙几位嘉宾就来与大家谈谈这一问题。

1. 施工单位真的了解劳务外包吗

主持人：目前的工程施工过程中，施工单位将施工作业的部分或全部劳务外包给他人代劳的现象已经非常普遍，但有的施工企业对劳务外包的法律内涵似乎不太了解，实际外包过程中出现了不少问题。请嘉宾们先谈谈劳务外包的相关常识，好吗？

宋叶峰：计划经济时期，施工企业基本上都是自行组织劳动力，成立各种专业班组进行工程施工。由于工程施工不同阶段、不同工序使用的人员专业不同，同一时段内不同专业班组的工程量就难以平衡，不同工地之间的专业班组调度，也不一定刚好吻合施工进度的工序要求，导致有些专业班组经常出现交替休工现象，造成人力资源的极大浪费，无谓地增加了施工成本。随着市场经济的不断发展，各行各业专业化程度的不断提高，施工领域的专业化施工队伍也越来越多，专业的建筑劳务企业也应运而生。在此情况下，施工企业将工程施工的劳务外包给专业的劳务队伍，既符合专业化的施工要求，也符合施工管理的经济性原则。因此，目前施工企业进行劳务外包已成为常态。

牛武军：工程施工中的劳务作业大致可分为 13 类，即木模板工程和木门窗工程，砌体工程，内外墙抹灰工程，石制作工程，油漆、涂料等工程，钢筋工程，混凝土制作、浇注工程，脚手架搭、拆工程，预制楼板安装工程，电焊、气焊、钢结构焊接等工程，水电暖安装工程，钣金工程，架线作业等。劳务外包往往就是按照上述各项劳务作业内容而进行的，有的单项外包（有时由于施工工序的冲突，也会出现单项分部外包），有的多项组合外包，有的将整个工程的劳务整体外包给一个劳务公司。这种劳务外包模式，从劳务公司的角度讲一般习惯性称为劳务分包。

程许川：劳务外包就是施工单位将其承包工程中的上述劳务作业发包给相应的劳务

公司或专业劳务队完成，施工单位支付相应劳务报酬的一种施工组织形式。此种形式下，整个施工计划由施工单位编制，并提前通知不同的劳务分包单位和不同的专业施工班组按计划进场施工，施工工艺、技术、质量由施工单位统一管理，施工材料由施工单位统一供应。大型施工设备、机械、机具，有的由施工单位提供，有的则同步承包给劳务分包单位，辅料、辅材和小型机具一般由劳务分包单位自备。

田俊飞：劳务分包的计价方式一般有四种：一是单项作业分包时，一般按单项作业单价乘以该单项工程量计算劳务报酬；二是平方米包干价，不论是单项分包、多项组合分包还是整体劳务分包，一律按建筑物的平面投影面积约定单价，最终按建筑物实际建筑面积计算总价；三是施工单位将总承包（或专业承包）合同价中的人工费以及人工费调差部分，按一定系数剥离给劳务总分包单位，实行劳务分包报酬与工程施工总造价挂钩；四是按不同工种的工日、工时单价乘以工作日、作业小时数计算，一次一清或定期结算。

程许川：劳务外包的情形下，施工企业与劳务公司之间是劳务合同关系，劳务公司组织聘用的劳动者与劳务公司之间是劳动关系，所以，实际施工的劳务人员的工资、社会保险、意外伤害保险等均应由劳务公司负担，安全事故责任按事故原因归属，分别由施工单位、劳务公司或第三方承担。施工单位对劳务公司的劳务人员一般不直接承担用工单位的法律责任。但如果施工单位将施工劳务外包给没有施工资质的组织或个人，则要对劳务人员和其他合同相对人承担连带责任。

2. 签好劳务分包合同是管控劳务分包风险的基础

主持人：各位嘉宾，目前施工劳务外包中主要存在哪些问题，施工单位应如何应对？

宋叶峰：目前的劳务外包面临很多问题，一是合同约定的作业内容不清、界限不明，附加义务不清、责任模糊，极易发生现场扯皮；二是对劳务承包方进场、退场、工期延误的违约责任约定不明，当其延误影响其他分部分项工程施工时，无法追究其工期延误责任；三是安全生产方面以包代管，一旦发生安全生产或人身伤亡事故，不但有可能延误工期，遭受行政处罚，还有可能承担连带赔偿责任或先行垫付责任。

牛武军：另外，施工单位由于缺乏对劳务公司发放劳动者工资的监管，如将劳务报酬直接支付给劳务承包人或班组长后，收款人隐匿或拒不向劳动者支付工资时，导致劳动者向施工单位主张工资；采用整体劳务外包形式时，劳务承包合同中没有对劳务报酬进行施工工序单价分解，在劳务公司没有全部完成承包的施工作业时，因双方没有办法公平结算而发生劳务报酬结算纠纷。还有，如将劳务外包给没有施工资质的非劳务企业或个人,当实际承包人无力对外承担责任时,可能会被法院判决由施工单位承担相应责任。

田俊飞:因此,施工单位进行劳务外包时,一定要选择具备相应资质的正规劳务公司,并与之签订劳务分包协议。施工单位在选择劳务分包单位时,要对其进行全方位的考察,如人员组织能力、施工配合、协调能力,其承建的工程是否出现过工期延误情况或存在过质量问题,安全事故发生频率的高低,是否存在挂靠现象,是否经常发生诉讼等,从而确保选择到人员素质高、组织能力强的劳务分包单位,以保证工程施工的顺利进行,按期完工、节约成本、降低风险。

程许川:施工单位与劳务公司签订劳务分包协议时,一是要详细约定分包内容、施工界限,必要时明确到分项分部,甚至精确到界点和尺寸,以防因此相互扯皮,导致工期延误、成本增加;二是要明确劳务公司的辅助准备工作与施工机械设备机具的配备责任、辅料辅材的配置责任以及质量要求,以防发生此类纠纷;三是明确付款方式,施工单位一定要把劳务费全部支付至劳务公司对公账户,或代其将工人工资直接发放到人,绝对不能直接将款项支付给实际承包人或班组长,以防其领到劳务费后不向工人支付,导致劳务人员讨要工资时,施工单位额外承担二次垫付责任。

牛武军:整体劳务承包使用建筑面积计价时,应在约定劳务报酬总单价的同时,进行分项分部劳务费单价分解,以免劳务总承包单位中途退场时,双方无法计算劳务报酬。在进行分项分部劳务费单价分解时,宜采取"前低后高"的价格分解策略,以防劳务总承包单位干完前期赚钱项目后,怠于后期薄利项目和收尾工程施工甚至擅自撤场,留下一个烂摊子没人接手,另行发包时因单价提高而给施工单位造成额外损失。

程许川:另外,在劳务分包合同中,还要明确约定联系、通知方式,做好工作衔接;设定逾期进场违约责任、提前完工奖励办法,以促使劳务分包单位积极组织施工;要求劳务分包单位为施工人员缴纳工伤保险或人身伤害保险,合理转移安全事故赔偿责任;约定材料超耗的违约责任和节约材料的奖励办法,促使劳务分包单位合理利用边角材料、减少材料浪费;约定质量监管方式,以及质量不合格时的维修与对应违约责任。

3. 施工过程管理是劳务分包风险管控的关键

主持人:在施工过程中,施工单位应如何做好现场管理,防范劳务外包单位的施工风险?

牛武军:施工单位在施工过程中,首先要提前做好施工组织设计,统筹好施工队伍组织管理工作,根据计划工期进度、分部分项工程施工节点、施工工艺工序节点等,对工种配置、人员投入、不同班组进场时间、现场清理与退场时间等进行科学、详细的规划，并在合理期间内提前通知劳务分包单位，确保劳务人员能够按工种、按时组织到位，实现不同工种和工序的无缝对接，避免因劳务安排脱节，影响整个工程的施工进度和其他分部分项工程的施工进度，导致工程整体延期。

田俊飞：为保证工程质量，施工单位一要将劳务分包的质量管理纳入项目总体质量控制体系之中；二要在开工前或工序工艺施工前，邀请劳务分包单位参加图纸会审、技术核定、技术交底；三要加强对劳务施工人员的施工技术指导，及时纠正施工过程中出现的偏差和不合规行为；四要及时对已完工程进行检查、检测、验收，一旦发现质量不合格，及时通知返工修补，消除工程质量隐患和瑕疵。

程许川：材料管理是施工管理的重要方面，施工单位要做好劳务分包的材料使用管理，一是严格审批领料手续，由领料人员凭分部分项工程负责人签发的领料单领取建筑材料；二是对劳务分包单位要实行限额领料制，根据施工图纸计算的材料定额消耗数量，严格控制领料数量，超定额领料必须弄清原因；三是加强现场材料的管理，对现场材料定期进行盘点，不用的材料要及时退库收回，以防损毁浪费丢失；四是实行材料消耗奖罚制度，对超耗材料的要扣除一定比例的违约金，对节约材料的要按一定比例予以奖励。

宋叶峰：劳务分包的安全管理也不能忽视。施工单位一定要组织现场作业人员进行安全生产教育、培训和安全技术交底，确保施工安全措施到位，并不间断地巡视检查，确保工程施工安全。劳务班组进场时，一要核对进场人员并实名登记，二要检查核对社会保险或意外保险投保情况，杜绝未投保人员进场施工。

话题 104　专业工程分包，工作最难协调

主持人：罗　晓　　嘉　宾：宋叶峰　牛武军　田俊飞　汪蒙蒙　　文　字：汪蒙蒙

建设工程施工过程中，对于一些专业性强的分部工程，往往要分包给具有专业资质的专业分包单位来具体实施。专业分包单位的施工能力、技术水平、施工质量、施工进度等，不但决定着分部工程的质量和进度，还影响着整个工程的整体质量和进度，施工协调任务特别重。为了帮助总承包单位搞好专业工程分包与管理，本期沙龙特邀请几位嘉宾谈谈总承包单位面对专业工程分包应关注的问题。

1. 专业工程分包有什么特点

主持人： 专业工程是建设工程的重要组成部分，那么，究竟哪些专业工程可以分包？专业工程分包都有哪些特点呢？

宋叶峰： 能够专业分包的分部工程，一般是指整个建设工程中专业性强、技术要求高的专项工程，或者外加工任务大、与主体工程施工联系不紧密、施工相对独立的分部工程。常见的专业工程有电梯采购与安装工程、建筑通风与空调系统工程、建筑节能工程、建筑设备采购与安装工程、建筑智能化系统工程、建筑给排水及采暖工程、建筑电气工程、建筑屋面工程、装饰装修工程等。

田俊飞： 这些分部工程，有的由建设单位直接分包给专业施工企业供应、加工、制作和安装，有的则包含在总承包单位的施工范围内，由总承包单位自行进行专业工程分包。具体哪些分部工程由建设单位直接分包，双方应在施工合同中约定清楚。凡没有约定由建设单位直接分包的，都应当属于总承包单位的承包范围。

牛武军： 根据《建筑法》的相关规定，建设单位或施工总承包单位只能将分部工程进行专业分包，而不能将分部工程中的分项工程进行专业分包，且建筑主体结构的施工必须由总承包单位自行完成。但在实际施工过程中，多数总承包单位基于施工组织、施工质量、施工成本、工程进度以及外部环境因素的考虑，往往并不严格区分分部还是分项工程，还会把基坑开挖、基坑回填、边坡支护、防水、钢结构、不锈钢构件、玻璃幕墙、门窗、外墙保温、装饰装修等凡是能够分包的工程，统统对外进行专业分包，以减轻自行施工的组织难度以及加工定做与安装之间的协调难度。

田俊飞： 根据《建筑法》的相关规定，施工总承包单位进行专业分包时，一是必

须将专业工程发包给具有相应资质的分包单位；二是必须经建设单位认可（要么在施工合同中明确约定可以分包的工程，要么分包时应经建设单位书面同意），否则，建设单位有权干预或主张总承包单位承担违约责任。总承包单位一定要注意与建设单位做好专业分包的事前通报、确认、协调工作。分包单位分包的专业工程，由专业分包单位与总承包单位共同对建设单位承担质量责任。

汪蒙蒙：专业工程分包的情形下，总承包单位与分包单位之间构成加工承揽合同关系或者设备采购附带安装的买卖合同关系。因此，专业分包单位对外发生的采购、定做行为以及组织的劳务人员，均由专业分包单位直接承担法律责任，总承包单位不承担连带责任。只有在施工过程中因总承包单位的原因发生事故，而造成分包单位或第三人的财产损失或人员人身损害时，才承担相应的赔偿责任。

田俊飞：建设单位与总承包单位签订施工合同后，总承包单位一般不应允许建设单位再将自己承包范围内的分部工程抽出去直接分包，更不应允许建设单位将分部工程中的分项工程抽出单包。如果建设单位将总承包单位承包范围内的分部工程抽出去直接分包，总承包单位应在其抽出直接分包时，以合同或施工单证的形式明确其总包管理费和配合费计算办法以及期待利润补偿办法，否则，应拒绝其抽出单包，以防自己的利益受损。

2. 选好队伍、签好合同，是防范专业分包风险的前提

主持人：专业工程分包主要存在哪些法律风险？总承包单位应当如何防范专业分包风险？

宋叶峰：专业工程如果分包给具有相应资质、专业能力强、技术成熟、经验丰富的专业分包企业施工，可以保证分包工程质量，降低工程建设成本，提高施工效率。但如果管理不到位，也会出现很多问题，比如，分包中的构件加工和设备采购质量低劣，安装或施工工艺粗糙，总包与分包或分包与分包之间的施工界限不明，总包与分包或分包与分包之间的交叉施工冲突或脱节以及施工配合缺位，专业工程的竣工验收和资料归档欠缺，总包管理费或配合费争议等。如果总承包企业没有较高的管理水平，很有可能会影响工程施工质量和进度，相对增加施工成本。

牛武军：专业工程分包的成败，首先在于能否选到一个靠谱的专业分包企业。在选择专业分包企业时，总承包单位一定要根据承包工程的施工要求和特点，选择与工程最契合的专业分包单位。我国目前的专业承包企业资质共36个，一般分为三个等

级（一级、二级、三级），总承包单位必须根据拟分包工程的施工要求，将专业工程分包给有相应资质等级的分包企业。

田俊飞：选择专业分包企业时，一是可以通过对分包企业的技术人员、机械设备、采购渠道、施工能力、样板工程、已完工程、资金能力、公司信用等进行调查来优选；二是通过让各专业分包单位分别编制专业施工方案，来考察其水平并从中选优，以防"包工头"挂靠专业分包单位进行实际施工。

汪蒙蒙：专业分包企业选定后，施工总承包企业一定要与其签订好专业分包合同。合同中一要明确总包与分包、分包与分包之间的施工界限，减少总承包单位的工作协调量，预防各分包施工单位之间出现扯皮与矛盾；二要约定清楚专业分包单位采购材料、设备等的品牌、品质、规格、型号、技术参数等的具体要求，以防不符合设计和质量要求的材料和设备滥竽充数；三要明确专业分包的施工工艺要求和质量标准，以确保专业工程的施工质量；四要明确通知进场、保证工期、清理退场等的履约机制，以防因专业分包的进度迟缓而影响其他工序施工和整个工程的施工工期；五要约定清楚各专业分包单位的竣工资料整理和提交，以使其施工资料及时汇总纳入竣工资料。

田俊飞：专业工程分包中如果涉及设备采购或加工制作，其分包合同中一定要附上设备功能与技术参数清单、设备总成与部（构）件以及所用材料配置表、总成与部（构）件以及所用材料价格构成表，以使其功能、质量验收有依据，预防出现总成、部（构）件、材料与要求或承诺不符，有利于遭遇欺诈时的违约索赔。但目前大多数专业工程分包合同中都没有这些清单和表格，与分包方发生纠纷后，总承包单位往往找不到支持依据，请施工企业务必注意这一问题。

3. 搞好组织协调，确保顺利施工

主持人：施工现场那么多专业分包单位和劳务分包单位，总承包单位如何才能实现各分包单位的有序施工、相互配合、合作共赢呢？

牛武军：总承包单位在施工过程中，首先要提前做好施工组织设计，根据计划工期进度、分部分项工程施工节点、施工工艺工序节点等，对不同专业分包单位的进场时间、施工工期、现场清理与退场时间等进行科学规划，并在合理期间内提前通知专业分包单位，确保各专业分包单位能够按时进场和退场，实现不同施工工序的无缝对接，力避因专业分包施工脱节，影响其他工序施工和整个工程的施工进度，导致工程整体延期。

田俊飞：施工总承包单位应要求各专业分包单位派驻现场代表，负责施工协调衔接工作。在开工前或工序工艺施工前，总承包单位应邀请专业分包单位参加图纸会审、技术核定和技术交底，以使各分包单位准确理解整个工程的施工要求，分别做好各自的采购、加工与施工准备工作。

汪蒙蒙：专业工程分包单位采购、加工的设备、材料、构件进场时，总承包单位应统一组织本方施工、技术、质量、检验等工作人员，会同监理工程师和甲方代表进行进场验收。验收的内容包括设备、材料、构件的生产厂家、产地、品牌、规格、型号、数量、尺寸、价格等是否与合同相符，有无产品合格证和检验检测报告以及采购发票等，凡形式验收不合格的设备、材料、构件一律不准许进场。

宋叶峰：总承包单位要加强对专业分包单位的施工技术指导，及时纠正施工过程中出现的偏差和不合规行为；要及时对各专业工程的已完工序进行检查、验收，发现质量不合格，要及时通知整改，彻底消除工程质量隐患。总承包单位要在施工场地、作业面、用水用电、起吊升降、安全防护等方面，给专业分包单位提供条件，以确保专业分包工程的顺利施工。

田俊飞：总承包企业还要加强对各专业分包单位的安全教育和现场管理，努力杜绝安全事故，以防专业分包单位的事故受伤人员阻工，起诉总承包单位索赔，使总承包单位徒增诉讼成本，甚至承担过错赔偿责任。

汪蒙蒙：各专业工程完工验收合格后，总承包单位一定要督促专业分包单位及时制作和提交竣工资料，以防双方结算完毕后专业分包单位怠于提供专业工程施工资料，导致竣工资料缺失而无法汇总。

宋叶峰：对于建设单位直接发包的专业工程，总承包单位应根据施工计划安排，及时通知建设单位与监理工程师协调专业分包单位施工。专业分包工程施工时，总承包单位应同样加强技术指导与监督，以免影响整个工程的进度和质量。专业分包工程的施工资料也要统一由总承包单位汇总，总承包单位要会同建设单位和监理工程师督促其按时整理提交。为了预防专业分包单位不服从总承包单位的施工协调和监督，总承包单位可以在其进场前与其（或加上建设单位）签订工作配合与相互协作协议，以增加自己的制约措施。

话题 105　施工安全管理是真真切切的效益

主持人：罗　晓　嘉　宾：宋叶峰　牛武军　王学峰　田俊飞　文　字：田俊飞

"无危则安，无缺则全"，安全意味着没有危险且尽善尽美。建筑行业作为高危行业，安全事故一直居高不下，重特大事故时有发生，追根溯源都是安全施工措施落实不到位所造成的，其根本原因是施工单位（特别是包工头）对安全文明施工措施投入不足，"能凑合则凑合，能省俩就省俩"的思想在作怪。结果是"辛辛苦苦两三年，一场事故全赔完"，成为很多项目工程施工的真实写照。本期沙龙我们就来探讨一下施工安全及其风险管控问题。

1. 工程施工安全生产问题多多

主持人： 长期以来，各级政府都高度重视安全生产工作，安监部门也在不断强化安监措施，但为什么建筑行业仍事故频发、"涛声依旧"呢？请嘉宾们先谈谈，工程施工安全管理都存在哪些问题？

宋叶峰： 工程施工安全事故居高不下的原因主要表现在四个方面：一是安全投入不够，安全设施、设备、用品、用具等配备不到位，采用简易防护措施，使用劣质防护材料，应付凑合现象比较普遍，有的主体结构都施工完毕了，仍然是"裸体工程"，看不见任何脚手架及安全网；二是安全教育与安全技术交底流于形式，起不到指导和规范安全施工的作用；三是高危作业部位安全施工方案设计不认真、审批不严格，实际实施不一致，措施落实不到位；四是现场安全管理欠缺，人员进入施工现场不戴安全帽，高空作业不系安全带，电线私拉乱扯，施工通道障碍物不及时清理，对施工人员的违规行为缺乏有效监督等。

王学峰： 之所以施工现场安全文明施工措施不到位，其根本原因还是建筑市场低价恶性竞争所造成的。长期以来，由于建筑行业门槛较低，涌现出大量有资质或没资质的施工队伍，这些施工队伍为了"抢食"工程，往往以低价投标的手段进行恶性竞争，有些建设单位特别是房地产开发企业利用其优势地位，通过签订阴阳合同进一步压价，使施工单位的盈利空间被大大压缩，施工单位要想稳赚不赔，就得能省就省，减少一些自认为"不必要"的开支，如果工人工资不能省、材料不敢省，那就只有在安全文明施工措施方面"挖潜"了，所以，安全文明施工投入不足就不足为怪了。

牛武军： 工程施工项目部安全管理人员配备不到位已成常态，有的项目部安全员名有实无，长期挂名不在岗，有的由其他技术人员兼任，没有专职安全员。特别是挂靠施工的实际施工人，项目部人员配备更是凑合，有的安全员根本就不懂安全管理的流程、要素和措施，不会进行现场安全管理。被挂靠企业对实际施工人的安全施工不愿多管、放任自流、监管缺位。多数施工企业或实际施工人都是抱着侥幸心理对待施工安全，重工程质量、重经济效益，轻施工安全、轻安全保障，此种混乱状态下发生施工安全事故是必然的，只是发生在谁身上、发生在哪个工地具有一定的不确定性而已。

田俊飞：很多项目部施工组织设计方案、分项技术交底和安全教育较为简单，且针对性不强、不全、不准，不问项目差别而千篇一律，现场实际施工与方案设计不符，制订安全施工技术方案和安全检查凭经验的多，按规范标准的少。由于安全措施不到位，检查落实走形式，不按规范标准建档和施工安全资料造假现象也就非常普遍。如伪造职工劳动保护教育卡、安全教育记录、技术交底记录、安全台账、各种监督检查记录等，以应付安监部门的监督。

宋叶峰：工程施工最常见的事故是人员高空坠落、高空坠物伤人、脚手架和模板坍塌、提升机冲顶或坠落、塔吊断臂或倾覆、边坡和混凝土结构坍塌等，任何一起事故除直接造成财产损失外，轻则造成人员受伤，重则造成人员死亡，更重的则会群死群伤。凡构成重大事故的，一般的损失都会超过预期利润（包括直接损失和因停工造成的间接损失），是许多施工单位项目部特别是实际施工人所承受不了的，并且还要接受行政处罚，主要负责人员甚至还要承担刑事责任。所以，各施工项目部必须要舍得安全投入，尽力预防和避免安全事故的发生。

2. 安全施工措施应完全落实到位

主持人：刚才，嘉宾们谈了工程施工安全方面存在的问题，那么，施工企业和工程施工项目部该如何做好安全施工呢？

牛武军：根据我国《建筑法》及国务院《建设工程安全生产管理条例》规定，施工总承包单位是施工现场管理以及安全生产的第一责任人。所以，不管是施工企业的直营项目部，还是挂靠或转包的实际施工人，抑或是专业分包与劳务分包单位的现场施工人员，施工企业都应该严加管理，确保安全施工无事故。

田俊飞：作为施工企业要设置安全生产管理机构，配备专职安全员，并具有指导和监督项目部安全施工的能力。具体到各施工项目部也必须配备专职安全员，并要求各专业与劳务分包单位配备专职安全员,各施工班组配备兼职安全巡查员,共同铸就工程施工安全网。

王学峰:施工企业及其各项目部要建章立制,完善体系,层层把关。企业、项目部、专业分包单位、劳务分包单位或班组以及所有施工人员,都要逐级签订安全生产目标责任书,明确各级各岗各人的安全责任,从上到下形成安全生产生命线,确保安全工作横到边、竖到底,上下贯通,左右连接,不留死角,在预防联防上狠下功夫,彻底消除安全隐患。

田俊飞:安全施工应抓重点,抓高危部位,抓易引发群死群伤部位,抓事故多发点,做到标本根治。要针对重大事故易发部位重点治理,做好"三宝""四口""五临边"安全防护("三宝"即安全帽、安全带、安全网,"四口"即预留洞口、电梯井口、通道口、楼梯口,"五临边"即楼面临边、屋面临边、阳台临边、升降口临边、基坑临边),加强现场巡查监督,发现事故隐患或苗头,立即进行整改和纠正,彻底消除安全事故隐患。要认真落实三级安全技术交底、进场教育培训、班前安全教育、安全专项方案、安全台账等,按规定把安全生产切实落实到位,坚决杜绝伪造资料、伪造签名。

宋叶峰:侥幸心理是安全施工的大敌。整个施工参与者都要珍惜生命、爱护工友,谨慎施工,严防事故。作为施工单位要舍得投入,作为施工班组要严加管理、相互监督,作为建筑工人不要认为自己老练而违章作业。随便一个事故造成的损失,都会远远大于安全防范的费用。一发生人身伤亡事故,不管赔偿多少金钱,也都挽不回伤亡者的生命或健康。

3. 积极投保相关保险,分解转移事故风险和赔偿责任

主持人:一旦发生安全事故,施工企业应该如何处理?能否利用保险来转移自己的事故风险?

宋叶峰:作为施工企业来讲,要制订安全事故应急救援预案,建立应急救援组织或设置应急救援人员,配备必要的应急救援设备和器材,一旦发生安全事故,能够做到及时、科学、有效救援,把事故损失降到最低程度。对于事故受伤人员项目部要积极救治、积极赔偿,或督促协助分包单位及时赔偿到位,甚至可以直接代交代赔代扣医疗费用和医疗期内的工资,千万不能不管不问或消极治疗和赔偿,以免演化为工伤赔偿纠纷而进行仲裁和诉讼,为施工企业带来讼累,对分包单位承担连带责任。

王学峰:施工企业可通过投保相关保险来分解事故损失,转移事故责任,以降低

自己的实际损失。目前，除建筑企业职工工伤保险外，国内建筑市场的商业保险主要有两类，一是建筑／安装工程一切险，二是建筑工程团体意外险。虽然保险种类不多，但只要合理筹划和投保，均可以有效转移施工安全风险。

田俊飞：建筑／安装工程一切险，承保范围主要是各种自然灾害和意外事故造成的工程或设备损失；建筑工程团体意外险主要承担的是施工人员或第三者人身伤亡及财产损失的损害赔偿责任，其承保期限通常从建筑工程的开工到工程竣工。所以，施工单位可根据工程项目的特点和人员结构，在工伤保险的基础上，合理搭配购买建筑／安装工程一切险和建筑工程团体意外险。

牛武军：施工企业除了本身投保相关保险外，还应该要求和监督各分包单位为自己的员工投保。一是要把投保具体保险险种和保额写入分包合同之中，二是分包单位进场施工前要查验其投保保单，核对投保人员与现场人员是否相符，以防不保或漏保。

宋叶峰：各施工企业和实际施工人要把安全投入与人员工资、建筑材料、机械设备投入等同对待，全部纳入成本预算，统筹考虑投标优惠率，不再走低价恶性竞争的老路。只要企业领导有悲天悯人之心、安全防范之意、安全技能之才、公正廉洁之威，施工现场各级管理者谁敢不兢兢业业，以安全为己任，使安全生产常抓不懈？

话题 106　施工单证管得好，张张都是"雪花银"

主持人：罗　晓　　嘉宾：宋叶峰　牛武军　宫振兴　程许川　　文　字：程许川

建设工程施工资料（包括各种单证）是施工过程的真实记录，从技术角度讲是查找质量问题和竣工验收以及后期维护、大修拆改的依据；从经济角度讲是双方结算的基础性依据。由于多数施工单位对施工资料的作用认识不足，导致大量单证制作跟不上施工实际，单证内容填写不细不详，保存不善造成资料缺失，使自己在工程竣工验收、备案、结算等方面处于被动地位。为了帮助施工单位搞好资料管理，本期沙龙的几位嘉宾与大家谈谈施工过程中的资料和单证管理问题。

1. 施工资料及单证的意义和作用

主持人：建设工程施工是一个长期而复杂的过程，不但开工前需要准备大量施工资料，施工期间也会产生很多施工资料与单证，嘉宾们能否先介绍一下施工资料的意义和作用？

牛武军：按照住建部发布的《建设工程文件归档规范》，建筑工程涉及的资料有五类：一是工程准备阶段的文件，包括立项、用地、拆迁、勘察、设计、招投标、开工审批、工程造价、工程建设基本信息等文件；二是监理文件，包括监理管理、进度控制、质量控制、造价控制、工期管理、监理验收等文件；三是施工文件，包括施工管理、施工技术、进度、造价、施工物资出厂质量证明以及进场检测报告、施工记录、施工试验记录及检测报告、施工质量验收、施工阶段性验收等文件；四是竣工图；五是工程竣工验收文件，包括竣工验收、备案、决算等文件。

宋叶峰：施工资料如从性质上分，可以分为技术性资料、经济性资料、兼具技术和经济双重特性的资料三大类。技术性资料如工程技术文件报审表、技术交底记录、图纸及其会审记录、施工物资出厂质量证明及进场检测文件、工程定位测量记录、基槽验线记录、隐蔽工程验收记录等；经济性资料主要是指与造价、工期有关的，能够引起造价变化的文件和资料，如投标文件、合同价格文件、结算价格文件、工程款支付申请及其审批文件、工程延期申请及其审批文件等；兼具技术和经济双重特性的文件，如设计变更、签证、技术核定、认质认价等文件，这类文件既涉及技术问题，又会影响工程造价。

宫振兴：对于施工单位来讲，加强施工资料管理，具有两个方面的重要意义。一是由于工程施工周期长、技术复杂，几乎所有的建设工程都会遇到设计变更、技术变更、材料价格变化、政策变化等情形，从而引起造价或工期变化。而只有将这些变化客观地记录在施工资料中，才能为造价调整和误工索赔提供依据，避免发生造价纠纷。二是一旦与建设单位发生质量、造价、工期纠纷而进入司法程序，完善的施工资料具有证据的证明价值，是划清各方责任、保护本方权益的基础性证据。因此，施工单位决不可轻视施工资料管理工作。

程许川： 目前，施工单位在施工资料管理方面主要存在四大问题：一是很多施工单位不配备驻场资料员，而是将资料制作与管理外包给兼职资料员，由于外包人员对工程参与度不深或水平有限，导致资料制作脱节；二是施工员、预算员、资料员协调配合不够，导致施工资料制作滞后或缺失，单证内容不详，导致竣工结算时算不上价钱；三是只重视签证单，不重视其他单证，特别是索赔资料单证，往往被资料员忽视；四是没有完善的单证传递、回复以及异议机制。工程竣工验收、备案、结算时，才发现资料或其内容严重缺失，并且时过境迁、无法弥补。

2．通过单证管理，挖掘工程造价和利润

主持人： 工程质量控制依赖于施工技术与工艺管理，而工程造价和利润的挖掘则主要依赖于单证资料。那么，施工单位应如何通过施工资料与单证的管理来挖掘造价和利润呢？

宋叶峰： 不管施工合同采取的是哪种计价方式（固定价或可调价），施工过程中的造价调整都是无法避免的。导致造价调整的因素主要有设计变更（包括技术核定）、预算外签证、市场价格波动、政策性变化、非施工单位原因的停工等，这些影响造价变动的因素，都需要通过书面的单证形式将其固定下来，以为工程竣工结算提供依据，避免发生不必要的纠纷。施工单位在制作施工资料和单证时，要搞好技术、预算、资料人员的工作衔接，使施工资料和单证的制作及时到位，以防建设单位事后不认账。

牛武军： 施工过程中如遇设计或技术变更，施工单位在接到建设单位的变更通知时，一是要第一时间会同施工员、预算员、资料员充分估算变更对造价、工期的影响，并及时制作相关单证向建设单位请求价格调整或补偿；二是如果变更部位尚未进行施工准备，可按正常的调价、顺延工期和材料退场退货补偿程序处理；三是如果变更部位正在施工或已经施工完毕，则要对当前的施工状态、完成的工艺工序以及工程量、拆除措施、拆除工程量、垃圾清运、新的施工方法等一一加以列明和确认，并明确工期顺延天数、造价补偿数额，以便与建设单位就变更造价达成一致。

宫振兴： 施工过程中如遇签证事项，施工单位一定要会同建设单位，明确事项发生

的时间、地点、原因，工作内容，人工、材料、机械的工程量，造价计算方式，工期顺延与否等结算要素，并且以资料形式记载下来，以便结算时正确计算签证部分的工程造价，防止时过境迁难以弄清细项子目而无法补证。

程许川：对于市场波动引起材料价格变化时，施工单位要及时收集材料价格变动信息资料，保存购买材料的合同、发票、付款凭证等财务资料，并根据合同约定的时间、程序及时报送建设单位要求调整。对于需要认质认价的材料，施工单位在制作认质认价单时，一要明确认质认价材料的质量标准与其他信息；二要明确执行本次认价的有效期间以及期满后的延期办法或重新认价办法；三要明确材料的价格构成，如该价格是否包括运输费、装卸费、安装费以及是否含税等。认价时段终止还要注意进行工程量或者材料用量确认。

宫振兴：对于政策变化影响到造价和工期时，施工单位应在造价师的指导下，及时与建设单位确定调价的时点和具体幅度以及计算公式，明确工期调整的天数，以防结算时扯皮。对于在合同履行过程中因建设单位过错给施工单位造成工期拖延和费用损失的，施工单位可以向建设单位提起索赔。索赔时，要详细计算拟索赔数额和延长的工期，并说明自己的理由，同时施工单位还要准备索赔计算的依据和相应的证据材料。

3. 完善单证传递、签收与回复机制

主持人：在工程建设过程中，施工单位与建设单位和监理单位之间需要进行大量的信息沟通，怎样才能做到有效沟通，防范信息传递风险呢？

宋叶峰：为保证施工与建设、监理单位之间准确、及时地传达信息，也为了便于争议发生时尽快查明事实、解决矛盾，施工单位一定要在施工合同中对相互之间的联络方式进行详细约定。其内容包括资料接收人、岗位职务、所在部门、公私电话、电子邮箱、通信地址、送达地点、送达方式等。各方应通过书面形式传递与履行合同有关的信息和意思表示，并由双方有权人员签字或加盖公章。为防止一方转嫁风险、推卸责任，拒绝签收或迟延签收往来函件，还应在合同中明确约定拒绝签收的不利后果。

牛武军：施工单位与建设单位和监理单位之间要建立完善的单证传递、回复机制，一要建立单证传递送达、签收机制，明确单证传递各方的责任界点；二要建立单证登记制度，包括单证编号、发出日期、送达方式、签收日期、签收人、是否回复、处理结果、拒签理由等，确保单证有据可查，不重不漏。

程许川：施工单位还要建立本方发出单证的内部制作、审查、修改、完善、确认、

送达制度，明确单证处理责任，确保单证内容要素齐全、量价或其计算方法明确、符合施工与计价规范规定以及合同的约定，并及时送达建设和监理单位。

宫振兴：对于建设单位和监理单位发来的函件，要做好收件编号登记，并及时批转本方有权人员处理。对于一般性事务的日常联系，可由有权人员口头沟通协调；对于涉及工程造价、工期变化的函件，应组织技术、资料、预算人员会同律师、造价师等对单证进行全面审查，看其形式是否符合合同约定，对所涉问题的技术要求、工期、材料、劳动力、机械、工程量计算、价款计算，以及对其他工程的影响、处理依据等进行逐项复核确认。

程许川：施工单位在收到建设单位和监理单位的函件后，如有异议，应在合同约定的期限内及时书面回复，以免触发"不回复或逾期回复视为认可或无异议"的特别约定，并在回复中说明异议的理由、本方的主张及依据等。如果建设和监理单位拒收或无人签收施工单位的函件，施工单位应当通过快递、挂号信、传真、电子邮件、录音录像或现场公证等方式送达，并保留证据。施工单位还要充分利用监理例会、专题会议的机会，在会议上提出自己的诉求，并要求在会议纪要中予以记录。建设单位或监理单位拒绝记录的，施工单位可在签署会议记录时补正。

宋叶峰：监理工作记录和保存的单证资料，是工程施工的法定有效证据，证明力高于其他证据。因此，施工单位必须利用与监理工程师的信息传递和监理例会记录来保全其施工证据资料，以备在与建设单位发生纠纷时为我所用。

话题107　充分利用工程索赔来弥补损失、挖掘利润

主持人：罗　晓　　嘉　宾：宋叶峰　宫振兴　牛武军　程许川　　文　字：程许川

工程建设是一项长期、复杂的活动，在施工过程中，会因为各种各样的原因，导致工程施工延误、交叉施工互扰、施工成本增加、人工材料浪费、施工设备闲置等情况，给施工单位造成不应有的损失。对于非施工方原因导致的上述损失，施工单位可以通过索赔来弥补损失，甚至可以从中挖掘出利润来。但目前的工程索赔多数项目几近空白，一方面是施工单位不知如何完善证据和提出索赔，另一方面是建设单位一味拒绝索赔申请而施工单位却没有什么应对之策。为了帮助施工单位正确行使索赔权，本期沙龙邀请几位嘉宾与大家聊聊这一问题。

1. 参建各方均可提出工程索赔

主持人： 工程建设是一项持续时间较长、参与主体多、技术性强、组织配合复杂的系统工程，由于各种原因导致的施工延误、费用增加、损失浪费在所难免，各参与主体之间互相索赔非常常见。嘉宾们能否先介绍一下工程索赔的一般常识？

宋叶峰： 工程索赔是在建设工程施工合同履行过程中，合同当事人非自身原因受到经济损失或权利损害时，基于法律规定或合同约定，通过一定程序要求对方给予补偿的权利。工程索赔可以是施工单位、分包单位向建设单位提出索赔，可以是建设单位向施工单位、分包单位提出索赔，也可以是总承包单位与分包单位之间互相提出索赔，还可以是建设单位或施工单位与材料、设备供应商之间相互提出索赔。因此，施工单位一方面要谨慎履约，避免被建设单位、分包单位、材料与设备供应商提出索赔，另一方面还必须利用他们各方对自己造成的不利影响，通过索赔手段弥补自己的损失、挖掘出潜在利润。

程许川： 施工单位向建设单位的索赔，包括因建设单位自身原因给施工单位造成的损失，也包括由于建设单位聘请的勘察、设计、监理等服务单位的原因，以及建设单位直接专业分包工程的分包单位，直接采购材料、设备的供应商的原因给施工单位造成的损失。对于施工单位来说，向建设单位提出的索赔一般为工期索赔和费用索赔。工期索赔主要是要求延长工期、推迟竣工日期；费用索赔主要是要求建设单位调整合同价款、赔偿损失、追加付款等。

宫振兴： 施工单位也可以向自己直接分包项目的分包单位、自己签约的材料、设备

供应商进行索赔。如专业分包单位设备、人员进场延误，施工进度过于迟缓，施工质量不合格造成返工，损坏已完工程等；劳务分包单位施工人员组织不到位，进场施工力量薄弱，导致施工节点脱节、工期延误；材料、设备供应商供应材料、设备不及时，导致施工停工待料，或供应的材料、设备质量不合格，导致退场、返工和施工延误等。

牛武军：由于施工单位、分包单位原因导致工程质量不合格、工期延误或费用增加，给建设单位造成损失，以及给建设单位聘请的勘察、设计、监理、造价、律师，建设单位直接专业分包工程的分包单位，直接采购材料、设备的供应商造成损失的，建设单位也可以向施工单位进行索赔，要求延长质量保修期，赔偿工程延期交付违约金，建设单位被服务商、供应商索赔造成的损失以及其他损失。如果施工单位不按时支付分包工程款或劳务款，拖延支付材料、设备款的，专业分包工程与劳务分包的分包单位，材料、设备供应商也可以向施工单位提出索赔。

2. 施工单位可向建设单位提出的索赔多之又多

主持人：工程建设过程中，施工单位一般会向建设单位提出哪些索赔，应该如何提出？

宋叶峰：由建设单位直接向施工单位承担赔偿责任的索赔情形有四，一是建设单位因未取得土地与规划以及建设审批手续被勒令停工，或建设单位因占地、拆迁、权属纠纷等原因发生的阻工；二是建设单位未按合同约定提供图纸，未能按期下达开工通知，拖延支付预付款、进度款、结算款等导致停工或施工推进迟缓；三是变更设计使工程量增加或减少，从而导致工程价款和工期发生变化；四是出现非人为因素，如不可抗力、出现不利的施工条件、法律政策变化、扬尘治理、噪声控制等造成的停工。

程许川：在出现上述可索赔的情形时，施工单位要及时收集、固定能够全面反映建设单位手续瑕疵、违约、变更设计或非人为因素等引起损失的资料和证明文件，并及时向建设单位提交索赔请求书，请求书应包括索赔项目、索赔事由、发生依据、起止日期、损失估算，请求建设单位予以确认。

宫振兴：对于建设单位聘请的勘察、设计、监理等服务单位未及时、完全履职或存在过失给施工单位造成损失的，如勘察单位提供的地质勘查数据不准确，或设计单位设计深度不够或设计有误导致出现设计变更、工程质量缺陷，以及监理工程师发布指示延误或不当，延期检查验收已完工程和隐蔽工程，重新检查已覆盖的隐蔽工程，检查检验影响施工正常进行的，施工单位均可以向建设单位提出索赔请求。

牛武军：建设单位直接专业分包项目的分包单位，因迟延进场、拖延施工、施工质量不合格、施工配合不力等导致总承包单位工期延误、费用损失的；建设单位直接采购材料、设备的供应商因材料、设备供应不及时、供应数量不足、质量不合格等造成总承包单位工期延误、工程质量不合格的，施工单位也可以向建设单位提出索赔申请。

程许川： 出现上述索赔的情形时，施工单位既要及时收集能够证明是因上述单位原因导致的工期拖延、质量缺陷问题的证据材料外，同时还要收集因上述单位原因给施工单位造成损失的证据材料，并在合理或约定的期限内及时向建设单位提出索赔。如果是因上述单位责任造成施工单位人员人身损害的，施工单位也可以直接向上述单位提出索赔。

宋叶峰： 实践中，由于施工单位处于劣势地位，建设单位一般不会允许在合同中约定索赔问题。对此，施工单位可以在投标书中植入索赔的提出和审查回复程序，如索赔的情形、索赔数额的计算方法和依据、建设单位审核与回复的期限以及异议处理的方式、逾期回复的法律后果、索赔与回复文件的传递送达等，明确各方的行权或者除权行为。即使签订施工合同时无法就索赔问题达成一致，施工单位仍然可以根据投标书载明的方法向建设单位进行索赔。

3. 施工单位如何向分包单位和材料、设备供应商提出索赔

主持人： 建设单位直接专业分包的分包单位和直接签约的材料、设备供应商给施工单位造成损失的，施工单位可以向建设单位提出索赔，那么，施工单位自己专业分包工程的分包单位和签约的材料、设备供应商给自己造成损失时，施工单位是否可以提出索赔、如何提出索赔呢？

程许川： 施工单位向自己分包的专业分包单位、劳务分包单位或材料、设备供应商提出的索赔一般均为违约损失。施工单位若要进行有效索赔，应在合同中对各方的权利义务及违约责任进行详细的约定。如进场时间、工期、质量要求、供货时间、质量要求、违约时应承担的责任、能够进行索赔的项目、提出索赔的时间和方式、索赔数额的计算方式和依据、索赔报送的对象、审核与回复的期限、异议的处理以及逾期回复的后果、索赔与回复文件的传递送达等。如果没有在合同中明确约定，索赔起来就非常困难。

宫振兴： 施工单位可以向专业分包单位索赔的情形有专业分包单位进场、退场迟缓影响其他工序施工和整个施工工期，施工质量存在瑕疵，所用材料不符合设计和质量要求等。当专业分包单位出现违约情形时，施工单位应以书面形式通知专业分包单位，说明其什么行为对施工单位造成了什么影响、形成了哪些损失、施工单位要求其承担赔偿

责任的诉求等，并提供相应的证据材料，要求专业分包单位在有关资料上签字确认，及时将专业分包单位违约的事实和施工单位的索赔诉求固定下来。

牛武军：施工单位可以向劳务分包单位提出索赔的情形，有进出场计划不合理或拖延，影响整个工程的施工进度和其他分部分项工程的施工进度，导致工程整体延期；工程质量不合格，出现返工、修补情况，严重浪费施工材料，无端增加成本等。对此，施工单位应完善人员进出场登记制度和材料领用制度，并由劳务分包单位驻场负责人签字盖章；建立质量验收检查档案管理制度，如出现质量问题，及时以书面方式通知劳务分包单位，并由劳务分包单位确认。对于材料浪费的要按照材料消耗定额提出索赔。

宋叶峰：施工单位向自己签约的材料、设备供应商提出索赔的情形，有供应商所供材料、设备质量不符合技术或封样要求，供应量不足，交付迟延，运输中发生事故或灾害等给施工单位造成的损失。对于材料、设备供应商违约情况下的索赔，施工单位首先要在合同中明确材料、设备的生产厂家、规格、型号、质量等级标准、价格等详细信息，并设定严格的违约责任条款；其次，在材料、设备进场时，验收材料、设备的生产厂家、产地、品牌、规格、型号、数量、尺寸、价格等重要参数是否与合同相符，并要求供应商负责人签字确认，对于不符合合同要求的材料和设备坚决要求退场，并按给施工单位造成的损失提出赔偿。

程许川：工程索赔不但可以弥补施工单位的有关损失，如果索赔充分还可以创造利润。请施工单位不要忽视工程索赔工作，一定要把工程索赔作为弥补损失和创利的手段充分加以利用，以弥补索赔不力的缺憾。

话题 108　如何根治工程竣工结算"慢性病"

主持人：罗　晓　　嘉宾：宋叶峰　宫振兴　王学峰　汪蒙蒙　　文　字：汪蒙蒙

竣工验收和结算是工程施工的最后环节，是施工单位工程施工管理成果的最终体现，同时也是工程施工合同纠纷的集中爆发阶段。基于各种各样的原因，有些建设单位并不急于工程竣工验收或拖延结算审核定案，施工单位碍于情面也不愿采取应对措施，结果被一步步地拖垮，被慢慢地"耗死"。为了帮助施工单位搞好工程竣工验收和结算工作，合理应对建设单位拖延竣工验收与结算的不良行为，本期沙龙的几位嘉宾就与大家谈谈施工单位工程竣工验收和结算应对技巧问题。

1. 及时申请竣工验收，避免工期被人为拉长

主持人： 当建设工程施工完毕，竣工验收就是天经地义的事。如果建设单位由于各种原因而迟迟不组织竣工验收，施工单位应该如何办呢？

宋叶峰： 工程竣工验收，既决定着工程是否能够顺利交付，还关乎施工工期是否违约，更决定着工程结算是否具备条件，也直接影响着施工利润。因此，施工单位一定要重视工程竣工验收工作，在工程施工进入尾声时，就要提前做好竣工验收资料准备。

王学峰： 一般而言，工程竣工验收准备工作应与收尾工程施工同步进行。这时，工程施工内容基本上不会再有什么变化，施工单位即可开始整理施工资料，制作竣工验收报告，当工程施工完毕，具备竣工验收条件时，竣工验收报告也刚好制作出来，就可立即向建设单位申请组织竣工验收。

宫振兴： 整理工程竣工资料，制作竣工验收报告，是一项复杂、专业而仔细的工作，一是要做到资料完整、内容齐全、不错不漏，达到建设主管部门的备案标准；二是要符合工程结算的证据要求，能够为工程造价结算提供依据。所以，竣工资料的整理不但资料员要参加，技术人员和预算员也要参加，对于施工中遗漏而没有制作的资料，或者资料中存在内容缺项的情况，施工单位应及时与监理工程师和建设单位沟通加以弥补，或者设法自行完善，以使竣工资料既符合相应的技术要求，又可以满足工程结算所需。

汪蒙蒙： 目前，建设单位拖延竣工验收的情况十分普遍，有的是由于客观原因无法投入使用，比如公共配套设施未建设完毕，水电气暖与道路尚未接通；有的是不着急使用或出售；有的则是故意后延付款节点，减轻支付工程款压力。如此一来，就必然导致

竣工验收日期后延，使施工工期人为延长，造成施工单位工期违约，在施工单位主张结算工程款时，被建设单位反戈一击，主张工期违约赔偿金。

宋叶峰：根据相关法律规定，承包人提交竣工验收报告后，发包人逾期拒不组织验收的，以承包人提交竣工验收报告之日为竣工日期。所以，为防止建设单位拖延验收，施工单位在具备验收条件时，应及时向监理工程师报送竣工验收申请，并要求监理工程师与其办理签收手续。如果监理工程师在建设单位指示下拒不签收，施工单位则应以可留证的方式（如现场送达时同步录音录像、特快专递邮寄、公证送达、传入其预留的电子邮箱等），向监理单位和建设单位发出竣工验收通知书，或者在监理例会等有关会议上提出，以固定申请验收的证据。

王学峰：施工单位在制作竣工验收资料时，要多做一份留底，以免竣工资料提交后建设单位拖延验收而不予退还时无法制作工程结算书，或在诉讼（仲裁）时没法提供造价结算相关证据。

汪蒙蒙：根据现行司法解释精神，虽然没有进行工程竣工验收，但如果建设单位已经将工程投入使用，或交付他人使用，即可视为验收合格。所以，在建设单位对竣工工程拖着不验期间，施工单位如果发现该工程已投入使用，即应及时收集投用证据，以替代工程竣工验收相关手续。

2. 及时编制工程结算书，要求建设单位及时审核反馈

主持人：对于施工单位提交的工程结算书，建设单位拒不接收或者拖着不审，作为施工单位应该如何办呢？

宋叶峰：建设单位常常以各种各样的理由，在工程竣工后不接收施工单位的工程结算书，或者接收后故意拖延，不予审核和反馈，导致工程结算迟迟不能定案，其目的都是延后支付剩余工程款。面对这样的情况，多数施工单位都碍于面子，不愿采取果断措施维护自己的合法权益，结果被建设单位一天天地无限期拖延下去，最终导致自己的利益受损，甚至错过了最佳的主张时机。

王学峰：施工单位在工程竣工验收资料整理过程中，就应该将所有与结算有关的资料准备齐全，并对所有的结算资料进行详细审核，特别是要对设计变更单、工程签证单、材料认质认价单、人工费、机械费等进行逐项核对，审核其造价子项是否齐全，有无遗漏，工程量是否少算，价格是否正确，等等。如果发现单证存在问题，施工企业应积极进行补救和设法完善，将结算资料做到完整、全面、准确，能够作为工程结算的依据使用。

宫振兴：结算资料准备完毕后，施工企业应及时编制结算书。编制结算书时，一是要尽量委托专业的造价师进行编制，不要图省钱而仅仅安排自己或临时外聘的预算员编制，因为预算员与造价师的水平往往差得很多，该算的造价往往算不上去；二是应将所有应算应报的项目全部算上，即使有的项目没有资料，只要是客观事实，也应该如实计入，工程量要算足，定额要套对，不能漏算或少算、低算，以免建设单位不允许补充申报时明着吃亏；三是要将结算书及时提交给建设单位，要求建设单位签收，并保留提交的相关证据；四是要多制作一份结算书留底，以便与建设单位发生争议而僵持不下时诉讼（仲裁）之用。

汪蒙蒙：对于建设单位拒绝接收结算书的，施工单位同样应以可留证的方式，向建设单位发出结算通知书，或者在监理例会等有关会议上提出，以固定提交结算书的相关证据。对于建设单位拖着不予审核或迟迟不反馈审核结果的，施工单位也应以可留证的方式，及时向建设单位发出催告通知书，以防其无限期拖延下去。如果建设单位一直拖着不审不复，施工单位必须在六个月内起诉，以免拖过建设工程处置价款优先权保护期。

3. 及时提出结算异议，有理有据争取谈妥

主持人：施工单位申报的结算数额被建设单位审减是正常现象，但面对建设单位审减较多情况，施工单位应该如何争取自己的应得利益呢？

宋叶峰：对于施工单位申报的工程结算书，建设单位一般都会委托专业的造价机构进行审核，并按照审减额向造价师支付审核费用。出于谈判策略的考虑或施工单位结算书本身瑕疵较多，建设单位一般都会审减较多。此时，施工单位应委托造价师对建设单位的审减项进行逐项核对，核对的重点是施工单位当初上报的数额是否有依据，依据是否充分，子项是否正确，工程量是否有误，执行单价是否正确，建设单位的审减是否有理有据，是否存在证据瑕疵或依据不足等。

宫振兴：施工单位委托造价师核对后，应对建设单位的审减项目逐项加以分析，并形成书面核对意见。凡认为审减有理、主张无望的，可以接受；对于审减无理、不能接受的，应当提出书面异议。施工单位在制作异议书时，一要逐一列明异议事项；二要列出各异议事项的申报数额、审后数额以及审减数额；三要逐项列明本方主张的事实依据、合同依据、法律依据和计算依据，并提出自己的最终主张；四要指出建设单位审减的依据错误。异议书制作完毕后，应及时提交建设单位并要求其组织结算争议谈判。

汪蒙蒙：施工单位在争议谈判前，要组织造价师和工程专业律师对各争议事项进行

充分论证，并根据论证结果将所有争议事项分为三类：一类是依据充分、证据扎实、计算正确的，结算谈判时应毫不让步，确保添上；一类是虽然确有其事，但证据较为薄弱或存有瑕疵的，结算谈判时应说明理由，争取不丢；另一类是证据缺失、无法核查、依据不足的，可以作为谈判筹码进行让步，换取建设单位接受前两类异议事项。

王学峰： 结算争议谈判，最好委托造价师和工程专业律师予以协助，随便争取到一项争议事项的造价数额都够付造价师和律师的服务费。能够全部谈妥的，施工单位应与建设单位达成结算协议，或者制作结算谈判纪要，交由造价师依据结算协议或谈判纪要调整结算书，双方在审定的结算书定案表上签名盖章，办理剩余工程款支付手续。

汪蒙蒙： 如果无法全部谈妥，施工单位应建议建设单位制作谈判纪要，将谈妥部分的结算方法以及未谈妥部分的争议要点记入谈判纪要，通过多次谈判，逐步缩小差距，力争全部谈妥。对于确实谈不妥的争议项目，施工单位可仅就争议部分提起诉讼（或仲裁），最终由法院（或仲裁委）作出裁决。这样诉讼（或仲裁），不仅诉讼标的小，诉讼费低，而且鉴定速度快，鉴定费用低，可以大大节约双方的诉讼时间和诉讼费用，节省的诉讼成本还可以作为双方让步的本钱，有利于争议的顺利解决。

宋叶峰： 有的施工企业为了对抗建设单位的不予验收或不予结算，往往采取不交付竣工资料、不配合竣工备案或者不交付工程等手段。我们认为施工单位的此种做法是十分不可取的，因为《建筑法》和《建设工程质量管理条例》规定，交付竣工资料是施工企业的法定义务。如果施工单位不交付竣工资料，一是不能证明工程已经竣工，二是不具备工程结算的前提条件，三是还可能要向建设单位承担违约责任。与其如此，还不如早点提起诉讼或者仲裁，诉讼或者仲裁程序再慢，也比无限期拖下去快。

话题 109　及早诉讼或仲裁，确保优先受偿权

主持人：罗　晓　　嘉　宾：宋叶峰　宫振兴　牛武军　田俊飞　　文　字：田俊飞

最近几年，建设工程施工合同纠纷案件一直呈持续快速增长态势，年增长率达 20%～30%。由于工程施工合同案件法律关系复杂、施工资料繁多、技术性强、标的额大，审理难度也较大，大多需要造价或质量技术鉴定，所以，案件的审判时间也比较长，施工企业需要投入大量的时间、精力和金钱来完成诉讼或仲裁。"先发制人，后发制于人"，那么，施工单位该如何提起诉讼或仲裁，以实现自己的优先受偿权呢？本期沙龙几位嘉宾就来与大家谈谈施工企业的诉讼、仲裁技巧问题。

1. 诉讼仲裁早启动，确保优先受偿权

主持人：工程竣工后，如果建设单位一直拖着不积极组织竣工验收和结算，对施工单位的催告又置之不理，那么，施工企业应该怎么办呢？

牛武军：建设单位拖延工程竣工验收或结算，基本上都是为了延后付款节点。有的建设单位表面上答应得很好，行动上却十分迟缓，一方面找各种理由搪塞，另一方面又大间隔地一次少付点工程款以稳住施工单位的情绪，这时，多数施工单位往往都拉不下面子"翻脸"，被一天天地拖上两三年甚至四五年而不能结算完毕。等到施工单位明白过来不得不启动诉讼时，开发商的房子也卖完了，钱也转移了，自建房单位的领导也换了，"新官不认老账"，导致时过境迁、证据丧失，诉讼中好多项目无法得到支持，即使打赢了官司也由于建设单位经济条件恶化而长期执行不回来。

宋叶峰：我国《合同法》以及相关司法解释规定，施工单位对所承建的工程享有工程价款优先受偿权，但行使优先受偿权的期限仅为 6 个月，自应付工程款之日起算。该优先受偿权优于抵押权和其他债权，所以，施工单位如果及时行使，一般情况下其权利都能得到保护。但如果商品房的买受人支付了全部或大部分购房款，施工单位的优先受偿权则不得对抗该商品房的买受人。

田俊飞：如果施工单位在应付工程款之日后 6 个月内不行使优先受偿权，或者行使优先受偿权时商品房已经售罄，施工单位就丧失了优先受偿权。其合法权益就很难得到有效保护。因为，现在的很多房地产开发公司都是项目公司，各个项目公司都是独立法人单位，即使一个投资主体开办了多个项目公司，这个项目公司没有可供保全和执行的

财产了，也不能执行母公司以及另一家项目公司。

宫振兴：根据住建部工程结算相关规章规定和现行施工合同范本通用条款约定，施工单位应在竣工验收后28天内上报工程结算报告和建筑工程结算书，建设单位应在28天内审核完毕并反馈施工单位，双方就异议部分达成一致后，办理工程结算手续。施工单位要想保护自己的合法权益，一是在工程完工后，要及时制作建筑工程结算书，上报建设单位审核。如果建设单位收到施工单位上报的结算书后，拖延审核并迟迟不予反馈，施工单位一定要弄清建设单位的用意，把握好时机，及时启动诉讼或仲裁程序，千万不能让建设单位把工程款给拖"黄"了。

田俊飞：目前，有很多施工单位由于诉讼或仲裁程序启动较晚，长期拿不到工程款，导致被材料供应商、商砼站、租赁站、劳务公司起诉，不但会徒增诉讼之累和财务成本，而且还会失去市场信誉，有的还会因欠薪遭遇行政处罚，甚至会被追究刑事责任。如果施工单位及早启动了对建设单位的起诉或仲裁，自己被诉的问题就会大大缓解。

2. 此类案件太专业，不要随便找律师

主持人：作为施工单位，如果准备启动诉讼或仲裁，应该做好哪些准备工作？这类案件对律师有什么特殊要求吗？

宋叶峰：工程施工合同纠纷案件，是专业性很强的一类案件，其中的法律法规特别是部门规章以及工程施工流程，大多数法官和仲裁员并不完全清楚，施工图纸、施工资料、往来单证、投标预算、工程结算书以及合同中的很多名词，大多数法官和仲裁员也都看不懂，这就需要有人能够将晦涩的专业概念转化为社会俗语向法官和仲裁员陈述、解释和说明。所以，如果施工单位准备启动诉讼或仲裁，就一定要找工程专业律师来代理，因为只有工程专业律师才有可能完成专业概念向社会俗语的转换。

田俊飞：现在的一个工程施工标段大多有四五栋楼，像这样的施工合同发生诉讼或仲裁，诉讼标的一般较大，就必须要委托工程专业律师团队代理。因为一个单体建筑就有很多施工资料，如果有多个单体建筑或施工项目，一两个律师是根本忙不过来的。律师一方面要了解施工情况、看施工资料，另一方面要梳理摘要、研究分析，制订诉讼、仲裁策略和实操方案，没有一个专业的律师团队根本不行。除了专业律师，施工单位最好还要聘请造价师予以协助，律师和造价师珠联璧合，才能使造价算足算够。

牛武军：施工单位进行施工合同纠纷诉讼，必须全面收集与工程有关的所有资料。一类是招投标与合同类资料，如招标文件、工程量清单、投标文件、投标预算、备案施

工合同、实际履行的施工合同、补充合同、变更合同等；一类是施工技术类资料，如施工图纸、设计变更单、技术核定单、工程局部具体做法图、坐标与标高测量数据、定位定线资料、材料与质量检验检测数据、验收资料等；另一类是与造价有关的资料，如签证单、认质认价单、施工日志、工作联系单、事实确认单、索赔请求书、工程洽商单等；再一类是付款结算资料，如工程款付款情况清单与凭证、上报的工程结算书、建设单位回复的工程结算审核稿等。只有全面系统地准备施工资料，才能使律师准确地把握案件事实，并作出全面准确的分析，设计出精准的案件诉讼（仲裁）策略。

田俊飞：如果涉案工程存在两份内容不同的阴阳施工合同，即一份向建设主管部门备案的施工合同，一份实际履行的施工合同，律师就需要对两份合同的效力进行分析评估，并由造价师按照两份阴阳合同的不同条件，分别编制一份结算书，并列明其异同和差额，经三方会商后以其中一份最为有利且胜诉把握较大的合同为据提起诉讼或仲裁。

宫振兴：建设工程施工合同纠纷因为涉及工程造价，往往需要司法造价鉴定，施工单位不但要提前研究好鉴定事项，还要准备好鉴定资料与拟提供的鉴定依据，更要提前拟定好鉴定听证意见，以便适时提出鉴定申请，与鉴定机构进行充分沟通，做到鉴定依据充分，鉴定项目不漏，执行价格正确，主张的造价算足算够。对于双方争执不下的，应建议鉴定机构单列说明。

3. 纠纷处理有招数，施工单位需筹划

主持人：针对建设单位工程验收与结算的"拖延症"，施工单位应当及早行动。那么，施工单位提起诉讼或者仲裁时，应当注意哪些问题？

宋叶峰：建设工程施工合同纠纷案件中，如果建筑物是建设单位的自用建筑，施工单位可以根据建设单位的性质和将来执行的难易程度，决定是否采取财产保全措施。对于本应由财政投资的公益项目，施工单位在提起诉讼或仲裁时，还可以把具有拨款义务的地方政府或其财政部门列为共同被告或被申请人，以促使地方政府或其财政部门及时拨款，保证建设单位清偿到期工程款。

田俊飞：如果建设单位是房地产开发企业，一般都要考虑在起诉或申请仲裁的同时，申请对建设单位的账户进行查封，对其款项或债权进行冻结，对其不动产进行查封，以促使其尽早清偿债务，防止其在房屋售罄后将售房收入转移。如果房地产开发公司将售房款转移至另一项目公司，施工单位提起诉讼或仲裁时，也可以把接受其资金的另一项目公司作为共同被告或被申请人，以促使其履行付款义务。

牛武军：建设工程施工合同诉讼仲裁中，施工单位还应该考虑建设单位可能提起的工期、质量、移交竣工资料和协助竣工备案、开具发票、工程索赔等反诉或反请求。由于实际施工过程中存在各种影响工程正常施工的原因，往往造成工程延期竣工，或者工程质量存有一定瑕疵，或者由于施工单位管理不规范、建设单位与施工单位信息传递不规范，使双方的责任无法准确界定，建设单位就会提起反诉或反请求，来对抗施工单位提起的诉讼或仲裁。因此，施工单位在计划提起诉讼或仲裁时，应一并考虑应对建设单位反诉或反请求的策略，做到有备无患、方寸不乱。

宫振兴：目前，建筑市场上存在着大量的挂靠现象，虽然挂靠经营行为被法律所禁止，但实际施工人的应得利益还是受到法律保护的。如实际施工人意欲提起诉讼或仲裁，可以被挂靠公司的名义进行，也可以自己的名义进行。根据现行的裁判法律环境，我们认为以被挂靠单位名义提起诉讼或仲裁程序上会简单些，裁判后也便于被挂靠单位走账和开票。因此，实际施工人应尽量取得被挂靠单位的理解和支持。

田俊飞：如果被挂靠单位基于各方面的原因，不支持实际施工人以其名义提起诉讼或仲裁，则实际施工人就应以自己的名义尽早提起。实际施工人以自己的名义起诉或申请仲裁，应向裁判机关提交挂靠或内部承包协议，以证明自己是实际施工人。根据最高人民法院相关司法解释的规定，实际施工人可以将被挂靠人、建设单位列为共同被告，要求建设单位在欠付工程款的范围内承担连带责任。

话题110　中途停工损失大，施工单位咋应对

主持人：罗　晓　嘉　宾：宋叶峰　宫振兴　牛武军　田俊飞　文　字：田俊飞

俗话说："不怕慢，就怕站。站一站，二里半。"工程施工也怕"站"，施工单位拖不起。近几年，由于工程建设项目准建手续不完备、建设单位资金短缺或者内部投资方向调整、股东之间发生矛盾等原因，导致大量工程中途停工，使施工单位"耗"在工地、骑虎难下、去留不是，造成很大经济损失而无法得到补偿。那么，施工单位该如何应对工程项目停工呢？本期沙龙就邀请几位嘉宾来谈谈施工单位对于工程建设项目停工的应对策略。

1. 工程项目如停工，施工单位损失大

主持人：近些年，我国经济快速发展，城市建设出现一派繁荣景象，但也会经常看到有不少工程建设项目一停几年，形成烂尾。那么，造成工程建设项目停工的原因是什么？工程停工会给施工单位造成哪些损失？嘉宾们能否先谈一谈。

宋叶峰：目前，建筑市场上存在着很多在建工程项目停工现象，究其原因大致有四个方面：一是建设单位所建项目准建手续不全，如没有取得国有土地使用权手续、建设用地规划许可证、建设工程规划许可证、建设工程施工许可证等，因被认定为违法建设、违法施工而被政府有关部门勒令停工；二是受国内宏观经济形势、政策调控、信贷导向等因素影响，建设单位建设资金短缺或者资金链断裂而导致建设项目中途停工；三是由于建设单位被其他单位兼并重组、产业结构或投资方向发生重大调整，导致原工程中途下马或暂停待变；四是建设单位内部股东之间出现纠纷，导致项目停滞。

牛武军：属于产业结构或投资方向发生重大调整而停工的，有的建设单位会正式给各参建方下达停工通知，办理停工后的工程施工状态确认手续以及阶段性结算手续。但大多数情况下，建设单位都不会给参建方下达停工通知，而是想方设法完善手续、千方百计筹措资金、心急火燎期待复工。此时的施工单位基本上都是手足无措，一天天地"耗"在工地，眼巴巴地等着复工。有的等上三两个月就开始复工了，但有的一等就是两三年甚至是四五年也复工无望，结果把施工单位拖得实在受不了才只好撤场。

宫振兴：工程停工会给施工单位造成很大损失。一是脚手架、模板、塔吊等施工机械设备长期闲置不用，造成租赁费损失或锈蚀损毁损失；二是进场未用的原材料、构件或工程设备长期放置，造成钢筋生锈、设备腐蚀、水泥受潮凝固失效、沙石风吹雨淋混

入杂质或流失、散碎东西丢失等损失；三是已经订好的材料、设备、构件无法进场，或专业承包单位已经做好施工准备而无法进场，给施工单位造成预付款损失和违约金损失；四是徒增滞场待工工人工资、留守人员与看护人员费用损失等；五是垫资施工后欠拨工程款的利息损失；六是公共费用摊销比例增大损失；七是期待利润损失，等等。

田俊飞：多数施工单位在面临停工这一非常状态时，一不打停工报告，二不及时对工程施工进度与现场有关情况进行确认，认为马上就可复工，没有必要如此麻烦，结果导致时过境迁相关证据丧失；加之建设单位管理人员离场或更换，监理公司人员提前撤场，各种手续更无法完善，造成施工单位撤场后停工损失无法计算或缺乏证据，建设单位不予认可的被动局面。

牛武军：项目停工后，有的建设单位会因为引入新的投资人而被兼并重组或控制权易主，有的会将项目转让，有的会更换公司负责人或项目负责人，项目的客观情况和停工损失更是没人认账，导致施工单位自担损失而深陷泥潭的现象比比皆是。

2. 及时评估复工可能，尽早考虑对应之策

主持人：由于停工会给施工单位造成很大损失，那么，作为施工单位应当如何应对呢？

宋叶峰：工程停工不但会给施工单位造成损失，也会给建设单位造成损失，除非是因为产业结构或投资方向调整而停工，否则建设单位也会千方百计设法复工。所以，有可能停工后很快就会复工，但也有可能因为无法克服的困难而迟迟复工不了。作为施工单位不能太过乐观，不管能否在短期内复工，都应按复工无望去早做打算和安排。

牛武军：一旦工程停工，施工单位首先要与建设单位确定正在施工的工序施工到哪个节点再停；其次，要及时向建设单位和监理工程师报送停工报告，报告中要把正在施工的各个工序的施工进度情况和正在准备施工的工序的施工准备情况描述清楚；再次，要会同建设单位和监理工程师对停工时的施工现场状态进行确认；最后，要补办或完善施工中的变更、签证、材料认质认价、误工索赔等未完善之手续，以备将来阶段性结算之需。

宋叶峰：停工时需要确认的事项，包括各个工序的施工进度以及已完工程量，现场施工机械设备存量以及安装搭建情况，进场施工材料、建筑构件、工程设备的品质规格与数量，施工单位与第三方的履约以及预定材料、设备、构件的供应或加工情况，专业工程分包单位的施工进度以及施工准备情况，劳务分包单位的施工进度、在场投入情况以及在场施工人员数量，项目部管理人员在场人员的人数、岗位职务、后续工作、滞留

期限以及后期留守人员的岗位职务与数量，临时设施以及施工服务基础设施的建设情况等，以防时过境迁，丧失证据保全时机，或监理工程师撤场和建设单位人员更换而无人对接。

田俊飞：工程停工之前一般都是有一定征兆的，大概的原因施工单位可能也会有所耳闻。所以，施工单位在施工期间就要对建设单位的准建手续、资金能力、股东变化以及工程可能停工的信息及其原因加以关注。一旦停工，施工单位要立即向建设单位直接询问，并同步进行外围调查，以弄清停工的真正原因，然后对工程近期复工的可能性进行评估，以便确定应对之策。不能听信建设单位的单方说辞而在那傻等。

宫振兴：如果评估后认为近期内（一般按3个月考虑）复工无望，施工单位就应该立即安排将塔吊、提升机、升降机、脚手架、模板等施工机械设备拆除撤离现场，并完善与出租方的移交、入库、结算手续；将已运达现场的建筑材料、预制构件、工程设备做退货处理或另作他用，完善与供应商或转接工地的退货、移交、结算等手续；无法退场的建筑材料、构件、工程设备以及零部件等应进行集中保存，并采取适当保护措施；对现场留守人员作出安排，落实已完工程保护措施，以把停工损失降到最低。以上撤场行为，都要及时与建设单位或监理工程师办理确认手续，以便于将来的工程索赔。

田俊飞：上述撤场行为看似增加了拆除、吊装、运输费用，增加了复工后的返场费用，但比起设备、材料长期停滞算下来的费用还是要小很多。损失小了，将来索赔就相对容易实现，免得建设单位将来没有能力支付工程款和赔偿损失时，而使施工单位自行承担。所以，我们认为及时撤场确是减少实际损失的上策，如果长期复工无望，撤场则更是上上之策。

3. 如果近期复工无望，及早办理工程结算

主持人：一个工程停工后，近期能否复工还是两说。那么，施工单位撤场后，应该如何考虑下一步行动？

宋叶峰：工程停工后，经过建设单位补办手续、调整方案或资金筹措到位，建设单位要求复工时，施工单位经调查认为具备复工条件的，可以考虑恢复施工。复工前，施工单位应与建设单位就复工问题进行谈判，达成一揽子协议后方可复工。在没有谈妥前，一般不要匆忙复工。

宫振兴：复工谈判应当包括三个方面的内容：一是对已完工程的工程量进行确认，确定阶段性工程结算方法，并依据结算数额结清前期工程款（如果建设单位不付就说明

其没有复工能力）；二是对停工起止时点以及停工期间的损失计算项目和计算方法进行确认，并尽可能制作损失索赔结算书由双方签字确认，一并纳入阶段性结算额，由建设单位一次性结清；三是确定复工的准备与复工时间节点，确认工程的后续或变更施工方案，以及后续施工的结算和付款办法，特别是停工时间较长、工程造价定额或综合基价变化较大的，必须约定清楚后续施工工程量的结算办法。此时，对于已完工程也可以不再执行原来约定的工程定额或综合基价，统一按调整后的结算办法结算。

牛武军：工程停工超过3个月复工无望的，施工单位就应该制作已完工程结算书以及索赔请求书，提交建设单位审核。制作结算书和索赔请求书时，一定要把已做好施工准备但该工序尚未施工或尚未施工完毕的准备费用算足，把临时设施投入算足，不能按已完工程量计算间接费取费和分摊临时设施费用。如建设单位按期审核反馈，则施工单位应就审减部分中的争议事项与建设单位谈判，力争达成结算协议，在结算定案后签订退场协议，将已完工程以及进场设备或其零部件、材料、构件等移交建设单位看护后正式退场。如将来建设单位通知复工，则可与建设单位进行复工谈判。如能谈妥则可以复工，如不能谈妥则可正式解除施工合同。

田俊飞：如果建设单位不接收施工单位的结算书，或者不及时反馈其审核结果，或者双方无法就阶段性结算和索赔达成一致，施工单位则应在停工后6个月内立即启动诉讼或仲裁，以把已完工程的工程造价和停工损失以及建设单位的给付义务确定下来，取得工程价款的优先受偿权，确保其债权能够早日实现。因为，只要有生效的裁决书，不论是将来由于项目继续"烂尾"而被法院在执行程序中拍卖，还是建设单位恢复续建时，因担心施工单位申请强制执行影响项目正常推进而主动付款，抑或是项目被其他单位收购，在工程建成后采取保全措施，施工单位的债权都一般不会"放飞"。

话题 111　挂靠施工风险多，监管有方方双赢

主持人：罗　晓　　嘉　宾：宋叶峰　宫振兴　牛武军　马吉祥　　文　字：马吉祥

挂靠经营虽然违法，但目前在建筑施工领域已成常态。对于建筑企业来说，不必投入人力、物力、财力，就可以做大产值、积累业绩，并坐收管理费，确实是一份不劳而获的美差，但同时也存在着不少法律风险。那么，挂靠经营究竟会给建筑企业带来哪些法律风险，这些风险应当如何防范呢？本期沙龙嘉宾们就与施工单位聊聊工程挂靠施工中常见的法律风险及其防范措施。

1. 挂靠风险多多，可能得不偿失

主持人： 工程挂靠施工虽然被法律法规所明令禁止，但建筑市场却并不"买账"。大多数建筑施工企业认为无须任何投入，就能坐收渔利，而对于其中的风险却抱着侥幸心理，总觉着不可能刚好落到自己头上，所以基本上都不会拒绝挂靠施工。那么，下面首先请嘉宾们谈谈工程挂靠施工的特征和法律风险。

宋叶峰： 工程挂靠施工是指没有工程施工资质的单位或个人以施工企业名义，或者资质低的施工企业以资质高的施工企业名义，承包建设工程施工，并向名义施工企业交纳一定管理费的一种经营行为。借用施工企业名义施工的实际施工人称为"挂靠人"或"实际施工人"，被借用名义的施工企业称为"被挂靠人"或"被挂靠企业"。挂靠人与被挂靠人之间，一般通过签订挂靠协议或内部承包协议等形式确定双方的权利和义务。

牛武军： 由于建筑市场竞争的许多特殊性，有资质的建筑施工企业不一定有能力"拿到"工程，而能够"拿到"工程的人往往自己又没有相应的资质，于是，无资质的就会与有资源的相互利用，通过挂靠经营来实现所谓"双赢"。有时，建筑企业也有自己的资质，但为了对建设工程施工项目志在必得，也会借用多家施工企业的资质去"围标"，最后以中标的施工企业的名义进行施工。

宫振兴： 由于挂靠经营中挂靠人是以被挂靠企业的名义对外开展业务的，被挂靠企业往往要为挂靠人提供营业执照、资质证书、合同文本、公司账户、分支机构印章、挂靠人委托书等经营条件，此时，实际施工人对外表现的都是被挂靠企业的外部特征，所以，挂靠人的所有经营行为都需要被挂靠企业对外承担法律责任。

马吉祥： 实践中，被挂靠企业对挂靠人承担给付、赔偿或连带责任的情形主要有以

下七种：一是挂靠人欠付的建筑材料款、机械设备与周转材料租赁费；二是挂靠人对外专业工程分包、劳务分包或者转包所引发的合同之债；三是挂靠人拖欠的管理人员和农民工工资；四是挂靠人因项目施工而发生的对外借款；五是挂靠人因管理不善而引发的安全生产事故、施工人员工伤工亡事故以及给第三人造成的人身损害等赔偿责任；六是因挂靠人工期延误而引发的建设单位工期索赔；七是因挂靠人施工质量不合格而引发的建设单位质量索赔，以及工程质量的保修和结构终身保修义务。

宋叶峰：此外，若施工期间因挂靠人经营管理不善而中途弃工（即挂靠人擅自离场隐匿），被挂靠企业还要面临接替挂靠人继续完成后续工程施工的风险。若因挂靠行为或挂靠人的违法行为被建设行政主管部门查处，被挂靠企业还会面临被行政处罚的法律风险，轻则被处以罚款、没收违法所得，重则还有可能会被降低或吊销经营资质。被挂靠企业一旦对外承担上述责任，企业收取的那点管理费就会得不偿失。

2. 摒弃以包代管，派人驻场管理

主持人：在工程挂靠施工中，被挂靠企业既然存在着如此多而大的法律风险，那么，如何才能有效地控制这些法律风险的发生或者强度呢？

宫振兴：在工程挂靠施工中，被挂靠企业承担的大部分风险都是挂靠人经营管理不善所造成的。如挂靠人施工组织能力强，施工管理水平高，技术人员本事硬，周转资金跟得上，一般就不会出现大的问题，双方也就相安无事，各取所需、各有所得。反之，如挂靠人既没有项目组织与管理经验，又缺乏资金和技术实力，项目就很容易出问题，被挂靠企业就要随时做好为挂靠人"擦屁股"的准备。因此，作为被挂靠企业，想要控制挂靠经营风险，第一道屏障就是选对挂靠人，对于那些不知底细的挂靠人尽量不要盲目接受其挂靠。

宋叶峰：目前，大多数被挂靠企业对挂靠人采取的是以包代管方式，对施工情况和挂靠人的债权债务情况一无所知。挂靠人究竟对外签了多少份合同，采购了多少建筑材料，承租了多少施工设备和周转材料，组织了多少工人参与了施工，搞了多少专业分包或劳务分包，欠人家多少钱没有结清，工程质量是否存在隐患，安全防护措施是否做到位，工期是否延误，等等，被挂靠企业基本上毫不掌握，所以，劳务队和工人中途罢工索要工资，工程完工后围堵被挂靠企业大门的现象经常发生，材料供应商、设备租赁商、专业或劳务分包商或者其他债权人将被挂靠企业诉至法院的情况也比比皆是，到这时被挂靠企业往往只能是被动"挨打"，而毫无还手之力。

牛武军：鉴于工程挂靠施工的这些风险，我们认为被挂靠企业必须改变原有的挂靠模式，派驻自己的管理人员参与挂靠人的项目管理，以把风险控制到最低限度。通常一个完整的工程施工项目管理团队需要配备"十大员"，如果挂靠人没有施工经验，被挂靠企业可以为其配备一个完整的项目部。如果挂靠人有施工组织和管理经验，则被挂靠企业至少也要配备三种人：一种是技术质量管理人员，主要加强对建筑材料、施工技术和施工工艺的把控，确保工程质量不出问题；一种是施工资料与印章管理人员，主要负责管理工程施工各类合同（如物资采购合同、机械设备租赁合同、周转材料租赁合同、专业分包合同、劳务分包合同等）以及项目印章（项目部章和技术资料专用章）的使用，以防止挂靠人私刻印章、随意签约、不规范签约等；再一种就是财务管理人员，主要负责对整个项目的财务收支往来、索取发票、款项发放等的把控，防止挂靠人抽逃、挪用或拖欠各类工程款项，造成项目亏空，遗留大量债务待偿等。

马吉祥：被挂靠企业派员参与项目管理时，一要在挂靠协议或内部承包协议中明确约定委派的管理人员及其管理职责、管理权限和管理手段，派出人员的工资待遇与费用负担办法，以便双方搞好工作衔接，防止发生不必要的矛盾；二要建立健全外派驻场人员内部管理制度，明确外派驻场人员的具体工作职责、工作权限、分工协作、信息反馈等，以使各驻场管理人员能够各司其职、尽职尽责、发挥作用，实现驻场管理项目的目的。

3. 强化施工过程管理，加强项目日常监督

主持人：被挂靠企业派员驻场参与项目管理，应该从哪些方面入手，做好哪些工作？

宋叶峰：被挂靠企业管理挂靠项目的首要任务就是管控工程质量和安全。有的挂靠人安排的施工技术人员技术能力不一定过关，对一些复杂的施工工艺也不一定能够熟练掌握，加之为了节约成本往往也会购进一些不合格材料，被挂靠企业选派的专业人员要从材料选用、定位定线、工艺工序、节点验收等方面全流程把控工程质量，以防出现偷工减料、以次充好、工艺粗糙、瑕疵满布的豆腐渣工程，避免"楼歪歪""楼脆脆"等类似事件的发生。同时也要做好安全文明施工，避免发生安全与工伤事故。

牛武军：施工资料管理方面，一是要管好合同，不论是以施工单位名义与建设单位或者与材料供应商、租赁商、分包商签订的合同，还是以实际施工人名义签订的上述合同，都应由驻场资料管理人员把关，确认无误后方可加盖印章或签署合同；二是要跟踪上述合同的履约情况，发现本方或对方有违约风险，就要提示挂靠人及早处理，以防发生不必要的纠纷；三是要关注各类合同的及时清结，以防完工后遗留一大堆问题转移至被挂

靠企业；四是监督挂靠人以被挂靠人名义对外发生借贷，以防将此类债务转嫁给被挂靠企业；五是管理项目部的印章，搞好挂靠人的用章登记和留底签字，以划清挂靠人与被挂靠人的管理责任和经济责任；六是协助实际施工人管理好施工技术与经济资料和往来单证，以为将来的工程结算保全证据。

马吉祥：财务监管的核心是往来资金的流向。一是必须严控工程款收款手续，必须保证建设单位支付的工程款直接汇入被挂靠企业对公账户，尽量不采用或严格控制委托第三方收款方式收款；二是监督挂靠人将收到的工程款及时拨付给材料供应商、租赁商、分包商，并延伸监督劳务公司将工人工资足额发放到位、不得拖欠，以防挂靠人抽逃、挪用资金或工人工资被小包工头截留、侵占；三是在收付款时及时向建设单位开具发票，向收款单位索取发票，以防欠票欠税造成被挂靠人"背黑锅"；四是帮助和监督挂靠人按照现行会计法律法规进行账务处理、项目清算和缴纳个人所得税，以防挂靠人欠税离开后无处可寻，而把责任转移给被挂靠企业。

宫振兴：此外，驻场人员还要密切关注挂靠人的施工组织能力和经济状况，一旦出现项目施工频繁停滞、工期严重违约、对外负债累累等现象，或者出现弃工苗头时，要立即向派出企业报告，或促使挂靠人整改进取，或果断地全面接管工程，自行实施后续施工，确保工程顺利交工，确保对外债务得到清偿，以防陷入群起而诉的泥潭而不能自拔。

宋叶峰：签订一份完备的挂靠协议，是被挂靠人处理好与挂靠人关系的前提。挂靠协议中除了约定双方的工作分工、经济责任、费用负担、管理费标准外，也要把被挂靠人对工程施工过程中的上述管控措施约定清楚，并且还要约定与建设单位或供应商、分包商以及劳动者发生纠纷时的处理程序和责任，以防双方的工作脱节。

第十一章

房地产开发法律风险防范

房地产业是近二三十年才在我国快速发展起来的新兴产业，目前已成为我国国民经济的支柱产业之一。但由于国家对房地产业管理手段的滞后，房地产开发一直处于蔓生的不规范状态，出现了很多不和谐问题。一是开发商拿地后长期"撂荒"，使城市土地不能得到合理利用；二是由于土地取得、规划审批、资金短缺等问题而长期"烂尾"，形成片片城市"疮疤"；三是施工合同纠纷和售房纠纷此起彼伏，形成了很多不稳定因素；四是产权式商业地产开发模式不成熟，矛盾纠纷无法破解。这些问题和矛盾的预防和解决，除了从行政立法方面完善政策和监管方式外，开发商能做些什么呢？本章将重点探讨房地产开发中常见的法律风险防范问题。

话题112 优化开发模式，谨防项目"烂尾"

主持人：罗 晓　嘉宾：张振龙　王学峰　陈 藜　程许川　文字：程许川

房地产行业经过20多年的飞速发展，目前已成为我国国民经济的重要支柱产业之一。但由于其项目投资大、开发周期长、各种风险多，到处都可以看到"烂尾"现象，究其原因，还是开发观念陈旧、开发模式落后、缺乏财务计划所造成的。为了帮助房地产开发企业做好房地产开发模式优化，避免资金链断裂的"烂尾"风险，本期沙龙特邀请几位嘉宾与大家共同探讨房地产项目稳健开发问题。

1. 转变理念，精准定位，算好投入产出账与开发周期账

主持人： 目前，房地产开发如火如荼，但总有部分楼盘出现"烂尾"而长期搁置，对于这个问题，各位嘉宾能否谈谈自己的看法？

王学峰： 20世纪90年代初期，我国房地产开发市场是在国家机关与国有企事业单位停止福利分房、城市人口住房刚需转移供给的形势下发展起来的，普通住宅销售十分火爆。但随着我国经济的飞速发展，人口的职业结构和社会分层更加明晰，消费需求也越来越强调个性化，不同阶层甚至不同职业属性的消费者对住房以及其他商用房屋的差别性需也越来越突出，所以，房地产开发也呈现出了不同的档次和不同的业态，因而，房地产项目的市场定位就被提升到了开发的首要位置。

张振龙： 对于住宅来说，交通便捷、生活便利、教育与医疗配套完备，应该是其基本的要求，至于是地处繁华地段、闹中取静，还是偏离闹市、外部环境恬静，则是不同群体各有所爱；对于商铺来说，繁华地段有适宜其繁华地段的商业，偏冷地段有适宜其偏冷地段的商业，不能一概而论；同样，对于商务写字楼来说，不同行业对所处区位也有不同的需求。所以，项目的市场定位就显得非常重要。

程许川： 作为一个开发商，自己擅长开发的产品需要什么区域的地块，取得的地块适宜什么样的客户，潜在客户群体需要什么样的档次和配套，是住宅、商铺、写字楼、商业综合体的单一开发，还是多业态的组合开发，都是必须要首先进行市场调研和精心筹划的。所以，对于每一块拟开发土地的产品定位，都应该组织市场专家以及潜在客户群体进行充分论证，精准确定其客户分类与需求层次定位，合理搭配不同使用单元的比例，再也不能按开发商的个人喜好"拍脑袋"开发了。

张振龙：目前的房地产开发存在几大共性问题：一是市场定位不明晰，不论是住宅，还是商铺、写字楼、产权式商业地产，都盲目兼顾不同类型客户的需求，片面强调多样性的房屋快销，结果把楼盘规划得不伦不类，室内设计舒适度不高，室外功能配套不相匹配，高低层次不分，多个群体杂居，群体之间难以融合，反而导致销售效果不佳；二是过分追求高容积率，忽视单位面积利润率和单位投资利润率，把小区设计得密密麻麻，公共部位设计得狭小逼窄，使房屋使用的舒适度大大降低；三是不论什么样的住宅小区，四周一律加盖底商，大大降低了高档小区的档次，严重影响住户的生活质量。

陈藜：房地产开发应强调投资少、周期短、资金回笼快。低容积率虽然盖房少，单位房屋面积土地成本稍高，但在追求客户体验的今天，无疑可以卖上个好价钱。建筑面积少了，总投资相对也少了，如果通过提高利润率仍然可以实现相同的总利润，不但开发周期缩短了，投资收益率也会大大提高。所以，开发商应当努力实现差异化定位，按不同群体规划和设计不同的楼盘，算好投入产出账和开发周期账，不能片面强调容积率。

2. 科学筹划，快建快销，努力提高单位总投资收益率

主持人：现在有的房地产开发项目一搞就是一二三期，一拖就是七八年十来年，这么搞房地产开发究竟对不对呢？

王学峰：在房地产大热的当下，有的房地产开发企业不考虑自己的开发能力，大量取地，"多吃多占"；有的长期囤地怠建，拖着不开发，坐等土地升值或房产涨价；有的不慌不忙，一期一期慢慢开发，企图细水长流；有的确实没有投资能力，只好一二三期滚动开发，以缓解资金压力。如此开发，从投入产出角度看，是十分不可取的。因为企业取地后，都会面临着巨大的财务成本，管理成本也会因为开发期的拉长而无法摊薄。如果土地和房产的涨价幅度小于这些成本，那么拖期开发就会有很大风险，更甭说房产跌价了。如果房价未升或下跌，开发商将会大赔特赔。

陈藜：房地产开发应同工业生产一样追求快建快销，片面强调单位面积盈利率是十分错误的，企业的经营之道必须是追求资金的周转次数和总投资收益率。所以，良性的房地产开发模式应该是有计划地递次取地、递次开发。拿到地就要抓紧开发，开发的同时要积极销售，即使房价以后大涨，下一轮开发也会赶上，无非是涨价利益通过两轮累加实现而已，但是可有效避免不涨价、小幅涨价，甚至跌价的风险。十年两轮循环开发肯定比十年一轮开发挣得多。

张振龙：在房地产开发方案设计阶段，就应该考虑住宅的活动休闲场所、商业、教育、

医疗等功能配套设施，以及商铺与写字楼的生活保障、会议场所、活动中心等公共服务配套设施建设方案，明确开发排序和年度项目启动计划，各项目启动时间、结束时间，各开发批次开工面积，开发完成时间，开始销售、入住时间等。既要考虑到项目开发建设周期，又要考虑到项目形象、价值的提升。比如商业与住宅是否同期开发，是先通过商业提升楼盘价值，还是先建设住宅聚拢人气，若要同时开发，资金是否有问题等，都需要统筹考虑，合理规划。

程许川：进行项目开发模式筹划时，对于比较小的项目，一般可以将不同类型的子项目同步开发、同步销售，以互相搭配、相互促销；对于大的房地产项目，一般就不可以将不同类型的子项目放在一期同步开发、同步销售。例如一个大的项目，既有住宅又有商铺，还有写字楼，甚至有商业综合体，因为产品不同，客户群不同，客户的认知渠道也不同，同步开发、同步销售，可能造成受众接收产品信息的混乱。为了集中精力分类开发，突出主题促进快销，多数情况下还是需要将不同的产品进行分期开发。但要把握好不同产品的开发与销售节奏，尽量缩短开发链，压缩整个开发周期。

3. 编好财务计划，合理对外融资，为项目开发提供资金保障

主持人：房地产开发企业因资金链断裂而陷入绝境的很多，那么企业家们应如何搞好财务规划，保证项目顺利实施呢？

王学峰：在当前这波经济危机中，不少开发商由于缺乏自有资金，或因银行断贷、融资"踏空"而导致资金链断裂，或因房屋预售、销售相比原计划迟缓而导致资金链断裂，一方面因资金链断裂而形成大量烂尾楼（盘），导致建筑企业停工索债，另一方面又因看不透未来市场形势拿地后不敢开发，导致资金长期占压，陷入严重的财务危机，发生大量的债务纠纷。说到底，问题均出在事前没有周全的财务计划和科学的融资方案。

张振龙：在房地产大热的几年，很多企业转而投向房地产市场，其中多数开发商实际上是不具备相应的资金实力的。他们完成开发的把戏大致有以下几个：一是通过认购或借贷方式先行集资；二是在与施工单位签订施工合同时，尽量将付款节点后延，如在施工合同中约定，达到主体封顶才付一定比例的进度款，工程竣工再付一定比例，以此达到由施工单位先行垫资的目的；三是在支付施工单位工程款时故意设置障碍，以拖延时间，减轻自己的融资压力和利息支出；四是在具备预售条件时，通过预售方式回笼部分资金，然后以此部分资金支付施工单位工程款。总之是通过各种手段，撑至项目完成开发。

程许川：上述开发方式存在极大风险：一是涉嫌非法集资违法犯罪，一旦资金链断裂，可能会被追究刑事责任；二是如果一时市场冷淡，或预售达不到预期，就容易导致资金周转困难而无法向施工单位支付工程款，导致施工单位停工应对，引发大量施工合同纠纷；三是如果预售房屋不能如期交房，不但影响销售，还会发生许多退房纠纷或群体性事件。此种恶性循环既影响企业信誉，又会使企业雪上加霜。

王学峰：因此，开发商切不可过分依赖房屋预（销）售。尽管目前房地产市场总体上价格趋涨，但是影响房地产销售的因素很多，如产品定位、投资价值、开发项目与当地经济的适应程度等，加之国家与地方政府也在不断进行市场调控，意图控制房地产市场过热，资金问题仍然是困扰房地产开发的最大因素。比如两三年前出现的房地产市场疲软现象，就使大量开发商回款困难，最终导致资金链断裂而发生项目开发停滞，即使如今房地产市场回暖，但仍难有后续资金注入，导致项目继续"烂尾"。

陈藜：作为房地产开发企业，一定要改变项目融资模式，尽量采取股权融资和联合开发的融资模式，摒弃借贷（特别是高利息民间借贷）的融资模式，否则，极易重蹈他人的覆辙。在项目启动之前一定要做好财务规划，整个项目需要多少资金，每个阶段需要多少资金，分几个阶段融资，每个阶段融资多少，通过什么方式融资，如果出现意外导致无法按预期实现融资时，应当采取什么替代方案或应对措施等，都必须提前统筹考虑，既要保证当期项目施工进度，按时交房，又不能影响下期开发。

话题113　合作开发怎样才能合得好、干得快、不闹掰

主持人：罗　晓　　嘉　宾：张振龙　王学峰　陈　藜　汪蒙蒙　　文　字：汪蒙蒙

房地产项目开发由于各种各样的原因，时常会出现合作开发现象。但究竟应该选择什么样的合作模式，不同模式的优缺点与法律风险如何，开发公司应当如何管控其中的风险，很多房企不一定清楚，因此，出现了不少合作开发纠纷。为了帮助房企搞好合作开发，本期沙龙就邀请几位嘉宾与大家谈谈房地产合作开发模式选择与风险管控问题。

1. 房地产开发合作模式ABC

主持人： 房地产合作开发是一种常见的经济现象。那么，房企为什么要搞合作开发，合作开发都有哪些模式，不同模式又各有哪些优缺点以及法律风险呢？

张振龙： 房地产开发项目的最大特点是投资规模大、开发周期长、资金周转慢，有的房企由于资金短缺或者缺乏运作经验，在土地摘牌后迟迟无法启动项目开发，或者在开发过程中出现中途停滞，在此情况下，多数房企往往会选择引入其他投资商进行合作开发，以达到解决资金缺口、借力开发经验、缩短开发周期的目的。但也有个别开发商为了享受地方政府的招商引资优惠政策，走的是大面积吞地，而后分解开发的路子，合作开发更成为其项目开发的必然选择。

王学峰： 房地产合作开发模式大致分为两大类，一类是法人型合资公司开发模式，即大的房企或投资公司与各个地方政府签订投资开发协议后，分别寻找其他投资人或者房企共同出资成立合资公司，以合资公司名义取地开发，按项目公司运作模式进行管理和分红；另一类是非法人型协议合作开发模式，即由合作一方房企名义取地，然后进行整体合作开发或者局部合作开发、分解合作开发，合作体不成立独立法人性质的公司，仍以合作一方房企的名义对外进行项目报批、工程发包和房屋销售，合作各方按协议约定的办法参与管理和分红。由于法人型合资公司开发模式主要是通过公司法人治理机制运作，因此我们今天将重点探讨非法人型协议合作开发模式。

陈藜： 非法人型协议合作开发常见的也有三种模式，即引入投资商模式、联合开发模式、项目开发权转让模式。这三种模式都是以取地的开发商名义开发、发包和销售，

但合作体的内部运作却有较大区别。引入投资商模式以房企为主进行项目运作，投资商只投入资金，一般不参与项目管理与运作，仅委派财务人员监管资金使用和费用开支，开发完毕后按约定的利润分配办法进行利润分红或分期取得固定收益（类似于借贷关系）；联合开发模式由合作各方共同出资、共同运作、共同管理、共享利润、共担风险，最终按合作协议约定的比例分红；项目开发权转让模式则由房企提供开发用地，以投资人为主开发，供地的房企按固定数额分期取得投入成本和销售收益或者按实现的利润分配红利。

汪蒙蒙：协议合作开发的三种模式都有一定的法律风险，一是由于项目开发均是以取地的房企名义进行，所以，取地的房企要对项目的一切对外活动承担直接责任或连带责任；二是如果投资方投资不到位，就会导致项目开发停滞，无法实现合作开发的目的；三是如果合作各方（特别是后两种模式下）发生纠纷，就会导致项目开发瘫痪；四是项目开发权转让模式下，如果投资方项目运作管理不善，资金回笼慢，取地房企的前期投资和后期利益就可能延后收回或者出现无法足额收回的风险；五是如果房屋售罄、合作各方结算完毕后，发现房屋存在重大质量问题，以自己名义开发的房企可能就要承担终身质量责任。

2. 选好合作对象，签好合作协议

主持人：合作开发具有独特的法律风险，那么，作为房企应如何避免呢？

张振龙：要想避免这些风险，就要选好外部投资人，设计好合作方式和合作条件，签好合作协议，搞好项目运作和管理。选人是基础，合同是关键，运作是保证。不论何种合作模式，选一个有实力、讲诚信、靠谱的合作伙伴，都是良好合作的重要前提。

王学峰：房企在选择合作伙伴时，一定要对拟合作的对象进行针对性考察。一是考察其资金实力，看能否提供足够的资金保证工程项目建设；二是考察其公司自身运营状况，凡自身经营不善的企业参与合作开发也容易出现合作不良问题；三是考察其项目运作及管理能力，能否借助其开发经验或品牌推动项目开发；四是考察其履约信誉如何，看其是否是一个好的伙伴；五是考察其涉法涉诉情况，看其是否会对合作开发项目产生负面影响。

张振龙：采用引入投资商模式时，要尽量选择具有较大投资能力的纯粹投资机构，这些机构对开发过程中的具体问题一般不会有太多干预；采用联合开发模式时，要尽量选择既有投资实力又内部管理较好的企业，因为这些企业一般都有规则意识，不易发生合作纠纷；采取项目开发权转让模式时，除了前述条件外，还应具备房地产开发资质和开发经验，否则难以保证合作项目的正常开发。

汪蒙蒙：不管采用哪种合作模式，选择什么合作伙伴，都应该事前把合作的条件、操作、管理、决算中的具体问题谈清楚，并在合作协议中固定下来，使合作开发中可能出现的所有问题都能在合同中找到解决办法。引入投资商模式的合作协议中，应明确项目的基本情况、开发计划、资金需求计划、工程发包办法或原则、房屋销售办法或原则、投资款返还条件与节点安排、利息计算与支付办法、利润分配办法、风险分担办法、投资人监管办法、各方对应义务的违约责任等。协议内容越细，越便于执行和监督，越不容易发生争议和纠纷。

陈藜：联合开发模式的合作协议中，除了以上内容外，还应当约定项目实施过程中的决策机制、工程施工发包规则、房屋销售决策机制与定价机制、费用支出管理办法、项目开发完毕的决算办法、合作各方的分工和人员委派、对应的违约责任等。以使合作各方的驻场项目管理人员有序工作、良性互动、相互监督，一切具体事务处理均有章可循，一切分歧和矛盾均有化解机制。

汪蒙蒙：项目开发权转让模式的合作协议中，除了投资商模式下的合同内容外，还应明确各方投资款的返还条件与节点安排、利润分配办法或其利息计算与支付办法、风险分担办法。另外，还应明确项目分户账的管理和记账规范、合作各方的工作配合、供地房企的监管办法等。以防项目投资人将项目搁置，或者以房企名义从事一些具有重大风险的民事行为，给房企带来新增潜在风险。

3. 强化合作项目管控，保证项目顺利开发

主持人：项目实施中的运作和管理，也是合作开发成败的关键。那么，房企应当如何管控合作开发项目呢？

陈藜：在引入投资商模式下，双方的合作较为简单，主要集中在资金的注入、使用、监管、利息计付或利润分配等方面。所以，房企应该做到以下几点：一是及时编制资金时点需求计划，提前申请投资商准备资金、拨付资金，以保证项目开发的顺利进行；二是强化资金使用内部审批管理，严格控制资金规模，提高资金使用效率；三是不得挪用资金，确保投资商的资金用于合作项目开发；四是及时向投资商报告项目开发进度和资金使用情况，以使投资商对房企和资金放心；五是根据约定的返还投资款条件或节点，及时返还投资商投入的资金，并按约定的计息办法给付利息；六是在项目开发完毕后，

及时进行项目决算，并按约定的分红办法及时将应分投资利润分配给投资商，以防发生不应有的争议。

张振龙：在联合开发模式下，合作各方应搞好具体事项的共同决策、共同管理和相互监督。一是要按协议约定委派人员，搞好项目管理人员的分工，明确不同岗位的工作责任；二是要共同编制开发计划和资金需求计划，保证投资商的资金分期及时到位；三是要搞好工程施工发包与房屋销售的共同决策，以防一方主导时他方不知情而引起误会和不满；四是要按约定的费用开支办法严格审批各种费用支出，按财务规范管好项目分户账，以防各方因此发生不应有的争议；五是在项目开发完毕后要及时决算和分配利润，做到项目善始善终。

汪蒙蒙：开发权转让模式有点类似于挂靠经营，所以，房企应重点做好项目的宏观管控。一是要向合作项目委派管理人员，并视对方的项目管理团队力量加派专业技术人员，确保项目开发的顺利实施，确保工程施工质量；二是要委派专门的资料与印章管理人员，为合作项目提供优质高效服务，预防资料与印章管理不善所带来的风险；三是要委派专职财务管理人员，掌握项目的资金筹措、使用与工程款支付、费用开支等情况，强化其往来收付与发票管理，督促其规范进行账务处理，以减少债务风险和税务风险；四是强化工程施工合同与房屋销售合同监管，确保不发生施工合同纠纷和房屋销售合同纠纷，以减少房企的诉累和风险。

王学峰：避免项目运作与管理风险应从项目管理制度入手，不论何种合作模式，房企都要根据其项目特点，建立健全合作项目的内部管理制度，使合作各方驻场人员的行为均有制度可循。项目合作开发的成败，既取决于合作各方的履约能力，又取决于权利义务的互相平衡，更取决于合作项目运行机制的科学有序。如果合作过程中出现意想不到的情势变更，可能导致合作各方权利义务的严重失衡，房企要及时提出权利义务调整方案，并在达成一致后，通过补充协议及时平复造成的失衡，以防合作各方因权利义务失衡而怠于合作。

话题114 "甲供材"与专业工程分包不宜过多过滥

主持人：罗　晓　　嘉　宾：宋叶峰　牛武军　宫振兴　田俊飞　文字：田俊飞

房地产开发的核心工作是工程建设。关于工程建设的风险管控，我们已在第九章中进行了充分探讨，但没有对房地产开发中的特定问题展开讨论。为此，本期沙龙特组织相关专家，对房地产开发过程中常见的工程建设施工管理有关问题进行专门探讨，以帮助房企处理好"甲供材"、直接专业分包、指定分包、指定供材等问题，确保工程施工质量和工期，减少可能发生的各种矛盾和纠纷。

1. "甲供材"并非越多越好

主持人：工程建设实务中，"甲供材"是一种常见现象，但房地产开发企业似乎有扩大"甲供材"的倾向，"甲供材"真的越多越好吗？

宋叶峰："甲供材"是建设单位（施工合同中一般表现为"甲方"）采购、供应建筑材料的简称。建设单位为了保证工程施工质量，统一工程外观形象，节约工程建造成本，往往会对一些影响工程质量的关键性材料，采用自行采购、供应施工单位使用的方式，来实现控制质量、形象、造价的目的。常见的"甲供材"有钢材、混凝土、砌体材料、预制构件、电线电缆、地砖、保温材料、防水卷材、外观装饰材料等。

牛武军：建筑材料的质量悬殊，虽然按照不同相关标准的材料都是合格材料，但其使用寿命、耐受性、附加性能却有很大区别（如一些小厂生产的电缆在使用中温度较高、电缆变软等），特别是那些外观质量相同而内在质量不一的材料，最易被材料供应商偷梁换柱，被施工单位以次充好。所以，建设单位对这些材料采取"甲供"方式，可以有效地避免偷梁换柱和以次充好，有利于材料的质量控制。

宫振兴：一些房企经过长期的采购合作，往往会与一些建筑材料供货商或生产厂家建立起长期稳固的采购关系，并且由于房企需求总量大，往往还可以得到价格优惠，从而大大降低了房企的采购成本。所以，这就大大刺激了房企自行采购建筑材料的倾向，使"甲供材"的范围越来越大。

田俊飞："甲供材"虽是控制材料质量和工程成本的有效手段，但也存在不少问题。一是增加了房企项目管理人员的数量和市场考察、询价、谈判、签约的间接成本；二是增加了房企材料供应和施工的协调工作量，极易造成工作脱节，影响施工工期；三是在出现工程质量问题后,材料供应商与施工单位会就材料质量和施工工艺问题互相推诿,导致质量纠纷的责任不易界定,严重影响工程翻修和后期维修,反而会增加工程成本;四是施工单位使用材料的数量不好把握,容易造成材料浪费;五是工程结算时,材料价格的结算与扣除方式争议较多,容易发生造价结算纠纷。

牛武军:我们认为,"甲供材"一般应限于没有国家标准、质量差异大、价格悬殊大、容易以次充好的材料,如电线、电缆、电器、地砖、石材等装饰材料,卫生洁具、保温材料、防水卷材等;凡有国家强制标准、质量差距不大、容易检测检验、供应商不敢捣鬼的材料,尽量不要"甲供",如钢材、混凝土、砌体材料、预制构件等,过多地提供"甲供材",必然会给施工和结算带来很多麻烦。

宫振兴:对于"甲供材"房企要注意几点,一是要在工程施工招标文件和施工合同中明确"甲供材"的范围,以使施工单位在投标报价时统筹考虑这一因素;二是约定供应量如何计算,是按工程量定额,还是加一定损耗率,对于超定额供应或节约的材料,应当如何结算或奖罚;三是"甲供材"在工程结算时应如何计入造价,用否调差,如何扣除"甲供材"价款。如果约定不清,就会为后期的工程结算埋下隐患。

2. 要严格控制直接专业分包

主持人:工程建设过程中,建设单位对部分分部分项工程直接进行专业分包很有必要,但似乎也有过多过滥的现象。作为房企应该怎样把握专业分包的范围?

宋叶峰:专业分包是指工程施工中,专业化程度高、工艺复杂、技术性强的分部分项工程,总承包单位往往自己不会或者不便自行施工,需要发包给有专业施工资质的机构进行专项施工的一种方式。专业分包既可以由建设单位直接分包,也可以由施工单位总包后再行分包。由于施工单位的专业分包我们在第十章中已经讲过,所以本期重点谈谈房企直接专业分包问题。

牛武军:为了保证施工组织一体,确保工程质量,明确质量责任,我国建筑法律法规明令禁止建设单位将工程肢解分包,即只允许一些专业性强的分部分项工程由甲方直接对外专业分包,不得将技术性不强、总承包单位完全可以施工、定做、劳务分包的也直接进行专业分包。专业分包的范围,一般应以单独核发施工资质的专业工程为限。

宋叶峰:目前的房企除了将基坑开挖与回填、基础工程、电梯、中央空调系统、消防系统、智能化系统、其他专用系统、设计采购安装一体化的分部分项工程等直接分包外,还有对水电暖安装、防水防腐、门窗、护栏、外墙保温与涂料等分部分项工程直接进行专业分包的倾向和表现，直接专业分包有点过多过滥。

牛武军：对于那些专业性强，特别是设计采购安装一体化工程和需要后期持续进行运行维保的分部分项工程，建设单位直接与专业分包商建立合同关系，不但有助于质量价格控制，更有利于后期运行维保。虽然建设单位直接专业分包有这些好处，但同时也容易出现施工计划编制、实施难以落实，交叉施工与施工配合不畅、界点不明，易发生建设单位、施工单位、分包单位三方施工或结算纠纷等问题。

田俊飞：建设单位直接进行专业分包的缺点，一是由于分包商与总包单位之间没有合同关系，可能不一定听从总包单位的安排和指挥，徒增建设单位的工作协调任务；二是易发生施工界限争议和总分包结合部位的工艺工序施工配合纠纷；三是易出现总包管理费和配合费计价争议；四是专业分包施工资料汇总衔接任务重、审查把关难；五是如因专业分包施工影响整个工期，还可能引起总包单位的索赔；六是如果出现质量问题，总分包之间容易互相推诿，难以准确划清责任。这些问题可能会严重影响施工进度、竣工验收以及竣工结算。

宫振兴：建设单位直接进行专业分包并不是越多越好。为此，我们建议房企应仅对电梯、中央空调、消防以及其他专业系统等技术性强，施工关联度低，并有后期维保任务的分部分项工程进行专业分包。为了加快施工进度，也可以将基坑开挖与回填工程直接分包，但不提倡将能分包的项目过多地直接分包，更不提倡将总承包范围内的分部分项工程也抽出直接分包。多数分部分项工程与主体工程关系密切，由总包单位统一组织，有利于工程的整体质量控制和施工进度安排，可以减轻建设单位的协调任务量，避免总分包单位之间的矛盾和纠纷。

3. 谨慎指定品牌、指定分包

主持人：在工程建设过程中，建设单位有时虽不直接"甲供材"，也不直接分包分部分项工程，但指示施工单位与自己指定的材料供应商或专业分包商签订供货合同或专业分包合同，这种指定品牌和分包的行为又该注意哪些问题呢？

宋叶峰：虽然指定材料品牌和供应商是法律法规所禁止的，但在现实中还是非常普遍的，有些也具有一定的合理性。如电线电缆、开关插座、防水卷材、装饰材料等的指定供应，可以确保材料质量，进而保证工程质量。但指定材料不能过多，对于那些有国家强制性标准、容易检验检测、不易以次充好的材料，还是尽量不要随意指定为好，如钢材、水泥、涂料、砌体材料、预制构件、管材、不锈钢材料、玻璃等。如果材料指定过滥，也会出现"甲供材"同样的问题。

牛武军： 对于指定材料品牌的，房企一定要与材料供应商和施工单位签订三方协议，或者房企先与材料供应商签订供应合同，然后向施工单位下达指定通知书，再由施工单位与材料供应商签订买卖合同，以明确材料供应的质量标准、供货时间、通知办法、供货方式、结算方式、违约责任，明确房企与施工单位的价差调整办法、价格构成与运输、保管以及费用承担等，以防将来发生纠纷。

田俊飞： 指定分包在法律上也是禁止的，但现实中也是非常普遍。根据我们掌握的情况，常见的指定分包工程与建设单位直接分包的分部分项工程范围大致相同。由于房企有自己长期合作的分包商，将有些分部分项工程交给自己放心的分包商施工，可以充分保证其施工质量。但我们认为指定分包也会出现直接分包同样的弊端，所以，房企还是要尽量少使用指定分包。

宫振兴： 房企指定分包时，一是由于指定分包的价格可能与施工单位中标的价格不同，所以必须在下达指定通知书时，或者在指定之前与总包单位协商，明确指定分包工程的价格调整办法，以免发生结算纠纷；二是指定分包仍然属于施工单位分包性质，总承包单位要对这些分包工程的质量负总责，所以，必须要通过三方协议或三角协议把分包商服从总包单位管理的问题约定清楚，以便于总包单位的统一协调；三是分包工程款一定要由总包单位统一对分包商结算，以制约分包商的违约行为。

宋叶峰： 目前，有些开发商通过自己控制或合作的建筑企业，把工程以"大清包"的方式由该建筑企业分包给各实际施工人（主要材料全部由甲方供应，全部劳务和辅材以及施工设备由实际施工人组织），实际上则是由开发商直接对实际施工人进行管理，只是通过建筑企业进行工程结算。这种模式本身也是违法的，潜在的问题和风险与前述基本相同，只是把问题和风险"打包"了，开发商也应注意这方面的风险管控。

话题115　设计好销售模式，把握好宣传尺度

主持人： 罗　晓　　**嘉宾：** 张振龙　王学峰　郭　亮　马吉祥　　**文字：** 马吉祥

　　房屋销售是房地产开发的重要环节，也是实现房企开发收益的关键性工作，采用什么样的销售模式和销售策略至关重要。但目前的房地产销售模式复制模仿的多，自主创新的少，很多房企使用"舶来"模式并没有收到良好的销售效果。为了帮助房企设计、选择合适的销售模式，确定适宜的销售策略，本期沙龙特邀请几位嘉宾与大家谈谈房地产销售模式设计、选择和销售策略制订问题。

1. 房地产销售模式ABC

主持人： 房地产市场上的楼盘众多，为什么有的楼盘卖得很好，而有的楼盘则销售不佳，这里边有什么诀窍吗？

张振龙： 影响房屋销售的因素很多，例如楼盘所处地段、周边环境，房屋的客户定位、内在品位与设施配套，开发商的实力与信誉，物业服务水平等，都会影响到房屋的销售业绩。然而，除了这些客观因素外，房屋销售模式也是影响房屋销售的一个重要因素，不同的销售模式会直接影响房屋的销售业绩。目前，房地产市场常见的销售模式有四种，一是自销，二是包销，三是委托代理销售，四是自销加委托代理的混合销售模式。包销和委托代理销售，均属于法律意义上的委托销售。

王学峰： 自销模式下，由房企自己组建销售团队自行销售。其优点是可以有效管控销售队伍，有力推行公司的销售策略，节约销售代理费用和销售费用成本，一旦发生客户投诉，也可迅速作出反应和调整。但也有一些缺点，一是需要配备庞大的销售团队和策划团队，这对于缺乏销售经验的开发商来说，可能会由于其掌握的市场信息有限，销售策划水平较低、方案不周，从而增加销售决策的盲目性；二是销售人员流动性大，绩效挂钩难以操控，劳动纠纷风险较高，特别是销售后期这个问题会更加突出。

张振龙： 包销模式下，由房企把欲售房屋打包委托给专业的销售代理公司承包销售，整个营销活动由代理公司负责策划和实施，在约定的销售期限内，如销售业绩不能达到节点进度，则由代理公司按约定的计划销量补足未完成的销售额，销售期限届满，不论房屋是否售罄，承销商需将全部房款给付房企。

马吉祥： 包销模式的优点是代理公司拥有庞大的市场信息资源和丰富的销售经验，

能够较为准确地把握市场与潜在客户的需求，以及客户的消费品位、心理活动、消费习惯等，可以避免开发商对市场的盲目揣测，加快销售速度，快速回笼资金，降低财务、管理和时间成本；缺点是由代理公司包销后，代理公司常常会为了自身利益"反客为主"，脱离开发商的应有控制，甚至不惜"绑架"开发商，使开发商丧失销售活动决定权和定价权。一旦销售不佳，还会找各种原因和借口将责任推卸给开发商，在市场房价大起大落的情况下，更易引起委托合同纠纷。

郭亮：委托代理销售，是由房企委托一个代理公司代为销售，或委托多个代理公司联合（竞争）销售，房企按销售额给代理公司支付佣金。这种销售模式下，开发商持有销售和定价的主导权，实行销售进度与佣金比例适当挂钩，可以调动代理商的积极性，两家代理商联合销售时，还可以形成有效竞争，有利于房屋促销。但此模式下，代理公司的压力没有包销模式那么大，销售进度不理想时，开发商也没有好的办法追责。

王学峰：自销与委托代理销售相结合的混合销售模式，即由开发商与代理公司共同销售，要么整个楼盘混合竞争，要么开发商与代理商由两端向中间竞争性推进，代理商按委托代理模式获取佣金。混合销售模式下，开发商既能控制销售进度，也能从代理公司那里学到成熟的销售方法，有助于提高自建销售团队的业务水平和销售技巧。不好的一面是，双方有可能出现恶性竞争、争抢客户，严重时还会影响项目的整体形象。

2. 选好代理商，签好代理合同，是委托销售顺利进行的法律保证

主持人：房地产的委托销售目前已经常态化，那么，作为房企在委托销售中应当注意哪些问题呢？

张振龙：首先，房企要根据本企业的自身能力和楼盘情况，权衡利弊，选择最适合所售楼盘的销售模式；其次，要考察选择策划水平高、有经济实力、有销售经验、信誉好的代理公司，特别是包销模式下必须要强调代理公司的经济实力，不能选择承担不起违约责任的弱小代理公司；再次，就是要签好委托代理合同，从合同上促进代理公司销售的积极性，制约其消极违约。不然委托销售就有可能难以实现借力快销的目的。

王学峰：实践中，代理公司经常会因为销售费用的分担、销售佣金的提取、溢价销售利润的分配、市场疲软时的维持成本负担、完不成销售任务时的违约责任等与开发商发生矛盾，甚至双方会闹得不可开交。所以，开发商一旦选择委托代理销售，就一定要与代理商把上述问题协商约定清楚，不能给代理商任何怠于履约的借口，以防将来互相扯皮，影响销售进度。

郭亮：包销合同中还应当把不同时点的销售计划、完不成时点销售任务时的差额弥补办法、超额完成任务时的奖励措施、缺额或超额完成任务时对佣金比例的调整办法、计划销售期限届满时的代理商弥补措施以及剩余房源的处理方式、超定价销售时的溢价分成办法以及销售过程中双方的工作配合等一一约定明确，通过强化承销商的违约责任来推动承销商加速销售。如果没有操作性强、可核查可核算可执行的制约措施，包销可能就变成了一句空话，与委托代理方式无异。

马吉祥：委托代理销售或自销加委托代理的混合销售，合同中还要把代理商不同销售业绩情况下的佣金比例、多个代理商销售时的房源安排与竞争顺序、混合销售时开发商与代理商的房源安排与竞争顺序、不准实施的恶性竞争行为等约定清楚，以防出现销售中间的不愉快现象。

郭亮：这里需要重点强调的是，不论是哪种委托代理销售模式，协议中都要约定解除委托代理合同的条件，一旦发现代理公司销售不力，开发商应立即与其解除销售代理协议，由自己接手整个销售工作，或者重新选择新的代理商参与销售，以免影响销售工作的正常进行。

3. 广告宣传不能太随意

主持人：商品房销售过程中，无论是委托代理公司销售，还是开发商自己销售，广告宣传都是必不可少的。那么，在商品房销售宣传时开发商有哪些需要注意的问题？

张振龙：房屋销售的宣传工作，首先要根据楼盘的市场定位、开发模式、建设计划和推出计划，挖掘整个楼盘的区位优势以及交通通信、就医就学、生活购物、内外部环境、休闲锻炼等卖点，搞好开盘前的铺垫性预宣传；其次要根据不同批次房屋的不同用途、具体定位和设计特点，突出其卖点与差异进行投放期间的展示性宣传；三是设计提前预订、预售、成品房销售以及全款或按揭（商业贷款、公积金贷款）情况下的对应优惠方案，并搞好不同优惠办法之间的协调和衔接，将优惠措施植入宣传内容。

郭亮：宣传策划案的制作，必须以楼盘规划设计为基础，以施工计划和施工方案为条件，不得脱离规划设计随意制造卖点以吸引眼球。因此，宣传策划案制作前，必须组织前期市场调查、开发计划编制、工程规划设计、工程施工、销售等部门召开碰头会，彻底把项目的基本情况梳理清楚，把计划投放节点把握准确，把房屋的相关数据和建造装修标准等资料收集齐全，然后再在策划案中作出恰当表述或承诺，对不确定或可能变更的事项在说明时要留有余地，并制作销售人员宣讲提纲和表述指引，以防销售人员不清楚楼盘情况或者理解有误，导致宣传与最终的房屋实际不符，造成不应有的买卖纠纷。

王学峰：房屋销售宣传策划案不论是由开发商自己的营销部门设计制作，还是由开发商委托策划公司设计制作，抑或是由销售代理公司设计制作，其内容均不得违反《广告法》和《房地产广告发布规定》的禁止性规定，进行夸大宣传和虚假宣传，使用容易引起消费者误解的语言和图案，以免受到市场监管部门的行政处罚，或者造成宣传品报废重做。一旦构成民事欺诈，还可能承担民事赔偿责任。因此，不论是谁设计的宣传策划案，都必须经过开发商组织相关人员论证，不能完全交由销售代理公司去做而不管不问。

马吉祥：如果房屋销售宣传广告中存在虚假宣传或夸大宣传的内容，且具体承诺对购房人的选房、签约和房价构成重大影响的，则其承诺将会被视为合同条件，将来一旦无法兑现，开发商便要为此承担交房不符合约定的违约责任，造成退房纠纷或欺诈索赔纠纷。因此，在商品房销售宣传时，开发商的宣传内容一定要与交房实际相符，印制和投放商品房销售宣传广告前，一定要将其内容交由房地产专业律师进行审查，确认没有问题后方可投放市场。

张振龙：宣传策划案必须与销售合同相配套，其宣传承诺必须落实到合同之中。因此，在制作宣传策划案时，应尽量同步设计销售合同相关文本，以防二者脱节而为房屋销售纠纷埋下不应有的隐患。

话题 116 商品房销（预）售与交付应注意哪些问题

主持人：罗 晓　嘉 宾：张振龙　王学峰　郭 亮　马吉祥　文 字：马吉祥

商品房作为普通消费者的安居之所和高值理性消费的消费品，消费者必然对其买卖过程的每一步互动都十分关注。由于商品房买卖履约时间较长、过程手续复杂，并且还要办理不动产登记，国家对商品房买卖实行了严格监管。但当下的很多不规范销售行为引起了很多买卖纠纷，引发了不少群体性事件，给房地产开发企业造成了严重的负面影响。为规范商品房的签约履约行为，帮助开发商防范商品房销售中的法律风险，本期沙龙嘉宾们就来聊聊商品房销售签约履约相关问题。

1. 签订商品房预约合同应注意啥

主持人：经常可以看到开发商还没盖房子就开始大肆宣传和预订，对于"八字还没一撇儿"的所谓"房子"，购房人心里自是不会踏实，那么，作为开发商来说，早期开展的房屋预订应当注意哪些问题？

王学峰：商品房销售一般分预订、预售、现售三个阶段，在取得预售许可证之前的销售行为为预订，取得预售许可证之后的销售行为为预售，在竣工验收后的销售行为为现售。在商品房开建的同时，就开展宣传与预订（或称"认购""订购"），是大多数开发商的通常做法。它一方面可以达到预告宣传的效果，另一方面可以锁定部分购房人。

张振龙：潜在购房人的预订、订购、认购行为，在法律上叫作预约行为，开发商与潜在购房人签署的预订（定）协议书、订（认）购协议书称为预约合同。预约合同是指合同双方约定某一条件成就时，双方签订本约合同（即正式合同）的合同。预约合同不具有法律强制执行力，即不得强制合同一方必须与另一方签订本约合同，而只能追究恶意不履行预约合同一方的违约责任。因此，开发商签订商品房销售的预约合同就非常具有技术含量。

郭亮：由于签订预约合同时，很多楼盘还不一定拿到建设工程规划许可证，也不一定完成施工图设计并通过行政审查，加之施工中还可能发生设计（技术）变更，所以，开发商在签订商品房销售预约合同时，要标明房屋结构、平面布局、建筑面积系初步设计，具体结构、布局与面积以具备签订本约合同（即《商品房预售（销售）合同书》）时的实况为准，预订人认为房屋实况与预约时变化较大，可以退订或另选。

马吉祥：商品房销售预约合同中，一般只可约定户型，不要固定楼层、房号，在签订本约合同时再让预订人选房比较合适。如果预订人要求固定楼层、房号，则可约定预订人可以另选其他房屋，以促进房屋的成交率。但选房应按签订本约合同的顺序进行，开发商不应承诺为预订人预留多少数量房源供其挑选。预约合同如果具备了本约合同的实质性内容，即约定了楼号、楼层、房号、面积、单价或总价，如果购房人坚持主张所选房屋，人民法院一般会将其视为本约合同处理。

王学峰：预约合同中的本约合同签订日期，要根据工程建设进度计划和预计取得房屋预售许可证的时间节点约定大致区间，预订人逾期不与开发商签订本约合同，开发商可以不再为预订人保留房源。如本约合同签订期间因故后延，则应通知预订人，预订人可以接受延后签订本约合同，也可以退订。通知的方式必须在预约合同中约定明确，以防预订人长期不来签订本约合同，影响房屋的正常销售和资金回笼。

马吉祥：预约合同中可以约定签订本约合同时的优惠办法，一般按开盘价的优惠率比较合适，交几万元顶几万元的办法意义不大，不建议采用。预订人交纳的订金，既可以叫"订金"，也可以叫"定金"。称为"订金"时，只要最终不签本约合同，开发商即应全部退还预订人；称为"定金"时，如果预订人违约，则可没收"定金"，如果开发商违约，则应双倍返还"定金"。但签订本约合同时，预约合同中约定的签约条件发生了变化导致预订人退订的，则预订人不构成违约。

2. 签订商品房预售、销售合同应注意哪些问题

主持人：正式的商品房买卖合同为《商品房预售合同书》和《商品房销售合同书》，这两种合同书有什么区别，签订时应当注意哪些问题？

王学峰：房企在取得商品房预售许可证以后、房屋尚未建成并通过竣工验收之前，签订的商品房买卖合同为《商品房预售合同书》，这时房企出卖的商品房是期房；商品房通过验收后，签订的买卖合同为《商品房销售合同书》，这时房企出卖的是现房。对于期房来说，由于购房人在签订合同时无法准确预见交房时间、交房标准，较易发生合同纠纷；而现房签订合同时购房人可以先看后买，合同纠纷往往较少。

张振龙：商品房买卖合同纠纷主要有逾期交房纠纷、宣传与实际不符纠纷、设计变更纠纷、实况与设计不符纠纷、质量纠纷、逾期办证纠纷等，集中发生在延期交房期间和交房阶段以及交房之后的一定期限内。开发商如要避免房屋买卖纠纷，除了不搞虚假宣传、严格按设计图纸施工、设计变更前征求购房人意见或设计变更后及时通知购房人、

确保工程施工质量、如期完成施工并通过竣工验收、按约定期限交房外，还必须签订好商品房买卖合同。

郭亮：开发商在签订商品房预售合同时，一是要根据施工进度和预计竣工时间，留有余地约定交房时间；二是要对一些可能导致延期交房而不视为违约的情形加以明确，一旦出现这些情形交房日期可以合理后延，则开发商不承担违约责任；三是要约定房屋交付标准、设计变更时的征求意见方式或通知方式，以及购房人此种情况下的换房权或解约权；四是要明确交房条件、交房的通知方式以及购房人逾期收房的责任；五是要约定交房面积与合同面积误差的处理方法；六是要约定房屋保修期限以及逾期收房时的保修期计算起点；七是要约定交房后的办证期限；八是要约定购房人的付款方式以及变更、替代措施；九是要约定各方违约时的违约金计算方式和标准。合同内容越完善、越清晰，发生纠纷的可能性就越小。

马吉祥：《商品房销售合同书》虽然是房子建成后签订的，一般问题较少，但也会由于前期预售的惯性，把预售中潜在的隐患带到这一阶段。因此，不管是期房预售前还是现房销售前，开发商都要在设定商品房买卖合同条件时，召集工程管理、设计、监理人员一并研究预（销）售相关承诺，以免合同约定的条件与工程实际不符。签订《商品房销售合同书》时，一要根据施工实际据实对交房条件进行调整，二要写准相关技术指标，三要约定保修、办证、付款等问题，以及对应条款的违约金，以免发生不必要的纠纷。

张振龙：实践中，预订的购房人拖着不来签订《商品房预（销）售合同书》，也不交付首付款；或者签订《商品房预（销）售合同书》后不来交足剩余购房款；或者在按揭（公积金）借款无法获准后，不来变更付款措施，是开发商最为头痛的事，解决的唯一方法就是在购房合同中明确开发商的通知方式和不保留房源的条件，一旦出现购房人通知后不来，或者拒不签订买卖合同和不交购房款的情况，开发商可以将其预订或约定的房屋另卖他人。

3. 商品房交房程序要规范

主持人：商品房施工完毕就可以交房吗？交房应注意哪些问题？

王学峰：交房的必备要件有四个，一是商品房的单体建筑已施工完毕并通过竣工验收，二是已取得房屋测绘报告，三是单体建筑所在的小区（或相对独立的局部区域）的配套设施也已完成功能配套，四是已取得建设工程竣工验收备案证明文件。另外，还要引进或组建前期物业管理机构进驻服务。只有达到这些条件，商品房才能正式交付。但现实中开发商先向业主交房、后补办竣工备案手续的现象非常普遍，这不但有违法律法规的相关规定，也极易引起违约交房纠纷。

郭亮：正规的交房程序应按四个步骤进行。首先，开发商在取得房屋竣工验收备案证明文件后，应按购房合同约定的通知方式通知购房人，在约定时间内对房屋进行验收交接；其次，与购房人一道按购房合同约定的交房标准对房屋工程质量以及公共配套设施逐一进行验收，并做好逐项确认或瑕疵记录；第三，向购房人提供房屋（住宅）质量保证书和房屋（住宅）使用说明书；第四，双方签署房屋交接书，完成房屋正式交接。

张振龙：针对交房手续不完备，但又急需购房人提前验收房屋质量这一问题，我们建议交房可以分验房和交付两步进行。首先开发商可以通知购房人验房，对于验房中发现的房屋瑕疵，及时通知施工单位维修（在施工合同中可以把施工单位的保修期限约定得长些），维修完毕后，双方办理房屋质量确认手续，并由开发商向购房人提供房屋（住宅）质量保证书和房屋（住宅）使用说明书以及房屋装修钥匙，急需入住的购房人可以先行进行装饰装修设计和选配预订家具，以不影响收房后的及早装修和入住。然后待商品房取得竣工验收备案证明文件后，再正式通知并与购房人办理交房手续。

马吉祥：正式交房时，双方要签署房屋交接书，移交房屋正配钥匙，并由购房人与前期物业服务机构签订前期物业服务协议以及附属文件，办理好各类物业服务与交费手续，交房时间以完全达到交房条件的日期为准。开发商不要在不具备交房条件的情况下，强制与购房人提前办理交房手续，以防引起购房人的反弹。如按购房合同构成交房逾期，开发商应主动核算违约金，并给出多种承担方式供购房人选择，在办理交房手续时一次性结清，以免交房后出现购房人集体维权现象。

话题117 产权式商业开发运营为什么"伤不起"

主持人：罗 晓　嘉 宾：张振龙　王学峰　郭 亮　马吉祥　文 字：马吉祥

  随着商业地产开发的出现，产权式商铺（商场）、产权式酒店、酒店式公寓等新业态（以下统称"产权式商业"）也在不断涌现。由于这种新业态通常涉及开发商、购房人、运营商三方利益，一旦项目运作不好或三方关系处理不当，购房人收益不能保证，就会出现矛盾和纠纷，甚至还有可能引发群体性事件，使开发商承担代运营商垫付租金的责任。为了帮助开发商搞好产权式商业的开发和运营，本期沙龙的嘉宾们就与大家聊聊产权式商业的销售及运营相关问题。

1．产权式商业开发运营"伤不起"

  主持人：近年来，产权式商业在城市房地产开发中逐渐风靡，很多投资者也热衷于投资产权式商业，以期取得丰厚稳定的收益。然而，产权式商业在销售和运营中却一直纷争不断，有的还甚至引发群体性事件。那么，究竟是什么原因导致产权式商业出现目前的窘境呢？

  王学峰：产权式商业是城市房地产开发的一种新业态，起源于西方发达国家，在我国发展只有20来年，它主要包括产权式商铺、产权式酒店、酒店式公寓、公寓式酒店、产权式度假村等。产权式商业的最大特点就是所有权与经营权的分离，开发商通常会将商业用房分割成单独空间或一定区域出售给购房人（投资者）并为其办理产权登记，然后由购房人将所购物业再委托给开发商成立或选定的物业管理公司或其他专业商业运营公司进行统一出租或经营，购房人（业主）取得定期或定额回报，实现房产所有权与使用权、经营权的适当分离。

  郭亮：洛阳的产权式商业地产，主要有产权式酒店、产权式商场和产权式市场三类，近期也有向其他业态扩散的趋势。产权式酒店一般采取委托酒店管理公司运营的模式，产权式商场一般采取委托商业运营公司运营的模式，产权式市场一般采取委托物业公司统一出租管理或委托商业运营公司运营的模式。这些物业管理或运营公司有些是开发商自己成立的，有些是第三方独立机构。不论哪种模式，售后包租（或称"带租销售"）都是其最大特点，并且签订的租金或承诺的回报较高，以吸引购房人痛快签约。

  张振龙：初期的售后包租主要是一种促销手段和融资手段，开发商往往忽视商业地产的日后运营，有的返租后一直空着不租，返租期满后，产权式商铺成了零星开门的市（商）场，有的委托管理和运营的公司运作不佳，商业地产长期没有人气、入不敷出，承诺购房人的租金或回报悬空，矛盾和纠纷不断爆发，此起彼伏的群体性事件成为严重的社会不稳定因素，搞得开发商和政府有关部门焦头烂额，洛阳的宝×城市广场、迈×龙家具广场等众多产权式商业地产项目几乎没有幸免的。

马吉祥：虽然住房和城乡建设部2001年出台的《商品房销售管理办法》中，明令禁止房地产开发企业采取售后包租或者变相售后包租的方式销售未竣工商品房，但由于我国这方面的法律法规不健全、市场运营经验不成熟、对开发商和运营商没有更好的强制制衡措施，产权式商业成了"伤不起"的投资模式，使广大投资者（购房人）望而却步，严重制约了产权式商业开发的良性发展。

2. 产权式商业需要专业的运营公司来运营

主持人：商业地产售后包租目前已成常态化，那么，作为房企如何才能保证售后包租不出问题呢？

王学峰：首先，房企必须要把商业地产的成功运营作为其终极目标，要根据商业地产的特点，是选择自持物业、整体经营，还是选择产权式物业、委托统一运营，要权衡利弊、统筹考虑。但不管是采取哪种模式，都要委托专业的运营公司运作，专业的事交给专业的人去做，我们不提倡房企自己成立物业公司或运营公司运营。其次，一定要考察遴选到策划水平高、有运营经验、管理能力强、有经济实力、商业信誉好的运营公司，以保证运营初期的营销宣传投入、运营费用支出和盈利前的租金垫付，千万不能交给承担不起这些费用的弱小商业运营公司运营。

郭亮：开发商委托商业运营公司运营商业地产项目，一定要在商业地产开发前就让其提前介入，全程参与到项目的市场调查、开发定位、规划方案设计、建设方案设计、运营方案设计、销售方案设计、招商方案设计、租赁方案设计、后期物业管理方案设计等具体工作中去，以使开发商根据后期运营的需要调整开发、销售方案。商业运营公司的提前介入，一方面可以做好项目未来运营的策划工作，另一方面可以提前做好项目运营的准备工作，为项目后期的顺利运营打下坚实的基础。

张振龙：签好三方协议是预防纠纷的关键。首先，开发商要与运营公司签好委托运营协议，明确约定运营商的提前介入义务、工作内容以及费用承担办法，明确约定运营方案以及宣传、招商、管理等具体措施，明确约定盈利前的费用支出保证措施，以落实运营商的运营责任；要明确运营商与购房人未来签订委托运营协议的内容，以确保运营商的合约与开发商的宣传一致；还要约定运营商的违约责任和解约办法，以制约其消极违约。其次，开发商在与购房人签订的房屋买卖合同或另签的补充合同中，要载入未来运营方式的承诺和担保义务，以取信于广大购房人。再次，开发商要协助或监督运营公司与购房人签订好委托运营合同，并在合同中落实运营商的运营合同承诺，以增加和压实运营商的经济责任。

马吉祥：开发商和运营商设计运营方案和销售方案时，一定要结合市场环境、市场定位、项目自身条件，科学设定租金标准或分红办法，不要为了促销而超出当地市场状况设定过高的租金标准或分红承诺，否则，一旦没法兑现，运营商就可能会因项目入不敷出，自己又无力垫付而违约，开发商也会因连带责任而代运营商垫付租金、分红，被运营商拖入泥潭而不能自拔。如果入不敷出时运营商和开发商都不管，必然引发群体性事件。洛阳宝×和迈×龙的教训不可谓不惨痛。

3. 产权式商业要做好后期权利移交

主持人：产权式商业在销售完毕后，开发商是不是就可以放手不管了？如何才能保证产权式商业持久良好运营呢？

王学峰：产权式商业开发和运营一般会经历六个阶段，一是开发商的定位、设计、建设以及运营方案设计阶段，二是售前委托运营商以及销售准备、运营准备阶段，三是开发商销售以及售完前的初期试运营阶段，四是运营商全部接管后的整体运营与产权登记办证阶段，五是开发商完成销售后成立业主委员会并向业主委员会移交项目管理权阶段；六是业主委员会接手项目后的持续运营阶段。一般只要保证这六个阶段的工作衔接，保证其各个阶段不脱档，产权式商业运营便能持续下去。

郭亮：由于前三个阶段开发商与运营商的关系较为密切，比较关注项目运营，一般不会出现大的问题。但销售完毕后，开发商对运营商不再有所依赖，往往对项目的运营关注度会大大降低，可此时广大购房人作为分散的业主，尚无法对运营商的运营实施有效监管。因此，开发商若要早日脱手免责，就必须尽早组织协调成立业主委员会，将项目的运营管理决策权与监督权移交给业主委员会，使自己能够早日全身而退。

张振龙：开发商向业主委员会移交前，一要将项目的所有工程及其配套设施（设备）建设（安装）、维修完毕，二要将工程竣工验收资料、使用说明书、质量保证书以及相关图纸归集整理齐全，三要将与运营商之间的合同书、变更补充协议、工作会商记录、双方的往来信函、双方的结算手续，全部归集整理或复印加章，四要制作业主（购房人）名册，补齐购房人信息。移交时，不但要将上述资料全部移交给业主委员会，还应与运营商和业主委员会签订业主委员会接管协议，约定委托运营方权利义务的转移时点、移交后业主委员会的权力行使以及开发商与运营商的遗留问题处理责任，以保证将开发商的原有权利顺利过渡给业主委员会，不至于出现权利空档。

马吉祥：因此，开发商与运营商签订的首期委托运营合同的运营期不易太长，一般比计划的销售期稍长、达到满负荷正常运营、运营商总收益足以弥补其初期开支、适当留有平稳过渡期即可，以使开发商能尽早地将其运营管理监督权移交给业主委员会。如果合同期太长，不但不利于鞭策运营商努力运营，如出现问题也不利于开发商与业主委员会的后期移交。

张振龙：业主委员会正式接管项目后，一方面可以制定业主大会与业主委员会相关制度，另一方面可以制定项目运营管理规则，为后期的运营管理做好充分准备。业主委员会可以根据既定方略对现有运营商进行运营能力考核，以决定到期后是否续期。如愿意继续续约，则应与现有运营商商谈下一期委托合同的具体条件和双方互动的有关机制和程序；如认为现有运营商不适宜继续受托运营，则可以决定更换，并就更换交接事宜与现有运营商达成一致，另聘其他运营商接管运营。

话题118　房地产开发如何救赎"烂尾楼"

主持人：罗 晓　嘉 宾：张振龙　王学峰　陈 藜　汪蒙蒙　文 字：汪蒙蒙

"烂尾"楼盘就像城市的一个个疮疤，影响着城市的和谐美观，让成千上万名购房者的乔迁梦化为泡影，同时也深深刺痛着房地产开发商、施工单位、购房人、投资人，使他们之间形成难以理清的经济纠纷和矛盾冲突，更极大地困扰着当地政府的维稳局面。那么开发商究竟该如何解决"烂尾楼"问题呢？本期沙龙嘉宾们就来谈谈房地产开发企业如何救赎"烂尾楼"问题。

1. "烂尾楼"的成因与对策

主持人： 不管楼市走强还是楼市疲软，总能在一个个城市看到一处处"烂尾"楼盘。那么，为什么会出现大量的"烂尾楼"呢？

王学峰： "烂尾楼"是指已经开工兴建，尚未施工完毕，但因规划、资金、质量、市场等原因停建、缓建一定期限而无法复工的房地产建设项目。"烂尾楼"形成的原因大致有四：一是项目在未依法取得土地使用权和规划许可手续的情况下，匆忙开工建设，后又因迟迟拿不到土地使用权或规划许可手续，被政府有关部门"叫停"；二是房地产市场"忽冷忽热"或政策变化，开发商因定位不准、价格走低、销售不畅、入不敷出，而不得不暂停建设而"断臂求生"；三是财务计划不周，"借鸡下蛋"不成，导致资金链断裂，出现施工合同严重违约，而使施工单位停工对抗；四是由于开发商与投资人、债权人以及施工单位之间的纠纷而陷入诉讼，土地使用权、在建工程、预售房或成品房被司法机关查封，导致楼盘无法销售而使开发商的资金循环被切断。

陈藜： 楼盘一旦有"烂尾"的苗头，首先是先知先觉的银行就会坐卧不安，要求开发商偿还债务或提供足额可靠的担保；其次是快速感知的施工单位和供应商停工停供，以督促其支付工程进度款或者材料设备款；接着就是预订、期房、现房的购房人惊恐担忧，要求开发商按期交房或者解除合同，并逐渐转化为频发的群体性事件；最后该政府有关部门出场了，约谈协调，敦促开发商设法尽快复工。如复工无望，则会进一步引发大量的诉讼或群体性事件，把开发商搞得焦头烂额、疲于应付，直至无法承受而陷入绝境。

汪蒙蒙： "烂尾楼"所涉主体繁多，既有投资商、提供金融借贷的银行、民间借贷的债主，又有参与建设的施工单位、材料供应商、设备供应商、设计院、监理公司，还有施工单位下游的分包商、施工队，更有成百上千的购房人，他们的诉求各不相同，他们的手段应有尽有，他们的利益相互冲突，他们的问题交织互扰，他们的矛盾很难协调，靠政府无能为力，靠司法无法统筹。所以，"烂尾楼"的解套问题是开发商最为头痛的问题。但多数开发商却一直都把注意力集中在借贷融资这一条窄路上，很少去寻求其他的融资途径，甚至不舍得把自己的楼盘拿出来与别人"共享"，更不舍得将自己的"青春少女外嫁"。

张振龙：除完善土地与规划手续外，救赎"烂尾楼"的途径无非五种。一是借贷融资；二是如果借贷融资不成，则可引入纯粹的投资商投资开发，即投资商只投入资金，不占公司股份，不参与公司经营，只参与资金使用和费用开支监督，按约定分取红利；三是引入资本投资者增资扩股，共享红利、共担风险；四是将项目分解开发、快速解困；五是把项目整体转让、全身而退。但不管哪种救赎方式，外部投资者都无不担忧开发商的债务规模和未知因素，只要这些顾虑无法打消，投资人就不会盲目进入。因此，开发商必须要向潜在投资人和盘托出楼盘的真相，以消除投资人的疑虑，救赎手段才可能见效。

2. 救赎"烂尾楼"首先应搞好项目清理

主持人：开发商如何取信于潜在投资人，才能使其无怨无悔地助其救赎"烂尾楼"呢？

王学峰：开发商要想取信于潜在投资人，就必须首先对"烂尾楼"进行项目清理。项目清理具有四个方面的意义：一是通过对项目现状和各项工作进展情况的全面梳理和盘清，可使开发商做到心中有数；二是通过账外资产、债权债务、待处理费用的清理，促使这些资产、债权债务、费用彻底归顺入账，推动未了结合同进行阶段性结算，全部理清债权债务规模以及资产负债情况；三是通过清理可以客观地揭示和展现项目的既存风险，排除项目的未知因素，避免开发商故意或过失地隐瞒不利事实，彻底打消意向投资人或受让人对项目潜在风险的顾虑；四是可以推动项目意向投资人或受让人迅速决策，较快实现引入投资人或项目转让的目的。

陈黎：项目清理工作，一是归集、整理项目可行性研究报告、商业策划书、建设方案、运营方案等项目前期研究资料及各种策划类文件，澄清项目前期研究成果及其工作进度；二是归集、整理项目行政管理类申报资料和批准手续以及各种规费交纳情况，梳理行政审批成果以及待办事项的办理进度；三是清理项目合资合作情况与投资进度、资金使用情况、开发计划实施进度，以及后续急需解决的问题和资金需求等；四是清理各类施工、采购、服务合同的签订和履行情况以及债权债务、开票纳税情况等；五是对工程施工资料进行清查、收集、整理和归档。只有如此，才可以彻底理清项目陷入困境时的静态现状和动态变量，为制订招商引资方案或转让方案提供基础依据。

汪蒙蒙：实际工作中，我们经常可以遇到有些开发商不愿意进行项目清理。有的是怕麻烦、嫌工作量大，有的是不愿意去触碰其中的问题和矛盾，有的是想隐瞒存在的问题和缺陷，即便有的进行了粗略梳理，也没有把所有的问题理清梳透。如此，不论是引入投资者还是项目转让，都可能会给合资合作或项目转让埋下纠纷的隐患，如果出现了投资商或者受让人未知的事项，如果转让人遗留问题没有安排妥当，就易导致双方的合资合作或转让合同纠纷，可能导致合同的终止。

张振龙：开发商在完成项目清理后，一定要制作项目说明书，按清理的结果逐一说明项目的整体进展情况、分项实施情况以及所有待处理的后续问题，不能遗漏和隐瞒项目瑕疵或现存的棘手问题，并要承诺对说明书内容的真实性负责。项目说明书制作完成后，开发商还必须根据招商引资或项目转让的目的，制作招商引资方案或转让方案，按方案设计的方式、路径和条件，启动招商引资或项目转让程序，以迅速实现其招商引资或项目转让之目的。

3. 引入投资人或项目转让的过程，要规范化精细化操作

主持人："烂尾楼"项目引入投资人或整体转让，应该注意哪些问题？

王学峰：如果"烂尾楼"采取引入投资商投资分红模式，一定要在投资协议中确认开发商的前期开发进度与投资数额，约定投资商的后续投资规模和投资节点、投资商的投资回报方式与计算办法，开发商的后期开发计划与工程续建责任、债权债务结清责任等，以明确双方的权利义务，预防发生不必要的纠纷。

张振龙：如引入外部投资人增资扩股方式，除在增资协议中确认开发商的前期开发进度与投资数额外，还应当明确增资基准日前的公司资产、债权债务以及所有者权益清理情况（包括账外资产的入账方式），确定开发商的资本溢价率、投资商的出资总额和出资时点以及出资溢价率，明确后期开发计划与所增资本的使用安排，约定增资后的公司董监高调整办法以及公司法人治理机制，以免增资后新老股东因认知差别大、误会多，又没有事先约定好规则加以指引而发生矛盾，避免可能出现的公司僵局。

陈黎：如果拟采取项目转让方式将项目转出，一定要规划好最优的转让模式，以有利于项目的转出和交接，有利于受让方的后续实施，更能减轻各方的税务负担。常见的

项目转让方式主要有单纯的资产转让（含土地使用权）、净资产转让（含债权债务）、公司股权整体转让、先增资后减资的股权置换、以公司分立形式的项目拆分等，开发商在进行项目转让时，一定要根据自己的项目特点，委托律师、会计师、税务师进行分析、论证、研究，选择最便利、最便宜、最顺利的项目转让模式。

汪蒙蒙：项目转让合同除确认开发商的前期开发进度、资产状况以及各个合同履约情况和债权债务，转让价款及其支付办法，遗留问题的处理措施和处理责任外，一定要做好移交工作并完善移交手续。项目移交一般包括资料移交、合同移交、人员移交、财产移交、财务移交、档案移交、证照印鉴移交等。

王学峰：项目移交时，要特别注意搞好受让方与第三方的工作对接，由三方共同对合同履行情况、施工（履约）进度、工程价款支付情况等进行核对和确认，以使受让人接盘后能够顺利续建和开发。对于在移交中发现的问题，要及时签署备忘录，并及时研究解决问题的办法，尽量不留后遗症。

张振龙：为保证受让人顺利接手项目和重启项目，转让人应保留一定的人员，协助受让方进行项目过渡，这些协助人员的名单和工作内容、职责权限、工作报酬以及协助期限应在合同中加以明确，以防转让人撒手不管而使受让人陷入困境。

陈藜：如采取分解开发方式，开发商可以根据楼盘的分区情况和施工便利性要求，合理划分区块，分别选择投资商纯粹投资模式、区块合资模式或区块转让模式将项目分解为多个不同区块分别开发，具体可参照以上各种不同方式的注意事项签约和实施。

第十二章
依法合规运作，预防行政违法风险

市场经济就是法治经济。经过40多年的改革开放，我国的经济运行模式已由计划经济转换为市场经济模式。市场经济的最大特征就是市场主体的自主经营和行政机关的必要监管。目前，我国的市场监管法律法规体系已经非常健全，执法监督的能力和水平也在不断提升，作为市场主体的民营企业，如果违反行政法律法规的规定，就有可能遭受行政强制或行政处罚。但许多民营企业还沉浸在法不责众的旧有思维之中，没有认识到行政监管愈来愈严、愈来愈规范的必然趋势，随意触碰违法红线的现象还比较普遍。为了引导民营企业依法合规经营，防范日常运作中的行政违法风险，本章将重点探讨民营企业所面临的行政监管以及应对之策。

话题 119　经营特定项目要有行政许可"护身符"

主持人：罗　晓　　嘉　宾：张振龙　范志勇　璩建伟　邱帅彪　　文　字：璩建伟

市场主体自主选择产品或服务是市场经济的本质属性，但由于有些产品或服务涉及国计民生与公共安全或者社会伦理与公序良俗，因此，国家不得不对其经营资格和经营活动进行适当干预。从是否准予企业经营的角度看，目前企业经营的产品或服务可分为禁止经营项目、许可类经营项目和自由经营项目，前者不论是谁都不得经营，后者不论是谁都可以经营，许可类经营项目则必须取得行政机关的许可方可经营。本期沙龙就邀请几位嘉宾与大家谈谈民营企业许可经营问题。

1. 许可管理的意义与方法分类

主持人：市场上有那么多的产品和服务项目，国家对哪些实行许可管理，许可的方法手段都有哪些呢？

张振龙：改革开放 40 多年来，除个别基础性战略产业或商品仍实行国有企业垄断性经营外，绝大多数产品和服务已对所有市场主体放开并实行充分竞争。但由于市场主体的经营能力差别较大，并不是所有的市场主体都能很好地经营所有产品和服务，因此国家对一些关乎国家安全、公共安全、公共秩序、公共服务以及人身健康的产品和服务实行许可管理制度。许可管理的手段主要有三种，一种是核发生产经营许可证，一种是核发经营资质证书，另一种是对重大经营项目实行事先批准。

范志勇：我国的行政许可实行的是"许可法定"原则，即只有法律规定实行许可管理的经营项目才可以设定行政许可，凡能通过其他管控措施实现管理目的的，尽量不实行行政许可。所以，根据目前中央的市场运行体制改革精神，我国的行政许可事项正在逐年减少，并将许可权尽量下放到基层政府，以方便企业办理行政许可。

璩建伟：所谓许可证管理，就是对特定产品和服务的生产经营必备条件的认定制度。不论什么样的市场主体，只要达到了特定产品或服务的生产经营条件，许可证管理部门就应当为其核发生产经营许可证，准予其生产经营，一般不对市场主体的性质加以限定。生产经营许可证实行的是经营门槛制度，一般不实行分级管理。目前我国实行许可证管理的经营项目主要有危险化学品、易燃易爆品、有毒有害品、食品与餐饮、药品与医疗器械、化妆品、烟草与卷烟、旅馆与娱乐等公共场所经营，金融证券保险、会计与法律等信用类公共服务，刻章、配锁、保安、押运等特殊行业。

邱帅彪：所谓资质管理，就是对特定业务的生产经营能力的评价制度，侧重于考查企业规模、设备配置、技术力量、经营年资、历史业绩等能力和经验方面的客观要素。凡资质管理的经营项目，一般都实行分级管理，即根据企业的经营能力核发不同等级的经营资质证书。目前，我国实行资质管理的经营项目主要有建筑施工、房地产开发、车站机场码头、设计、检验（实验）、技术评价、医疗保健等。许可证管理的重点在于条件认定，而资质管理的重点在于能力考查，这是二者的根本区别。

张振龙：所谓项目审批管理，是指对涉及国计民生、产业布局、环境影响、公共利益的重大生产经营性项目的建设实行事前审批。对于符合国民经济与社会发展战略、国家产业布局、城乡建设规划、环境保护、能源消耗、技术升级要求的项目予以批准，否则不予批准。如危险化学品、易燃易爆品、有毒有害品的生产与储存，冶金、发电、水泥、垃圾（含医疗废弃物）处理，汽车与电子产品拆解，排放废气、废水、废渣的生产经营项目，对生产环境和居民生活有重大影响的经营项目等。

2. 企业取得经营许可的条件与流程

主持人：对于国家实行许可管理的经营项目，企业如何取得经营许可？

范志勇：对于许可证管理的生产经营项目，一般不实行前置审批（个别需要批准筹备），企业只需按照行政许可要求的条件进行生产经营准备即可。当企业准备停当后，再申请相关行政管理部门验收，验收合格即可取得生产经营许可证开始正常生产经营。

璩建伟：对于资质管理的生产经营项目，一般情况下均需先取得最低资质（有的还有"暂定"资质），然后逐级往上晋升资质等级，个别也有根据不同资质条件直接按照高等级标准筹备，直接取得较高资质的项目。具体哪些生产经营项目必须由低到高逐级申请资质，哪些可以直接申请较高等级资质，应以资质管理的法律法规为准，企业在欲经营资质管理类经营项目时，应注意查询对应资质取得的相关规定，不能在不清楚相关规定的情况下盲目筹备。

邱帅彪：对于审批类的经营项目，一律实行先批后建。企业一定要关注国家的经济战略、能源战略、产业政策、环保政策以及投资地的城乡建设规划，弄清哪些是国家鼓励类投资项目，哪些是限制类投资项目，哪些是淘汰类投资项目，国家在产能控制和产业布局上有哪些规定或倾向，好不好获批，千万不能盲目投资、未批先上。对于审批类经营项目的选项，建议企业要依靠专家进行市场、管理、法律多角度的可行性研究，组织多专业专家参与交叉论证,这样选择的项目才更具有市场前瞻性和可持续性。

范志勇:目前我国实行许可证管理的经营项目,一般实行的是行政分级管理,一般的生产经营许可证由县级人民政府有关部门颁发,重要的由地市级或省级人民政府有关部门颁发;经营资质一般是按等级高低,自下而上、由低到高地由县级、地市级、省级政府有关部门颁发,个别需由国务院有关部委颁发;审批类经营项目也是根据法律法规设定的权限,根据不同的分类和规模,由不同级别的人民政府或其主管部门审批,一般审批权限设定的层级都较高(大部分都是由省级人民政府或其主管部门以及国务院有关部委审批)。具体许可的权限,法律法规中均有明确规定,在各级政府有关部门的网站可以找到,企业也可以到各级政府的行政服务中心咨询。

张振龙:对于符合许可条件的经营项目,企业在申请生产经营许可证后,如果有权颁证的部门不予发证,企业可以提起行政复议或行政诉讼,请求颁证部门给予颁发生产经营许可证;对于达到资质等级升级标准的经营项目,企业申请晋升资质等级后,如果对应等级的行政管理部门不予颁发高等级资质证书,企业也可以通过行政复议或行政诉讼,请求该管理部门给予颁发对应等级的资质证书。审批项目亦然。

3. 许可经营项目的持续性条件维护

主持人:企业取得了生产经营许可证、经营资质证书或者批准文件,是不是就可一劳永逸了?在日常运营中应该如何维护?

璩建伟:对于许可证管理的经营项目来说,既然有申请取得的条件,那么企业在日常经营过程中就应当保持这些条件持续达标,如果其中的某些条件低于了法定条件的要求,就有可能被有关管理部门吊销生产经营许可证。有的许可证还有特定区域和范围的限制,企业如欲超越设定的区域和范围经营,则应重新申请或换发新的许可证;还有的许可证有固定场所限制,更换经营场所后需要重新申请新的许可证。大多数许可证还有有效期,到期之前的一定期限内可以申请延期,也可以重新办理新的许可证。

邱帅彪:资质类管理的经营项目,不同资质等级有不同的授予条件,企业在经营期间必须设法保持这些条件始终达标,否则就有被吊销资质证书或被降低资质等级的可能。随着企业经营业绩的积累、技术力量的增加、设备能力的更新、人员规模的扩大以及资金能力的提升,企业应当注意定期比对上一等级的资质取得标准,设法进行与之配套的资质能力建设和完善,在达到更高一级资质条件时,及时申请高等级的资质证书。资质证书是颁发给特定企业的,一般不允许外借或挂靠经营,所以,取得资质的企业一定要珍惜自己的资质信用，否则就有可能遭受行政处罚或被吊销资质证书，与赚取的少量挂靠费相比得不偿失。

范志勇：对于获批建设的经营项目，企业一定要遵循"先审后建""批建一致"的原则，按批准的生产经营规模、技术标准以及各种配套条件进行建设，不能擅自改变批准的内容随意建设，否则，就有可能无法通过批准部门的验收，无法取得准予投用的证明文件或许可（资质）证书。过去那种相信政府领导口头许诺、边建边批，"先上车后买票"的陈旧思维方式已经过时了，一旦已上马的项目由于法律障碍而无法获批，企业的前期投资就有可能打水漂，这方面的惨痛教训比比皆是。

张振龙：企业的许可事项管理要有专人负责，并且要建立健全许可、资质、项目审批的资料收集归档制度，保证其条件达标、资料合格、档案完整。但现实中我们发现多数企业对许可事项没有专职人员负责管理，换人时不注重资料交接，导致资料严重缺失，为内部管理和许可证、资质证书的维护或升级，以及批准建设项目的最终验收埋下隐患。要知道重做资料是一件费时费力的事，时间和金钱成本都非常高，甚至有些还根本无法弥补，形成资料条件"硬伤"，请企业务必注意。

话题 120　企业的市场行为要懂得守规矩

主持人：罗　晓　　嘉宾：张振龙　范志勇　李　松　王迎鸽　　文字：李　松

市场经济条件下的企业行为，就好比足球场上的比赛，你可以随意排兵布阵，采用不同的球员、阵形、策略和技巧，但始终不得违反足球规则，否则就会被裁判吹哨。企业从事生产经营活动，也必然受到市场法律法规的约束。企业作为市场主体，不但要进行登记，其生产的产品和提供的服务还应符合质量标准和服务规范，执行计量和价格管理的法律法规，否则，将会面临相应的行政处罚。本期沙龙就邀请几位嘉宾谈谈企业如何规范其市场行为，做到合法合规经营。

1. 市场主体应依法依规进行注册登记

主持人： 企业作为市场经济中的主要市场主体，是不是都需要注册登记？企业什么情况下需要进行哪些登记？

张振龙： 我国对市场主体实行"形式法定"原则，即除自然人以外的市场主体必须按照法律法规规定的组织形式设立，并取得市场监督管理部门的登记证书后方可从事经营活动。目前，我国法定的市场主体类型有公司、合伙企业、个人独资企业、国有企业（目前正处于公司制改造收尾阶段）、城镇集体企业、农村集体企业、农村经济合作组织、个体工商户等。

范志勇： 国家对市场主体进行登记，一是可以对申请登记市场主体的申请人进行甄别筛选，排除一些不适合的投资主体开办企业，在一定程度上净化市场环境，有利于建立统一开放、竞争有序的现代市场体系；二是便于社会公众和交易对象查询了解企业相关信息，评估与之交易的风险，促进企业诚信经营；三是有利于国家市场监督管理部门对市场主体的监管，防范和纠正其违法经营行为；四是可以建立信息公示和共享机制，推动整个社会信用体系建设。目前企业的登记事项包括设立登记、变更登记、注销登记三大类。

李松： 企业的登记事项包括名称、经营场所、经营范围、注册资本、出资人（发起人、经营者）、高级管理人员、章程等，如其经营范围属于行政许可的项目，企业则应取得相关的行政许可后方可经营。企业经登记机关核准，领取企业法人营业执照、营业执照或登记证书后，方可从事市场经营活动。企业未经设立登记擅自从事经营活动的，由登记机关责令终止经营活动，没收非法所得，并处罚款。

王迎鸽：企业存续期间，如果其法定登记事项发生变化，应当及时向登记机关申请变更登记，变更登记后需要换发营业证照的，登记机关给予换发营业证照，以使执照记载事项与企业的实际情况相符。企业变更法定登记事项未按规定办理变更登记的，登记机关可责令其限期改正，并予以警告、没收非法所得、罚款等行政处罚；企业逾期仍不办理变更登记的，登记机关可责令其停业整顿或者扣缴营业执照；情节严重的，吊销营业执照。

李松：企业存续期间，每年还应通过企业信用信息系统向登记机关报送上一年度的年度报告和财务报表，并向社会公示。企业未进行上述备案的，行政机关可责令其限期办理，逾期仍不办理的，行政机关可对其进行罚款，并将其列入"企业经营异常名录"之中，这不但有损企业的社会信用，也影响企业的出资人另行申办、投资其他企业，对企业出资人个人的信用造成损害。

王迎鸽：企业完成自己的设立目的无存续必要，或者由于经营困难不愿继续存续而决议解散的，或者有被依法吊销营业执照、被责令关闭或被撤销等法定解散情形的，应对企业进行清算，并在结清应缴税款和对外债务后，向登记机关申请注销登记。企业不办理注销登记的，由登记主管机关责令其限期办理，拒不办理的，处以罚款或吊销营业执照，并可追究企业主管部门或者出资人的法律责任。企业如果申请或被申请破产重组、破产清算，重组或清算完毕后，亦应由破产管理人及时办理变更或注销登记。

2. 企业经营的产品和服务应符合质量要求

主持人：企业在市场上推出的产品和服务可谓"五花八门"，虽说满足了公众的基本需求，但内在质量却良莠不齐，不禁引起消费者的担忧。那么，国家对产品和服务质量这一块有何管控呢？

张振龙：首先，企业提供的产品必须符合相应的标准，不得生产、销售国家明令禁止生产或者已淘汰的产品和失效、变质的产品；其次，企业面向市场提供的无论是产品还是服务，都不得有重大安全缺陷，以保证公众的人身、财产安全；再次，禁止掺杂掺假、以假充真、以次充好，或者以不合格产品冒充合格产品。国家对产品和服务质量实施严格监管，以保护消费者的合法权益。

范志勇：目前，企业产品适用的标准主要分为国家标准、行业标准、企业标准三类。国家标准（以下简称"国标"）是国家的强制性标准，任何企业都必须遵守；行业标准

（以下简称"行标"）是行业主管部门制定的标准，适用于所属行业的企业或产品、服务；企业标准（以下简称"企标"）则是由企业自己制定的标准，经向市场监管部门备案后由备案企业适用。标准的适用原则是，有国标的适用国标，无国标的适用行标，无行标的适用企标。当某类产品的国标、行标、企标共存时，企业应优先适用具体要求最高的标准。

李松：商业与服务业除了提供的产品应符合相应的质量标准外，其经营场所（如商场、宾馆、饭店、娱乐场所等）以及使用的设备，还应符合公共场所安全要求和安全技术标准，以保障消费者的人身安全。商业、服务业如未尽到保障消费者安全的义务，不仅要承担民事赔偿责任，还会面临相应的行政处罚。如宾馆、商场等公共聚集场所未进行消防检查或不符合消防安全要求而擅自投用的，歌舞厅、游艺场等娱乐场所未配备专业保安人员和安全检查设备的，监管部门将责令其改正，并给予警告、罚款或责令其停止使用或停产营业等处罚。

王迎鸽：企业提供的产品和服务一旦出现质量问题，违反法律规定和相关标准，轻则承担包修、包换、包退的"三包"责任，致人损害的，还应承担相应的民事赔偿责任；重则行政监管部门将会责令其停止生产、销售，给予罚款或没收其违法所得，情节严重的，吊销营业执照，构成犯罪的，可能还会被追究其刑事责任，如生产、销售假冒伪劣产品以及有毒、有害食品等。

范志勇：企业要想取得消费者的信赖，在生产、销售产品或者提供服务时，首先，其产品或服务要符合国家法律法规和相关质量标准，以保证产品和服务质量，避免行政处罚；其次，企业应制定产品或服务质量管理制度，完善产品的规划、设计、制造、检测、运输、储存、销售、售后服务等各个环节的工作规范和工作标准，完善内部质量控制措施，预防产品与服务出现不应有的瑕疵；再次，企业要积极向国家认证认可的机构申请企业质量体系认证和产品质量认证，以强化企业的质量信用。

3. 确保计量准确，不得价格违法

主持人：计量和价格也是企业信用的关键要素，国家对计量和价格有哪些监管措施？

张振龙：为了统一计量标准，保障量值准确可靠，国家对企业的计量活动和计量器具实施严格监管。市场上最常用的计量器具还是"度量衡"，即测量长短用的尺子、量规等，测定容积（体积）的量杯、量具等，测量物品质量的各种磅秤等，其他还有测量速度、温度、湿度及各种检验检测数值的器具等。企业在使用计量器具时，首先须经市场（或技术）监管部门考核合格并出具合格证；其次，在使用过程中不得破坏其准确度；再次，还须自行定期检定或送市场监管部门指定的计量检定机构进行校验检定。

范志勇：企业若在经营活动中使用不合格或未经检定的计量器具，破坏计量器具的精准度，或擅自改变或干扰计量器具的计量数值（如使用电子干扰设备干扰地磅的计重、干扰加油机的显示数值等），都将会被市场监管部门处以没收计量器具和违法所得，并处罚款的行政处罚。若企业自行伪造、盗用、倒卖检定印、证，同样会面临相应的行政处罚，甚至会被追究刑事责任。

李松：企业在使用计量器具过程中，一要取得器具合格证，二要定期进行检定，确保器具精准度，三要制定内部计量器具使用管理办法，规范计量器具使用行为，提升企业应对市场监管部门检查、监管的能力，避免遭遇行政处罚，提高企业的社会公信力。

王迎鸽：我国目前对市场价格实行的是分类定价机制，一是对与经济发展和人民生活关系重大的商品价格、资源稀缺的商品价格、自然垄断经营的商品价格、重要的公用事业价格和公益性服务价格等实行政府定价或者政府指导价，如水、电、气、热力实行政府定价，企业必须严格执行，公路、铁路客运，城市公共交通价格等实行政府指导价，企业可以在价格主管部门规定的基准价或限定最高价或最低保护价的幅度范围内上下浮动；二是实行市场调节价，即由企业根据经营成本和市场供求自主确定价格，政府不予干预。

李松：企业无论实行哪种价格机制，均应明码标价，不得在标价之外加价出售产品，更不能收取任何未标明的费用，否则，将会被市场（价格）监管部门责令改正，没收违法所得，并处以罚款。对于政府定价和政府指导价的商品或服务，企业若不执行政府定价和政府指导价，同样也会面临相应的行政处罚。对于企业自主定价的商品或服务，企业不得有相互串通、操纵价格，低价倾销或哄抬价格，变相涨价或压低价格等不正当价格行为，否则，也会面临严厉的行政处罚。

话题 121 企业的商业模式与经营手段不能太任性

主持人：罗 晓　嘉 宾：张振龙　范志勇　李 松　王迎鸽　文 字：李 松

市场经济就是法治经济。在市场经济条件下，企业经营的业务不但要合法，其经营手段和方式也要合法，既不得突破法律法规和商业道德的底线，也不得有垄断行为和不正当竞争行为。否则，在承担民事责任的同时，还有可能面临行政处罚或承担刑事责任。本期沙龙我们就来谈谈民营企业商业模式设计的合法性、促销行为的合法性、避免垄断与不正当竞争、依法招标投标、规范广告宣传等问题。

1. 企业的商业模式设计一定要合法

主持人： 近几年商业模式创新已被炒得沸沸扬扬，很多企业也因为创新而获得了市场突破和迅猛发展。商业模式的选择或创新是企业的自主行为，这方面国家有没有相应的监管？

张振龙： 企业的商业模式包括的内容很广很多，有采购模式、生产模式、销售模式、承揽模式、引入模式、输出模式、合作模式、融资模式、盈利模式、核算模式、管理模式、运作模式，等等。商业模式实际上就是企业运营要素的不同组合，并且这种组合是动态的、不断变化的、时时更新的，所以，才导致市场上的商业模式千变万化、不断翻新、层出不穷，把人们看得眼花缭乱，难辨优劣。

范志勇： 传统的商业模式实质上就是营销模式或称为销售模式，核心在于建立产品的销售渠道，通过一定的销售方法，扩大产品的市场占有率，如企业自行销售、包销、代销、区域总经销或总代理、一二三级批发等。随着企业分工越来越细和市场竞争越来越激烈，商业模式也在不断升级，如代工、贴牌、合作经营、连锁经营、挂靠经营、借用资质等。近几年随着互联网的广泛覆盖和功能提升，更是产生了很多前所未有、闻所未闻的以"互联网＋"命名的新模式，如网络销售、网络服务、网络传播、网络平台中介、大数据协同服务等。

李松： 传统的营销模式现阶段已基本成熟，法律的规制也趋于完善，如我国的《合同法》和不同领域的行政法律法规对企业的市场交易行为都确立了一定原则，企业只要不违反这些原则性规定，就可以自主经营，自主创新其市场运作模式。同时，对一些特定行业、特定领域、特定市场行为，国家也出台了一些特定的管理办法，以规范企业的经营与交易。企业只要依照法律法规运行，一般不会出现大的风险。

王迎鸽：新的商业模式由于紧贴市场脚步、不断创新升级，法律法规往往相对滞后，所以，很多企业就认为反正没有人管，想怎么搞就怎么搞，模式设计非常任性，根本不考虑市场秩序和自愿、公平、等价、诚信等交易原则。这里需要强调的是，即使国家对具体的市场行为缺乏针对性规定，但很多法律法规中的基本原则对所有市场行为还是适用的，新型的商业模式根据现行法律法规规定的基本原则仍然可以判定其是否违法。

李松：近几年高发的传销、预存（预付）、预售、会员制消费、非法集资、集资诈骗、合同诈骗、P2P自融自用等违法犯罪案件，全部是商业模式违法造成的。这中间有的是故意为之，有的则纯粹是无知无畏，稀里糊涂地把自己陷入泥潭。开弓没有回头箭，船大难掉头，因此，企业进行商业模式再造或创新，必须要事先委托律师对其法律可行性进行评估，以防触犯法律红线而被中途叫停，使铺开的市场没法收场，给企业造成无法估量的损失。

2. 企业的具体交易行为要合法

主持人：由于市场竞争激烈，企业要获取更多利益，往往会采取很多营销手段，国家对企业的具体交易行为有无管控呢？

张振龙：在市场经营活动中，企业要遵循自愿、平等、公平、诚信的交易原则，遵守法律法规和商业道德。国家通过设置市场准入规则、市场竞争规则和市场交易规则等，对市场交易的具体行为进行规制，从而规范市场秩序，合理配置市场资源，以保障市场经济的正常运行。

范志勇：企业在经营活动中，不得对产品进行虚假宣传、虚构交易以欺骗、误导消费者，亦不得以商业贿赂手段（如支付折扣、佣金，但不入账）获得竞争优势。企业实施上述不正当竞争行为的，将被市场监管部门责令停止违法行为，没收违法商品和违法所得，并处以罚款，情节严重的，还会被吊销营业执照。

李松：企业不得从事不正当有奖销售行为（如抽奖式销售，最高奖超5万元的有奖销售，故意让企业内定人员中奖，附赠式有奖销售推销"质次价高"的商品等），亦不得编造、传播虚假信息以诋毁其他企业的商誉等。企业存在上述不正当竞争行为的，除前述行政处罚外，还可能会被市场监管部门记入不良记录档案并予以公示，使企业的信用遭受极大损害。

王迎鸽：我国严禁企业实施以下垄断行为：一是禁止企业与企业之间或企业与下游

交易相对人之间达成具有排他性、限制性的协议或协调行为,如企业之间分割市场、固定价格,企业与交易者限定向第三人出售商品的最低价;二是禁止在一定市场内对市场份额、商品价格、数量等交易条件具有绝对控制权、占有绝对支配地位的企业,滥用市场影响力,阻碍其他企业进入市场的行为,如无正当理由进行低价倾销,对相同条件的交易对象实行价差待遇,进行价格歧视等;三是禁止企业通过合并、收购股权或资产、签订合同等方式控制其他企业,以经营者集中的方式达到排除、限制竞争的效果。

张振龙:企业在生产经营活动中,擅自达成垄断协议或滥用市场支配地位的,将由市场监管部门责令其停止违法行为,没收其违法所得,并处以罚款。企业实施集中限制竞争行为的,由市场监管部门责令其停止实施、限期处分股份或资产、限期转让营业、责令企业恢复到集中前的状态,并处罚款等。

范志勇:企业招标时,要对标的进行保密,不得以倾向或者不合理的条件限制、排斥潜在投标人(如对投标人提供有差别的项目信息、实行歧视待遇或采取不同的评标标准),否则,将由有关行政监督部门责令其改正,并处以罚款。企业投标时,不得以低于成本的报价竞标,亦不得以使用伪造证件、提供虚假财务和信用状况等弄虚作假行为骗取中标。

李松:企业无论是作为招标人还是投标人,均不得有串通招投标行为,如招标人与投标人事先协商一致,通过透露招标评标信息、量身定制条件、评标时倾斜打分、中标后签订阴阳合同等方式进行招投标,投标人与其他投标人串通投标或借用其他单位的名义围标等。否则,将可能导致中标无效,企业及其负责人面临双重罚款,并被没收违法所得,情节严重的,还可能会被取消企业未来一定期限内的投标资格,直至被吊销营业执照,或者被依法追究刑事责任。

3. 企业发布的广告应依法合规

主持人:当前,琳琅满目的广告充斥着整个市场,吸引着大众的眼球,企业发布广告是不是也要受到一定的约束?

张振龙:我国《广告法》规定,企业必须保证其发布广告内容的真实性,不得发布虚假广告,不得以引人误解的内容欺骗、误导消费者。广告中对于产品的性能、功能、产地、用途、质量、价格、有效期限等信息,或者服务的内容、提供者、形式、质量、价格、销售状况等信息作出的允诺,应当准确、清楚,与实际情况相符。广告是企业社会形象与市场诚信的首要标志。

范志勇：企业发布的广告中，禁止使用"国家级""最高""最佳""第一""顶级""极品"等绝对化用语进行排他性宣传，广告中亦不得贬低其他企业提供的商品或者服务。对于食品、药品、医疗器械广告，则有更为严格的要求，如不得含有表示功效、安全性的断言和保证，亦不得与其他同类产品在功效、安全性等方面进行比较。另外，食品、药品、医疗器械广告发布前，必须交由广告审查机关对广告内容进行审查，未经审查，不得发布。

李松：国家除了对广告内容进行监管外，对于发布广告的方式亦做了相应规定。首先，企业不得利用未满10周岁的未成年人代言发布广告，对于在虚假广告中做推荐、证明而受到行政处罚未满三年的自然人、法人或其他组织，亦不得选任为企业代言人；其次，企业利用电子信息方式（如群发短信）发布广告时，应征得接收者同意或请求，并标明拒绝继续接收的方式，利用互联网发布广告时，应当显著标明关闭标志，确保一键关闭。

王迎鸽：国家对广告的发布实行严格监管，以净化市场环境，正确发挥广告的导向作用，确保消费者不被欺骗和误导。企业违反上述规定的，将由市场监管部门责令其停止发布，并消除影响，处以罚款，情节严重的，将会被吊销营业执照。此外，违法企业还会被记入信用档案，并予以公示。而被吊销营业执照的企业法定代表人，将在一定期限内不得担任其他企业的高管。因此，企业应完善广告内部监管机制，对发布的广告从设计、制作、公布等环节进行严格审查，在发布广告前，最好委托律师对其合法性进行把关，以确保企业发布的广告合规合法、真实可信。

张振龙：广告的目的在于展示自己的产品或服务，突出自己的特色，吸引潜在购买者关注，引导消费者消费。所以，广告必须支撑企业的商业模式，体现企业的交易条件，保证企业的实际交易行为与其广告宣传的一致，否则，将无法取信于自己的交易对象或消费者，而自毁企业的社会形象和市场信誉。

话题 122　企业必须尊重和合法利用他人的知识产权

主持人：罗　晓　　嘉宾：马慧娟　张晓龙　李　松　王迎鸽　　文　字：李　松

目前已进入知识经济时代，为了塑造良好的营商环境，国家在不断地加大知识产权的保护力度。在此环境下，企业不仅要注重保护自己的知识产权，更要注意不能侵犯他人的知识产权，并合法地利用他人的著作权、专利权、商标权和商业秘密。否则，在承担民事责任的同时，还有可能面临行政处罚或承担刑事责任。本期沙龙的几位嘉宾就与大家谈谈企业如何尊重和利用他人知识产权问题。

1. 使用自己或他人的注册商标都要守规矩

主持人： 近几年，很多企业都在为商标争得头破血流，像王老吉与加多宝、唯冠与苹果、南北稻香村之间的商标之争等，那么，企业使用商标有什么规矩呢？

马慧娟： 商标是生产者或服务者在其提供的商品或服务上采用的，用以区别其他商品或服务来源的标志。该标志既可以是文字、图形、字母、数字、颜色和声音等，也可以是上述要素的组合，同时，该标志必须具有显著特征，便于公众识别。国家通过法律手段对商标实施严格保护，保证广大消费者能够通过商标区分不同的商品或服务的提供者。同时，最大限度地维护消费者和企业的合法权益，促进市场经济的有序运行。

张晓龙： 商标经国家商标管理机构核准注册后，受国家的法律保护。注册商标具有排他性、独占性的特点，商标一经注册，商标注册人即获得专有权，商标注册人既可以自己独占使用其注册商标，还可以通过签订商标使用许可合同，许可或授权他人使用其注册商标，并获取相应的报酬。除了国家强制使用注册商标的商品外，法律也允许使用"非注册商标"，但未注册商标的权能在使用上会有一定权利受限，且一般也只能基于在先使用行为，而在原有的使用范围内继续使用。

李松： 我国《商标法》规定，商标注册人和许可使用人在使用商标时，不得自行改变注册商标、注册人名称、地址等注册事项。但很多企业在使用其注册商标时，往往会随意改变商标的颜色、字体、图形或其商标要素的组合，许可使用人也不标注商标注册人的信息。如此，市场监管部门将会责令其限期改正，逾期不改的，有可能撤销其注册商标。另外，商标注册后，注册人无正当理由连续三年不使用的，任何第三方均可申请撤销其注册商标。注册商标一旦被撤销，任何人将在一年内无法再对该商标或近似商标申请注册。

王迎鸽：未经商标注册人同意，擅自使用其注册商标的，属于侵犯注册商标专用权的行为。常见的商标侵权行为有，企业在同一种商品上擅自使用他人注册商标，或者使用容易导致混淆的近似商标；将与注册商标近似的标志作为商品名称或装潢使用（近似商标是指与注册商标相比，其文字的字形、读音、含义、图形构图及颜色或整体结构相似；或者立体形状、颜色组合近似，易使相关公众对商品或服务的来源产生误认或认为有关联关系）；伪造、制造他人商标标识后，用于自己的商品销售；更换他人注册商标并将该商品又投入市场销售等。企业一旦有上述商标侵权行为，除承担民事赔偿责任外，还将被市场监管部门责令停止侵权行为，没收、销毁侵权商品及相应工具，并处以罚款；构成犯罪的，还会被追究刑事责任。

李松：企业在保护自己注册商标的同时，还要正确使用他人的注册商标，当欲利用他人的注册商标时，要与商标注册人签订商标使用许可合同，明确使用的范围与界限，对于经许可后使用他人注册商标的，使用人还必须在标注注册商标的商品上标明被许可人的名称和商品产地。商标使用人将商标用于广告宣传、商品包装、展览等正常商业活动的，也要依法合规地使用商标，不可随意妄为。

2．他人的专利和商业秘密不得侵犯

主持人：专利往往代表着新技术的诞生，国家对专利技术有哪些保护，企业怎么才能利用好他人的专利技术为自己"智造"效益呢？

马慧娟：专利是指受法律保护的发明创造，即新技术或新方案。我国的专利分为发明、实用新型、外观设计三种。所谓发明专利，是指对产品、方法或其改进所提出的新技术方案；所谓实用新型专利，是指对产品的形状、构造或其组合所提出的新技术方案；所谓外观设计专利，是指对产品形状、色彩、图案或其组合所做出的富有美感并适于工业应用的新设计。目前，国家对专利实行的是行政保护与司法保护并行的制度，尤其在当今知识经济时代下，国家更注重对专利的保护，以此来鼓励发明创造，推动发明创造的应用，提高创新能力，促进科技和经济的发展。

张晓龙：专利权依申请而取得。发明创造者是否享有专利权，须在符合专利申请条件后向专利行政管理部门申请，由专利行政管理部门审查后决定是否授予专利权。专利权被授予后，由专利权人独占享有专利，同时，专利权人还可以通过转让方式将专利权转让于他人，或通过许可方式允许他人使用其专利，并收取一定的费用。当专利权人许可他人使用其专利时，被许可人则无权再允许他人实施该专利。

李松：拥有专利权，能够让企业在激烈的市场竞争中占据有利位置，甚至立于不败之地。首先，企业产品被授予专利权后，就等于企业可以独占该市场，未经该企业的许可，其他任何企业都不得生产、销售、许诺销售、使用、进口该专利产品。其次，企业获得专利权后，产品或技术投放市场，均受法律保护，可以有效防止其他企业模仿新技术、新产品。

王迎鸽：正是因为专利技术带给企业的益处多多，所以很多企业往往通过假冒专利来赚取利益，如在未获取专利权的产品或包装上标注专利标识；专利被宣告无效或终止后继续使用该标识；未经许可，使用他人的专利，或标注他人的专利号进行销售；伪造或变造专利证书等。对于这些假冒专利行为，专利行政管理部门将责令其改正并予以公告，没收其违法所得，并处以罚款；构成犯罪的，还会被追究刑事责任。

李松：对于企业不愿公开且能通过保密措施保密的技术与工艺、配方等，企业可以不申请专利，而作为本企业的商业秘密，自行采取保密措施进行保护（需制定保密制度，与企业高管以及涉密人员签订保密合同等）。企业经营者不得以盗窃、利诱、胁迫等不正当手段获取他人的商业秘密，并私自公开、披露、使用。知悉企业商业秘密的内外部人员，即使在解除劳动合同或服务合同后，也不得将其知悉的企业商业秘密向他人披露。否则，除承担赔偿损失的民事责任外，还将由市场监管部门责令其停止违法行为，销毁其侵权物品，并处以罚款。如给商业秘密权利人造成重大损失，构成犯罪的，还会被追究刑事责任。

3. 企业也不能擅自侵犯他人的著作权

主持人：版权之争无论是在小说、影视领域，还是在计算机软件开发和工业图纸设计领域，都可以说是屡见不鲜，国家对这块有何管控呢？

马慧娟：我们通常所说的版权其实就是作品的著作权，像小说、论文、音乐、话剧、舞蹈、绘画、图纸、软件等均属于作品的范畴，而其中被用于工业生产和商业服务的著作权，则被称为企业版权（如建筑图纸、产品设计图、产品说明书、立体模型、版式设计、商品的包装装潢等）。我国对著作权采用的是自动保护主义，即自作品创作完成之日起，不论是否发表，均享有著作权。著作权不但包括作品本身，还包括10余项延伸权利。

张晓龙：我国对著作权实行自愿登记制度，作品创作完成后可自行向版权登记机关申请登记，并向社会公示，取得著作权登记证书。进行版权登记一则可以明确著作权归属，避免或减少权属争议纠纷；二则版权登记证明可作为版权人许可使用或转让版权的法律凭证，有利于版权转让、许可使用等交易活动的顺利进行。

马慧娟：为完成企业的工作任务而创作的作品属于职务作品，原则上，职务作品的著作权归创作人享有，企业仅在业务范围内享有优先使用权。倘若该职务作品主要是依靠企业提供的资金、设备或资料等物质技术条件完成，并最终由企业承担责任的，那么，该职务作品的著作权则由企业享有，例如工程设计图、产品设计图、地图等职务作品，但创作人有署名权，企业应保护创作人的署名权并给予作者一定的奖励。

张晓龙：随着信息网络技术的飞速发展，软件侵权的现象也越来越突出。之所以某些软件被称为"盗版"，是因为计算机软件同样也有版权，也受《著作权法》的保护。像计算机程序（各种源代码）及计算机文档（程序设计说明书、流程图、用户手册）等均在软件的范围之内，这些软件的著作权归开发者所有，任何人不经过开发者的许可同意而擅自使用的，均构成侵权。

李松：随着互联网的发展与应用，通过信息网络向公众传播作品已经成为网络时代作品利用的主要方式。但与此同时，侵犯信息网络传播权的行为也日益突出，已成为侵犯著作权人版权最常见的表现形式之一。像网络视频平台提供的"枪版电影"或下载网址链接，各音乐平台未经音乐版权人同意，擅自在其平台上提供原版歌曲供下载等，均侵犯了版权人的信息网络传播权。

王迎鸽：企业在利用他人著作权时，首先，要事先经过著作权人的许可，或经著作权人向其转让相应权利；其次，要做到依法依规使用，并向著作权人支付报酬。否则，企业不仅要承担停止侵害、消除影响、赔偿损失等民事责任，著作权行政管理部门还有权责令其停止侵权行为，没收其违法所得，销毁其侵权复制品，并处以罚款，情节严重，没收用于制作侵权复制品的材料、工具、设备等；构成犯罪的，还会被追究刑事责任。

话题 123　食品企业要谨防"舌尖"上的法律风险

主持人：罗　晓　　嘉　宾：马慧娟　崔瑞耕　李海龙　沈　忠　　文　字：沈　忠

民以食为天，食以安为先。由于食品安全关乎全民健康，国家对食品的生产、流通、经营、服务实行严格监管。目前，我国食品安全存在的问题十分突出，食品安全大整顿是民心所向、势在必行，国家对食品安全监管的力度必然会越来越大。保障食品安全既是食品企业的法定义务和社会责任，更是保障企业自身安全的必然要求。本期沙龙我们就来谈谈食品企业如何规避"舌尖"上的法律风险问题。

1. 食品生产经营企业的"硬件"要符合强制性规定

主持人： 人们对食品的消费需求包括安全（无毒、无害）、卫生、营养三个层次，摆在首位的就是安全。目前，国家对食品生产经营是如何监管的？

马慧娟： 食品企业主要包括食品生产、流通、销售与餐饮服务这四类企业，国家对其监管主要体现在"硬件""软件"和过程监管三个方面，实行的是生产许可和经营许可制度。食品企业取得食品生产经营许可证的首要条件，就是食品生产与经营场所必须符合安全卫生的强制性要求。

崔瑞耕： 企业从事食品生产经营活动，一是应具有与生产经营的食品品种、数量相适应的食品原料处理和食品加工、包装、储存等场所；二是要具有与生产经营的食品品种、数量相适应的生产经营设施、设备；三是要有相应的消毒、更衣、盥洗、采光、照明、通风、防腐、防尘、防蝇、防鼠、防虫、洗涤以及处理废水、存放垃圾和废弃物的设施、设备；四是要具有专（兼）职的食品安全专业管理人员和保证食品安全的规章制度；五是要具有合理的设备布局和工艺流程，防止待加工食品与直接入口食品、原料与成品交叉污染，避免食品接触有毒物、有害物、不洁物。

李海龙： 我国对食品生产实行分类许可办法，根据《食品生产许可分类目录》，目前共有 32 个类别，不同类别设置有不同的许可条件，市场监管部门在审查许可时，除了对申请材料进行实质性审查外，还会对申请人的生产场所、设备布局、工艺流程、人员管理、管理制度、试制产品检验等方面进行现场核查，其生产条件符合国家强制性要求的，才给予颁发食品生产许可证。食品生产许可证实行"一企一证"原则，有效期为 5 年，许可事项可变更，许可到期可续展。

沈忠：我国对食品经营企业，按照三大类经营主体业态（即食品销售者、餐饮服务者、单位食堂）和八大类经营项目（即预包装食品、散装食品、特殊食品销售、热食类、冷食类、生食类、糕点类、自制饮品类制售）进行食品经营分类许可，同样实行申请材料审查和现场核查相结合的实质性审查办法，符合条件的给予颁发食品经营许可证。食品经营许可证实行"一地一证"原则，同样是有效期5年，可以变更和续展。

马慧娟：企业欲生产经营食品或食品企业欲增加生产经营食品的种类，都必须按照相应食品的生产经营许可条件进行设计和建设，坚决避免"先斩后奏"式的盲目筹建。如果企业在筹建食品生产经营场所过程中，不充分考虑食品生产经营场所及周围环境是否符合食品安全标准，各功能区间以及设备布局、工艺流程是否科学合理，建设的"硬件"达不到强制性标准，则市场监管部门不可能给予颁发生产经营许可证，已建设的"硬件"就有整改、返工、拆除的风险，不但会造成人力、物力、财力的极大浪费，还会影响生产线的及早投产和经营场所的正常开业。

2. 食品企业的"软件"建设也要达标

主持人：如果说食品企业生产经营的基础条件是企业的"硬实力"，那么，为食品企业正常运营与食品安全提供有力保障的人员与安全管理制度就是企业的"软实力"，对于食品企业的"软件"国家又有哪些要求呢？

崔瑞耕：食品企业的"软件"条件，主要是人员管理与安全管理制度建设两个方面。人员管理方面，一是要对从业人员进行食品安全知识培训，完善从业人员健康体检工作，严格落实持证上岗制度；二是应配备专（兼）职食品安全管理人员（师），切实搞好食品检验、食品管理和安全自查工作。食品安全管理人员应通过业务技能培训和考核，不具备食品安全管理能力的不得上岗。

李海龙：食品企业应建立健全食品安全管理制度，明确食品安全责任，通过规范、健全的管理制度，将食品安全纳入全流程的管控之中。这方面的制度主要包括：食品生产经营过程控制制度、场所及设施设备清洗消毒和维修保养制度、进货查验和记录制度、食品出厂检验和记录制度、食品储存管理制度、食品运输及交付制度、食品添加剂使用公示制度、废弃物处置制度、不合格食品管理及召回制度、食品安全事件应急处置方案、食品安全自检自查与报告制度等。

沈忠：如果食品企业的"软件"不达标，则同样无法取得生产经营许可证，或者无法取得增项部分的生产经营许可证。如果食品企业未取得生产经营许可证而从事食品生产经营活动，市场监管部门将责令其停止违法行为，没收违法所得以及违法生产经营的物品，并根据违法生产经营的食品货值处以相应罚款。

马慧娟：食品企业在生产经营过程中，应维持并不断改善生产经营条件，保证生产经营条件的持续达标。如其生产经营条件发生变化，应当及时进行变更登记，对不符合食品安全要求的，应立即采取整改措施。否则，其生产经营条件不再符合许可标准或要求的，也将会被吊销生产经营许可证。

李海龙：如果企业的生产经营许可证是通过隐瞒真实情况或提供虚假材料而取得，企业将会遭受警告处分，且1年内不得再次申请；如果其生产经营许可证是以欺骗、贿赂等不正当手段取得的，该许可证将会被撤销，企业也将会被处以罚款，且3年内不得再次申请。

3. 加强流程管控，确保食品安全

主持人："硬件""软件"都具备了，许可证也拿到手了，那么，企业对食品生产经营的整个过程应当如何管控呢？

崔瑞耕：食品安全其实是一个过程性的安全，根据我国《食品安全法》的相关规定，我国对食品安全实行的是分段式、过程性监管，主要包括食品研发、原料采购、食品生产、食品销售、食品流通、食品储存等各个环节。食品企业必须严格按照国家的食品安全标准，加强食品生产经营的流程管控，实现食品生产经营活动的全程可追溯。

沈忠：食品生产企业在食品研发过程中，应组建包括食品安全管理师、营养师在内的专业研发团队，保证所研发的食品在基础食材的搭配、添加剂的使用、营养成分的构成、加工工艺与流程等方面，符合食品安全标准和人们的消费需求，切实保证食品安全。

马慧娟：食品生产企业在采购食品原料、食品添加剂、食品相关产品时，应当查验供货者的许可证和产品合格证明文件，对无法提供合格证明的食品原料，应当按照食品安全标准进行检验；对不符合食品安全标准的，不得采购或者使用。同时，还应建立食品原料进货查验记录制度，如实记录食品原料的采购信息。

李海龙：食品生产企业在食品生产过程中，应加强对原料、半成品、成品出厂的检验，保证食品原料的构成及投料流程、食品添加剂的使用种类和剂量、生产场所和设施设备的卫生条件、加工工艺与流程符合食品安全标准，禁止超范围、超剂量地滥用食品添加剂，切实保证食品在生产环节的卫生、营养、无毒、无害。企业还应做到食品检验出厂前全覆盖，及时查验出厂食品的检验合格证和安全状况，并如实记录食品的检验及出厂信息。

崔瑞耕：食品经营企业在采购食品时，应当查验供货者的许可证和食品出厂检验合格证或者其他合格证明，保证进货渠道正规合法，建立健全食品进货查验和销售记录制度，如实记录食品的进销货情况，不得销售不符合食品安全标准、有毒有害或假冒伪劣食品。

沈忠：食品企业对食品的包装、储存及运输应符合食品安全的要求，加强食品运输和交付的流程控制，定期检查库存食品，及时清理变质或者超过保质期的食品。食品企业发现食品不符合食品安全标准或可能危害人体健康的，应当立即停止生产经营活动，并及时召回已上市流通的食品。对召回的食品应采取无害化处理、销毁等措施，防止再次流入市场，并将食品召回及处理情况向主管部门报告。

马慧娟：食品企业从事生产经营活动应诚信、合法。如果食品企业存在欺诈行为或生产、销售缺陷食品的，应承担"退一赔三"或"退一赔十"的赔偿责任。如果食品企业在食品生产、销售、运输、储存过程中，违反国家强制的食品安全标准，或超限量超范围滥用食品添加剂，还会面临巨额罚款和吊销生产经营许可证的行政处罚，引发食品安全事故或食源性疾病的，可能涉嫌构成生产、销售不符合安全标准食品或有毒、有害食品罪。这样一来，企业将被推入"万劫不复"之地。

崔瑞耕：如果企业被吊销生产经营许可证，则企业及相关负责人5年内不得申请许可或从事相关食品安全管理工作，如因食品安全犯罪被处有期徒刑以上刑罚的相关负责人，终身不得从事相关食品安全管理工作。

话题 124　药品企业必须做"合格药"售"良心药"

主持人：罗　晓　　嘉　宾：马慧娟　李海龙　崔瑞耕　王迎鸽　　文　字：王迎鸽

药品作为保障人类健康的特殊产品，是民众防病治病的基础之需。所以，国家对药品的研制、生产、经营、使用实行严格的监管。作为药品生产经营企业，保障药品的质量和安全是其首要责任，也是其持续生存的立身之本，容不得半点马虎。近几年不断有药品企业因生产假冒伪劣药品而被查，教训不可谓不深。为此，本期沙龙特邀请几位专家来谈谈药品生产经营企业行政违法风险预防问题。

1. 药品企业生产经营门槛高

主持人：药品企业分为药品生产企业和药品经营企业，市场准入的门槛历来就很高，专家们能否先谈谈药企的门槛到底有多高呢？

马慧娟：我国对药品企业不但设定了苛刻的准入条件，还对其后续的研制、生产、经营等实施严格的动态监督。若想开办药品生产企业，除了依法办理营业执照外，还必须过三道关：一是取得省级药品监督管理部门核发的药品生产许可证；二是生产的具体药品必须取得国家药监部门的注册批准文号（未纳入批准文号管理的中药材和中药饮片除外）；三是药品上市前必须通过《药品生产质量管理规范》（GMP）认证。

李海龙：药品生产许可证主要是对药品生产条件的认定，药品注册批准文号主要是对具体药品自身配方和功效的认定，GMP认证则主要是对药品生产质量管理情况的认证。其中最难的是药品注册批准文号的取得，其研发过程（包括各类生产试验和临床试验）必须经过国家药监部门的严格审查和现场检查。我国现阶段的药品GMP认证与欧盟及世界卫生组织的GMP认证处于相同水平。所以说药品生产的门槛是相当高的。

王迎鸽：企业要想取得药品生产许可证，一要配备经过资格认证的药学及相关专业技术人员；二要提供周边环境图，总平面布置图，仓储平面布置图，质量检验场所平面布置图，生产工艺布局平面图，空气净化系统的送风、回风、排风平面布置图，工艺设备平面布置图；三要具备能对所生产药品进行质量管理和检验的机构、人员以及必要的仪器设备；四要具有完善的组织架构和能够保证药品质量的规章制度。

崔瑞耕：若要开办药品经营企业，经营者应首先向拟办企业所在地的省级药监部门提出筹建申请，待筹建申请获批并完成筹建后，方可申请项目验收，取得药品经营许可证。药品批发企业要具有覆盖药品购进、储存、销售的独立计算机管理信息系统，具有与其经营品种和规模相适应，并达到药品存储质量要求的常温库、阴凉库和冷库，仓库中还应具有专用货架和现代物流装置。药品零售企业要具有依法经过资格认定的药学技术人员，有独立的营业场所和仓储设施，能满足当地消费者的用药需求，并能保证24小时供应。同时，药品经营企业也要通过《药品经营质量管理规范》(GSP) 认证方可经营。

马慧娟：如果药品企业提供虚假证明、文件或样品骗取药品生产经营许可证，药品监管部门则有权吊销该许可证，且5年之内不再受理其申请。如果企业伪造、变造、买卖、出租、出借许可证的，药品监管部门不仅有权没收其违法所得，还可依职权吊销卖方、出租方或出借方的许可证。如果企业未按规定实施GMP或GSP认证，将可能面临警告、责令停产、停业整顿、罚款、吊销药品生产经营许可证的行政处罚。

李海龙：药品安全是关乎国计民生的大事，国家一直采用"四个最严"监管理念，即"最严谨的标准、最严格的监管、最严厉的处罚、最严肃的问责"。所以，企业家们如果要涉足药品生产经营领域，一定要在事前做好市场可行性研究，认真解读药品行业发展规划和产业政策，规范办理药品生产经营许可证，依法申请注册药品批号，及时进行GMP或GSP认证，切不可脱离条件随意盲目投资，导致企业"胎死腹中"。

2. 药品生产企业要做合格药

主持人：常言道，源头控制远胜于事后弥补，那么，药品生产企业应该如何把好药品质量关呢？

王迎鸽：首先，药品生产企业厂房的选址、设计、布局、建造和维护必须符合药品生产要求，并具备适当的照明、温度、湿度和通风条件，还应设计和安装相应设施以防止昆虫或其他动物进入，要严格区分生产区、仓储区、质量控制区和辅助区，并根据需要设定不同的梯度压差，最大限度地避免污染、交叉污染、混淆和差错。

崔瑞耕：其次，药品生产企业要有一套完善的质量管理体系，并合理配置关键岗位人员。质量保证部门直接参与药品的研制和生产，确保企业按照法定规程生产、检查、检验和复核；质量控制部门主要负责取样和检验工作，以确保原辅料、包装材料、中间产品、待包装产品和成品在放行前符合其质量要求。关键岗位人员至少应当包括企业负责人、生产管理负责人、质量管理负责人和质量受权人，以上人员均应符合法定的资质要求，且生产管理负责人和质量管理负责人不得互相兼任。

马慧娟：再次，药品生产企业在每次生产开始前，都应对设备和工作场所进行全面检查，确保设备已处于清洁及待用状态，生产所需物料或中间产品正确且符合要求；生产过程中也应当进行中间控制和必要的环境监测；每批药品的每一生产阶段完成后，还必须由生产操作人员清场，并准确填写清场记录。

李海龙：药品生产完成并不意味着工作的结束和责任的转移。药品生产企业还应针对市售包装药品和待包装产品进行持续稳定性考察，并建立健全药品不良反应监测系统和偏差处理机制，完善纠正措施和预防措施。对任何偏离生产工艺、物料平衡限度、质量标准、检验方法、操作规程的情况进行彻底调查，对投诉、召回、偏差、自检或外部检查结果、工艺性能和质量监测趋势等进行跟踪调查，并及时采取纠正和预防措施，防止损失扩大。

王迎鸽：药品生产企业因技术改造暂不具备生产条件和能力，或产能不足暂不能保障市场供应的，可将其持有药品批准文号的药品委托其他药品生产企业生产，但是必须经过所在地省级药品监管部门的批准，依法取得《药品委托生产批件》。但麻醉药品、精神药品、药品类易制毒化学品及其复方制剂，医疗用毒性药品，生物制品，多组分生化药品，中药注射剂和原料药不得委托生产。

崔瑞耕：药品质量永远都是企业的生命线。只要企业严格落实药品生产质量管理规范，就能够生产出合格的药品。"合格的药品是设计和生产出来的"，因此，企业家们应重点关注药品的研发，坚决不去触碰法律底线，一旦涉嫌生产假药、劣药，轻则会遭受罚款、整顿、吊销许可证等行政处罚，重则还可能会被追究刑事责任。

3. 药品经营企业要卖"良心药"

主持人：药品经营企业如何保证药品质量，为公众供应"良心药""放心药"？

马慧娟：药品经营企业在采购药品时，必须对拟购药品、供货单位以及销售人员的合法性进行审查，并与供货单位签订质量保证协议。若采购中涉及首营企业或首营品种，采购部门还应向供货单位索取其药品生产经营许可证、GMP或GSP认证证书、药品生产或者进口批准证明文件，待采购单位质量管理部门和企业质量负责人审核批准后方可采购。采购药品时，还应当建立采购记录，注明药品的通用名称、剂型、规格、生产厂商、供货单位、数量、价格、购货日期等内容，采购中药材、中药饮片还应标明产地。

李海龙：到货药品的验收、储存与养护均应严格按照国家标准执行。验收药品要做好验收记录，既要核实运输方式是否符合要求，又要对照随货同行单（票）和采购记录进行核对，做到票、账、货相符。储存和养护药品时，应当结合库房条件、外部环境和药品质量特性等因素分类存放，并采取计算机系统对库存药品的有效期进行自动跟踪和监控，采取近效期预警及超过有效期自动锁定等措施，防止过期药品上市销售。对于因破碎而导致液体、气体、粉末泄漏的药品，应迅速采取安全处理措施，防止造成二次污染和交叉污染。

王迎鸽：国家实行处方药和非处方药分类管理制度，非处方药根据其安全性可细分为甲类非处方药和乙类非处方药。经营处方药和甲类非处方药的药品零售企业，应当配备执业药师或者其他依法经过资格认定的药学技术人员，经营乙类非处方药的药品零售企业，应当配备经过药品监管部门考核合格的业务人员。

崔瑞耕：药品批发企业在销售上述药品时，不再区分类别，而是直接对购货单位的证明文件、采购人员以及提货人员的身份进行核实，以确保药品销售流向真实、合法、可追溯。

王迎鸽：随着信息网络的全覆盖，药品的互联网销售也成为不可回避的问题。从事互联网药品交易服务的企业，必须经过审查验收并取得互联网药品交易服务机构资格证书；为药品生产、经营企业和医疗机构之间的互联网药品交易提供服务的企业自身不得参与药品生产经营，且不得与行政机关、医疗机构和药品生产经营企业之间存在隶属关系、产权关系和其他经济关系；药品零售企业不得通过自身网站与本企业成员以外的其他企业进行互联网药品交易；向消费者个人提供互联网药品交易服务的企业必须是依法设立的药品连锁零售企业。

崔瑞耕：药品企业还需严格遵循广告审批制度。药品企业进行广告宣传时，必须严格按照《药品广告审查办法》和《药品广告审查发布标准》的规定审批、备案、发布广告。对于未经审查批准发布的药品广告、发布内容与审查批准内容不一致的药品广告、构成虚假广告或者虚假宣传的药品广告，市场监管部门可依据《广告法》和《反不正当竞争法》对其进行处罚。

话题 125　医疗器械企业需做好全流程质量把控

主持人：罗　晓　　嘉　宾：马慧娟　张进亮　王迎鸽　沈　忠　　文　字：王迎鸽

医疗器械是疾病预防与治疗必不可少的设备、器具和用品，也直接关乎医疗安全。因此，国家对医疗器械的研制、生产、经营和使用也同样实行严格监管。作为医疗器械的生产经营企业，如何保证研发和生产出优质好用的医疗器械，保证销售的医疗器械质量可靠，避免因医疗器械缺陷而发生的医疗风险和行政违法风险？本期沙龙的几位专家就来谈谈此问题。

1. 不同类别医疗器械生产经营企业申办的条件不同

主持人： 医疗器械与药品一样都受国家的严格监管，那么，医疗器械包括哪些？生产经营医疗器械的门槛与药品一样高吗？

马慧娟： 医疗器械是指直接或间接用于人体的仪器、设备、器具、体外诊断试剂及校准物、材料以及其他类似或相关的物品（包括所需的计算机软件）。医疗器械具有多样性、复杂性，涉及多学科多领域和交叉科学，根据 2018 年 8 月 1 日实施的《医疗器械分类目录》，现有医疗器械共分为 22 个子目录，包含 206 个一级产品类别和 1157 个二级产品类别以及 6609 个典型产品名称举例。

张进亮： 医疗器械的效用主要是通过物理方式获取，不是通过药理学、免疫学或者新陈代谢的方式获取，或者虽然有这些方式参与，但是只起到辅助作用。使用医疗器械的目的是疾病的诊断、预防、监护、治疗或者缓解；损伤的诊断、监护、治疗、缓解或者功能补偿；生理结构或者生理过程的检验、替代、调节或者支持；生命的支持或者维持；妊娠控制；通过对人体的样本进行检查，为医疗或者诊断目的提供信息。

王迎鸽： 国家根据医疗器械的风险程度对医疗器械实行分类管理制度。第一类是风险程度低，实行常规管理可以保证其安全、有效的医疗器械；第二类是具有中度风险，需要严格控制管理以保证其安全、有效的医疗器械；第三类是具有较高风险，需要采取特别措施严格控制管理以保证其安全、有效的医疗器械。具体归类在《医疗器械分类目录》中均有标注。

沈忠： 第一类医疗器械实行产品备案管理制度。开办第一类医疗器械生产企业时，应先向设区的市级人民政府药品监督管理部门备案，并提供药监部门要求的备案材料。

而开办第一类医疗器械经营企业时，只需依法办理营业执照即可，无须再向药监部门办理备案手续。

马慧娟：第二、三类医疗器械实行产品注册管理制度。申请第二类医疗器械产品注册的，应当向省级人民政府药监部门提交注册申请资料；申请第三类医疗器械产品注册的，应当向国务院药监部门提交注册申请资料。企业在取得医疗器械注册证之后，再向所在地省级药监部门申请医疗器械生产许可证，获准许可后方可开展生产活动。

张进亮：从事第二、三类医疗器械经营活动的，应当具有与其经营规模和经营范围相适应的经营场所和储存条件，以及与经营的医疗器械相适应的质量管理制度和质量管理机构或人员。从事第二类医疗器械经营的，经营企业应向其所在地设区的市级药监部门备案；从事第三类医疗器械经营的，经营企业应向其所在地设区的市级药监部门申请医疗器械经营许可证。

王迎鸽：医疗器械生产、经营许可证的有效期均为5年。如果企业生产、经营未取得医疗器械注册证或备案凭证的医疗器械，或未经许可从事第二、三类医疗器械生产活动或第三类医疗器械经营活动的，不仅可能面临没收违法所得、生产工具、生产设备的风险，还有可能面临货值金额10倍以上20倍以下的巨额罚款，情节严重的，药监部门还将在5年内不再受理相关责任人以及该企业提出的医疗器械许可申请。

2. 医疗器械生产企业要做好产品质量源头把控

主持人：医疗器械生产企业作为产品安全的源头企业，如何才能使上市的产品质量可靠呢？

马慧娟：医疗器械生产企业在医疗器械设计开发、生产、销售和售后服务等过程中，应当按照《医疗器械生产质量管理规范》的要求，结合产品特点，建立健全与所生产医疗器械相适应的质量管理体系，并保证其有效运行。

张进亮：医疗器械生产企业首先应当建立与医疗器械生产相适应的管理机构，明确各部门的职责权限和管理职能。企业负责人确定一名管理者代表，主要负责建立、实施并保持质量管理体系，报告质量管理体系的运行情况和改进需求，提高员工满足法规、规章和顾客要求的意识。技术、生产和质量管理部门的负责人应当熟悉医疗器械相关法律法规，具有质量管理的实践经验，有能力对生产管理和质量管理中的实际问题作出正确的判断和处理。对于从事影响产品质量工作的人员，应对其进行岗前培训和健康检查，使其满足相关岗位对医药学理论知识和实际操作技能的要求。

马慧娟：医疗器械生产企业的厂房与设施，应当根据所生产产品的特性、工艺流程及相应洁净级别的要求合理设计、布局和使用。生产区应当有足够的空间，并与其产品生产规模、品种相适应；仓储区应当能够满足原材料、包装材料、中间品、产品等的储存条件和要求，按照待验、合格、不合格、退货或者召回等情形进行分区存放，便于检查和监控。

王迎鸽：医疗器械生产企业还应严格按照供应商审核、产品防护、质量控制、产品放行、产品可追溯等程序开展生产活动，既要确保供应商主体合法，又要防止原材料和中间品的混用和错用，还要做好产品及其组成部分的污染防护、静电防护、粉尘防护、腐蚀防护、运输防护等工作，同时也不能忽视产品放行环节的质量把控，务必使得医疗器械从生产到出厂全程监督、全流程可追溯。

沈忠：医疗器械生产企业在严把质量关的同时，还应做好售后跟踪。一是建立产品销售记录和顾客反馈处理程序，对顾客反馈信息进行跟踪分析；二是建立不合格产品控制程序，对不合格产品进行标识、记录、隔离、评审，并根据评审结果，对不合格产品采取相应的处置措施；三是建立医疗器械不良事件监测制度，并完善数据分析程序、纠正措施程序和产品信息告知程序，对于存在安全隐患的医疗器械，及时采取召回等措施，并按规定向有关部门、单位和企业报告或通知。

3. 医疗器械经营企业要保证销售产品质量安全

主持人：医疗器械经营企业如何在医疗器械的采购、验收、储存、销售等环节中保障产品的质量安全？

马慧娟：医疗器械经营企业购进医疗器械时，应当查验供货者的资质和医疗器械合格证明文件，建立进货查验记录制度；从事第二、三类医疗器械批发业务和第三类医疗器械零售业务的经营企业，还应当建立销售记录制度。进货查验记录和销售记录应当按照药监部门的要求记载相关内容，并保存至医疗器械有效期满后 2 年；无有效期的，不得少于 5 年；植入类医疗器械的进货查验记录和销售记录应当永久保存。

张进亮：医疗器械经营企业应当严格执行《医疗器械经营质量管理规范》，建立入库记录，验收合格的医疗器械应当及时入库登记；验收不合格的，应当注明不合格事项，并放置在不合格产品区，按照有关规定采取退货、销毁等处置措施。已经验收入库的医疗器械，应当按照其质量状态和说明书或者包装标示的储存要求合理储存，减少医疗器械混淆、差错和污损的风险。同时，为其他企业提供储存、配送服务的医疗器械经营企业，还应将其自营医疗器械与受托的医疗器械分开存放。

王迎鸽：医疗器械零售企业的经营场所应当悬挂相关证照、配备陈列货架和柜台；经营需要冷藏、冷冻的医疗器械的，应当配备具有温度监测、显示的冷柜；经营可拆零医疗器械的，还应当配备医疗器械拆零销售所需的工具和包装用品。零售的医疗器械应当与非医疗器械分开陈列，并按分类以及储存要求分区陈列，同时设置醒目标志。

沈忠：医疗器械经营企业对其办事机构或者销售人员以本企业名义从事的医疗器械购销行为承担法律责任。从事医疗器械批发业务的企业，应当将医疗器械批发销售给合法的购货者，销售前应当对购货者的证明文件、经营范围进行核实，建立购货者档案，保证医疗器械销售流向真实、合法。从事医疗器械零售业务的企业，应当给消费者开具销售凭据，记录医疗器械的名称、规格（型号）、生产企业名称、数量、单价、金额、零售单位、经营地址、电话、销售日期等，以方便进行质量追溯。

王迎鸽：医疗器械经营企业还应当具备与经营的医疗器械相适应的专业指导、技术培训和售后服务的能力。按照质量管理制度的要求，制定售后服务管理操作规程，并配备专职或者兼职人员负责售后管理，对经营过程中发现的存在严重质量安全问题的产品，应当立即停止经营，并通知相关生产经营企业、使用单位、购货者等，同时，立即向企业所在地药品管理部门报告，必要时应当协助医疗器械生产企业履行召回义务。

沈忠：从事医疗器械进口的经营企业，应经国家相关部门批准，并实行分类管理和授权。从外国（地区）进口的医疗器械除应当在出口国（地区）取得注册或备案外，还应当取得国务院药品监督管理部门审批注册的进口医疗器械注册证书，并达到我国对该类医疗器械的质量要求。经出入境检验检疫机构检验不合格，或未按《医疗器械监督管理条例》的要求附中文说明书、中文标签或者所附说明书和标签不符合我国医疗器械强制性标准要求的医疗器械，不得进口。

话题 126　公共服务经营场所，必须确保其秩序与安全

主持人：罗　晓　　嘉　宾：姜爱军　赵欣伟　侯科伟　　文　字：侯科伟

企业的经营场所有的是不对公众开放的封闭场所，有的则是对公众开放的公共场所。由于提供公共服务的开放性经营场所，关乎社会公共秩序与公共安全，国家对其实行严格的行政监管。作为公共服务经营场所的所有权人、经营者或管理者，必须确保其安全运行，以防公共安全事故的发生。本期沙龙的嘉宾就与大家谈谈公共服务经营场所的秩序与安全问题。

1. 公共服务经营场所的秩序与安全有其特定要求

主持人：公共服务经营场所的秩序与安全，是社会公共安全的重要组成部分，对这些经营场所的营业条件国家有哪些基本要求？

姜爱军：根据我国相关法律规定，纳入公共秩序管理的公共服务经营场所主要有几类：一是旅馆业，包括宾馆、旅馆、旅社、饭店、酒店、招待所等；二是公共娱乐服务场所，包括歌舞厅、夜总会、咖啡厅、迪吧、酒吧、茶社、桑拿洗浴按摩中心、电影院、录像放映、电子游戏厅、经营性健身房等；三是商场，包括大型超市、超级市场、集贸市场等；其他还有公共浴室、理发店、美容店、车站、码头等公共经营场所。这些场所都需要符合一定的条件才能够设立和经营。

侯科伟：设立从事公共服务经营场所的企业，需要具备一定的条件。一是营业场所的房屋建筑、出入口、通道和消防安全等设施，要符合相关规定；二是具备提供服务的器材设备、人员配置等硬性条件；三是有必要的防火、防盗和安防等治安防范设施和设备；四是有健全的治安保卫机构或专业的治安保卫人员（娱乐场所还要求与保安服务企业签订保安服务合同，不得聘用其他人员从事安保工作）。不同类型和规模的公共服务经营场所均有不同的具体要求，企业可以根据相关法律法规规定的条件，进行选址和建设。

赵欣伟：我国对公共服务经营场所中的特定行业实行行政许可管理，如设立旅馆业经营场所，要向公安机关申请旅馆特种行业许可证，经营公共娱乐场所需要向当地文化部门申请娱乐经营许可证。企业如果不能满足公共服务经营场所的最低要求，就无法取得经营许可证。如果这些经营场所改建、扩建、变更场地和主要设施设备，或者变更许

可证载明的其他事项，需要向原发证机关重新申请，并向公安机关备案。

侯科伟：从事公共服务经营场所的企业申请行政许可时，不但需要有固定的场所，具备安全防范的必要条件，同时，对其从业人员也有一定的条件限制，如国家机关及其工作人员，与文化主管部门、公安部门的工作人员有夫妻关系、直系血亲关系、三代以内旁系血亲关系以及近姻亲关系的亲属，不得开办娱乐场所，不得参与或者变相参与娱乐场所的经营活动。曾犯有组织、强迫、引诱、容留、介绍卖淫罪，制作、贩卖、传播淫秽物品罪，走私、贩卖、运输、制造毒品罪，强奸罪，强制猥亵、侮辱妇女罪，赌博罪，洗钱罪，组织、领导、参加黑社会性质组织罪的人员，不得开办娱乐场所或者在娱乐场所内从业。其法定代表人、经营负责人及治安保卫人员应无涉黄、赌、毒等刑事处罚、强制隔离戒毒记录等。

姜爱军：公共服务经营场所属于人员密集场所，在项目设立时，要向消防管理部门报送消防设计文件，由消防部门出具审核结果，并在竣工验收过程中通过消防部门的验收。在经营场所投入使用（营业）前还要经过消防部门的安全检查。因此，企业投资设置公共服务经营项目，要及时向消防部门申请，提供真实的材料，配合执法人员检查。如果经营场所不是自有房产，是租赁的场地，还要及时去消防部门查询建筑工程备案材料，以免承租到不符合消防安全规定的场所，导致无法通过消防验收。

2. 公共服务经营场所平时要接受相关部门的安全监管

主持人：改革开放以来，不断有公共服务经营场所群死群伤安全事故见诸报端。请问嘉宾们，国家是怎么对企业经营场所安全进行日常监管的？

姜爱军：公共服务经营场所容易被违法犯罪分子利用进行违法犯罪活动。因此，要求企业或经营者不得贩卖、提供毒品，不得组织、强迫、教唆、引诱、欺骗、容留他人吸食、注射毒品，不得组织、强迫、引诱、容留、介绍他人卖淫、嫖娼，不得制作、贩卖、传播淫秽物品，不得提供或者从事以营利为目的的陪侍，不得从事赌博，不得从事邪教、迷信活动以及为这些违法活动提供条件等。

赵欣伟：我国对公共服务性经营场所实行日常监督检查、动态监管、治安监控和警情联动等方式，特别是歌舞娱乐场所应在经营场所配备相应的监控设备，且留存录像资料30日以上备查。公安机关是经营场所公共秩序与安全的主管机关，按照属地原则，由所在地的公安派出所负责经营场所的日常治安监管，主要检查经营场所的营业日志是否准确记录、身份识别系统是否正常工作、监控系统是否运行、安保措施是否到位、是否严格执行违法犯罪活动检查和重点人员排查制度等。其中，旅馆、公共娱乐场所和酒吧等场所是治安监管的重点区域。

侯科伟：大型商场、超级市场等人群密集场所是消防监管的难点，要配备消防安全管理人员，保持消防设施和消防器材配置齐全、有效，保证疏散通道、安全出口、疏散指示标志、应急照明和消防车通道符合消防技术标准和管理规定，防尘、防烟设置健全。平时主要检查疏散通道、安全出口、消防车通道是否被占用、堵塞、封闭，门窗是否设置有影响逃生和灭火救援的障碍物。如果举办大型群众性活动（如演唱会、集会活动等），承办人还应该依法向公安机关申请安全许可，制订灭火和应急疏散预案并组织演练。

姜爱军：由于一些民营企业对公共服务经营场所的公共安全不够注重，安全防护意识不强，管理方式落后，民事侵权事件时有发生，如顾客在经营场所受伤、电梯扶梯"吃人"、高空坠落等，有的还发生踩踏、失火等重大事故。由于经营场所提供的是公共服务，消费人群"鱼龙混杂"，极易发生治安案件，有的甚至放任"藏污纳垢"，为违法犯罪活动提供条件或掩饰，使得经营者还面临一定的刑事法律风险。

赵欣伟：在行政机关监督检查过程中，如发现这些经营场所安全设施不工作、消防设备配不全、照明设备不规范、存在黄赌毒等问题突出，轻者会被责令改正、给予警告，重者则会被责令停业整顿、处以罚款，甚至会被吊销相关许可证，构成犯罪的还可能被追究刑事责任。

3. 企业和经营者应该舍得安全投入

主持人：当前，良好的公共秩序与安全已是创造祥和社会的主要目标，在依法治国的大环境下，民营企业应如何做好公共服务经营场所的安全管理呢？

姜爱军：民营企业在公共服务经营场所的日常经营过程中，要从安全制度建设入手规范管理，制定相应的工作规范和消防安全制度，制订灭火和应急疏散预案，定期组织消防演练；在安全设施上，要加大安全投入，按照安全标准设计经营场所，配备相应的安保人员和器材；在消防安全上，建筑设计要符合消防安全要求，内部装饰材料要符合防火要求，并配置相应的消防设施和器材，保障疏散通道、安全出口畅通。

侯科伟：公共服务经营场所的主要负责人是安全的第一责任人，对治安安全和消防安全工作负责。因此，民营企业的主要负责人要有安全防范意识，加强对高管以及员工的安全教育培训，组织员工安全设备使用训练，定期组织消防安全演练。在经营的过程中，要加强安保措施，如发现违法犯罪线索，应及时向公安机关报告，避免为犯罪活动提供便利，从而身陷刑事法律风险当中，得不偿失。

赵欣伟：经营公共服务场所企业，要处理好与行政机关的管理与被管理关系，在执法人员检查过程中，要积极配合，提供便利，发现问题及时整改，避免违规而受罚。不能一味地依赖私人关系，与执法人员发生不正当的金钱往来，如果自身存在问题，任何关系都是靠不住的。企业在配合检查的过程中，要留意执法人员的执法方式是否合法，程序是否正当，如发现执法人员有违反程序、简单粗暴、吃拿卡要等问题，要及时申辩和投诉，以维护好企业的合法权益。

侯科伟：安全无小事。民营企业要勤练"内功"，加强安全管理，防范安全隐患，完善安全制度，安全投入不能省，安全设施要达标。在日常经营过程中，要进行安全检查，及时整改和消除安全事故隐患，在安全隐患处设置警示牌告知消费者，加强安全保障设施的日常维护，消除安全隐患。民营企业还要积极配合主管部门的检查，听取执法人员的建议，及时整改发现的安全隐患，为消费者提供一个良好的安全环境。

姜爱军：公共服务经营场所的安全投入是其必要成本，企业不能因陋就简。但有些经营者对此认识不足，并抱有侥幸心理，本着能省则省的指导思想，省设施、省设备、省运行、省人力，结果不但在政府部门的监督检查中疲于应付，平时还要千方百计维护关系，搞不好还要被行政处罚，得不偿失。一旦发生重大事故，还要面临牢狱之灾，导致财富归零。公共服务经营场所是"奢侈性配置"的经营项目，"玩"不起就不要随便"玩"，要"玩"就把它"玩"出档次来，凑合经营是没有生命力的。

话题 127　安全生产无小事，防患未然是关键

主持人：罗　晓　　嘉　宾：姜爱军　范志勇　侯科伟　　文　字：侯科伟

安全生产是尊重人权的基本体现，也是保障社会稳定的基础性要求。企业作为安全生产责任主体，国家对其实行严格和规范的行政监管。作为生产经营性企业的所有权人或经营者，必须把安全风险管控落实到生产经营活动的全过程，以防发生安全生产事故。本期沙龙我们一起来谈谈民营企业的安全生产问题。

1. 企业的生产安全均有其特定要求

主持人：企业安全生产是社会秩序与公共安全的重要环节，国家对企业的安全生产有哪些基本要求？

姜爱军：安全生产是国家长期的基本国策之一，因此，国家对企业的安全生产实行严格的行政监管，以保证生产经营性企业良性、安全运行。根据现行法律规定，国家重点监管的生产经营性企业主要有两大类：一类是冶金、建材、有色、轻工、机械、纺织、烟草和商贸等八大工贸行业（称为"一般生产经营企业"）；另一类是高危行业，主要包括煤矿、非煤矿山、建筑施工、危险化学品、烟花爆竹和民用爆炸物等生产经营行业。此外，其他中小微生产性企业、个体工商企业等为公众提供产品服务的企业，也是安全生产监管的对象。

范志勇：安全生产监督管理部门作为安全生产的主管行政部门，按照属地原则，对辖区内生产经营企业的立项、建设、生产、运营的安全进行行政监督检查。根据政府部门公示的权责清单显示，市一级的安全生产监督管理部门所涉及的权责事项共有351项，主要有行政许可（12项）、行政备案（2项）、行政检查（1项）、行政强制（3项）、行政处罚（331项）、行政奖励（2项）等。

侯科伟：一般生产经营企业的市场准入条件较低，只要具备公司成立条件，就可以到公司登记机关登记设立。但对矿山企业、建筑施工企业、危险化学品、烟花爆竹和民用爆炸物品等高危行业，国家则严格实行安全生产许可制度，这些企业在投入生产前，必须取得安全生产许可证。而且，为了保障公共安全，国家对危险化学品的经营、使用、运输和烟花爆竹经营（批发）也进行事前行政许可；对其储存、运输进行行政监管。企业取得安全使用许可证、生产经营许可证后，方可经营、使用、运输和管理。

姜爱军：生产经营企业的安全生产是第一位的，国家对高危生产经营企业的建设项目实行"三同时"许可，即安全设施必须与主体工程同时设计、同时施工、同时投入生产和使用，以确保建设项目竣工投产后，符合国家规定的安全生产标准，保障劳动者在生产过程中的安全与健康。

侯科伟：生产经营企业如果将生产经营项目、场所发包或者出租给其他单位生产经营的，承包、承租单位也要具备安全生产条件或者取得相应资质，生产经营单位应当与承包、承租单位签订专门的安全生产管理协议，或者在承包、租赁合同中约定各自的安全生产管理职责；生产经营单位对承包、承租单位的安全生产工作统一协调、管理，定期进行安全检查，发现安全问题的，应当及时督促整改。

2. 企业要接受相关部门的安全监管

主持人：一旦发生重大安全事故，就会造成人员和财产的重大损失。请问嘉宾们，国家是怎么对企业安全经营进行日常监管的？

姜爱军：依照现行法律法规规定，安全生产监督管理部门和其他负有安全生产监督管理职责的部门，依法开展安全生产行政执法工作，组织执法人员进入生产经营企业进行检查，调阅相关资料，向企业高管和从业人员了解情况，对检查中发现的安全生产违法行为，当场予以纠正或者要求限期改正，并可根据其权限依法作出行政处罚决定。执法检查中发现的安全事故隐患，应责令企业立即组织人员进行排除。对于重大事故隐患排除前或者排除过程中无法保证安全的，应当责令企业从危险区域内撤出作业人员，要求企业暂时停产停业或者停止使用相关设施、设备，待重大事故隐患排除后，经主管负责人审查同意，方可恢复企业的生产经营和使用。

范志勇：在日常检查过程中，执法人员发现生产经营企业的生产设施、安全设备、器材不符合保障安全生产的国家标准或者行业标准，以及违法生产、储存、使用、经营、运输危险物品的，应予以查封或者扣押，对违法生产、储存、使用、经营危险物品的作业场所予以查封，并根据权限作出处理决定。所以，企业的安全生产设施、设备、器材不能凑合，也不能随意违法违规生产经营危险品。

姜爱军：高危行业的安全生产一直是行政监管的重点领域。对于危险化学品生产经营企业，按照部门分工，安全生产监督管理部门会对新建、改建、扩建生产、储存危险化学品的建设项目进行安全条件审查，核发危险化学品安全生产、使用、经营许可证，并负责危险化学品的登记工作；公安机关对于剧毒化学品的购买、运输，核发剧毒化学品购买许可证和道路运输通行证，并负责危险化学品运输车辆的道路交通安全管理；质量技术监督部门对生产危险化学品及其包装物、容器的企业，所生产的每种产品的质量安全基本生产条件，进行工业产品生产许可证行政管理，并依法对其生产的产品质量实施监督。

侯科伟：对于高危行业，环保部门也有环保监管责任。环保部门负责对废弃危险化学品处置进行监督管理，组织技术人员对危险化学品的环境危害性进行鉴定和环境风险程度评估，确定实施的重点环境管理的危险化学品，进行危险化学品环境管理登记和新化学物质环境管理登记，并根据职责分工调查相关危险化学品环境污染事故和生态破坏事件，负责危险化学品事故现场的应急环境监测。市场监督管理部门依据有关部门的许可证件，核发危险化学品生产、储存、经营、运输企业营业执照，查处危险化学品经营企业违法采购危险化学品的行为。

范志勇：根据相关规定，安全生产监管职能部门要全面落实安全生产行政执法责任制，根据权责清单和岗责要求，实行闭环执法，做到见问题清单、见整改（处罚）指令、见责任人签字、见复查验收。同时，要加强与公安、检察、审判机关等的协调配合，完善安全生产违法线索通报、案件移送与协查机制。这些机制的最大特点，就是安全生产监管部门各有分工、相互配合、多部门联动，织就安全生产的监管网，因此，企业不能有任何侥幸心理。

3. 企业安全生产要常抓不懈

主持人：安全生产事关人民的福祉，事关经济社会发展的大局，民营企业该如何保障生产安全，减少安全事故的发生？

姜爱军：企业作为安全生产责任的主体，要严格履行安全生产法定主体责任。要落实安全生产制度，在日常生产经营中，要把风险管控落实到生产经营活动的全过程，认真组织开展隐患排查治理工作，实现隐患排查、登记、整改、评价、销账、报告的规范管理。要定期对主要负责人、安全管理人员和从业人员进行安全教育和培训，组织安全事故应急演练，从企业自身发现问题，整改问题，解决问题。

侯科伟：安全生产，人命关天。企业要把安全生产放在首位，防范重大安全事故的发生。但是，仍有部分企业安全制度不落实，安全投入不到位，指令工人冒险作业，安全教育培训流于形式，发现隐患问题排除不彻底，不给从业人员缴纳工伤保险，职业病防范缺失等，这些安全隐患的存在，容易诱发安全事故，甚至引发重大安全责任事故，轻则停产停业整顿，重则被追究刑事责任，还可能导致企业一蹶不振，或破产倒闭。

范志勇： 民企要在安全生产方面舍得投入，使得生产设备、安全设施以及配套的条件达到国家设计标准和规范要求，并按要求定期进行检查、测试、保养、维修，及时淘汰落后生产设备，引进先进的安全技术装备，提升生产条件的整体水平；凡需要取得安全生产许可证或特种设备许可证、合格证、准运证的，应及时申领；凡需要通过安全评估或环境评价的，应积极委托相关方面开展评估或评价。生产经营企业违反国家强制性规定、达不到安全生产条件的，很可能会被行政机关勒令停产停业。

侯科伟： 安全生产无小事，出事则是大事故。安全生产监管没有淡旺季，监管机关会常抓不懈，企业要配合执法人员的监督检查，对于发现的安全隐患问题要及时整改，以免因小失大，遭到不必要的行政处罚。如果自身存在安全问题，任何人都救不了你，任何关系也靠不住。因此，企业要严格履行安全生产的法定职责，落实企业安全预防措施，建立完善的隐患治理监督机制，从源头上提升企业安全风险防控能力，提升安全生产的整体水平，确保职工群众的幸福安康。

姜爱军： 侥幸心理害死人。所有的安全生产事故都是安全生产基础工作没有做好造成的，都是安全生产制度落实不到位造成的，都是侥幸心理作祟造成的。民营企业一旦发生安全生产事故，既害了职工，又害了老板及其家人。所以，民营企业一定要放弃侥幸心理，扎扎实实地把安全生产的基础工作做好，全方位、全流程贯彻落实安全生产相关制度，强化安全生产有关措施，确保企业安全生产不出事故。

话题 128　工程项目要依法取地、符合规划、依规建设

主持人：罗　晓　　嘉　宾：姜爱军　璩建伟　马吉祥　程许川　　文　字：程许川

企业建设工厂、商场、服务场所、物流场地等生产经营设施，一般都要经过选址→土地取得→规划许可→工程施工招标与签约→施工许可→工程施工→竣工验收→产权登记等多个环节，并且每个环节要接受不同程度的行政监管，企业如果不按照法律法规规定办理相关手续、不主动接受监管，就会面临严厉的行政处罚。为了帮助企业依法进行工程建设，避免不应有的行政处罚和中间停工或返工拆除，本期沙龙特邀请几位嘉宾与民营企业谈谈工程建设过程中的土地取得、规划审批、建设监管等问题。

1. 企业工程建设要依法取得土地

主持人： 企业如要建设经营设施，首先就要取得土地。那么，企业取得土地使用权的方式方法都有哪些？其中要注意什么问题呢？

姜爱军： 我国将土地所有权分为国家所有和集体所有，并按土地利用性质将土地分为农用地、建设用地和未利用地。农用地主要用于农业生产，不得擅自转换为建设用地；建设用地主要是为城乡建设与发展提供的土地；未利用地则是指农用地和建设用地以外的尚未开发的土地，主要包括荒地、草地等。由于我国人多地少，人均耕地面积较小，国家实行保护基本农田、严格控制建设用地指标等土地利用政策，企业用地必须依法取得土地使用权。

璩建伟： 企业生产经营用地，一般可通过四种途径取得：一是直接取得国有建设用地，二是直接取得集体建设用地，三是租赁国有或集体建设用地，四是租赁荒山、荒坡、滩涂以及耕地等非建设用地。国有或集体建设用地，根据其规划用途，可以进行企业生产经营设施建设，荒山、荒坡、滩涂以及耕地等非建设用地，不能用于非农生产经营设施建设，只能从事林草、种植、养殖以及农（林、畜）产品初加工项目。

程许川： 根据现行法律法规和政策，企业从政府手中直接取得国有建设用地，必须经过政府招标、拍卖、挂牌程序，并以出让方式取得。如果拟取得的土地属于国有建设土地，企业即可直接通过政府的招拍挂程序取得该土地，取得时，要与政府签订土地使用权出让合同，缴纳土地出让金；如果拟取得的土地属于集体土地，则必须先经由政府

以征收方式，将该土地转变为国有土地，然后再通过招拍挂程序出让给企业。

马吉祥：其他企业已经通过出让方式取得的国有土地使用权如果意欲转让，企业可以通过协议受让的方式取得，无须再次经过政府的招拍挂程序。但土地使用权转让方如系国有或企业控股企业，则必须通过招拍挂程序转让，由受让企业通过参与竞价取得。企业也可以通过参股、受让股权或者先参股后公司分立的方式，成为有地企业的控股股东，间接取得该企业的土地，而无须缴纳土地增值税，省却土地使用权过户费用。

姜爱军：农村集体经济组织（村办企业、经济合作社等）与农村集体组织成员创办的企业，经批准可以使用集体建设用地建设经营设施。如果集体建设用地闲置，或者使用权人不再继续使用，均可转让于其他企业使用。企业凭其与农村集体经济组织或原使用企业之间取得的土地使用权授予协议或转让协议，进行土地使用权变更登记后，取得该集体建设用地的使用权。

璩建伟：企业也可以以租赁方式取得其他企业的国有建设用地或农村集体建设用地的临时使用权。租赁土地时，由出租方与承租方签订租赁协议，并到土地管理部门进行土地使用权出租登记。租赁荒山、荒坡、滩涂以及耕地等非建设用地，从事林草、种植、养殖以及农（林、畜）产品初加工的，要与农村集体组织签订租赁合同，并报乡（镇）人民政府批准。

程许川：企业不能非法占用城市非建设用地进行生产经营设施建设，譬如占用公共基础设施用地、公益事业用地、绿化用地、河道行洪滩涂等，否则，有可能被强制拆除；也不能非法占用农村集体的耕地或者荒山、荒坡、滩涂等非建设用地，搞非涉农生产经营项目，否则，被拆除的风险很大。其建筑物一旦被强制拆除，就会给企业造成巨大损失，一般情况下企业应尽量不去冒此风险。违法占地行为同时还会受到行政处罚，甚至会被追究刑事责任。

2. 土地使用与建设内容应符合规划

主持人：企业依法取得土地使用权后，是不是就"我的地盘我做主"，想建什么建什么？

姜爱军：为了充分发挥建设用地的效用，合理布局区域经济发展格局与社会公共事务功能，我国对城镇（乡村）的近远期规划实行严格审批制度。规划分为总体规划和详细规划，总体规划主要明确土地利用的基本方针，调整土地利用结构和布局，制订实施规划的措施；详细规划主要是对土地利用空间所做的具体安排和技术设计，包括其空间布局、利用分区、具体建设项目的设计，以及施工方案和搬迁计划等。作为企业来说，应当取得用地规划许可证和建设工程规划许可证，方可进行工程施工图设计和建设。

璩建伟：企业取得土地使用权后，应先进行用地规划，然后向当地规划部门申请办理用地规划许可证。用地规划许可证主要确定的是用地单位、用地项目名称、用地位置（四至）、用地性质、用地面积、建设规模以及用地规划红线图等。取得用地规划许可证，建设项目必须满足以下条件：一是符合土地规划，即用地红线；二是符合环保、城管、消防、文物保护等部门的要求；三是符合城市规划确定的道路红线位置、路幅及其规划要求；四是符合规划设计要点，包括净空控制、绿地、排水方向、人防、防洪、建筑密度、容积率等要求。

程许川：企业取得用地规划许可证后，接着要进行建设工程规划，然后再向规划部门申请办理建设工程规划许可证。建设工程规划许可证主要确定的是建设单位、建设项目名称、位置、宗地号以及子项目名称、建筑性质、栋数、层数、结构类型、容积率以及各分类面积，并附总平面图、各层建筑平面图、各向立面图和剖面图等。取得建设工程规划许可证后，方可进行建筑工程施工图设计。

马吉祥：企业在取得上述两证后，应严格按照许可证批准的内容和指标进行建设。如果没有取得上述两证，或者未按照上述两证批准的内容进行建设，将有可能被责令停止建设；能够采取改正措施消除对规划实施影响的，将被限期改正，并处以罚款；无法采取改正措施消除影响的，限期拆除，不能拆除的，没收实物或违法收入，并可处以罚款。即使项目完成建设，因缺少上述证件，也将无法办理施工许可、竣工备案和产权登记手续，其建筑物将成为违法建筑。

璩建伟：近几年，观光农（林）业、农（林）业综合体以及农（林）业文旅项目火热兴起，但其用地和规划必须符合现行法律法规和政策。民营企业投资前，一定要查询项目所在地的城乡建设规划和拟占地块的用地规划，对于有违规划的项目要谨慎投资。即使是地方政府的招商引资项目，也不要轻信个人承诺，应要求其帮助办理用地与规划手续，在没有取得用地与规划手续前，企业切不可盲目投资。

3. 工程建设要接受建设主管部门的监管

主持人：建设工程取得建设工程规划许可证后，是不是就可以开工建设了？有没有其他行政部门的监管？

姜爱军：企业建设不向公众开放的自用生产经营设施，一般不需要公开招标，但要发包给有相应资质的施工单位。如果项目使用有国有资金，或者涉及公共安全的项目（如商场、宾馆、酒店、酒吧、公共娱乐场所、公共住宅等），投资规模达到了一定额度，则必须进行公开招标，并要将招标结果与发承包双方取得的建设工程施工合同向建设主管部门备案。否则，则会被责令改正，处以罚款，或者被责令停工。

程许川：工程开工建设前，除了取得建设项目选址意见书、建设用地规划许可证和建设工程规划许可证外，施工图纸和技术资料还要送交建设主管部门审查合格，并要完成征地拆迁，确定施工单位，委托建设工程施工监理单位，落实资金、物资和施工所需的市政公用设施，完成建筑工程质量监督备案手续和安全监督备案手续等。然后，向建设主管部门申领建筑工程施工许可证。建筑工程施工许可证是建筑施工单位符合各种施工条件、允许开工的批准文件，也是房屋权属登记的主要依据之一。未取得建筑工程施工许可证而擅自开工建设的项目均属违章建筑，不受法律保护。

璩建伟：建设单位和施工单位在项目施工过程中，要接受建设行政主管部门的安全生产管理和质量监督管理。施工中对需要临时占用规划批准范围以外的场地，可能破坏道路、管线、电力等公共设施，需要临时停水、停电、中断道路交通等事项的，应及时办理审批手续。建设单位在施工过程中，不得向勘察、设计、施工、监理等单位提出不符合安全生产规定的要求。施工单位还要做好施工扬尘治理、噪声管理、垃圾处理等环境保护工作。如果没有按规定履行上述义务，可能会被责令停止施工，处以罚款，如果造成重大安全事故，还会被追究刑事责任。

程许川：施工过程中，建设单位要按规定组织勘察、设计、监理、施工、质监等单位做好隐蔽工程验收、分部分项工程验收、主体工程验收，竣工后要及时组织竣工验收，办理竣工备案手续。备案时应按照国家有关档案管理规定，收集、整理建设项目各环节的文件资料，向建设主管部门移交建设项目档案。备案工作一方面为以后的使用、查找质量问题、进行后期维护以及大修拆改提供技术依据，另一方面为产权登记提供基础性资料。如果没有经过竣工验收和完成竣工备案，建筑物就没法办理产权登记证书。

话题129　面对环保问题，企业不要"因陋就简"

主持人：罗　晓　　嘉　宾：姜爱军　璩建伟　马吉祥　程许川　　文　字：程许川

目前，"环保攻坚战"席卷全国并已持续两年，且无任何休战或渐弱的趋势。在这场"攻坚战"中，一些低层次的落后工艺被淘汰，一些高能耗、高污染的过剩产能被关闭，一些治污水平不高的企业被强制治污配套和技术升级，一些民营企业因此陷入举步维艰的境地。面对此种形势，广大民营企业究竟应该如何办？本期沙龙我们就一起谈谈民营企业该如何避免在环保问题上栽跟头这一问题。

1. 环境污染治理涉及行业众多

主持人： 最近几年，国家对环境污染的治理力度不断加大，一些排污企业生存维艰，对此各位嘉宾怎么看？

姜爱军： 改革开放40多年来，由于我国经济处于低层次粗放型快速发展状态，在经济飞速发展的同时，也造成了环境的严重破坏和污染，可以说我国此前的经济发展基本是以牺牲环境为代价的。目前，环境污染积累的问题，已经到了不得不治理的程度，如不治理就无法保证国民经济健康持续发展，再不治理就无法保证人民群众的身心健康和生存质量。因此，国家把"环保攻坚战"列入三大攻坚战之一，下大决心从根本上加以治理。

璩建伟： "环保攻坚战"一方面可以倒逼我国第二产业的转型升级，另一方面可以助推我国的"走出去战略"和产能输出，推动我国企业尽早融入国际经济大循环之中。

程许川： 目前，对我国环境造成重大影响的污染主要有五类。一是水污染，如工业水污染、城镇水污染、农业和农村水污染、饮用水水源污染等。二是大气污染，如燃煤、机动车船排放，以及其他废气、粉尘、恶臭等。三是土壤污染，如工业固体废物、生活垃圾、危险废物、医疗废物、废弃电器电子产品等各种固体废弃物的污染。四是声环境污染，如工业噪声、建筑施工噪声、交通运输噪声、生活噪声等。五是其他各种污染。所以，我国也将重点排污企业划分为五类，予以重点治理。重点治污企业涉及众多产业，企业家可以根据自己企业的性质对号入座，制定应对之策。

璩建伟： 水环境重点排污单位，涉及的行业有制浆造纸、焦化、化肥制造、有色金属矿采选与冶炼、石油化工、化学原料和化学制品制造、化学纤维制造、纺织印染、农副食品加工、原料药制造、皮革鞣制加工、毛皮鞣制加工、毛（绒）加工、农药、电镀、磷矿采选、乳制品制造、调味品和发酵制品制造、酒和饮料制造、有表面涂装工序的汽车制造、半导体液晶面板制造等，以及规模化畜禽养殖场、养殖小区，所有规模的工业废水集中处理厂、城镇生活污水处理厂，产生含有汞、镉、砷、铬、铅、氰化物、黄磷等可溶性剧毒废渣的企事业单位。

马吉祥：大气环境重点排污单位，涉及的行业有火力发电、热力生产和热电联产，有水泥熟料生产的水泥制造业，有采用烧结、球团、炼铁工艺的钢铁冶炼业，有色金属冶炼、石油炼制加工、炼焦、陶瓷、平板玻璃制造、制药、煤化工、表面涂装、包装印刷业，以及其他排放有毒有害大气污染物、固体废物集中焚烧设施运营的企事业单位。

姜爱军：土壤环境重点排污单位，涉及的行业有有色金属矿采选、有色金属冶炼、石油开采、石油加工、化工、焦化、电镀、制革，以及其他年产生危险废物100吨以上，持有危险废物经营许可证，从事危险废物储存、处置、利用，运营维护生活垃圾填埋场或焚烧厂的企事业单位。

程许川：声环境重点排污单位，主要涉及的行业有噪声敏感建筑物集中区域噪声排放超标工业企业，以及因噪声污染问题纳入挂牌督办的企事业单位。受声环境污染监管的范围还有：在工业生产中和建筑施工过程中因使用机械、设备而造成的环境噪声污染；机动车辆、铁路机车、机动船舶、航空器等交通运输工具在运行时所产生的干扰周围生活环境的声音；新建营业性文化娱乐场所的噪声污染；在城市市区公共场所组织娱乐、集会等活动，使用音响器材产生的声音污染等。

马吉祥：其他重点排污单位，一是具有试验、分析、检测等功能的化学、医药、生物类省级重点以上实验室、二级以上医院等污染物排放行为，引起社会广泛关注或者可能对环境敏感区造成较大影响的企事业单位；二是因其他环境污染问题造成重大社会影响，或经突发环境事件风险评估划定为较大及以上环境风险等级的企事业单位。

2. 企业排污问题已受国家全方位监管

主持人：对于一家企业来说，都在哪些环节受到环保部门的监管，应该如何有效应对呢？

姜爱军：我国在对排污单位实行排污许可管理的同时，征收排污费、环境保护税，用于环境治理。实行排污许可管理的，一是排放工业废气或者排放国家规定的有毒有害大气污染物的企事业单位，二是集中供热设施的燃煤热源生产运营单位，三是直接或间接向水体排放工业废水和医疗污水的企事业单位，四是城镇或工业污水集中处理设施的运营单位，五是依法应当实行排污许可管理的其他排污单位。未取得排污许可证的，不得排放污染物。

程许川：环保部门从企业项目建设开始，就同步进行环保监督管理。一是对环境有影响的建设项目，建设单位应当按照规定组织编制环境影响报告书、环境影响报告表或者填报环境影响登记表，并报环境保护行政主管部门审批；二是在环境影响评价文件获批后，如果建设项目发生重大变动，或在项目建设、运行过程中产生不符合经审批的环境影响评价文件的情形的，建设单位应重新报批建设项目的环境影响评价文件或采取改进措施，并进行备案；三是建设项目中的污染防治措施，要与主体工程同时设计、同时施工、同时投产使用。防治污染的设施应当符合经批准的环境影响评价文件的要求，不要擅自拆除或者闲置。

马吉祥：企业在生产、经营过程中，还要严格遵守环境保护的相关要求。一是生产、储存、运输、销售、使用、处置化学物品和含有放射性物质的物品，应当遵守国家有关规定，防止污染环境。二是切记不要通过暗管、渗井、渗坑、灌注的方式，或者篡改、伪造监测数据，或者不正常运行防治污染设施等逃避监管的方式违法排放污染物。三是不要将不符合农用标准和环境保护标准的固体废物、废水施入农田。施用农药、化肥等农业投入品及进行灌溉，应当采取措施，防止重金属和其他有毒有害物质污染环境。四是重点排污单位应当如实向社会公开其主要污染物的名称、排放方式、排放浓度和总量、超标排放情况，以及防治污染设施的建设和运行情况，接受社会监督。五是企业不要引进、生产、销售或者转移、使用明显有污染环境，不符合我国环境保护制度的工艺、设备和产品。否则，都将有被行政处罚的风险。

璩建伟：我国对具有代表性的各种类型的自然生态系统区域，珍稀、濒危的野生动植物自然分布区域，重要的水源涵养区域，具有重大科学文化价值的地质构造、著名溶洞和化石分布区、冰川、火山、温泉等自然遗迹，以及人文遗迹、古树名木等进行特殊保护，企业在生产经营过程中，一定注意不要破坏。

3. 环境污染行政处罚企业可是"吃不消"

主持人：在环保稽查高压环境下，企业面临的行政处罚风险有哪些？

姜爱军：建设单位未依法报批建设项目环境影响报告书、报告表，或者未按规定重新报批或者报请重新审核环境影响报告书、报告表，擅自开工建设的，环保部门可以责令其停止建设，处以罚款，并可以责令恢复原状；对建设单位直接负责的主管人员和其他直接责任人员，依法给予行政处分。建设单位未依法备案建设项目环境影响登记表的，环境保护主管部门会责令其备案，并处以罚款。

璩建伟：企事业单位和其他生产经营者违反法律法规规定排放污染物，造成或者可能造成严重污染的，环境监管部门可以查封、扣押造成污染物排放的设施、设备。排污单位超过污染物排放标准或者超过重点污染物排放总量控制指标排放污染物的，环保部门可以责令其采取限制生产、停产整治等措施；情节严重的，会被责令停业、关闭。

马吉祥：排污单位违法排放污染物，受到罚款处罚，被责令改正而拒不改正的，还将面临按日连续处罚的风险，这是目前行政处罚措施中唯一按日加罚的行政处罚。经责令改正拒不改正，尚不构成犯罪的，除予以处罚外，还可以对其直接负责的主管人员和其他直接责任人员处以拘留的行政处罚；构成犯罪的，依法追究刑事责任。

程许川：在全国环保大治理的高压态势下，民营企业家们一定不要抱有侥幸心理，认为环保治理只是一阵风，刮过去就算了，也不要过分迷信关系的作用，认为自己是纳税大户，对当地经济发展贡献很大，政府不会对自己进行处罚，或者不会重罚。即使处罚了，也可以通过找领导、托关系等渡过危机。这种陈旧思维已经时过境迁多不灵验了。企业家们一定要舍得环保投入，下狠心进行技术升级，用一次性的巨额投入换来企业的长远健康发展。不要等到被强制关闭了，才后悔莫及。近几年，有很多工厂或被责令停业整顿，或被强制关闭，其中不乏纳税大户，应引起企业家们的警觉。

姜爱军：企业新建项目或对原有项目进行技术升级改造，环境保护措施必须要一步到位，并坚持正常运行。这些投入看似增加了"成本"，"浪费"了人力物力财力，但与可能面临的行政处罚相比，只是"小巫见大巫"。这次环境污染攻坚战中，就有很多技术水平高、污染防治好的大中型企业，因其他企业污染整改不到位被关闭而大赚了一把。

话题 130　民营企业必须合法合规用工

主持人：罗　晓　　嘉宾：马慧娟　勾晓瑞　石文洁　李　琴　　文　字：李　琴

　　劳动合同虽然是平等主体之间签订的民事合同，但员工在企业里却始终处于从属地位，二者很难平等。为了保护员工相对于企业来说这一弱势群体的合法权益，国家除赋予劳动者申请劳动仲裁等自我救济的权利外，还对企业日常用工行为是否合法合规进行全面监管。为了帮助民营企业依法合规用工，避免不应有的行政处罚，本期沙龙特邀请几位嘉宾谈谈企业如何规范人力资源管理、正确应对劳动行政监管等问题。

1. 企业劳动用工同样会受到行政机关的全面监管

　　主持人：目前，很多民营企业都认为企业与劳动者之间的关系是平等主体之间的合同关系，"一家愿打、一家愿挨"，国家根本管不着。这种观点对吗？

　　马慧娟：肯定不对。企业与劳动者签订的劳动合同虽然是平等主体之间的民事合同，但员工在企业里的地位必然属于从属地位，要接受企业的指挥和管理。因此，员工的合法权益极易受到企业的无端侵害。劳动者为了维系劳动关系，一般在劳动关系存续期间都不愿为自己的权利去抗争，最多是用消极怠工发泄自己的不满。长此以往，必然造成双方权利义务的进一步失衡，如果国家不加以干预，就会孕育出激烈的劳资矛盾，从而影响社会的稳定与和谐。

　　勾晓瑞：进入 21 世纪以后，越来越多的企业家开始认同人才是企业发展的原动力，并将人才视为企业持续发展的核心竞争力。但在企业实际运作中，却对合法用工的意义认识不清、重视不够，自觉不自觉地忽视员工应享有的合法权益，挫伤劳动者的工作积极性。随着劳动法律法规的日益健全，员工的维权意识也在逐渐增强，除了通过劳动仲裁和诉讼维权外，还有可能对企业的违法违规用工行为向有关行政部门投诉和举报，从而引起国家机关对企业的劳动监察。

　　石文洁：随着我国《劳动法》《劳动合同法》《劳动保障监察条例》等劳动保障法律法规的相继出台和日趋完善，赋予了劳动行政部门更多的执法权。随着劳动保障监察网格化以及网络化管理的深入推进，劳动行政部门原有的"民不举，官不究"的工作状况，正在由被动式检查向主动式监察逐步转变。这就意味着，劳动行政部门对企业的监管力度将只增不减，其威力不容小觑。

李琴：虽然民营企业的法律意识较之前已经有了很大的提高，但其主动遵守劳动法律法规的意识还是比较淡薄。多数企业仍存在"法不责众"的心理和"羊随大群不挨打，人随大流不挨罚"的思想，认为大家都这么做，总不可能"一锅端"。有的企业则认为劳动行政部门人力有限，面对众多的企业无法进行普遍性彻底监察，即使企业被查出存在违法行为，劳动行政部门能采取的措施也非常有限，违法成本并不算高。所以，主动改善用工管理的积极性仍然不高，特别是在企业困难时期就更顾不上去考虑员工的权益保障。

石文洁：根据人力资源和社会保障部发布的统计公报显示，2018年度全国各级劳动保障监察机构共查处各类劳动保障违法事件13余万件，主要集中在履行劳动合同、支付劳动报酬和缴纳社会保险费三个方面。可见，企业用工中的违法违规现象还十分普遍和严重。同时，也说明劳动监察的力度在不断加大而并没有停歇。

2. 违法违规用工，后果同样严重

主持人：国家对企业的劳动行政监管主要监管哪些内容，其监管措施又有哪些？

马慧娟：在劳动法规不能得到企业自觉遵守，且劳动者不愿把争议提交仲裁或诉讼的情况下，劳动行政监管就成为保护劳动者合法权益的重要措施。与其他纠纷解决方式相比，劳动行政监管具有无可比拟的短期、高效、低成本优势，承担着劳动者权益"底线控制"的国家职责。目前，我国的劳动监管体系由行政监督和社会监督两大部分组成。其中，行政监督由劳动监察和其他行政部门监督组成，社会监督有工会监督和群众监督配合。

勾晓瑞：在劳动行政监督体系中，劳动保障行政部门的劳动监察是最基本、最重要的监督形式，其监察范围涵盖企业用工的方方面面，如制定内部规章制度的情况，与劳动者订立劳动合同的情况，遵守女职工和未成年工特殊劳动保护规定的情况，遵守工作时间和休息休假规定的情况，支付劳动者工资和执行最低工资标准的情况，参加各项社会保险和缴纳社会保险费的情况，等等。可以说，无论是劳动关系的哪部分内容和哪个运行环节，还是用人单位的隶属关系和所在行业，都已依法纳入劳动监察的范围。

石文洁：劳动保障行政部门除依法对劳动者的举报和投诉进行查处外，还会通过日常巡视检查、企业用工情况申报、专项检查等方式开展监察工作。在实施劳动保障监察中，劳动保障行政部门可采取进入劳动场所检查，询问相关人员，收集资料，委托会计师事务所对企业工资支付、缴纳社会保险费的情况进行审计等措施进行调查、检查。

李琴：劳动保障行政部门根据企业的违法情形，依法可以作出警告、通报批评、罚款、吊销劳动行政许可证、责令停产停业等行政处罚决定。情节严重的，还可以移送司法机关追究其强迫劳动罪、强令违章冒险作业罪、拒不支付劳动报酬罪、重大劳动安全事故罪等刑事责任。对于因违法用工被查处三次以上，或因违法用工引发群体性事件、极端事件或造成严重不良社会影响的企业，劳动保障行政部门会将其视为监察的重点对象，增加日常巡视检查频次，并对企业的主要负责人、直接责任人进行约谈，敦促其遵守劳动保障法律、法规和规章。

石文洁：为员工开立社保账户和缴纳社会保险费是用人单位的法定义务，但在实践中很多企业不为员工缴纳社保费或不足额缴纳社保费，以降低用工成本。根据法律规定，对于企业未办理社会保险登记的，社会保险行政部门可对企业以及直接负责的主管人员、其他责任人员处以罚款。对于企业未按时足额缴纳社会保险的，社保征收机构可责令其限期缴纳，并加收滞纳金，逾期仍未缴纳的，社保征收机构可直接从企业的存款账户中强制划拨，也可以申请人民法院扣押、查封、拍卖企业财产，以拍卖所得抵缴社会保险费。

李琴：2019 年 1 月 1 日起，社会保险费用将由税务部门统一征收，即由税务部门负责包括缴费数额核定、征收在内的全部征缴环节。如企业仍不依法为员工缴纳社会保险费用，则可能面临社保主管部门的社保审计、税务稽查、金税三期的企业自查警示等风险。

勾晓瑞：如果企业存在克扣、无故拖欠劳动报酬，不依法参加社会保险或不依法缴纳社会保险费用，违反工作时间和休息休假规定等情节严重的重大劳动保障违法行为，劳动保障行政部门还会向社会公布，使企业在承担法律责任的同时，还要遭受更大的社会负面评价。随着企业劳动保障守法诚信档案的建立和国家信用体系的建立，劳动保障行政部门将会依法将企业的违法信息，与其他部门和社会组织进行信息共享和联合惩戒，从而可能使企业和企业家陷入"一处失信，处处失信"的被动局面。

3. 企业要积极改善其用工政策

主持人：面对如此严密的劳动行政监管体系，企业该如何应对呢？请各位嘉宾谈谈自己的建议。

马慧娟：为了保障生产经营的顺利进行，企业需制定各种规章制度和劳动纪律，要求员工严格遵守，但同时必须确保其规章制度的合法性。企业应制定人力资源管理办法以及配套制度，以规范其用工行为，做到合法用工，并且这些制度必须经过律师进行合法性审查，与企业的生产经营管理制度进行有效衔接。目前，有很多民营企业不重视合法用工问题，人力资源管理制度建设还很薄弱，希望广大民营企业能够调整心态，把劳动用工纳入规范化管理的渠道。

勾晓瑞：企业的制度体系中，凡涉及职工切身利益的规章制度，一定要提交职代会或者职工大会审议通过，并应保留好职代会或职工大会讨论、协商的书面证据，还要对制度加以公示和宣传释明。企业对劳动者的管理，要建立在合法、合规、理性、人性的基础之上，既要有利于延揽人才，又要避免引起劳资矛盾，切不可任性武断、肆意妄为、制造矛盾。

石文洁：企业可以通过调整用工模式，合理降低用工风险。企业用工模式的多样化，有利于提高用工质量，减少用工成本，分解用工风险。目前的灵活用工模式主要包括劳务外包、劳务派遣、退休返聘、非全日制用工、兼职等，企业可综合考虑工作岗位是否可替代、是否涉及企业核心竞争力、工作成果是否适合结果交付等因素，来选择合适的用工模式，转移用工风险。

李琴：企业要构建有效防范劳动争议的内部机制。现代企业应当本着"事前预防为主、事中控制为要、事后补救为辅"的原则，建立一套有效的劳动争议内部防范机制，一方面及时防范和化解因劳动争议而可能导致的劳资矛盾激化或群体性事件，保障生产经营活动的正常开展；另一方面在仲裁诉讼程序中最大限度地维护企业的利益。

马慧娟：劳动行政部门在实施监督检查工作时，企业所提供的材料及企业人员在接受调查时所回答的内容将成为劳动行政部门作出处理的依据。因此，企业可制订人力资源行政管理应对预案，并对企业管理层及员工进行相应培训，以提升企业在用工情况申报、提交用工资料、接受询问时依法应对劳动行政部门监管的能力，避免无谓的行政处罚。

话题 131　财税合规已成为民营企业的当务之急

主持人：罗　晓　　嘉　宾：马慧娟　张　亮　刘瑞华　石文洁　　文　字：马慧娟

　　目前，企业财税违法风险已经成为民营企业的头号风险，几乎覆盖九成以上的民营企业。民营企业的财税不规范行为，不仅成为投资人望而却步的原因，也大大影响着民营企业与企业家的财产安全和人身安全。随着国家财税监管手段的不断规范和稽查力度的不断加大，企业的财税法律风险将愈来愈突出。为此，本期沙龙邀请几位专家来与大家聊聊财税合规运作问题。

1. 企业财税管理有其特定要求

　　主持人：企业的财务管理不仅牵涉到企业成本、费用和利润核算，还牵涉到高管与员工绩效薪酬和融资的成败以及国家的税收，牵一发而动全身。那么，国家对企业的财税管理都有哪些要求呢？

　　马慧娟：目前，我国关于企业财务会计工作的法律法规和规章，主要有《会计法》和《企业财务通则》《企业会计准则》、分行业财务制度和会计制度（简称"二则二制"）以及会计工作规范与会计档案管理办法等。"二则二制"、会计工作规范和档案管理办法，都是企业规范财务管理与会计业务处理的具体工作指引，当中并没有具体罚则，而《会计法》作为会计工作的基本法，既规定了会计的应当行为、禁止行为，还有违反规定的处罚办法。

　　张亮：财务会计工作的法律法规和规章主要体现在四个方面：一是明确会计工作责任人，如单位负责人、财务主管人员和其他直接责任人等；二是规定会计账簿的设置，如要依法设置总账、明细账、日记账、其他辅助性账簿等；三是会计核算要求，如会计凭证的填制、登记账簿、会计处理方法、编制财务报告，禁止填制虚假凭证、登记虚假账目、伪造和变造财务会计报告等；四是会计档案保管，如年度财务会计报告、会计档案保管清册等应永久保管，原始凭证、记账凭证、总账、明细账等保管年限不低于30年，银行对账单、纳税申报表等保管年限不低于10年等。

　　刘瑞华：从国家税务管理的角度看，对企业的税务管理也分为四个方面。一是税务登记。"三证合一"后，企业虽然不再另行办理税务登记，但开立银行账户后，应将全部账号向税务机关报告备案，其企业股东、法定代表人或其负责人、财务会计人员，均要到税务部门留影,并录取指纹和笔迹等。二是账簿、凭证管理。要求纳税人、扣缴义务人按规定设置账簿,依法登记和核算,并将财务会计制度、处理方法和会计核算软件报送税务机关备案。三是发票管理。目前,税务机关已对发票的印制、领购、开具、取得、保管及撤销实行全程监管,并全面推广税控装置等。四是申报和征收管理。即要求企业依照法定期限进行申报和缴纳税款。

石文洁:现在行政机关对企业的监管手段很多,如现场检查,检查账簿、凭证、报表和有关资料,责成纳税人提供有关文件、证明材料,询问有关人员,检查纳税人物流信息、银行账户,进行财务审计,向稽查对象上下游客户调查取证等,企业只要有违法作弊行为,监管部门查处根本不是什么难事。目前的国地税合并、税收实名制、金税三期、社保入税、个人收入与财产信息(征信)系统建设等,使税务机关依据大数据这一现代工具查处财税违法行为不仅事半功倍,而且准确率极高,企业在国家监管机关面前已成"透明人",切不可再抱侥幸心理。

马慧娟:目前,对企业财税有监管责任的部门主要是财政部门和税务部门,证监会对上市公司上市前和上市期间的财务管理负责监管,审计部门对国有(控股)企业财务管理负责监管,人民银行对金融机构财务管理负责监管,保险监管部门对各类保险公司财务管理负责监管。如果企业涉及财税犯罪(如逃税罪、隐匿销毁会计凭证罪等),则由司法机关追究其刑事责任。

2. 企业财税违法成本畸高

主持人: 当前民营企业财税管理方面存在的问题是什么?监管部门对其违法违规行为是如何处置的?

石文洁:财务管理不规范是民营企业管理混乱中的突出问题。实务中最常见的不规范行为主要表现为,为逃税而建"两套账",为方便结算、少计收入或预防资金被查封、冻结而搞"资金体外循环",购买资产图便宜、不开发票形成"账外资产",开具或索取发票不规范(如交易主体与开票主体不一致、交易标的与发票所示不一致)而被定性为"虚开增值税发票",为了少计、多计收入或虚增、压缩利润而虚假登记往来账务等。这些问题不但会给企业造成行政或刑事违法风险,也会诱发内部人员的道德风险,危害极大。

张亮:有些企业为了逃税,"发明创造"或"相互学习"了很多方法和手段。一是隐匿营业收入，二是虚增经营成本，三是股东们设法变相分配利润，四是在企业报销个人或家庭消费等企业非经营性支出。所以，就出现了两套账、采购不要发票、销售不开发票、收入计入往来、资金体外循环、买发票冲账、股东以借款或预付账款名义提取企业利润等诸多奇怪现象。

刘瑞华：有的企业将应税业务（事项）伪装成其他业务（事项），设法归入免税或者低税率之列，以达到"合理避税"之目的。真票假业务、假票真业务、假票假业务经常出现。还有的企业成立多个关联公司，通过关联交易和关联公司配合做账、转移利润或提供发票。会计信息失实失真、不具有合理交易目的等情况较为普遍。

马慧娟：如果民营企业不依法设置账簿，未按规定填制、取得原始凭证，未按规定登记账簿，或者伪造、变造会计凭证、会计账簿，编制虚假财务报告，故意隐匿或者销毁财务会计资料等，一旦被监管部门查处，将会对单位负责人、主管人员和其他直接责任人处以罚款，对于构成犯罪的，则依法追究刑事责任。

刘瑞华：对于企业的漏税违法行为，税务部门有权核定应纳税额，核定征收税款，追缴应缴的税款、滞纳金，并处以罚款，甚至会被追究刑事责任。目前，涉税犯罪的立案标准都很低，比如逃避缴纳税款 5 万元以上并且占应纳税额百分之十以上，经税务机关追缴后，不补缴税款或者不接受行政处罚的，就会构成逃税罪；虚开增值税涉税金额 1 万元（被骗税款 500 元）的即构成虚开增值税发票罪，涉税金额达到 50 万元的，将会被处以 10 年以上有期徒刑。企业与相关责任人的违法成本都很高，建议企业要依法合规运作，避免被监管部门处罚追责，得不偿失。

马慧娟：证券发行和上市期间的财务造假也会面临严厉的行政处罚，如对公司和相关负责人开出巨额罚单、警告和市场禁入等处罚，而涉嫌构成欺诈发行股票、违规披露信息等犯罪的，还会移交司法机关依法追究刑事责任。给投资人造成损失的，还将面临投资人的索赔。

石文洁：前几年资本市场上出现的"万福生科""绿大地"财务造假案曾轰动一时。创业板财务造假第一股"万福生科"，2008—2011 年虚增收入 7.4 亿元左右，虚增净利润 1.6 亿元左右（其中 2011 年挂牌前后突击虚增收入 2.8 亿元，虚增净利润 5900 多万元）；"绿大地"则为中小板造假第一案，方法和手段同"万福生科"一样，也是虚增巨额收入和利润。两家公司和相关责任人因构成欺诈发行股票罪、伪造金融票证罪等，公司被判巨额罚金，董事长和财务责任人则被判处有期徒刑并处罚金，教训不可谓不深。

3. 财税合规已成民营企业的当务之急

主持人：一方面企业财税违法极其普遍，另一方面国家对财税方面的监管越来越严、越来越规范，在此背景下民营企业该如何应对呢？

马慧娟：民营企业财税违法除了面临极大的行政与刑事风险外，实际上也不一定都能占到什么便宜。比如购买资产图便宜、不开发票形成"账外资产"，则导致资产无法入账、无法摊入成本或计提折旧，无法抵扣增值税进项税和企业所得税税前扣除，100万元就可能多交税40万元以上，且资产负债表业绩差。如遇企业重大资产重组或挂牌上市，还可能导致账外资产无法纳入评估，造成股权融资失败、挂牌上市流产等。

张亮：关于财税合规管理，我认为民营老板才是真正的财务主管，只有他们的思想观念扭转过来了，企业才能真正实现财税管理规范化。民企老板必须要明白，你是要设一套账还是两套账，是冒险偷漏税还是规划节税，是规范资金管理还是资金体外循环，是拍脑袋决策还是搞数据化测算，是自己一人说了算还是内部流程化管理，是财务业务一体化统筹还是二者割裂开来管理，是只想着赚钱还是要同时考虑财产与人身安全。

刘瑞华：企业家必须充分认识到，企业财税管理既是一项政策性很强的工作，又是一项专业性很强的工作，而自己企业的财务人员不一定都能胜任。所以，企业在财税管理方面还要学会利用"外脑"，一是可以聘请注册会计师、注册税务师做日常财税顾问，二是聘请法律顾问时尽量要求律师事务所加配财税专业律师。要在营销、管理、投资模式设计或业务流程优化与建章立制时，主动听取财税专业人士的意见，定期进行企业财税法律风险诊断评估，积极开展税务规划，做到既不违法，又能把税务成本控制在最低水平。企业利用"外脑"往往都会收到"内脑"所无法想象的效果。

石文洁："交易产生税，模式决定税"，会计核算改变不了税，只有提前设计好投资、管理、运作、交易模式，合理规划和改变业务流程，才能节约税务成本。偷税和避税已经过时，只有遵从税法依法纳税才是正道，只有进行税务规划才能合法节税，才能坦然面对税务稽查。大数据时代下偷逃税的风险越来越大，请企业和企业家不要随便去冒险，千万不能让财务人员事后去设法偷逃税。企业和企业家的安全比什么都重要，企业冒险触碰法律红线，可能会付出巨大代价，请大家好自为之。

话题 132　企业要冷静应对行政强制与行政处罚

主持人：罗　晓　　嘉宾：姜爱军　胡晓静　李　琴　　文字：李　琴

规范企业行为、维护市场秩序，是国家机关的应有职责，对企业的违法行为进行强制或处罚，也是政府有关部门的应有职权。为给企业创造一个良好的营商环境，防止行政强制或处罚的随意性，国家特制定了《行政强制法》和《行政处罚法》，以规范政府部门的强制或处罚行为。如果当事人认为行政强制或处罚不当，可以提起行政复议或行政诉讼。为了帮助民营企业正确认识行政强制与行政处罚，学会自我保护和依法救济，本期沙龙特邀请几位嘉宾来谈谈行政强制与行政处罚的正确适用，以及企业的应对和救济问题。

1. 行政强制的性质、种类及实施要求

主持人：在企业存在违法行为或拒不履行法定义务时，一些特定的行政机关会对其实施行政强制。那么，到底什么是行政强制呢？

姜爱军：行政强制，是行政机关为了预防或制止正在发生或可能发生的违法行为、危险状态以及不利后果，或者为了保全证据、确保案件查处工作的顺利进行，而对公民、企业的人身或财物予以暂时性控制的一种具体行政行为。根据法律规定，行政机关对企业或企业相关人员可以采取的行政强制措施，主要包括限制公民人身自由，查封场所、设施或者财物，扣押财物，冻结存款、汇款等。

李琴：对企业可以实行行政强制的情形，一般为：无照经营，未取得或伪造、冒用生产许可证，未办理税务登记，逃避纳税义务，不正当竞争，违法直销，传销，销售、生产质量不合格产品，违法生产、储存、使用、运输危险物品，使用被列入强制检定目录而未申请检定或者检定不合格的计量器具，使用不符合安全生产标准的设施、设备，不及时消除火灾隐患，违法排放污染物，发生重大安全生产事故，非法占用土地，违章建设等。

胡晓静：实施强制措施的时候，行政机关可以查封、扣押企业的有关合同、票据、账簿以及其他有关资料，查封、扣押不符合法定要求的产品，查封存在危害人体健康和生命安全重大隐患的生产经营场所，收缴和销毁违法使用的商标标识，责令企业暂停销售侵权商品等。

姜爱军：行政强制是直接影响行政相对人人身、财产利益的行政行为，对行政相对人影响深远。在《行政强制法》出台前，行政强制措施具有"杂、乱、滥、重"等特点，

具体执法者居高临下心态也成了很强的心理定式。2011年出台的《行政强制法》，规范了行政强制的设定和实施，对行政权力进行了约束，很大程度上改善了行政强制的执法现状。

胡晓静： 行政强制措施应由具备相应资格的执法人员按照法定程序实施。作为一般程序，行政机关应做到实施前的报告批准，实施中充分保障企业的知情权，如执法时出示证件，通知当事人到场，告知理由、依据、权利和救济途径，并且听取陈述申辩等。

李琴： 另外，一些行政强制措施的实施还需遵守特定的程序，如对当事人限制人身自由时，行政机关应当场告知，或实施行政强制措施后，立即通知当事人家属实施行政强制措施的行政机关、地点和期限；对于查封、扣押，行政机关应当制作并当场交付查封、扣押决定书和清单；对于冻结，只能由特定的行政机关实施，且应遵循不重复冻结的原则。

姜爱军： 行政强制执行的主体有两类：一类是可直接采取强制执行措施的行政机关，如公安、国安、海关、市场监管、税务等部门。另一类是由行政机关向人民法院提出强制执行申请，由人民法院执行。申请法院执行的，法院审查后，认为行政决定不具备法定执行效力、行政决定没有法定依据、明显事实不清或者违反法定程序以及执行可能造成难以弥补的损失的，可裁定不予执行。

李琴： 行政机关在作出强制执行决定前，会事先催告企业履行义务，企业可进行陈述和申辩。经催告企业逾期不履行行政决定，又无正当理由的，行政机关可作出强制执行的决定，并可以直接或申请人民法院对企业的财产实施强制扣缴、强制划拨、强行退还、强行拆除，对企业有关人员实施强制拘留、强制传唤、强制履行等强制执行措施。

2. 行政处罚性质、种类及实施要求

主持人： 行政处罚作为带有制裁性质的具体行政行为，是行政机关的重要执法手段。那么，请各位嘉宾谈谈行政处罚的种类及程序有哪些？

胡晓静： 与行政强制的临时性控制不同的是，行政处罚是以行政相对人违法为前提，对行政相对人权利的最终处分。根据法律规定，行政处罚的类型包括警告、罚款、没收违法所得、没收非法财物、责令停产停业、暂扣或者吊销许可证、暂扣或者吊销营业执照、行政拘留等。

姜爱军： 通常对企业实施行政处罚的情形包括：虚报注册资本，无证经营，发布虚假广告，虚假宣传，不正当有奖销售，生产、经营假冒伪劣产品，商业贿赂，串通投标，

零售商、供应商违规交易，未经许可擅自经营许可经营项目，污染物排放超标，擅自拆除或闲置防治污染设施，拒绝、阻止调查、检查且拒不改正，拒绝或者拖延有关行政部门责令改正、停止生产或者服务等措施，擅自处置被查封、扣押财物等。

李琴： 企业以欺诈手段取得公司登记，伪造、变造、买卖证明文件、印章，强迫交易，商业诋毁，强行搭售商品，违法发布农药、兽药、饲料和饲料添加剂广告，存在非法占用土地、违章建设等违法行为时，也会受到相关部门的行政处罚。

胡晓静： 行政处罚是对企业权利和利益的限制甚至剥夺，是一种较严厉的制裁行为，因此，行政处罚的适用必须遵守严格的程序。法律规定，执法人员在作出行政处罚决定之前，应向当事人告知给予行政处罚的事实、理由和依据，而且要听取当事人的陈述、申辩，不得因当事人申辩而加重处罚。否则，行政处罚决定不能成立。所以说，企业一定不要因为害怕被加重处罚而忍气吞声。

姜爱军： 行政机关作出吊销资质证书、执业资格证书，责令停业整顿、停止执业业务，没收违法建筑物、构筑物和其他设施，处以较大数额罚款（一千元以上）等行政处罚决定之前，应当告知企业有要求举行听证的权利；企业要求听证的，行政机关应当组织听证。因此，企业只要认为处罚不合理，就应当要求进行听证，说明有关事实和理由，这样才能澄清事实，保护自身权益。

李琴： 行政处罚的执行遵守当事人自觉履行和行政复议、行政诉讼期间行政处罚决定不停止执行的原则。如当事人逾期不履行行政处罚决定的，作出行政处罚决定的行政机关可以采取加处罚款、拍卖查封或扣押的财物、划拨冻结的存款、申请人民法院执行等强制执行措施。在企业不服行政处罚决定而申请行政复议的情况下，企业可同时向复议机关申请停止执行行政处罚，以充分保障自己的合法权益。

胡晓静： 企业受到行政处罚后，相关行政机关可通过企业信用信息公示系统，也可通过其他系统公示企业的行政处罚信息，实行企业信息的互联共享。所以，行政处罚一旦被记入企业的信用信息，可能会影响企业信贷、招商引资、挂牌上市、政府采购、工程招投标、国有土地出让、授予荣誉称号等，使企业的行为受到约束。

3. 企业不服行政强制或处罚的救济

主持人： 在遭遇行政执法时，企业总是遇事矮三分，有理不敢争辩，甚至放弃行使自身的合法权利，间接地助长了违法行政之风。那么，企业应该如何应对行政强制和处罚呢？

姜爱军： 有的企业在得知自己被行政机关处罚后，常会手忙脚乱，没有任何应对的措施，想到的就是尽快上缴罚款了事，或者置之不理。但企业都忽视了一个问题，那就是这些行政机关是以什么理由对企业作出处罚的，作出的处罚决定是否在法律赋予其处罚权的范围内，处罚程序是否合法？

李琴：在面临行政机关的执法行为时，企业应保持沉着冷静，积极向行政机关了解具体的处罚依据或处罚理由，取得处罚文书。如企业对案件事实或程序有异议，则应尽快委托律师积极申请听证、进行申辩，避免由于公司内部人员对法律知识不够了解或者经验不足，而耽搁行政救济的时限或救济措施失当。

胡晓静：如企业对行政机关所实施的行政强制措施或行政处罚决定有异议的，可在法定期限内向做出该行政行为的行政机关所属人民政府或其上一级行政主管部门申请行政复议。因上级行政主管部门熟悉业务，所以能够迅速查清事实、解决争议，上下级之间具有领导服从关系，还可以直接查处有违法失职行为的直接责任人员，一般向其申请较好。行政复议机关履行行政复议职责，不收取任何费用。企业申请行政复议简便迅速、节省金钱。

姜爱军：企业在收到行政强制或处罚决定书后，可以直接提起行政诉讼，也可在行政复议后提起行政诉讼，通过这一"民告官"的方式，请求人民法院保护自己的合法权益。行政诉讼的最大特点是证明具体行政行为合法性的举证责任由被告承担，如行政强制或处罚的证据或程序存在瑕疵，人民法院就有可能撤销行政决定。与行政复议相比，行政诉讼程序相对复杂且成本较高，但公正的可靠性更大。

李琴：行政强制执行中或执行完毕后，如据以执行的行政决定被撤销、变更，或执行错误的，企业可要求恢复原状或退还财物，或申请赔偿。如行政机关存在违法实施罚款、吊销许可证和执照、责令停产停业、没收财物等行政处罚，违法对财产采取查封、扣押、冻结等行政强制措施，企业还可申请国家赔偿。申请国家赔偿时，企业应当先向赔偿义务机关提出赔偿要求，也可以在申请行政复议和提起行政诉讼时一并提出。

第十三章

民营企业刑事法律风险预防

　　刑事法律风险是民营企业家面临的所有风险中的最大风险。刑事法律风险事关企业家的自由、生命、财产以及家族荣誉，任何一个刑事风险的触发，都可能会使企业家失去自由（甚至生命）、财富归零、家属蒙羞。在依法治国和市场经济法治建设越来越完善的大环境下，民营企业以及民营企业家必须高度重视依法合规运作，尽量不去触碰法律的红线，以保护自己的人身安全和财产安全。本章从单位犯罪预防、高管职务犯罪预防、普通员工职务犯罪预防和如何应对国家机关刑事调查几个方面，谈谈民营企业刑事法律风险预防问题。

话题 133　莫因单位利益，涉入刑事风险

主持人：罗　晓　嘉宾：姜爱军　张　杰　张　洲　侯科伟　文字：赵欣伟

单位犯罪的绝大多数主体是民营企业。一些民营企业为了追求经济利益最大化，不惜铤而走险作出错误决策，错误地实施危害社会的行为，给国家的政治、经济以及社会秩序造成不可挽回的损失，最终不慎触犯刑律，导致企业家锒铛入狱，企业一蹶不振、走向衰败。那么，作为民营企业该如何预防单位犯罪呢？本期沙龙的几位嘉宾就一起来谈谈这个问题。

1. 单位犯罪已渗透于市场经济行为的方方面面

主持人：随着我国市场经济法律体系与刑法体系的不断完善，单位犯罪已成为民营企业的易爆风险点。请问嘉宾们，什么叫作单位犯罪？常见的单位犯罪都有哪些？

姜爱军：单位犯罪，一般是指公司、企业、事业单位、机关、团体为本单位或者本单位全体成员谋取非法利益，由单位的决策机构按照单位的决策程序决定，由直接责任人员具体实施的犯罪。单位犯罪是在单位整体意志支配下实施的，单位意志不是单位内部某个成员的意志，也不是单位成员意志的简单相加，而是单位内部成员在相互联系、相互作用、协调一致的条件下形成的共同意志，即单位的整体意志。随着我国经济活动市场化、市场主体多元化以及社会主义市场经济体系的形成，单位犯罪的触角已延伸到社会经济生活的各个领域。

张杰：民营企业经常触发的单位犯罪主要有六大类，一是生产、销售伪劣商品类犯罪，如生产、销售假药、劣药与不合格食品、农药、化妆品等；二是走私类犯罪，如走私普通货物、物品罪，走私文物罪，走私珍贵动物、珍贵动物制品罪，走私淫秽物品罪，走私废物罪等；三是商业贿赂类犯罪，如单位受贿罪、单位行贿罪、对单位行贿罪、对非国家工作人员行贿罪等；四是侵犯知识产权类犯罪，如假冒注册商标罪、假冒专利罪、侵犯著作权罪、侵犯商业秘密罪等；五是非法经营类犯罪，如买卖公民信息罪，组织、领导传销活动罪，非法转让、倒卖土地使用权罪等；六是破坏金融秩序类犯罪，如非法吸收公众存款罪、骗取贷款罪、洗钱罪等。单位犯罪几乎涉及企业所有的市场行为，现行刑法总共有 156 个单位犯罪的罪名。

张洲：我国改革开放 40 多年来，在不同的历史时期，单位犯罪有不同的集中爆

领域，如改革开放初期的走私类犯罪和非法经营类犯罪，经济飞速发展中期的生产、销售伪劣商品类犯罪和行贿类犯罪，经济发展常态化近期的破坏金融秩序类犯罪、侵犯知识产权类犯罪和涉食品药品类犯罪等。为了净化市场经济环境，建立公平的市场竞争秩序，保障消费者安全，维护人民群众利益，后三类犯罪仍是目前司法机关打击的重点，可能还要持续很长的一段时间。

侯科伟：单位犯罪主要表现为故意犯罪和过失犯罪。单位故意犯罪行为是指经单位决策机构按照单位的决策程序来决定实施危害社会的行为，所产生的非法收益归单位所有。单位过失犯罪行为是指单位业务负责人依照其在单位担任的职务或者从事的业务所应履行的职务行为而发生的重大过失，并造成了严重后果的犯罪行为。如中介机构出具证明文件重大失实罪，就表现为本单位工作人员在出具证明文件时存重大失实，应当审查予以纠正而因过失未能审查纠正，因而造成严重后果的。在司法实践中，单位过失犯罪一般较少。

2. 我国刑法对单位犯罪实行双罚制为主、单罚制为辅原则

主持人：民营企业一旦发生单位犯罪，刑法将会如何处罚？这些犯罪行为会对企业产生哪些影响？

姜爱军：我国刑法对单位犯罪一般采取双罚制，仅对个别单位犯罪的直接责任人员实行单罚制。双罚制就是对单位处以罚金刑，对直接负责的主管人员和其他直接责任人员处以自由刑或财产刑（即罚金或没收财产）。我国刑法实行的是罪刑法定原则，现行刑法469个罪名，单位犯罪占比约三分之一，具体哪些犯罪是单位犯罪，哪些单位犯罪是双罚，哪些单位犯罪是单罚，均应以刑法的具体规定为准，司法机关不能随意决定。

张杰：我国刑法对单位犯罪中单位的处罚只有罚金一个刑种，由于单位犯罪的规模、危害程度、涉案金额等情况比较复杂，单位承担责任的能力各不相同，在司法实践中，具体数额由人民法院根据其犯罪数额和社会危害性以及所在地区经济社会发展水平适当裁量。

张洲：在单位犯罪中，对直接负责的主管人员和其他直接负责人员处以刑罚时，主要是以自由刑为主，根据犯罪情节轻重、犯罪责任大小，可以附加适用财产刑，即同时予以罚金或没收财产。在适用自由刑时，大部分单位犯罪的处罚与个人犯罪的刑罚强度相当，一小部分低于个人犯罪的刑罚强度；在适用财产刑时，一般会低于对单位的处罚数额。

侯科伟：对单位犯罪采用双罚制，是对单位犯罪行为的综合性全面处罚，能够反映出对单位犯罪的全面否定，既否定单位，又否定做出决策行为和实施行为的直接责任人员。单位故意犯罪大多数是经济犯罪，往往是为单位谋取非法利益，因此，在追究直接负责的主管人员和其他直接责任人员的刑事责任外，也要对企业判处罚金。单位过失犯罪因系其工作人员的主观罪过导致，一般情况下只处罚单位中的直接责任人员，而不处罚单位，但单位应承担的民事赔偿责任却不能免除。

张杰：民企的单位犯罪行为，大部分都是同时违反行政法律、法规规定的行为，在司法机关对单位及其负责人追究刑事责任的同时，行政机关也会同时对单位进行行政处罚，如吊销经营许可证，禁止在一定期限内从事某些市场行为，或者直接吊销营业执照等。因单位犯罪而被追究刑事责任的责任人，一定期限内不得担任公司高管，不得从事某些职业，或者终身禁止从事某些职业等。

张洲：如果民营企业涉及单位犯罪，则后果非常严重，轻则导致企业破产，重则企业家身陷囹圄，失去自由甚至生命。如湖南三馆房地产公司非法集资案，其董事长曾成杰被判死刑。又如三鹿奶粉的三聚氰胺案，造成董事长田文华被判无期徒刑，品牌价值瞬间归零，企业"大厦"轰然倒塌。2018年发生的长春长生生物问题疫苗案件，也使其包括董事长在内的18名高管锒铛入狱，企业被罚没91亿元，并被深交所强制退市。其后爆发的权健事件，包括董事长在内的20名高管被立案侦查，其中18人被刑事拘留，企业的最终命运不难想象。

3. 民营企业家要时刻绷紧预防单位犯罪这根弦

主持人：当前，民营企业家在注重企业发展速度和利润的同时，也开始注重自我保护了。请问嘉宾们，民营企业应当如何预防单位犯罪呢？

姜爱军：民营企业之所以触发单位犯罪，主要还是企业家法治观念淡薄所致。一是改革开放初期由于法律不健全，很多严重危害社会经济秩序的行为未被追究，现在法律健全了，但大家还惯性地认为有些惯常行为不是犯罪；二是企业家普遍存在法不责众心理，认为大家都在做，为什么就会追究我？三是对新生事物盲目跟风，不加分辨、不假思索比葫芦画瓢地模仿移植，根本不去考虑有无可能触碰法律底线；四是侥幸心理在作怪。

张杰：企业家是个冒险的职业，不冒险就不可能会有大的收获。但冒险不是盲目冒险，要冒可预测的风险，冒自己可以承受的风险，如果里边有没有风险你不知道，有多大的风险你也不清楚，一旦爆发风险，你可能就会猝不及防、束手无策、任人宰割，听天由命。所以，民营企业对自己日常运行中的法律问题以及重大经济行为中的法律问题，都要事先进行分析评估，凡能承受的风险应制订预防与应对预案，一来应尽力避免此类风险，二来即使出现风险也能从容应对。

张洲：民营企业的法律风险防范，一靠投资模式、营销模式、管理模式、运作模式设计时的法律可行性研究，二靠法律风险防范机制的制度化植入，三靠企业家的自觉意识。所以，企业在确定重大投资行为时，在兼并重组与股权变动时，在调整日常市场运作与内部运行模式时，在建立或优化自己的制度体系时，都要自觉地听取法律专家的意见，进行法律可行性论证，以免使自己陷入盲目蛮干的状态。企业还应把法律风险防范的有关措施移植到企业的制度体系之中，以达到规范运作、形成常态、常抓不懈的效果。

侯科伟：除此之外，企业还应定期组织专家对企业进行法律风险全面"体检"或单项"体检"，对"体检"出的问题进行诊断和评估，然后根据专家建议进行堵漏补缺。目前，许多民营企业运作管理水平普遍较低，缺乏足够配套的专业管理人才，所以，必须依靠外部专家来对企业进行风险诊断和评估，这个成本是必须要付出的，再大的风险诊断评估成本也不会超过随便一个风险爆发所造成的损失。

姜爱军：民营企业在发展和市场拓展的道路上，一定要摆正速度与平稳的关系、长远与眼前的关系、利益与风险的关系、金钱与自由的关系，不要片面地强调经济利益，而不考虑人身（财产）安全，也不要盲目模仿、简单复制、匆忙移植，更不能抱有侥幸心理、从众心理。企业必须根据自己的实际，因企而异、因企施策，设计出适宜于自己的运作模式，这样，才能够做到依法合规运行，避免出现可能的刑事法律风险。

话题 134　民企高管，切莫踏上通往监狱之路

主持人：罗　晓　嘉宾：姜爱军　张　杰　张　洲　侯科伟　文字：赵欣伟

民营企业高级管理人员作为企业的所有者、决策者、运作者、管理者，直接掌握着企业的人、财、物等资源及其配置权，在履行职务行为时，稍有不慎就有可能触犯刑律，成为事业征程中的失败者。那么，民营企业应当如何预防其高管的职务犯罪呢？本期沙龙中几位嘉宾就与大家谈谈民营企业预防高管职务犯罪这一问题。

1. 民企高管职务犯罪都有哪些

主持人：民企高管一般是指哪些人，他们容易触犯哪些职务犯罪呢？嘉宾们能否先介绍一下这些基础性问题？

姜爱军：从管理学角度讲，民企高管一般是指企业的法定代表人、董事、监事、总经理、副总经理、财务负责人以及总师类职务的人员。但从法律角度讲，一般还包括其参与决策的股东、实际控制人，并可以扩大到部门负责人以及一些关键岗位行使特定权利的特定人员。这些人员是企业的宝贵财富，也是企业发展不竭的"原动力"。但由于他们的职务使然，具有职务犯罪的条件，所以，民企高管的职务犯罪屡见报端，并且数量剧增、种类繁多。

张杰：民企高管职务犯罪常见的有三种类型：一类是在单位犯罪中被作为直接责任人而被追究刑事责任的职务犯罪，这类犯罪基本上都是为了本单位利益，如逃税罪、非法经营罪、合同诈骗罪、非法吸收公众存款罪、破坏金融秩序类犯罪和破坏、污染环境类犯罪等；另一类是为了谋取个人利益，利用职务之便侵犯单位利益的侵财类犯罪，如职务侵占罪、挪用资金罪、非国家工作人员受贿罪、内幕交易罪、泄露内幕信息罪和侵犯商业秘密罪等；还有一类就是造成重大责任事故的过失类犯罪，如重大责任事故罪、工程重大安全事故罪和消防责任事故罪等。民企高管职务犯罪在现行《刑法》中涉及的罪名高达 180 多个。

张洲：由于单位犯罪都是由具体人组织实施的，所以，在单位犯罪中除对犯罪单位处以罚金外，还会对起决定、批准、授意、指挥、纵容、组织、实施等不同作用的主管人员和其他责任人处以自由刑或财产刑。这里所说的主管人员，一般是指单位的负责人或者主管领导，包括法定代表人和实际控制人；而其他责任人，主要是指在单位犯罪中

起着组织、指挥或者实施等主要作用的具体责任人，这些人有的是企业的主管领导，有的是部门负责人，有的是特殊岗位的特定人员。对于处于纯粹执行层面，对其犯罪不具备认知能力的普通员工，一般不予追究刑事责任。

侯科伟：高管侵财类犯罪，有的是个人犯罪，有的则是团伙犯罪。由于其犯罪侵犯的是公司利益，并往往使公司遭受难以弥补的损失，且损害的是受托管理人对企业和社会的信用，所以，刑法对这类犯罪也予以重点打击，以保护企业的合法权益。这类犯罪中，并不一定都是故意为之，有的确实是无知所致，如有的股东或高管未经决策程序批准或集体确认，变通报销一些费用，将一些非业务性的额外收入用于部门发放奖金，将交易对象回扣的款项作为部门活动经费保管和使用，或者将单位的资金借给其他企业或个人使用，当其他股东或决策机构反悔不予认可时，就有可能被以侵占罪、非国家工作人员受贿罪、挪用资金罪等追究刑事责任。

姜爱军：高管的过失类犯罪罪名相对较少，目前仅有8个，但此类犯罪往往会造成巨大的社会影响，甚至会诱发群体性事件，危害公共秩序或公共安全。所以，此时高管的刑责往往难免，甚至会被从严处罚。

侯科伟：上述三类民企高管职务犯罪，罪名相互交叉、相存相生，几乎存在于民营企业设立、生产、经营、管理、投资、融资以及内部治理与运作的整个过程和方方面面，稍有不慎，就可能触犯刑法。企业高管一旦犯罪，除被追究刑事责任外，还会被限定一定期间内不得出资设立公司、担任公司高管，有的还会被终身禁入某些行业，葬送自己的发展前程。

2. 民企高管职务犯罪的原因分析

主持人：如想搞预防，必先知起因。那么，民企高管犯罪的原因都有哪些呢？

姜爱军：之所以发生高管职务犯罪，对于单位的决策机构（包括股东会、董事会或者授权管理人或实际控制人）来说，一是缺乏法律意识，在作出重大决策时，对法律可行性重视不够，不去听取法律专家的意见，导致决策具有先天缺陷；二是跟风思想严重，认为别人已经在做的事情肯定都是合法的，不会存在太大的问题，即使不合法也法不责众；三是侥幸心理作祟，信奉"撑死胆大的、饿死胆小的"观念，认为违法者众，哪能刚好"落到我的头上"，草率决策、盲目蛮干。

张杰：在单位犯罪中，有些高管特别是小股东和聘用的管理人员被追究刑事责任主要是由三个方面的原因造成的。一是对相关决策缺乏深入研究、稀里糊涂，参与决策时，无法提出自己的独到见解和反对意见；二是认为企业是人家的，事不关己，高高挂起，抱着一副无所谓的态度，对企业的发展方向和实施手段漠不关心，即使看出不妥也不愿多说，使得错误决策顺利通关；三是盲目服从，不加辨别地一味支持主要领导的决策，积极执行，甚至创造性地实施错误决策，结果一旦构成单位犯罪，自己也受到牵连，被一起追究刑事责任。

张洲：在高管侵犯单位利益的犯罪中，有的高管不把企业当作自己的事业平台，不珍惜自己的"羽毛"，缺乏底线意识，能捞一把是一把；有的由于这样那样的原因，认为企业对不起自己，对自己的人格尊严缺乏尊重，工作业绩不予肯定，报酬与贡献不相称，既然如此不捞白不捞；有的对公司失去信心，没有了感情，开始酝酿跳槽，走的时候想方设法得带走点什么，以便自己创业或作为谋求新职的"投名状"，不惜窃取单位的技术资料、客户资料等商业秘密。

侯科伟：更为"奇葩"的是单位内斗而互相举报。有的股东为争夺对单位的控制权而举报其他股东侵占或挪用资金；有的由于大股东的垄断，小股东无法行使决策权、知情权、分配权而举报大股东侵占或挪用资金；有的聘用高管为报复企业控制人，控告企业的非法经营行为；有的高管相互举报别人的职务犯罪行为等。这种来自内部的相互举报如果属实，就有可能被侦查机关立案调查，企业高管就有可能被追究刑事责任。更为不可思议的是，有时侦查机关一查，举报人也难脱干系，被同时牵扯进去，很是悲哀。当然也有客户或竞争对手举报的情况，企业不得不防。

3. 民企高管职务犯罪风险如何防控

主持人：企业高管职务犯罪一般都是较为隐秘的犯罪，企业或其高管应当如何预防呢？

姜爱军：企业高管职务犯罪，不仅是民营企业要注意的问题，更是民企高管们必须重视的问题。对于企业来讲，要提高法律风险防范意识，尽力做到依法合规运行。凡是企业的重大经济行为，在作出决策前，不但要进行市场可行性研究、管理模式可行性研究，还要进行法律可行性研究，评估其可能存在的法律风险。如果法律风险过大，且爆发后难以有效控制其结果，那么最好不要去冒刑事犯罪的风险，因为刑事犯罪的风险往往是民营企业及其高管所承受不起的。

张杰：中型以上的民营企业一般都聘有法律顾问，企业要善于利用其法律顾问为企业的重大经济行为决策把关。企业不但要主动听取法律顾问的意见，还应邀请法律顾问参与重大决策的论证，要求法律顾问对拟议事项进行法律可行性研究和法律风险评估，对法律顾问提出反对意见的要慎重决策，以确保决策的合法性（特别是刑事犯罪的零风险），不能嫌弃法律顾问碍手碍脚而弃之不用。另外，企业应有效发挥监事会、财务、审计等监督机构的监督作用，多维度防控刑事风险。

张洲：作为企业高管，要始终绷紧预防刑事犯罪这根弦，决不能去触碰刑事犯罪的底线。在参与决策时，要事前仔细研究，虚心听取法律专家的意见，不能心中无数，盲目表决；要敢于说真话，对于存在刑事风险的重大决策要敢于反对，不能顾及主要领导的感受而丧失原则；更不能附庸主要领导，不加甄别地支持其错误决策，积极实施单位犯罪行为，即使因反对或拒绝执行而被解雇，也总比在监狱里后悔好得多。

侯科伟：企业高管要珍惜自己的信誉，严守职业道德的底线，明利可争、暗利不取。如认为企业不重视自己，或平台不适合自己，可以辞职跳槽，但切不可"吃里扒外"，侵害单位的利益，不能在单位谋取黑灰色收入。对于一些变通性费用支出、账外收入的处置以及大额资金的使用，要坚持事前集体决策、共同负责的原则，事后共同审批、完善手续，以证明并非自己擅自决策，以防企业权利机构追责或他人举报时自己百口难辩，时刻注意做好自我保护。

姜爱军：企业要把决策机制制度化，实现重大事项必走程序，决策过程集思广益，决策结果科学合法，以彻底避免单位犯罪。企业应加强业务流程的全程管控，制定完善的管控制度，堵塞各个业务环节的可能漏洞，防控业务运作中内部人员的道德风险。企业要狠抓安全生产，强化劳动保护，放弃侥幸心理，避免发生各类安全事故，以保护企业的财产安全、劳动者的人身安全以及企业高管的人生前程。

话题 135　民营企业要时刻警惕员工职务犯罪

主持人：罗　晓　　嘉宾：姜爱军　张　杰　张　洲　侯科伟　　文字：赵欣伟

在民企日常运作过程中，员工由于各种原因侵犯单位利益的行为时有发生，严重的也将构成职务犯罪。员工的职务犯罪行为，不仅会给企业造成直接经济损失，还会给企业的声誉和市场形象带来严重影响，直接破坏企业内部经营管理运作秩序。为了帮助民营企业防范员工职务犯罪，本期沙龙的几位嘉宾就与大家一起谈谈这一问题。

1. 民企员工职务犯罪的特征及表现形式

主持人：请问各位嘉宾，民营企业员工的职务犯罪有什么特点，与高管的职务犯罪有什么区别？

姜爱军：除事故类过失犯罪外，民营企业高管的职务犯罪主要特征是利用职权，而普通员工职务犯罪的特征则主要是利用职务的便利。高管的职务犯罪，有的是为了单位利益而犯罪，有的是侵犯单位利益而犯罪，而员工的职务犯罪则主要是侵犯单位利益。就侵犯单位利益的犯罪而言，高管触犯的罪名相对较少，而员工触犯的罪名则更加宽泛，几乎涵盖企业内部的物流、资金流、信息流整个"三流"体系。员工的职务犯罪大致可分为侵财、受贿、侵犯商业秘密、破坏生产经营、重大安全事故等五大类，涉及的罪名达60多个。

张杰：在采购环节，有的采购人员利用考察、推荐、选择、确定供应商的职务便利，收受供应商的钱财；在入库环节，有的采购、检验、库管人员与供应商串通，以次充好、以低计高、以少计多，通过供应商分取非法所得；在散装货物收购入库时，有的采购、检验、库管人员相互勾结，直接伪造计量与入库凭证，通过虚拟销售人套取收购款项。

张洲：在销售环节，有的销售人员利用紧缺产品优先发货权收受采购商的贿赂，有的销售、库管人员与采购商串通，以采低发高、采少发多的方式，通过采购商分取非法所得。在保管环节，有的库管员监守自盗，直接通过交通工具将物品夹带出厂（库），有的随其他货物的正常出库将物品捎带出厂（库），有的伪造出库凭证直接将货物出厂出库，有的与门卫人员串通将没有出库手续的货物直接放行出库，有的偷梁换柱，在将货物、物品盗出仓库后，以其他次品、废弃物、假货顶上。

侯科伟：在资产管理环节，有的员工利用使用、管理、接触企业资产的便利，想方设法将企业资产弄出单位据为己有或变卖获利;有的将露天存放的货物、机器设备弄出厂(库)外;有的甚至从他人管理的仓库中盗取物品。在资金管理环节,有的会计、出纳或其他代收代管现金的人员,利用经手和管理资金的便利,伪造支出凭证或销毁收款凭证,直接侵占单位资金;有的将单位的资金暂时用于个人或者家人、朋友购房、购车、消费使用,甚至有的用于竞争性经营活动、赌博、贩毒等,特别是账外资金被挪用更为常见。

姜爱军:在商业秘密与信息管理方面,有的掌握或知悉企业发展战略、产品战略、产品投放信息、调价信息的员工将该类信息透露给竞争对手或交易对象;有的参与研发或试制的员工将产品研发计划、研发进度、研发成果泄露或出卖给他人;有的将保密的生产技术、工艺、配方泄露或出卖给他人;有的将掌握或知悉的商业模式、营销策略、客户信息、交易条件等商业秘密泄露或出卖给同业竞争对手;有的将单位管理的客户信息出卖给其他经营者;有的在跳槽时,将自己保管、接触的涉密资料原件、复制件以及电子数据全部带走。

侯科伟:还有些员工,认为企业给予自己的待遇较低,或者自己的某些要求没有得到满足,或者认为企业对自己的某项处理不公,便通过各种方式发泄对企业的不满。如破坏生产机器设备、切断机器电源、破坏生产锅炉、阻断供料线、颠倒冷热供给程序、破坏电脑程序等。另外,普通员工的职务犯罪还有重大安全事故、交通肇事等过失类犯罪。

2. 员工职务犯罪的成因分析

主持人:"只因一念之差,就与自由一墙之隔。"民企员工职务犯罪确实是一个普遍现象,嘉宾们能否谈谈其成因?

姜爱军:导致员工职务犯罪的原因无非是两个方面,一方面是员工的主观思想存在贪念,缺乏底线意识;另一方面是企业的内部管理存在漏洞,给员工的职务犯罪提供了可乘之机。

张杰:从员工职务犯罪的主观方面看,一是贪占小便宜思想作祟,"近水楼台先得月",单位的便宜不占白不占;二是心理不平衡,总认为企业对不起自己,收入与贡献不相匹配,不捞点自己太吃亏;三是法律意识淡薄,认为"多吃多占"算不了什么,根本不把贪占财物当回事儿;四是存在侥幸心理,认为自己做的事神不知鬼不觉,企业根本查不出来。故而,面对各种诱惑便铤而走险,甚至深陷其中而不能自拔,最终走到了犯罪的道路上。

姜爱军：在员工职务犯罪中，还有一种情况，就是有的员工发现别的员工侵占单位财物后，长期没被上层发现或追究，认为自己不捞点就太吃亏，所以，也寻找各种机会能收则收、能贪则贪、能拿则拿、能偷则偷。这样，慢慢就会滚动扩大到更多的员工，直至最后发展到有的员工结伙作案，肆无忌惮地侵害单位利益。

张洲：从企业管理方面看，多数民营企业内部风险防控制度体系不健全，物流、资金流、信息流的管控程序缺失，岗位责任不明确，交接手续不健全，信息上报与核对不及时，对整个工作流程缺乏有效监督，长期不对实物、资金、账目进行核查，重要和保密资料不及时收缴入档或采取保密措施，造成大量重要和保密资料散失等，这就为员工职务犯罪留下了可乘之机。此时，如果员工没有职业道德底线和法律底线，就有可能发生侵害单位利益的犯罪。

侯科伟：有的民营企业认为强化管理和进行制度体系建设太费劲，或者缺乏这方面的管理人才，或者不愿投入管理成本，就把自认为关键的岗位交由自己的家人、亲戚、朋友或信得过的人掌控，结果这些家人、亲戚、朋友、亲信时间一长照样经不起利益的诱惑，踏上侵害单位利益的道路，甚至还与其他员工联手侵害单位的利益。有时，企业主和企业高管对"自己人"的不良行为也会有所觉察，但又碍于面子而无从下手，要么假装不知、放任不管，要么收回权力，把自己累得一塌糊涂而使他人袖手旁观。

3. 员工职务犯罪必须时时防控

主持人：员工的职务犯罪既有内因，又有外因。那么，该如何防控呢？

姜爱军：小企业发展靠个人，大企业发展靠制度。目前，企业员工的职务犯罪已呈低龄化、高学历、高智商、智能化状态，防控难度越来越大。企业不但要高度重视，还要在防控制度体系建设上下大功夫。任何以信任为基础的"人治"都是不可靠的，唯有良好的运作机制和健全的制度体系才能筑起企业的防护网，才能使企业长治久安。

张杰：企业发展到一定规模，必须要进行内部运行机制设计，并将机制设计的最终成果以企业管理总规范的形式固定下来，将各个专门问题的处理程序、方式方法、工作标准制定成单项管理办法，然后将整个业务流程中的工作责任落实到各个部门和各个岗位，使企业的各项工作都路径清晰、程序严谨、责任明确、手续完备、信息准确、有痕可查。堵塞物流、资金流、信息流的衔接漏洞，划清不同部门、不同岗位的责任界限，完善传递手续存在的记载瑕疵，勤于报表、账实、账账的适时核对，便于监督机构的随时监督。

张洲：再好的制度如果不能严格执行，还不如没有制度。所以，企业一旦制定了制度体系，就要不折不扣地严格执行。一是企业的决策要按既定的程序走流程、下通知，防止下边的实操者钻空子；二是要严格按照规定的业务流程搞好业务传递和衔接，做到环环相扣、既不脱节又不重叠；三是要按规定的格式和内容要素办理传递手续，做到来有凭、出有据，无钱有物、无物有票、由票变钱；四是要严格落实信息反馈与上报措施，使企业管理者可以适时获取动态信息，及时核对与计划之间的差别、信息与信息之间的差别，如有异常便能及时发现；五是强化内部的流程监督，发现不规范的地方要及时纠正，发现有漏洞及时补漏，发现有问题及时追查处理。唯有如此，才能真正预防可能发生的员工职务犯罪。

侯科伟：企业要定期对员工进行法律常识培训，在对员工进行业务处理法律实务培训的同时，要对员工进行职业道德教育和法律底线教育，让员工充分了解职务犯罪的法律后果和单位防范职务犯罪的措施，使单位的预防职务犯罪宣传正大光明，营造出一个人人预防职务犯罪、人人都被他人监督、人人不敢轻易犯罪的舆论氛围，彻底消除员工的侥幸心理，使他们真正懂法守法，不踏"底线"，不踩"红线"，不想、不能、不敢犯罪，遵规守矩，踏实工作。

姜爱军：要善用案例进行思想教育，用身边的例子剖析职务犯罪的惨痛教训。对于单位内部发生的侵害单位利益的行为，要公开查处、公开处理，形成震慑，把职务犯罪的可能消灭在萌芽状态。对于"自己人"更不能姑息，要敢于出手、果断清除，消除后患。这些工作要让单位的法律顾问和监督机构去做，以免老板撕不开面子、心慈手软。只有做到风清气正，企业内部才不容易出现问题，企业才能够健康发展。

话题 136　面对刑事调查，企业应该怎么办

主持人：罗　晓　　嘉宾：姜爱军　张　杰　张　洲　侯科伟　　文　字：赵欣伟

民营企业存续期间，免不了涉嫌单位犯罪、高管或员工的职务犯罪而被调查，或由于存在交易关系的其他企业或个人涉嫌经济、贿赂或其他犯罪而被调查。此时，如果被调查的民营企业对刑事调查的相关知识缺乏了解，往往会显得手忙脚乱、不知所措，甚至会"被犯罪"。本期沙龙嘉宾们就与大家谈谈民营企业如何正确面对刑事调查这一问题。

1. 企业面对刑事调查不能手忙脚乱

主持人： 民营企业一般会面临哪些机关的刑事调查，因为哪些问题被刑事调查？

姜爱军： 根据我国现行《刑事诉讼法》和《监察法》以及其他相关法律的规定，目前我国具有刑事案件侦查权和调查权（以下统称"调查权""调查"）的机关有公安机关、检察机关、海关、监狱、国家安全机关、军队保卫部门以及监察委员会（以下统称"调查机关""办案机关"）。这些机关管辖的犯罪罪名各不相同。来民营企业进行刑事调查最多的可能是公安机关、监察委员会以及海关，其他几家基本上很少与民营企业打交道。

张杰： 由于公安机关负责侦查经济犯罪，所以，其管辖的罪名最多。如生产、销售假冒伪劣商品类犯罪，妨害公司、企业管理类犯罪，破坏金融管理秩序类犯罪，危害税收征管类犯罪，侵犯知识产权类犯罪，以及破坏环境资源保护类犯罪、重大安全事故类犯罪等，罪名多达 90 余个。海关主要侦查走私类犯罪，所以，管辖的罪名相对较少。

张洲： 监委会成立后，原来属于检察机关管辖的公务人员贪污贿赂、渎职、重大责任事故等职务犯罪案件转由监委会管辖（罪名有 88 个之多），而检察机关只剩下了司法工作人员利用职权侵犯公民权利、损害司法公正类犯罪案件的侦查（涉及罪名只有 14 个），如非法拘禁罪、刑讯逼供罪、非法搜查罪、暴力取证罪以及司法过程中的渎职犯罪等。另外，对于监委会移送检察机关审查起诉的案件，检察机关也可以进行补充侦查。

侯科伟： 实践中，调查机关前往民营企业调查取证，无外乎两种情况，一是民营企业自身涉嫌单位犯罪、高级管理人员或员工职务犯罪，企业及其工作人员被作为调查对象；二是与本企业存在交易关系的其他企业或其工作人员涉嫌犯罪、国家工作人员涉嫌

职务犯罪，要求民营企业协助调查。不论是哪种情况所涉及的刑事调查，企业都不要慌乱，一要询问或判断调查机关的调查目的，二要积极配合调查机关的调查。

姜爱军：按相关法律规定，民营企业及其工作人员在国家机关行使刑事调查权时，有协助和配合的义务，不但要接受调查人员的询问或讯问（向证人、被害人调查核实问题叫"询问"，向犯罪嫌疑人调查核实问题叫"讯问"），还要应调查机关的要求提供书面的证据材料。但由于部分民营企业缺乏这方面的法律常识，往往在面对调查机关的调查时，要么害怕担责、刻意躲避、拒不配合、匆忙销毁相关资料；要么不知轻重、胡编乱造、虚假陈述、提供伪造或变造的证据材料；要么心底不清，被办案人员诱导陈述，稀里糊涂地掉进办案人员设定的"泥坑"。

侯科伟：即使调查机关就是针对自己企业进行调查的，躲避调查也是有害无益的。如果销毁相关资料、做虚假陈述、提供伪造或变造的证据材料，不但难以逃脱其罪责，还有可能丧失被从轻处罚的机会，并被以伪证罪、包庇罪、故意销毁财务会计凭证罪等追加追究刑事责任。暴力对抗的，还有可能构成妨害公务罪，被办案机关采取刑事强制措施。如果是调查机关调查他人，企业或其工作人员拒不配合，还可能导致调查机关也把企业和其工作人员纳入犯罪嫌疑人范围进行扩大调查，如此，企业将遭遇更大麻烦，得不偿失。

2. 刑事调查都有严格的程序和要求

主持人：各位嘉宾，调查机关进行刑事调查时，都有哪些法定程序，要给企业或被调查人出具什么手续？

姜爱军：调查机关的调查，一般分为初步审查和正式立案调查。初查是指调查机关受理报案（举报）后，对犯罪线索或证据材料进行立案前的初步审查核实。此时，调查机关可以采取询问、查询、勘验、鉴定和调取证据材料等手段，在不限制涉案人员人身自由和财产权利的前提下进行调查。

张杰：如经初查发现，涉案单位或其人员确有犯罪事实需要追究刑事责任的，调查机关才会正式刑事立案，并转为刑事调查，其调查措施和方式包括讯问犯罪嫌疑人、询问证人和被害人、检查和勘验、搜查、查封和扣押、查询和冻结、司法鉴定、组织辨认、技术侦查以及通缉犯罪嫌疑人等，并可以对犯罪嫌疑人采取拘传、拘留和逮捕、取保候审、监视居住等刑事强制措施或者留置等监察措施。

张洲：办案人员询问证人或被害人时，都会向被询问人出示警官证或工作证以及询问证人通知书，企业和被询问人均可以查验和核实办案人员出示的证书。查验无误后，应当配合办案人员的询问。办案人员询问证人、被害人，应当在证人、被害人认为方便的地方进行，原则上不得通知其到办案机关进行询问。证人或被害人在接受询问时，要实事求是地介绍自己所知道的案件客观事实，不能进行推断、臆测性陈述，更不得故意进行虚假性陈述。

侯科伟：办案人员在讯问犯罪嫌疑人时，也会向犯罪嫌疑人出示警官证或工作证以及讯问犯罪嫌疑人通知书或者传唤／拘传通知书，企业和被讯问人均可以查验和核实办案人员出示的证书。查验无误后，应当配合办案人员的讯问。讯问既可以在企业进行，也可以在嫌疑人住所或办案人员指定的地点进行，还可以在办案机关进行。被讯问人应如实介绍自己所知道的案件客观事实，不得故意进行虚假性陈述。

张杰：如果办案机关在询问／讯问后，认为被询问／讯问人已构成犯罪，必要时可以采取拘留、逮捕或留置措施；认为不需要拘留、逮捕或留置犯罪嫌疑人的，则会对犯罪嫌疑人采取取保候审或监视居住措施。犯罪嫌疑人第一次被讯问后，即可聘请律师为其辩护（目前监察机关办理的案件尚不能委托律师辩护）。辩护律师的职责是向犯罪嫌疑人和办案机关了解案情，为犯罪嫌疑人提供法律咨询，代为申请取保候审，代为申诉和控告。犯罪嫌疑人或其家属应尽量在第一时间委托律师寻求法律帮助。

张洲：办案人员向企业调取相关交易合同、出入库记录、资金收付凭证、财务记账凭证、不动产登记证书、工作人员任职文件与身份信息等证据材料时，会出示警官证或工作证和调取证据通知书，企业在查验无误后，应当如实提供复印件，并在复印件上盖章，注明提供人和提供日期。

侯科伟：如办案人员要扣押上述资料的原件或原物时，则应要求其出具扣押／查封决定书或扣押清单，否则，企业可以拒绝提供原件和原物。对办案人员扣押的文物、金银、珠宝、名贵字画等贵重物品，企业可以要求双方对扣押的贵重物品及其移交过程进行拍照和录像，以防被弄丢或被调换。如办案机关已查封冻结企业不动产或银行账户里的资金，企业应向办案机关及时索取查封冻结的相关文书和手续。

3. 面对刑事调查，企业及其工作人员应做好自我保护

主持人：民营企业及其工作人员接受刑事调查时，应该如何做好自我保护？

姜爱军：民营企业的高管或员工在接受办案人员的询（讯）问时，要沉着冷静，问啥说啥，想好再说，不问不说。回答问话时，要如实介绍自己经手处理或知晓的涉案客

观事实。确实想不起来的，可以直接表明"记不起来了"或者"以书面材料或记录为准"，不能凭主观臆测和随意推断进行"可能""大概"性陈述。更不能在不明就里、不清楚问题性质的情况下隐瞒事实或做虚假陈述。否则，自己可能本来"没事"，也会自己把自己"说进去"。

张杰：办案人员询（讯）问被调查人并制作询（讯）问笔录后，被调查人应当认真核对笔录。一看笔录是否完整，有无遗漏，是否有断章取义之处；二看笔录记录的内容是否属实，是否是自己的原话原意。一般情况下，笔录记录的内容越细越好。如认为笔录记录的有遗漏、不完整，或者不属实、不是其原话原意（特别是有自己不懂的术语时），则应要求记录人补充和更正。如记录人拒不补充或更正，则被调查人有权拒绝签名摁手印确认。被调查人也可以自行在笔录上修改、补充、完善，然后再签名摁手印确认，以避免遗漏对自己有利的客观事实和情节，或者办案人员曲解其意思乃至故意矫证矫供。

张洲：办案人员向民营企业索要相关书证资料时，企业应要啥给啥，不要不给。企业应按照办案机关开具的调取证据通知书或侦查人员出具的调取证据材料清单向其提供材料，凡通知书或清单中没有列明的证据资料，或者与案件无关的材料，企业有权拒绝提供。企业向办案人员移交其调取的资料时，应要求办案人员出具收据，并留存一份复印件备查。

侯科伟：中型以上民营企业一般都聘有常年法律顾问。如果遭遇刑事调查，应第一时间通知法律顾问，如实向法律顾问说明涉案事实的背景、起因、演变过程和最终结果，并提供与案件有关的全部资料，以使法律顾问能对案件作出全面分析和准确判断，指导企业及其工作人员正确应对，既积极配合办案机关调查取证，又尽力做好自我保护。不要自以为是地自行处理，或企图依赖各种关系将案件消化，结果钱没少花，事也没办成，还会贻误最佳的处理时机。

第十四章

民营企业如何选好用好法律顾问

目前，大中型民营企业都聘请有常年法律顾问，但是，很多企业对法律顾问究竟应在企业运作中发挥什么样的作用并不是十分清楚，对如何在众多的律师事务所中选到自己中意的法律顾问稀里糊涂，对如何用好法律顾问更是没有认真考虑过。因此，企业请了法律顾问后，"有事问问，没事搁置"，将律师作为"备胎"的现象非常普遍；而被聘为法律顾问的律师，则"顾上问问，顾不上不问""平时不见人，用时找不到"的现象几乎也成常态。

为帮助民营企业充分认识法律顾问的作用，选好用好法律顾问，使法律顾问在企业的运作中真正发挥保驾护航作用，本章特推出"民营企业如何选好用好法律顾问"话题，以飨读者。

话题 137　法律顾问的角色定位与责任担当

主持人：罗　晓　　嘉　宾：张振龙　张维华　马慧娟　石文洁　　文　字：马慧娟

市场经济就是法治经济。市场经济条件下，许多民营企业都聘有法律顾问来为自己保驾护航。但现实中不会充分利用法律顾问，把法律顾问做"备胎"、当"消防队员"的现象比比皆是，加之所聘的法律顾问存在"顾上问问，顾不上不问"的思想，其在企业运作中的应有作用很难有效发挥。法律顾问在企业运作中究竟应当扮演什么角色，发挥什么样的作用？本期沙龙的几位嘉宾就来谈谈这一问题。

1. 企业对法律顾问存在严重的认识误区

主持人：在我国，律师开展法律顾问业务已经有 30 多年了，各位能否先谈谈企业法律顾问的服务现状？

张振龙：目前，律师担任企业法律顾问总体上来说还没有进入最佳状态。这里面有两个方面的原因，一是企业对法律顾问存在认识误区，不知道法律顾问应该在企业发挥什么样的作用，所以，大多数企业仅仅是把法律顾问当作"备胎"，有事了问问，没事了搁置，不去考虑发挥法律顾问的应有价值；二是由于企业对法律顾问的需求迫切性不强，要求不高，所以，律师们对企业的内部运作也关注不够，研究不深，应付思想严重，没有正确引导企业充分利用法律顾问为企业保驾护航。企业与法律顾问"两张皮"的现象比较普遍和严重。

马慧娟：目前，多数企业都是因为某一方面面临的法律问题较多，才聘请法律顾问的。有的是因为经营问题，有的是因为管理问题，有的是因为投资问题，有的是因为股东关系问题，有的是因为纠纷太多，有的是频繁被行政处罚。基于这些动因，企业聘请法律顾问的目的也就比较直接和单一，"缺啥补啥"，很少有企业是为了全面提升内部管理水平、全面把控企业运作风险而聘请法律顾问的。

石文洁：目前，企业因为担心交易合同把关不严吃亏，或有大量纠纷需要处理而聘请法律顾问的最多。也有少数企业领导是在一些重大事项作出决策前，不愿让企业内部人员知道得太多，但又需要有人为其充当军师或者为其背书而聘请法律顾问的。还有些企业，认为平时也没有什么大事，但得有个律师装装门面，万一有事也用着方便，所以，企业把法律顾问当成"消防队员"或"备胎"也就不足为怪了。

马慧娟：由于企业对法律顾问的作用缺乏正确认识，在聘请法律顾问时，要么认为律师与律师没有太大区别，随便找个律师了事；要么盲目迷信大腕，倾向于找名律师、大律师，根本不考虑企业的实际需要与专业匹配。所以，企业聘请法律顾问时，选择一个律师的居多。这样的法律顾问，对于小企业来说还凑合，对于大中型企业来说，根本满足不了企业现实存在的多方面、多专业法律需求。资浅律师没经验，资深律师没时间，单个律师专业和能力受限，企业对法律顾问的服务多数并不满意，所以也就不愿多付费。企业付费少，律师也更不愿意多出力。

张维华：其实也不是企业不愿多付费，而是找到真正能为企业提供全方位法律服务的律师团队太难。我名下开办的企业有十几个，既有矿山企业，又有玻璃生产企业，还有物流和商贸企业等，全部员工也有300多人。由于关联企业多、行业跨度大、规模也不小、业务很活跃，企业的日常运作和管理中面临很多问题，都需要律师参与把关。传统的一人法律顾问服务模式确实已经过时了，我们更需要的是专业化的律师团队。

2. 企业法律顾问应当发挥的五大作用

主持人："法律顾问，顾上问问，顾不上不问"，好像就是目前企业法律顾问的真实写照。那么，在市场经济与依法治国的大背景下，企业法律顾问究竟应当发挥什么样的作用？

张振龙：法律顾问的真正作用应该是帮助企业提前防范可能发生的各种法律风险，而不是整天忙着为企业打官司和处理各种纠纷，即所谓"上医治未病"。一般来说，法律顾问在企业日常运作中，主要发挥五个方面的作用，即决策参谋作用、机制建设作用、运作辅导作用、人身与财产保护作用、处理企业内外部纠纷和化解危机作用。

马慧娟：企业的重大经济行为，既涉及市场关系，又涉及管理手段，还涉及法律规范，如果没有律师的参与，就很难保证决策的合法性、科学性和可操作性。无论是项目投资、合资合作，还是设立公司、股权变动、兼并重组、解散清算，抑或是工程建设，或者是市场运营模式、管理模式调整，都需要律师对方案进行法律可行性研究，并配套科学的交易合同，才能保证企业决策的正确实施。

石文洁：企业的内部管理制度就是企业的"法律"，对企业内部运作具有法律约束力，在处理内部纠纷过程中也会成为人民法院和仲裁机构的裁判依据。因此，其内部制度必须体系完整、协调匹配、合法合规，能够发挥操作指引作用，可以作为划分和追究责任的依据，以保证企业内外部的有序运转、有效衔接和良性互动。律师参与制订企业内部运作管理制度，可以把法律规范的基本要求以及风险防控的相关机制与措施，恰当地植入企业的制度体系之中，使其制度更完美、更可行、更有效。

张振龙：企业的日常运作包括交易合同的签订和履行，内部业务传递的流程把控。如果合同内容不完整、履约机制不科学、质量标准与履约手续不明确，就很有可能发生交易纠纷；如果内部传递程序不规范、衔接不到位、手续不健全、责任不明确，就会出现工作脱节、推诿扯皮、效率低下、无人担责等问题。所以，法律顾问应当从设计交易模式、设置合同条件、协助合同谈判、签订与履行合同、办理结算等环节全程把控交易风险，从物流、资金流、信息流等全方位、全流程辅导企业运作，完善内部传递手续，有效管控企业内部运作的各种潜在风险。

石文洁：法律顾问最重要的还有一条就是保护作用，即对企业财产和权益的保护，对企业家以及高级管理人员人身自由的保护。在日常运作中预防企业行政违法，避免可能出现的行政处罚，预防企业的单位犯罪风险和企业家与高级管理人员的职务犯罪风险，预防企业员工侵犯单位利益的职务犯罪，一旦发生纠纷或出现危机，也能够及时有效化解。只有如此，企业才能够健康平稳地持续发展。

张维华：各位嘉宾说得很对，我们企业需要的法律顾问不仅仅是处理纠纷的好手、具体工作的助手，更应该是企业重大决策的参谋。在我们对重大事项作出决策时，能够为我们提供决策思路、把握决策方向，防止掉到"泥坑"；在我们具体实施时，能够指导我们规范操作，完善相关手续，妥善应对出现的问题；当我们遇到纠纷或危机时，能够帮助我们及时化解；当我们陷进"泥潭"时，能够给我们伸出援手，把我们拉到安全地带。这样的法律顾问对我们才有价值。

3. 多专业、组合型法律顾问，才能满足大中型民营企业的需要

主持人：既然企业法律顾问具有五大作用，那么，聘请什么样的法律顾问才能有效发挥这五大作用呢？

张振龙：要想使企业法律顾问发挥好五大作用，传统的"备胎"式法律顾问肯定不行，必须解决单兵作战、专业不全、时间冲突时难以协调等突出问题。为了彻底克服传统法律顾问的弊端，近年来全国各地的律所都在积极探索新的企业法律顾问服务模式，像我们律师事务所2014年推出的多专业、组合型法律顾问创新模式，就很受民营企业的欢迎。

马慧娟：我们的具体做法是，在拟担任企业法律顾问前，首先派出律师对企业进行

尽职调查和法律风险评估，查找企业的风险易爆点，然后根据企业的风险易爆点确定法律服务的重点领域，再据此抽调对应的专业律师组成法律顾问团为企业提供团队化服务。服务过程中，专业律师各自负责企业对应板块的专业事务，非重点专业出现问题顾问团律师处理不了的，由所里的其他专业律师增援。

石文洁：多专业、组合型法律顾问的最大特点，就是根据企业的现实法律需求配备不同的专业律师。如商业企业可以配备采购、销售专业律师，生产性企业可以加配企业管理律师，高科技企业可以加配知识产权律师，员工人数较多的，加配人力资源律师，业务多元化、核算较复杂或集团化管理的，还可以加配财税律师、商业模式设计律师，企业所处的行业不同可以配备行业律师，投资类企业可以配备投融资律师，股权多元化的可以配备法人治理律师，政府监管较严的，还可以配备行政与刑事律师等。

张振龙：多专业、组合型法律顾问，一可以解决少数律师服务时的专业不全问题，能够为企业提供全方位的法律事务专业服务，确保服务质量；二可以解决时间冲突时的律师递补问题，克服单个律师"平时不见人、用时找不到"的弊端，确保法律服务的及时性；三是由于每个律师担负的任务较轻，加之又是自己的专业特长，有利于律师深入到企业的日常运作事务之中，实现法律规范与企业具体事务的深度融合，实现法律服务精细化。

张维华：我的企业也是这三四年才发展壮大起来的，由于我本人没有在大中型企业待过，缺乏企业管理运作的经验，特别是风险防控的经验，加之没有校友、战友、工友帮忙，所以，我必须借助于外脑来辅助管理，预防可能存在的各种风险。三年前我发现河南张振龙律师律师事务所正在推出多专业、组合型法律顾问，就毫不犹豫地聘请了他们担任我们的法律顾问。他们组建的律师团有六七个人之多，合作三年来，不但为我们的日常运作起到了保驾护航作用，还帮助我们解决了很多未曾遇见过的难题。不管我们有什么法律需求，他们都能给我们提供相应的专业律师为我所用。这种新型的法律顾问，我们民营企业很受用。希望民营企业都要摒弃传统的个人法律顾问模式，广泛采用多专业、组合型法律顾问的团队化服务模式，这个钱花得非常值。

话题 138　选法律顾问不能"只认律师不认律所"

主持人：罗　晓　　嘉　宾：张振龙　张维华　马慧娟　石文洁　　文　字：马慧娟

匹配与耦合，是企业聘请法律顾问的基本要求。现实中，很多企业聘了法律顾问后，觉得很不满意，年年频繁更换，多次更换后仍不满意，要么凑合着用，要么干脆不再聘请法律顾问了。问题就出在所聘法律顾问与企业不匹配上。那么，企业怎样才能选好一个与自己匹配的法律顾问团队呢？本期沙龙的几位嘉宾接着来谈谈如何选聘法律顾问问题。

1. 企业聘请法律顾问，要首先弄清自己的法律需求

主持人：好多企业认为，不找法律顾问不方便，但花钱找了法律顾问却不太管用。那么，问题究竟出在什么地方呢？

张振龙：企业对自己聘请的法律顾问不满意，原因大概有三：一是企业聘请法律顾问前，并没有弄清自己的全部法律需求，只是由于某一动因而去聘请法律顾问，所以，选配律师的针对性不强，更多是通过熟人关系随便找个律师了事；二是企业聘请法律顾问前可能没有太多期待，但聘请法律顾问后，自然很多涉法问题都想寻求法律顾问的帮助，结果发现聘请的法律顾问要么对很多法律事务并不精通，要么没有时间随叫随到；三是即使对现有的法律顾问不满意，也不知道通过什么途径才能找到适合自己企业的法律顾问，只能继续凑合着用。

马慧娟：因此，企业聘请法律顾问前，应首先弄清自己的法律需求。只有知道自己需要哪些法律服务，才有可能去寻找对应的律师团队。企业要弄清自己的法律需求，一是从内部入手，组织各个层级和各个部门对企业的内部决策与实施过程，以及日常运行中的各个业务环节进行法律需求梳理；二是由外部介入，邀请拟担任法律顾问的律师团队对企业各个层次、各个环节的法律风险进行评估。二者结合起来，确定企业的重点法律服务事项，然后根据企业的重点法律需求，来寻找律师团队担任其法律顾问。

石文洁：规模较大、体系复杂、股权多元、业务多样的企业，最好先聘请一个具有法律风险评估能力的律师团队对企业进行一次全面法律风险诊断与评估。律师诊断与评估时，一是要了解企业的决策与执行、业务与财务、信息传递等工作流程，二是要查看企业的相关资料，三是要对各个层级和部门以及关键岗位进行访谈，四是召开座谈会进行沟通。对企业内部的工作流程、运作机制、相关手续以及存在的问题进行全面梳理和

审视，以找出潜在的法律风险。如此，才能够把企业存在的涉法问题挖掘出来、分析清楚，才能更加明确企业的法律需求。

张维华：把企业的法律需求弄清楚了，就好有针对性地去寻找律师团队。不然的话，你聘请法律顾问的目的就不可能明确，法律顾问的任务也不可能清晰，稀里糊涂地聘请一个也不一定"对路"。前期的法律需求梳理非常重要，毕竟律师经历得多，既积累有正面的成功经验，又剖析过身边的反面教训，站得高、看得远、吃得透，一些企业习以为常、不以为然的问题，在律师眼里可能潜伏着很多风险，所以，事先的法律风险诊断和评估是十分必要的，花这点律师费非常值得。

2. 聘请法律顾问最好找专业齐全的紧密型律师团队

主持人：企业的法律需求是梳理出来了，但如何才能找到一个与企业法律需求匹配的律师团队呢？

张振龙：目前，大多数企业聘请法律顾问时，都是"只认律师不认所"，这种聘请法律顾问的方式已经严重过时了。因为，这时你关注的是律师个体的情况，是否资深、有无经验、谈吐如何、人脉广否，对他的专业特长可能就有所忽视，对于他背后是否有后援团队也无从知晓。即使是一个非常知名的大律师，他的专业特长也不一定刚好是你企业所需要的。"术业有专攻"，一个经验丰富的资深律师，他擅长的专业领域可能最多只有两三个，其他方面的问题不可能样样精通。所以，一旦企业需要处理不同专业的涉法事务，如果你聘请的律师不懂，他要么会尽量避开服务，要么强装老练硬着头皮处理，结果很可能会把问题处理成"夹生饭"，为服务事项埋下隐患。所以，现在聘请法律顾问一定要"看所莫看人"。

马慧娟：现在的律师事务所大多有自己的业务定位，有的主攻政府的行政事务，有的主攻公民的法律事务（其中又分为婚姻家事、交通事故、医疗纠纷、劳动争议、相邻关系、家族财富管理等），有的专攻企业法律事务（又分为主攻国企、民企或者外商投资企业的，甚至有的只做一个行业），当然仍有很多传统的律所还是"眉毛胡子一把抓"，没有自己的主攻方向和特色。作为大中型民营企业来说，寻找法律顾问一定要选择主攻企业法律事务特别是民营企业法律事务的律师事务所。

石文洁：考察民营企业专业律师事务所时，一般应要求所里有投资专业、公司专业、人力资源、知识产权、财税、市场交易与模式设计、企业内部管理与风险管控、行政与刑事违法预防等常规性的基础专业律师，专业性较强的企业，如建筑企业、房地产企业、高科技企业等，最好还要看看律所里边有没有精通本行业业务的专业律师。如果是一个专业齐全的律所，不论你企业的法律服务重点是什么，一旦你有其他方面的法律需求，律所都会及时为你调配对口的专业律师。

马慧娟：律所不但要专业齐全，而且还要是团队化服务。目前，多数律所是松散型管理，即使所里边有相应的专业律师，律所也不一定都能调得动。如果所里无法统一调配自己的律师，你可能最终还是只能聘请到一位资深律师或他带领的小团队为你服务。所以，考察律师事务所时，必须要看看他们是不是紧密型律师团队，只有紧密型团队才有可能为你组建一个专业齐全的法律顾问团，并且有强大的后援团以备不时之需。哪些律所是专为民营企业服务的，哪些律所专业齐全，哪些律所是紧密型律师团队，一般到当地司法局、律师协会或者企业家社团就能打听清楚。

张维华：我在与河南张振龙律师事务所合作前，经人介绍接触过五六个洛阳当地的著名律师，有的不是以企业为主，有的虽然也做企业法律事务，但去律所考察后发觉都配不齐我需要的专业律师，更令人失望的是几乎都不是紧密型律师团队，没有实行多专业、组合型法律顾问服务模式。后来我在企业家群里发现了河南张振龙律师事务所，他们主攻民营企业法律风险防范，不仅专业齐全，而且是紧密型团队，经过沟通，他们马上为我组建了一个由不同专业六七名律师组成的顾问团，并且轮流到企业定期值班，一下子解决了我困惑不已的难题。

3. 明确服务模式，厘清服务界限

主持人：律师事务所的专业律师再全，也不可能都担任企业的法律顾问。双方签订法律顾问合同时，应当如何界定律师的服务界限？

张振龙：企业聘请法律顾问时，首先要与律师事务所协商服务广度和服务深度。根据律师业的行业规范和服务惯例，一般情况下，法律顾问只服务企业的常态化日常事务，不应包括非常态化的重大事项，否则就没有办法确定服务费价格，非常态化的重大事项只能作为附加服务，另行委托律师进行专项法律服务，另行交纳法律服务费，这样对双方都很公平。所以，哪些事项属于常态化事项，哪些事项属于非常态化事项，哪些是重大事项，哪些是非重大事项，都要事前确定下来，以免将来发生不必要的争议。

马慧娟：法律顾问的服务深度，主要取决于企业的管理水平和法律风险易爆点所处岗位人员的业务素质。一般情况下，企业管理水平高、相关人员业务能力强的企业，法律顾问的服务深度可以浅些，企业管理不规范、相关人员业务能力差的，法律顾问的服务深度可以深些。一般法律顾问的服务深度由浅到深依次为：常态与非常态事项的日常咨询→重点服务领域的实操辅导→重点服务领域的日常合同审查或起草→重点服务领域的法律文件审查或起草→参与重点服务领域的日常业务合同谈判→参与所有纠纷的诉前处理→重大事项的初期咨询，企业可以根据自己的实际需要与律师事务所商定服务深度。

石文洁：一般来讲，企业的法律风险只是集中于几个方面，所以，应将法律风险易爆点作为法律顾问服务的重点，按这些服务重点配备专业律师，不同的专业律师各自负责对应的专业事务。非重点领域原则上不配备专业律师，非重点法律事务原则上由顾问团成员兼顾，顾问团成员咨询或处理不了的，由律所派出后援律师提供服务。这就是我们所说的多专业、组合型法律顾问模式，整个顾问团按双方约定的服务广度和服务深度服务，完全可以达到防范法律风险的应有效果。

张维华：企业与顾问团之间的分工和协调，也是签订法律顾问合同前需要协商一致的。一方面要明确哪些事务由企业负责，哪些事务由律师负责，双方的责任边界在哪里；另一方面要明确各自的业务对接人和工作联络员，以便双方的工作衔接和人员递补；再一方面要明确哪些事务要双方会商，会商的程序是什么，会商前各自应当做好哪些准备，企业作出决策后律师应当如何处理；最后一个方面就是要明确双方的文件传递方式和移交手续，法律事务的处理与回复时限。只有这些问题都约定清楚了，双方才有可能合作愉快，不致发生工作脱节、推诿扯皮、互相抱怨问题。

话题 139　选好聘好是前提，
　　　　用好法律顾问才是关键

主持人：罗　晓　　嘉　宾：张振龙　张维华　马慧娟　石文洁　文　字：马慧娟

"律师的主要任务不是帮你打官司，而是帮你避免打官司。"这是张振龙律师关于企业法律顾问作用的至理名言。目前，很多民营企业聘请法律顾问的目的仅仅是为企业审合同、打官司，而没有把工作重点放在预防法律风险和矛盾纠纷上。法律顾问只有做到事前参与、事中辅导、事后救济，才能发挥其应有作用，才能使企业避免打官司。本期沙龙几位嘉宾接着来谈谈如何用好法律顾问问题。

1. 企业的重大经济行为，必须要让法律顾问事前参与

主持人：法律顾问在企业日常运作中，主要发挥决策参谋、机制建设、运作辅导、财产与人身安全保护、纠纷处理与危机化解这五个方面的作用。那么，民营企业怎样才能发挥其法律顾问的五大作用呢？

张振龙：民营企业聘请法律顾问，首先应让其在企业重大事项决策中发挥参谋作用。如企业制（修）定发展战略规划、进行重大项目投资、进行重大工程建设、引入战略合作伙伴、设置公司股权结构、建设公司法人治理机制、设计与调整企业运作模式等，如果没有法律顾问的事前参与，就难以保证其方案合理、合法、科学、规范。

马慧娟：企业发展战略规划不但要具有市场可行性和经济可行性，还必须具有法律可行性，三者缺一不可。企业发展战略规划的法律可行性研究，主要针对的是新项目或新产品、新服务的现时合法性，法律空白项目的前瞻合法性，既有项目未来会否因国家产业政策或法律法规的变化而被淘汰，或被强制升级改造，投资与合资合作模式以及未来的管理、营销、运作模式是否科学合理合法等。市场与经济可行性是决定企业发展方向以及项目投资价值的前提条件，而法律可行性则是项目敢不敢投、如何投、投资过程风险管控的根本保证。没有法律顾问的提前参与，法律可行性研究就会缺位。

石文洁：如果投资项目要与他人合作，就必须事先对合作伙伴以及他人立项的投资项目进行资信调查。只有弄清了合作对象的资产状况、投资能力、运作水平、历史信誉，才能决定是否与其合作；只有查清了拟投项目的基本情况，才能判断该项目是否具有投资价值，是否敢投以及投资的合资合作模式，项目未来的运作模式等，设计与签订公平

合理、合法规范、风险可控的合资合作合同，保证投资项目不会出现大的闪失。这些工作都需要法律顾问的深度参与，否则，就有可能会合作失败。

马慧娟：企业进行重大工程建设，需要组建项目建设管理机构，设计项目建设管理方案，制定项目管理制度，开展工程勘察、设计、监理、造价咨询、施工与设备采购招标工作，签订工程技术与商事服务合同、工程施工合同、设备采购与安装合同，组织与协调工程施工，处理施工过程中出现的各种问题，组织工程竣工验收，进行工程造价结算等。

石文洁：整个项目建设工作中，建设单位处于组织协调的中心地位，有的建设单位有一定的建设管理经验，有的可能没有任何经验，即使具备足够的管理能力，也需要有人来帮助企业主进行融入性监督。所以，民营企业进行重大工程项目建设，应请求法律顾问全程参与，以实现按期竣工、保证质量、控制造价的管理目的，预防发生不应有的履约争议或内部人员的职业道德风险。

张维华：不论是成立项目公司，还是公司增资、减资、兼并重组，还是组建集团公司，都要进行公司组织形式选择和股权结构设计，制订该事项的实施方案，与全体股东签订相关协议，设计公司法人治理机制，起草公司章程，制订"三会"议事规则，否则，公司就难以规范运行，有效防范股东之间的矛盾和冲突。如果由律师参与，不论是方案设计，还是起草协议，或是机制建设，都可以帮助企业做得更加科学、合法、规范，更具有操作性，不易出现公司内部僵局。

2. 运作模式设计和制度体系建设，必须要有法律顾问参与

主持人：民营企业的运作模式设计也属于企业的重大事项，法律顾问能在模式设计中发挥什么作用呢？

张振龙：民营企业的商业（交易、营销）模式，是其与外部交易关系的总体安排，也是企业内部运作与管理关系设计的前提。所以，任何一个企业都应根据自身的行业特点、产品特征、管理水平以及市场竞争的需要，设计适合自己企业生存和发展的商业、交易、营销模式和配套的运作、管理模式（以下统称"运作模式"）。这些模式的设计，牵扯到市场拓展、成本与盈利、内部业务流程的匹配与支撑、内部核算与奖惩等诸多问题，潜藏着外部的交易风险和内部的运作风险，没有法律专业人士的参与，是很难做到合法科学完善的。所以，凡企业进行运作模式设计或调整，应主动请求法律顾问参与设计或论证，以使推出的模式更适应市场规律和企业内部运作的要求，不致出现法律方面

的漏洞或硬伤。

马慧娟：企业的运作模式决定着企业内部制度体系的建立与调整，反过来企业的制度体系又必须为企业的运作模式落地实施提供支撑，模式与制度是浑然一体的、紧密关联的、互动协调的。制度是企业的内部"法律"，律师作为法律法规的参与制定者和具体实践者，具有极强的规则意识和边界意识，能够帮助企业制定更好、更可行、更有效的管理制度。

石文洁：律师参与企业制度体系建设，一可以使制度充分体现运作模式设计的指导思想，二可以实现整个制度体系的配套和制度与制度之间的有效衔接，三可以把内外部法律风险防控措施植入制度体系之中，四可以帮助企业划清岗位责任界限、完善内部传递手续，为企业的内外部运作固定证据、留存信息。

马慧娟：企业的运作模式不但需要各项管理制度予以落实和支撑，还需要相应的交易合同条件与之相配套。对于经常重复使用的业务合同，企业应设计成标准文本，以指引业务人员使用。专业律师具有丰富的积累和沉淀，由他们来设计标准合同文本，能更好地体现交易模式、合同条件以及具体问题的处理原则，把控交易风险，这些工作企业的内部管理人员一般是难以做到或做好的。

张维华：由于多数民营企业不知道专业律师可以帮助企业进行模式设计和制度体系建设，所以，主动聘请律师参与的较少。我们公司聘请张振龙所担任法律顾问三年来，凡是对采购、销售、管理模式进行调整，都主动征求他们的意见，让他们参与我们的方案论证，他们提出的否决、纠偏、完善意见，我们都认真考虑、充分采纳，保证了方案完善和企业平稳运行。

3. 法律顾问的事中辅导，必须贯穿于企业的整个日常运作之中

主持人：除重大事项决策、运作模式设计、制度体系建设外，法律顾问在企业的日常运作中应当如何发挥其保驾护航作用呢？

张振龙：企业的日常业务运作，少不了签订各种业务合同。这些合同既要遵循既定的交易模式，体现本方的交易条件，还要能够有效地控制交易风险。因此，企业应要求法律顾问熟悉自己的交易模式和交易原则，准确把控交易要点和合同要素，指导业务人员对交易对象进行考察比对，与交易对象进行合同条件谈判（必要时法律顾问还可以协助谈判），草拟合同文本，并最终对合同进行审查把关，使合同具有更强的实操性，既能明确指引双方履行，又能防控本方的交易风险。

马慧娟：合同签订后的履约辅导也是法律顾问的一项重要工作。企业应要求法律顾问深度融入企业的日常业务运作之中，随时为企业履约过程中的工作联络、交接验收、办理手续、提出异议、结算付款等行为提供指导和帮助，既保证本方全面正确履约，又催告监督对方合格履约，保全与完善履约手续，努力避免履约纠纷。如果没有专业律师的辅导，企业的业务人员不一定都能准确把握和轻松应对。

石文洁：员工较多的企业，人力资源管理也非常重要。由于用工来源不同，用工方式不同，不同层级和岗位的待遇不同，绩效考核办法不同，导致企业的员工无法使用统一的劳动合同。这就需要法律顾问根据企业的用工状况，为企业量体裁衣地设计差别化的劳动合同，以供企业与不同性质的员工签订。劳动合同履行期间，企业还要对员工调岗、劳动纪律、劳动保护、劳动报酬、社会保险、福利待遇等进行日常管理，对工伤事故进行处理，因此，也需要法律顾问及时提供法律帮助，避免发生不应有的劳动争议。

马慧娟：高科技生产性企业知识产权保护问题也比较突出，企业应主动要求法律顾问对企业的商标使用与许可、产品研发与技术秘密保护、专利的申请、使用与许可、转让、产品与包装装潢的版权保护、商业秘密保护、监控与遏制侵权行为等，进行"贴身"辅导，从制定制度、设置措施、防范教育、市场监控，到涉密人员的保密协议、竞业限制，提供全方位的管控服务，既防范外部企业侵权，又预防内部人员失密、窃密，依法遏制不正当竞争，使企业享受知识产权独占利益。

张维华：行政违法与刑事犯罪预防，也是企业不容忽视的问题。目前，企业面临的行政管理既多又杂，如项目审批、建设规划、工程施工、业务许可、资质管理、产品质量、计量、价格、财务、税收、生产安全、环境保护、劳动保障等，都需要法律顾问帮助梳理、弄清边界、加以辅导，以避免不应有的行政处罚。单位犯罪、高管职务犯罪、员工侵权类犯罪始终潜伏于企业的日常运作之中，但究竟罪与非罪的界限在哪里，应当如何防范，都需法律顾问给予分类辅导。如果企业盲目蛮干，就有可能走向万劫不复的境地。

话题 140　企业有了法务部，还有必要聘请外部法律顾问吗

主持人：罗　晓　　嘉　宾：张振龙　张维华　马慧娟　石文洁　　文　字：石文洁

近些年，由于民营企业的市场行为越来越活跃，而面临的市场形势却越来越复杂，法律风险也越来越突出，因此，不少大中型民营企业便专门成立了法务部（或设置法务专员）来处理企业的法律事务。有了自己的法务部，企业的法律风险就可以有效避免而高枕无忧了吗？就不需要外聘律师担任法律顾问了吗？本期沙龙的几位嘉宾就为大家谈谈有法务部的民营企业为什么还必须要聘请法律顾问。

1. 有了自己的法务部，企业为什么还要聘请法律顾问呢

主持人： 目前，有不少大中型民营企业都成立了法务部或配备了法务专员，这些企业是不是就可以不必聘请外部律师担任其法律顾问了？

张振龙： 有了自己的法务人员，就不必外聘律师担任法律顾问，这是大多数民营企业的认识误区。他们认为，法务人员都是法学院毕业，都懂得法律，有的还做过执业律师，有一定实践经验，所以，配备法务人员后，企业就没有必要再外聘法律顾问了。之所以会有这样的认识误区，一是这些民营企业还是把法律顾问的职能界定为审审合同、打打官司，还没有定位于全方位法律风险防范上；二是不明白法务人员与法律顾问的根本区别，误以为法务人员可以完全替代执业律师。

张维华： 企业配备了法务人员，为什么还要外聘法律顾问呢？第一，法务人员多数是毕业不久的大学生，这些没有任何实践经验的法学毕业生，根本就不可能会审合同、打官司，他们来企业的目的就是过渡过渡，一旦考过法律职业资格，就会辞职去做律师。第二，有些毕业生虽然取得了法律职业资格，或者也拿到了律师执业证，但由于在律所收入不稳定，生活压力大，只好选择先去企业做一段时间法务（一般优秀成熟的执业律师是不会去做企业法务的）。这些法务人员由于执业经验积累不够，一般也难以完全胜任企业法律事务。第三，即使个别法务人员是资深律师，具有丰富的从业经验，但也不可能是全才，难以熟练地应对企业的所有涉法问题。

马慧娟： 一般情况下，企业配备的法务人员较少，多的三五个，少的两三个，甚至只有一个。多数法务人员除了法务工作外，还要兼管其他非法律事务，企业中心工作也

会抽调他们，使他们不能全身心地投入法律事务之中，被动应付成了他们的工作常态。民企法务人员少，一没有成熟老师帮带，二业务交流范围较窄，三无法及时吸收外部律师的执业经验，所以业务能力提升较慢，加之其流动性大，企业法务部的整体水平一直偏低。

石文洁：由于法务人员属于企业内部员工，不但与企业领导层或者所在部门具有从属关系，而且还要接受其他部门的绩效考核，受到其他部门的制约，所以，法务人员在企业内部发表法律意见时，一般都会有所保留。一是不敢违背领导意志对领导的错误决策发表不同意见，而尽量顺着领导的思维方式去片面提出支持领导决策的法律意见；二是当发现某些环节存在法律风险需要查遗补漏时，由于怕得罪相关部门或领导，而不敢主动作为。明哲保身的法务人员怎么可能在防范法律风险方面发挥应有作用呢？

张维华：企业在配备法务人员的情况下，外聘法律顾问，一可以弥补法务人员人手不足问题，二可以弥补法务人员专业不全的短板问题，三可以将律所众多律师的执业经验导入企业的法律事务之中，为企业法务人员当好后援和参谋，四可以不受牵制地发表独立意见，真正为企业的法律风险防范发挥独特作用。我们企业虽然也有自己的法务人员，但仍聘请张振龙律所担任我们的法律顾问，原因就在于此。

2. 企业法务部与外部法律顾问应如何搞好工作分工

主持人：企业既有法务人员，又有外聘法律顾问，那么，他们的工作分工应当如何界定呢？

张振龙：法务人员的工作重点，一般应放在六个方面。一是审查业务、劳动、融资和后勤服务类合同；二是辅导这些合同的履行，帮助完善履约手续，为外部纠纷的处理和内部管理稽核保留证据；三是协助业务部门处理日常纠纷，代理日常诉讼案件；四是参与企业运作各个环节的法律风险识别，为企业的内部管理制度体系建设和完善提供识别依据和法律意见；五是参与企业重大经济行为的法律风险识别，为企业的重大决策提供识别依据和法律意见；六是为企业外聘律师以及律师的工作分工提供决策意见。具体功能应根据法务人员的业务能力和整体水平而定。

马慧娟：法律顾问的工作重点，也是六个方面。一是帮助企业设计常用的标准合同文本，指导法务人员把控合同审查要点和对业务人员的辅导方式；二是为法务人员的日常履约辅导和纠纷处理提供咨询意见；三是指导企业法务人员进行日常诉讼代理，对个案诉讼方案进行论证把关和技术支持；四是为企业的日常运作提供法律风险防范意见，为企业的制度体系建设和运作模式设计与调整提供专项法律服务；五是为企业重大经济行为提供法律风险防范意见和全程法律服务；六是代理企业非常见诉讼案件、重大经济纠纷案件以及刑事案件。

石文洁：可以说，法律顾问既是企业法务人员的顾问，又是企业领导层的顾问。法务人员负责企业日常的法律事务，法律顾问负责企业非常见的法律事务；法务人员负责一般性法律事务，法律顾问负责重大法律事务；法务人员为法律顾问收集整理提供企业管理制度建设、运作模式设计、重大经济行为的基础性资料，法律顾问为企业提供这些事务的法律意见或专项服务；法务人员为法律顾问收集、整理、提供重大或非常见诉讼案件的基础性资料，法律顾问为企业代理重大或非常见诉讼案件。

张维华：企业的日常运作事务具体庞杂，有些不涉及法律问题，有些涉及法律问题，要想防范法律风险，首先需要识别法律问题与法律风险。法务人员天天在企业工作，更有精力和时间深入到企业运作的各个环节，对潜在的法律风险进行甄别，为法律顾问提供更加翔实可靠的第一手资料，使法律顾问可以省去很多时间和精力，无需再去了解具体事实和相关资料，及时提出法律风险防范意见和可行措施。

马慧娟：由于法务人员处于企业综合管理部门，对企业的重大事项可以第一时间知悉或参与，对其可能存在的潜在法律风险可以提前进行甄别准备，同样可以为法律顾问提供准确可靠的第一手资料，使其省时省力，及时对该重大经济行为提出法律风险防范意见和实操建议。

石文洁：如果有一个律所为企业提供多专业、组合型法律顾问服务，由于其执业律师众多、专业齐全、经验丰富，就可以在企业整个法律风险防范中发挥不可替代的宏观把控作用。但由于法律顾问不能天天在企业坐班，法务人员在企业法律事务具体实操、业务风险控制、内部监督以及纠纷处理方面会更加及时、更为贴近、更具优势，二者密切配合，才能有效防控企业的法律风险。

3. 企业法务部与外部法律顾问应如何搞好工作配合

主持人：法务人员和法律顾问有了分工、各有侧重，实际工作中如何才能做到配合默契、不推诿扯皮呢？

张振龙：企业法务部是整个企业法律事务的调度中心，具体到每一项法律事务，哪些工作属于企业内部的工作，由什么部门或岗位负责，哪些是法律顾问的工作，双方的工作节点在哪里，都应该在法律顾问合同中加以界定，然后由企业法务部根据双方的约定，调度企业内部有关人员和外部法律顾问完成各自的工作，并组织双方对其中存在的问题和操作方案进行会商，按会商结果和分工分别实操。

马慧娟：在法务人员弄清企业业务流程与运作方式的基础上，法律顾问应与法务人员一道商定各个环节的法律风险防控措施，然后交由法务人员具体辅导和实际把控。法务人员在辅导企业内部运作、风险防范以及纠纷处理过程中，遇到疑难问题应及时向法律顾问咨询，由法律顾问提出处理意见，或者双方会商处理意见，然后由法务人员根据会商意见辅导实操。

石文洁：法律顾问对企业重大事项提出法律意见时，法务人员应首先向法律顾问介绍该事项的动因和背景情况以及当前进度，然后根据法律顾问开具的资料清单收集该事项所涉资料，为法律顾问的分析论证提供依据（法律顾问代理案件时亦然）。设计企业内部运作模式和管理制度调整时，法务人员除介绍情况、收集资料外，还必须要向法律顾问提供领导的处理倾向和不同层级员工的思想动态，以便法律顾问在提出法律意见时，对员工的接受程度和不良反应有所考虑和兼顾。

张振龙：法务人员如果认为企业领导层的思想倾向和重大决策存在重大偏差，又不便直接提出或被驳回后不便坚持己见时，可以向法律顾问说明情况，请求法律顾问以局外人的身份提出独立意见。企业日常运作风险防控过程中，当部门或其主管领导之间存在推诿扯皮、不愿揽责，法务人员又无力协调或不便协调时，也可以通过法律顾问向企业提出独立意见，以供主要领导或领导层集体作出决策。

张维华：作为企业的法务人员，凡企业日常法律风险防范、纠纷处理和重大经济行为中自己能够拿准的问题，应及时向企业领导提出自己的法律意见，拿不准的问题要及时向法律顾问提出并提供资料，请求法律顾问在限定的时间内提出法律意见或具体建议，这样才能帮助企业领导作出正确决策。法务人员的看法与领导层的意见不一致时，也可以以拿不准为由请求法律顾问提供法律意见，以使领导层决策时做到兼听则明。

话题 141　除了法律顾问，
其他专业顾问也不可或缺

主持人：罗　晓　　嘉　宾：张振龙　张维华　马慧娟　石文洁　　文字：马慧娟

  目前，民营企业的管理水平普遍较低，既缺乏齐备的专业人才队伍，又缺乏全方位的风险把控能力，所以，必须依赖外部专家提供智力支持。外部专家除了由专业律师组成的法律顾问团外，其他专业领域的专业顾问也不可或缺。那么，大中型民营企业究竟需要哪些专业顾问，又为什么需要这些专业顾问呢？本期沙龙我们就来聊聊这一问题。

1. 对民企来说，专业顾问为什么不可或缺

  主持人：市场经济就是法治经济。在市场经济的大背景下，民营企业需要多专业、组合型法律顾问已经不言而喻，那么，仅仅有法律顾问就能保证企业稳健发展吗？

  张振龙：市场经济条件下，民营企业的生存、发展与运作面临三大风险，即市场风险、管理风险和法律风险。市场风险是产品供求与投入产出的风险，管理风险是公司法人治理机制与内部管理运作机制的风险，法律风险则是依附于市场与管理行为之上而产生的合同违约、行为违法、自我保护不力的风险。三大风险相互交织、相互作用、相互转化，要么良性互动、相互促进，要么恶性循环、一穴溃堤。所以，必须多角度、全方面地加以防范。

  马慧娟：由于我国的民营企业多数是家族企业，其内部环境多多少少都存在一定的劣根性，加之外部专业人才匮乏，使用成本较高，企业的专业人员配备一般较弱。但是，民企又是经营活跃、投资多元、发展迅猛的市场主体，在生存与发展的过程中，有许多困难和问题自身难以解决，这就需要由不同领域的专家来辅助企业分别把控市场、技术、管理和法律风险。

  石文洁：除市场、管理、法律顾问外，其他领域的专业顾问在本专业领域的作用非常突出。如注册会计师可以帮助企业进行财务管理制度设计、账务处理与核算方式筹划，税务师帮助企业进行税务筹划，评估师、造价师帮助企业进行投资、入股、转让、受让、并购重组中的资产配置，商标、专利、版权代理机构帮助企业申请、注册、登记和市场监控，招标代理、监理工程师、造价工程师帮助企业拟定投资、工程建设招标投标、施工管理等方案，细化签约中的技术问题等。有了这些帮手，企业的诸多困难就可轻松应

对。

张维华：那么，为什么企业聘请的多专业、组合型法律顾问中已经有了各方面的专业律师，还需要聘请诸如财税评估、工程管理与造价、知识产权等方面的专业顾问呢？这里边有三个方面的原因：一是视角不同。专业律师是从法律角度由外而内看待各专业领域的问题，而专业顾问则是从技术角度由内而外看待本专业的相关问题；二是关注点不同。前者关注的是各专业领域的法律风险及其防范措施，而后者关注的则是本专业的实操技能与标准规范；三是作用不同。前者注重的是各专业之间的宏观横向协调，而后者注重的则是本专业的微观纵深技术。专业律师与专业顾问各有所长、互相补短、相互依赖、缺一不可。

马慧娟：法律顾问与不同专业领域的专业顾问，在企业运作中的主要作用就是相互支持、纠错、补漏、审查、完善，所以，民企除聘请市场、管理、法律专家担任其顾问外，还应根据自己企业的特点和需求，聘请其他专业人士担任其专业顾问，通过不同领域专家的多角度联手服务，确保企业运作行为科学合法精准。

2. 财税顾问对民营企业的特有作用

主持人：中型以上民营企业都有专职的财务人员，为什么还要聘请财税顾问呢？

张振龙：企业财务人员主要从事的是资金结算、账务处理、成本效益核算等日常工作，注重的是如实审核、规范记账、准确核算，对宏观财税统筹往往关注不够，加之精力有限、视野受限，其宏观财税统筹能力一般较弱，这就需要注册会计师和税务师来辅助企业进行商业（交易）模式设计和财务核算模式、融资模式、重大投资项目的财务方案设计以及税务筹划。

马慧娟：虽然多专业、组合型法律顾问中也会有财税律师，但其并不能代替注册会计师和税务师。注册会计师和税务师主要解决的是，不同股权设置模式、公司组织架构、投资模式、交易模式、管理模式、融资模式下的财务可行性研究、核算方式优化、成本与效益测算、绩效挂钩测算、税务负担测算，以及财务核算与纳税中的技术操作问题；而财税律师则主要关注的是收入、支出与财务核算方式的合法性，纳税方式的合法性，内部奖惩的合法性与合理性，以及财税违法行为的法律后果，从财税法律法规角度优化和调整相关方案与合同。二者优势互补、有机衔接、不可替代。

石文洁：专业的财税顾问可以发挥六个方面的作用：一是对企业的核心竞争力、盈利能力、增长潜力等进行分析测算，从财税角度帮助企业优化企业发展战略规划；二是根据企业规模和资产状况，协助企业制订融资和资产运营方案；三是对企业重大投资行为和交易行为进行财税评估，协助优化投资和交易方案；四是对企业的内部管理模式进行财税评估，协助优化内部管理方案；五是为企业设计财务核算模式与纳税方式，指导企业建账、记账、调账、并账、纳税和资产管理，指导收集、整理和披露财务信息；六是协助制定财税与资产管理相关制度等。

马慧娟：目前，民营企业的财务管理与纳税行为非常粗放。随着我国财税监管体系的不断健全和升级，特别是金税三期、政务信息共享、社保入税、个税改革等的推行，使企业面临更加严格的行政监管，稽查手段更加精准、力度明显加大，这就要求企业的财税管理必须合法规范，以有效避免财税法律风险。

张维华：我们集团公司既有管理顾问，又有张振龙律所为我们提供的多专业、组合型法律顾问，其中也有财税专业律师，但我们仍然聘请了财税顾问，帮助我们规范财务管理和税务规划，近几年在优化业务流程、调整结算办法与税务规划方面，给予了我们有力的支持，使我们受益匪浅。

3. 高科技生产性企业，知识产权专业顾问不能少

主持人：现代社会知识技术更新快，产品迭代周期短，高科技生产性企业的知识产权保护已是其保持市场竞争力的关键。那么，除了知识产权律师，还有必要聘请知识产权专业顾问吗？

张振龙：企业的知识产权主要包括专利权、商标权、企业版权和商业秘密等四大板块。企业对知识产权的保护，一方面是确立自己的知识产权，预防他人侵权；另一方面则是尊重他人的知识产权，不去侵权。由于全社会的知识产权体系庞大复杂，企业知识产权占位行为激烈，知识产权交叉渗透严重，权利边界一般都很难界定，没有专业人士的参与辅导，企业可能就茫然无措、寸步难行。如果企业不会进行知识产权保护，你辛辛苦苦的研发成果和宣传投入可能就会打水漂。

马慧娟：企业商标保护方面，第一是申请注册品类的统筹与占位，以为企业的未来发展以及产品和服务拓展预留空间；第二是商标标识的文图设计，以使其区别显著、利于辨识；第三是市场监控与维权，防范和打击他人冒用其注册商标；第四是注册信息监控，对他人申请的相（近）似商标提出异议；第五是对竞争对手的注册商标申请撤销；第六是商标的许可与转让。

张振龙：专业律师在商标保护方面的主要任务，是边界界定、甄别侵权和程序把握，

商标代理人的主要任务则是统筹设计和市场监控，二者之间需要密切配合而很难相互替代。

石文洁： 企业产品研发方面，第一是产品战略与研发计划的制订，第二是立项前的技术排查，第三是技术方案与研发过程及其进度的保密，第四是研发成果的未来保护措施研判（是继续采取技术秘密保护，还是申请专利），第五是专利申请的技巧（是拆分单项申请，还是多项组合申请或捆绑申请），第六是市场监控与维权，防范和打击他人假冒用其专利，第七是专利信息监测，对他人申请的类似专利提出异议或撤销申请，对交叉覆盖的专利申请共享，第八是专利的许可与转让等。

张振龙： 专业律师在专利保护方面的任务，是设计产品研发过程中的保密措施、是否申请专利的法律论证、不申请专利时的技术秘密保密措施、专利侵权与相似交叉覆盖的界定等，而专利代理人的主要任务则是研发前的技术排查、专利申请的技巧应用、市场监测等，二者同样需要密切配合且又很难相互替代。

马慧娟： 企业版权保护方面，首先是企业职务作品和委托设计作品的著作权归属与创作者的权利界定，其次是著作权登记与创作在先的证据保全，再次是著作权侵权的市场监控与维权，最后是著作权的许可与转让等。这些工作有专业律师足矣。

张维华： 企业的商业秘密保护方面，分散于企业的发展战略与规划、产品战略、人才战略、技术秘密、商业模式、交易模式、定价信息、客户资料、内部运作模式之中，如何界定是前提，采取保护措施是关键，同时还要签订人力资源管理方面的保密协议与竞业限制协议，针对侵犯商业秘密进行自我救济等。这些工作专业律师就可搞定。

石文洁： 企业的知识产权依靠单一措施很难达到其保护效果，往往需要协作保护或叠加保护。如新产品研发过程中的技术秘密与申请专利的衔接保护，投放新产品的实物专利与设计图纸版权的双重保护，新工艺专利与文字说明书版权的双重保护，注册商标与商标著作权的双重保护，包装装潢、产品说明书、宣传广告文图的著作权附加保护，商业秘密的多重保护等。这些知识产权保护措施的综合运用，只有知识产权专业律师才能做到，但专利代理人和商标代理人在具体实施中的作用也不可替代。

话题142　少点"打鸡血"，多搞点法律实务培训

主持人：罗　晓　　嘉宾：张维华　马慧娟　毛　娟　石文洁　　文字：毛　娟

民营企业的法律风险防范不能仅仅依靠法务人员和法律顾问，还应当依赖其老板、高管和员工的法律风险意识和实际操作技能。只有他们具有了法律风险防范意识，并能够严格执行业务操作指引和岗位工作规范，才能保证企业的稳健运行，将管理风险和法律风险拒之门外。本期沙龙我们就来聊聊民营企业的法律实务培训问题。

1. 民企学习培训，不能总是"打鸡血"

主持人： 民营企业配备了法务人员、聘请了法律顾问，其法律风险就能够得到有效防范吗？

马慧娟： 非也。民营企业的法律风险潜藏于企业运作的方方面面，没有从决策、执行到实施，从输入、流转到输出，对物流、资金流、信息流的全面防控，避免法律风险就是一句空话。法务人员和法律顾问只是企业法律风险的识别者、防范措施的设计者、避险手段的植入者、具体实操的指导者，实操中的风险把控需要企业自上而下各层级、自前而后各环节的事事落实、处处把控、环环相扣、步步衔接。所以，提高老板、高管、员工的法律风险防范意识和防范技能，就离不开法律实务培训。

毛娟： 目前是一个知识大爆炸时代，技术的飞速发展，产品的不断更新，推动着商业模式的不断翻新。在此背景下，任何一个人如果不重视知识更新，就有可能被时代所淘汰。但目前民企老板和高管们的学习大多侧重于商业模式创新、资本运作、市场营销等，对企业管理、内部运作和法律实务等的学习却极不重视，导致企业内部管理跟不上自身运作模式的变化，风险防范措施跟不上眼花缭乱的市场创新行为，导致企业内部管理失序，法律风险"裸奔"，内部矛盾和外部纠纷频发。

石文洁： 由于民营企业人员流动性大，因此对员工培训这一块企业更是不愿意投入。即使有的企业搞了员工培训，大多也是"打鸡血"式的思想灌输和"争先斗勇"式的团建活动，很少进行企业管理知识与实务技能培训、业务流程实操培训，法律实务培训更是少之又少。致使目前有很多老板、高管和员工连"法人"和"法定代表人"都傻傻分不清，不知道"合同"和"合同书"有什么区别，不知道内部业务传递手续、管理表格和交易记录就是"证据"，更不知道什么是法律风险以及如何防范。

张维华：其实，不管商业模式再多彩纷呈，具体到一个企业也必定只采用一种，不论营销手段多么花样翻新，一个企业也仅仅可以使用几式，并且还要相对稳定，不可频繁更新。那么，企业家平时的工作重心就应该是放到产品研发、产品质量、市场营销、内部管理等日常运作以及法律风险防范上。企业管理是对整个企业运作行为的管控，其目的是保证企业的顺畅运转和低成本运行。法律风险防范是企业运作中的一个管理要素，所以，参与企业运作的所有人员，都必须接受法律实务培训，这样才有可能在日常工作中把控好所有环节的法律风险。

2. 法律实务培训≠法律常识培训

主持人：民营企业法律实务培训的意义不言而喻。那么，如何才能达到培训效果呢？

马慧娟：所谓法律实务培训，是针对企业的某项具体事务存在什么法律问题，这些法律问题可能会给企业带来哪些法律风险（即不良后果），潜在的法律风险如何避免，其防范的方法手段在业务实操上如何运用等的体系化培训。但目前好多企业安排的法律培训仅仅是法律常识培训，如邀请一个律师讲讲公司法、合同法、劳动法，讲讲会计法、税法、商标法、专利法、环保法等，这种法律条文层面上的培训，对企业会有一定启发作用，但具体到企业日常运作中的实际应用，讲课的老师和听课的学生多是一筹莫展，无论如何都结合不起来。这样的培训对企业法律风险的防范意义不大。

毛娟：企业法律实务培训必须是围绕企业具体事务的实操性培训。企业的每类事务，一般都会涉及多部法律法规，需要考虑法律的综合运用。所以，法律实务培训必须按照企业具体事务的实操流程，梳理各个环节的所有涉法问题，分析民事、行政、刑事不同方面的法律风险及其可能后果，提出防范这些风险的措施，然后将这些避险措施植入具体事务的操作规则之中，灌输给整个事务的所有参与者，使其理解防范的意义，学会在实际操作中把握。法律实务培训是以事论法，而不是以法论事。这样的培训对企业才有价值和现实意义。

石文洁：我们律所这几年已彻底摒弃了法律知识培训，改为企业法律实务培训，全部是一项一项具体事务的全程法律风险防范培训。如公司法人治理机制建设培训、"三会一总"职能设定、权利行使与相互配合培训，股东行权与董事、监事履职培训；如采购、销售以及具体交易中的交易对象尽职调查、授予合同、履行合同、交接验收、质量控制、完善手续、办理结算、异议处理等培训；如招聘入职、签订劳动合同、日常人力资源管理、薪酬激励、劳动保护与社保待遇、工伤处理、终止与解除合同、劳动争议处理等培训。只有这样，才能真正提升企业内部人员的实务操作能力，规范企业的内部管理和市场交易行为，避免不应有的法律风险。

毛娟：另外，专业律师还与其他专业人士联手，开展企业财务管理、资产管理与纳税问题及其法律风险防范措施培训，商标申请、异议、使用、许可、维权过程中的涉法问题处理以及程序与证据保全培训，产品研发过程中的技术秘密保护内容与措施培训，产品研发成果的未来保护方式选择培训，专利排查、申请、异议、使用、许可、维权过程中的涉法问题以及程序与证据保全培训，商业秘密的界定、保护措施以及涉密人员保密合同、竞业限制合同的签订技巧培训，企业版权的权属界定、创作者报酬、保护方法、侵权处理培训，企业所面临的行政管理及其对策培训，单位犯罪与企业高管职务犯罪的环节、情形与防范措施培训等，也都是从企业具体事务的实操出发，利用法律工具解决具体操作中的具体问题。

张维华：站在企业角度讲，仅仅培训法学理论和法律条文是不行的，听的时候确实感觉很有用，但在实际处理具体问题时，大部分人还是不知道如何把所学的法律知识与自己的实际工作进行嫁接。张振龙律所担任我公司的法律顾问后，帮助我们转变培训模式，分别为我们举办了多场原材料采购、机器设备及其零部件采购、产品销售、人力资源管理与用工方式筹划、财务、资产管理与纳税等方面的法律实务培训，每次培训时，与该项事务有关的所有高管、部门和岗位必须全部参加，使我们各个岗位的运作管理水平得到大大提升。

3. 企业重大经济行为，应事前进行专项法律实务培训

主持人：刚才讲的都是企业日常运作事务中的法律实务培训，如企业发生重大经济行为，是否需要进行事前法律实务培训呢？

马慧娟：企业重大经济行为潜在的法律风险更大，稍有不慎就有可能使企业陷入泥潭而不能自拔。如企业的产业结构调整、项目投资、合资合作、成立股权多元公司、股权转让、股权收购、增资减资、分立合并、企业改制与混合所有制改造、集团构架搭建、破产重组、工程建设、重大设备采购、项目与重大资产转让等，其中的法律问题都很多，法律风险都很大，如果不加以防范，就可能导致企业遭受毁灭性打击。所以，企业每遇重大事项，就必须进行专项法律实务培训。

毛娟：比如设立公司（合伙企业）、股权转让（并购）、增资减资、合并分立、企业改制、组建集团公司时，各出资人（股东会）可以先邀请专业律师对各个事项的操作

流程、股权设计、法人治理机制设计、核心法律文件的内容与意义、实施中的注意事项等进行系统培训，使各出资人（股东）能够明白各个事项的工作流程，每个流程中需要做好的工作和签署的文件，以及工作不到位、缺少必要法律文件以及法律文件内容缺失时可能引发的法律风险等，使全体出资人（股东）学会和平共处、理性处理分歧、有序进入或退出公司，避免陷入公司僵局。

石文洁：如果企业拟投资新的生产经营项目、对外投资他人项目、合资合作开发或联营、进行工程建设等，可事先邀请专业律师对上述事项的法律可行性、合资合作伙伴的尽职调查、模式或方案设计、实施流程与注意事项等进行一次系统培训，以使所有参与者都能够充分了解各事项的整个流程、关键环节，每个环节的主要工作与注意事项，其中存在的法律风险及其防范措施等，明白自己的工作内容、工作方法以及责任边界，做到方向明确、运作高效，避免出现重大失误、反复调整或者推倒重来。

张维华：上述重大事项都是企业的偶发事项，企业一般都没有实践经验，急需专业人士给予全程辅导操作。我们企业这几年在终结重整程序、集团架构搭建、采矿权取得和扩容、内部组织机构与内部管理模式调整、用工方式调整、生产线建设、环保设备采购安装等重大事项启动前，都会要求我们的法律顾问安排专业律师和其他专业人士一道为我们进行各事项的具体实务培训。这些培训给我们指明了方向，理清了思路，解除了其中的种种疑惑，使我们提前对各类具体事项的操作流程和注意事项有了整体、系统的认识，大大提高了工作效率，减少了不必要的麻烦，避免了两眼一抹黑，走一步看一步的窘境。所以，我认为民营企业应该提高这方面的思想认识，实现法律实务培训常态化。

话题143　纠纷早了断，老板早解脱

主持人：罗　晓　　嘉宾：张维华　马慧娟　毛　娟　石文洁　　文字：毛　娟

民营企业运营过程中，发生内外部矛盾和纠纷是十分正常的，但由于老板指导思想的偏差，往往导致有些矛盾升级恶化、纠纷久拖不决，既丧失了及早化解矛盾纠纷的良机，又给企业造成了不应有的损失，增加了处理成本，分散了老板的精力，最终导致双方当事人两败俱伤。为此，本期沙龙的几位嘉宾来与大家谈谈对民营企业纠纷处理的经验和看法。

1. 面对民事纠纷，企业要理性、莫赌气

主持人：企业在运营过程中，经常会发生各种各样的内外部矛盾和纠纷，对于这些矛盾和纠纷企业该如何面对呢？

马慧娟：民营企业运营过程中发生的纠纷主要有民事纠纷、行政纠纷、刑事纠纷三大类，而最常见的是民事纠纷。民事纠纷又可分为四类，即股东纠纷、劳动纠纷、合同纠纷、侵权纠纷。由于行政纠纷、刑事纠纷发生概率较低，前几个话题中也已谈过应对技巧，今天我们就重点来谈谈民事纠纷处理。

毛娟：民事纠纷可以说几乎伴随企业"一生"（甚至还会延长至企业终止以后），发生的频率主要取决于企业的运作管理水平。管理水平高、风险控制好的企业，纠纷发生得就少，纠纷的强度也小；管理水平低、疏于风险管控的企业，纠纷就会频仍不断，其中不乏重大纠纷。所以，民营企业必须强化法律风险防范意识，才能避免或减少民事纠纷。

石文洁：民营企业即便是管理再规范、法律风险管控措施再到位，民事纠纷也难以完全避免。一旦发生纠纷或出现纠纷的苗头，就要想方设法将其化解于萌芽状态或初始阶段，以防其升级演变为重大纠纷，恶化成不可调和的矛盾。否则，不但会给企业造成不应有的损失，还会增加处理纠纷的时间成本和费用成本，使老板陷入纠纷处理的具体事务之中，不能聚心聚力从事企业运营。

马慧娟：民营企业的股东（合伙人）对企业发展、经营、管理以及股东的行权行为发生分歧是非常正常的事，但有的股东不是抱着求同存异、协商妥协的态度去寻求解决问题的出路，而是怀着争强好胜的心态，为了突出自己的地位而互不相让，最终造成矛盾激化、不欢而散，甚至导致相互诉讼或互相举报，个别股东被抓，企业陷入瘫痪。洛

阳就发生过一个股东举报另一股东，被举报人被抓后，举报人因为共同犯罪也被抓的惨痛教训。

毛娟：有的企业对发生工伤的员工不付医疗费，不发治疗期间的工资，认为工伤是员工自己违规操作造成的，责任应当由员工自负。当员工离职后与企业发生纠纷时，企业总认为这名员工这也不对、那也不好，跟发生纠纷的离职员工较劲，并担心其他员工仿效产生连锁反应而拒不让步，结果离职员工付诸劳动仲裁或诉讼后，企业全盘皆输，既没有争回面子，又伤了其他员工对企业的信心。

石文洁：有的企业不但内部纠纷不能心平气和地处理，对于对外的合同纠纷、侵权纠纷也是如此，有些履约纠纷、侵权纠纷本来争议并不大，可以通过协商加以解决，但他却非要闹到法庭跟对方争个你死我活不行。特别是履约纠纷，往往是双方混合过错、互相违约（本方工作人员往往向领导隐瞒自己的过错，把责任推给对方），如果双方较劲斗气，不但无助于矛盾的解决，还会伤害合作伙伴的感情，使矛盾更加激化。

张维华：如果双方对簿公堂，那将耗时、费力、花钱，最后的结果也不一定理想。有的仗着自己有关系，托熟人，但也不一定能发挥多大作用，还会欠下一圈人情债。如果本方败诉，还会有损企业的声誉。所以，企业不管遇到什么矛盾纠纷，都应当理性对待，一要在第一时间咨询法律顾问，弄清事实、固定证据、判断责任，二要抱着积极化解的态度主动协商处理，即使吃点小亏，也要把纠纷处理在萌芽状态和初始阶段，以使企业能从矛盾纠纷中快速解脱出来。实际上，用自行和解的方式解决矛盾纠纷的成本也往往更低。

2. 矛盾纠纷初期，要收集完善固定证据

主持人：企业在积极主动解决矛盾的过程中，还需注意做好哪些工作？

马慧娟：即使本方抱着积极主动的态度去解决矛盾纠纷，但对方的态度并未可知，即使双方都愿意自行和解，但如果双方的认知或诉求差距较大，也往往会和解失败。因此，企业在发生矛盾纠纷后，除了要放平心态积极与对方协商处理外，还应及时弄清矛盾纠纷的起因、演变过程、当前状态，梳理可以证明相关事实、责任、后果的证据材料，积极弥补、完善缺失的证据，固定保全已有证据，以为调解失败后的诉讼或仲裁做好准备。

毛娟：民营企业的老板、高管以及员工都必须要有证据意识，一旦发生矛盾纠纷，要第一时间向法律顾问求教，让法律顾问帮助企业理清相关事实，指导收集、补充、完

善、保全相关证据（纠纷初期收集、补充、完善、保全证据一般较为容易），这样既可以依据客观事实有理有据地与对方协商，使对方充分认识到自己的过错或违约行为，提高自行和解的可能性，同时也有助于审视本方的过错或违约行为，为本方的妥协让步提供决策依据。

石文洁：股东纠纷的证据主要是股东会启动、通知、召开的程序性证据、会议记录和相关决议、股东执行职务的相关凭据等；劳动争议的主要证据是劳动合同、岗位说明书、员工出（缺）勤情况记录、工资表与报酬发放或转款记录、内部业务传递交接手续等；工伤事故与其他侵权纠纷的主要证据是事故现场的影像资料、证人证言、受损物品及其损失估价报告、伤者的医疗病例、伤情鉴定结论、各种费用支出的凭证、报案材料、官方的责任认定书或调查报告等；履约纠纷主要是合同书、发收货或催告通知、发收货凭证、验收凭证、交接凭证、质量检验检测报告、异议书以及邮寄凭证、双方的往来函电、守约方的损失凭据等。

毛娟：这些证据不但要形式要件合法，还必须要内容齐全、清晰准确、没有瑕疵、不存歧义，否则，将来提交法庭和仲裁庭后可能会不被采信或丧失应有的证明力。所以，对证据的甄别不能由企业内部人员判断，而必须依靠专业律师。专业律师一般都有丰富的诉讼经验，一可以对现有证据的形式和内容进行甄别，二可以排查出欠缺的证据，三可以指导企业补充、完善、生成缺失的证据，所以，企业必须要善于发挥法律顾问在证据收集方面的作用。

张维华：目前，很多企业都缺乏证据意识，平时的工作中不注意制作会议或工作记录，各环节之间缺乏传递手续，对外交易履约的过程性资料不全，不注意原始资料的归档保管，一旦发生纠纷难以证明自己主张的事实存在，有理而无据。发生纠纷后也不知道让律师及早介入，辅导企业收集、补充、完善证据，待闹得不可收拾时再找律师已经时过境迁，丧失了收集、补充、完善证据的最佳时机，导致诉讼或仲裁中无法占据主动地位，而只能被动应付。

3. 诉讼、仲裁要及时快捷

主持人：如果企业的内外部纠纷不能自行和解处理，那么企业什么时候可以提起诉讼或仲裁呢？

马慧娟：如果企业发生了内外部纠纷，试着自行和解无果，就要及早向人民法院提起诉讼，或者向仲裁机构申请仲裁。特别是权利受损的一方，更应该果断启动诉讼或仲裁程序。及早提起诉讼或仲裁，一可以"趁热"收集证据，以免耽搁时间过长，因为人员更迭、资料丢失而丧失收集证据的良机；二可以防止损失的进一步扩大，有利于缩小争议的范围和争议双方的差距；三可以采取更多的补救或处理措施，有利于法庭和仲裁庭的调解或裁判；四是在债务人资产状况恶化前提前诉讼或仲裁，也有利于债权的顺利实现。

毛娟：另外，如施工企业对建筑物价款的优先受偿权只有6个月，如果工程施工合同纠纷案件中施工企业逾期提起诉讼或仲裁，优先受偿权就有可能丧失；有的担保期限约定不明，按法定期限担保期间只有6个月，如果不在债务期限届满后6个月内提起诉讼或仲裁，担保人就可能不再承担担保责任；民事诉讼（仲裁）均有诉讼时效，如果超过了诉讼（仲裁）时效，原告还需提供时效中断的证据，这就为诉讼增加了难度；如欲在诉讼或仲裁中采取财产保全措施，及早提起诉讼或仲裁，可能还能查封冻结到一定资产，不至于在拿到裁决书后，债务人没有资产可供执行。所以，企业的诉讼和仲裁还是越早越好，不要犹豫不决，以免错失良机。

石文洁：即便企业通过诉讼方式来定纷止争，但在整个诉讼过程中也应本着快速、高效的原则，积极配合人民法院或仲裁机构完成审理程序或达成调解，力争尽快结束诉讼或仲裁。诉讼、仲裁结束得越早，对企业造成的损失和影响也就越小。有的当事人在诉讼、仲裁中故意搅程序、拖时间，把能用的一切程序权利如管辖权异议、申请鉴定、上诉等全部用尽，无限期拉长"战线"，看着好像给对方造成了很多麻烦，但实际上自己也为此付出了很大代价，最终是得不偿失、两败俱伤。

张维华：法庭（仲裁庭）是解决矛盾纠纷的平台。面对民事纠纷企业一定要有一个好的心态，即使对簿公堂，也不一定非要斗个你死我活。即使遇到一个恶意耍赖的对手，也不必与其纠缠不休，与这样的人或企业去争高下，只会平添自己的烦恼。一个正儿八经的企业，哪有工夫去与别人死缠烂打，而耽误了自己的正常经营。在纷争面前适当让步，看似给企业造成了一点损失，但这点损失不一定大于解决纠纷的成本，所以，民营企业一定不要陷于无休止的纠纷之中，要从矛盾纠纷中快速解脱出来，聚心聚力从事生产经营管理活动。

结束篇

辛辛苦苦三年耕耘，饕餮盛宴回味无穷

主持人：罗 晓　　**嘉 宾**：孙红卫　郭景涛　张振龙　马慧娟　　**文 字**：张振龙

　　三年来，我们以张振龙律所为平台，以该所的专业律师为主体，邀请了与企业运作有关的各方面专家以及部分企业家，共同为读者奉献了143道民营企业法务"盛宴"。这143场沙龙，分专题系统详解了中型民营企业日常生产、经营、管理、投资与法人治理各个方面的涉法问题，揭示了各个方面、各个具体问题中潜在的法律风险，并提出了对应的防范措施，使广大民营企业家们受到了一次次法治理念的强烈冲击和依法治企的思想洗礼，大家深表震撼和认同，并且受益匪浅。

　　这场饕餮盛宴，对于"厨房"——河南张振龙律师事务所来说意味着什么？对于"赴宴"的广大民营企业家们又意味着什么？作为洛阳当地的主流媒体，《洛阳商报》在"民企法务沙龙"专栏收官之际，邀请几位嘉宾来一道品鉴一下这场饕餮盛宴的特色，并给广大民营企业家们赠送一个圆满的"餐后果盘"，以示《洛阳商报》对参与该栏目的各位专家，特别是河南张振龙律师事务所各位专业律师的感谢之意。

1. 法律与企业实务深度融合，形式新、接地气、特适用

主持人：各位嘉宾，"民企法务沙龙"历时三年，今天就要收官了。回顾这143期沙龙，大家认为有什么特点，对民营企业来说有哪些帮助？

郭景涛："民企法务沙龙"最大的特点有两个，一个是法律与企业实务的深度融合，一个是法律与相关专业的亲密联手。这个沙龙的后80个专版我参与编审，我的最大感受是它摒弃了过去那种"说教式"法条解读或"以案说法"普法模式，把法律机制完全融入企业的具体事务之中，针对企业各个具体事务中潜在的法律风险，揭示其风险易爆点，并给出防控措施，使读者拿来即可应用。

张振龙：过去的"说教式"法条解读普法模式，是法律工作者从法律角度出发，讲解法律条文的含义、规制对象、行为边界和约束机制，告诫受众要守法、莫违法，学会自我保护。而"以案释法"普法模式，则是通过案例解读法律规定和法律后果。虽然案例可以勾起受众的好奇心，但其基本轴线，要么是"莫伸手，伸手必被捉"，要么是"莫犯傻，犯傻必吃亏"。对于民营企业来说，这种"说教式"法条解读或"以案释法"式普法，难以把企业的学法与用法结合起来，更无法教会企业在一个具体事务中系统用法，"两张皮"现象十分突出。

孙红卫：对民营企业家、企业高管或者员工来说，不管他学习了多少法律知识，但都不可能是完整、系统的，在理解上不可能十分准确，在具体工作中究竟该用到什么实务操作方法也不一定清楚，对于如何才能将法律问题解决方案用得恰如其分更是不好把握。所以，就需要有人从企业日常运营的各个具体事务出发，帮助企业梳理出与每个具体事务相关的法律问题，并给出预防其风险的具体措施，这样的普法对企业才有现实意义。

马慧娟：企业的一个具体事务往往会受到民法、商法、行政法、刑法等多部法律法规、多个法律机制的同时规制。如果一次讲一部法律，企业在一个具体事务中究竟能用上哪些法律他自己并不清楚，更不会同时解决一个事务中的多个法律问题。而采取"以事说法"的方式，可以围绕具体事务涉及的所有涉法问题，一个要点一个要点地把所涉不同法律问题讲透，以帮助企业把各具体事务办好。

张振龙：正是基于上述原因，我们当初与《洛阳商报》策划"民企法务沙龙"活动和设计刊载报纸专栏内容时，摒弃了从法律角度单向灌输方法，改由从企业相关具体事务入手，按事务的客观进程逐步揭示其潜在的法律风险，"手把手"教会企业如何识别和预防该项事务中的法律风险。不仅如此，凡企业具体事务中涉及的专业问题，我们都同时邀请相关专业的专家一道讨论，使法律和专业无缝对接，携手为企业出谋划策。我们采取的这种"以事说法"普法模式，使法律深度融合于企业实务之中，化"有形"为"无形"，企业工作人员在承办或处理具体事务时，只要"比葫芦画瓢"，就能学会操作，简单易懂、一学会用。

2. 沙龙嘉宾凝聚为专家智库，有思想、有智慧、有爱心

主持人："民企法务沙龙"专栏连续推出 143 个话题，大家的感受是什么？

孙红卫："民企法务沙龙"专栏采用"每周一题、一期一题、一事一议、以事说法"的普法模式，确实让企业界耳目一新，并且受益匪浅。我身边的不少企业家一直都在关注着该专栏的每一篇内容，他们普遍反映《洛阳商报》的"民企法务沙龙"专栏开得好，分不同事务、按工作步骤逐一介绍每个事务中的各个涉法问题，并给出具体避险措施，既非常系统，又简单实用，企业家及其工作人员可以现学现用，非常接地气。

郭景涛：河南张振龙律师事务所的专业律师团队不愧为洛阳市民营企业法律风险防范的行家里手。三年来，他们不但为沙龙提供了场地，组织 20 多名专业律师参加沙龙，更重要的是他们为民营企业设计的每个课题都非常贴近企业实际，从活动策划、专家邀请、沙龙组织、现场记录到后期整理、文字材料的反复打磨，都倾注了心血，使最终推出的每期沙龙都是匠心之作，都是民营企业家们喜爱的"美味佳肴"。

张振龙：参与"民企法务沙龙"专栏话题研讨活动的其他专业领域专家，也不愧为洛阳市民营企业的贴心智库，他们中既有市场、管理、人力资源专家，又有财会、税务、评估专家，以及商标、专利、著作权专家，工程监理、工程造价专家，还有行政管理与司法方面的专家等。律师与专业高手、理论与实务专家的共同参与，相关知识和实务技巧的相互打通和有机结合，使企业的具体事务操作起来更具可行性、科学性、合法性、合理性，使企业更受益。

马慧娟：整个"民企法务沙龙"专栏的话题，意在推动民营企业家思想观念的转变，增强其法律风险意识。企业只有具有了法律风险防范意识，法律风险防范才能够成为企业的自觉行动。所以，在整个沙龙研讨过程中，我们重点围绕企业的具体事务，揭示其中的法律风险，分析法律风险可能给企业造成的后果，灌输防范法律风险的意识，给出法律风险的防范措施，直击痛点、针针见血，拿出实招、招招有效，以使企业家们能够早日觉醒，从惯性的陈旧思维中转变过来。

3. 民营企业家法律意识转变，任还重、道还远、需耐力

主持人：市场经济就是法治经济。在社会主义市场经济和依法治国、依法治企的时代背景下，我们今后应当如何继续为广大民营企业服务？

郭景涛：2018 年 11 月 1 日，习近平总书记主持召开民营企业座谈会，之后，中央以及地方有关部门相继出台了一系列支持、鼓励和保护民营企业的政策措施。民营企业在社会主义市场经济中的重要地位已经确定无疑。既然是市场经济，就必然要有市场规则，所有市场主体都必须依照市场规则行事，违反市场规则应受到相应惩罚。国有企业、

民营企业、外商投资企业均受到法律法规的平等保护和平等规制,无一例外。

孙红卫:我国的民营企业是在改革开放的大环境中发展起来的,由于当时的法律法规不健全,既有的法律法规机制落后,没有有效地引导民营企业规范运营,没有有效地制约民营企业的不法行为,导致目前的多数民营企业规范化运作能力低下,粗放式经营管理和运作仍是常态。当前,我国的市场经济法律法规越来越健全,政府的市场监管手段越来越完善,民营企业存在的不规范问题整个都暴露出来了,面临的法律风险也越来越多。

马慧娟:国家引导、支持、鼓励和保护民营企业发展,是引导、支持、鼓励和保护其依法合规经营,而不会任由其违规违法、搅乱市场,对此大家必须要有清醒的认识。凭关系抢占资源、凭胆大肆意妄为、凭经验管理企业的惯性思维,已经行不通。在反腐倡廉、规范政府行为的大环境下,关系已经越来越靠不住了。在我国深化内部改革、加大对外开放、市场竞争更加充分的大背景下,再次出现遍地机会的时代也已经不可能,投机钻营、一夜暴富的想法显然已经落伍。

张振龙:民营企业在未来的生存和发展中究竟应该靠什么?我的看法是必须靠本事、靠信誉、靠耐心。本事就是研究市场、捕捉机遇、准确定位、运作管理的本事,如果企业家没有这些本事,企业就很难在日益激烈的竞争中站稳脚跟;信誉就是企业的质量、履约、偿债信誉,如果企业没有了这些信誉,就会自然而然地被淘汰出局;耐心就是研发产品、拓展市场、打造品牌、持续投入的耐心,如果没有这些耐心,企业想继续在市场上占据一席之地将会难上加难。所以,民营企业家们必须要摒弃关系思维、机会意识,以本事立足、以信誉求胜、以耐心追求企业的光明未来。

孙红卫:目前,民营企业的法律观念还非常落后,防范法律风险的意识还十分淡薄。重营销、轻研发,重关系、轻法律,重小技、轻规范的思想还比较严重,粗放运作的现象还比较普遍。很多民营企业家并不知道合法与违法的边界,稀里糊涂地被行政处罚或身陷囹圄,此类现象还不断发生。企业因为一个疏漏而被拖垮的教训比比皆是。所以我们说,民营企业家法律意识的转变还任重道远。

郭景涛:作为媒体、律师和专家,我们应积极引导民营企业走正道、除积弊、弃陋习,依法经营、合规运作;帮助企业依法依规运营,合法公平竞争,保证企业不出大纰漏,企业家不犯大错误,使企业能够在激烈的市场竞争中行得更稳、走得更远、生存得更加持久。同时,也希望广大民营企业家们转变法律观念,增强法律风险防范意识,确保企业的财产安全和自身的人身安全,为国家和家庭尽到自己应尽的社会责任。

"民企法务沙龙"嘉宾名单

一、国家机关（10人）

周治伟　　洛阳市社会科学联合会秘书长
孙红卫　　洛阳市工商联（总商会）秘书长
莫文刚　　洛阳市国有资产监督管理委员会总经济师
胡婷婷　　洛阳市安全生产监督管理局应急办原主任
崔瑞耕　　洛阳市食品药品监督管理局公务员
李海龙　　洛阳市食品药品监督管理局副科级公务员
张进亮　　洛阳市食品药品监督管理局医疗器械监管科科长
张　亮　　洛阳市税务局稽查局审理科科长
胡晓静　　洛阳市畜牧局法规科原科长
张　洲　　洛阳市洛龙区人民检察院员额检察官

二、专家学者（10人）

高慧鸽　　洛阳师范学院法学与社会学院讲师
赵雅琦　　洛阳师范学院法学与社会学院讲师
李占强　　洛阳师范学院商学院博士、讲师
范志勇　　洛阳师范学院法学与社会学院博士、讲师
张　杰　　洛阳师范学院法学与社会学院博士、讲师
王小霞　　洛阳理工学院马克思主义学院讲师
肖婷婷　　洛阳理工学院会计学院教授
勾晓瑞　　洛阳理工学院经济与管理学院副教授
侯新生　　河南科技大学管理学院就业指导与创业教育教研室主任、讲师
张晓龙　　河南科技大学法学院博士

三、中介机构（13人）

孟丽萍　　中华会计师事务所副所长、注册会计师
陈　藜　　洛阳凯其财务咨询管理有限责任公司高级会计师
王建军　　洛阳大进联合会计师事务所注册会计师

赵　萍　　洛阳天诚会计师事务所注册会计师
王文久　　河南新衡达工程管理有限公司注册造价师
宫振兴　　河南新衡达工程管理有限公司总经理、注册造价师
王广军　　河南新恒丰工程咨询有限公司注册监理工程师
牛武军　　河南华泽工程管理有限公司洛阳分公司监理工程师
刘瑞华　　致同凯桥（河南）税务师事务所有限公司税务经理
李玉卿　　河南纵横企业管理咨询有限公司注册高级咨询师
关洛芸　　河南华尔商标代理有限公司总经理
陈志敏　　洛阳公信知识产权事务所主任、高级经济师、专利代理人
李　浩　　洛阳公信知识产权事务所副总经理、专利代理人

四、企业家（14人）

张学峰　　洛阳洛粮粮食有限公司董事长
张志昂　　洛阳雪龙生态食品有限公司总经理
李孟太　　洛阳雪龙面业有限公司总经理
张韶国　　河南省洛阳正骨医药科技股份有限公司董事长
孟涣又　　洛阳悦榕旅游发展有限公司总经理
杨　阳　　洛阳九洲集团有限公司总经理
王晓东　　洛阳九洲集团有限公司常务副总经理
高天宝　　洛阳九洲集团有限公司发展战略顾问
李殿克　　洛阳市良兴宾馆有限责任公司董事长
赵亚军　　洛阳涧光特种装备股份有限公司董事长
范晓焰　　河南龙翔物业管理有限公司总经理
范冠超　　洛阳牡丹梦酒业有限公司董事长
郭　亮　　河南隆安房地产开发有限公司销售部经理
张维华　　洛阳龙新实业集团有限公司董事长

五、河南张振龙律师事务所执业律师（23人）

张振龙　　主任、公司战略构架设计专业律师
马慧娟　　副主任、公司法人治理与财税专业律师
宋叶峰　　副主任、工程建设与房地产开发专业律师

姜爱军　　副主任、行政与刑事专业律师

毛　娟　　副主任、公司法人治理专业律师

段小丹　　副主任、企业内部风险防控专业律师

璩建伟　　企业发展与项目投资专业律师

汪蒙蒙　　项目投资与建设工程专业律师

邱帅彪　　项目投资专业律师

姜彦明　　公司法人治理专业律师

聂一恒　　公司法人治理专业律师

石文洁　　企业内部风险防控与人力资源专业律师

李　琴　　人力资源专业律师

郭轶婷　　财税专业律师

王迎鸽　　商业模式设计专业律师

沈　忠　　连锁经营专业律师

李　松　　市场交易专业律师

贾　楠　　连锁经营专业律师

田俊飞　　工程建设与房地产开发专业律师

马吉祥　　工程建设与房地产开发专业律师

程许川　　工程建设与房地产开发专业律师

赵欣伟　　刑事专业律师

侯科伟　　刑事专业律师

六、媒体（3人）

石洪涛　　《洛阳商报》原执行总编、记者

郭景涛　　《洛阳商报》执行总编、记者

罗　晓　　《洛阳商报》品牌事业部部长、记者